魅力与迷惘

欧洲民族主义五百年

500

陈晓律 著

上海人民出版社

本书为国家社科基金资助项目结项成果，项目批准号:05BSS012

本书获南京大学历史学院人文社科基金出版资助

序　言

欧洲作为一个文化统一但政治分裂的文明单位,是现代民族主义和民族国家的发源地。自 1500 年开始,民族国家兴起导致的欧洲分裂和二战后的重新融合成为世界历史上最独特的现象之一。认真分析这一现象,并从理论上探讨其未来的趋势,是一个十分有意义的课题。

一

英国学者杰拉尔德·纽曼认为,如果将所有意识形态的重要性进行个比较的话,那么,最强大和影响最为深远的肯定不是基督教、共产主义、社会主义或伊斯兰主义,而是民族主义。[①]这样的评估显然十分偏颇,但却从一个侧面反映出民族主义在西方学术界中的影响。事实上,西方学术界早就开始了对它的研究,并产生了种种关于民族主义性质的看法。欧内斯特·盖尔纳认为,"民族主义主要是一种政治原则,它坚持政治与民族的单位必须一致",甚至断言,没有现代的国家政权,就没有民族主义问题。[②]汉斯·科恩则认为,民族主义是一种心理状态,即个人对民族政权的忠诚高于一切。这种心理状态是同生养他的土地、本地的传统以及在这块土地上建立起来的权威等联系在一起的。[③]哈维丁·凯却认为,民族主义主要是一种自上而下创造出来的东西,是现代国家政权在近代初期欧洲西部地区特殊的环境下长期行使权力而产生的。[④]安东尼·D.史密斯则认为民族主义是

---

① Gerald Newman, *The Rise of English Nationalism*, London: Weidenfeld and Nicolson, 1987, p.51.

② Ernest Gellner, *Nations and Nationalism*, New York: Cornell University Press, 1983, pp.1—5.

③ Hans Kohn, *Nationalism: Its Meaning and History*, New York, 1961, pp.1—18.

④ Harey Kaye, *History, Classes & Nation-State*, Blackwell Publishing, 1988, p.138.

1

欧洲人渴望一个充满自由与正义的王国的产物,与千年王国运动有很密切的关系。①著名诗人泰戈尔认为,冲突与征服的精神是西方民族主义的根源和核心,它的基础不是社会合作,它已经演变成为一种完备的权力组织,而不是一种精神理想,泰戈尔甚至认为民族的概念是人类发明的一种最强烈的麻醉剂,"在这种麻醉剂的作用下,整个民族可以实行一整套最恶毒的利己主义计划,而一点也意识不到他们在道义上的堕落"②。与此同时,汉亭·昂格则持相反的看法,他认为民族的概念就如同自由的概念一样,是一个光辉的字眼,并指出那些不合乎自由原则的所谓民族主义根本不是真正的民族主义。也有一些学者认为,虽然民族主义情绪早就存在,但只是到 18—19 世纪才发展成为要求每个民族都建立本民族政权的政治原则。③英国著名史学家霍布斯鲍姆并不认为"民族"是天生的一成不变的实体,"民族的建立跟当代基于特定领土而创生的主要国家是息息相关的,若我们不将领土主权国家跟民族或民族性放在一起讨论,所谓的民族国家将变得毫无意义","民族认同及其所代表的含义是一种与时俱进的现象,会随着历史进展而嬗变,甚至也可能在极短的时间内发生剧变"。④

上述种种关于民族主义的争论和界定,如果仅仅是学术范畴的,不会激起人们如此长久而浓厚的兴趣。之所以能激发出人们的这种热情,是民族主义与现实政治有着千丝万缕的联系。尽管曾有学者预言:"当 20 世纪末临近的时刻,全球化对民族国家是'好的共同体'这样一个现代的正统观念提出了挑战"⑤,但这样的看法未免过于乐观。冷战之后,原本以为民族主义会随之淡出历史的人们惊异地发现,民族主义依然拒绝退出历史舞台,并且坚持在各种国际冲突中扮演重要角色。这一现象迫使已经准备将民族主义作为一种"过去时"对待的学者们不得不重新开始了对民族主义的研究。

冷战后出版的关于民族主义研究的著作,在一定程度上有了新的突破,其使人耳目一新的看法主要有两点:第一是将民族主义与现代化联系起来,

---

① Anthony D. Smith, *Nationalism in the Twentieth Century*, New York, 1982, pp.14—15.

② [印]泰戈尔:《民族主义》,谭仁侠译,商务印书馆 1982 年版,第 11、23 页。

③ Elie Kedourie, *Nationalism*, New York: Blackwell Publishing, 1961, p.1, pp.15—18.

④ [英]埃里克·霍布斯鲍姆:《民族与民族主义》,李金梅译,上海人民出版社 2000 年版,第 10—11 页。

⑤ George Modelski, *Principle of World Politics*, Washington University Press, 1972, p.56.

即认为现代民族主义是现代化起步的意识形态，是催生现代国家的重要力量，没有民族主义，就没有现代国家。民族主义是构建现代国家的重要工具。因此，民族主义与现代国家是共生物。①从这种角度看，学者们将民族主义的种种争议归结为：民族本身不是一个古老的观念，而是获取现代文化认同的一种集体行动的产物。很多民族，无论在欧洲、亚洲或非洲，都是新近产生的。这多少否认了民族古老和原始的特性。民族不是一个自然的、具有深厚历史根基的产物，而是一个近期历史发展的产物。②因此，民族与民族主义完全是现代的观念。第二，是将民族主义按照发达国家形成的历史特点进行了分门别类的研究，不再统一地将民族主义作为一种类型，而是将民族主义与具体国家的发展历史联系起来分析，从而在世界上产生了不同种类的民族主义。因为各国要解决的现代化问题各不相同，所以民族主义所要承担的任务自然也不一样。英国的、法国的、德国的、美国的与俄国的民族主义都有很大的不同，甚至可以这样认为，民族主义是一个国家传统和现代化历程相结合的产物，因此，它在某种程度上是不可复制的。但不管是哪一种情况，极端的民族主义在任何一个国家都会产生灾难性的后果。

学术界关于民族主义的种种争议和剖析，对帮助我们深化关于民族主义的认识，无疑具有十分积极的意义。但随之而来的问题是，民族主义是个极具影响力的大观念，正如历史上的很多大观念一样，民族主义的内涵与外延也远远超出了一般的理解范围。它几乎涵盖政治、经济、文化、血缘、种族、宗教与地域等诸方面的内容。因此，民族主义的界定如同民族主义本身一样，越是深入地探讨，所产生的困惑也就越多。

如果从民族主义的定义入手，我们发现上面已经涉及学者们从不同角度对民族主义的认识。这些定义，既有从主观出发（即民族认同的角度），也有从客观出发（居住地、血缘、文化、宗教等因素），还有从现代化与民族解放运动的立场进行的分析（历史与阶级的角度）。但无论哪一种解释，都无法使人们完全满意，也无法用一种公认"正确"的民族主义理论去梳理或解决自己国家和地区面临的民族主义问题。换言之，民族主义的困惑来自其种种理论并不能有效地解答不同地区面临的民族主义问题，以致什么是"正确"的民族主义理论自身就导致了一系列困惑。因此，我们不得不进一步剖析这种潜在困惑的根源究竟来自何处。

---

① Anthony D. Smith, *Nationalism and Modernism*, London: Routledge, 1998, p.8.
② Ibid., pp.18—19.

二

如果从民族主义产生的历史分析,我们今天所讨论的民族主义是与人类的现代化进程相关的。在这一点上,笔者基本赞同民族主义与现代化有关的理论。尽管人类的爱国主义情绪古已有之,但由特定的疆界、特定的居民、特定的政府及拥有共同的语言等基本要素构成的民族主义,只能是产生在现代的生产方式出现之后。自英国工业革命开始,两种植根于不同生产方式的竞争逻辑就泾渭分明:一个是在资本主义世界体系形成初期的经济竞争,另一个是以推动欧洲国家体系形成的封建主义为特征、被罗伯特·布伦纳称为"政治积累",即在军事扩张和国家构建过程中的地缘政治竞争。帝国主义是这两种逻辑融合的产物。如果不存在只有在资本主义生产关系框架内才能产生的经济根源,就不会再有地缘政治竞争;但被卷入日益全球化的贸易和投资网络中的资本,又依赖于其所在民族国家的各种形式的支持,从关税、补贴到军事力量的使用。换言之,"多个资本"间的竞争现已呈现出经济竞争和地缘政治竞争这两种形式。事实上,在冷战结束之前,欧洲列强之间的力量平衡时代是在共同的文化之间进行的。冷战也不是真正意义上的"东西方"斗争,它基本上仍然是在欧洲上方的争夺。①

由此可见,民族主义的种种困惑,是因为自欧洲产生的民族主义诉求,以谋求自身的利益为动力,在全球化的过程中逐步扩展,并最终被不同文化圈的民族吸纳,成为争取自身解放斗争的理念。于是,民族主义的内涵与外延就有了极为不同的拓展。也就是说,当今我们在民族主义的属性和概念方面发生的种种分歧,其根源在于忽视了民族主义产生的区域因素。正是现代民族主义产生的区域性因素,导致了民族主义在其发展过程中的种种歧义。原产于欧洲的民族主义,既有其普遍性,也有其内涵的特殊性。在欧洲,民族主义的"身份"虽有很多含混之处,但这些民族毕竟长期生活在共同的基督教文化氛围中,不同种族的交往乃至通婚,是一件十分平常的事情,多个不同的种族往往隶属于同一个君主,人们在价值或其他方面很容易寻找到共同的东西。这也就使得不同民族之间的对话不至于产生自说自话的困境。总之,欧洲是一个全球发展中的特殊地域,在那里,世俗世界的协调自罗马帝国衰亡后从未形成一个统一与稳定的格局,作为一种层层分封的

---

① [美]帕拉格·卡纳:"告别霸权",转引自《学术中国》网站,2008-02-22。

封建依附式的政治结构,表面上看是"一个经济与政治的有机统一体,但在整个社会结构中表现为四分五裂的权力链条"①,不过精神世界的统一却由基督教完成了。于是,当现代化的进程开始后,这一区域性的特点就引发了具有欧洲特质的民族主义浪潮。因此,要深入剖析现代民族主义,就必须破解欧洲民族主义的迷思。

这一区域最主要的特点就是,其既是孕育西方文明的摇篮,也是产生现代民族主义的土壤。由于这一特点,民族主义与西方文明的种种属性产生了十分自然的内在联系,并相互纠缠着进入了现代社会。正如盛洪所说,西方文明是一种比较具有进攻性、扩张性的文明。原因是西方文明两种传统(两希传统)的互动在其内部形成了一种竞争构架,这种构架推动了西方近代的发展。正是西方文明的这种传统及其竞争结构,形成了民族国家的竞争,而民族主义更是把这种竞争推向了一个极端。也就是说,民族国家的竞争,不仅是一种和平的竞争,也是一种通过暴力、战争进行的竞争。这是近代欧洲战乱不已的一个重要原因。这种竞争带来了很多负面的东西,如巨大的人员伤亡和财产损失。当然,它也带来了对西方来讲所谓正面的东西,比如刺激了西方国家对武器的改进,这在很大程度上又刺激了科学技术的发展,由技术的发展又导致包括市场制度、政府制度和企业制度在内的近代制度的形成。这种竞争激烈到最后无法在欧洲本土完全摆平,于是自然走向对外扩张,这实际上是把近代欧洲国家之间的竞争关系推向了全世界,也把欧洲国家之间的那种社会达尔文主义的规则推向了全世界。这可能是西方文化的特点。②

就此而言,西方文明具有强烈的竞争和扩张意识是不争的事实,而其对世界的影响,是在欧洲的竞争具有了全球规模的效应,即是其现代化进程启动以后,因此,欧洲对世界的冲击本质上是一种现代化的冲击。于是,要解读欧洲的民族主义,就必须考察其在欧洲现代化进程中的作用。

对现代化有各种不同的解释,按罗荣渠教授的看法,各种关于现代化的含义大致可分为以下四类:(1)现代化是在近代资本主义兴起后,经济上落后的国家通过大搞技术革命,在经济上和技术上赶上世界先进水平的历史过程。(2)现代化的实质就是工业化,可以说,今天所有的发展中国家都共同致力于工业化的目标,把它作为根本改变国家面貌和国际地位的战略性

---

① [英]佩里·安德森:《绝对主义国家的系谱》,刘北成等译,上海人民出版社 2001 年版,第 6 页。

② 盛洪:"现代化就是现代人的创造力",转引自北京天则经济研究所(http://www.unirule.org.cn),1999 年 12 月。

措施。因此,用"工业化"来概括现代社会变迁的动力、特征和进程,已为学术界所广泛接受。(3)现代化是自科学革命以来人类急剧变动过程的统称。(4)现代化主要是一种心理态度、价值观生活方式的改变过程,换言之,现代化可以看作是代表我们这个历史时代的一种"文明的形式"。①

无论从哪一个方面来看,现代化最基本的内涵仍然与工业化有关,因为很难想象有一种没有工业化的现代化(也许一些小国除外),或者说,现代文明会建立在一种没有工业革命的基础之上。工业化进程在各国的情况是不同的,但人们依然不能否认工业化有其共同的特点,那就是它以惊人的速度改变着生产方法和生活方式的技术和组织。人们普遍认为,工业化是能使世界上一些贫穷落后地区转变成先进国家的主要手段,也是走向增长(这里的增长可理解为人均收入的增加)和发展的关键。要发展,就必须走工业化的道路。这也是欧洲给世界提供的历史经验,正是在欧洲地区,人类率先迎来了工业文明的浪潮。

三

工业化需要一个平台,但这个平台只能建立在民族国家的基础上,因此,工业化对民族主义的影响是深远的。工业的增长要求广泛的社会流动性与结构上的同质性,个人拥有的独立迁移能力与文化语言的标准性。这样的要求只能在一个由政府控制的大范围的公共教育体系、能创造出市场竞争机制、具有同质的公民群体的共同体中才可能完成。②大规模的工业化对现代国家的职能提出了强烈的需求,没有一个代表本民族利益的政府,工业化的启动将十分困难。但这种工业化与民族国家交织在一起的发展不可能是平衡的。一些国家和地区发展的速度更快,质量更高,从而更具有优势。那么在通常的情况下,他们不会同意其他地区的人们无偿地分享其发展的成果。于是,原本在文化上一体的欧洲,必然要求先在观念、随后在政治上的"分家"。

这种新的观念就是主权。让·博丹是历史上第一个对国家主权理论进行系统详密论述的政治思想家。目睹了胡格诺战争造成的巨大灾难之后,博丹竭力想创立一套国家权威的理论基础,以适应结束分裂混战和树立国

① 罗荣渠:《现代化新论》,北京大学出版社1993年版,第8—15页。
② Anthony D. Smith, *Nationalism and Modernism*, London: Routledge, 1998, pp.35—36.

家权威的时代需要。为此,他在巨著《论主权》中创造性地提出了"主权"概念。他认为,"主权是一种绝对的和永恒的国家权力"①,永恒性和绝对性是主权的基本性质,此外它还具有不可分割性。博丹的主权理论是近代国家理论的开山之作,而以主权理论为核心的绝对主义的思潮则奠定了近代国家观念的基础。

主权的永恒性表现在它是一项客观的职位,不会成为任职者的私有财产。博丹写道:"一个人或某些人在某个特定的时期内拥有赋予他们的绝对权力,过了期限他们只不过是个体的臣属"②,"主权存在于人民之中,主权的行使是委托给执政官,人们可以将他称为最高的官长,但不是真正的主权者"。③

博丹认为,绝对性是主权最基本的性质,只有无条件的绝对权力才可能是永恒的,给予国王的最高权力应该是不附加条件和不能收回的绝对权力,这一权力唯一的限制来自上帝之法和自然法。主权的绝对性主要体现在主权者不受法律的约束,因为"法律是主权者行使他的主权权力时产生的命令"。④因此主权者在任何情况下都不臣服于另一个人的命令,因为正是由他为臣属制定新法,取消不当的法律或者修改过时的法律。主权者虽然不受法律的约束,但要遵守自然法,这一点主要表现在个人财产和契约两个问题上,即他不能邪恶地、毫无理由地拿走臣下的财产,也要同臣下一样遵守既定契约。在臣下的反抗问题上,博丹表现出坚决的反对态度。他主张,"绝不允许臣下以任何意图反抗主权者,无论这个暴君是多么邪恶与残暴。臣下所能做的,只能是在不违背自然法和上帝之法的前提下——逃离、隐匿、躲避,宁可受死也不冒犯主权者的生命和荣誉"。⑤

显然,主权是神圣不可侵犯的。但主权毕竟只是一种观念,要使主权真正发挥作用,它必须寻找落实的"单位"。1648年《威斯特伐利亚和约》的签订,标志着欧洲终于分裂成为多个"主权国家",主权寻找到了其生存的实体。它也表明,"主权作为对某个领土上的至高无上的权力是一种政治事实,一方面标志着领土王侯对于皇帝和教皇的普遍权威的胜利,另一方面也标志着领土王侯对于封建贵族的政治独立向往的胜利"。⑥这意味着在一个君主国的范

①② ［法］博丹:《论主权》(Jean Bodin, *On Sovereignty: Four Chapters from the Six Books of the Commonwealth*),剑桥政治思想史原著系列(影印本),中国政法大学出版社2003年版,第1页。

③ 同上书,第5页。

④ 同上书,第38页。

⑤ 同上书,第18—19页。

⑥ ［美］汉斯·摩根索:《国际纵横策论》,卢明华等译,上海译文出版社1995年版,第388页。

围内,君主们既在对外方面取得了自身的独立地位,又对内控制了分裂的势力。因此,主权国家的出现,是欧洲大家庭渴求一种新的利益分配模式的产物。欧洲依然是一个精神概念的共同体,但政治经济的结算单位却已经不同,在中世纪孕育出的独立君主国成为这种结算的基本单位。现代民族主义,就此在欧洲产生。事实上,英语"国家主权"(national sovereignty)一词,其中就含有民族的界定,它本身就是从独立的民族国家建立而逐步形成的观念。[①]从现代第一个工业化国家英国考察,16世纪早期开始,民族主义作为一种独特的社会意识已经在英格兰出现。[②]同任何一种利益分配所引发的冲突一样,最基本的问题是界定利益分配的单位。主权观念的正式出现并且被欧洲各个原有的君主国普遍接受,标志着中世纪在基督教世界中占据统治地位的"普世主权"观念已经被打破。在这个意义上,也可以将欧洲的民族主义理解为在现代化的过程中打破欧洲观念共同体"大锅饭"的一种举措。不过,当欧洲还是处于各个王公的统治之下时,这种分配只能以这些君主国为单位。

但是,情况很快发生了变化,随着现代化进程的启动,个人权利日益受到人们的重视,而个人权利的观念与主权之间的关系就需要进一步界定。现代国家主权的神圣不可侵犯并非不言自明的公理,它必须寻求自身的合法性。构建这种主权合法性的基石,只能来自新生的民族和民族主义。应该说,民族主义本身就是随着现代化进程中个人权利的高涨而产生的思潮。在中世纪的欧洲,很难产生真正意义上的民族主义,因为一般民众没有任何参与国家事务的权利,也没有太多的人身权利(英国或许略微例外),他们又为什么要关心国家和民族的前途? 随着现代化的进程,以民族为单位的国家开始寻求自身的权利,而构成这个民族的个体自然也被宣称应该拥有相应的权利。两者交汇产生的共识是,个人应该支持民族国家,是因为它能保护自己的权益;而民族国家之所以拥有主权,是它承担了保护所有成员权利的责任。在这个意义上,民族国家主权的神圣性归根到底来自民族群体的认同,无论通过什么样的形式,这种认同对于其国家主权的合法性都是必不可少的。

在最初阶段,欧洲民族国家基本上以一种君主国的形态出现,因为主权能够落实的单位只能是这些君主国。然而,这些君主国仅仅是现代民族国家的带路人,随着民族观念的日益强大,它将迫使各种形式的君主国转向

---

① 杨泽伟:《主权论——国际法上的主权问题及其发展趋势研究》,北京大学出版社 2006 年版,第 13 页。

② Liah Greenfeld, *The Spirit of Capitalism, Nationalism and Economic Growth*, Harvard University Press, 2001, p.2.

"民族国家"和人民主权,其形式可能是议会主权或是共和国家。但无论如何,其中一个深刻的变化是,所有"民族国家"的合法性已经不再是不言自明的,其统治者必须向其权力合法性的来源证明自己的合法性:他的所作所为必须向他的民族和"人民"负责。

由此产生了构建现代民族国家的基础。由于其合法性建立在民族与人民的认可上,那么,民族国家的职能就应该是为本民族的利益服务。由此,民族主义与民族国家开始了一个交织在一起的发展过程。在这一发展过程中,一个关键的问题是,作为现代化诉求的主要观念性武器之一,这一区域的民族主义在现代化进程中应该承担什么样的任务?

为了对此问题进行较为详尽的解读,我们必须对欧洲各主要民族国家的发展历程进行分别的论述。之所以如此,是因为民族国家的问题与历史的缠绕是如此紧密,以至于如果不了解一个国家的历史或忽略其主要的线索,我们几乎无法对其独特的形态进行任何有意义的解读。因此,我们对一个国家的历史,尤其是以后对其民族国家发展产生过影响的历史,都尽可能地进行回溯。我们的主要思路是,通过梳理欧洲各主要民族国家发展历史和其在现代化过程中的作用,对民族主义在欧洲现代化过程中的作用进行比较客观的分析和评价,以便能把握一些规律性的东西。在这一过程中,我们发现,尽管历史对各个民族国家的要求是相同的,但由于各个国家原本的体制和历史政治传承不同、地理位置不同、法律体制不同,所以这些国家在以民族国家为单位进行现代化的建设时,所遇到的内部挑战和外部机遇也不同。由此产生了欧洲民族国家发展的不同历史轨迹,并给世界提供了很多发人深省的经验和教训。其中,德意志的民族主义尤为独特。由于德国是两次世界大战的发动者,并深刻地影响了欧洲和世界的发展格局,因此,关于德国的部分显然需要更多一些的篇幅。

这一研究工作获 2005 年度国家社会科学基金项目资助(欧洲民族国家演进的历史趋势,项目批准号:05BSS012),在出版时又获得南京大学历史学院人文社科基金资助,在此一并致谢。本书的第一章由周真真负责,第二章由尹建龙负责,第四章由张旭负责,第五章由吕磊负责,第六章由陈黎阳和吴贺负责,序言、第三章和结语由陈晓律负责,全书框架由陈晓律设计并对其余各章节按自己的思路进行了修改和统稿。如有不妥之处,敬请方家指点。

陈晓律
2022 年 11 月 13 日于南京阳光广场 1 号

目　　录

第一章 从传统走向现代的西班牙民族主义

西班牙是欧洲率先开始创建民族国家的王朝国家。从传统走向现代的历程,即是西班牙从王朝国家,经近代民族国家,走向现代民族国家的过程,也是西班牙天主教民族主义产生、发挥影响、遭遇挑战及调适的过程。1492年,光复运动胜利结束后,西班牙建立了统一的王朝国家,并孕育出了以后影响整个西班牙历史发展历程的天主教民族主义。统一的民族国家初步形成,但它只是民族国家发展的雏形,还不是真正意义上的近代民族国家。在天主教民族主义统一精神的指引下,在初步统一国家的带领下,西班牙很快崛起,成为世界霸主。作为有助于统一的意识形态,天主教民族主义发挥了积极的作用,它将西班牙团结在共同的旗帜下,形成了一种强大的民族精神。然而由于西班牙始终未能解决好从王朝国家向真正意义上的民族国家转化的过程,所以在一个并不稳固的基础上建立的帝国迅速盛极而衰。17世纪末,西班牙帝国走向衰落,其地方民族主义也凸显出来,并成为此后始终影响西班牙国家政局的一大因素。西班牙被迫重新回到建构民族国家的历史起点上。从18世纪一直到20世纪初,西班牙都为实现这一历史任务动荡不已,出现了从传统走向现代的长久徘徊状态。结果,诞生之时有助于民族统一的天主教民族主义,最终成为西班牙从传统走向现代的主要阻碍,它与后起的自由民主思想展开了激烈的斗争。在启蒙思想和大革命影响的刺激下,19世纪的西班牙爆发了5次资产阶级革命。1821年,西班牙颁布了第一部宪法,宣布西班牙民族是自由和独立的,不是也不可能是任何家族或个人的世袭财产,主权属于民族,开始了真正意义上的走向现代国家之路。然而,民族的主权尚未转化为公民的民权,因此,其民族国家的构建任务依然未完成。一直到1975年独裁结束后的卡洛斯时代,西班牙才成功跨越了现代民族国家的门槛。

西班牙从传统走向现代历时几个世纪,地方民族主义问题始终如影随行,困扰着整个民族发展的方向,使原本坎坷的历史进程变得更加错综复杂。西班牙之所以出现这种情况,与天主教民族主义所产生的巨大阻碍,特别是对人发展进步的影响,及经济发展的缓慢所导致的社会落后是分不开的。而所有这一切从根源上分析,都与西班牙人的国民性格——固执的个人主义有密切的关系。

一、统一民族国家的初步形成——天主教民族主义的起源

西班牙拥有特殊的地理概貌和个性鲜明的人们,个人主义的国民性格在西班牙人身上表现明显。古代的西班牙曾受到多种文明的影响。公元1世纪,基督教传入西班牙,西班牙人接受了罗马天主教,开始有了统一的宗教意识。阿拉伯人占领时期,西班牙成为西欧的文化中心,宗教信仰的差异为西班牙驱逐异教、恢复天主教在西班牙的统治地位提供了动力。长达8个世纪的光复运动在西班牙历史上具有重要的历史地位,重新奠定了天主教的主导地位,并促使统一的西班牙民族形成,但这时的西班牙民族还不具有近代民族意识,既不是一个政治意义上的民族,也没有对主权的要求。在这一过程中,王权将民族与国家结合起来形成的王朝国家,标志着统一的民族国家初步形成,它是欧洲民族国家发展的第一阶段,也推动着天主教民族主义的产生。

1. 西班牙概况

西班牙位于欧洲西南部,它占有伊比利亚半岛的大部分,以及地中海的巴列阿利群岛、皮梯乌斯群岛和大西洋的加那利群岛。半岛的南方为塔里法角,北方为厄斯它卡德发来斯角,东方为克雷斯角,西方为托林尼亚那角。西班牙的西、北两面临大西洋,东邻地中海,南面则以直布罗陀海峡与非洲相隔,海岸线共长3 144千米。西班牙北与法国和安道尔接壤,西与葡萄牙接壤,南与英国属地直布罗陀接壤。半岛上的面积是49.1万平方千米,占伊比利亚半岛的85%,加上大西洋、地中海上的各岛屿总面积达504 782平方千米,人口突破4 800万(2023年)。

西班牙国内的基本地貌却是通行艰难,"就像一座从海面上升起的宏伟城堡"。[①]西班牙的平均地势高约700米,在欧洲仅次于瑞士(1 100米)。虽

---

① [美]约翰·克罗:《西班牙的灵魂:一个文明的哀伤与荣光》,庄安祺译,中信出版集团2021年版,第1页。

然西班牙三面临海,却形成了一些相对的山峰:它的北面是坎塔布连山脉,西面是埃斯特雷亚山脉,南面是贝蒂克山脉,东面越过巴伦西亚后是一片山窝。西班牙的全部领土就被包裹在这些高山之中,并被内陆山脉和深谷割裂开来。西班牙半岛的领土几乎全部是一幅支离破碎的画面,首都马德里与北方的交通联系要通过三个山口,每个山口的海拔都在1 500米以上,内陆各地区也被高山峻岭隔离了。这种状态给各地区带来了极大的差异。西班牙的自然景观千姿百态,以至于西班牙地区间的差别比欧洲各国间的差别还大。

考古发现,早在远古时代,半岛已有人类存在。阿尔塔米拉的石洞里的岩画,是现存人类旧石器时期艺术的代表作之一。这里发现有公元前2500—前2000年的旧石器、新石器、青铜器。公元前1000年,伊比利亚半岛人就已经居住在这里。如同地貌的千差万别,西班牙人也存在很大差异。卡斯蒂利亚人最具有西班牙人的典型特征,唐·吉诃德是其生动写照。"卡斯蒂利亚还给半岛人民树立了代表西班牙人一般特性的最好样板,这就是在差异下求团结,力图通过一种精神纽带,将各种类型的西班牙人团结成一个人。"①加泰罗尼亚人则坚持个性,具有强烈的个人主义色彩。巴斯克人背山临海,多为渔民和农夫,他们严肃、忠诚、不妥协,比较狭隘。作为天主教的据点,它给西班牙带来了很多的麻烦,但这一地区却是西班牙现代资本主义的中心之一。半岛西北部的加利西亚人机智、聪明、勤劳,在他们中间产生了律师、政治家、警察、收割工人和码头工人等。与加利西亚人毗邻的阿斯图里亚斯人更加聪明,更有活力,较少保守。阿拉贡人率真、固执、个性强,巴伦西亚人任性、排外、感情强烈,安达卢西亚人则富有创造性才能。

虽然西班牙人分为鲜明的多个群体,但是西班牙人给人的总体印象是:他们谨慎、敏感、自尊、自信,具有一种天生和自发的平等观念。因而,"西班牙人自觉或不自觉地养成了一种以不变的心理来看待世界的习惯,他们的基本准则是宗教而非哲学。因此,西班牙人心中的两极,就是个人和世界,主体和客体;于是,西班牙人认为,生活就是个人吸收世界,主体吸收客体"②。西班牙人不像其他国家的人民一样以民族成员或以平等公民为标准,而是以个人标准去衡量一切事物。"在宇宙中,他可能什么也不是,但对他自己来说,他就是一切。"这种极其鲜明的个人主义国民性格深深影响了

① 〔西〕萨尔瓦多·德·马达里亚加:《西班牙现代史论》,朱伦译,中国社会科学出版社1998年版,第21页。

② 同上书,第22页。

西班牙的整个历史进程,"可能催生了西班牙人在历史上的所有成就"①,但也使西班牙民族国家的创建遇到了比其他欧洲国家多得多的麻烦。

西班牙人的这种个人主义性格,表现在其爱国心常常强烈地投向自己所在的地方,他们爱自己的村庄往往胜过爱自己的地区,爱自己的地区则常常胜过爱自己的国家。这种个人主义性格不仅使西班牙人集体意识淡薄,而且具有强烈的反合作本能,他们摇摆于心理的两极——个人与世界,要么偏向这一个,要么偏向那一个,非此即彼。这种独特的个人主义使他们要吸吮国家而不愿被国家整合,世界主义则使西班牙人把自己的未来发展寄托于全世界,把自己看作世界公民。而社会和政治所基于的中间地带则被弃之不顾。他们倾向于将政治制度建立在尽可能广泛的基础即宗教基础之上,用宗教标准来衡量各种事物。他们总是要保持自己的个性,拒绝接受整体的影响和领导,因而"独裁"和"分离主义"成为西班牙政治生活中两个极端的特点。西班牙人的个人主义是如此强烈,以至于把社会联合成一个整体的集体主义几乎成为一个幻影。但是西班牙人的情感并非无法寻找到一个基点。分离与独裁是西班牙人个性的体现,但只要有一种足够强烈的崇高精神,西班牙人便可以树立起高于分离和独裁心理之上的团结思想。在16世纪和17世纪时,西班牙人就做到了这一点,使西班牙获得了空前绝后的力量和团结。②西班牙在天主教民族主义的团结和鼓舞下,形成了一股强大的精神力量,并推动西班牙走向世界。1975年后,西班牙之所以能够在卡洛斯时代顺利跨越现代化的门槛,与新的崇高民族精神的形成是分不开的。西班牙在重新审视世界后,欧洲的自由、民主和合作精神开始被他们接纳,天主教民族主义在新的历史条件下获得了全新的解释。而从18世纪一直到20世纪初的长久徘徊,正是西班牙人在个人与世界两极之间无所适从的摇摆的体现,如何破解这一难题,在西班牙不是一个哲学问题,而是一个现实与历史的问题。可惜的是,西班牙人在解决这一难题时耗费了过多的时间,浪费了大量的发展机遇。

2. 罗马人、日耳曼人统治下的古代西班牙

古代西班牙部落在地理上的分散和孤立使征服者易获成功。公元前

---

① [美]约翰·克罗:《西班牙的灵魂:一个文明的哀伤与荣光》,庄安祺译,中信出版集团2021年版,第12页。

② [西]萨尔瓦多·德·马达里亚加:《西班牙现代史论》,朱伦译,中国社会科学出版社1998年版,第22—24页。

10—前3世纪，腓尼基人、希腊人、凯尔特人、迦太基人先后影响了西班牙文明的发展。公元前3世纪末，罗马人在与迦太基人的战争中开始控制西班牙东南沿海地区。公元前209年，罗马人占领了新迦太基城，公元前206年将迦太基人永远逐出了西班牙，并于公元前197年在西班牙设立了2个行省。这时的西班牙基本上处于原始部落解体阶段。坎塔布连战争（Cantabrian War，公元前29—前19年）是罗马人征服西班牙的最后阶段，奥古斯都亲自带领7支罗马军团参战。坎塔布连人顽强反抗侵略者，当他们的首领被罗马人钉死在十字架上后，仍继续战斗。公元前19年，罗马人终于建立了奥古斯都大帝统治下的罗马和平盛世。

罗马人征服高卢仅用了7年的时间，征服西班牙却耗费了近200年。西班牙战争耗空了罗马国库，以致罗马不得不采用征兵制度，因为当地人的强烈反抗使得无人愿去西班牙打仗。"最可歌可泣的一次是在努曼西亚（Numanica），努曼西亚位于西班牙中部，居民有4 000人，罗马动用6万大军，耗时多年才占领该城。在最后一次围城战役数月后，城中躲过疾病和吃人悲剧而幸存的少数居民宁愿烧毁自己的房屋并投火自焚也不愿屈服于罗马人的统治。这场战役意义深远，直到几个世纪后，这种大无畏的抗争精神仍激励着西班牙人抗击外来侵略者。"①

双方的这种冲突，还远远不是现代意义上的民族冲突，更体现了一种"文明"与"野蛮"的斗争。"'民族'的概念形成于文明之光在地中海沿岸显现时。……这个词的西方形式（nation）所包含的意思除我们所理解的'民族'之外，还可以指一个巨大的独立的地域，在这个地域内居住着许多有不同民族属性的人；它也可以指部落或部落联盟，如美洲的印第安部落等。Nation的词源是拉丁文natio，反映了在古罗马人那里，'民族'的含义与这个词所指的当时的客观现实相符，而与我们现在理解的意义有一定差别。罗马的现实是：它征服了许多'异族'，把它们纳入了帝国的版图，因而形成拉丁文中的natio一词，它既带有地域，又带有部落的暗指。罗马的疆界越大，它就越要和更多的'异族'发生正面冲突，而这些异族在罗马人眼里又都是'蛮族'。"②被征服的西班牙部落无疑是罗马人眼中的"蛮族"，因而西班牙人与罗马人的冲突很大程度上带有"文明"与"野蛮"冲突的性质。"文明"与"野蛮"的差异也成为古代世界"民族冲突"的最大特点。无论是"文明"还

① 新加坡APA出版有限公司编：《西班牙》，李萍译，中国水利水电出版社2001年版，第26页。
② 钱乘旦主编：《欧洲文明：民族的融合与冲突》，贵州人民出版社1999年版，第5页。

是"野蛮"群体,他们都不是"民族",部落才是他们认可和效忠的对象。"民族"还没有和"族群""部落"分开,只是在后来的发展中,通过部落间的交融,才形成了今天欧洲的各个"民族"。

罗马人代表的"文明"征服了"野蛮"。西班牙有丰富的矿藏,这些矿产为罗马人提供了无尽的财富,还有丰富的畜产和农产品,特别是水果和蔬菜,西班牙成为罗马帝国中最富有也是受剥削最严重的行省之一。在恺撒统治时期,拉丁语成为伊比利亚半岛上统一的语言,罗马的法律和习俗也很快被接受。授予公民权是将西班牙罗马化的关键一步。公元74年,罗马颁布了《维斯帕先法令》,将完整的公民权授予所有的凯尔特-伊比利亚人。然而在这一过程中,最重要的是天主教传入西班牙,为这个国家提供了一种特有的精神依托和最深层的凝聚力,并一直影响着这个国家的发展。公元1世纪,基督教传入西班牙。西班牙接受了罗马天主教,从此以后这个半岛上的绝大多数居民一直是天主教的忠实信徒。据说,公元63—67年圣保罗曾到过西班牙,基督的门徒圣詹姆斯也曾来到西班牙传音布道。罗马人对基督教的抵制导致许多西班牙人被迫害、折磨甚至杀害,但基督教团体还是在西班牙日益发展壮大起来。君士坦丁统治时期,西班牙已是基督教占据主导。出生于西班牙的狄奥多西一世继位(379—395年)后,罗马帝国接受了基督教。从此,基督教在西班牙得到了空前的发展。

在阿拉伯人征服西班牙前,罗马文明对半岛的影响最深,半岛的罗马化进程很快,除宗教外,在工程和建筑领域尤为明显。罗马人的高架渠、桥梁、道路及城墙至今仍在西班牙各地使用。罗马用武力征服了西班牙,但西班牙却用文化征服了罗马。西班牙的文学和哲学在罗马统治下进入"白银时代",涌现出许多杰出人物,如著名的哲学家塞涅卡(Seneca,他的禁欲观念对西班牙人性格的发展产生了深远影响),历史学家、诗人卢坎(Lucan),诗人马休尔(Martial)等。著名罗马皇帝图拉真和阿德里亚诺也是西班牙人。罗马的士兵、退伍军人和官员也和西班牙当地居民联姻,并使他们罗马化。

但随着公元1—2世纪奴隶制在西班牙的建立,各阶层广大居民的处境急剧恶化,"罗马的统治已经建筑在对被征服诸属领的残酷剥削的基础上面;帝国不但没有取消这种剥削,反而把它变为一种制度了"①。从3世纪起,帝国发生奴隶制危机,西班牙也一样遭受危机,地产进一步集中,商品交换被破坏,赋税加重。3—5世纪,西班牙和高卢展开了奴隶革命运动,这便

---

① [德]恩格斯:《家庭、私有制和国家的起源》,人民出版社1956年版,第143页。

是历史上著名的巴高达运动。5 世纪初,日耳曼部落入侵西班牙,在半岛上建立了他们的王国。

公元 1—3 世纪,日耳曼人的社会生产力显著提高,等到 4 世纪后半期,由于人口的增长,日耳曼人感到土地不足,他们纷纷带着家人、牲畜等向罗马帝国内部迁徙。374 年匈奴人征服阿兰人(Slans)和东哥特人,更迫使西哥特人加快迁徙的步伐。376 年西哥特人进入罗马帝国,成为日耳曼部落向西方大迁徙的开端。5 世纪,罗马帝国在整个南欧处于没落时期,西哥特人属于好战的日耳曼民族,他们在首领阿拉里克的带领下,于 401 年穿越阿尔卑斯山,9 年后洗劫了罗马城。苏维比人(Seubi)、汪达尔人(Vandals)、阿兰人的部落也纷纷翻越比利牛斯山,进入西班牙。他们所到之处烧杀抢掠,毁掉了罗马统治下长达 5 个世纪的罗马文明。415 年,日耳曼部落基本占领了西班牙。此后经过结盟、瓜分权力,直到 419 年,西哥特人最终占领西班牙,在半岛上建立了第一个蛮族国家。

新征服最初并没有带来多大变化,西哥特人虽建立了军事政权,但允许当地保留原有的文化、政治、行政组织机构和宗教。西哥特人慢慢与原来生活在半岛上的居民融合,更重要的是西哥特人接受了天主教,使这个王国不仅在地域上统一,而且在一定程度上有了一种统一的宗教意识,这无意中为未来的西班牙国家奠定了一块重要的基石。

利奥维吉尔德在统一半岛方面作出了巨大的贡献。利奥维吉尔德是西哥特王国一位出色的国王。他征服了北方的巴斯克人和努力在加里西亚保持独立王国的苏维比人,收复了巴埃第卡(即后来的安达卢西亚),使其摆脱拜占庭的控制。他使拉丁文成为半岛上的主要语言,并第一次允许西哥特人与西班牙人通婚。通过加强文化、地理和语言的统一,利奥维吉尔德使西班牙人具有了某种共同的民族使命感,力图彻底摆脱罗马的控制。

他还为宗教在半岛上的统一打开了一个缺口。宗教上的差异是西哥特人和西班牙人存在的重要差别之一,当地人信奉天主教,而西哥特人则信奉阿利安教派。利奥维吉尔德很开明,允许自己的儿子埃尔蒙涅吉尔德娶一位天主教徒为妻。但是当他的儿子改信天主教并与他作对后,利奥维吉尔德大怒,伺机报复,迫害天主教徒,抢劫教会。然而大门已开,利奥维吉尔德死后,他的儿子雷卡雷德一世恢复信仰天主教,并成为西班牙第一位天主教国王。从此这个国家便有了统一的宗教意识,一直到今天。天主教信仰的恢复象征着西班牙罗马文明战胜了野蛮人,并预示着教会与国家间一种新联盟的开始。宗教问题解决后,西班牙罗马人形成了一股新的对于西哥特君主国家强烈的忠诚感。西哥特人还引进了一部法典，并制定了一套有效的税收制度。他们讲拉丁语，效仿罗马法规、行政管理制度、习俗及衣着。

哈德良时期，犹太人开始移民西班牙。在罗马人统治时期，犹太人有自由活动的权利，他们勤劳且富有智慧。在西哥特统治时期，犹太人同样享有自由，直到612年西斯布尔（Sisebur）当选为国王。西斯布尔草拟了西班牙第一个反犹法令，规定犹太人必须接受洗礼，否则即被驱逐。那些拒绝接受洗礼并留居的犹太人便被没收财产，遭受迫害，693年，他们被禁止进入市场，并禁止与天主教徒进行贸易。所以，当711年阿拉伯人进攻西班牙时，犹太人便自然与之结成联盟。

西哥特王国时期，封建关系的兴起和发展进一步巩固了西班牙的初步统一。4—5世纪，奴隶革命运动及日耳曼部落对西班牙的入侵引起了西班牙奴隶制的崩溃和社会关系的根本破裂。6—7世纪，封建关系已开始在西哥特人中发展，大土地所有制兴起，自由农民沦为附属而被奴役，封建贵族逐步崛起。封建贵族的兴起削弱了王权，国家的治理实际上掌握在僧俗巨头会议手中。"对农民的奴役激起农民的反抗；对'异己者'的残酷迫害更加剧西哥特王国的内争。这些再加上封建骚乱，替定居北非沿海的阿拉伯人和柏柏尔人于711年侵入西班牙造成有利条件。"[①]

3. 阿拉伯人征服西班牙

阿拉伯人原住于阿拉伯半岛，这个半岛幅员辽阔，相当于欧洲的1/4，但半岛绝大部分地区为沙漠和草原地带，不适于耕作。6—7世纪，半岛不断受到外族的入侵，阿拉伯贵族希望把各个部落统一起来，建立强有力的政权，7世纪兴起的伊斯兰教反映了这种要求。在穆罕默德的带领下，伊斯兰教迅速传播，阿拉伯半岛很快统一。其继任者哈里发开始向半岛以外扩张，并利用伊斯兰教进行掠夺战争，不久便征服了地中海东部和北非等地，成为地跨亚非欧三洲的大帝国。与北非隔海相望的西班牙成为阿拉伯帝国扩张的下一个目标。

8世纪初，西哥特王国处在封建化过程中，陷入某种分裂状态。国王与大贵族、政府与教会之间矛盾重重，百姓也对国王不满。西哥特人一直保有经选举产生国王的传统，允许有野心的贵族竞争王位。这加剧了王位更替

---

① ［苏］斯维特等：《西班牙 葡萄牙》，王正宪等译，生活·读书·新知三联书店1957年版，第29—30页。

时的动荡,许多国王死于非命。当韦底希亚于702年当选为国王后,他希望回避选举君主的传统而让自己的儿子阿基拉继位。710年韦底希亚死后,由于阿基拉在北方,南方西哥特人推选巴埃地卡公爵罗德里格为国王。韦底希亚家族只得向北非的阿拉伯人求助。塔里克·伊本·齐亚德在他所热爱的穆罕默德新宗教的激励下,同意参战帮助韦底希亚家族。他率领一支1.2万人的军队,横渡直布罗陀海峡,进入南部西班牙。"西哥特王国的一些大贵族也加入了阿拉伯人的队伍向国王的军队进攻。国王罗德里格身穿红袍,头戴金冠,乘着象牙车抵达战场。但阿拉伯人骑在长尾小马上,狂呼乱喊,挥舞着短矛或弯形大刀从四面八方疾驰而来,连着包头巾的宽大外套在身后飘荡,气势不可阻挡。西哥特的军队很快败下阵来,国王死于乱军之中。"①711年,西哥特人失去了自己的国王,退到了梅里达。塔里克本应凯旋,但他要将其宗教传播到异教徒之地和夺取传说中所罗门国王在托莱多的大量财宝的愿望使他继续征服西班牙。阿拉伯人像龙卷风一样横扫西班牙,到714年几乎控制了整个半岛。在那个交通通信落后、各地差异巨大的时代,阿拉伯人如此迅速地成为这个国家的新主人,的确令人惊叹。

阿拉伯人并不满足于征服西班牙,而是要征服整个欧洲。他们越过比利牛斯山进入法国,直到732年与查理·马特率领的法国军队遭遇并在波瓦底战役中被打败,阿拉伯人对欧洲的征服野心才被遏制。战争失败后,他们把目光重新投向南方,开始了对新征服地区土地及人民的统治。

阿拉伯人的统治只有一个名义上的政治和精神领袖,即大马士革哈里发,因而在阿拉伯人统治的最初几年,他们相互争夺地盘,抢夺战利品,暗斗频繁出现,叛乱反抗不断发生。直到756年,拉赫曼一世在科尔多瓦执掌政权后,这种局面才结束。拉赫曼建立了一个与大马士革政权保持一致而又独立的埃米尔王国,他的统治标志着中世纪最重要的、高度发达的文明曙光的到来。拉赫曼三世(912—961年)时,"他消除了封建残余割据局面,建立了高度集中的中央政权,把北非的摩洛哥也收入自己的版图,并自称为哈里发。他在位期间,阿拉伯人统治下的西班牙进入全盛时期"②。伊斯兰教、基督教和犹太教三种文明共荣。

阿拉伯人占领西班牙后,带去了东方先进的生产技术和阿拉伯文化,对西班牙经济、文化的发展起了极大的促进作用。首先在经济上,东方的耕作

---

① 王加丰:《西班牙、葡萄牙帝国的兴衰》,三秦出版社2005年版,第3页。
② 同上书,第4页。

方法传入西班牙,农业采用人工灌溉系统,开凿运河,种植从东方引进的稻、石榴等农作物和水果,倡导饲养长细毛的绵羊,并与地中海东部各地建立了广泛的贸易联系。手工业有显著发展。新产业在科尔多瓦繁荣发展起来,皇家地毯工厂闻名于整个西班牙,技术精湛的丝绸编织者提高了当地生产精美衣袍的知名度,玻璃瓷器工厂也建立起来。金属餐具为玻璃制品和彩釉陶瓷所代替,制革工人和银匠还能设计出五花八门的作品。

阿拉伯人对西班牙最大的影响在于文化。拉赫曼本人十分好学,他希望在文化上也能与巴格达分庭抗争,于是不遗余力地把东方阿拉伯的文化艺术都移入西班牙。在拉赫曼及其后继者的努力下,西班牙的文化得到了空前的发展,首都科尔多瓦被誉为"世界的宝石"。科尔多瓦大学图书馆的图书收藏达 40 万册,多是来自埃及、叙利亚、巴格达等东方文明胜地。民间收集、抄录古书的风气也盛行一时。希拉姆二世时期,首相曼苏尔有篡位之心,欲通过弘扬学术文化来提高自己的地位。他常巡视各地清真寺和学校,入座听讲,参加讨论,他还奖励贫寒的优秀学生,进一步促进了西班牙学术文化的发展。阿拉伯人在中东战争中偶然发现的希腊课本也被引入,亚里士多德、欧几里得、希波克拉底、柏拉图及托勒密的著作得到翻译和评注。诗人也同样受到尊重,他们还兼具政治评论功能,为哈里发歌功颂德。阿拉伯诗文亦影响了 15 世纪西班牙的抒情诗歌创作,不仅题材宽泛,还让背诵诗歌成为一种时尚。清真寺和大学都是研究学问的场所,哲学、数学、天文学等课程都被引入,全国呈现出一派文化繁荣的景象。①

此外,阿拉伯人在西班牙建筑史上留下了不可磨灭的痕迹。明亮、易于通风、色彩绚丽的阿拉伯式建筑十分美观。圆顶建筑、马蹄形拱门所用最纤细的柱子多由碧玉、条纹大理石制成,而且伊斯兰艺术家惯用几何图形来表现艺术,所有这些均由阿拉伯人引入。阿拉伯人还善于诊断疾病,掌握高超的手术技巧,懂得使用麻醉剂,能够完成类似摘除白内障、在头盖骨上钻孔以降低血压等复杂而精细的手术。

10—11 世纪,西班牙是世界上重要的文化中心。科尔多瓦是其中心地区,堪称当时整个西欧最大、最富有、最具文化气息的城市,10 世纪中叶人口剧增至 30 万。西班牙的这种地位,使它对西欧中世纪的文化发展作出了重要贡献,并为以后西班牙帝国的建立打下了基础。从西罗马灭亡到 11 世纪是西欧历史上的"黑暗"时期,11 世纪后西欧城市兴起,对文化、书籍的要

---

① 许昌财:《西班牙通史》,世界知识出版社 2009 年版,第 228—231 页。

求增长,由于罗马帝国文化遭受破坏,西欧文化发展出现断裂。为了学习古典文化和科学技术,西班牙成为主要渠道,许多西欧人纷纷前来西班牙留学,西班牙向欧洲贡献了自己的哲学家、天文学家、数学家、神学家、诗人和历史学家。西欧的学者大量吸收从西班牙传入的阿拉伯文的古典著作,并译成西欧通用文字在各城市传播。天文学、数学、医学、哲学、文学等知识纷纷传播到西欧。西班牙的许多城市还有繁荣的大学,西欧最早的大学之一法国巴黎大学就受到西班牙大学的影响。

犹太人在阿拉伯统治期间扮演着举足轻重的角色。犹太人遭到西哥特人的野蛮迫害,却受到阿拉伯入侵者的高度尊重,因为他们为阿拉伯人的入侵作出了巨大贡献。他们博得了统治者的信任,被重用为大使或密使,他们还承担一定的行政职务,受到国王和贵族的保护,如拉赫曼三世的财政大臣就是犹太人。犹太法典、犹太学校吸引了欧洲各地的犹太思想家。犹太人在基督教国家也受到尊敬,他们担当皇家财政大臣、医生之类的职务。犹太人在财政、医学方面提出的建议也逐渐为天主教君王所接受。

阿拉伯人虽带来了先进的文明,促进了西班牙的社会进步,但这种发展是建立在残酷剥削贫苦人民基础之上的,阶级、民族压迫日渐严重。阿拉伯统治者对异教徒即信仰基督教和犹太教的人,每年都征收人丁税,按照纳税人的实际情况分为 12 个、24 个和 40 个第尔汗。阿拉伯人征服西班牙后将土地分给战士,形成了一个人数众多的小地主阶层。农民必须把收成的 1/5 至 1/3 交给他们,同时还需要向国家缴纳赋税,剥削颇为沉重。拉赫曼三世为修建豪华宫殿,曾役使 1 万名工匠及牲畜运载材料,耗时 20 年才最终建成那座欧洲最富魅力的宫殿之一——扎赫拉宫殿,其奢华程度仅次于巴格达和君士坦丁堡的宫殿。随着经济的发展,土地兼并愈益严重,人民生活困苦。

这时的民族压迫突出表现在宗教压迫上。在中世纪的欧洲,领主与封臣间结成的权利与义务的关系是整个封建社会的纽带。封臣只效忠于赐给他土地的直接领主,而作为“国家”象征的国王,并不是领主效忠的对象,“国家”只是个空洞的概念。领地也不具有“民族性”,它可以从任何领主那里获得,不受“国籍”和“民族”的影响。人们认同的是领主,而不是“国家”或“民族”。而农奴则被固定在领主的土地上,随着土地的转手而改变主人。因而在那时,人们的“国家”和“民族”观念都很淡薄。不论是“英格兰”“法兰西”还是“西班牙”,它们主要是一些地理概念,而不是作为政治实体拥有权力的“国家”。“中世纪欧洲作为基督教的大世界,一切‘国界’都是开放的,自由人可以在基督教世界里自由地来往。"只有当这个基督教大世界受到外部威胁时，人们对"民族"的理解才会骤然上升，才会出现"民族问题"。异教信仰使那些外部力量与欧洲人有根本的不同。"'民族问题'和宗教问题纠缠在一起，'异教'和'异族'混为一谈。"①欧洲人虽然自身有差别，但那仅仅是地域的差异，共同的宗教信仰——基督教使他们彼此认同。这是因为基督教是一种普世的宗教而不是民族的宗教，它不分民族所属，包容一切信徒。人们对宗教的认同感产生了强大的亲和力和凝聚力，从而大大掩盖了"民族"的差异。此外，中世纪的欧洲只使用拉丁文一种书面语言，从而使民族属性更为模糊。民族问题和宗教问题错综交融在一起，某种程度上淡化了民族意识。

但阿拉伯人入侵西班牙时，基督徒们清楚地意识到入侵者是"异族"，这种意识亦是和"异教"紧紧联系在一起的。宗教信仰成为民族差别的标志，尽管最初阿拉伯统治者对基督教和地方习俗比较宽容，允许他们有自己的信仰，但西班牙人清楚地意识到他们是外来侵略者，必须将他们驱逐出去，恢复昔日的领土。后来随着阿拉伯人放弃宗教宽容政策，逐渐采取宗教迫害政策，民族问题陡然升温，阿拉伯人和原有居民的关系趋于紧张，从而推动了西班牙光复运动的进程。由此，西班牙成为伊斯兰文化和欧洲文化的分界线。

4. 光复运动与统一的民族国家的初建

阿拉伯人的入侵挫败了西哥特人在半岛上实现文化、语言和宗教统一的企图。但西哥特人并不甘于失败，他们在西班牙北部的阿斯图里亚山区重组人马，同时佩拉约（Pelayo）的小股基督徒武装也在抵抗大举入侵的敌人。早在700年前，西班牙人就在这里同罗马军团对峙了长达10年之久。虽然阿拉伯人被他们新宗教的热情激励着，但他们始终无法在阿斯图里亚山区取得胜利。722年，基督徒在科瓦东加取得胜利，标志着西班牙光复运动的开端。基督徒们认为这次胜利表明上帝并未抛弃他们，西班牙人在基督教的指引下，开始了长达700多年的反抗斗争。

718年，佩拉约与他的儿子法维拉在北方建立了一个强大的基督教政权——阿斯图里亚王国。8—9世纪，西班牙不断收复土地。在阿方索一世时期，阿斯图里亚人向西占领了加里西亚，向东占领了坎塔布连。阿方索二世时期，阿斯图里亚人又向东建立了许多城堡以抵抗伊斯兰教徒的进攻，并

---

① 钱乘旦主编：《欧洲文明：民族的融合与冲突》，贵州人民出版社1999年版，第9页。

迁都奥维耶多,试图恢复西哥特君主政体式的行政制度。阿斯图里亚人将自己视为西哥特政权和传统的继承人,负责从阿拉伯人手中夺回权力。而一直努力保持独立的巴斯克人,亦甘愿与基督教同胞结成联盟,以驱逐阿拉伯人,恢复基督教。8世纪,查里曼控制了潘普罗纳和加泰罗尼亚,建立了西班牙边界,以此作为阻挡阿拉伯人的缓冲地带。阿拉伯人只能在南方建立统治。10世纪初,阿斯图里亚王国向南推进到雷翁城,并以此为中心形成了雷翁王国。10世纪后期至11世纪初,在同阿拉伯人的斗争过程中,雷翁王国采取构筑堡垒、步步为营的战略,逐步向南推进。当到达杜罗河流域时,它建立了许多堡垒,这样就形成了一个隶属于雷翁王国的卡斯蒂利亚王国,即"城堡之国"。1037年,雷翁与卡斯蒂利亚合并,势力渐增。在伊比利亚半岛北部还先后形成纳瓦拉、阿拉贡和加泰罗尼亚王国,其中以阿拉贡王国势力最强。

然而,斗争并不是一帆风顺的。976年曼苏尔在科尔多瓦掌权后,为了转移伊斯兰教徒对他治理不当的抱怨,向北部基督教王国发动了52次讨伐。985年他烧毁了巴塞罗那,屠杀并使当地人成为奴隶,988年他又掠夺了布尔戈斯和莱昂,摧毁了圣地亚哥基督教最神圣的地方大教堂,并让基督徒将教堂的钟和门送到科尔多瓦,用于制作清真寺的吊灯和天花板。当1002年曼苏尔死在征伐卡斯蒂利亚王国班师回朝的路上时,基督教国家奋起反抗。科尔多瓦最终于1010年遭到洗劫,并导致了长达10年的内战。①

阿拉伯人的内战使其领地不断地分割成小邦,从而进一步削弱了他们在半岛上的力量。基督教国王趁机挑拨离间,卡斯蒂利亚人在1085年重新占领了托莱多,这标志着第一个穆斯林城市的灭亡,基督教军队也得以继续向南扩张。卡斯蒂利亚成为反抗阿拉伯人斗争的中心。与此同时,阿拉贡人占领了萨拉戈萨,加泰罗尼亚人重新收复了莱里达和塔拉戈纳。1151年,加泰罗尼亚、阿拉贡合并为阿拉贡王国,阿拉贡成为反抗阿拉伯人斗争的另一个中心。

屡遭失败的阿拉伯封建主向北非柏柏尔族的阿莫拉维人求救。1086年,约2万阿莫拉维人在首领优素福率领下,带着运载武器的骆驼和非洲侍卫与卡斯蒂利亚国王阿方索六世展开激战,阿方索六世大败,只带着300人死里逃生。优素福把4万多个首级作为战利品运回北非。1090年,优素福还一度统治了西班牙的大部分地区。在反抗阿莫拉维人的过程中,出现了

---

① 许昌财:《西班牙通史》,世界知识出版社2009年版,第155—156页。

一位传奇式的人物，即布尔戈斯的罗德里戈·迪亚斯·维瓦尔，人们常把这位西班牙的民族英雄称为熙德（源自阿拉伯语 sidi 一词，意为英雄）。1094年，他攻占巴伦西亚，并坚守这座城市直到 1099 年他去世为止，他的英勇战绩后来成为史诗《熙德之歌》的素材。12 世纪初，阿莫拉维王朝结束，但北非的另一支力量阿莫哈德王朝进入西班牙，夺得统治地位。他们的统治更加残酷，人们的痛苦更加深重。作为回应，教皇英诺森三世号召十字军和欧洲的基督教国家，派遣骑士团向"异教徒"宣战。1212 年，卡斯蒂利亚国王阿方索八世统帅的西班牙诸国联军，在欧洲其他国家十字军的支持下，在托罗萨与阿莫哈德王朝的军队进行了一场决定性的会战，阿莫哈德王朝的军队惨败，至少有 16 万人被杀。此后，西班牙迅速向南推进。

13 世纪，斗争进入后期阶段，收复失地的步伐加快。穆斯林的西班牙很快被全部占领，"征服者国王"詹姆斯一世占领了巴伦西亚和巴利阿里群岛，"圣者"斐迪南三世也统一了卡斯蒂利亚和莱昂，双方合兵一处，1235 年攻占科尔多瓦，塞维利亚的清真寺被夷为平地。随着基督徒的不断胜利，阿拉伯人在西班牙的势力被极度削弱，到 13 世纪末，只有格拉纳达地区仍控制在阿拉伯人手中。

从 711 年阿拉伯人入侵西班牙，一直到 15 世纪末西班牙占领格拉纳达把阿拉伯人赶走，长达近 8 个世纪的光复运动具有鲜明的民族斗争性质，西班牙人反抗外族的斗争，受到社会各阶层的支持。但这种民族斗争是通过宗教斗争表现出来的，它又是一场宗教斗争。光复运动和十字军运动一样，是在宗教斗争的旗帜下进行的，是基督徒反对"不信教者"的斗争，是基督教国家反对伊斯兰教国家的斗争。这样一种特殊的历史背景在其他民族形成过程中是极为罕见的。

连绵近 8 个世纪的光复运动是中世纪西班牙历史上最重大的事件，在很大程度上决定了西班牙以后历史发展的特性，对其观念、城市、宗教、诸王国的形成都产生了深远的影响，特别是天主教的地位在国民中高于一切。光复运动是群众运动，社会各阶层都参加，有追求不同目的的农民、市民、贵族、僧侣，他们都在夺自阿拉伯人的土地上得到很大的好处。农民的依附地位减轻，市民得到更多的自治权利，贵族可以得到更多的土地，掠得巨额财富，壮大自己的力量，僧侣则在得到土地的同时，得以传播宗教，扩大其会众。西班牙人在战争中逐渐形成了一种根深蒂固的观念：热衷于扩张，鄙视非基督教的民族和居民。打仗就意味着发财，他们"习惯于征服和劫掠，习惯于短时间得到大笔的金钱和大片的土地，没有养成勤劳的习惯"，"骑士或战士或不耕种而只打仗的人受到了社会的高度尊崇,而生产者则受到歧视"①。他们鄙视平凡的劳动,鄙视从事劳动的普通人。分得土地的西班牙人并非亲自耕种土地,而是让犹太人和留在收复区内的阿拉伯人或其他穷人来耕种,因而在长期的征服过程中,西班牙的工农业生产更多地依赖于那些受到歧视的犹太人和穆斯林。这种错误和不宽容的观念给西班牙将来的发展留下了极大的后患。

成为殖民据点的城市在光复运动中发挥了巨大的作用。作为回报,它们得到了广泛的自治权利和自由,出现了一些独立城市,不受贵族封建主和王权的统治。随着工商业的发展,城市的经济势力加强,政治地位相应提高,城市在为保卫本地的特权而与贵族进行的斗争中成为巩固王权的重要支柱。市民和数目众多且在光复运动中充当军队主力的骑士获得参政的途径,成为等级代表议会中的一部分。

天主教会在西班牙的特殊地位和权力亦奠基于光复运动时期。"基督教诸国在同阿拉伯人的斗争中,起初是声称要恢复西哥特王国,后来随着欧洲十字军的兴起,改为强调收复基督教的土地。所谓'光复运动'或'收复失地运动',所'复'的不是国而是教。"②因为此时"西班牙民族"还不存在,伊比利亚半岛的居民主要因宗教不同而相互区分为穆斯林、基督徒和犹太人,当地居民之间区别最大的是宗教信仰。天主教是西班牙统一的纽带和精神支柱,正是在天主教的信仰下,西班牙意识到"异教徒"的入侵,虽然半岛上各小国处于分裂状态,但却总能团结在反抗阿拉伯帝国的侵略统治和收复失地的总目标下。天主教亦是克服困难、取得最终胜利的精神支柱。此外,兴起于光复运动过程中的僧侣骑士团,以及煽动宗教狂热并在反"不信教者""十字军远征"的旗帜下招募外国冒险家的教会,都具有特殊的重要性。

光复运动对西班牙诸王国的形成过程产生了决定性的影响,北西班牙诸王国社会、经济、政治制度的特质就在这一时期形成,特别是在11—13世纪,决定了西班牙未来社会政治制度的特性。马克思曾分析道,西班牙各地方的生活,各省和城市公社的独立性,社会的复杂情况,起初是由这个国家的地理特性造成的,后来在历史上又各以特具的方式发展,各省不管是怎样从摩尔人的统治下解放出来,在解放中都形成小独立国。雷翁—卡斯蒂利亚的合并在光复运动中起主导作用,对西班牙以后的发展影响也最大。在

① 王加丰:《西班牙、葡萄牙帝国的兴衰》,三秦出版社2005年版,第281、280页。
② 秦海波:《西班牙民族的统一和近代化问题》,载《中国社会科学院世界历史所学术论文集》第五集,江西人民出版社2007年版。

这里除贵族和骑士外,自由农民和市民亦产生重大作用。到 13 世纪,货币地租的实行促使卡斯蒂利亚和雷翁的农奴制灭亡。国内大部分土地掌握在世俗和教会领主手中,农民必须承租,并承担各种义务。11—13 世纪增加了一些独立城市,城市市民阶层与贵族斗争保卫特权,并成为巩固王权的支柱,"和阿拉伯人斗争时曾是一支强大力量的市民和骑士在卡斯蒂利亚获得参政的途径:在十二世纪成立起来的等级代表机关——议会中,市民所起的作用不亚于封建主"①。阿拉贡和加泰罗尼亚不同于卡斯蒂利亚,它们的领土扩张不仅通过光复运动,而且也在地中海区域扩张,经济利益使加泰罗尼亚和这个地区的联系甚密。阿拉贡在统一的阿拉贡—加泰罗尼亚王国中居主导,它一方面城市力量软弱,农民被奴役;另一方面贵族强大而又联合在一起,贵族寡头当政,王权完全从属于议会,议会甚至有权更换它不喜欢的国王。加泰罗尼亚手工业和农业发达,11 世纪时被称为"第一流的海滨通商城市"。

光复运动的过程也是建立一个强大国家的过程,没有这个过程,日后就不可能发动大规模的探险和殖民活动,也就不可能建立起强大的帝国。这个国家尚不是完整意义上的现代民族国家,但它的形成已经对驱逐外敌、解决民族内部冲突、使内部各种政治力量达到相对平衡和统一发挥了重要作用。14—15 世纪,由于南征攻势的和缓,教会、领主和骑士增添收入的来源枯竭,以致这一时期大部分卡斯蒂利亚和阿拉贡的历史都充满了封建集团的斗争和农民起义,阶级斗争和宗教斗争激烈。在战争中成长起来的封建贵族和专事打仗的僧侣集团,常凭借自己的特权和武力兴风作浪。殖民结束和货币关系的发展使农民境遇恶化。15 世纪 50 年代马罗卡岛爆发农民起义,1462 年加泰罗尼亚爆发农民战争,15 世纪 30—50 年代卡斯蒂利亚也发生农民起义。在农民日益反抗的情况下,统治阶级为了维护利益,必须消除内部分裂、加强王权。而国家经济的发展,特别是热衷于加强王权的城市的兴起,一方面有自己的军队、管理机构,享有广泛的自治权,为支持王权和国家的集权化奠定了经济基础;另一方面,城市的经济大都由阿拉伯人和犹太人掌控,他们利用手中的金钱换取征税权,进而盘剥广大下层群众,使阶级矛盾和宗教矛盾交织在一起。出身非贵族等级而在政府中身居要职的穿袍贵族也支持王室的集权政策,贵族在保持自己旧有特权的条件下亦决定

① [苏]斯维特等:《西班牙 葡萄牙》,王正宪等译,生活·读书·新知三联书店 1957 年版,第 34 页。

容忍国王的政策。这就为 15 世纪末国家的统一创造了前提。统一突出的转折体现在卡斯蒂利亚和阿拉贡的联姻上,特别是伊莎贝拉的婚姻选择上。

1451 年 4 月 22 日,伊莎贝拉出生在马德里,她的父亲是卡斯蒂利亚国王胡安二世。伊莎贝拉出生后不久,胡安二世就去世了,她的同父异母兄弟恩里克继位,即亨利四世。伊莎贝拉在少年时代受到良好的教育,学习文法、修辞、绘画、历史、哲学等,酷爱诗歌,还掌握了一些自然科学知识。她还擅长刺绣,所刺绣的祭台装饰品至今还保留在格拉纳达教堂里。身为公主,17 岁的她身不由己地卷入政治漩涡中。亨利四世统治期间,阶级、宗教矛盾更为尖锐,"无能的恩里克"昏庸骄狂,反对派大贵族便抬出伊莎贝拉作为他们的代理人。1468 年,亨利四世慑于反对派的力量,被迫承认伊莎贝拉为王位继承人。这位 17 岁女继承人的婚事顿时成为朝野上下共同关注的问题。倾向于西班牙统一的贵族希望她与阿拉贡王子斐迪南结婚,以期借助阿拉贡的力量保住伊莎贝拉的继承权,并实现两国的合并。亨利四世则强迫伊莎贝拉与葡萄牙国王阿方索五世结婚,希望借助葡萄牙的力量抵制阿拉贡。富有远见的伊莎贝拉决定嫁给斐迪南。1469 年秋,伊莎贝拉秘密越过边境,将自己的决定告诉斐迪南,10 月他们的婚礼在巴里阿多里德的胡安·比维罗宫隆重举行。两国联姻是两国正式合并的开端。1474 年伊莎贝拉继位为卡斯蒂利亚女王,1479 年斐迪南登上阿拉贡王位,"当斐迪南和伊莎贝拉在 1479 年成为卡斯蒂利亚和阿拉贡的共治君主时,在世界看来,他们也成为整个西班牙的国王和女王"[1]。两国正式合并,标志着统一的西班牙王国初步形成。

随后,西班牙于 1483 年开始攻打格拉纳达。1490 年春,伊莎贝拉女王率领 10 万大军包围了格拉纳达,并亲自督战。伊莎贝拉女王平素一身洁白,每天要沐浴更衣 4 次,其美艳曾惊动欧洲王室,但此次她立下重誓,不夺取格拉纳达决不脱下自己的战袍。1492 年 1 月 2 日,摩尔人弃城投降,女王亲吻了格拉纳达的土地,并与丈夫一起进入阿尔汗布拉宫。长达 8 个世纪的光复运动以西班牙的胜利告终。西班牙获得了民族独立,成为欧洲最早完成民族独立的国家,统一的民族国家初步形成。时至今日,西班牙人民仍不忘他们的先辈用鲜血和生命换来的胜利。在一些村镇,每年 8 月村民们为了纪念 1492 年光复运动的胜利,都要举行以"天主教徒与摩尔人"为名

---

① P.E. Russell, *Spain: A Companion to Spanish Studies*, London: Methuen, 1976, pp.108—109.

的仪式。村民们装扮成阿拉伯士兵的样子,身披战服、脸涂油彩,走上街道游行以示不忘国耻。1512 年,西班牙又兼并了半岛中部的那瓦尔王国,西班牙成为一个真正统一的国家。

"民族可以分为三种:1.相当于一个国家的民族;2.小于一个国家的民族,包括我们常说的一个国家的主体民族和少数民族,譬如我国有 56 个民族;3.大于一个国家的民族,譬如斯拉夫和阿拉伯。一般说来,民族是基于地理、人种、宗教、文化等许多主客观条件,在历史长河中逐步'天然'形成的,其源头大约可以追溯到最为久远的年代。这样产生的民族可以说是自然属性的民族。大于或小于一个国家的民族便是这种自然属性的民族。可是,相当于一个国家的民族却不是这样。它主要是政治(或政治—经济)意义上的民族,并且只是一个近代的观念或事物。它是以主观条件为主,在文艺复兴之后,尤其在启蒙运动之后,伴随着人权和民主的观念而产生的近代事物,是在从'君权神授'到'主权在民'的斗争过程中诞生的。"[1]其规模在很大程度上是由人们的主观意识决定的,"具有近代政治(或政治—经济)的属性"。"我们姑且把相当于一个国家的民族称为近代民族。提倡和拥护并为其诞生和发展而奋斗的可称之为近代民族主义","主权问题对于近代民族主义是至关重要的。……近代民族主义的关键是争取掌握主权,成为一个拥有独立主权的民族;而一旦拥有了主权或主权得到了认可就成为了我们所说的近代民族,其所在国也成了近代民族国家"[2]。

西班牙收复失地驱逐了阿拉伯人,促进了西班牙民族的形成。它将西班牙人团结在共同的利益和目标下,在由北向南的推进中,促进了统一语言和宗教的传播,统一的西班牙民族成形。这时期民族最大的特点是民族与国家等同,"民族国家"成了民族必须赖以生存的支柱。西班牙民族与西班牙王国同一,构成了西班牙"民族国家"的最初形态,并以天主教民族主义的形式表现出来。天主教在西班牙"民族国家"和西班牙民族的建立、发展过程中发挥了举足轻重的作用,没有天主教的纽带,西班牙不可能建立起来,西班牙民族不会形成。天主教更是左右着西班牙发展的每一步,对其发展历程有着决定性影响,天主教民族主义随着西班牙民族国家的初建亦逐步形成。

但这时,作为统治民族或主体民族的西班牙民族还不具有现代民族的

---

① 秦海波:《试论"近代民族国家"新观念》,第1—2 页,2007 年 8 月 22—25 日"世界历史进程中的民族国家"全国学术研讨会。

② 同上书,第2—3 页。

政治意识,也没有对主权的要求,王室掌握着主权。西班牙还不是真正意义上的民族国家,而是王朝国家,王权高于一切。"对不具民族意识的专制君主来说,增强家族权势、扩大王室领地才是其'天赋的'和首要的使命,他们的主要政绩并不是来自能否使治下的民众富足,而是能否增加王室的领地和财富。"①"专制王权是民族国家的第一个阶段,在这个阶段上,国家统一了,民族自立了,中世纪的混乱状况得以清除,国家的发展具备了初步的条件。正是从这个意义上说,专制王权是时代的需要。"②所以王朝国家是民族孕育和成长的时期,是民族国家的初创时期,是民族国家发展的第一阶段。1492 年西班牙的统一只是领土和宗教的统一。"在合并和统一的过程中卡斯蒂利亚占据主要地位,推行的主要是卡斯蒂利亚的法律、制度及语言,再通过协定的方式给各地保留一些'特权'。驱逐了摩尔人和犹太人,强行统一并强化了宗教信仰。"③西班牙民族虽然实现了统一,但它并不拥有主权,还没有民族意识。从自然属性的民族升华到近代政治属性的民族,其方式和途径虽互不相同,但全都具有资产阶级革命的性质和特点。西班牙首先经过了一个民族统一的过程,产生了一个统治着多个民族的庞大的专制王朝。由于受当时社会经济形态的限制,这次民族和国家的统一运动还不具有资产阶级革命的性质。因而这时的专制王朝还只是西班牙民族国家发展的第一阶段,到第二阶段资产阶级革命时期,它才有可能成为现代意义上的民族国家。

二、西班牙帝国的兴衰——天主教民族主义的发展

西班牙统一后,适应社会需要建立了专制王权,天主教民族主义进一步得到巩固和加强。教会成为政府最强大的工具之一。在天主教民族主义的驱动下,西班牙匆匆走向了航海探险和对外战争的道路,并很快建立起美洲殖民帝国,成为欧洲强国。到 16 世纪中后期,西班牙帝国进入全盛时期,成为近代以来世界的第一个霸主。但由于西班牙民族国家建构的任务并未完成,帝国迅速盛极而衰。

---

① 秦海波:《试论"近代民族国家"新观念》,第 7 页,2007 年 8 月 22—25 日"世界历史进程中的民族国家"全国学术研讨会。

② 钱乘旦主编:《欧洲文明:民族的融合与冲突》,贵州人民出版社 1999 年版,第 11 页。

③ 秦海波:《试论"近代民族国家"新观念》,第 4 页,2007 年 8 月 22—25 日"世界历史进程中的民族国家"全国学术研讨会。

1. 专制王权的建立

"民族国家的现代化的要求,意味着国家并不是一个简单的机器,而是表现为一系列的国家与社会、国家与个人的权力关系。"①在前现代即传统社会中,国家也存在,但社会、文化和法理基础与现代国家有天壤之别。中世纪的欧洲国家多是政教合一的政体,是教会权威式文化,一切生活秩序都由教会来完成。一切权力和权威,其合法性有着不能质疑的神秘来源。现代国家打破了传统社会中权力和权威合法性的神秘来源。世俗的国家理念取代了神权国家理念,法律制度取代了教会等级制度。现代的民族国家是建立在"民族"的基础之上的,在其发展的第一阶段中,王权发挥了关键作用,它将民族与国家结合起来,形成最早的民族国家,即王朝国家。王权在这一过程中成为专制的权力,成为凌驾于民族之上的"独占的权力"。西班牙在其民族国家形成之初亦适应时代发展的要求,建立了专制王权。

西班牙的专制王权诞生于卡斯蒂利亚和阿拉贡合并之时。伊莎贝拉与斐迪南联合统治之初,面临严峻的局面,封建割据大贵族不希望有一个强大的能够威胁其利益的国家,犹太教徒和天主教徒之间不断发生流血事件,南方的格拉纳达不断袭扰西班牙边境。更重要的是,卡斯蒂利亚、阿拉贡在政治经济体制上存在着巨大的差异。卡斯蒂利亚是拥有大地产和强大军事骑士集团的贵族国家,占人口2%—3%的贵族控制了97%的土地。羊毛业的发达也促进了城市的发展和外贸的繁荣。合并后,卡斯蒂利亚的经济和人口在联合体中占有优势,其人口大约500万—700万,且与北欧的贸易很活跃。阿拉贡3个省份的人口总共不超过100万,经济的不平衡显而易见。而政治上,"在卡斯蒂利亚,议会是虚弱的。他们没能确保立法权的分配,正如他们没能确立起不公平的矫正应先于供应这一原则"。②其体制极不稳固,卡斯蒂利亚—莱昂是13世纪欧洲最先形成等级议会制的国家之一。到15世纪中叶,贵族对于君主政体一度拥有实际优势,但中世纪后期贵族攫取的权力并未根植于法制的土壤之中。议会只是偶尔召开的、地位不明的集会,其召集也完全听命于君主,因而未能产生正规的三级体制。卡斯蒂利亚的议会只是一个相对软弱和孤立的机构。"阿拉贡土地上的法令体系与卡斯蒂利亚形成鲜明对比。阿拉贡国王的权力受到严格的限制,只有经过

---

① 徐迅:《民族主义》,中国社会科学出版社1998年版,第15页。

② P. E. Russell, *Spain: A Companion to Spanish Studies*, London: Methuen, 1976, p.111.

加泰罗尼亚、阿拉贡和巴伦西亚议会的表决才能征税。王室官员的任何可疑的违法行为都将是各地议会执行委员会立刻审查的对象。"①在阿拉贡王国,有欧洲几乎是最完整、最坚实的等级议会结构。阿拉贡、加泰罗尼亚和巴伦西亚三省都有各自的议会,而且每个地区都有特殊的检查机构。加泰罗尼亚议会是其中最有效率的典范,不仅定期召开,而且实行一致通过的体制,这在西欧是独一无二的。这套复杂的中世纪"自由"体制为中央集权化的绝对主义的建立展现出一幅难以驾驭的前景。②

1479年卡斯蒂利亚和阿拉贡通过联姻达到统一,然而这只是王冠的统一,并非真正的王国的统一。"他们甚至未能实行统一的货币体系,更不用说在国内建立统一的税收和司法制度了。"③各地区仍保有自己的领导权、政府,并由各自的王位继承人来统治,真正统一的只有宗教,并确立了其至高无上的地位。宗教裁判所是西班牙王国统一的机构,这一严酷的思想机构弥补了国家实际上的行政分裂,并作为一种国家机构建立起来。天主教君主以统一信仰作为统治手段,以天主教为纽带将西班牙融合起来,天主教民族主义的这种特性在其他民族国家是罕见的。

伊莎贝拉和她的丈夫斐迪南二世顽固地维护天主教的正统地位,因援救教廷有功,1496年12月2日被教皇亚历山大六世正式授予"天主教君主"的称号。他们是西班牙封建专制制度的建立者和西班牙民族国家的奠基人。伊莎贝拉是位颇会玩弄权术的女王。她金发碧眼,美艳动人,但生性刚烈,爱好体育,健壮有力,喜欢狩猎,经常处理国事到凌晨。虽然名义上她协助斐迪南治理国家,但伊莎贝拉很有主见,经常运用手段裁断大小事务。为了巩固基业,她致力于在西班牙形成一种统一的精神,为此她竭力统一宗教、纯洁信仰,以宗教视野进行统治。为了实现天主教的统一,1478年11月她从教皇西克斯图斯四世手中取得旨令,建立进行宗教审判的神圣宗教法庭,努力铲除犹太教的影响,以坚定改信基督教的犹太人的信仰。1480年,宗教裁判所建立,其目的在于将整个西班牙统一于天主教君主的统治之下,努力使信仰犹太教、伊斯兰教的人改信天主教。伊莎贝拉大肆利用宗教裁判所来镇压异端。宗教裁判所听信告密,以酷刑逼供,不允许为被告辩护和

---

① P.E. Russell, *Spain: A Companion to Spanish Studies*, London: Methuen, 1976, p.110.
② [英]佩里·安德森:《绝对主义国家的系谱》,刘北成等译,上海人民出版社2001年版,第56—58页。
③ 同上书,第60页。

盘问证人,以极端残酷的手段对有异教嫌疑的人进行审判,被判有罪的人面临的是囚禁、斩首、绞刑和火刑。据统计,在托马斯·德·托克马达任职约15年中,有2 000多人被处死。①但女王对教会一直持强硬态度,决不允许教会借宗教侵犯国家权限。她对教会进行了一次深入改革,宣布王室有权推荐西班牙各主教教区的主教人选,并从罗马争取到对美洲教会相当大的权力,摆脱了罗马教廷的指挥控制。由此,国家利益与宗教利益在统一的精神下结合起来,宗教原则成为一切事务的准则。伊莎贝拉成为整个西班牙宗教力量的代表。

教会成为西班牙专制主义最恐怖的工具。"在上帝的帮助下,他们推翻了伊斯兰。现在同样在上帝的帮助下,他们必须摧毁教会的其他敌人,犹太人。"②1492年西班牙攻占格拉纳达后,开始了对犹太人的残酷迫害。天主教君主4月下令驱逐所有拒绝改信基督教的犹太人,近20万犹太人遭到驱逐,30多万改变宗教信仰留在西班牙的犹太人处境艰难。犹太人和阿拉伯人被置于宗教裁判所的严厉监视下,一直深受迫害。

这种残酷的宗教政策产生了严重的消极影响。政府命令犹太人在3个月内离开西班牙,许多医生、科学家、商人、高级手工业者被迫离开西班牙,西班牙失去了手工业者和农民等基层大众,给经济带来了严重损失。"可是此举对崛起中的西班牙却十分重要,它既巩固了伊莎贝拉的中央王权,又增进了王朝与罗马教廷的关系,提高了其国际地位与声誉。"③而这时西班牙民族主要以宗教信仰来维系,天主教君主的这些行为也正是巩固西班牙民族统一的手段,因为"当政治和管理上的统一在很大程度上无法实现时,宗教的统一变得尤为重要。共同的信仰在联合不同的民族时发挥了重要作用,尤其是当他们中包含非基督徒或可疑的基督教少数派时"④。在西班牙君主看来,经济和人才的损失并不重要,重要的是宗教的纯洁、国家的巩固和统一,只有达到信仰的统一,才能巩固政权。这是向外扩张、建立帝国的先决条件。

为消除内忧外患,除了统一信仰外,伊莎贝拉和斐迪南还采取了一系列措施加强中央集权,确立专制王权。阿拉贡是反对中央集权的最顽固的政

---

① 许昌财:《西班牙通史》,世界知识出版社2009年版,第250页。

② P. E. Russell, *Spain: A Companion to Spanish Studies*, London: Methuen, 1976, p.118.

③ 秦海波:《西班牙民族的统一和近代化问题》,载《中国社会科学院世界历史所学术论文集》第五集,江西人民出版社2007年版。

④ P. E. Russell, *Spain: A Companion to Spanish Studies*, London: Methuen, 1976, p.109.

治障碍,经济收入也有限。而卡斯蒂利亚有多达五六倍的人口和更丰裕的财富,却没有体制的保护。两位君主便努力在卡斯蒂利亚建立牢固的王权,并为其行政改组制定有序的纲领。

(1)镇压大封建主的反抗,树立君主权威。卡斯蒂利亚和阿拉贡合并后,部分大封建贵族不肯放弃割据势力,反抗统一。从1480年开始,伊莎贝拉女王便一直坚持不懈地加强中央王权。伊莎贝拉依靠城市、中小贵族及天主教会的支持,逐步削弱和打击大贵族,没收了所有曾经反对她的贵族们的领地,镇压了大封建主的反抗,边境地区的领主遭到驱逐。她还把一些大贵族招进王宫,授予虚职以加强控制。城市在这一斗争中起了重要作用,1480年卡斯蒂利亚的城市结成联盟,它们组织民军帮助国王摧毁大封建主的城堡。此外,伊莎贝拉和斐迪南竭力树立封建法权威,打击无视王权的贵族的嚣张气焰,削弱其经济实力。1480年,国王下令强行收回亨利四世在位时赐予贵族的王室领地,没收贵族以前侵吞的王室土地,明令贵族不得私建城堡,如有违反立即拆除。伊莎贝拉女王还整顿吏治、推行法制,责成法学家迪亚斯·德·蒙塔尔沃编制《卡斯蒂利亚皇家法典》,并于1484年颁行,严禁私战,对违法乱纪的贵族以封建法律予以严厉制裁。伊莎贝拉执法公正、严厉,有一个名叫阿尔瓦的富裕贵族杀了一个公证人,为免于死刑,他用4 000马拉维德贿赂女王。伊莎贝拉女王不但拒收这笔巨财,而且杀了阿尔瓦。在那样一个动荡的社会,女王的举措大大有助于树立专制君主及封建法律的权威。王室司法权不断得到巩固和扩大,并逐步统一。

(2)强化王权。在打击大贵族、封建主力量的同时,国王在任命中央和地方官吏上,注意提拔使用一些中小贵族和出身商人家庭、受过良好教育的人。这些人本身没有雄厚的实力,故能潜心为国王效力。在反抗大贵族斗争中起过重要作用的议会亦逐渐被驯服,1480年后国王成功免去了贵族和教士出席议会的权利。城市自治权被削弱,一切权力均由惟王命是从的王廷参政会把持。"财政收入的提高令人瞠目:卡斯蒂利亚的岁入从1474年的90万里亚尔左右提高到1504年的2 600万里亚尔。王室政务院得到改组,清除了大贵族的影响。新政务院由出身于小乡绅的律师官僚组成。由君主直接领导专业化秘书班子处理工作,处理公务相当快捷。换言之,卡斯蒂利亚的国家机器被理性化、现代化了。"①

---

① [英]佩里·安德森:《绝对主义国家的系谱》,刘北成等译,上海人民出版社2001年版,第59页。

（3）控制兵权，建立强大军队。西班牙王室重新组建了中世纪中期曾存在的"圣兄弟会"，用以充任警察和密探的角色，负责监督各地贵族和广大民众，维护封建秩序，并收复僧侣骑士团。僧侣骑士团是威胁王权的又一大力量，当时的西班牙有卡拉特拉伐、阿尔坎塔拉和圣地亚哥三大骑士团。他们都拥兵数万，握有大片领地，享有许多特权。控制这些骑士团既可以消除内患，又可以壮大国力。伊莎贝拉努力争取僧侣骑士团的领导权。1487年，伊莎贝拉亲自出席卡拉特拉伐骑士团的会议，并利用自己的威望迫使骑士团接受斐迪南国王为其首领。此后，伊莎贝拉又用同样的高压手法使另外两个骑士团归顺。西班牙还建立了一支拥有 4 万人的常备军，从而大大加强了王权。

（4）控制城市，削弱其力量。"城市的市长由国王提名和任命。国王通过向各城市派驻财务调查官和行政税务官等政府官员，对城市的财政、行政进行干预和指导。另外，他们还逐步改组城市管理机构，使之摆脱封建贵族的控制，听令于国王。1493 年以前，巴塞罗那百人会议几乎完全由封建贵族和骑士把持。1493 年改组后，商人占 32 席，手工业者占 64 席，贵族仅占48 席，其力量已大为削弱。"①城市的自治权被削弱，市政会得以改组。市政自由逐渐被纳入王室管制，具有保护主义特点的商业政策被制定出来，并受到普遍的欢迎，王室对经济的调节和干预得到了广泛的信赖。

伊莎贝拉女王以宗教视野和世界视野致力于在西班牙形成一种统一的精神，而斐迪南则以现实视野和国家视野致力于在政治上使西班牙成为一个国家。政治力量和宗教力量共同发挥作用，这一切在加强中央王权的同时，也有效地增进了全国的统一，缩小了各地区的差别，促进了西班牙民族的统一。民族与领土的统一实现，世界上从此出现了一个政治统一的西班牙民族。但西班牙用以统一国家的标准是宗教，而不是政治或语言，宗教具有本质性和长久性的特点，规制着西班牙前进的道路。西班牙人的个人主义和世界主义在这样一个教会国家奇妙地结合起来，成为一股强大的力量。西班牙成为第一个世界帝国，伊莎贝拉和斐迪南的王朝也成为贯穿整个西班牙历史的力量象征。

但国家主权的概念此时并不为这个民族所有，权力完全掌握在专制君主及其所属的王室手中。他们没有民族的意识，只知道要对王室、子孙、传

---

① 滕藤主编:《海上霸主的今昔——西班牙、葡萄牙、荷兰百年强国历程》，黑龙江人民出版社1998 年版，第 18 页。

统和上帝负责,其首要的使命是增加王室的领地和财富。只要条件允许,他们的扩张脚步就不会停下来。①贵族仍享有很大特权,天主教君主并未将其政治体制与整个贵族阶级相对立,他们打击的只是分裂势力。最高的军事外交职务仍属于那些显贵们,他们控制着大总督、省督的职位,小贵族则担任市长。王室仅收回了1454年后被贵族夺走的领地,早期被吞并的更多的领地仍在贵族手中,格拉纳达的收复又增加了他们的地产。长子继承权的实行保障了财产的固定性,城市的行会制度和宗教迫害使犹太资本撤离。所有这些政策在卡斯蒂利亚都得到了有力实施。"在天主教君主统治时期,新西班牙的真正活力在卡斯蒂利亚而非阿拉贡,这一点变得愈益清楚。卡斯蒂利亚在16世纪初就有大约450万到600万的人口,不仅比阿拉贡人口更多(阿拉贡仅有100万多一点),而且居住更为稠密。它在良好的年份为日益上涨的人口生产足够多的谷物,与尼德兰繁荣的羊毛交易成为卡斯蒂利亚北部和中部财富的重要来源。"②但在阿拉贡却恰恰相反,"加泰罗尼亚、阿拉贡和巴伦西亚以其中世纪完整的自由进入了新时代"③。斐迪南在阿拉贡恢复了社会和平,恢复了中世纪后期的体制。起义的农民被免除了税务,农村恢复平静。抽签制度的引入使进入加泰罗尼亚省议会的道路拓宽。斐迪南确认了东部王国的特殊身份,1481年的观察法承认了加泰罗尼亚的各种自由,现存的武装也被保存下来。斐迪南常住卡斯蒂利亚,向阿拉贡王国三省派驻大总督代行君权,对阿拉贡放任自流。阿拉贡所有的棘手特权使阿拉贡和卡斯蒂利亚任何有关行政上合并的努力都举步维艰。"卡斯蒂利亚和阿拉贡两国体制上的不对称将贯穿于随后西班牙君主政体的整个发展过程。"④西班牙虽在一定程度上确立了专制王权,但它还远不是一个真正统一的国家,现代政治体制的建构亦远未完成。

2. 航海探险与海外殖民帝国的兴起

统一完成后,历史为西班牙送来了新的机遇。"1492年被认为是'西班牙出现奇迹的一年':长达8个世纪之久的光复战争全部结束,统一大业基

---

① 秦海波:《西班牙民族的统一和近代化问题》,载《中国社会科学院世界历史所学术论文集》第五集,江西人民出版社2007年版。

② P. E. Russell, *Spain: A Companion to Spanish Studies*, London: Methuen, 1976, p.112.

③ Ibid., p.110.

④ [英]佩里·安德森:《绝对主义国家的系谱》,刘北成等译,上海人民出版社2001年版,第59—60页。

本告成;约 35 000 户犹太人被驱逐出境(这是一件西班牙人认为重要,而学者们认为不幸的事件);哥伦布发现新大陆。如果说这三件事情都极大地改变了西班牙自身历史的话,第三个奇迹则同时改变了整个人类历史,因为它突然结束了美洲与其他各大洲没有交往甚至向来不为外界所知的状态,从而也首次揭开了完整意义上的世界历史。"①此后近两个世纪,航海探险是西班牙尤其是卡斯蒂利亚国王们最热衷的事业。

西班牙和葡萄牙同属一个半岛,两国的历史有许多相似之处,"而自近代以来,这种相似往往是相互带动的结果"②。15 世纪末期,葡萄牙是当时的世界海上强国,他们积极地在北非的大西洋沿岸进行探险,并在亚速尔群岛和佛得角群岛建立了殖民地。西班牙也是一个富于航海传统的民族,在光复运动结束前,西班牙就有一批人在关注大西洋。在葡萄牙首创精神的带动下,西班牙作为葡萄牙的近邻,成了第二个参与地理大发现并作出最重大发现的国家。西班牙之所以能走上这一条道路,与其国内状况是密不可分的。

最重要的因素当然是光复运动的影响。光复运动结束后,西班牙经济落后,国王、教会和世俗封建主更是丧失了通过战争掠夺阿拉伯人土地和财富的途径,他们迫切需要寻找新的财源。他们热衷于扩张,因为这会给他们带来更多的土地,同时也给他们带来更多的抢劫、掠夺的机会,因而到国外去打仗、掠夺成为他们的狂热追求。上至国王、贵族,下至普通贫民,都要求扩张。在光复运动中还涌现出一批以战争为职业的军事贵族,他们装备齐全、富于战斗经验,能适应恶劣的自然环境,这些职业军事贵族企图从航海冒险中获得战利品,为此他们积极参加探险活动。"光复运动中形成的为了国家、为了信仰而建功立业的精神追求,发挥了重大作用,这种追求与他们对金银和财富的追求结合起来"③,给海外探险提供了足够的动力。

由于天主教民族主义的影响,天主教在西班牙的对外扩张中发挥了决定性的作用。中世纪西欧的政治体制是政教合一,世俗政府负责一般的国家管理,教会负责意识形态和道德方面的管理,凡属思想上的事情皆由教皇定夺,以国王为代表的俗权必须服从。教会是一支相对独立的政治力量。如果教会反对扩张,那么西欧的扩张肯定无法开启;而如果教会支持扩张,那么这种扩张将会是一种可怕的力量。教皇不仅协调了扩张中引发的各种

①② 陈晓律等:《15 世纪以来世界主要发达国家发展历程》,重庆出版社 2004 年版,第 32 页。
③ 王加丰:《西班牙、葡萄牙帝国的兴衰》,三秦出版社 2005 年版,第 121 页。

冲突,而且在殖民地的精神征服上发挥了关键作用。西欧扩张的每一步都与教会的批准和支持密切相关。就西班牙来说,光复运动可谓是西欧十字军运动的一个重要组成部分,它的独立战争是天主教大力支持的一项事业。扩张是天主教的本性,之所以热衷于扩张,是因为天主教的教义主张凡有人的地方就应该有基督徒。中世纪基督徒的圣战显示了天主教强烈的进取心和侵略性。天主教要在精神上征服整个世界,使所有的人都臣服于上帝的统治下。西班牙人在光复运动中凭着天主教的热情,最终战胜了穆斯林,他们认为这是上帝的旨意。他们要将上帝的旨意带到全世界,建立天主教大帝国。他们自视为将基督教带到偏远地区的使者,他们要征服用活人祭祀的野蛮人,他们要将荒凉的土地发展成拥有教堂、大学和城镇的地方。

至此,西班牙人的两大愿望:掠夺黄金、权力、土地和改变、"教化"美洲的印第安人、传播天主教结合起来,变成了一股可怕的力量。而王权则为之提供条件,将这种扩张力量变为现实,推动其发展。

无论是哥伦布发现美洲还是麦哲伦的环球航行,都是西班牙政府领导和支持的产物。早在1485年西班牙攻打格拉纳达之际,伊莎贝拉女王就收到了一位胸怀大计的意大利人的信,这个人就是哥伦布。1486年哥伦布被请进王宫,觐见了女王,他请求西班牙资助他寻找到达印度的最短的西行航线,并保证为国王发现新的领土、大量财富以及更多信仰上帝的人。女王饶有兴趣地听了哥伦布的计划,但战时的西班牙无法筹措到实施该计划的200万马拉维德,于是这个宏伟计划被暂时搁置,哥伦布被安置在宫中,每月领取3 000马拉维德的薪俸,他的计划被交给专家委员会审查。只有统一的国家,才有足够的实力和决心来资助哥伦布。1492年西班牙政府收复格拉纳达完成统一、建立专制王权后,便开始集中人力、物力进行海外探险。雄心勃勃的伊莎贝拉女王用23年的时间缔造了统一的西班牙,又开始成为西班牙远洋探险的总赞助人。统一后的西班牙政府开始实施这一耗资巨大的宏伟计划。

14、15世纪西欧商品货币经济迅速发展,西欧各国朝野上下无不热衷于追求黄金和财富。16世纪的一个剧本中写道:"金钱,这是大家的宠儿,一切欢乐的源泉;金钱,这是医治一切苦闷的良药;金钱,这是世人所珍藏的珍宝;金钱,这是妇女所拜倒的偶像。"[①]西班牙政府更是狂热地追求黄金,

---

① 滕藤主编:《海上霸主的今昔　西班牙、葡萄牙、荷兰百年强国历程》,黑龙江人民出版社1998年版,第24页。

特别是伊莎贝拉女王对此更是热衷。由于对阿拉伯人的长期战争,西班牙经济困难,伊莎贝拉把自己的钻石首饰变卖,又把114万马拉维德兄弟会的基金拨作探险费用,筹齐了航海所需要的200万马拉维德。哥伦布的第一次远航,共筹集了3艘船,其中两艘是西班牙政府在巴罗斯港强行征用的,另一艘是巴罗斯大船主宾松兄弟支援的。探险船员有的是自愿参加,有的则是政府强行征募,还有从监狱提出来的4名死囚。没有专制政府的力量,远航是不可想象的。西班牙专制政府之所以如此热衷,除追求黄金外,还有更远大的政治军事打算,他们希望联合对基督徒表示极大好感的中国元朝"大汗"来夹攻西班牙的宿敌穆斯林,发展壮大西班牙的势力。

西班牙统一之初,王权的建立推动了海外航海探险的开启,此后专制王权的巩固则为扩张提供了稳定的基础和条件,免除了后顾之忧。1504年伊莎贝拉去世后,其女胡安娜成为卡斯蒂利亚女王,但1506年丈夫死后,胡安娜变得意志消沉,丧失理智,她的父亲斐迪南重新执掌卡斯蒂利亚的政权。斐迪南统治期间,尽管斗争连绵不断,但他努力将政权巩固于西班牙王室之下。阿拉贡占领了西西里和撒丁尼亚,1504年他兼并了那不勒斯王国,1512年又兼并了比利牛斯山南部的纳瓦拉王国,从而使西班牙成为欧洲大陆上与法国势均力敌的强国。"通过精心安排子女的婚姻:将卡塔莉娜婚配给英国的亨利八世;胡安娜嫁给奥地利皇帝兼勃艮第大公马克西米连之子菲利浦;玛丽亚配予葡萄牙国王曼努埃尔,斐迪南加强了与欧洲几个敌对国家的联系,从而巩固了西班牙在欧洲的地位。"①西班牙政权内在的巩固发展确保了其海外扩张的连续性。

西班牙战胜穆斯林后,便开始了地理探险。在地理大发现的三个标志性成果中,即哥伦布发现新大陆、达·伽马到达印度和麦哲伦环球航行,西班牙不仅占了两个,而且意义更加重大。首先便是哥伦布发现了新大陆——美洲。

1492年8月2日晚,在西班牙帕洛斯港的拉比达修道院,哥伦布和全体船员一起做了弥撒。当8月3日太阳升起的时候,3艘帆船开始缓缓移动,船只慢慢远去,哥伦布开始了他那被搁置7年的计划。哥伦布的航海日志记下了他的航海过程。海上航行生活非常艰苦,特别是未知的远洋航行,单调、枯燥、简陋、劳累且充满危险,祈祷和唱歌是船员们最少不了的一项仪式。在经过了70天的航行后,1492年10月12日,哥伦布看到了陆地,登

---

① 新加坡APA出版有限公司编:《西班牙》,李萍译,中国水利水电出版社2001年版,第39—40页。

上了巴哈马群岛的圣萨尔瓦多岛。哥伦布发现了新大陆,后来这一天被定为西班牙的国庆日。他误认为这就是印度,宣布该地区属西班牙国王所有。在随后的日子里,哥伦布到了古巴、海地等岛屿。1493年初,哥伦布开始返航,他带回少量黄金和几个土著。随后哥伦布又进行了3次远航。

"哥伦布为期12年的4次远航向王室至少透露了三个诱人的信息,那就是新大陆有着待开发的金银矿藏、农业潜力以及有望皈依天主教的数百万生灵。"[①]然而起初美洲的发现并未达到预期的收益,这使西班牙王室大为失望,哥伦布本人也在郁郁不得志中死去。在1500—1518年间,西班牙在美洲所进行的基本上还是探险活动,但西班牙的美洲事业在此后逐步展开。殖民活动最先在加勒比海诸岛和南美洲北部沿海地带开展,从1519年起,西班牙开始了在美洲的血腥扩张。1519—1521年,科泰斯征服印第安人的阿兹特克帝国,即今天的墨西哥,从而为西班牙在美洲的大型殖民扩张揭开了序幕,使西班牙完全转向殖民征服。1531—1536年,皮萨罗又征服了印第安人的印加帝国,即今天的秘鲁。在这两次标志性胜利的激励下,西班牙的其他冒险家和殖民者纷至沓来并先后得手。

为了巩固已掠领土,西班牙很快在这些领土上建立起庞大的殖民统治体系,包括直属工国等地事务委员会的2个总督辖区,3个海军大将领地,以及对美洲各种事务行使裁判权的西印度王室法庭。借助于这一庞大的殖民体系,西班牙开始了对新大陆长达3个世纪的殖民统治。

在征服美洲的过程中,西班牙还开始了向东的扩张。查理一世用国库的资金为麦哲伦装备了5艘探险船,并为包括265人的整个探险队提供2年的粮食和给养。1519年9月20日,麦哲伦在安顿好妻子和订立遗嘱后[②],带领他的船队从塞维尔出发,他们驶出瓜达尔基维尔河,经过加那利群岛,向西海岸驶去。到1520年10月21日,他们终于发现了一条向西方延伸的海峡,即麦哲伦海峡。这是一个港湾丛生、到处是死湾的地方,麦哲伦是征服这条危险海路的第一人,也是一直顺利通过海峡而未折损一艘探险船的最后一人。随麦哲伦走出海峡的只有3艘探险船,随后麦哲伦带着这几艘船开始横渡太平洋。食品的缺乏和疾病的折磨使所有人极其虚弱,能干活的船员在逐渐减少,若非3个多月一直碰上好天气,他们也许根本无法渡过大洋,所以麦哲伦把这片海域称为太平洋。继续航行了约2 000千

---

① 　陈晓律等:《15世纪以来世界主要发达国家发展历程》,重庆出版社2004年版,第33页。

② 　[美]劳伦斯·贝尔格林:《黄金、香料与殖民地:转动人类历史的麦哲伦航海史》,新世界出版社2019年版,第82—84页。

米后,麦哲伦来到了菲律宾群岛,却因卷入当地纷争,在进攻麦克坦岛时被砍死。麦哲伦死后,探险队发生了内讧,3艘船合并成了2艘船,最后只有"维多利亚"号继续往西绕过好望角,在1522年9月6日抵达瓜达尔基维尔河河口。这时离他们出航已近3年,265人只回来了18人。麦哲伦是那个时代的典型代表,他领导了人类历史上第一次环球航行,证实了地球是圆的,为人类作出了巨大贡献。但对当时的西班牙来说,科学只是为殖民和掠夺服务的,最重要的是建立了往西航行到香料群岛的航线,从此可以合法地与葡萄牙分享东方的香料来源。麦哲伦抵达菲律宾,为西班牙今后占领这块土地,甚至为"日不落"帝国的名副其实做了早期的准备。此后西班牙经过多次长久的努力,最终于16世纪后半期在菲律宾建立了殖民点。

在西班牙进行军事扩张征服的过程中,西班牙人把主要精力用在了宗教方面。军事战争的目的在于掠夺财富,而宗教征服的目的在于赢得基督教徒。早在19世纪就有人认识到"西班牙所以能够占领和保有菲律宾,以1000多士兵征服拥有50万人口的群岛,当时和后世都看到:这完全是由于宗教的影响"[1]。许多殖民者都有极其强烈的宗教感,哥伦布就是一个虔诚的天主教徒,他始终认为是上帝派他去发现了新大陆,所以当他第二次去美洲时,船上就有十几个教士。被征服地区的居民大批皈依天主教,天主教成为殖民征服必不可少的工具。天主教的各个派别纷纷来到美洲,印第安人的一切活动都要受到教会的管制。为了传教的需要,教会也向印第安人传授一些音乐、赞美诗和乐器演奏的技巧。在墨西哥被征服的15年内就有400多万印第安人接受了洗礼。孩子一出生就接受洗礼,洗礼证比出生证还重要。到1545年,拉美出现了圣多明各、墨西哥和利马三大主教区,修道院和寺院在各地纷纷建立。但是接受天主教并不意味着印第安人有了和白人一样的地位,印第安人仍不断遭受迫害。1569年,国王腓力二世下令在殖民地建立宗教裁判所,进一步加深了印第安人的苦难。殖民者不仅通过血腥手段进行原始积累,而且强迫被征服者皈依天主教。菲律宾的情况也是如此。皈依天主教的居民迅猛增长,1570年只有几百人,而到1622年已有50万人。

天主教会在殖民过程中软硬兼施,其宗教政策与政府政策、殖民政策结合在一起,有效促进了殖民地的巩固。天主教是西班牙几百年殖民统治的重要保证。

---

[1] 王加丰:《西班牙、葡萄牙帝国的兴衰》,三秦出版社2005年版,第150—151页。

到 16 世纪中期,在欧洲大陆上,西班牙的领土从三面将法国包围起来,经伊比利亚半岛向地中海和大西洋上的岛屿延伸,在美洲的版图已扩大到除巴西以外的整个南美、整个中美以及北美的一部分。"它从加利福尼亚扩张到智利,从安的列斯扩张到巴塔戈尼亚,囊括整个中美洲,长度为 1 万公里,占纬度 67 度,领土为 2 500 万平方公里。"①西班牙所辖的殖民地相当于自身面积的 50 倍,在太平洋上,它还统治着菲律宾群岛。西班牙建立了欧洲近代第一个真正的殖民帝国,也是近代早期世界上最大的殖民帝国。

殖民帝国的建立给西班牙带来了最想要的东西:黄金、白银、宝石、染料、木材、烟草、兽皮等,这些财富源源不断地流入西班牙。1502—1660 年间,西班牙从美洲得到 1.86 万吨注册白银、200 吨注册黄金,世界金银总产量的 83％被西班牙占有。美洲的金银和其他财富刺激了西班牙经济一度高涨。16 世纪前期,西班牙出现了手工工场,对外贸易发达,商业活跃。广阔的市场使西班牙的毛纺织业空前发展,丝绸业也很发达,16 世纪中叶仅托勒曼就有 3 000 家丝织作坊和 3 万名工人。造船业的迅猛发展为西班牙在 16 世纪建造了欧洲一流的船队,武器制造业的发展使西班牙步兵有"优秀步兵"之称。瓷器、冶金、制革等生产部门也很兴盛。

在强大王权和狂热宗教信仰的支持下,伊比利亚半岛征服了海洋,获得了世界,但潮水般涌入的财富几乎都用来支持为宗教信仰、殖民扩张而进行的战争,没有发展真正能让国家富强的工商业。这使西班牙最终与现代的工业国家失之交臂。封建统治阶级虽从美洲获得了巨大财富,但他们对发展国民经济没有兴趣。这种与资本主义发展无关的经济繁荣,到 16 世纪中叶即开始衰落。在 16 世纪前半期,国外市场刺激了卡斯蒂利亚的出口,与殖民地的贸易特别是关于纺织品、油料和酒类的贸易繁荣起来。垄断权使卡斯蒂利亚的生产者获取了高额利润,但在这个过程中出现了两个对于卡斯蒂利亚经济而言致命的转折。首先,随着殖民地日益增多,越来越多的土地不再生产谷物,转而生产酒和橄榄油,从而加深了西班牙政府压缩谷物生产、牺牲羊毛业的错误倾向,这使得西班牙在 16 世纪 70 年代第一次成为谷物进口大国。卡斯蒂利亚农村社会的结构已与西欧其他地方大相径庭,乡间失业现象普遍。"仅有三分之一的男性从事农业生产活动,而不少于五分之二的人口处于任何直接生产活动之外——绝对主义西班牙早熟的、膨胀的'第三产业'预示着长期停滞的来临。"与殖民地的联系带来的损失不仅限

---

① ［法］让·德科拉:《西班牙史》,管震湖译,商务印书馆 2003 年版,第 308 页。

于农业,国内的制造业也开始停滞不前。殖民地大量贵金属的涌入,不仅使西班牙的经济产生了严重的寄生性,而且引发了恶劣的通货膨胀,使其工业成本大幅上涨。卡斯蒂利亚生产的布匹终因价格昂贵失去了销路,荷兰、英国的商品则乘虚而入。西班牙成了外国人的西印度群岛,成了倾销外国商品的殖民地。城乡经济最终被迸发出来的美洲财富冲垮了。①美洲帝国成为西班牙经济倾覆的祸根。西班牙的美洲帝国不仅贪婪、残暴,而且愚昧。

另一方面,殖民帝国的财富也对西班牙国家的政治产生了决定性的影响。美洲贵金属在支撑哈布斯堡国家的主要税收基础中占了相当的比重。殖民地的收入对西班牙外交政策的执行及其国家性质起了决定性的影响。殖民地的财富以流动货币形式到达西班牙,而这些货币可以直接用于资助军队或外交活动,它为哈布斯堡王朝提供了特殊的信誉,可以使之在国际货币市场上筹集到别国君主不敢奢望的资金数额。所以腓力二世从英吉利海峡到爱琴海、从突尼斯到安特卫普的大规模陆海军行动均得以实施。②

3. 西班牙在欧洲的称霸

1492 年西班牙首次出现奇迹,1519 年西班牙再次出现奇迹:麦哲伦开始了全球航行,哈布斯堡王朝的第一位国王查理一世(1516—1556 年)被推选为神圣罗马帝国的皇帝。查理一世以查理五世的身份当选为神圣罗马帝国皇帝,意味着西班牙将注定与欧洲事务发生密切的联系。哈布斯堡王朝建立了它的欧洲帝国,成为欧洲霸主。

战争并不是西班牙建立霸权的唯一手段。西班牙能在如此短暂的时间内一跃成为欧洲第一大国,是其王朝政治联姻政策的结果。"其统治王朝比欧洲其他任何王室都更加能够从牢固的王朝联姻政策中获利。哈布斯堡家族的联姻关系使西班牙在欧洲拥有大面积领土和广泛的影响。没有任何一个王朝可以与之匹敌,这是封建主义政治扩张机制的绝伦成果。"③这主要归功于天主教君主斐迪南,政治联姻是斐迪南的拿手好戏。正是由于斐迪南与伊莎贝拉的联姻,西班牙两大君主国才能于 1479 年合并,结束分裂状态,建立民族国家。妻子去世(1504 年)后,他本人还娶了法兰西国王路易十二的外甥女德·福瓦;他把长女伊莎贝拉嫁给了葡萄牙国王曼努埃尔一

---

① [英]佩里·安德森:《绝对主义国家的系谱》,刘北成等译,上海人民出版社 2001 年版,第 66—67 页。

② 同上书,第 65 页。

③ 同上书,第 53—54 页。

世,把三女儿卡塔莉娜(凯瑟琳)嫁给了英国国王亨利八世,最重要的是次女胡安娜嫁给哈布斯堡的菲利浦。正是由于伊莎贝拉与斐迪南的女儿胡安娜与奥地利大公马克西米连之子菲利浦的联姻,才造就了1519年西班牙领土的空前膨胀。胡安娜和菲利浦的长子查理一出生就被确定为西班牙王国和哈布斯堡王室的继承人。通过联姻,西班牙加强了与欧洲各国的联系,巩固了它在欧洲的地位。直到晚年,斐迪南仍热衷于将外孙女们嫁到葡萄牙、匈牙利、丹麦等国去做王后。

1516年,斐迪南去世,身后无嗣,将王位传给了他的外孙,即胡安娜与菲利浦之子查理。1516年查理一世登上王位的时候,他不仅继承了整个西班牙和尚未征服的美洲属地,而且继承了比斯开、撒丁、西西里和那不勒斯等领地。1519年,他当选为神圣罗马帝国的皇帝,史称查理五世,更是从祖父马克西米连一世那里继承了荷兰、卢森堡、洛林、弗朗什伯爵封地、奥地利和德意志,他把原西班牙和原哈布斯堡王朝的领地全部联合成一个国家,在欧洲大陆形成一个极其庞大的帝国。"神圣帝国的疆土从波美拉尼亚湾一直延伸到荷尔斯泰因和格拉夫林,越过阿尔卑斯山,几乎包括整个意大利,紧夹着瑞士各州和萨瓦,直抵多瑙河畔!"①就这样,西班牙一跃成为欧洲的霸主,查理五世则以实际行动显示了西班牙霸主的地位。

"查理五世所要营建和发展的帝国,不仅是物质和政治上的,更是精神和宗教上的。他所追求的,不仅是物质上的最大利益,政治上的最大服从,而且必须是宗教上的高度统一。归根到底,他的梦想是要建立一个全球范围的天主教大帝国。"②

为建立梦寐以求的天主教大帝国,西班牙王朝支持天主教势力进行一系列战争,以及争夺欧洲霸权的战争。查理五世为争霸欧洲,建立其欧洲帝国,首先与法国展开了意大利战争。1519年,庞大的西班牙帝国的出现打破了欧洲的均势和平衡,引起欧洲其他国家的不安,特别是它从三面将欧洲大国法国包围起来,加剧了与法国的冲突。法国不愿坐视意大利乃至整个欧洲变成哈布斯堡家族的独家天下,意大利战争(1494—1559年)就成为法国与查理五世帝国之间的战争。在1515年、1525年、1544年和1557年,西班牙与法国发生了4次大规模的交战。查理五世取得了胜利,1559年双方签订了《卡托—康布雷齐和约》,结束了这场战争。法国放弃了对意大利的

---

① [法]让·德科拉:《西班牙史》,管震湖译,商务印书馆2003年版,第339页。
② 陈晓律等:《15世纪以来世界主要发达国家发展历程》,重庆出版社2004年版,第36页。

要求,查理五世完全驯服意大利,从而使他的帝国在欧洲的主要领土——西班牙、意大利、德意志和尼德兰能够联成一体,对法国形成包围之势。此间,教皇国受到威胁,教皇克雷芒七世还为查理五世加冕,查理五世成为名副其实的欧洲帝国的皇帝。他还以欧洲保护者的身份同土耳其交战。他认为敌人不是新教徒,而是土耳其人。16世纪初,奥斯曼土耳其已是一个地跨欧亚非三洲的大帝国。西欧基督教国家面临着空前的危险,地处中欧的奥地利首当其冲。哈布斯堡家族统治下的奥地利逐渐成为领导欧洲的基督教居民抗击伊斯兰土耳其扩张的中坚力量。因而抗击土耳其的侵略,将其逐出欧洲,成了查理五世的追求,查理五世遂卷入了与土耳其的战争。1529年后,土耳其帝国对欧洲大陆的威胁逐渐减弱,但在地中海上却对查理五世的帝国构成了真正的威胁。北非已归入土耳其的阿拉伯人不断袭击西班牙和意大利沿海的村庄。如果让土耳其海军控制地中海中部或西部,则他们会随时进犯意大利或切断基督教诸国的联系。这是查理五世决不能允许的。查理五世集中了全部力量,亲自率领军队南征,于1535年征服突尼斯,成功遏制了奥斯曼土耳其进犯西地中海的企图。查理五世在南方不可胜数的战役中取得了全面的胜利,而在北方情况却不尽如人意。

为建立天主教大帝国、纯洁欧洲的信仰,查理五世还进行了一场与新教运动的斗争,这场斗争在查理看来也许更重要。路德教的传播和扩张正在信仰上迅速瓦解着作为帝国中心的德意志,并侵蚀着帝国的其他领域。当马丁·路德的思想在德意志、瑞士和英国扎根后,教皇要求查理帮助消灭异教。查理支持天主教的军事武装和为维护教皇权威而战的罗耀拉耶稣会。在西班牙国内出现的反宗教改革运动中,大量书籍被查禁,连伊拉斯谟备受欢迎的人道主义理念也被认为是异端邪说。查理五世极力维护天主教的正统,不允许他的天主教帝国有任何的动摇。"西班牙—哈布斯堡王朝的强大已经使查理五世在事实上凌驾到教廷之上。教皇已经不得不认可由查理五世召集帝国会议来裁决宗教事务。而查理五世提出的'在谁的地方,信谁的教',事实上就否认了教廷的最高权威,而且不啻宣布世俗权力至上。……宗教改革不仅仅是对宗教信仰、神学理论和教会制度的改革,而且已经升到了主权之争,是欧洲各国民族化的开始。"[①]但在这场斗争中,查理五世并没有像以前那样成功。他既无法制服路德本人,也无法以武力消灭宗教改革

---

① 秦海波:《西班牙民族的统一和近代化问题》,载《中国社会科学院世界历史所学术论文集》第五辑,江西人民出版社2007年版。

运动,而且一些诸侯接受了路德教,从而使政治上长期分裂的德意志在宗教上也失去了纯洁性。查理五世企图用武力解决问题,却招来了新教诸侯和部分天主教诸侯的联手对抗。1555年,他被迫与各诸侯缔结《奥格斯堡宗教和约》,确立教随国定原则,承认他们有权决定臣民的信仰,政治和宗教上的分裂进一步被合法化。

在查理五世治下,西班牙成为欧洲的第一个霸主,他的欧洲帝国无人能及,查理五世的权力空前膨胀,不仅掌握最高的世俗权力,而且控制着整个欧洲的精神权力,其专制政体达到顶峰。但庞大的欧洲帝国不可能实现中央集权。在西班牙,查理五世的继位并没有从本质上改变西班牙的二元政治体制,实现真正的行政合并。查理五世只是使这个西班牙原有的模式更加复杂,加剧了国内的分裂状态。哈布斯堡家族君主的继位带来了一个充斥外国人的宫廷,佛兰德人、勃艮第人和意大利人占了主导地位。新王朝以更加苛刻的手段榨取金钱,很快激起了卡斯蒂利亚民众强烈的排外主义浪潮。查理五世前往德意志成了大规模城市起义的信号。因赋税过重,备受冷落的卡斯蒂利亚人发起叛乱,1520—1521年的平民大暴动最初得到城市贵族的支持,他们宣称只有卡斯蒂利亚人才能拥有行政职位,是议会而非国王才有权对外宣战。随着民众的日益激进,贵族们开始动摇,转向支持王室。1521年,王室军队在维亚拉战役中击溃反叛势力,专制王权得到巩固。为答谢贵族,查理五世取消了某些赋税的征缴。王室取消了城市的政治独立,等级议会日益衰落。但是西班牙君主政体对卡斯蒂利亚反王权斗争的胜利,"是市镇在军事上的失败,而非贵族的失利"[1]。这与西欧其他国家专制政体镇压贵族而非市民反抗的基本模式截然对立。按马克思的论断,西班牙专制政体的特征是贵族政治虽趋于衰落,但却没有丧失其最有害的特权,城市虽已丧失其中世纪的权力,却没有得到现代的意义。查理五世的欧洲帝国带来的突如其来的领土扩张,不可避免地强化了西班牙专制政体原有的分裂倾向,在王朝不同的属地上出现了各异的政务院和总督。中央权力分散且极为有限,地方势力强大且牢固,中央必须与地方贵族达成妥协。那些地方贵族通常有权要求垄断公职,以致无论是在帝国还是伊比利亚半岛,均不可能实现真正的统一。西班牙联合体中两个前王国之间的分裂状况被现在属于他们的不同海外领地强化了。哈布斯堡帝国的触角远远伸出

---

① [英]佩里·安德森:《绝对主义国家的系谱》,刘北成等译,上海人民出版社2001年版,第61页。

了实行一体化能力所及范围，而这更加阻碍了西班牙国内行政集权化过程。

查理五世的哈布斯堡帝国的强盛便是建立在这种松散、危险的基础之上，这预示着帝国的可怕未来。1556年查理五世放弃王位，隐退到埃斯特雷马杜拉的尤斯特修道院。他让弟弟斐迪南接手了哈布斯堡帝国的事务，让儿子腓力二世继承了西班牙王位。腓力二世接手的国家范围是意大利、新大陆以及尼德兰的领土，这些都"曾是查理五世的帝国实力、钱财和兵员的主要来源"①。然而最重要的是，他完全继承了查理五世的世界天主教帝国的梦想。他梦想做全体天主教徒的世俗君主，还想做他们的教父，妄图依靠武力和天主教会的势力统治整个欧洲，进而统治全世界，把他父亲的"天主教世界帝国"的幻想变成现实。

腓力二世几乎将全部精力放在了与天主教有关的问题上，比他的父亲更加顽固地支持天主教。"从本质上说，他的政策就是寻求宗教团结和向异教徒发动战争。"②他曾说过宁愿不当国王，也不愿统治一个有异端的国家。他"放弃了永久占领阿拉贡或大规模改变其体制的任何努力"。他将行动仅限于削减地方议会和法院机关的权力，并由非本地人出任阿拉贡各地总督。"经过深思熟虑，他放弃了以集权化解决问题的机会。"③但他对宗教问题的态度却恰恰相反。他对新教从不妥协，残酷镇压。当加尔文教徒在尼德兰发动叛乱时，他砍了叛乱者首领的脑袋并屠杀了其追随者，他成了一个臭名昭著的宗教狂和残酷无情的国王。他还为尼德兰重新划分教区，并坚持由他本人亲自指定主教，结果导致了尼德兰革命。他甚至逮捕自己的儿子，控告他背叛国家和宣传异端邪说。西班牙首席主教因宣称敬仰伊拉斯谟而被罢免。腓力二世的残酷在席勒的《唐·卡洛斯》及歌德的《艾格蒙特》等剧作中表现得淋漓尽致。为了纯洁国内的宗教信仰，腓力二世还把宗教裁判所的作用推向了极致，"活活烧死的是3.5万人，受酷刑的是1.9万人，服苦役的囚徒是29万人，被剥夺一切权利的是20万人，被流放的是500万人。西班牙宗教裁判所的受害者总共超过550万"④。

16世纪60年代，西班牙的经济发展极为缓慢，财政已步履艰难，英国海盗也开始劫掠西班牙从美洲运载黄金的货船。但腓力二世仍以宗教原则

---

①④ ［法］让·德科拉：《西班牙史》，管震湖译，商务印书馆2003年版，第363页。

② ［西］萨尔瓦多·德·马达里亚加：《西班牙现代史论》，朱伦译，中国社会科学出版社1998年版，第51页。

③ ［英］佩里·安德森：《绝对主义国家的系谱》，刘北成等译，上海人民出版社2001年版，第69页。

为主,为了打击境外敌人,他不断发动战争。为了抵御威胁西班牙海岸的土耳其,腓力二世与教皇结成联盟,1571年将土耳其的扩张决然阻断在勒班陀。早已对查理五世的财政榨取和宗教迫害不满的尼德兰爆发了资产阶级革命,腓力二世从1568年开始镇压尼德兰革命,战争延续了几十年,最终也未能摧毁联合行省的反抗。这使西班牙耗尽了在美洲殖民地历年的税收,经济上遭到严重打击。1562年法国爆发了胡格诺战争,西班牙支持法国的天主教,并企图从中夺取法国的一些领土和权益,于是1589年西班牙出兵援助天主教徒,干涉法国内政,战争历经10年,结果被赶出法国。因为伊丽莎白女王保护了袭击西班牙货船的海盗,迫害英国的天主教徒,囚禁腓力的堂妹玛丽·斯图亚特,腓力二世企图制服英国,1588年对英国发动进攻,结果却招致了"无敌舰队"的覆灭,海上霸主地位转移到英国手中。但腓力二世基本上维护了他的帝国,尼德兰南部被夺回,1588年后重建的葡萄牙—西班牙混合舰队成功阻挡了英国人对大西洋贵金属商路的进攻,法国放弃新教。更重要的是,他征服了菲律宾,而且得到了当时世界上的另一个殖民帝国葡萄牙,从而使西班牙的版图变得空前庞大。西班牙帝国的军事结构在技术、效率方面又稳步上了一个新台阶,其组织系统和供给系统在欧洲首屈一指。因此,腓力二世时期,统治旗号遍及世界的西班牙是当之无愧的世界霸主。

政治联姻、远洋探险和对外战争使西班牙迅速膨胀,成为一个空前庞大的帝国。西班牙自身的发展与作为欧洲主导国和发现并殖民美洲的历史结合起来,三股交织的力量促使西班牙在16世纪中后期进入全盛期。查理五世和腓力二世时代可谓是西班牙的黄金时代。这时的西班牙不仅国力强盛,称霸世界,而且文化事业繁荣。当时西班牙以大学多而闻名于世,约有34所大学,有的以法律见长,有的精于学术,其中大多数建立在卡斯蒂利亚王室领土之上,且多为私人创办。文化与艺术都很繁荣,产生了一大批天主教智士和以塞万提斯、格雷科、卡维松、卡尔德隆为代表的人文艺术大师。在文化领域和世俗社会各个方面,西班牙都是当时的领导和榜样,西班牙语成为欧洲所有杰出人物使用的语言。西班牙的知识分子遍布欧洲各国。这是西班牙历史上最值得骄傲的时期。

4. 帝国的衰落

在王国不稳定,内部还没有统一、发展的基础上,西班牙便沿着光复运动的轨道,在天主教的指引下匆匆走上了对外扩张的道路,建立起世界帝国,为其以后的衰落埋下了伏笔。16世纪中后期,西班牙帝国虽进入全盛期,但内部极不稳定。民族国家虽初步形成,却忽略了内部建构,急剧的扩张导致问题重重,加剧了矛盾,帝国只是座空中楼阁。这种没有巩固基础的扩张注定要失败,并为此付出沉重的代价。

与传统国家不同的是,现代民族国家是一个拥有国家主权的政治实体,对内能实施有效的控制,对外具有相应的防御机制,拥有比较稳定的疆域,能够为发展现代经济提供基本的保障。欧洲民族与民族国家的发展大致经历了三个主要的历史阶段:第一个阶段是中世纪末到法国大革命,是欧洲民族国家的孕育和成长阶段,欧洲各主要国家都在从中世纪的等级君主制向绝对主义的王朝国家转变;第二个阶段是欧洲民族国家的扩张阶段,民族国家的概念和民族主义的浪潮由法国大革命传播到了整个欧洲,激发了其余国家争取民族独立和国家统一的浪潮,并由此导致了欧洲剧烈的动荡与冲突;第三个阶段是二战后从欧共体到欧盟的发展,显示出欧洲民族主义和民族国家在共同发展中开始了某种新的融合。①绝对主义王朝国家时期,封建割据被消灭,专制王权建立,并形成了同一的"民族意识",它是民族国家的第一阶段,是其雏形。在这一阶段里,王朝国家具有了民族国家的某些特性,但又很不充分,因而"在现代民族国家产生之前,欧洲绝对主义君主国家面临的首要任务就是迅速创造自己的民族和民族国家"②。"西欧各资产阶级民族(马克思语)形成的过程,同时就是它们变为独立的民族国家的过程。"③民族国家的建构便成为王朝国家时期的中心任务,主要包括政治、经济和自我认同的建构。

西班牙的情况恰与发展顺利的英国形成鲜明的对照。西班牙的卡斯蒂利亚和阿拉贡在 1479 年正式合并后,西班牙的民族国家已经初步形成。天主教君主通过一系列的措施确立了专制王权,查理五世时西班牙的专制政体进一步加强。但天主教君主将建立王权的精力几乎全部放在了卡斯蒂利亚,对极力反抗中央集权的阿拉贡则放任自流,使两国的行政合并无从谈起。此后这种体制上的不对称,贯穿于西班牙君主政体的始终。查理五世时虽王权进一步加强,但没有从本质上改变这个模式,反而由于他被选为神圣罗马帝国的皇帝,继承了哈布斯堡家族的遗产,建立了欧洲帝国,而维持了西班牙本身的分裂状态,加速了哈布斯堡国家的毁灭。欧洲帝国的庞大远远超出了西班牙集权化的能力和范围。腓力二世时期延续了这种行政上

---

①②　陈晓律:《欧洲民族国家演进的历史趋势》,《江海学刊》2006 年第 2 期。

③　徐迅:《民族主义》,中国社会科学出版社 1998 年版,第 24 页。

的四分五裂。马克思认为,西班牙像土耳其一样,依然是一堆治理不善的共和国,共同拥戴一个名义上的元首,政府尽管专制,但并不禁止各省保持不同的法律和习惯、不同的货币、不同颜色的军旗、各自的税制,专制政治在西班牙碰到了本性就是抗拒中央集权的东西。这与西班牙的历史有关,在光复运动过程中,封建贵族和城市获得了很大的政治自由,而且本身拥有强大的实力。查理五世取消城市自由时遭到了猛烈的反抗。卡斯蒂利亚发生城市暴动,实质是要保住当时西班牙的自由不受专制主义的侵犯。暴动被镇压后,王室取消城市的政治独立,等级议会衰落,但这只是城市的失败而非贵族的失利。西班牙的贵族色彩是如此浓烈,以至于王权的力量是如此有限,极大限制了王权改变这种状况的努力。在这样一个传统封建势力如此之大的国家里,法治、宪政更是无从谈起。西班牙远没有像英国一样,实现政治上的统一,民族国家政治上的建构远未完成。

　　另一方面,在查理五世当政时建立的西班牙专制政体不仅没有促进西班牙资本主义的发展,反而尽力阻止因全国性的分工和内部各种交换的增多而发生的共同利益的滋长,"西班牙君主政体的政治机构没有从根本上,也没有坚持不懈地解决任何社会经济利益之类的问题"①。西班牙的国内经济十分落后,但美洲的大量白银为西班牙的专制政体提供了长期充分的超额收入,完全超出了欧洲国家对收入的一般要求,从而在很长时间内西班牙可以继续忽略政治、经济的统一过程。但这些财富并没有被用来发展可以使国家富强的资本主义经济,而是用在了为建立天主教帝国的虚荣而进行的一系列对外战争上。王公贵族不愿看到新兴势力的发展,甚至将从事工商业的外国人赶走。对法国、土耳其、德意志、英国、尼德兰等国的战争,耗尽了国力,牺牲了内部发展。在查理五世统治下,哈布斯堡王朝军队的规模和军费飞速上涨。在 1529 年以前,西班牙在意大利的驻军不足 3 万,到 1552 年,欧洲处于查理五世麾下的大军已有大约 15 万。等到 1556 年查理五世退位时,他的财政收入增长了 3 倍,而王室的债务却增长到第二年只得宣布国家财政破产。腓力二世时不仅行政上四分五裂,经济上也难以为继,国家财政不断宣告破产,"正是新世界重新填满了它的金库,延续了它的四分五裂"②。但美洲的贵金属也给西班牙的经济带来了致命的冲击,它冲垮了农业,使西班牙成为谷物进口大国。最早控制美洲矿区的好运和原始的

---

① ［英］佩里·安德森:《绝对主义国家的系谱》,刘北成等译,上海人民出版社 2001 年版,第54 页。

② 同上书,第 64 页。

榨取式经济,使西班牙不愿在欧洲帝国内发展制造业或是大力扶植商业贸易,而是去购买外国昂贵的商品,国内的工业极度萎缩,货币贬值,人们沉迷于消费。通货膨胀使本国商品失去销路,西班牙成了外国商品的倾销市场。除了奢侈的社会风气,没有留下像样的产业。美洲帝国不但没有加速西班牙民族国家的经济建构,反而导致了其经济的畸形发展。

在民族国家建构过程中,民族认同比以往任何时候都更重要。"民族国家的起源要有文化的正当性。"民族国家是在民族的基础上建立的,只有对民族认同,才能对国家认同。民族认同是民族国家合法性的文化来源,国家不能只靠暴力和行政权力,更要依靠由法律、道德、伦理和信仰所构成的文化,所以民族认同意味着对国家的认同。"民族认同是国家独立完整的表现。建立一致的民族认同最终是通过国家完成的。"[1]民族认同常和宗教信仰、意识形态或政治思想方面的信仰联系在一起。在西班牙,民族认同则与天主教联系在一起,对民族、国家的认同很大程度体现在天主教上。这与西班牙民族和国家的形成历史密切相关。统一的西班牙民族是在长达8个世纪的光复运动中形成的,是战争造就了西班牙民族,而不是由于资本主义商品经济的发展而形成的统一的市场和共同的经济利益对民族意识的激发。在此期间,天主教成为民族形成的纽带,天主教使西班牙人有共同的精神信仰,将他们团结在一起,驱逐入侵者,并建立了民族国家,形成了天主教民族主义。这种天主教民族主义建立在天主教教义的基础之上,表现出强烈的扩张性和传统的封建性,它抵制资本主义的发展和任何自由民主思想的传播,忽视国家、民族自身的发展。这种建立在宗教基础上的认同,缺乏对民族作为一个利益群体、国家作为一个政治实体的理解,其认同的对象是宗教,而不是民族或国家,这种对国家认同的缺失,导致了西班牙民族国家的松散性和缺乏凝聚力。更糟糕的是,西班牙以这种宗教团结力,猛烈地冲击世界,并试图用这种力量去对待世界问题,这就决定了西班牙在国内、欧洲及海外不合时宜的政策。在国内,它导致宗教法庭的建立、公共权力的衰弱,并最终导致帝国的衰落。在欧洲,它使查理五世为解决宗教改革运动问题付出惨重代价。在美洲,它利用天主教疯狂地掠夺,西班牙几乎成为所有国家的敌人。

在这种意识下,西班牙的国王们不是要促进民族国家的发展,而是要创建天主教的世界帝国,追求虚无缥缈的天主教帝国的虚荣,并孜孜不倦地进

---

① 徐迅:《民族主义》,中国社会科学出版社 1998 年版,第 36—37 页。

行战争。斐迪南和伊莎贝拉、查理五世和腓力二世都是狂热的天主教徒,他们的最高追求是建立一个纯正的、不受一丝玷污的天主教帝国,而且终生都把维护天主教信仰作为自己最重要的责任,甚至极大削弱国力也在所不惜。这种不现实的信仰"世界大同",使西班牙浪费了无法估计的财力和自由以及发展机遇,这是帝国衰落的重要原因。查理五世执政时曾这样宣称自己的态度:"我决心以我的各个王国,我的全部财产,我的朋友们,我的身体,我的鲜血,我的生命和我的良心作保证。因为,在我们的时代,由于我们自己的疏忽,只要稍稍有一点异端的痕迹渗入人们的心灵,这对你们和我们将是一种耻辱。"[①]查理五世的继承人腓力二世和他如出一辙,把镇压异端当成自己最重要的任务。1559 年,西班牙首都连续施行了 5 次火刑,其中有 3 次是他亲自主持的。不仅如此,天主教还带来了极大的副作用。占据西班牙 1/4 土地的天主教会对西班牙帝国的衰落产生了巨大影响。宗教裁判所享有特殊权力,在腓力二世时成为执行对内政策的主要工具。它对异端的残酷迫害,导致了 1568—1570 年摩里斯科人(摩尔人的后裔)的大起义,随之又是大镇压和更加严酷的迫害。大批处决工商业居民和没收他们的财产使西班牙更加没落。"事实上,在天主教王以统一信仰为手段增进和加强西班牙民族统一的同时就已经注定了他们所建立的世界上第一个近代国际霸权的迅速衰落。因为,他们所依赖的天主教和天主教会正是那个时代的反动代表,而他们的政权很快就成为了天主教的反动的卫道士。"[②]

西班牙虽最早形成了民族国家的框架,但忽视了民族国家的建构,建构的缺失使其内部事业在统一后得不到发展,建立起的外部事业亦无法长久维持。在国内没有发展的基础上片面地去追求扩张,注定要失败,并对西班牙的发展产生致命影响。最早形成国家的优势,并没有为西班牙带来发展的优势,反而害了它。航海探险和联姻使西班牙以异乎寻常的速度崛起,成为世界帝国,建立了霸权。只是由于殖民地的金银,西班牙才得以维持帝国的存在。其帝国是虚妄的,是以不断消耗国力和牺牲内部发展为代价的。随着欧洲其他民族国家的崛起和走上对外扩张之路,西班牙的优势不复存在,迅速衰弱,成为其他国家宰割的对象。

1598 年,腓力二世去世后,西班牙先后继位的 3 个国王腓力三世(1598—1621 年)、腓力四世(1621—1665 年)、查理二世(1665—1700 年)都

---

① 王加丰:《西班牙、葡萄牙帝国的兴衰》,三秦出版社 2005 年版,第 271 页。

② 秦海波:《试论"近代民族国家"新观念》,第 8 页,2007 年 8 月 22—25 日"世界历史进程中的民族国家"全国学术研讨会。

是无能之辈,17世纪西班牙迅速衰落。帝国的总体实力和国际威望开始大幅下跌,西班牙沦为次等国家,处处落后挨打,甚至成为英法欺侮和掠夺的对象。庞大的西班牙帝国的衰落表现在国际与国内两个方面。

帝国的衰落在国外体现在其欧洲领地和美洲权益的逐步丧失。1640年,葡萄牙及其领地率先脱离帝国。1618—1648年的三十年战争期间,法国一改以往的劣势,大败西班牙,双方的实力对比发生了根本性的逆转,法国取得对西班牙的军事优势,并逐渐将其纳入自己的势力范围。战后双方签订了《威斯特伐利亚和约》,西班牙丧失了阿图瓦和弗兰德等重要领地,被迫在国际上承认荷兰独立。然而这只是开始。1659年的《比利牛斯和约》使西班牙又失去了塞尔达尼亚和鲁西荣。1713年的《乌特勒支和约》签订后,"所谓天主教的荷兰,即日耳曼的弗兰德、埃诺、南布拉特邦、林堡、卢森堡、那慕尔、安特卫普和马利维尔从西班牙划归奥地利。另一方面,弗朗什伯爵领地、意大利、米诺卡岛、直布罗陀也脱离了傲慢的西班牙"①。在不到100年的时间里,查理五世和腓力二世苦心建构和经营的欧洲天主教帝国的大厦全然崩塌。

西班牙的美洲权益也受到越来越多的损害。为了保护在美洲的既得利益,西班牙在16世纪初建立了独特的贸易制度,规定所有进出美洲的船只都要经过塞维尔航行。实际上,到16世纪中期,这一贸易制度已经崩溃,走私猖狂,英国、法国、荷兰通过走私,将本国商品大量运往美洲。早在腓力二世时,美洲殖民地的进口产品就有9/10来自西班牙以外的国家,到18世纪美洲殖民地的消费品中只有1/20是西班牙自己生产的。法国和英国还以海盗劫掠等方式直接抢夺西班牙从美洲运回的金银物资。特别是荷兰,控制了西班牙美洲殖民地的大部分贸易,以致出现了"西班牙吃新大陆,而养肥的却是荷兰"这种状况。17世纪初,西班牙独占美洲的局面被打破。荷兰人、英国人、法国人纷纷占领了西印度群岛上的一些肥沃的岛屿,并把它们当摇钱树,还在西班牙尚未正式占领的北美洲活动,先后在那里建立了殖民地。进入17世纪中期,英国在美洲的优势日益明显,它不仅夺取了牙买加,而且获得了向西班牙殖民地贩运奴隶的垄断权,西班牙的金库——美洲大厦从此支离破碎。

与国外事业的衰落相比,西班牙国内的衰落则更早地表现出来,这主要体现在工农业的衰退、西班牙王位落入他国之手和少数民族的分离主义运动。

① [法]让·德科拉:《西班牙史》,管震湖译,商务印书馆2003年版,第380页。

西班牙的经济在经过短暂的繁荣后,从 16 世纪中叶起便开始停滞、衰退,不断出现危机。17 世纪更是被许多历史学家视为"一个深刻衰败的时期"。①腓力三世下令驱逐摩尔人的后裔摩里斯科人,1609—1610 年约 50 万摩里斯科人被迫出逃,他们当中许多人是西班牙最优秀的农夫。而且南方大部分工商业原都集中在他们手中,他们的出逃严重影响了国家的财政状况,以致政府一度用货币贬值来挽救王室财政。到腓力四世时期,多半都处在与法国的交战过程中,西班牙的国债增加到 1.4 亿"杜卡特"。政府纵然不断增税,但大约每 20 年总要宣告破产一次。查理二世的统治瘫痪时期,大贵族阶级再度掌管中央政权。在 1677 年的贵族起义之后,他们保住了对国家的直接控制。西班牙还经历了 17 世纪最不景气的时期,工业倒闭、货币体系垮台、贸易衰退、食品匮乏等不断困扰着政府。在 1600—1700 年的100 年间,西班牙的总人口从 850 万下降到 700 万,这是西方最严重的人口下降。"这个时期的特征是工商业完全衰落,农村贫困,人民群众破产,在这些现象的背后,贵族和僧侣的穷奢极欲显得格外突出。十七世纪的西班牙露出'一切慢慢在腐朽的可耻的征兆,令人想起土耳其帝国最恶劣的时期'。"②

在天主教利益高于一切的情况下,宗教、政治、社会领域的革新无从谈起,而王位则落入了法国波旁家族之手。查理二世身后无嗣,他的去世被视为欧洲各国瓜分西班牙的信号。1700 年,根据查理二世的遗嘱,他的外孙、来自法国波旁王朝路易十四的孙子安茹公爵腓力继承了王位,世称腓力五世。查理二世欲借此使西班牙的领土不受法国的进一步侵略,没想到却引来了更严重的危机。腓力同时又是法国王位的潜在继承人,这就意味着法国和西班牙有可能合二为一。英国不允许自己的对手法国如此强大,便联合奥地利、荷兰、葡萄牙和萨伏依缔结联盟,即"大同盟",提出由奥地利哈布斯堡家族的查理大公作为西班牙王位的继承人,向法国和西班牙发动了"西班牙王位继承战争"。1701—1714 年的西班牙王位继承战争以"大同盟"的胜利而告终。腓力五世宣布放弃法国王位,西班牙丧失了尼德兰、那不勒斯、米兰、撒丁尼亚、西西里、直布罗陀和米诺尔加。英国获得直布罗陀和往西班牙殖民地贩运奴隶的垄断权。从此,西班牙沦为法国的附庸,并不断地被拖入法国的对外战争中。

---

① [英]亨利·卡门:《黄金时代的西班牙》,吕浩俊译,北京大学出版社 2016 年版,第 114 页。
② [苏]斯维特等:《西班牙　葡萄牙》,王正宪等译,生活·读书·新知三联书店 1957 年版,第 41 页。

更重要的是,西班牙这时出现了少数民族的分离主义运动,从此地方民族主义问题便一直成为西班牙政治的一个难题。这也是西班牙民族国家建构任务未完成的一个表现,它体现了对统一的西班牙国家认同的缺失。西班牙在统一后,并未全力加强中央集权,努力使各地区统一在西班牙国家之下,而是任由西班牙各地区在统一的帝国内拥有很大的地方自治权,加泰罗尼亚、阿拉贡等都有自己的等级议会和总督,可以自行处理地方事务。自三十年战争开始,哈布斯堡王朝未能在王国内取得统一的历史性后果已经昭然若揭。1618年三十年战争开始后,庞大的军事开支实际仍由卡斯蒂利亚一个地区承担。"那瓦尔、阿拉贡和巴伦西亚充其量同意在危急时刻向王朝提供小额拨款。王国东部最富庶、也是全国最节省的省份加泰罗尼亚则一毛不拔,不允许为战争耗费税金,不允许在其境外动用军队。"①腓力四世为增加税收,欲向整个西班牙征税,加泰罗尼亚坚决抵制,拒绝实施任何条款,认为这是政府企图加强中央集权的手段,而财政危机是政府浪费和不断对外战争的结果。1635年对法战争爆发,加速了国王财政状况的恶化,1639年卡斯蒂利亚军队进驻加泰罗尼亚地区,试图用强制手段获得给养,却带来了灾难性的恶果,引起了加泰罗尼亚人的反抗。下层教士疯狂煽动地方主义,为军队占用房子、征发粮草所扰的农民揭竿而起,反抗军队的事态在扩大。农民和失业者涌入城市,许多城市引发骚乱。1640年,加泰罗尼亚各阶层的怨愤融合成一场不可遏止的起义。西班牙丧失了在加泰罗尼亚的权力,加泰罗尼亚向法国国王路易十三求救,在以后的十几年里,加泰罗尼亚成了法国的保护地。在三十年战争末期,法国的士兵和战船与加泰罗尼亚、葡萄牙及那不勒斯反哈布斯堡王朝的叛乱者并肩作战。欧洲冲突耗干了哈布斯堡帝国的国库和经济,打乱了它的复合政体。随着三十年战争的惨败,王朝各属地拼凑起来的体系土崩瓦解。加泰罗尼亚的分离主义证明了西班牙专制政体的虚弱。"它因占有海外财富而扩张得过快、过早,根本没有来得及为自己打下坚实的基础。"②西班牙花费了浩大的气力,终于镇压了加泰罗尼亚的反叛。为防止这种分离主义倾向的迅速发展,17世纪末政府剥夺了加泰罗尼亚和加利西亚的自治权。西班牙王位继承战争爆发后,加泰罗尼亚人起来反对腓力五世,支持奥地利的查理大公,这是对腓力五世剥夺其特权的报复。1714年腓力五世彻底征服了加泰罗尼亚,但17世纪延续

---

① [英]佩里·安德森:《绝对主义国家的系谱》,刘北成等译,上海人民出版社2001年版,第73页。

② 同上书,第75页。

下来的分离主义运动却成为加泰罗尼亚历史的一个特征。

"这时,巴斯克地区的政治独立仍然得到西班牙王国的认可。直到19世纪,尽管巴斯克已被征服并成为西班牙王国的一部分,但它却可以自己决定税收。巴斯克人在西班牙军队中服役,但只接受巴斯克军官的指挥,并且只为保卫巴斯克而战,所有地方的或省级的官员也均由巴斯克人担任。此外,巴斯克还可以自由地对外贸易。"[①]与加泰罗尼亚和巴斯克相比,尽管加利西亚在种族、语言和地理上与西班牙有明显差异,并且远离中央政府,但加利西亚寻求政治独立的努力相对较少。卡斯蒂利亚在文化、政治上的优势使加利西亚的文字渐趋消亡,西班牙民族的卡斯蒂利亚语被加利西亚人越来越广泛地使用。

三、从传统走向现代的徘徊——天主教民族主义 与自由民主思想的斗争

经济是基础,发展现代经济是在竞争中获胜的重要基础。西班牙帝国的迅速衰落很大程度上在于它是没有经济基础的扩张。但满足现代经济发展的基本条件,只有在一个特定的政治与经济单位内才可能逐步实现,这就使建立民族国家成为欧洲现代化过程中的一个必须完成的任务。因为民族主义在初始阶段有一种解放的力量,它破坏各种各样的地方主义、习惯和部族的力量,帮助建立一个强大的民族国家政权。它统一市场,以及行政、税收和教育制度。它攻击封建主义的实践以及帝国暴君的压迫,并宣布人民的主权以及所有的人有权决定其自身的命运。民族主义作为一种现代性的要素之一,是现代世界发展的主要动力。[②]所以,"欧洲各国发展的顺利与否,在很大程度上取决于它们是否顺利地完成了自身民族国家的构建"[③]。要想真正实现国家富强,就必须尽快建立自己的民族国家。西班牙帝国由盛而衰,正是由于没能完成自身民族国家的构建,它不得不退回到创建民族国家的历史任务阶段上。无论是18世纪的开明专制、19世纪的资产阶级革命,还是20世纪初西班牙的动荡,都是为实现这一任务所作出的努力。19世纪初,拿破仑的入侵唤醒了西班牙的民族意识,意识到自己是一个"民

---

① 钱乘旦主编:《欧洲文明:民族的融合与冲突》,贵州人民出版社1999年版,第129页。

②③ 陈晓律:《欧洲民族国家演进的历史趋势》,《江海学刊》2006年第2期。

族"的国家,西班牙才开始为争取国家主权而战。从此,西班牙走上了真正意义上的现代之路。然而由于代表传统封建势力的天主教民族主义的强大,西班牙民族国家发展的第二阶段遭到巨大的挫折。教会变成一种争斗和分裂的因素,总是滥用自己的权力压制不服管束的人。天主教民族主义与自由民主思想的斗争异常激烈,以致西班牙向现代民族国家的转变出现了不断徘徊的局面。西班牙要完成这一任务,"只有希望教会内部出现一场运动,改变自身目前用以教育别人的偏执态度。西班牙教会迫切需要自我教育"[1]。

1. 18 世纪的变革——开明专制

西班牙回到民族国家创建的起点,始于18世纪的开明专制。这要从西班牙王位继承战争说起,西班牙王位继承战争复活了西班牙的绝对主义,摧毁了那些帝国不可驾驭的外围阵地,阿拉贡和加泰罗尼亚被征服,建立了新的法国人的王朝。西班牙幻想世界统一的国民传统也随之被打破。波旁王朝统治地位的确立"既确保了法国对西班牙的进一步控制,也为西班牙的法国化变革和发展定下了基调"[2]。作为法国人,西班牙君主总会不经意地将法国的影响带到西班牙,而西班牙也在潜移默化中接受这种影响。新王朝统治的确立使僵化已久的西班牙开始在法国的主导性影响下发生变化。

法国的影响和控制基本上主导着波旁王朝初期西班牙的内外政策。在外部事务上,西班牙在多数情况下都依附于法国,这种依附地位表现在1733年、1743年、1761年和1796年双方先后缔结和恢复的"波旁家族盟约"中。根据盟约,西班牙参加了一连串的战争,帮助对抗法国的宿敌英国和奥地利。西班牙充当法国的配角,分享着成果和失败。波旁王朝的第一位君主腓力五世(1700—1746年)坚决与法国结盟,并先后跟随法国参加波兰王位继承战争(1733—1735年)和奥地利王位继承战争(1740—1748年),从中获得那不勒斯、帕尔马、普莱桑斯和托斯坎纳等领地。斐迪南六世的外交政策在英法之间摇摆不定,但查理三世坚决与法国结盟,根据1763年的《巴黎和约》,西班牙被迫把佛罗里达和密西西比河以东以南的领土割让给英国,1779—1783年西班牙和法国共同支持英属美洲殖民地的解放战争,1783年的《凡尔赛和约》使法国收回佛罗里达和米诺尔加岛。随后西班牙

---

① [西]萨尔瓦多·德·马达里亚加:《西班牙现代史论》,朱伦译,中国社会科学出版社1998年版,第156页。

② 陈晓律等:《15世纪以来世界主要发达国家发展历程》,重庆出版社2004年版,第41页。

又得到了路易斯安那。但 1796—1807 年的英法大战,西班牙被强行卷入,在各方面尤其是经济上受到了沉重的打击。

在国内,18 世纪西班牙经济发展的落后性一直在延续着。资本主义还处于萌芽状态,国内贸易仅限于地方市场,国外贸易特别是和殖民地的贸易,被加的斯和塞维尔商人的特权组合垄断。封建上层分子和这些组合的密切相连,决定了封建关系的稳固性和资本主义发展的艰难性。为了改变这种状况,西班牙在法国的影响下逐渐走向开明专制,执政的波旁王朝制定了一个统一西班牙的计划,通过削弱教会的作用来加强国家的权力,波旁王朝取得了哈布斯堡王朝未能取得的成果,特别是在查理三世(1759—1788 年)时期。当查理三世第一次来到马德里时,他对西班牙首都的衰败大为震惊,正是在这位开明专制君主的统治下,西班牙开始了真正的复苏,它几乎在一切领域都迈开了现代化的步伐。

在宗教方面,查理三世虽是虔诚的天主教徒,但更深信绝对君主政体。在法国思想的统治下,宗教开始让位于政治,西班牙王室放弃了宗教统一政策。保守愚昧、垄断教育大权的西班牙天主教会面临着严峻挑战。西班牙共济会在弃英从法后迅速崛起,成了西班牙天主教会新的敌人。而且法国思想家的思想和共济会的理念总是不谋而合,对天主教会构成了极大的威胁。查理三世还下令禁止教堂丧礼,引入更自由的宗教仪式,并且听信首相阿兰达的进言,认为教士在诽谤他且意欲发动叛乱,于 1767 年在西班牙全境驱逐近 5 000 名耶稣会士。同时,宗教裁判所的权力被逐渐削弱,其所长因未经国王授权草签法案而被开除,西班牙好像又回到了统一前的宗教宽容时期。虽然宗教惩罚仍在继续,但火刑被废除,更多的是被革除教门。16、17 世纪浸透西班牙政体的宗教统一状态这时被打破,但专制主义依然牢固,并一直延续到 19 世纪,成为整个 19 世纪西班牙人民不懈努力消除的对象。

在思想和习俗上,西班牙出现了法国化的倾向,文化和创新精神得到重视。国王使用法国礼节和服装,特别是在启蒙时代,百科全书派的著作不仅在西班牙传播,而且远播至西属美洲。伏尔泰、孟德斯鸠和卢梭等人的著作虽只能影响一些大臣、领主、文人和法学家,但体现于其中的法国思想深深影响了科学、经济学、法学、社会学等领域,使其格外吸引人,为之倾倒的人虽然不多,但却是足以影响西班牙命运的领导阶层。无论是个人还是政府,都热衷于创立各种组织或机构来促进科学、艺术和文学的教学。"全国经济友人协会"就是由各省富裕人士自发组织的,用以教育人们掌握农业、工业和商业知识。长期一统天下、代表保守专制的西班牙天主教民族主义开始遭遇代表自由和民主的法国思想的冲击。自此,这两种完全对立的思想倾向不断对抗,左右着西班牙的历史进程,一直到 20 世纪 70 年代。

在经济方面,西班牙出现了复苏的迹象,变革与发展全面展开。政府在农业上开始限制"麦斯塔",颁布关于分配公有耕地的敕令,分配给无地的农民耕种。在商业方面,1778 年取消加的斯商人与美洲的贸易垄断权,允许西班牙最大的 13 个港口与殖民地贸易,实施贸易保护制,大大降低买卖税,内外贸易再次繁荣起来。工业上,加泰罗尼亚、巴伦西亚和安达卢西亚的纺织业被带动起来。政府还大力兴办公共工程,新的道路、运河和公路不断建成,邮政事业臻于完善。到 18 世纪中叶,西班牙物价稳定,经济发展起来。整个 18 世纪,西班牙的"人口从 600 万增至 1 100 万,几乎增加了一倍"①。

在政治上,由于更先进的法国绝对主义经验和技术的引入,18 世纪西班牙的外来文职官员建立了统一的集权化国家。阿拉贡、巴伦西亚和加泰罗尼亚的等级议会制被取缔,地方主义遭到镇压。大贵族遭到贬斥,并被逐出中央。法国的王室总监制被引进,为各行省建立统一政府。王室还注重挑选各部部长,在新王朝下,市政改革、卫生改革、运输改革循序渐进,手工业和技术教育重新得到重视,新的垦殖计划也得以制定和实行。军队得到改组和高度专业化,海、陆军获得重建。殖民地的管理得以强化和改进,欧洲属地的丧失使得波旁王朝显示出西班牙完全有能力统治其美洲帝国并从中获利。

查理三世时,完成了对宫廷的建造,世界艺术宝库普拉多美术馆也落成。西班牙经济发展并繁荣起来,资产阶级兴起。"正是在这一世纪内,与哈布斯堡王朝占据了半个地球的西班牙君主政体完全相反,一个具有内聚力的西班牙终于形成了。"②在这一时期,西班牙确立了国旗和国歌,一段著名的论述鲜明地反映了这时期的状况:"西班牙比帝国小,比卡斯蒂利亚大。它是我们 18 世纪的杰作。它由一片星云逐渐取得坚实的形态。……到独立战争时期,我们今天所看到的作为一个民族国家的立体和象征的理想形象基本上完成了。"③18 世纪是"西班牙民族"进一步成长的时期。1713 年,西班牙皇家科学院成立,1738 年,皇家历史科学院建立,6 年后又创立了圣

---

① [法]让·德科拉:《西班牙史》,管震湖译,商务印书馆 2003 年版,第 390 页。

② [英]佩里·安德森:《绝对主义国家的系谱》,刘北成等译,上海人民出版社 2001 年版,第 77 页。

③ 同上书,第 81 页。

斐迪南艺术科学院。由此,西班牙的知识分子第一次表现出民族主义的倾向。

然而,使西班牙国家理性化的查理王朝官僚机构的工作,并未使社会恢复元气。西班牙要想在经济上与法国和英国齐头并进,为时已晚。西班牙仍旧有 60% 的人口从事农业生产,城市制造业几近从大都市社会结构中删除。由于国内没有足够规模的工业,从殖民地获利最大的是法国而不是西班牙,地方资本转而投入公债红利或土地。而且自 18 世纪中叶以来,出现了大贵族谋取大臣官职的回潮,文职与军职两派在马德里明争暗斗。绝对主义国家的权力仅仅停留在由市政府管理国内广大地区此等程度上。西班牙半数以上的市镇处于领主或教士裁判权之下。"西班牙旧制度直至灭亡之时仍保持着其封建根基。"[①]长期在封建统治牢笼下的西班牙人对任何自由化生活的尝试都抱着保守和怀疑的态度。更不幸的是,查理四世(1788—1808 年)出于对 18 世纪末法国资产阶级革命的恐惧,抛弃了查理三世的改革政策,并于 1793 年对法国宣战,结果导致了法国的入侵和统治,西班牙的开明专制彻底失败。这场大灾难又促发了 19 世纪西班牙的资产阶级革命,使其构建现代民族国家的征途面临着更多的磨难。

2. 19 世纪的 5 次资产阶级革命

19 世纪是欧洲不断创建新的民族国家的时期,也是西班牙在本土重建国家的时期,这源自启蒙思想和法国大革命。由于中世纪国王在统一法国过程中发挥了重要作用,法国人逐渐将对教会的忠诚转移到国王身上,并将忠于国王看作是一个法国人的属性。这种从中世纪就一直保持的凝聚力使法国长期保持着传统的欧洲大国地位,其综合国力一直都在英国之上。然而英国在 17 世纪成功地实现了从绝对王朝国家向现代民族国家的转变,综合国力突飞猛进。法国古老王朝的政治、法律和社会结构等旧制度,阻碍了经济现代化和工业的发展。正是法国未能从绝对主义王朝国家适时转化为现代民族国家,所以落在了原本弱小的英国后面。法国的制度性腐败,成为其内部必须实行变革的重要刺激因素。追求英国式自由平等的启蒙运动应运而生。他们主张人类的自然权利,反对暴君。将追求自由平等的人权作为目标的启蒙学者的思想是一种民族主义和世界主义结合的产物,他们希

---

① ［英］佩里·安德森:《绝对主义国家的系谱》,刘北成等译,上海人民出版社 2001 年版,第 78 页。

望全世界人民都能够享受真正的人权,平等而和平地相处。这一世界主义的理想在欧洲广泛传播,为后来的欧洲发展奠定了重要的思想基础。在启蒙思潮与美国革命的冲击下,法国大革命产生了令人无法想象的巨大能量。它要摧毁一切旧秩序,建立一种新秩序。"1789 年大革命标志着法国政治史上的一个重大转折:从君主主权原则向民族主权或人民主权原则的转变,从王朝国家向近代民族国家的转变。'简单地说,民族的意志——而不是"朕的意志"——才是法律合法性的来源。有的革命者甚至认为。三级会议就是要收回被国王及其"专制大臣"篡夺的民族权利,恢复民族的自由。'"①法国人民渴望建立一个新型的民族国家,以保障人民的自由、平等和其他人权。这种要求注定了法国革命会超出一国范畴,成为一场整个欧洲的革命,并掀起各国民族主义的浪潮。拿破仑"掀起了各国的民族性,而民族性又吞没了拿破仑自己"。②法国大革命后,欧洲传统统治的权威已经丧失,任何一个政权都必须重新寻找自己的合法性。"19 世纪成为欧洲不断创建新的民族国家的时期"③,也是西班牙一个动荡和过渡的世纪。

在法国大革命的影响下,19 世纪的西班牙亦走上创建民族国家、走向现代的道路,具体表现在 19 世纪西班牙爆发的 5 次资产阶级革命。西班牙是一个教会和贵族统治的世袭君主国,也是一个天主教信仰主宰的国度,天主教会是封建势力的主要支柱、全国最大的地主。19 世纪,作为传统封建势力代表的天主教民族主义遭遇了作为现代民族国家代表的自由民主思想的前所未有的挑战。西班牙的资产阶级革命突出体现在传统的天主教民族主义与以争取人民主权为中心的现代自由民主思想的斗争。然而天主教民族主义是如此强大,以至于变革与反变革的力量反复较量,并最终以自由民主思想的失败告终。西班牙在走向现代之路上徘徊不前。

西班牙人民一直拥护君主制度,他们认为国王就是国家的化身,是上帝派往人间的使者,是一切荣誉和权力的来源,任何人都不具有这样的权威。然而查理四世的愚蠢言行、斐迪南七世的凶残和卑鄙败坏了王室声誉,加之法国百科全书派思想的影响,西班牙的君主形象遭到严重破坏。1808—1814 年,第一次资产阶级革命爆发,它是与西班牙人民反对外国侵略者的

---

① 秦海波:《试论"近代民族国家"新观念》,第 12 页,2007 年 8 月 22—25 日"世界历史进程中的民族国家"全国学术研讨会。

② [法]皮埃尔·热尔贝:《西欧译丛　欧洲统一的历史与现实》,丁一凡、程小林等译,中国社会科学出版社 1989 年版,第 12—13 页。

③ 陈晓律:《欧洲民族国家演进的历史趋势》,《江海学刊》2006 年第 2 期。

斗争结合在一起的。"过分强大的中央王权使西班牙近代民族意识的形成受到了压抑。直至 1789 年法国大革命爆发、1808 年拿破仑大军入侵之后，西班牙的民族意识才被唤醒。19 世纪初，西班牙国王查理四世昏庸无能，耽于享乐，大权旁落在王后的情夫、首相戈多伊手里，王后还说服查理四世签署遗嘱，规定太子费尔南多要到 30 岁才算成年，才可以登基。费尔南多便指望依靠拿破仑来'清君侧'，不想拿破仑却在暗地里收买戈多伊，于 1807 年与他签订了瓜分葡萄牙的秘密协议，并于 1808 年初率军进入西班牙。戈多伊又偷偷安排查理四世逃往美洲，消息走漏，群众包围了宫廷，以致查理四世不得不于 3 月 19 日将王位让给费尔南多。可是而后，他又后悔，声明让位无效。拿破仑于是邀请他们父子去法国听从调解，又让查理四世将王室其他成员也都召到法国去。但他们到达之后，却遭到了拿破仑的软禁。拿破仑逼迫他们将王位让给自己的哥哥约瑟夫·波拿巴，同时令法军占领了马德里。此举引发了西班牙的抗法战争，也即独立战争。"[1]法军的入侵显示了宫廷集团没有能力防止国家被占领，这激起了人民起义。1808 年 5 月到 6 月，全国自发的反对干涉者的起义爆发，西班牙人民大规模的民族解放斗争从此开始。民族解放战争使西班牙社会一切阶层都行动起来，并把西班牙资产阶级改造的必要性作为一个直接的任务提出。这是因为法军的入侵在带来战火的同时，也给保守封建的西班牙带来了革命思想和统治方式。1808 年底拿破仑曾下令取消宗教裁判所，废除封建权力和特权，封闭 2/3 的寺院，其兄约瑟夫也曾试图废除西班牙的显贵制，取消军阶。面对法国的双重进攻，西班牙人坚决维护民族独立，1813 年春将法军驱逐出境。但在这一过程中也加速了西班牙人观念的分歧和对立。广大民众和领导他们斗争的教士们进行独立战争是为了维护民族独立，保护他们从来都笃信不移的天主教和君主政体。但对于那些激进的知识精英们来说，法国的思想和制度却不容抗拒。在教士和民众为信仰而战、保卫加的斯城的时候，知识精英们却于 1810 年 9 月在加的斯自发组织了一院制的议会，颁布了一系列法令，并试图做些资产阶级性质的改革，更重要的是推出了以民权至上、动摇古老君主政体的 1812 年宪法。这是西班牙的第一部宪法，"它的第一章第一条即宣布：'西班牙民族(la Nación española)是自由和独立的，不是且不能是任何家族或个人的世袭财产'；接下来又明确宣称：

---

[1]　秦海波：《西班牙民族的统一和近代化问题》，载《中国社会科学院世界历史所学术论文集》第五集，江西人民出版社 2007 年版。

'主权实质上属于民族（Nación）……'"①。宪法宣布人民是最高权力的代表，建立分权制，严格限制王权，同时也适应国情保存君主政体和西班牙对殖民地的统治，宣布天主教为国教。尽管宪法对封建教会阵营作了很大让步，但它是那时最进步的文件。到1813年底，1812年宪法的效力已推广至西班牙全境。在战争中被唤起并成长起来的变革和反变革力量很快形成对立，西班牙从此陷入长期的矛盾冲突中。随着拿破仑的失败，斐迪南七世于1814年3月从法国回到西班牙，恢复王位，力图摧毁一切革命成果。第一次资产阶级革命以失败告终。但这个民族已经意识到自己的力量，西班牙人民开始登上历史舞台。1820年，斐迪南七世被迫对宪法宣誓效忠，主权得到了民众和王权的认可，西班牙自此成为近代民族国家，开始为争取国家主权而战。西班牙学术界也承认西班牙是在反抗拿破仑战争取胜后才成为"民族国家"的，因而这场战争被称作"西班牙独立战争"。传统力量遭到前所未有的挑战，从传统走向现代的西班牙国家出现了实质性进展，开始了真正意义上的走向现代之路。然而，这条路却是漫长而艰辛的。

　　1814年3月斐迪南七世回国后，在反动僧侣和地主支持下，不仅拒绝对1812年宪法宣誓，而且公开烧毁加的斯议会的会议记录，宣布1812年宪法和议会在1812—1813年的全部法令无效，恢复了战争期间被取缔的宗教裁判所，重建与罗马教廷的关系，甚至废除查理三世对耶稣会士的敕令，恢复教士特权。他要把一切恢复到从前，残酷的封建专制主义反动笼罩着西班牙。但此时的西班牙已经产生了近代民族意识，接受了资产阶级革命的理论。不满情绪在城市和军队中增长，1812年宪法成为革命热潮的旗帜。"这个期间起义的主要首倡者与活动的主力是军队，他们在独立战争时已经革命化了，西班牙民族中所有富于生命力的分子都集中在他们这里。"②1820年，吕埃果上校发动远征军起义，成为普遍起义的推动力。斐迪南七世彻底反对变革的做法促使立宪派和专制派的斗争公开化，并演变成内战。1820—1823年西班牙第二次资产阶级革命便始于这场因信仰而发生的内战。1820年，斐迪南七世被迫召开议会，3月7日对1812年宪法宣誓效忠，取消宗教裁判所。议会还进行了一系列反教会的改革。革命的日益激进引来了法国的干涉，1823年法军侵入西班牙。1823年10月加的斯投降，斐迪

---

　　① 秦海波：《西班牙民族的统一和近代化问题》，载《中国社会科学院世界历史所学术论文集》第五集，江西人民出版社2007年版。

　　② ［苏］斯维特等：《西班牙　葡萄牙》，王正宪等译，生活·读书·新知三联书店1957年版，第46—47页。

南七世的王冠得以保住,血腥的报复随之而来,吕埃果和几千名革命者被处决。封建统治恢复,法军的占领一直持续到1828年。斐迪南七世血腥的白色恐怖一直持续到1833年他去世,史称"黑暗的十年"。

"然而,政治和信仰主宰西班牙的时代远没有就此结束,而且愈演愈烈。"西属美洲独立战争爆发后,美洲的损失促使斐迪南七世转向开明专制,不得不改造工业,注意发展文教事业,振兴经济,西班牙开始向工业化道路发展。资本主义的发展更加强了资产阶级的反抗力量,结果在王位继承问题上冲突再起,天主教民族主义和自由民主思想的斗争又演变成一场内战,西班牙第三次资产阶级革命爆发(1834—1843年)。斐迪南七世结婚3次都没有生育,专制派中的极端派聚集在其弟唐·卡洛斯的周围,急切地等待其继承王位。"西班牙历史上具有代表意义、反对任何政治革新、视王位和神坛为一体的卡洛斯派和卡洛斯主义由此形成。"①斐迪南七世和玛利亚-克丽斯廷娜的婚姻给他带来了一个女儿。为了让女儿继承王位,1830年斐迪南七世恢复了女子继位的权利,1833年其女伊莎贝拉二世在母亲的监护下继位。教权派和绝对专制主义的卡洛斯派坚决反对,伊莎贝拉二世与其母不得不向自由派投降。"于是承认了1812年宪法,同时开始修宪,从1837年起出现了许多宪法版本,更换了无数内阁。那些宪法都宣称实行代议制,而事实上西班牙进入了一个虚伪的寡头政治时代,社会的主宰仍然是土地贵族、教会和军队。"②王位之争再次演变成一场内战,变革力量和传统力量兵戎相见。1839年,卡洛斯的军队瓦解,卡洛斯逃往法国,专制派落败。自由派中主张民主和反教权主义的进步派占据上风,不再需要自由派支持的克丽斯廷娜转向反动,试图走折中路线,结果失去支持,不得不放弃摄政,并于1840年逃出西班牙。1841年,进步派的议会选举进步党领袖厄斯帕退洛为摄政,但他犹如一个军事独裁者,毁尽了革命的精神。1842年,巴塞罗那爆发反对独裁的起义。温和派领袖那发厄斯将军利用这种情绪,1843年成了实际上的独裁者,为王党的反动专制统治扫清了道路。克丽斯廷娜又回来了,议会的一切权力事实上被取消。

1848年春,在法国资产阶级革命的影响下,西班牙再次爆发共和派发动的革命。马德里首先发生起义,随后许多地方都发生革命风暴。那发厄

① 陈晓律等:《15世纪以来世界主要发达国家发展历程》,重庆出版社2004年版,第46—47页。

② 秦海波:《西班牙民族的统一和近代化问题》,载《中国社会科学院世界历史所学术论文集》第五集,江西人民出版社2007年版。

斯镇压了西班牙的革命浪潮。然而剧烈的财政危机、政府的反动政策、王室生活的道德败坏,在全国引起了强烈的不满。沽名钓誉、利用革命的奥顿涅尔将军在1854年6月28日发动了马德里驻防军队的起义。奥顿涅尔为了吸引群众,发布了一个宣言,要清除宫廷佞臣,召开议会,减轻赋税,创办民兵队。第四次资产阶级革命(1854—1856年)拉开了序幕。尽管信仰依旧,但"1854年的事件是群众的革命觉醒发展途径上重大的一步,使群众不对王朝再存幻想"①。1855年1月13日,议会通过了自由主义的宪法,宣告了民族主权,建立了参议院。反动派聚集力量转入反攻,1856年7月13日伊莎贝拉二世撤换了从1854年起领导政府的厄斯帕退洛,代之以奥顿涅尔,并解散了议会。随之在马德里的街道上开始了战斗。被无产阶级的积极性吓倒的资产阶级抛弃了街垒,后退到可憎的专制主义的大炮保护之下。丧失了革命传统的军队在1856年对人民作战,交替组阁的奥顿涅尔和那发厄斯取消了1854—1856年的一切革命措施。

19世纪50年代,西班牙的经济发展获得一定的成就,也使工人阶级的力量增长。到60年代中期,对伊莎贝拉二世温和统治路线的不满情绪,开始威胁到西班牙的君主政体。农民、工人、学生斗志激昂起来,革命的情绪深入军队,军队发生了多次起义。在巴黎形成了共和主义派的组织。1868年9月18日,海军上将托贝特领导海军在加的斯发动起义,西班牙第五次资产阶级革命开始。王党军队遭到惨败,1868年9月30日伊莎贝拉二世被迫逃亡。1869年2月议会宣布西班牙为君主国,但政治和经济上的危机以及内部的不断争吵促使国王阿马德奥退位。就这样,"1873年,西班牙别无选择而成立了一个共和国,而且是联邦共和国"②。但他们对突如其来的自我管理不知所措,327天后,这一新政体就在1874年12月29日的又一次政变中结束了。波旁王朝得以复辟,伊莎贝拉之子阿方索十二世(1875—1885年)继位,反动派的地位又得以巩固。天主教民族主义再次战胜了自由民主思想,西班牙的现代之路又遭到一次挫折。

19世纪的历史是自由主义与教权主义斗争的历史,西班牙之所以如此坎坷,是教权主义顽固强大的结果,加之军队的参与,局势更加动荡不安。天主教是西班牙人民固有的宗教,天主教民族主义在西班牙民族中根深蒂

---

① 〔苏〕斯维特等:《西班牙 葡萄牙》,王正宪等译,生活·读书·新知三联书店1957年版,第52页。

② 〔美〕卡尔:《惶惑的旅程:西班牙的现代化历程》,许步曾等译,学林出版社1996年版,第2—3页。

固。两千多年来，天主教都是西班牙文明中最重要的因素，其古代光辉成为西班牙人精神中最重要的支柱之一。但随着社会的发展，教会的能量受到约束，开始陷入被动，逐渐失去作为国家精神力量的身份，从而危害国家政治、经济的正常发展。它们精于聚敛财富，享有免受各种规章和政府检查的权利，更重要的是它们控制教育，抵制官方教育的任何发展，强制进行天主教宗教教育。19世纪，教会遭到了前所未有的挑战，但无知和顽固的教士们带头抵制任何进步措施，对任何符合时代精神的合理妥协都一概加以拒绝，其地位依然十分牢固。这不仅是由于教会与王室联合，而且源于教会是人民内部的一种组织，是一种有组织、有活力的机体，不论是中上层还是下层民众，都深受天主教民族主义的影响。自由主义派别不仅力量薄弱，而且其思想不能扎根于灵魂中。西班牙人的灵魂总是在个人与世界两端摇摆，宗教是一种需要，既是权威的意识形态，也是个人的生活方式，这是天主教民族主义在西班牙根深蒂固的重要原因。除宗教外，这时西班牙还出现了军人参政。军人参政贯穿整个19世纪，并持续到20世纪。殖民地战争为军人提升地位提供了机会，军人不时占据国家要职，开始专横地干涉民事，成为国内政治工具，并逐渐发展成西班牙政治中的统治力量。在一个个人主义过分活跃的国家，"军队和教会都是有益的机构，一个是启迪精神的最重要的力量，一个是保证秩序和稳定的最重要的力量。但是，由于教会的正常生活规范发生了可悲的蜕变，此时的教会却以自己的伪善和迷信竭力反对国家的精神进步；而此时的军队则出于自己的霸道和无纪律态度，破坏国家法律，铲除秩序的根基"①。教会和军队都背离了自己的职责。

复辟王朝坚持温和的革新路线，"阿方索试图统一整个西班牙：'无论如何，我将努力成为一个好的西班牙人，既不会像我的先辈那样成为一个虔诚的天主教徒，也不会像当今人士那样，完全强调自由'"②。他承认主权在民，并于1876年颁布新宪法，实行君主立宪制。1876年宪法赋予所有西班牙人同等的地位，既宣布天主教为国教，也允许公民有其他的信仰。地主与天主教会的政治统治和土地所有制也得以保存。宪法还促成了一个责任内阁和一个两院制议会，在西班牙建立起议会政治。以卡诺瓦斯为首的保守派和以萨加斯塔为首的自由派达成默契，支持政治讨论和军事操练，轮流执政，共同压制共和派和卡洛斯派。天主教民族主义和自由民主力量达到暂时的平

---

① ［西］萨尔瓦多·德·马达里亚加：《西班牙现代史论》，朱伦译，中国社会科学出版社1998年版，第162页。

② 新加坡APA出版有限公司编：《西班牙》，李萍译，中国水利水电出版社2001年版，第45页。

衡。1898 年前,西班牙出现了难得的政治稳定,经济也在稳步增长。西班牙人口增长,生活水平提高,交通和通信也有很大的发展,农业第一次恢复了生机。1890 年,普选制确立,教育和宗教相分离,学校教育也逐渐得以改善。

尽管西班牙丧失了许多殖民地,被排除在世界强国之外,国内动荡不断,民主努力失败,"但西班牙在 19 世纪逐渐进入近代时期,整个国家都发生了变化。铁路、工业、通信、公共设施、农业复兴和社会问题成为许多统治阶层一直关注的事情。不管国内如何混乱,西班牙在不断取得进步,并不时找到解决问题的方法,尽管仍在犯一些严重的错误"[1]。在 1898 年的灾难之前,人们普遍感到西班牙正在为进入真正的复兴做准备。"19 世纪是西班牙在本土上重建国家的时期,……不仅仅意味着西班牙制度的变化,更重要的是意味着一场革命。这场革命的内容包括:人民对公共生活的态度,对公共生活的理解方式,以及对自己固有的政治哲学的深刻反思。"[2]

3. 20 世纪初的西班牙

复辟王朝的稳定是短暂的,天主教民族主义和自由民主思想两派间的平衡状态很快被打破,20 世纪初的西班牙又沿着双方较量的轨道不断徘徊。民主力量有了很大的进步,民众的天主教信仰开始动摇。双方的较量在 1936—1939 年的内战中达到了顶峰,然而由于国内外反动势力的勾结,传统的天主教民族主义再次取胜,佛朗哥建立了军事独裁,自由民主思想再次受到压制。

19 世纪末 20 世纪初,欧美资本主义向帝国主义过渡,加紧了海外争夺,掀起了瓜分世界的狂潮。西班牙帝国的危机更加深重。1898 年可谓是西班牙的一个大灾之年,从此西班牙再次走向动荡。美国利用西属殖民地古巴、菲律宾民族解放运动之机,在 1898 年挑起美西战争。西班牙丧失了几千名士兵、2 支舰队和 15 亿比塞塔,签订了《巴黎和约》,丢失了古巴、波多黎各、关岛和菲律宾。从此,"西班牙海外属地只剩下巴利阿里群岛、加那利群岛、几内亚境内一条狭长地带和摩洛哥境内三块飞地:休达、梅利利亚和伊夫尼"[3]。军事上的耻辱和殖民地的几乎丧失殆尽对西班牙人产生了强烈的震撼,迫使西班牙回首自身,把眼光投向国内。

---

① Eugene Fodor, William Curtis, ed., *Fodor's Spain 1974*, New York: David McKay, 1972, p.67.

② [西]萨尔瓦多·德·马达里亚加:《西班牙现代史论》,朱伦译,中国社会科学出版社 1998 年版,第 64 页。

③ [法]让·德科拉:《西班牙史》,管震湖译,商务印书馆 2003 年版,第 457 页。

西班牙问题的关键是要使国民心理适应现代世界的潮流,克服那种独特的个人主义。"克服这种个人主义倾向的方法有两条:一是通过教导和教育使人进步,一是通过发展经济使社会进步。"①而让如今西班牙振兴起来的首要因素是人的进步。由于世界文化价值观的变化及西班牙文化财富的耗尽,20世纪西班牙最迫切的任务是在教育中体现一种新的精神,重建自身文化。天主教精神文化到19世纪末20世纪初已经动摇并逐渐流失,西班牙需要创造新的更高层次的文化。它开始摆脱16世纪的宗教梦想和18世纪的法国思想。唐·弗兰西斯科·赫内尔成为这种真正西班牙精神的早期代表和自由派组织公认的领袖。他带领一批自由派教授创建了当代西班牙真正的"母校"——教育自由学院。赫内尔"不是把学校办成一个教学车间,而是办成一种教育环境"②。教育自由学院成了激发西班牙教育界和整个社会生活热情的酵素。在教育自由学院的影响下,1907年"扩展学习委员会"诞生,它将赫内尔的思想具体化、制度化。委员会不仅向国外派遣优秀大学生,而且在宗教问题上始终不偏不倚,使其无懈可击。委员会工作人员的忘我精神促成了委员会的成功,更教育了一大批人。委员会的工作不久便带来了成效,大学的色彩发生变化:活力、能动性、组织能力在不断加强,团结意识也得到了不同程度的发展。除赫内尔以外,西班牙出现了另一位伟人——加尔多斯。加尔多斯从纯粹的国民观点而不是党派观点出发,把一个真实的19世纪展现在西班牙人面前,并赋予西班牙意识,他堪称那些改变当代西班牙面貌的灵魂人物之一,继16世纪塞万提斯的《堂·吉诃德》后推动西班牙文学再次达到顶峰。

赫内尔和加尔多斯是西班牙全面复兴的杰出代表。一批知识分子继而开始反对君主制,向往共和国。以华金·科斯塔、安赫尔·加尼维特、米格尔·乌纳穆诺和何塞·奥尔特加-加塞特为代表的"98年一代"以极端否定和批判的口气,对西班牙一个世纪以来的经验和错误进行批判,宣称西班牙应放弃独霸世界的美梦,而努力实现新的、现代化的理想。他们强调重振国家农业的必要性,改革税收结构,将免费公共教育扩大到全国。这时期的公共观念也有很大发展。各种争论吸引了公众的注意力,有效推动了教育工作。20世纪初,西班牙的报刊业较为繁荣,成为最重要的精神宣传和交流媒介。报刊业的发展振奋了西班牙人的精神,并加强了他们对外部世界的了解。在这样一个文化活跃时期,西班牙激发了自己的大学活力,扩展了公

---

① [西]萨尔瓦多·德·马达里亚加:《西班牙现代史论》,朱伦译,中国社会科学出版社1998年版,第85页。

② 同上书,第91页。

众观点。西班牙与外部世界的联系愈来愈加强,国民精神开始受到世界文化的影响。西班牙正在形成一种新的精神力量。

然而改变不会轻易产生,内战中断了所有这一切的发展。1898 年标志着长期分裂的开始。西班牙结束了自己的世界使命,开始经历一个世纪的政治风波。20 世纪是在过去废墟上重建一个新西班牙的时期。

20 世纪初,西班牙开始过渡到带有半封建性的帝国主义,对外国资本的依赖更加严重。所有最主要的工业部门全被外国资本掌控,工人阶级的处境异常痛苦。天主教会依然起着很大的作用,占有大量土地的教会巨头开始将资本投入工业、商业和交通业。金融资产阶级和教会拥护地主政权,保卫封建秩序,导致了西班牙的极端落后状态。在美西战争之后的这段灾难时期,劳工团结起来,变得很激进,起义不断。当保守党领导人卡诺瓦斯于 1897 年被刺杀、自由派领导人萨加斯塔于 1903 年去世后,两派力量的平衡打破,局面变得混乱不堪。军队被所有西班牙人视为现行秩序的传统维护者,成了被攻击的对象。

在阿方索十三世 1902 年亲政后,西班牙有了相对和平的 13 年。经济力量有所增长,成为查理三世以来西班牙最兴盛的时期。文化事业重新得到重视,西班牙重新参与国际政治。一战中,政府选择了中立,使西班牙避免了战祸,而且由于原料和商品的输出,资产阶级大发战争财,工人阶级思想也走向成熟。但是西班牙的经济高涨带有片面性和不稳定性,战争结束后,工业的繁荣突然结束,上千名工人陷入失业的困境。此间,政府发动了违背民意的摩洛哥战争,连连失利,屡遭重创。同时,十月社会主义革命极大地影响了西班牙。1917—1920 年,西班牙出现了革命形势:无产阶级的大罢工、农民的大规模起义及加泰罗尼亚、巴斯克和加利西亚人的斗争汇合在一起。罢工、起义此起彼伏,反教会和军队的恐怖活动日益加剧。软弱无力的文官政府根本无法应付这一严峻局势,为了平息骚乱,阿方索十三世只好诉诸武力,解散了议会,把政权交给里维拉将军。"这暴露了自由议会实践的缺陷,表明了阿方索对事态的默许","君主在议会政治的垮台中扮演了重要角色"。①

里维拉在 1923 年 9 月发动政变,建立独裁统治(1923—1930 年),结束了议会统治。里维拉一方面靠审查制度维护自己的统治,另一方面还得到了军队、教会和大企业的支持,而社会主义者则保持一种中立态度。他制定计划重整军队、教会和君主制度,取消了加泰罗尼亚名义上的自治,将商会

---

① 〔英〕杰里米·布莱克:《重新发现欧洲:西班牙何以成为西班牙》,高银译,天津人民出版社 2019 年版,第 134 页。

内的活动权授予社会党分子,以平衡无政府主义者的势力。这种镇压手段使他一度控制了局势,缓和了经济局势,还打赢了摩洛哥战争,为自己赢得了较高的威望。但是里维拉试图以军事手段解决经济和社会问题的计划遭到失败,1929 年的世界经济危机使罢工和要求共和的运动又活跃起来,民众的不满情绪陡然上升。政客和知识界都在激烈地反对独裁,革命正处于酝酿中。1930 年,里维拉失去各地将领的支持,被迫下台。

在取消君主政治的口号下,1931 年 4 月的大选具有决定意义,资产阶级共和派和社会党人组成的左翼政党取得胜利,1931 年 4 月 14 日,西班牙第二共和国建立,阿方索十三世被迫退位,离开西班牙,王室被和平推翻。一时间,西班牙的企业家、知识分子、工人阶级第一次联合起来,民主力量取得了前所未有的胜利。

1931 年 12 月 9 日,立宪议会通过共和国宪法,规定政教分离,取缔耶稣会,废除封建义务,进行部分土地改革。共和国要用民主议会程序来实现西班牙社会的现代化,缩短与欧洲其他国家的差距。然而温和乏力的手段使它无法"消除保守利益集团的危害,令微不足道的社会改革亦受到阻挠,使社会党对资产阶级共和国彻底失望"①,从而导致了共和国和民主制度的失败。经济紧缩的不利年份和政策上的失误都带来了很大问题,民族问题同样没有解决,占人口 30% 的 700 多万加泰罗尼亚人、巴斯克人和加利西亚人要求自治,仅加泰罗尼亚被赋予有限的自治。经济上的每项改革几乎都因资金缺乏而失败。政府在宗教问题上解散耶稣会、没收财产、取消官方宗教等近乎极端的反教权主义做法,使共和国失去了人数众多的天主教士的支持,更加忽视了在一个天主教民族主义的国家中主教和教士所拥有的巨大的精神和社会力量,伤害了全国普遍的宗教情感。农村、中产阶级以及部分工人家庭继续保持天主教信仰。共和国尖锐且一贯的反教权主义态度,给反动的天主派力量提供了动员全国宗教舆论反对共和国的借口。教会的力量日增,成为导致共和国垮台的主要力量。军队民主化的问题也没有解决,工人阶级的状况持续恶化。"自 1931 年 4 月 14 日至 1932 年 4 月 14 日,一年之间,罢工发生 3 693 次,其中 30 次总罢工,20 次政治性罢工。其中许多是以武装斗争来完成的。"②

① [美]卡尔:《惶惑的旅程:西班牙的现代化历程》,许步曾等译,学林出版社 1996 年版,第155 页。
② [苏]斯维特等:《西班牙 葡萄牙》,王正宪等译,生活·读书·新知三联书店 1957 年版,第 64 页。

共和国的客观困难和主观失误助长了右翼势力的发展。反动力量不甘失败,里维拉将军的儿子何塞·安托尼奥建立西班牙长枪党。1933 年 10 月,反动力量组成以长枪党为首的西达党(西班牙自治权利联盟),梦想使工人阶级脱离马克思主义和外国自由主义,建立一个帝国。西达党在 11 月的选举中获胜,上台后立即反攻倒算,几乎取消了前一时期左派政府的所有改革成果,在国内实行恐怖独裁统治。1934—1935 年西达党当权时期,在西班牙历史上留下了"黑暗的两年"之名。

面对西达党的独裁统治,无产阶级和农民继续斗争,共产党和社会党开始组成统一战线。西班牙夹在一个有组织却各自为政的左翼阵营和一个迅猛发展的以德意法西斯为模式的长枪党之间。强大的反法西斯运动迫使西达党政府于 1935 年底下台。新政府决定在 1936 年 2 月 16 日举行议会选举。由于资产阶级——地主统治的危机所形成的革命形势,社会党人和资产阶级共和派的领袖们不得不接受共产党人提出的统一战线行动的建议。1936 年 1 月 16 日,人民阵线公约签字,左派的人民阵线形成,在 1936 年 2 月的大选中获胜。但右派也举起了民族阵线的旗帜,并争取到了民众尤其是精锐军队的支持。西班牙人的不妥协的个人主义使得"中间力量不可能存在,而每一个极端都能指望得到一半人口的支持"[1],"纷纷的政治歧见被迅速简化,并很快演变为一场为决定共和国去留而进行的空前惨烈的内战"[2]。1936 年 7 月 18 日,极右分子发动叛乱,在意大利和德国国家社会党的支持下,军队决定接管政府,结束第二共和国。西班牙内战开始了。

1937 年初,德国和意大利承认佛朗哥政权,其舰队在地中海西班牙沿岸巡逻,进行公开的武装干涉,西班牙人民只得进行对抗国内外反动派集团的力量悬殊的战争。这一阶段的特点是,西班牙共产党和苏联对左派的影响不断增强,意大利和德国对右派的影响不断增强。就军事装备而言,共产党人连对方的十分之一都达不到,且内部不团结,没有共同旗帜,共产党人和无政府主义者间产生了激烈的斗争。与此相反,民族阵线的军队却纪律严明、装备精良,由富有经验的将军率领,并从国外得到所有的必备物资。民族阵线似乎是一支扫荡异教徒的神圣十字军。"苏联并没能挽救共和国,事实上在 1939 年 3 月佛朗哥胜利前的几个月供应下降了,另一方面,纳粹德国和法西斯意大利则持续他们对叛乱者的帮助直到取得胜利。"[3]1939

---

[1] P. E. Russell, *Spain: A Companion to Spanish Studies*, London: Methuen, 1976, p. 183.

[2] 陈晓律等:《15 世纪以来世界主要发达国家发展历程》,重庆出版社 2004 年版,第 51 页。

[3] Christian Leitz and David J. Dunthorn, ed., *Spain in an International Context 1936—1959*, New York: Berghahn Books, 1999, p. xiii.

年4月1日，佛朗哥进驻马德里，内战结束。共和国覆灭，梦想恢复查理五世和腓力二世荣光的佛朗哥在西班牙建立起军事独裁统治，传统的天主教民族主义再次取胜。

4. 西班牙的地方民族主义

在国家现代化的长期徘徊中，西班牙的加泰罗尼亚、巴斯克、加利西亚等地方民族主义势力不仅强大，而且直接影响全国政治，成为政治生活中的重要问题。在比较极端的意义上，民族主义本质上是一种民族利己主义，每一个民族都极力争取最有利的发展条件。随着民族主义在欧洲的兴起，新的民族和民族国家不断产生，民族主义运动此起彼伏。西班牙的加泰罗尼亚和巴斯克问题亦是其中之一。民族的裂解现象到第一次世界大战结束时形成高潮，出现了许多新的国家。沃勒斯坦的世界体系理论很好地解释了这一现象。在一个共同体内，先发展起来的地区形成"中心"，后发展的地区成为"边缘"，受"中心"剥削。为了摆脱这种地位，"边缘"在特定的条件下以地方主义为号召反抗"中心"，加之地方特有的文化和历史背景，地方民族主义便很容易形成。新的意识、新的民族有可能产生，建立新的民族国家则成为其奋斗目标，以期改变从属地位，变边缘为中心。为了发展，一切可能的民族都在努力建立自己的民族和民族国家，民族主义的浪潮不断高涨。

西班牙的加泰罗尼亚、巴斯克、加利西亚等少数民族自19世纪起地方民族主义勃然兴起，并愈演愈烈，要求最大程度的民族自治，甚至要实行民族独立，建立自己的国家，摆脱西班牙专制国家的束缚。然而西班牙的地方民族主义又具有自己的特点，加利西亚的情况或许符合沃勒斯坦的理论，但加泰罗尼亚和巴斯克的情况在很大程度上有别于沃勒斯坦的世界体系理论。世界上绝大多数民族国家的少数民族在经济上都落后于主体民族，但西班牙的少数民族加泰罗尼亚和巴斯克地区的经济却大大优越于主体民族居住地区的经济（马德里除外），集中了西班牙较大部分的工业财富，是较早实现工业化的地区，甚至可以左右西班牙的经济形势。除了优越的自然条件外，加泰罗尼亚和巴斯克地区传统的民族主义使其长期以来有迫切发展本民族经济，摆脱主体民族政治、经济束缚的愿望。加泰罗尼亚、巴斯克少数民族在西班牙是经济发展的"中心"，然而却是政治的"边缘"，在国家政治生活中几乎没有发言权，卡斯蒂利亚几乎垄断了国家政治。为了摆脱这种经济、政治的不相称，加泰罗尼亚、巴斯克便不时地利用西班牙国家的有利条件，以本地区为中心、以地方主义为号召对抗中央。加泰罗尼亚、巴斯克等在长期的历史发展中,形成了自己独特的历史、文化因素,还拥有自己的语言,享有一定的自治权,于是一股强大的地方民族主义开始兴起。他们要求自治甚至独立,以摆脱落后地区对其发展的束缚和牵制,为本民族的发展赢得最大空间,而不能牺牲本民族利益去支援落后地区。

另一方面,加泰罗尼亚、巴斯克等少数民族长期活跃于地中海沿岸的商贸活动中,善于经商,特别是加泰罗尼亚面朝地中海并以其为天然的出海口。他们将西班牙的衰弱归咎于卡斯蒂利亚不善经营。加泰罗尼亚、巴斯克由于地中海商贸的缘故及其舰队能够从当地统治者那里抽取大量贡金,而对开辟新航路不感兴趣。卡斯蒂利亚在新航路的开辟中发挥了主导作用,建立海外殖民帝国的功劳也主要归于伊莎贝拉女王。新航路开辟后,从事这一事业的主要是卡斯蒂利亚的国王、贵族和富商们,他们垄断了殖民贸易,阿拉贡被排斥在外。然而由于卡斯蒂利亚内部工业的落后,殖民地的利益逐渐为荷兰、英国等夺走,西班牙反而衰落下去。加泰罗尼亚人认为这主要源自卡斯蒂利亚不善经营,如果将殖民贸易交给他们,西班牙则不会出现这种状况。他们不愿承担这种与己无关的衰落,因而要摆脱落后的西班牙。加泰罗尼亚强大的经济力量决定了其政治影响力和发言权,其民族主义要求有潜在的优越性。此外,"西班牙多山的地理条件使各地区泾渭分明,交通的不便使它们之间相对隔绝,地区间的差别之大令人难以置信。1846 年理查德·福特在《西班牙的情况》中指出:西班牙地区间在语言、习俗、社会传统和地方特点各方面存在差别,而且长期以来保持不变;西班牙地区间的差别比欧洲各国间的差别还大"[1]。这种自然环境上的差异进一步助长了地方民族主义的发展。到了 20 世纪,各民族语言的差别成为西班牙国内产生地方主义的基本条件。在整个 19 世纪和 20 世纪初期,西班牙的地方民族主义随着国内政治的发展变化,不断取得进展或遭受挫折,并成为影响西班牙国内政治发展的一支重要力量。他们为取得本民族的自治或独立,与变革力量一起对抗传统的封建专制力量。

但最困难的问题还是根源于西班牙个人主义的国民性格。这几个地区是这种个人主义国民性格表现最明显的地区。加泰罗尼亚人是强烈的个人主义者,"在加泰罗尼亚,把西班牙人的分裂倾向推向极端,否认自己的西班牙特性并把加泰罗尼亚想象成另一个独立国民的人们,正是那些最具西班牙特性的人们"。其利己和消极的国民意识增强了离心力。巴斯克人则更

---

① 钱乘旦主编:《欧洲文明:民族的融合与冲突》,贵州人民出版社 1999 年版,第 130 页。

多地保留了自己的伊比利亚属性,其分裂倾向和个人主义倾向比其他西班牙人更强烈。他们直率、严肃,性格刚毅,对天主教信仰的狂热是其地方民族主义的活力来源。而将这种强烈的个人主义激发出来的是"西班牙作为世界强国遭到了历史性失败。如果西班牙继续拥有在长达两个半世纪的世界历史中所有过的那种无可匹敌的力量,加泰罗尼亚和巴斯克就有可能继续高兴地享受帝国的精神和物质好处"①。但没有了世界强国和天主教帝国的维系,个人主义便如同脱缰野马。在长久的历史进程中,西班牙国家制度的缺陷和不健全,导致许多地区对国家灰心失望,进而导致分离主义的产生和加剧。

西班牙少数民族在民族国家形成之前就已存在,国家统一后成为帝国的边远省份居民。19世纪初拿破仑军队的入侵激起了西班牙强烈的民族主义和地方主义。19世纪下半叶,加泰罗尼亚人和巴斯克人的民族主义是西班牙政治生活中的一个大问题。西班牙人民对自己出生地的热爱远远超过了对西班牙国家的忠诚,地方意识逐渐增强。可以说从1876年至1931年,地区问题成为西班牙社会和政治议题的中心。加利西亚民族主义也在较小程度上出现,当地人开展民族文化复兴运动,涌现出一批用加利西亚语创作的作品。为了解决这些民族的自治要求,有关方面提出了一些地方行政改革方案,以使地区能够成为真正的自治实体。

19世纪末20世纪初,地方民族主义运动高涨。1898年美西战争的失败,唤起了西班牙人的民族意识,更对加泰罗尼亚产生了深远的影响,它使加泰罗尼亚主义从一种信念转变成振兴运动的目标,即加泰罗尼亚应该成为一个独立的实体。从此,加泰罗尼亚主义成为一股不可忽视的力量并影响了20世纪西班牙的政治。这一时期"加泰罗尼亚民族主义可归结为:加泰罗尼亚自治;加泰罗尼亚民族统一;加泰罗尼亚对西班牙国家产生影响"②。一战期间,加泰罗尼亚的经济获得了长足的发展。工人阶级的力量大增,其运动变得异常激进,不断发动罢工,有力抗击了反动力量的倒行逆施。加泰罗尼亚的罢工起义与西班牙工农群众的抗击结合起来,有力地推动了全国的革命形势。加泰罗尼亚人民要求给予加泰罗尼亚广泛的自治权。1922年,加泰罗尼亚国家党成立,提出建立独立的加泰罗尼亚共和国。1923年,加泰罗尼亚、巴斯克和加利西亚的民族主义者建立同盟,要求实行

---

① 〔西〕萨尔瓦多·德·马达里亚加:《西班牙现代史论》,朱伦译,中国社会科学出版社1998年版,第178页。

② 钱乘旦主编:《欧洲文明:民族的融合与冲突》,贵州人民出版社1999年版,第132页。

自治。但里维拉组成军人内阁后,取消宪法,实行独裁,加泰罗尼亚、巴斯克和加利西亚各族人民的民族运动随之陷入困境。然而,独裁并不能阻止民族运动的发展。1923年11月,加泰罗尼亚递交请愿书,要求恢复其自治权,要求悬挂本民族的旗帜并承认加泰隆语为正式语言。1924年初,加泰罗尼亚掀起民族运动的新浪潮,为了加泰罗尼亚的自由进行不断的努力。1931年4月共和国的建立为民族主义的发展创造了条件。加泰罗尼亚宣告成立"以一个邦的资格加入伊比利亚联邦的加泰罗尼亚共和国"。西班牙政府首脑授权加泰罗尼亚人成立自治政府,其权限主要涉及市政事务及制定加泰罗尼亚自治条例初步草案等。加泰罗尼亚民族运动取得了很大成果。1931年12月,西班牙共和国通过宪法,提出"一体化"国家的设想,这是介于统一制与联邦制国家之间的一种选择。共和国赋予各地区以自治权,但各地区不得结成联邦,西班牙国家的权力高于自治地区的权力。1932年5月,议会开始讨论加泰罗尼亚自治条例草案并获批准,赋予加泰罗尼亚人建立其自治管理机构的权利,加泰隆语获得与卡斯蒂利亚语同样的地位,并且在与共和国宪法严格符合的前提下可以使用自己的宪法。自治条例使加泰罗尼亚获得在整整200年内未曾有过的自由。加泰罗尼亚民族经过斗争,终于获得了在西班牙统一民族国家内自由发展的机会。

巴斯克人居住在西班牙和法国交界的比利牛斯山区,早在公元前就已居住在这里,在历史上曾有过自己的国家、军队、宪法和财政税收制度。巴斯克的历史就是一部为维护民族自治或民族独立而斗争的历史。巴斯克人具有强烈的民族自我意识,民族内聚力很强,保持了自己固有的生活方式。西班牙统一后,巴斯克保留了一定的自治权利,直到18世纪以后特别是19世纪,西班牙政府采取有效措施实行中央集权,并倾向于取缔加泰罗尼亚、巴斯克的自治。由于巴斯克曾支持卡洛斯王子觊觎王位、发动叛乱,卡洛斯败后,巴斯克人便处于十分不利的地位。1876年《巴斯克法典》被废除,巴斯克人的半自治地位被剥夺,与其他各省的地位完全一样。从此民族问题不断出现,民族冲突此起彼伏,巴斯克人为维护自己的语言、文化传统并争取自治而不断奋斗。于是,巴斯克人掀起了争取"恢复古代法规"的民族运动。1878年2月28日,国王下令在巴斯克三省实行"经济协调"制度,巴斯克对国家的捐税被确定为一定的税额,由各省议员团掌握,巴克斯克人的旧特权在某种程度上得以延续。巴斯克民族主义者一直受加泰罗尼亚民族主义的影响,加泰罗尼亚人的成就鼓舞着巴斯克民族主义者继续进行各项计划和研究,以便制定一个巴斯克"条例"。1931年共和国成立后,巴斯克民族主义党提出一项关于承认西班牙共和制度的声明,要求政府不干涉巴斯克的行政。但巴斯克、加利西亚人远没有加泰罗尼亚人幸运。1931 年 4 月,巴斯克民族主义代表聚集在盖尔尼卡市发布宣言,请求成立巴斯克共和国。西班牙共和国当局为防止巴斯克共和国成立,派军进驻盖尔尼卡,巴斯克民族主义者代表大会草草收场。1931 年 12 月共和国宪法通过,赋予各地区以自治权。1933 年 8 月,"巴斯克区"自治条例草案在巴斯克三省议会通过,12 月共和国议会批准了该草案,然而内战的爆发却阻止了自治条例的实施。《加利西亚条例》甚至没有通过 1936 年的公民投票表决。内战前夕,巴斯克人团结在人民阵线组织的周围,为争取民族自治而斗争。人民阵线各党派在 1936 年 2 月的大选中获胜,组织联合政府,不久宣布承认巴斯克人有组织地方武装部队的权利,并允许他们在一种联邦形式的范围内实现民族自治,这是自 15 世纪以来巴斯克人第一次获得民族自治权利。

　　1936—1939 年的内战中,西班牙建立了军国制度。尽管加泰罗尼亚和巴斯克进行了英勇的反抗,但最终佛朗哥建立了独裁统治,剥夺了加泰罗尼亚、巴斯克的自治权利,并进行残酷镇压。直到 1975 年,西班牙一直处在佛朗哥统治下。《加泰罗尼亚自治条例》和《巴斯克地区的自治条例》被废除,"经济协调"制度也被停止。佛朗哥对巴斯克地区的控制尤其严格,禁止使用巴斯克语,甚至严令儿童取名须用西班牙基督教的教名,而不能使用传统的巴斯克名字。但佛朗哥的暴力手段并没有能镇压地方民族主义的发展,它依然在以后的岁月里存在。

四、从传统走向现代的西班牙——天主教民族主义的调适

　　西班牙从传统走向现代的历程,即西班牙从王朝国家经近代民族国家走向现代民族国家的确立过程。值得注意的是,佛朗哥独裁统治下的西班牙,不仅出现了多年未曾有过的社会稳定,而且实现了经济起飞,为社会的全面现代化打下了经济基础。胡安·卡洛斯时代则成功完成了现代化变革。西班牙重塑了在内战中被践踏的国民意识,自由、民主和现代化成为共识。天主教民族主义在现代化的发展中适时地做出了调适,再次发挥了它应有的历史作用。西班牙民族国家在经过长久的彷徨徘徊后,短短几十年顺利实现了转型。这一转型是全面的,经济的现代化、政治的民主化、地方

自治的成功实行、欧共体的加入,使西班牙成为世界改革浪潮中一颗令人瞩目的"欧洲新星"。

1. 佛朗哥主义

佛朗哥利用长枪党、教会和军队三大支柱,在西班牙全境建立了独裁统治。然而独裁下的西班牙却出现了不曾有过的社会稳定,实现了西班牙梦寐以求的经济起飞,社会发生重大变化。"以牺牲人民的自由为代价,换取西班牙的经济起飞和社会转型,从而为西班牙的全面现代化打下了坚实的基础。佛朗哥独裁是西班牙现代化征途中非常特殊而关键的一个阶段,也是西班牙专制主义的最后和最高阶段。"①

1937 年 7 月佛朗哥在接受合众社记者采访时曾声称:"西班牙将实行合作方式,结束毒害人民的自由体制。"②这表明他反对自由主义和建立独裁的愿望,他要使西班牙在回到传统的基础上谋求全面复兴。

1939 年内战结束后,佛朗哥宣告自己在西班牙的绝对独裁。所有政党和组织除了法西斯的长枪党外都被禁止活动,人民阵线政府所进行的改革全被废除,一切机构都被取消,一切立法、司法和行政大权都交给了佛朗哥。佛朗哥政府开始对革命者进行残酷的迫害,"军事法庭平均每天要宣判 400 人,并且其中 70% 是判处死刑的。数以万计的爱国者未经法庭审讯而被谋杀,被捕者人数之多,甚至监狱都容纳不下,将修道院,甚至将斗牛场改作了监狱"③。他要借鉴德国和意大利的经验,缔造一个西班牙特色的法西斯专政。

然而德意法西斯的失败使佛朗哥失去了学习的榜样,西班牙也被视为法西斯的代言人而被禁止加入联合国和北约,并被排除在马歇尔计划之外。西班牙遭到经济封锁,处于孤立的境地。为了维持统治,佛朗哥必须设法在内部保持统治的合法性,在外部争取西方民主国家的认可,因而他不得不在施政方针上做出必要的调整。佛朗哥逐渐改善自己的体制、政策和宣传口径。1945 年 7 月,人民的权利和义务在议会得到确认,并允许在必要时举行全民公决。同时改称佛朗哥为国家首脑,摒弃以前的领袖称谓,剥夺长枪党的部分职权。1947 年,西班牙投票表决建立了一个天主教王国,并纳入

---

① 王本立:《现代化视野中的佛朗哥独裁》,第 1 页,2007 年 8 月 22—25 日"世界历史进程中的民族国家"全国学术研讨会。
② [法]让·德科拉:《西班牙史》,管震湖译,商务印书馆 2003 年版,第 496 页。
③ [苏]斯维特等:《西班牙 葡萄牙》,王正宪等译,生活·读书·新知三联书店 1957 年版,第 74 页。

法律，"作为一个政治单位，西班牙是一个天主教的、全社会的和代议制的国家，按照这个国家的传统，它宣布组成王国"①。该王国以佛朗哥为终身国家元首，并由他指定一位具有王室血统的人作为继承人。1969 年他确定了未来的国王，即波旁王朝阿方索十三世的孙子胡安·卡洛斯。在国内，佛朗哥以强权统治巩固政权，得到了教会和军队的支持。

佛朗哥统治时期，教会对独裁制度，特别是在对人们的思想教育方面，经常给予帮助。天主教会的许多特权包括掌握文化教育和道德命脉得以恢复，教会对戏剧、出版、书刊的检查也恢复了。佛朗哥和长枪党的思想家们对宣传民族主义特别重视，号召"为祖国的伟大和共同的幸福"牺牲"阶级和个人的私利"。"所有佛朗哥主义者都是天主教徒，在建立政权初年，是西班牙教会单独的允许使它得以成为一个合法事物。"②1953 年，西班牙与罗马天主教签订协议，罗马天主教被认定为西班牙唯一合法的宗教，教会得到国家财政资助，并享有控制教育的权力，教会财产享有免税权，国内所有神职的任命均须征得教皇和佛朗哥的同意，佛朗哥政权从而合法化。佛朗哥重新确立了共和制之前教会在国家中的地位，他要使西班牙人的精神与天主教教会的精神一致起来。但非天主教的信仰也逐渐得到了更多的宽容。

佛朗哥摧毁了自由主义的代言人代议制民主和政党制度，但他接纳中产阶级的有识之士到政府中，有助于其政权的长久和稳固。他还有自己独特的宪法，确立了"有组织民主制"的原则。佛朗哥主义不仅仅是一个人的统治，"它是一种政治制度，在外部世界看来似乎是一块不可改变的政治磐石。鉴于社会的变化，若不试图作出装饰门面的变革和在制度内部纳入新的力量，这种制度根本不能生存"③。佛朗哥政权是保守的、天主教的和独裁主义的政权。军队本身是其政权的支柱。1955 年西班牙被接纳为联合国成员国，备受孤立的状态被打破。

佛朗哥时代最为辉煌的成就出现在经济领域，"虽说其政权的政治结构经历了装饰门面的变化，但他统治的社会却发生了剧变"④。对外开放和市场经济建设的齐头并进，使西班牙在佛朗哥统治后期基本上完成了工业化。

---

① 〔西〕萨尔瓦多·德·马达里亚加：《西班牙现代史论》，朱伦译，中国社会科学出版社 1998 年版，第 626 页。

② 〔美〕卡尔：《惶惑的旅程：西班牙的现代化历程》，许步曾等译，学林出版社 1996 年版，第 214 页。

③ 同上书，第 211 页。

④ 同上书，第 199 页。

内战引起了空前的经济衰退，其总耗费无法估量。"1939 年 7 月 29 日的《西班牙向上》周刊承认,'许多地区变成一片废墟'。近 60% 的房屋被毁,40% 的铁路机车车辆损坏,许多桥梁和道路的设施也遭到破坏。"[①] "1940 年的国民收入倒退到 1900 年的水平,人们的实际工资只有 1936 年的一半。40 年代早期是黑市猖獗、农业凋敝、大量农业人口涌入城市的时期。""佛朗哥政府的第一个十年是艰难的,经济困难和政治压制相伴随。"[②] 佛朗哥与轴心国的联系招致了盟国的敌意和 1945 年后对西班牙的外交孤立。西班牙只能实行进口替代的自给自足的经济政策。无论经济代价如何,都在国内生产产品,并将自给自足看成是永久的理想,以期在建立经济鼓励制度过程中找到解决经济问题的途径,这一理想在二战前就已出现,从 20 世纪 40 年代起,自给自足政策正式成为政府的政策。

国家对经济实行全面干预,把经济置于国家的严格控制之下。为了实现工业化,从国家直接投资到给予私人工业企业以有利条件等各种手段都被用上了。1941 年成立全国工业局,旨在为工业起飞提供基础设施和帮助主要的私营企业,并建立国营经济。20 世纪四五十年代,国家的企业活动发展得相当快,工业局发挥了很大作用,国家在垄断组织所控制的部门中创办企业,消除了比例失调,使资本主义能比较正常地发展。工业家拥有各种各样的优惠条件,廉价劳动力和价格管制方法促进了工业的恢复发展。到 1948 年,工业生产已达到 1929 年的水平。"佛朗哥将军结束孤立、得到国际尊重的机遇来自冷战的加剧和西班牙在西方的战略重要性。从 1951 年开始,美国对佛朗哥进行经济援助,该年佛朗哥得到了 1.2 亿美元。1953 年美国与西班牙签署了协议,给予西班牙重要的经济和军事援助,换取美国在西班牙的军事基地。反对已软弱无力,佛朗哥声称'最终我赢得了胜利'。" "1953 年后政权巩固,快速的经济增长与政治稳定相伴随。"[③]但到 20 世纪 50 年代后期,自给自足经济的局限性已经全面暴露,经济陷入困境,社会经济政策的各方面均受到打击。动力工业和黑色冶金业落后,工厂间协作和专业化程度降低,贸易逆差迅速增大,引起整个经济的不稳定。工业增长不能在自给自足的限制性体制内继续发展。经济要进一步恢复发展,必须放

① 滕藤主编:《海上霸主的今昔 西班牙、葡萄牙、荷兰百年强国历程》,黑龙江人民出版社 1998 年版,第 197 页。

② P. E. Russell, *Spain: A Companion to Spanish Studies*, London: Methuen, 1976, p.188.

③ Ibid., p.189.

弃管制,加入世界市场。

"没有欧洲国家能够承担得起被排除在正迅速出现的政治、经济相互依存体系的后果"[1],"尽管思想上专制,但西班牙政权的运转却不能脱离于国际环境"。西班牙迫切需要加入世界经济市场,以寻求工业化发展所需的动力。在这种需求的推动下,从 1959 年开始,佛朗哥政府推行对外开放和与西方接轨的"稳定化"政策。这些政策逐步改善了形势,出口增加了,进口减少了。欧洲的繁荣创造了对劳动力的需求,几十万西班牙工人到那些富裕国家去工作,由此形成了一个产生大量外汇的重要源泉。随着欧洲生活水平的提高及消费假日的普及,西班牙特别发展了旅游业。这两种情况对西班牙的财政和经济产生了积极的影响。寄往西班牙的外汇,1960 年约5 700 万美元,1968 年已达 12.15 亿美元。外国贷款、旅游业收入和侨汇的急剧增长,使西班牙的经济尤其是工业很快实现了奇迹般的起飞。全国人均收入连年上涨。工业化给落后的经济带来了急剧的增长,60 年代的西班牙已经相对繁荣,其繁荣也在很大程度上被大众分享。"经济的开放意味着外国的资本和消费产品逐渐使西班牙的生产和消费模式与西欧的环境一致,外国投资者开始在西班牙投资,尽管很谨慎。但或许更重要的是,许多西班牙人意识到佛朗哥梦想强加给西班牙经济和社会的极权主义的经济政策制定方法和独裁压制已经成为一个可悲的失败。"[2]西班牙的经济增长率超出了除日本外的所有资本主义国家。工业增长的最显著结果是大批人口从农村流向城市,到佛朗哥后期,西班牙已经在医治战争创伤的基础上基本实现了工业化。1978 年西班牙的农业人口已降至法国的水平。

在社会方面,佛朗哥政府制定了公共设施建设计划,扩建公路,兴修水电站,将廉价的水引入干旱的中央平原。此外,社会福利制度广泛推行,"将所有工人纳入社会福利体系之中,为无力支付医药费用的西班牙人提供免费医疗,给穷人提供福利住房"[3]。教育制度也更为自由,很多西班牙人有了上大学的机会。西班牙从来没有成为中产阶级强大的国家,这个实现政治平衡所必需的阶级在西班牙总是空前的软弱无力。此时,一个由企业家、

---

① Kenneth Maxwell, ed., *Spanish Foreign and Defense Policy,* Boulder: Westview Press, 1991, pp.185—186.

② Christian Leitz and David J. Dunthorn, ed., *Spain in An International Context 1936—1959,* New York: Berghahn Books, 1999, p.315.

③ 新加坡 APA 出版有限公司编:《西班牙》,李萍译,中国水利水电出版社 2001 年版,第 55 页。

银行职员、技术人员和民用服务部门工作人员等组成的中产阶级力量不断发展。西班牙社会出现了繁荣昌盛的景象。

"现代化的基础和核心是经济发展问题。"[1]西班牙在长期的徘徊过程中,单纯地追求先进的政治制度,而忽视了经济发展问题,导致落后的社会发展状况无法适应先进的政治制度,走向现代之路不断遭受挫折。佛朗哥独裁之所以能够延续,是因为它抓住了经济发展这个核心。"它不仅使西班牙实现了工业化,而且促成了西班牙社会的现代发育,为其告别佛朗哥时代和迎接民主时代打下了坚实的基础。政治民主化的任务至此反而基本上呈水到渠成之势。西班牙自1975年以来不再流血的成功革命和改革也证明了这一点。从这个意义上讲,以往自由主义者在政治上的努力其实多属舍本逐末。因此,对于专制传统牢固而经济与社会的现代发育不足的国家而言,政治的修明固然不可不争取,但善待机遇以发展经济才应该是举国一致的头等和根本任务。"[2]

西班牙完成了工业化的任务,独裁制度日益成为时代的错误,逐渐不适合20世纪70年代的西班牙社会。"政治制度要容纳经济变化所产生的冲突和期望已越来越困难。随着60年代的'经济奇迹',社会和经济基础结构出现了关键性破裂,这就是70年代初期的政治后果。"[3]

佛朗哥集团是在佛朗哥领导下由军队、地主、君主主义者和教会代表联合起来的一个集团,内部勾心斗角,并不稳定。到20世纪50年代,保皇分子开始向长枪党的垄断地位提出挑战,在独裁体制内出现了一种类似两党制的局面。教会诸领袖对佛朗哥并非都满意,大众的不满情绪则日益增长,关于自由化的呼声越来越高。到了70年代,人们不仅追求西方的物质享受,而且追求自由的政治制度。独裁主义的上层建筑与其社会经济基础之间的断裂愈益明显,60年代后半期以来,范围广泛的反对佛朗哥主义的运动兴起。工人运动、学生运动蓬勃发展。70年代初,工人运动具有空前的规模,由于工人委员会的成功,共产党控制了佛朗哥后期最强有力的工会。1970年大学进行改革,强调技术教育要取代早期的宗教灌输和爱国主义。到70年代中期,学生运动成了对整个社会的抗议运动。范围广泛的反对派

---

[1] 罗荣渠:《现代化新论》,商务印书馆2004年版,第8页。
[2] 王本立:《现代化视野中的佛朗哥独裁》,第7页,2007年8月22—25日"世界历史进程中的民族国家"全国学术研讨会。
[3] [美]卡尔:《惶惑的旅程:西班牙的现代化历程》,许步曾等译,学林出版社1996年版,第199页。

组织大量存在,共产党、新社会党、天主教民主派、保皇派等政党组织的存在和活跃,大大加剧了政府的危机。

更重要的是,佛朗哥政府逐渐失去了教会的坚定支持,天主教本身在此时正经历着变革和分化。天主教会的支持在佛朗哥政权初年极为重要,但随着老一代主教的去世,以及教皇约翰二十三世的改革和第二次梵蒂冈宗教会议,西班牙教会"高层中的有识之士认识到,将教会与一个可能不会维持到独裁者死亡的政权捆在一起,是危险的。20 世纪 70 年代,红衣主教塔兰孔成了整个佛朗哥派所讨厌的人物"①。教会不再局限在以往狭隘的视野中,而是承认社会现实,要求政府采取能使政治和社会制度适合于这些变化的措施。天主教民主派的扩大和发展直接体现了西班牙教会反对佛朗哥主义的态度。1971 年 12 月,佛朗哥首次发表严厉指责西班牙教会的演说,声称"政府不能对西班牙僧侣界某些人的行为熟视无睹,无所作为。政府将反对一切损害国家安全和破坏民族团结的行为"②。1971 年 9 月在马德里举行的主教和神父联合大会,证明了西班牙天主教会内部的变化。教会不再拘泥于狭隘的宗教生活中,对战争与和平、社会制度的演变及西班牙的前途等问题表示关注,并希望加入与人们息息相关的事件中。会议甚至还提出思想言论自由、政治自由、保障经济发展和尊重少数民族等要求。天主教已经不再是顽固僵化的反动势力。在 70 年代,西班牙似乎有两个教会:一个是和现行制度相联系的教会,另一个则是面向未来、酝酿着进步的教会。天主教民主派倡导各个政治派别的合法存在,主张保障人权、言论自由、工会自由等,希望在西班牙建立"充满民主内容的君主制",倡导西班牙与欧洲联合,加入欧共体。天主教会已意识到自身变革的重要性,不再是传统封建势力的堡垒和支柱。西班牙成为一个外来时尚(实利主义和消费主义)和传统价值观(佛朗哥主义的价值观,即节约和禁欲的传统天主教义)的混合体。它已不能抵御欧洲的影响。

加泰罗尼亚、巴斯克和加利西亚反对派的活动是反佛朗哥主义运动不可分离的 部分。佛朗哥政权以严厉的军事手段镇压加泰罗尼亚人、巴斯克人的文化生活,这种僵硬的、教条式的中央集权制在加泰罗尼亚和巴斯克诸省引起普遍的不满。在一个无比专制的国家,加泰罗尼亚、巴斯克等富有

---

① 〔美〕卡尔:《惶惑的旅程:西班牙的现代化历程》,许步曾等译,学林出版社 1996 年版,第218 页。

② 滕藤主编:《海上霸主的今昔　西班牙、葡萄牙、荷兰百年强国历程》,黑龙江人民出版社1998 年版,第 221 页。

进取精神的地区受到极大压制,无法得到应有的发展,这使他们对国家灰心失望,从而加剧分离主义。从 20 世纪 50 年代末起,问题重新公开化。加泰罗尼亚的文化复兴成了民族抗议的象征和政治自由的化身。加泰罗尼亚的作家、知识分子、历史学家、诗人、语言学家、学生和教会一直在活动,加泰罗尼亚人的民族意识很活跃。在加泰罗尼亚教士的支持下,到 1970 年,加泰罗尼亚主义已产生了自己的反抗艺术,它不再仅仅是资产阶级或小资产阶级关心的事,而是拥有左派政党的支持。但加泰罗尼亚尚没有发生严重的民族主义冲突。

巴斯克民族主义的复兴是佛朗哥统治后期最显著的特征,其意识更为激进。巴斯克人在巴斯克民族党的领导下,不断进行声势浩大的罢工和起义。20 世纪 50 年代末 60 年代初,一小批年轻积极分子背弃了保守的天主教巴斯克民族党的温和方针,改投巴斯克民族与自由组织的恐怖主义,不惜使用暴力以实现民族独立。1961 年组织了第一次重大行动,制造了一起火车出轨事件。此后,破坏活动不断发生,抢劫、爆炸事件频繁。从 1968 年起,他们把谋杀作为政治斗争的手段,被处决的第一人是个声名狼藉的警官。1973 年,该组织还暗杀了西班牙前总理、佛朗哥的接班人 A.O.布兰克。1968—1975 年间,这一组织共暗杀了 47 人。巴斯克地区也因此受到佛朗哥政权的严厉镇压。但不加区别的镇压反而使当地人反感,为民族与自由组织提供了群众支持。

"许多西班牙人越来越经常地支持加泰罗尼亚人、巴斯克人和加利西亚人,而后者也开始懂得,如果不赢得整个西班牙的自由,就不可能有民主。"①到 1975 年时,佛朗哥政府的制度已全然崩塌,教会分裂,工人阶级充满敌对情绪,少数民族公开反叛或消极敌对,内部的反对力量第一次成为一种决定性的力量,预示着佛朗哥主义的灭亡。

2. 胡安·卡洛斯时代——走向现代的西班牙

1975 年 11 月 20 日,佛朗哥病死,标志着专制独裁时代的结束,22 日,胡安·卡洛斯加冕为国王。在此后的 10 年中,西班牙经历了政治和社会的急剧变化,这是西班牙走向现代化的一个急剧过程。胡安·卡洛斯国王在其中发挥了不可估量的作用。"拿他的外交大臣的话来说,他将是'变革的发动机',是从'有组织的民主制'向'不加定语的民主制'的和平过渡的重要

---

① 钱乘旦主编:《欧洲文明:民族的融合与冲突》,贵州人民出版社 1999 年版,第 135 页。

行政因素。"①没有他，也许这一过程的发生不会如此顺利和快捷。

胡安·卡洛斯是波旁王朝的后裔，祖父是阿方索十三世。1938年他出生于罗马，一直生活到4岁。他的父亲巴塞罗那伯爵要把他造就成君主制的继承者，佛朗哥则力图把他培养成佛朗哥主义的接班人。卡洛斯便在这种政治斗争的漩涡中长大。1948年，10岁的胡安·卡洛斯首次回到西班牙并接受教育，佛朗哥对他视如己出。胡安·卡洛斯一方面听取父亲的复辟教导，另一方面接受佛朗哥的半法西斯教育。在中学毕业后，卡洛斯进入军事学校。在军事院校的3年中，他形成了自己的个性，随后进入大学，学习政治和经济学的一般性知识。大学生活使他与西班牙知识界发生接触，他还对农业、工业和矿业等国民生产三大领域进行了详细研究。大学学业完成后，胡安·卡洛斯进入政府首相办公机构实践，他严格遵守军事纪律，认识了许多日后成为民主政治领导的人，了解了政府工作的进展，与高官和国内问题有了更密切的接触。他开始对一些省份进行访问，认识到西班牙政治生活和斗争的复杂性。

"佛朗哥主义随同佛朗哥一同消亡了，国家彻底改变了。绝大多数公民愿意而且希望进行深刻的改革。我明白，我的任务是很艰巨的。"②胡安·卡洛斯国王表明了自己改革的决心和诚意，他要在西班牙建立民主的立宪议会君主制。他以国王的名义亲自敦促改革。

由独裁到民主的改革是循序渐进的。胡安·卡洛斯国王将行动分为四个步骤："清除佛朗哥主义的立宪机构；把居民在街头对垒改变为政治专业人士在办公室磋商；使佛朗哥时代的领导阶层和反对派恢复民主团结的精神；举行选举。"③国王的第一个政治行动是任命佛朗哥政府的最后一位总理阿里亚斯·纳瓦罗为首相，因为在当时只有维持原状，才能避免分裂。然而纳瓦罗遭遇到彻底的失败，他既得不到左派也得不到右派的支持，因此于1976年7月1日辞职。国王的新首相是苏亚雷斯。人们以失望的心情接受这位新首相，因为他是在佛朗哥主义的熏陶下长大的，他的内阁是由天主教徒和银行家所控制的。但正是苏亚雷斯，在国王的支持下粉碎了佛朗哥主义，西班牙开始了民主化进程。

---

① ［美］卡尔：《惶惑的旅程：西班牙的现代化历程》，许步曾等译，学林出版社1996年版，第222页。
② 滕藤主编：《海上霸主的今昔　西班牙、葡萄牙、荷兰百年强国历程》，黑龙江人民出版社1998年版，第236页。
③ ［法］让·德科拉：《西班牙史》，管震湖译，商务印书馆2003年版，第537页。

苏亚雷斯的成功在于他在国王的大力支持下,利用佛朗哥主义的合法制度"自上而下"实现了西班牙的民主化。苏亚雷斯首先给予各政党以宽容和合法的地位。1976 年 11 月,政府提交的规定通过普选建立两院制议会的政治改革法在议会通过,并在 12 月通过全民公决,2 200 万年满 20 岁的西班牙公民进行了 1939 年内战结束以来的第一次民主投票,改革计划取得压倒性的支持。为了实现大选的公正和争取支持,苏亚雷斯冒着军队和右派反对的危险,恢复共产党的合法地位,为大选扫清了道路。1977 年 6 月,西班牙举行了 40 年来的首次大选,投票人数的比例高达 80%,选民放弃了对极右和极左势力的支持,苏亚雷斯的"民主中心联盟"取得压倒性的胜利。苏亚雷斯的"民主中心联盟"是由基督教民主党、自由党和社会民主党组成的,在大选中赢得了 34% 的选票,成为当时最大的党派,这反映了苏亚雷斯本人及其政府的威望。社会党赢得 28% 的选票位居第二,佛朗哥主义者仅得到 4% 的选票,独立的基督教民主党不复存在。至此,民主化的任务大体完成,由佛朗哥分子把持的政府被改组了。

在苏亚雷斯联盟党政府的领导下,1978 年 12 月 12 日,西班牙经过公民投票,通过了建立民主立宪君主制的新宪法,它是"第一部不由政府意志决定的宪法,而是代表了各主要政党之间的妥协的西班牙宪法"[①]。新宪法包含了确保政府稳定的种种机制。宪法保证了改革的顺利实行,是变革的枢纽。宪法第一条规定西班牙国家的政权形式是议会君主制,国家政权的基础并不在于君主制政体,而在于议会。宪法规定了国王的职能,国王的权力受到大大限制。国王不能向议会发文,不能退回法律草案,不能在宪法规定外举行公民投票,不能对任何人表示不信任,等等。卡洛斯国王在这样一种现代化的法规内开始了他的统治,其权力变小。但宪法第二条赋予国王行使调解使命,起到了非组织的控制,使国王的影响变大。同时国王还是武装军队的最高统帅,建立了以国王和军队为基础的立宪制,保障了制度的稳定。宪法通过行使投票权的办法将主权归还人民,从而使西班牙走向民主化。

此后,西班牙政治民主日臻完善。中央民主联盟虽取得了政权,作出了巨大的贡献,但内部的松散性和不稳定性决定了其政权不可能长久。1982年 10 月的大选中,以冈萨雷斯为首的社会党以绝对优势取得了大选胜利,这是自 1936 年以来社会党第一次掌握政权。社会党在政治上组织了一个

---

① [美]卡尔:《惶惑的旅程:西班牙的现代化历程》,许步曾等译,学林出版社 1996 年版,第227 页。

全新的内阁,继续进行民主化改革,巩固和完善 1976 年开始的西班牙民主化进程。社会党政府通过了关于教育权、司法权、部分堕胎等的法律,完成了地区自治化进程,剥夺了天主教会在佛朗哥时期享有的特权地位。在 1982 年的选举中,中央民主联盟已告破裂,它在国会中的议席由 168 个减至 12 个,而保守党的人民联盟则从 9 个议席上升至 106 个议席。至此,西班牙两党政治的雏形基本形成,政党政治不断发展。"精英是政党组织结构创造和扩展的推动力。他们的选举策略决定了呈现给选民的意识形态和总体对象。而且在选举中,政治精英决定了组织的资源如何部署。作为新政权的奠基者,他们也极大影响了政权过渡的性质,在此过程中他们还影响了公众观念本身。最后,在对党派情感的长久缺失和忽视的时代,政党领袖本身成为大众认可和选举支持的重要对象。"①

卡洛斯国王促使西班牙走向民主化的道路并不是一帆风顺的。在当时最重要的事情莫过于维护军队的团结,军队的团结是保证政治改革实现的关键之一。国王坚守武装部队最高统帅的地位,反对政府把军队卷入政治阴谋中,并倡议军队改革。1984 年 1 月 6 日,国王在军人节的讲话中再次强调军队改革的必要性。为了实现军队的现代化,以冈萨雷斯为首的社会党政府对作为佛朗哥政权主要支柱的军队进行了改革。鉴于军队编制臃肿、军官老化和装备陈旧,政府制定了国家军事改革和三军现代化计划,同时提高职业军人工资和军人福利待遇,从而改善了政府与军队的关系,将这支热衷于无政府主义的政治力量驯服,加强了政府对军队的控制。军队终于集合在宪法的程序之下。

西班牙经过民主化改革,终于建立了真正的"民族的"国家,摆脱了以天主教为基础的封建专制的束缚,现代化成为西班牙的民族目标,从此西班牙开始以前所未有的速度全面走向现代化。

在佛朗哥时代,教会作为一个行政机构支持佛朗哥政权,是保守势力的代表而不是推动社会进步的力量。但在佛朗哥时代后期,教会已开始主动走向大众,关心民间疾苦,甚至反抗政府对工人的镇压,成为反对佛朗哥主义的一个重要组成部分。进入民主化改革时期,天主教的权力进一步削弱,失去了昔日的辉煌,并开始逐渐退出政治舞台。在佛朗哥时代,教会是西班牙教育的主要承担者。随着社会的发展和西班牙走向欧洲,原有的教育制

① Richard Gunther, *Spain after Franco: The Making of a Competitive Party System*, Berkeley: University of California Press, 1988, p.395.

度难以满足社会的需求,特别是外语的学习,正规的学校和大学因设备简陋难以应付新的要求,教育制度的改革迫在眉睫,教会逐渐失去了对社会中这一关键领域的控制。

政治民主化的推进和法律的修正,使西班牙的社会风气开始变得与欧洲其他国家一样。从1975年12月开始,妇女运动兴起,她们要求实行计划生育、制定离婚法和堕胎法。直到1985年西班牙妇女才能合法堕胎。当教会在计划生育、教育和离婚方面的斗争中节节失利后,天主教信徒开始减少,星期天做弥撒的人也逐渐减少。教会逐渐丧失了佛朗哥授予的种种特权,包括财政资助和免税的待遇。最明显展示教会地位衰落的是1978年宪法。为了维持政府的稳定,避免反动势力的颠覆,1978年宪法"放弃了把天主教作为官方宗教和国教的做法,并为离婚开通了道路"①。

天主教民族主义得以调整,开始发挥其应有的历史作用。教会摆脱了以前的羁绊,重新回到了它长久抛弃的本应该大力耕耘的土地——文化和精神园地,开始致力于和平与稳定,致力于艺术与科学、文学与公益事业。但天主教仍然对社会政策发生显而易见的影响,仍是政治生活中一个强有力的存在。

在卡洛斯时代初期,经济问题主要表现为通货膨胀、生产停滞和外贸逆差。为了克服这些困难,政府一方面宣布比塞塔贬值以缓和外贸逆差,另一方面利用"共识政治",即在各主要政党之间谈判达成解决办法,然后由议会予以批准,用趋向公正的社会经济改革手段协调雇主和劳动者之间的关系,从而使各方合理分担压力,共同解决问题。

社会党政府上台后,把发展经济、实现国家现代化作为首要目标。为了克服经济困难,政府采取了以紧缩为主的经济调整政策,积极扩大出口,发展旅游业,吸引外资,推动国民经济的全面发展。为了改善经济上长期存在的盲目生产造成的严重比例失调,及企业设备陈旧等现象,政府从钢铁、造船、纺织等主要工业部门入手,制订工业改造计划,以适应申请加入欧共体的需要和追赶科技高潮。经济的发展为政治民主化的推进和西班牙加入欧共体的进程提供了有力的推动。

3. 地方民族主义问题的初步解决及发展趋势

西班牙民主最显著的特征之一是地方区域自治。解决地方问题是

---

① [美]卡尔:《惶惑的旅程:西班牙的现代化历程》,许步曾等译,学林出版社1996年版,第227页。

1976 年后西班牙"民主化进程"的一个重要内容,是苏亚雷斯政府面临的三大任务(解决地区问题、经济危机和制定宪法)之一。在当时,新民主制度最严重的问题是解决长久困扰西班牙的地方少数民族要求自治或独立问题。"恐怖主义分子在独裁制度下可以声称代表一种被压制的普遍意志,但在民主制度中,它是一批自命为道义与政治精英的要求,它要压倒由投票所表现的普遍一致,要通过引起右翼的强烈反应来'动摇'民主制。"①1979 年已出现恐怖主义获得部分成功的迹象。不解决这一长久的历史问题,政府苦心营建的民主制随时会被摧毁。巴斯克民族与自由组织仍得到大量选民的支持,强大的地区性政党亦削弱了民主制运转所依赖的西班牙主要政党的力量。

胡安·卡洛斯国王推行民主政策,强调地方分权,向扩大自治权方向发展。以苏亚雷斯为首的新政府在谴责恐怖活动的同时,决定加速地区自治进程,首先从加泰罗尼亚开始。1977 年 9 月,加泰罗尼亚恢复自治。当天,100 多万加泰罗尼亚人聚集在巴塞罗那,欢呼加泰罗尼亚自治。加泰罗尼亚自治区包括西班牙东北部的巴塞罗那、莱里达、塔拉戈纳和潘普洛纳4 省。

1978 年宪法使西班牙在民族和解道路上又迈出了　大步,为解决分离主义问题提供了一个良好的政治制度和政策环境。宪法在国家统一的基础上给各少数民族以自治权利,并承认各少数民族语言在各自的自治体内也是官方语言,尊重其历史权利。自治权数百年来第一次得到国家承认,为西班牙地方民族问题的解决指明了道路。宪法规定在加泰罗尼亚和巴斯克建立自治区,苏亚雷斯政府在宪法公布后随即与这两个少数民族进行谈判,显示了政府的积极态度,同时政府亦希望借此孤立巴斯克民族与自由组织,遏制恐怖活动,保持政局的稳定,也"希望允许地方自治可以'解决'深层的结构问题:加利西亚的贫困,安达卢西亚的大批失业"②。

宪法通过后,自治过程不断发展,各个自治区之间的差别只是各自的特殊意识。巴斯克地区的民族主义意识最激烈和激进,他们要求民族独立。加利西亚的民族意识最淡薄,卡斯蒂利亚文化作为主体文化在那里影响很大,加利西亚作为一个民族的特质逐渐减少,虽然政府规定加利西亚语和西班牙语同为当地官方语言,但 20 世纪的加利西亚文学家却很少使用加利西

---

① ［美］卡尔:《惶惑的旅程:西班牙的现代化历程》,许步曾等译,学林出版社 1996 年版,第228 页。

② 同上书,第 229 页。

亚语,转而使用西班牙语写作。加利西亚所追求的只是地区自治而已,而且有越来越多的加利西亚人离开这个经济落后、仅以渔业为支柱的地区,移居美洲。加泰罗尼亚人虽自称是一个独立的民族,却很少为西班牙人所接受,其民族运动介于巴斯克人和加利西亚人之间。

1979年3月西班牙大选后,以冈萨雷斯为首的新政府成立。随后巴斯克和加泰罗尼亚自治议会在1980年3月选举产生。加泰罗尼亚、加利西亚和巴斯克的大部分地区在获得自治权后,民族主义运动的势头大减,对民族自治表现出兴趣和支持。随着西班牙民主进程的发展和国力的增强,加泰罗尼亚和加利西亚的民族自治不断发展完善,自治权不断扩大。民族和解、民族自治政策取得了很大程度上的成功,证明了西班牙民族自治政策是正确的。

然而在巴斯克地区,这一政策却遇到了极大的挑战。巴斯克的一些极端主义分子仍心怀不满,认为新宪法没有满足他们实现"民族自治"的要求,为了彻底实现独立和引起社会变革,他们仍不时地制造恐怖事端。

在巴斯克民族与自由组织成立之前,巴斯克问题的主流是要恢复民族自治。西班牙内战时巴斯克人站在共和派一边的行为激怒了佛朗哥,佛朗哥征服巴斯克后,进行暴力镇压,取消了巴斯克的自治权利。但事与愿违,佛朗哥的暴力镇压反而促使了更激进的民族情绪的产生,出现了以恐怖活动为手段争取民族自治的现象,"使巴斯克完成了由民族主义到分裂主义再到恐怖主义的转化"[1]。巴斯克民族与自由组织分为两派,一派是政治—军事派,他们愿意接受某种政治解决办法,但不排斥使用暴力,他们声称:要么建立符合地区自治的巴斯克地方政府,要么在巴斯克不再建立任何政府。另一派是军事派,他们"完全以暴力行动来迫使西班牙政府答应他们的要求。该派平均每周暗杀一名警察或其他政府官员,1978年他们所进行的政治谋杀比意大利和北爱尔兰还多。仅1979年上半年,'巴斯克民族与自由'组织军事派就制造了45起杀人案件"[2]。他们的目标是要建立一个"巴斯克社会主义共和国",它将包括西班牙的4个巴斯克省和法国的3个巴斯克省。而且其政治目标在巴斯克地区有一定的号召力,很多人支持这种政治倾向,一些组织也在支持他们,一些与该组织有联系的政党,在巴斯克地区也很有群众基础。

---

[1] 赵锦元编著:《欧洲民族主义发展新趋向》,中央民族大学出版社1996年版,第168页。
[2] 同上书,第169页。

　　1978 年初,胡安·卡洛斯国王颁布了巴斯克地区自治章程,规定巴斯克地区可以设立地区自治政府和议会,并且有权组织地区自治警察,在工业、农业、经济、文化、语言、教育和卫生等方面享有自治权利。在 1979 年 10 月该章程举行公民投票前,巴斯克人还为争取民族自治而斗争,在 1979 年达到了新高峰,他们把自治斗争和参与国家政治斗争结合起来,组织了"反北约周"活动。在这次活动中,他们不仅主张巴斯克各个左翼政党团结一致,提出修改宪法中组织法的方案,而且反对西班牙加入北大西洋公约组织。巴斯克各省的群众纷纷举行罢工和示威游行,巴斯克四省的各个行业几乎处于全面罢工状态。一些建筑上甚至出现了巴斯克旗帜,"这不仅意味着参与国家政治与自治要求结合起来,而且有进一步向民族独立发展的趋势"①。

　　1979 年 10 月,巴斯克地区自治章程通过,并于 1980 年 1 月 31 日开始实施。这一章程对巴斯克地方政府的自治范围作了规定,将巴斯克语作为巴斯克地区的官方语言,地方政府还可以控制税收、司法、地方警察和公共工程等。巴斯克民族主义党参与了自治章程的起草,大多数巴斯克人也对此表现出了支持,只有激进的巴斯克民族与自由组织不满意,特别是其中的军事派,他们认为没有实现民族独立,不建立一个"巴斯克社会主义共和国"他们不甘心,仍不断制造恐怖事端。

　　20 世纪 80 年代,巴斯克民族与自由组织的恐怖主义活动很猖狂。1983 年 2 月,他们在毕尔巴鄂一家银行制造爆炸事件,1984 年 2 月巴斯克议会选举前夕,他们暗杀了一位杰出的社会主义候选人。到 1987 年 12 月,已经有 100 多人在恐怖活动中丧生。恐怖行动激起了公众的愤怒,群众举行游行支持政府采取强硬措施。在政府有组织的打击下,恐怖主义组织的头目接二连三地丧生。1992 年,巴斯克民族与自由组织扬言要袭击巴塞罗那奥运会,并在 1—5 月期间多次制造爆炸事件,引起了民众的极大愤怒。西班牙警方与法国警方通力合作,一举捕获该组织 3 名要犯。从此恐怖组织活动基本得到控制。

　　巴斯克人有强烈的民族意识,其文明与其他民族有很大差异。他们把语言、文化看作是民族的标志,把民族自治看作是奋斗的目标。巴斯克民族主义从最初的抵抗外来威胁演变成维护民族自治甚至要求民族独立的思想基础,它强调维护民族的特性。他们热爱自己民族的文化,渴望保留本民族

---

① 赵锦元编著:《欧洲民族主义发展新趋向》,中央民族大学出版社 1996 年版,第 166 页。

的传统。

巴斯克人的民族主义又有很大的地方主义色彩,这个经济发达的地区不愿看到自己的财富被政府用到其他落后地区,故强烈要求自治。强有力的经济地位,又决定了他们有较大的政治影响力和发言权。另一方面,巴斯克经济本身的发展也加剧了这种倾向。工业的发展为巴斯克广大人民提供了就业机会,这遭到其他地区的妒忌和不满。同时,民政部、司法部等政府各部门在招募人员时,就倾向于从西班牙经济落后的地区进行挑选,以缩短地区间的差距。虽然没有民族歧视的因素,但这种做法却在无形之中加深了民族间的矛盾,也加深了巴斯克对中央政府的不信任。巴斯克工业发达,人们生活水平较高,也造成了民族间的隔阂。巴斯克对其他地区以照顾者自居,而落后地区对这种态度极为不满,他们既羡慕巴斯克人享有的富裕生活,又反对巴斯克地区的分裂主义。经济发展不平衡的本身就足以引起分裂主义情绪。①

要解决巴斯克问题、根除恐怖主义,并非易事。巴斯克问题历史久远,民族冲突严重,中央与地方的主权颇难协调,恐怖主义时常制造障碍。但巴斯克民族与自由组织企图用暴力实现民族独立的做法是西班牙人民和政府无法容忍的,建立独立的巴斯克社会主义共和国也是不现实的。它只是少数人的梦想,不可能实现,法国政府也决不会放弃领土主权。巴斯克要实行美德式的联邦制,也是不可能的事情。西班牙主要由 4 个民族组成,除了主体民族西班牙人外,在加泰罗尼亚、加利西亚和巴斯克 3 个少数民族中,加利西亚经济比较落后,农业人口居多,加泰罗尼亚很少出现暴力事件,只有巴斯克的民族情绪最为激烈,恐怖活动不断。

实行民族地区区域自治,主要是鉴于西班牙政府的历史状况,也为了安抚倡导统一和中央集权的保守党人。同时,中央政府需要富裕的少数民族地区分担落后地区对中央政府的负担。自治是政治、经济综合考虑的结果,并且在解决民族问题上取得了重大突破,很大程度上也解决了地方民族主义问题。到1984 年,西班牙已建立了 17 个自治区。因而从目前看,西班牙政府只有逐渐扩大其民族地区自治,才能彻底消除巴斯克人独立分裂的要求,也才能进一步巩固在加泰罗尼亚和加利西亚问题上已取得的成绩。相信只要西班牙政府坚持民族和解、民族自治政策,最终能够达到解决民族问题的目的,为西班牙的发展提供良好的社会环境。"加泰罗尼亚、巴斯克和

---

① 赵锦元编著:《欧洲民族主义发展新趋向》,中央民族大学出版社 1996 年版,第 175 页。

加利西亚,是具有生命力的地方单位,应该看到自己在西班牙之内所具有的活跃作用正是来源于自己的差别。"①他们应该致力于西班牙的共同事业——把西班牙建设成一个现代化国家,应该与全体西班牙人共同建设自己的国家,而不是去搞分裂,分离主义是一种对历史和责任不负责的态度。西班牙国家应以自己的崇高目标去团结一切力量共同进步。当然,这是一种美好的愿望,能否顺利实现,还需要西班牙全体民众和政治家的持续努力。

4. 走向欧洲、面向世界的西班牙——天主教民族主义的未来

当今绝大多数西班牙人仍信奉天主教,天主教代表着西班牙的精神实质,但它主要是人们的一种精神信仰,不再是以往的治国理念。加入欧共体,体现了对传统的天主教民族主义的超越。西班牙的民族主义获得了调整,天主教民族主义与民主主义相结合,接受了欧洲的共有观念。西班牙彻底结束了孤立,经济获得了前所未有的飞速发展,成了世界排名靠前的工业强国,跨入欧洲先进国家的行列。从此,西班牙的民族主义更多地体现在国内的地方主义,然而对统一的西班牙国家的认同却在不断增长。

民族主义推动了现代化的发展,但它也带来了欧洲几百年来的动荡,甚至促发了两次世界大战。最终,现代化使西欧出现了根本性的变化。在目前的西欧,各国的现代化任务已基本完成。几百年前,西欧各国发展的不平衡导致民族间的冲突不断。但这种不平衡又被如今的平衡发展相对拉平,民族纠纷开始平息。欧洲的一体化启动,欧盟形成。欧洲再次合作的过程体现了欧洲民族开始重新融合的一种尝试。二战的巨大杀伤力让欧洲从民族主义的狂热中惊醒过来。战后,去纳粹化后的进程调整了欧洲民族主义的发展方向。"自由、民主与平等等价值观念,首次真正成为欧洲各民族的共识,这是欧洲得以在新形势下走向联合的最重要的基础之一。"②加之外部压力的增大,欧洲开始了一种崭新的超越民族主义、建构一个新的和平共同体的尝试,欧洲一体化在 20 世纪 50 年代启动。共同的文化基础、相应的经济能力和领土的相邻成为一体化进程的推动力,传统的民族的归属和认同也许能为欧洲认同所取代。欧洲成为一个超越了旧有民族主义局限的新欧洲。逐步走向统一的欧洲力量越来越强大,逐渐成为世界的重要一极。欧共体的发展也吸引了越来越多的欧洲国家要加入这一阵营,以获取更好的发展。

---

① [西]萨尔瓦多·德·马达里亚加:《西班牙现代史论》,朱伦译,中国社会科学出版社 1998 年版,第 231 页。
② 陈晓律:《欧洲民族国家演进的历史趋势》,《江海学刊》2006 年第 2 期。

　　"如同其他任何一个国家，西班牙需要发展一个国民安全政策以控制对其地区统一和政治独立的潜在威胁。换句话说，西班牙是一个欧洲国家，经济联系、政治模式和共享的安全利益使其未来与欧洲联系起来。同时，西班牙与拉美人民有特殊关系，现在和将来的潜能使这些关系不断发展。此外，西班牙还是一个地中海国家，其安全受到这一区域的影响，在那里西班牙与阿拉伯世界也有经济利益和有价值的对话。鉴于此，西班牙的外交和安全政策基于以下三种考虑：1.提高经济现代化，2.维持在拉美及地中海等地区行动自由，3.控制潜在的外在威胁。……加入欧共体就成为西班牙在经济、社会和政治现代化上取得进步的最好方法。"①1962 年 2 月 9 日，佛朗哥申请加入欧洲共同市场。但佛朗哥只想在经济方面加入共同市场，而不打算承担全面加入所包含的在内政方面的政治义务，即不准备使他的制度自由化和民主化。由于佛朗哥固守专制制度，1962 年 6 月 8 日，西班牙被断然拒绝加入欧洲体系。1970 年，西班牙再次申请加入欧共体，但仍因其独裁政治而被拒绝。但由于美国的支持，西欧大国也在不断接触佛朗哥制度。1975 年佛朗哥死后，西班牙开始民主化进程。改革必须面向世界，西班牙政府面临的一项重要任务就是结束多年的政治孤立，因而其首要目标是加入欧共体。虽然 70 年代中后期西班牙在政治上走向西方的议会民主制，但在国际事务中，西班牙势单力薄，需要欧共体的支持。西班牙在经济上也希望通过加入欧共体扩大出口，加强劳动力的自由流动，缓解国内失业压力，并获得欧共体的财政援助和农产品补贴。"成为欧共体正式成员国在佛朗哥死后成为那时历届西班牙政府的首要任务。虽然通向布鲁塞尔的道路并不容易，但是西班牙任何重要部门都不怀疑未来就存在于目前的努力中。"②

　　1977 年 7 月 28 日，西班牙第三次提出申请加入欧共体，并得到积极回应。经过漫长的谈判和长久的外交活动，1986 年 1 月 1 日西班牙正式成为欧共体的成员国。随后，西班牙又于 1986 年 3 月正式加入北约。西班牙努力改善同法国、葡萄牙及北美国家的关系，积极发展同拉美、阿拉伯等国家的关系，1978 年胡安·卡洛斯国王还访问了中国。西班牙还就减少美国在西班牙的驻军和直布罗陀主权问题与美英进行谈判和磋商。1975 年，只有 1 位外国国家元首访问西班牙，即马耳他的明托夫；到 1986 年，来访的国家元首已多达 29 位。西班牙逐步赢得了世界各国的认可和尊重，并获得了与

---

①　Kenneth Maxwell, ed., *Spanish Foreign and Defense Policy*, Boulder: Westview Press, 1991, p.188.

②　Ibid., p.9.

其他欧洲国家同样的地位。

西班牙加入欧共体加速了欧洲一体化进程。"佛朗哥制度是横在走向欧洲联盟道路上的一个巨大绊脚石。欧洲面临的情况是，它的最具战略地位的半岛部分，在政治方面只处在非洲水平上，而在经济方面只处在亚洲水平上。如果法国背靠一个自由的和繁荣的，特别是和自己和平相处的西班牙，它就敢于以最快的速度走向联盟主义。"①欧洲一体化不是空中楼阁，进入欧洲必须接受欧洲原则，实行自由民主。西班牙加入欧共体，为欧洲扫除了一体化进程中的巨大障碍，因为没有半岛的稳定，就不会有欧洲的稳定。

西班牙加入欧共体预示着伊比利亚半岛将在西欧的政治中发挥更为显著的作用。"1986年西班牙加入欧共体给它带来了新的机遇与挑战。它带来了经济的急剧上升，而且马德里可以在更强大的欧洲范围内追求积极的地中海政策。……当西班牙在地中海的切身利益成为其地中海政策的推动力时，它在地中海获得的经历和影响也同样提高了它在欧洲的地位。早在20世纪90年代，西班牙就是欧洲努力在地中海追求更富野心的欧盟政策的先锋，尽管它遭到了专注于其他领域的北部成员国主要是中东欧国家的抵制。"②西班牙很快开始在欧共体的各种审议中全面发挥作用。

然而，最重要的还是经济的发展。西班牙逐渐从欧洲一个经济相对落后、科技不发达的国家，一跃成为欧洲的先进国家。西班牙从开始谈判起，就从欧共体那里获得了资金、市场和结构优化等多方面的好处，为经济发展增添了动力。1986年正式加入后，"西班牙不仅在1988—1993年从欧共体获得了呈4倍增长的结构基金，而且促成并得到了名义上用于改善交通设施和净化环境、实际上为了在缩小成员国之间贫富差距的基础上构建欧洲货币联盟的聚合基金"③。从1986年到1989年的4年时间里，西班牙经济以年平均5％的速度向欧洲水平迈进。1991年，西班牙的人均国民生产总值超过1.2万美元。西班牙的通货膨胀率逐年下降，国际收支出现了多年来的顺差。3 000多千米的高速公路得以建立，1.5万千米的全国公路网得以改善；1993年，西班牙又建成了欧洲一流的高速铁路。接受免费义务教育的人数不断增加，大学也在增多，西班牙成了举世瞩目的"欧洲新星"。

①　[西]萨尔瓦多·德·马达里亚加：《西班牙现代史论》，朱伦译，中国社会科学出版社1998年版，第699页。

②　Richard Gillespie, *Spain and the Mediterranean: Developing a European Policy towards the South*, New York: St. Martin's Press, 2000, p. xi.

③　陈晓律等：《15世纪以来世界主要发达国家发展历程》，重庆出版社2004年版，第58页。

1985 年,西班牙人均国民生产总值只相当于欧盟 15 国的 66％,到 1994 年,这一数字已跃升至 77％。①西班牙成了当时世界排名第十的工业强国,采矿、造船、纺织等传统部门实力雄厚,旅游业蒸蒸日上,第三产业迅猛发展。西班牙跨入强国之列。

加入欧共体被看作是代表新西班牙经济繁荣和政治民主的一个标志。西班牙不仅在经济领域上取得重要发展,而且以和平方式逐渐完成了政治上的现代变革。加入欧共体对西班牙的政治产生了积极的影响。"西班牙从独裁到民主的过渡震惊了世界,新民主制的有力和成熟驳斥了那种认为西班牙人难以统治的陈腐思想。确立西班牙外交政策的过程是这一过渡最终实现的其中一步。"②"至于教会,它已经接受了民主政治,更重要的是它没有为民主的敌人提供任何掩护和合法性。"③西班牙突破了以往的孤立,实现了对传统的天主教民族主义的超越,政治民主化的成就令人瞩目。随着各地要求自治和自治程度的不断加深,西班牙的民族主义更多地体现在国内的地方主义,但对统一的西班牙国家的认同也在日益巩固。

西班牙近代不平衡的经济发展模式导致了强大的地区差异、多样的社会发展结构,并融合了鲜明的"现代"和高度"传统"的职业军团。现代与传统的因素交织在一起,相互较量。在西班牙,"相对虚弱的中央政府机构意味着'民族认同'更多的是基于对社会和地方认同的一种层级结构,因而对这些亚文化的融合是维持社会凝聚力和政治稳定必需的","'民族主义'作为对统一国家的挑战在地区层面上表现出来"。各地区间的竞争加剧了民族间的紧张状态。西班牙长久以来都存在着地方性政府。"在西班牙,地方自治已部分缓和了巴斯克、加泰罗尼亚和加利西亚人历史上的民族主义,并且或许已经创造了一种作为国家合法性基础的综合认同感。"④"在经过了20 年的民主化进程后,尽管西班牙以其敏锐的智慧成功解决了地方民族主义问题,并且将各种认同融合于这一过渡进程中,但是民族和认同问题仍在很大程度上是政治话语的中心。""西班牙被看作是'包括各种民族主义的新欧洲将如何发展'的实验室。"⑤1986 年西班牙加入欧共体,表明了它对欧

---

① Richard Gillespie, *Spain and the Mediterranean*, MacMillan Press Ltd., 2000, p.140.

② Kenneth Maxwell, ed., *Spanish Foreign and Defense Policy*, Boulder: Westview Press, 1991, p.212.

③ Ibid., p.5.

④ Brian Jenkins and Spyros A. Sofos, ed., *Nation and Identity in Contemporary Europe*, London and New York: Routledge, 1996, p.3.

⑤ Ibid., p.155.

洲政治联合和君主政体的联营的接受。西班牙显示了中心和边缘的民族主义可以在以多元认同形式的超民族主义下共存，民族自豪感、对地方的忠诚及欧洲认同感可以顺利地结合起来。

随着西班牙加入欧共体，西班牙国内的地方主义也发生了一些变化。在巴斯克，当地政府对财政的控制从 1983 年的 13.5% 上升到 1994 年的 44.2%，暴力不断下降，"埃塔"组织被边缘化。但有迹象表明巴斯克或许正在转向排斥主义，在 1994 年的地方选举中，巴斯克民族主义党领袖曾宣称："我宁可接受一个说巴斯克语的黑人，也不愿接受一个不能说巴斯克语的白人。"①巴斯克民族主义党承认巴斯克的民族观念从 20 世纪 80 年代末 90 年代初正变得愈益过时，这是因为他们的政党在日益世俗化的社会里继续强调天主教教义，坚守过时的文化道德观念。部分人满足于巴斯克取得的自治，但巴斯克民族主义党很快信奉"各地区的欧洲"或"各城市的欧洲"这种观念，其中民族国家的地位不断下降，他们希望凭借这种非暴力方式在联合的欧洲中取得更大的自治权，并反对中心地区和国际势力的控制。1994 年 3 月地区促进会的成立，使巴斯克民族主义党和加泰罗尼亚的领导人认为巴斯克和加泰罗尼亚可以和西班牙一样成为欧洲的行政区。加泰罗尼亚则提供了语言在民族认同上发挥巨大作用的实例，在那里，语言已经成为民族主义者抱负的象征。大约 1/4 的西班牙人口说方言或含方言在内的 2 种语言。加泰罗尼亚语已经被承认为欧盟的工作语言。加泰罗尼亚通过坚持单一语言主义来强化日益单薄的地方认同，并努力抵制卡斯蒂利亚语。语言成为民族区分的重要标志，也为地方民族主义的发展提供了条件。

但随着西班牙经济实力的增强，马德里逐渐成为真正的国民经济的中心，从马德里向各地方政治、经济权力的转移被中心经济力量的集中抵消。关于民族联合统一的新的力量正在形成。在胡安·卡洛斯国王领导下的君主政体为西班牙向民主的过渡发挥了关键作用，赢得了公众的认可和尊重。1992 年"西班牙年"的事件有助于进一步加强民族归属感。巴塞罗那奥运会期间，潜在的冲突被有效地调解了，西班牙国家和加泰罗尼亚地区的旗帜被给予了同等的地位。"君主政体和王室所发挥的显著作用提高了西班牙国家的威望（经济也同样受益），提高了避免冲突的能力，西班牙已经成为一个成熟、多元化的民主国家。"②

---

① Brian Jenkins and Spyros A. Sofos, ed., *Nation and Identity in Contemporary Europe*, London and New York: Routledge, 1996, p.160.

② Ibid., p.162.

五、小　结

西班牙民族主义与西班牙的现代化进程,在很大程度上是交织在一起的。其历经几个世纪的反复、坎坷的现代化历程,在很大程度上归因于天主教势力的强大和经济社会的落后,而这又源于西班牙人独特的个人主义性格。西班牙人的这种性格具有不妥协和武断的特征,这种不妥协决定了西班牙历史发展的起伏不定。"与英国人相比,西班牙人的思想则喜欢走极端。"①英国人总是能够在危急时刻相互妥协,避免激烈的动荡。但思维方式不同的西班牙人则恰好相反,他们总是从一个极端走向另一个极端,双方不能达成妥协共识。西班牙人缺乏秩序,极端的个人主义夸大了自由的边界,其集体意识极为松散和不稳定,个人倾向与社会倾向之间缺乏平衡,个性有余而社会性不足,这导致西班牙公共事务的正常状态是斗争而不是合作。"西班牙人消极起来,社会如同一潭死水;一旦积极起来,就要产生破坏。"②

这种个人主义的国民性格使西班牙长久无法协调和调整分离倾向,无法培养和促进一种足够强大的整合性民族精神,以便将其独裁与分离主义融合到一种更高的统一事业上。16 世纪的西班牙之所以能够称霸世界,在于光复运动之后的西班牙以天主教民族主义为旗帜,形成了共同的民族精神。天主教民族主义将西班牙各地区凝聚起来,在一定程度上克服了分离倾向,并促使国人共同建立起了西班牙帝国。然而,由于未能在此基础上顺势建立现代的民族国家,帝国迅速衰落瓦解,天主教民族主义亦遭到破坏,且愈来愈不适合西班牙的国情。教会背离了自己应有的职责,粗暴地干涉政治,顽固地反对任何社会变革,严重阻碍了国家走向现代的发展。天主教民族主义的根深蒂固及人们对天主教的普遍信仰,使得社会难以摆脱宗教的束缚快速走向现代之路。西班牙未能及时培养和促进一种足够强大的、可以替代天主教民族主义的、以个人民权为基础的新型民族精神,这使得西班牙不仅就此衰落下去,而且地方民族主义问题严重影响了以后国内政局的发展,其后患至今尚未完全根除。

此外,西班牙人极端的个人主义性格也使得社会一旦摆脱天主教民族

---

①　[西]萨尔瓦多·德·马达里亚加:《西班牙现代史论》,朱伦译,中国社会科学出版社 1998 年版,第 379 页。

②　同上书,第 704 页。

主义的共同信仰,便难以形成另一种共同的精神。所以西班牙要想顺利地实现从传统走向现代的转变,必须使国民心理适应世界形势,将天主教民族主义调适到一种适合社会发展的状态,继续发挥其应有作用。教会必须改革自身。自从梵蒂冈第二次宗教会议以来,西班牙教会已改变方向,本能地采取了一种大体可以说是自由主义的道路和态度。

而社会要根本改变航向、走向现代化,关键还是要经济的发展和社会的进步同时进行。"西班牙人需要学习把主要精力放在具体事务上,发展合作、保持连续性、创造技术、改进方法、增强成长意识和时间紧迫感,以便能够成熟地对待集体生活的事情,变得有耐心,培养日常生活的各种一般美德和有益行为。"①这就需要大力发展经济,提高西班牙人的生活水平和人口密度,将其融入集体生活中。同时,西班牙还要大力促进高等教育的发展,减少各机构和团体间的离心倾向,并通过舆论导向灌输集体主义精神,以便养成一种共同的国家意识和集体意识。加泰罗尼亚、巴斯克等地区的民族主义是西班牙面临的严峻挑战,这也同样有待于国家大力发展经济以及通过多种渠道积极地传播集体主义思想,以便提升民族国家的吸引力。

总的来看,西班牙的民族主义问题是世界上比较罕见的:引导西班牙统一的主体民族在经济上却相对落后,地方分裂主义的区域经济相对发达;中央政府的权力和能力始终未能以压倒性的优势在国家统一的过程中发挥决定性的作用;语言文化方面缺乏一个统一的长远规划。也就是说,如果中央政府始终未能做到"书同文",那么国家的分裂隐患是很难彻底根治的。

所幸的是,19 世纪末 20 世纪初扩展学习委员会②和"98 年一代"的共同努力以及 20 世纪下半期教会的自身变革为西班牙适应世界、走向现代提供了精神基础,佛朗哥时代的经济起飞则提供了物质基础。所以 1975 年独裁结束后,西班牙才能在胡安·卡洛斯国王的领导下实现民主,走向世界,建立现代国家。西班牙的天主教民族主义也终于转化为合乎时代潮流的现代西班牙民族主义,并促使国家的发展走上了正轨。

---

① 〔西〕萨尔瓦多·德·马达里亚加:《西班牙现代史论》,朱伦译,中国社会科学出版社 1998 年版,第 705 页。

② 创建于 1907 年,是西班牙高等科学研究理事会的前身,在内战结束后的佛朗哥独裁期间成为西班牙科学改革的管理机构。

第二章　意大利民族主义

在某种意义上,意大利是欧洲民族主义发展最为奇特的一个国家,因为意大利在古代即已建立了十分辉煌的文明,并一度使拉丁语成为欧洲的通用语言。甚至在近代开端,意大利也以文艺复兴的大旗让世界记住了自己的名字。然而,意大利最终建立起现代民族国家,却比它的很多邻居要迟。这其中固然有很多奇特的因素,但与意大利这种悠久的文明史、若干其他民族的政治集团染指意大利的历史却有某种内在联系。于是,在历史上有着辉煌记忆的意大利,却在近现代因为民族国家的统一而付出了巨大的代价,这是其他几个欧洲大国很难想象的事情。因此,要理解现代意大利的民族主义,就不得不回顾意大利的整个历史。

一、古代与中世纪的意大利

1. 古罗马时代的意大利

意大利半岛位于地中海中部,南北狭长,恰似一只长筒皮靴伸进蔚蓝色的海洋,亚平宁山脉从北到南贯穿半岛,从而形成了一些带有地方特色的自然区域。意大利半岛属于地中海气候区,冬季温暖湿润,夏季干旱炎热,境内河流纵横,其中以波河、台伯河最为重要,但这些河流在夏季多缺水干涸,不便航行,冬季则泛滥成灾。亚平宁山区森林茂密,丘陵和河谷地带适宜发展畜牧业,北部和中部的平原地带土壤肥沃,种植业发达。

从公元前 2000 年开始,就有一些印欧语系的部落进入意大利半岛居住,到公元前 1000 年左右,这些印欧语系的部落已成为半岛的主要居民,并在半岛中部和南部形成了两种地方性语言:翁布里亚—萨比利安语和拉丁语。说前者的有翁布里亚人、萨宾人、萨莫奈人、鲁卡尼亚人和布鲁提亚人等,说后者的有拉丁人、赫尔尼西人、厄魁人和马尔西人等。罗马人的祖先是拉丁人中的一支,后在台伯河畔建立罗马城,古代罗马国家便是以罗马为基础发展起来的。

罗马城早期的迅速发展与其优越的地理条件是分不开的,它位于坎帕尼阿的中心,控制着台伯河上连接伊达拉里亚与拉齐奥的渡口,而这个渡口恰好位于以台伯河口(奥斯提亚)为起点的古"盐路"(萨拉里亚大道)折向东北通往阿布鲁齐地区的转折点上。优越的地理位置促进了罗马经济的发展和实力的增强,从而使其从拉定姆地区的 30 个胞族之中脱颖而出,不断扩张壮大,最后建立起横跨亚非拉三大洲的世界帝国。

古罗马早期的发展有两条主线:其一是罗马内部民主政治的萌芽、发展、巩固和完善的历程,包括推翻王政统治建立共和国、共和国内部平民和贵族的斗争等;其二是罗马对外的侵略扩张历程,古罗马的历史是一部对外军事征服、扩张的历史,而对意大利半岛的征服和统治则成为罗马世界帝国建立的基础。

经过 3 次维爱战争,公元前 396 年罗马攻陷伊达拉里亚城市维爱,该城居民惨遭屠杀或被卖为奴隶,土地被没收充作罗马公地。这样,罗马解除了伊达拉里亚人的威胁,控制了台伯河流域广大地区,罗马共和国直接统治的领土扩大到 2 200 平方千米。经过 3 次萨莫奈战争(公元前 340—前 338 年、前 327—前 304 年、前 298—前 290 年)和 1 次拉丁同盟战争(公元前 340—前 338 年),罗马打败了萨莫奈人,完全控制了意大利中部地区。随后,罗马对意大利半岛南部的各希腊殖民城邦发动攻击,公元前 281 年战争爆发,经过 10 年苦战,公元前 272 年,意大利南部最大的希腊城邦塔兰托投降,其他希腊城市也相继落入罗马之手。至此,除半岛北部波河流域仍为高卢人占领外,北起比萨、里米尼,南至墨西拿海峡的意大利半岛都臣服于罗马,罗马直接领土 2.5 万平方千米,盟国约为 15 万平方千米,总人口近 300 万。

对意大利半岛北部的征服是在 3 次布匿战争(公元前 264—前 241 年、前 218—前 201 年、前 149—前 146 年)期间完成的,特别是公元前 218 年迦太基将领汉尼拔率领大军翻越阿尔卑斯山,从背后进攻罗马的惨痛教训,使罗马认识到掌握阿尔卑斯山口控制权的重要性。经过战争,约在公元前 183 年,罗马完全控制了半岛北部,同一年,罗马元老院派人向居住在阿尔卑斯山以北的高卢人宣谕罗马人民对阿尔卑斯山以南所有土地的统治权。[1]

---

① ［意］路易吉·萨尔瓦托雷利:《意大利简史:从史前到当代》,沈珩、祝本雄译,商务印书馆 1998 年版,第 28 页。

公元前 177 年,罗马征服整个伊斯特拉半岛,确定了意大利半岛的东北边界。

此时的罗马国家通过与意大利半岛其他的城邦签订双边或多边条约组成联盟,罗马是这个盟邦的领袖和灵魂。这些条约有些是在平等条件下订立的,规定双方相互承担义务,互不侵犯,不给侵略者以假道之便,在自卫战时以全部兵力互相帮助。但绝大部分的条约是所谓的不平等条约,其缔约国与其称之为盟国,倒不如叫做罗马的保护国,这些联盟立誓的目标是"保卫罗马人民的崇高威望",联盟国家必须与罗马并肩作战,然而却没有权利为自己作战,它必须向罗马提供兵员(或者派遣战船),以及相应的装备和给养。罗马在盟国享有特殊的驻军权,与这一权利相应的还有接受人质权。罗马在外交上代表联盟。联盟成员之间不得交战,在发生纠纷时,由罗马仲裁。联盟成员的内政在形式上保持自治,实际上却受到罗马的各种干预,最普遍的做法是在每个联盟成员国内安置亲罗马党(大多是贵族党),使各项法度朝有利于自己的方向发展。随着时间的流逝,联盟成员国大多建立起罗马类型的政治机构。罗马也处理联邦各个国家间的对外贸易。盟国的铸币权因罗马不允许其在对外贸易结算中使用各自货币而名存实亡。在一些情况下,禁止联盟成员国和罗马通商及通婚。另一方面,盟邦公民有权加入罗马殖民地,并从那儿获得土地。他们除了可与罗马通商外,一般来说还可同罗马公民通婚,并允许个人以某种条件获取罗马公民身份。于是,在罗马和联盟成员国之间逐步形成经济和家庭的紧密关系,在各个国家里慢慢形成了罗马公民核心。

罗马人对意大利以外的征服区采用行省制度进行管辖和统治。到公元前 2 世纪下半叶,罗马设置了多个行省,即西西里、撒丁尼亚、山南高卢(包括阿尔卑斯山以南,卢比孔河以北)、西班牙、阿非利加、伊利里亚、马其顿和阿卡亚。行省的总督通常由退任执政官和其他高级官员竞选担任,但须经元老院批准。

不过,在罗马帝国初期,意大利并没有形成一个所谓的"民族国家",虽然此时的意大利有明确的疆域、特殊的政治地位——罗马帝国的本土,享有广泛的公民权。皇帝和元老院不断加强的专制统治使意大利所具有的这点特殊性融入世界帝国的统一性之中。帝国的强盛带来了所谓的"罗马治下的和平",罗马的地位远远超过了意大利本土,整个帝国的构架就是以罗马为中心的政治领导之下的具有行政自助特征的城市网络。①

① 〔意〕路易吉·萨尔瓦托雷利:《意大利简史:从史前到当代》,沈珩、祝本雄译,商务印书馆 1998 年版,第 43 页。

随着罗马公民权在帝国行省的扩大(212年),安东尼努斯皇帝将罗马公民权扩大到整个帝国(那些不属于任何市民阶层的劳动者除外),意大利作为帝国本土享有的政治光环消退了,半岛各城市所享有的税收、司法、军事特权也相继丧失,逐渐降到与各行省平等的地位。从公元2世纪起,由于受到各行省的竞争和内部战乱的影响,意大利的工商业也衰落了。

意大利地位的衰落在皇帝戴克里先(284—305年)和君士坦丁(306—337年)统治时期十分明显。戴克里先将皇帝的称号由"元首"改为"多米努斯"(意即"主宰"),抛弃掩盖君主专制的共和外衣,建立起具有强烈东方神权政治色彩的专制官僚君主制度。这一变化使意大利丧失了在帝国享有的特殊性,从税收开始,与各行省一律平等。戴克里先又把帝国分为4个部分,实行"四帝共治"制度。作为君主,戴克里先封马克西米安为共治者,掌管帝国西部事务,自己则以小亚细亚的尼科米底亚为驻跸地,掌管帝国东部,防御波斯人的进攻和蛮族对边境的进犯,两人都称为"奥古斯都"。不久两位奥古斯都各自任命一位副手,都称为"恺撒",并把自己管辖地区分出一部分交给恺撒掌管。戴克里先任命加列利阿为恺撒,掌管伊利里亚各省;马克西米安在戴克里先同意下选定君士坦西阿为恺撒,管理高卢、西班牙和不列颠。帝国由4个统治者分开治理,但仍保持统一,戴克里先以君主地位握有最高权力。同时规定,奥古斯都在20年任期届满后交卸职务,让位于恺撒。两位奥古斯都将其手下的恺撒收为继子,并将女儿嫁给恺撒,以血缘婚姻关系保持世袭统治,防止篡位和宫廷政变。

为了加强中央集权,削弱行省地方势力,戴克里先实行行政改革,把原有的47个行省重新划分为100个行省,分别归属于18个行政区。罗马作为特别行政区仍是帝国的首都,但已不再是皇帝的驻地,行省总督由文职人员担任,不兼军务。公元323年以后,君士坦丁大帝废除四帝共治制,委任自己的子侄治理帝国部分地区,从而把君主专制推到一个新的阶段。君士坦丁同时将帝国划分为高卢、意大利、伊利里亚和东方四大行政区,其下设行政区,行政区下辖各行省。意大利是意大利大行政区下面的一个行政区,其行政长官驻守米兰,辖区包括北起阿尔卑斯山的科蒂安山脉和阿尔卑斯山的腊埃提亚地带的半岛以及撒丁、西西里、科西嘉岛。意大利行政区下面又分成许多行省,但行政区长官只掌管意大利北方的所谓的"粮食省",因为必须从这些省份里征收贡物,以供皇帝宫廷消费;意大利中部和南部各行省,即所谓的"城市省"或"郊区省",被置于官署在罗马的"城市代理行政长官"之下,其贡物输往罗马。到4世纪时,为了增加宫廷的财力,原有的郊区省被并入粮食省。罗马在城市行政长官的治理下，保留自己的行政权，元老们保留城市的司法权，此时的罗马元老院只是作为一个市政议会存在。在这个精心设置的行政机构中，罗马和意大利降到了"纳贡的行省"的地位。①

公元330年，君士坦丁在博斯普鲁斯海峡西岸古希腊殖民城市拜占庭的所在地建立一个新都，并命名为君士坦丁堡。新都城的建立标志着帝国统治中心的转移，也标志着帝国东西两部分的分离。西部罗马帝国的衰落和灭亡开始了意大利长达1 300年的大分裂时期。

2. 群雄纷争的年代

公元395年，皇帝狄奥多西死后，罗马帝国的行政正式分裂为东西两部分，即以君士坦丁堡为首都的东罗马帝国和以罗马为首都的西罗马帝国，但两者在政治上和形式上仍然是统一的。

公元476年8月，蛮族军队首领奥多亚克废黜西罗马帝国最后一位皇帝罗慕洛·奥古斯都，学界一般也把476年视为西罗马帝国灭亡的年份，但从当时人们的观念来看，帝国仍然存在，只不过西部帝国的皇统断绝了。奥多亚克这位蛮族之王，为了解决其在罗马人中的地位问题，便命令罗马元老院派使节去君士坦丁堡，请求东罗马帝国的皇帝芝诺（474—491年）批准他以罗马贵族身份代表帝国唯一的皇帝治理意大利。请求获得允许，于是奥多亚克得以以贵族和皇帝在意大利的最高官员身份统治罗马人，但不能行使皇帝的特殊权力——颁布法律和铸造金币。这样，在政治上，东罗马帝国获得了对意大利的宗主权。

公元493年，东哥特人首领西奥多里克在东罗马帝国皇帝的支持下打败并杀死奥多亚克，建立东哥特王国，并接管意大利的统治权，领土范围只包括阿尔卑斯山以南的亚平宁半岛和西西里，西罗马帝国的其他领土——非洲、西班牙、高卢、不列颠等地，都早已为各蛮族攻占。和奥多亚克不同，西奥多里克是凭借皇帝的正式委任而名正言顺地占有意大利的。497年，东罗马帝国皇帝阿那斯塔西乌斯一世（491—518年）赐给西奥多里克紫袍和其他皇室标记，正式承认他为皇权在意大利的最高代表，掌握执法和司法的最高权力，可以任命全体官员，包括一位执政官，颁布规章制度（但不是法律），铸造钱币（金币除外）。同时，西奥多里克还是东哥特人之王，并以此头

① H. Hearder and D.P. Waley, eds., *A Short History of Italy: From Classical Times to the Present Day*, Cambridge: Cambridge University Press, 1963, p.16.

衔统率蛮族军队。这种"罗马—蛮族新王国"的二元政体是 476 年以后统治意大利的主要制度形式,意大利的政治地位介于蛮族新王国和帝国直辖的各行省之间,从而形成一种不稳定的均势,它既可以恢复到帝国行省的状态(如在查士丁尼时代,东罗马帝国重新征服意大利时就是如此),也可以是完全自主和建立于罗马—野蛮人融合之上的崭新的国家形态(如在不列颠、高卢和西班牙等地形成的诸王国)。

在东哥特王国时期,意大利的政治机构和民事管理仍沿用罗马旧制,但军队由东哥特人组成和掌握。东哥特人仍受自己的首领和法庭管理,其享有的特权在于,在哥特人和罗马人的诉讼里,由哥特法官加以裁决,罗马人只出一位助手加以协助。在中央政府中,除由罗马人占据的罗马官职外,国王通过由哥特人组成的王室会议来管理政府事务,地方各行省沿袭罗马旧制,但国王派出由哥特人担任的巡视员来进行监督。在这种二重体制下,西奥多里克的方针并不是旨在融合两个民族,而是让他们简单地和睦相处,互相服务:哥特人用武器捍卫意大利,意大利人用其土地维持哥特人的生活。所以,罗马帝国后期形成的经济和社会状况并未改变。

在名义上,东哥特王国是东罗马帝国的属国,西奥多里克对意大利和罗马城所拥有的权力来自皇帝的授予和认可,没有这种认可,他的统治就失去了合法性。所以,在当时人们的观念中,东哥特王国不是一个自主和独立的国家,当皇帝查士丁一世(518—527 年)批准西奥多里克对继承人问题的安排时,这种帝国观念在意大利人心目中更加强化了。

查士丁尼一世(527—565 年)继承东罗马帝国皇位后,致力于恢复对帝国西部的统治。535 年,查士丁尼派大将贝利萨留征服西西里,继而进军意大利半岛,536 年 12 月击败东哥特人,进入罗马。540 年,贝利萨留攻占东哥特王国首都拉文纳。554 年,东罗马帝国将军纳尔塞斯彻底打败残余的哥特人和入侵的法兰克人,把整个意大利纳入帝国版图,意大利半岛绝大部分重新成为东罗马帝国的行省,隶属罗马大行政区。但西西里.撒丁和科西嘉不属于罗马大行政区,西西里直属帝国,作为皇帝的私人领地,撒丁和科西嘉附属于非洲大行政区。查士丁尼皇帝于 554 年颁布《国事诏书》,规定了帝国西部各行省的管理体制。意大利半岛各行省地方政府长官由世俗和教会名流从地方贵族中选举产生,其主要职责是征税,实权掌握在帝国任命的行省军事长官(或称"总督")手中,这些总督作为皇帝的代理人,负责指挥各行省军队,但他们的职位是临时的,皇帝可以撤换,而不像蛮族国王拥有自己的军队。

查士丁二世(565—578年)继位后,召回驻守意大利的将军纳尔塞斯。568年,日耳曼的伦巴第人(伦巴第是长胡子的意思,因这些日耳曼人金发披肩、长须飘拂,故得名)取道弗留利入侵意大利,10多年间即占领意大利北部和波河流域,剑锋直指半岛南端的卡拉布里亚。伦巴第人废除行省制度,代之以不同的公爵领地,在意大利到最南端的是贝内文托公国和斯波莱托公国。伦巴第王国是蛮族人在意大利建立的第一个独立自主的王国,且与东罗马帝国处于敌对状态,并不像东哥特王国那样处于臣属地位。此时的意大利半岛除了存在蛮族王国和帝国行省对立分裂的状态外,蛮族王国和帝国行省内部也不是统一的,而是出现了"碎片化"的趋势,伦巴第王国内部王权衰微,各公国各行其是,帝国治下的意大利各行省则互不隶属,缺乏紧密的联系,地方自治的发展则强化了分裂的状态。就这样,伦巴第人的入侵使从罗马共和国以来一直存在的意大利半岛的统一被打破了,这种分裂状态一直延续到1870年。

公元8世纪初,有四股政治和宗教力量支配着意大利的命运:伦巴第王国、拜占庭帝国、罗马教皇和基督教会、帝国在意大利的各行省。其中,为了打击拜占庭所属各行省的地方自治运动,挫败伦巴第王国统一半岛的图谋,并建立教皇的世俗统治,历任罗马教皇都不惜借助外部力量来达到这些目的。此时崛起于阿尔卑斯山以北的法兰克人似乎成为教皇的救星。教皇格里高利三世曾试图获得墨洛温王朝宫相"铁锤"查理(即查理·马特)的援助,但没有成功。查理的儿子"矮子"丕平转换态度,同教皇结成了法兰克—教皇联盟。751年,经教皇批准,丕平把墨洛温王朝的最后一位君主送进了修道院,自己登上王位,建立了加洛林王朝。为报答教皇的支持,从752年开始,丕平两次发动远征,打败伦巴第人,迫使其把罗马涅和彭塔波利等地割让给教皇,成为教会领地。774年,丕平的儿子查理曼打败伦巴第人,自己加冕为伦巴第国王,彻底解决了教皇的一个对手。公元800年圣诞节,教皇利奥三世在圣彼得大教堂为查理曼加冕为"罗马人的皇帝",当时周围的人一齐高呼"查理,上帝加冕的最虔诚的奥古斯都,伟大的和平的皇帝,万寿无疆,胜利"。①812年,拜占庭帝国的皇帝承认查理曼的皇帝头衔和地位。这样,在西罗马帝国灭亡300多年之后,上演了"王者归来"的一幕。伴随着查里曼的军事扩张,这个"法兰克帝国"(虽然有学者认为这个帝国的名称也

---

① 〔意〕路易吉·萨尔瓦托雷利:《意大利简史:从史前到当代》,沈珩、祝本雄译,商务印书馆1998年版,第89页。

是"罗马帝国")的疆域几乎扩展到整个西部欧洲。843年,查理曼的孙子三分帝国之后,皇帝头衔仍然存在,并在名义上享有最高主权。可以说,从公元800年到1806年,西欧一直存在着"罗马帝国皇帝","神圣罗马帝国"是延续了法兰克帝国的帝号,"皇帝"不但是中世纪欧洲最尊崇的称号,还在名义上对整个西部欧洲享有最高主权。

加洛林王朝对意大利的命运产生了深刻的影响。查理曼帝国并没有重新统一意大利半岛,在812年的《阿奎斯格拉纳和约》中,查理曼确认意大利半岛东北部的威尼斯和南部的那不勒斯等地仍臣属拜占庭帝国,以此换取拜占庭皇帝对西部帝国的承认。对加洛林王朝各君主而言,意大利只是王朝部分领土,王朝的重心在阿尔卑斯山以北。

在774年之前,伦巴第王国本来已经占领了半岛绝大部分的地区,包括在半岛南部建立了贝内文托公国,拜占庭的势力范围已被大大压缩,仅局限于半岛的沿海地区如威尼斯、那不勒斯等地。查理曼征服伦巴第王国之后,意大利被并入一个版图更广阔的、重心在意大利之外的帝国范畴内,意大利自身实现自主和统一的可能性几乎完全丧失。在伦巴第王国时期,意大利一分为二,在法兰克人统治下,意大利分裂成更多的碎块,北部是伦巴第意大利(隶属于法兰克人),中部有教皇统治区和斯波莱托大公国,半岛南部的贝内文托公国则游移在拜占庭和法兰克人之间,此外在半岛南部和沿海地区还有拜占庭意大利,它本身又分裂为好几块,这样,意大利的一部分从属于外国,另一部分自治进程加快,与之相伴随的则是分崩离析的加剧,半岛内部的整合受到严重阻碍。

774年查理曼占领伦巴第并加冕为伦巴第国王,委派其子丕平为伦巴第王国的摄政,此时,意大利王国作为对伦巴第王国的代称就出现了。810年,摄政丕平去世,其子贝尔纳多成为摄政王。814年,查理大帝去世,其子虔诚者路易即位成为法兰克帝国的皇帝。818年,贝尔纳多因为反叛被处死,意大利王国被路易授予长子罗退尔,并于823年由教皇加冕其为国王。罗退尔于824年颁布"罗马建制诏",重新确定帝国对罗马的主权(罗马不属于此时的意大利王国管辖),诏书规定在罗马派驻代表帝国权力的常设代表,强迫罗马人民和尚未举行就职仪式的当选教皇宣誓效忠帝国皇帝。[①]

从公元887年到962年奥托一世加冕为皇帝,是"独立的意大利王国时期"。此时,意大利王国的国王由本地的大封建主选举产生。但意大利王国与

---

① ［意］路易吉·萨尔瓦托雷利:《意大利简史:从史前到当代》,沈珩、祝本雄译,商务印书馆1998年版,第98页。

帝国之间的联系并未中断。帝国皇帝要在罗马加冕,每个意大利国王自然希望能获得这个称号,以便获得更大权力和威望,并以合法头衔对罗马和教皇国(从属于帝国,而不从属于意大利王国)以及南部意大利(这里只有西罗马帝国皇帝才能抗击东罗马帝国皇帝的干预)行使最高主权。936年,萨克森公爵奥托一世成为德意志国王,觊觎皇帝称号,按照加洛林王朝的传统,帝国皇帝只能在罗马加冕。意大利王国内部各派封建主之间的冲突为奥托的南下提供了借口。951年,奥托第一次进军意大利,获得意大利国王的称号,并夺取了维罗纳和阿奎莱亚(包括伊斯特里亚)2个边境省,掌握了日耳曼人进入意大利半岛的大门。962年2月2日,奥托一世在罗马加冕为帝国皇帝,开创了“日耳曼民族的神圣罗马帝国”①,从此,德意志国王、意大利国王和帝国皇帝三位一体,谁被选举为德意志国王,自然也就成为意大利国王和帝国皇帝,虽然两王国仍然保留本身的法律和习俗。需要记住的是,这时的意大利王国只局限于意大利半岛的北部和中部,威尼斯地区、南方和岛屿地区仍然处于分裂状态。同时,作为帝国皇帝,依据罗退尔颁布的“罗马建制诏”,享有对罗马的最高宗主权,作为罗马公国和教皇国的统治者,教皇是皇帝的封臣,要向皇帝宣誓效忠。

这个帝国虽然被伏尔泰讽刺为“既无罗马,也不神圣,更不是个帝国”,但它的存在却大大延缓了德意志和意大利两个民族国家的形成。就德意志而言,皇帝称号成了一个荣耀却又沉重的负担,奥托一世之后的历代德意志国王为了获得皇帝称号和进行加冕,几乎都按同样的政治模式行事,即成为德意志国王以后不是强化对德意志各邦国的统治,而是首先进军意大利,强迫意大利北方各地承认其皇帝的宗主权,并在罗马加冕。据统计,从951年到1250年的300年中,德意志国王进入意大利144次,其中军事进攻43次。这一举动,不仅使德意志与意大利北部的诸侯、城市及罗马教皇之间的对抗日益加剧,而且也因徒耗国力而使德意志王权无法巩固其在本土的统治,各地诸侯趁机坐大,割据局面日甚一日,并最终成为一种常态,成为德意志民族统一的最大障碍。对意大利而言,帝国的存在使意大利北部和中部的大部分地区丧失了自己的主权,这些地方成为另外一个民族和“国家”的附庸,虽然在皇权衰落的时候,这些地方享有很大的独立性,但是各邦国内部却很难产生建立在意大利民族意识基础之上的密切联系。这种分崩离析状态又因为教皇和皇帝之间、欧洲各列强之间的争夺而进一步恶化。

---

① 德语:Heiliges Römisches Reich deutscher Nation,拉丁语:Sacrum Romanorum Imperium nationis Germanicae。

3. 建立绝对主义王权的失败和外国干涉

绝对主义国家崛起于文艺复兴时代。其许多技术手段——包括行政和外交两个方面——均由意大利首开先河。但是意大利本土却从未建立过全国性的绝对主义政体。中世纪教皇和神圣罗马帝国的跨国体制使意大利和德意志两地不可能产生以领土为基础的、正宗的君主政体。在意大利,教皇国抵抗着任何统一半岛的努力。不过,教皇国本身并不足以有效地阻止这一历史进程的出现,因为它的虚弱状态已经积重难返。而意大利北部商业经济的高度发展和各城市共和国的存在阻碍了建立统一的君主政体的企图,而统一的封建君主政体正是绝对主义赖以建立的基础。

在意大利本土也产生过几次试图建立绝对主义王权的努力,其中最著名的一次是由占据半岛南部西西里王国的霍亨斯陶芬家族发动的。

从西罗马帝国灭亡以来,意大利半岛南部就与北部和中部分离,演化成为欧洲各大势力的逐鹿场。东罗马帝国、东哥特人、伦巴第人相互争夺,从8世纪起,信奉伊斯兰教的萨拉森人侵占西西里岛,并逐渐向半岛扩张。在这种混乱状态下,诺曼人找到了机会。他们先是为混战各方充当雇佣兵,然后就反客为主,争夺统治权。1053年,诺曼人在"狡猾者"罗伯特的领导下于契维塔太战役中打败教皇军队,俘虏教皇利奥九世。1059年,教皇尼古拉二世把罗伯特所征服的土地作为教皇恩赐的封地授予他,并授予其公爵的称号,这个行动使诺曼人对意大利南部的统治合法化,同时也确认了教皇对南意大利和西西里岛的宗主权。诺曼人最终在1130年完成了对西西里岛和意大利南部的征服和统一,同年,罗杰二世(罗伯特的弟弟罗杰伯爵的儿子)经教皇同意在巴勒莫大教堂加冕为西西里国王。[①]

同占领英格兰的诺曼人相比,建立西西里王国的诺曼人在行政管理和军事才能上一点也不差。诺曼人允许王国里的希腊人、萨拉森人、法兰克人和意大利人保留自己的生活方式和语言,以此来缓和诺曼人与被统治者之间的矛盾。在政治上,国王拥有绝对的统治权,把土地作为封地授予有军功的下属,建立起完整的封建等级制度。同时围绕着国王建立起一整套的官僚机构,听命于国王的大臣们管理王室财产,执行最高司法,而封建主和城市的行政长官们只享有低级司法权。通过采用这些措施,西西里王国成为

---

① H. Hearder and D.P. Waley, eds., *A Short History of Italy: From Classical Times to the Present Day*, Cambridge: Cambridge University Press, 1963, p.38.

当时整个意大利政治一体化程度最高、实力最强的邦国之一,并成为后来取得王位的霍亨斯陶芬家族发动意大利统一战争的基地。

1184 年,西西里王国的唯一合法继承人、罗杰二世的遗腹女康斯坦斯(当时已经 30 岁)与神圣罗马帝国皇帝"红胡子"腓特烈的长子、当时年仅 18 岁的亨利联姻,为霍亨斯陶芬家族入主西西里王国提供了借口。1191 年,继承了皇位的亨利六世(他曾经扣留狮心王理查)在罗马加冕,后进军那不勒斯。1194 年圣诞节,亨利六世在巴勒莫戴上了西西里国王的王冠,开启了霍亨斯陶芬王朝。

1220 年,神圣罗马帝国皇帝腓特烈二世(1194 年出生在意大利的安科纳,亨利六世之子)回到西西里王国,重新确立了霍亨斯陶芬王朝的统治。腓特烈出生在意大利,一生大部分时间生活在意大利。他作为德意志的君主,却对德国事务很少关心,在他统治期间,德意志的封建割据加剧。腓特烈把西西里王国作为他谋取意大利和帝国统治的政治、军事和经济基础,所以他的第一个目标就是加强和发展西西里王国。为此,在 1220 年颁布《卡普阿法》(the laws of Capua),加强中央集权的统治。在市镇中,用王室总督取代市长,加强对城市的控制,从贵族手中收回有战略地位的城堡,规定由国王监护贵族采邑的继承,禁止捐赠领地,恢复封建税以维持海军舰队。1231 年颁布《梅尔菲宪法》(the Constitution of Mefli),进一步完善王国的官僚集权体制。该宪法使王国司法、行政系统法律化,废除了城市自治特权并严格限制教士担任文职,同时建立一套完整有效的官僚体系,其中包括由王室大法官组成的法庭,这些法官持有敕令,在外省行使特派员和法官双重职能。同时还在战略要地设立城堡以震慑起义的城市或地方诸侯,征服盘踞在西西里岛西部的穆斯林居民并把他们编入皇家军队。在经济上,王权同样进行了合理的调整,废止了内地通行税,建立了严格的海关制度,国家控制了谷物进出口贸易,从而使西西里最大的小麦生产者——王室领地获利甚丰。对重要消费品实行专卖以及对土地税实行日益规范化的管理带来大笔稳定的岁入,甚至铸造了令人满意的金币。腓特烈还加强对教会的控制,规定王国的司法和税法同样适用于教会,取消教会对在俗教徒的管辖权,教士除宗教事务外不能求助于罗马教廷,不能以任何名义购置地产。①为了推动文化发展,腓特烈于 1224 年创建了那不勒斯大学,恢复了对阿拉

---

① [英]佩里·安德森:《绝对主义国家的系谱》,刘北成等译,上海人民出版社 2001 年版,第 147 页。

伯著作的翻译工作,吸引并招纳意大利、希腊、犹太和伊斯兰教的学者,腓特烈本人就是一名杰出的科学家和诗人,会9种语言,可以用其中的7种文字书写,并同当时的哲学家们保持着书信往来,他的才能和兴趣的多样性以及他的探索精神引起了同时代人的称赞和敬意,被誉为"Stupor Mundi"(拉丁语,意思是"世界之奇才")。①

腓特烈二世在西西里王国所取得的成就为他发动统一意大利的战争提供了基地和物质基础。腓特烈宣称整个意大利是其应继承的遗产,并与分散在北方各地的封建王公结成同盟,共同对付城市国家和教皇。他先占领教皇领地上的马尔凯(the Marchs),打通了南北通道,随后入侵伦巴第,打败城市国家联盟。在短短一段时间内,他的野心似乎即将实现:1239—1240年间,腓特烈为意大利未来的行政管理规划了蓝图,统一的意大利王国将被划为几个行省,沿用西西里王国的制度,建立中央集权的官僚体制。但是,意大利北部的各城市国家和教皇都强烈反对建立统一的意大利国家,他们的联合攻击,挫败了腓特烈的统一事业。1248年2月,腓特烈在围攻帕尔马城时被打败,丢失了在意大利中部的领土。1250年,腓特烈二世去世。在此后几年,随着他的继承人相继被打败和去世,建立统一意大利的尝试彻底失败。

在教皇和城市国家联盟的共同抵抗下,霍亨斯陶芬家族统一半岛的努力以失败告终。究其原因,从根本上讲是因为意大利北部在经济和社会中占有绝对优势地位。北方拥有两倍于南方的人口,意大利绝大多数生产型商业、制造业中心城市也集中在北方。西西里王国仅有3个市镇、2万多市民,北方则有20多个市镇。②南方的主要财源是谷物生产和出口,而最大的购买者却是北方的城市国家。虽然这些城市国家在平时四分五裂,互相竞争,有时甚至兵戎相见,但当面对共同敌人的威胁时,又能够联合一致,共同对外,这种威胁就是来自统一的意大利对其自治共和国生存的威胁。这种情况已经为历史所验证。

1160年,伦巴第同盟的城市民兵在莱尼亚诺打败"红胡子"腓特烈率领的德国重装骑士,霍亨斯陶芬家族在意大利强化君权的最初举措就这样付诸东流。在腓特烈二世时期,以米兰为首的伦巴第诸城市同盟再次挫败了

---

① H. Hearder and D.P. Waley, eds., *A Short History of Italy: From Classical Times to the Present Day*, Cambridge: Cambridge University Press, 1963, p.48.

② [英]佩里·安德森:《绝对主义国家的系谱》,刘北成等译,上海人民出版社2001年版,第150页。

皇帝北上统一的企图,同时也打败了支持腓特烈的封建盟邦萨伏依和威尼托。腓特烈二世死后,他的事业为私生子曼弗雷德所继承,曼弗雷德在蒙塔佩尔蒂打败教皇党(归尔甫派),迅速恢复了霍亨斯陶芬王朝在半岛的战略控制地位。但曼弗雷德遭到了同样的反抗,在蒙塔佩尔蒂战役后遭放逐的佛罗伦萨教皇党银行家成为最终摧毁霍亨斯陶芬家族事业的财政支柱。他们为支持教皇的金雀花家族提供了大约 20 万图尔锂的巨额贷款,以资助争夺王位的战争,在贝内文托和塔格利亚科佐两场战役中,佛罗伦萨提供的骑兵更是一马当先,为最后的胜利扫清了道路。①

在抵御建立统一意大利王权的长期斗争中,教皇和城市国家胜利了,但其结果却是使意大利的分裂状态更加加剧。在反对霍亨斯陶芬家族的过程中,教皇在思想和外交领域发挥了重要的作用,但教皇国虚弱的经济和落后、混乱的管理体制无法维持一支强大的军事力量,不能对抗腓特烈的军队,自然也不能够把意大利统一起来。伦巴第和托斯坎纳的各城市已经强大到足以阻止任何以农村封建主义为基础的领土改组方案的实施。但是,它们本身也无法统治半岛,因为在当时,这些城市国家所赖以存在的商业资本根本无法在全国的社会结构中占主导地位。因此,当伦巴第同盟能够成功地反抗帝国入侵、保卫北方时,它自己并不能征服封建的南方,意大利的分裂局面就这样被保存下来。

皇帝被打败了,教皇则成为法国国王的人质,迁居阿维农。意大利的北部和中部城市获得了自由,可以醉心于政治与文化发展。从 14 世纪中期到 16 世纪中期,阿尔卑斯山到台伯河之间的各城市经历了“文艺复兴”的伟大进程,在人文主义的指导下,意大利逐渐走出了“黑暗”的中世纪。然而,实现统一和建立民族国家的愿望却因历史的包袱而遥遥无期,难以实现。

二、统一民族国家的形成

1. 文艺复兴时期民族意识的产生

从 13 世纪开始,随着城市的复兴和市民阶层的崛起,欧洲各主要国家

---

① [英]佩里·安德森:《绝对主义国家的系谱》,刘北成等译,上海人民出版社 2001 年版,第150 页。

相继建立了包含教士、贵族、平民三个社会等级的三级会议,这标志着欧洲进入了等级君主制时代。此后,随着市民与封建贵族之间力量对比的变化,处于平衡与协调地位的王权逐渐加强,并在15世纪末进入绝对主义君主制时代。

在构建绝对主义君主制的过程中,原本等级君主制下的王权与市民联盟,共同对付坚持分裂、阻碍统一、要求弱化王权的封建贵族,并取得胜利。当然,这种胜利并不是彻底消灭封建贵族,而只是压制其分裂割据倾向和能力。在此基础上建立强大的绝对主义王权,实现国家的统一与发展。这是欧洲绝对主义君主制确立的一般过程。但是,意大利的情况完全不同。

首先,意大利不存在独立的民族王权。从对意大利历史的梳理中可以发现,在西罗马帝国灭亡以后,意大利半岛便处于分裂状态,在加洛林王朝时期,虽然有一个"意大利国王"的称号,但其所辖范围仅限于半岛北部(不包括威尼斯)。同时,根据查理曼所确定的传统,帝国皇帝一般也兼任意大利国王。公元962年2月2日,德意志国王奥托一世在罗马加冕为神圣罗马帝国皇帝,而在此之前(951年)他已经戴上了意大利国王的王冠,从此,德意志国王、意大利国王和帝国皇帝三位一体,谁被选举为德意志国王,自然也就成为意大利国王和帝国皇帝。从这种情况出发,只能断定意大利不存在独立、完整的民族王权。因为这种王权只是一个象征符号,它为异族所掌握,并成为异族入侵、掠夺意大利的借口,所以既不是独立的,也不具有民族性,同时也不是涵盖整个半岛的完整王权。王权的缺失,使意大利半岛不具有实现民族统一的向心点和领导力量,使得群龙无首,长期分崩离析。所以,寻找或者造就一个能为半岛所接受的王权就成为实现意大利统一的必要条件。

其次,与其他国家普遍存在的封建贵族割据不同,由于城市与工商业的发达,在意大利,以市民为主体的城邦割据是抗拒统一的主要阻碍力量。在此需要着重指出的是,根据恩格斯对构建民族国家的论断,从15世纪下半叶开始,"国王的政权依靠市民打垮了封建贵族的权力,建立了巨大的、实质上以民族为基础的君主国,而现代的欧洲国家和现代的资产阶级社会就在这种君主国里发展起来"。[1]但意大利面临的现实却是民族王权缺失,市民城市坚持自己的独立与割据状态,抗拒任何实现统一的企图,意大利的统一和民族国家构建就这样一再拖延下来。

---

① 《马克思恩格斯选集》(第3卷),人民出版社1972年版,第444页。

第三,罗马教廷和教皇国的存在是阻碍意大利统一的重要因素。教权与王权的争斗是贯穿整个中世纪的主题,可以说罗马天主教会对世俗王权的削弱和控制从来就是中世纪西欧各国封建割据状态的一个重要根源,而任何民族主权意识的真正觉醒,首先都势必伴随着产生摆脱教皇控制而实现王权独立自主的要求,也就是实现教权与王权的分离,让王权在政治领域居于至高无上的地位,而教权则在宗教精神领域发挥作用。但是,由于教皇国的存在,教廷在意大利所拥有的政治利益就远远超出了宗教的范围,如果意大利像英国、法国一样存在着民族性的王权,则这个王权与罗马教廷之间的纷争,不但具有王权与教权之争的性质,还具有地方与中央、统一与分裂斗争的性质。在实际并不存在一个民族性的意大利王权的情况下,罗马教廷是不可能允许出现一个会剥夺自己政治利益的最高王权,从而也不能允许意大利的统一。以后的历史发展也确实证明了这一点。

上面总结的这三点,正是在 13 世纪导致霍亨斯陶芬王朝统一意大利的企图最终失败的原因,是意大利统一进程中不得不面对和解决的三个问题,也是任何希望意大利实现统一的爱国者不得不思考的三个问题。

从 14 世纪中期开始,文艺复兴运动席卷意大利,并一直延续了 200 多年。著名的英国历史学家丹尼斯·哈伊认为"文艺复兴在意大利的统一问题中,无论是作为一个历史时代还是作为文化运动都占有重要的地位"[1],这一时期,意大利担任着"欧洲知识和艺术领袖的角色",但是,文艺复兴并没有改变意大利四分五裂的政治状况,甚至加深了这种状况,而分裂是意大利为了成为"现代欧洲的长子"所付出的高昂代价。在文艺复兴时期高度发达的文化中,以结束分裂、实现统一为思想核心的意大利民族主义思潮也逐渐萌发,但丁和马基雅维利是这种思潮的两个代表。

但丁(Dante Alighieri, 1265—1321 年)是文艺复兴时期一位卓越的人文主义诗人和政治思想家。人们都知道《神曲》是文艺复兴之初最伟大的诗篇,奠定了但丁"桂冠诗人"的崇高地位,却不知道但丁的《帝制论》(De Monarchia,也翻译为《论世界帝国》)一书也是欧洲中古时期为数不多的重要政治论著之一,《剑桥中世纪史》把它与亚里士多德的《政治学》和卢梭的《社会契约论》并列。[2]但丁的政治思想可以归纳为以下两点:

---

[1] [英]丹尼斯·哈伊:《意大利文艺复兴的历史背景》,李玉成译,生活·读书·新知三联书店 1988 年版,第 60 页。

[2] 参见张云秋:《略论但丁的政治思想》,《史学月刊》1988 年第 1 期。

　　第一，但丁主张政教分离，反对王权依附于教权。但丁认为，王权并非来自教权，也不依赖教权而存在，王权直接来自上帝，国王也是由上帝所选择的，作为上帝的代表统治世界。为了论证世俗政府权力的正当性，但丁对教会宣扬的关于王权来自教权、王权应该服从教权的种种理论进行了驳斥，如日月说、双剑说、钥匙权、"君士坦丁的赠礼"等说法。[①]

　　但丁认为，教会和世俗政府是两个独立的机体，是两种不同的权力，不能由一个人代表。它们各有自己的基础，教会的基础是基督，世俗政府的基础是人类的权力。它们各有自己特殊的使命：引导人类获得天国和尘世的幸福，任何一方都不能单独完成这样的使命。它们有各自的最高首领——教皇和皇帝，二者的权力都是直接来自上帝。因为有上述种种不同，教会和世俗政府自然应该分离，互不隶属。

　　但丁认为罗马帝国的成功在于分权，"两个太阳，把两条道路照得通明：人世的道路，和上帝的道路"，而帝国崩溃后在意大利造成的混乱主要是因为"其中一个把另一个消灭了；宝剑和牧杖连接在一起了；这样两个合在一起必然走上邪道；因为连接起来后就互不惧怕"[②]，这也就是教权侵夺王权造成的后果，要改变这种状况，就需要划分教权与王权的界限。

　　第二，但丁主张，为了保障"正义"和"自由"，应建立一个大一统的世界帝国，这个帝国应当统一于一个世俗政府，而建立世界帝国的第一步是统一意大利，在这里，但丁的世界主义思想和民族主义思想融合在一起。

　　但丁心目中理想的世界帝国是古罗马帝国，并对其充满眷恋之情。但丁认为罗马帝国在奥古斯都时期达到黄金时代，全世界处于和平之中，人们安居乐业并具有各种美德。但在帝制崩溃以后，群雄相争，各行其是，遂使人类遭受无数磨难和不幸，意大利也由"各省的主妇"变成"妓院"，由"帝国的花园"变成"没有一块安详和平幸福的土地""暴风雨中没有舵手的孤舟"。[③]而这一切都是由意大利的分裂所造成的。所以他渴望古罗马帝国的再现，出现一个能够统一意大利的君主。

　　但丁认为神圣罗马帝国是古罗马帝国的继续，神圣罗马帝国皇帝是古罗马帝国皇帝的合法继承者，是唯一能够完成统一世界大业的统治者，因而对他们寄予无限的希望。在但丁的时代，哈布斯堡家族的鲁道夫一世（1273—1291年）和其子阿尔伯特一世（1298—1308年）相继成为神圣罗马

----

① ［意］但丁：《论世界帝国》，朱虹译，商务印书馆1985年版，第56—88页。
② ［意］但丁：《神曲·炼狱篇》，朱维基译，上海译文出版社1984年版，第127页。
③ 同上书，第46—47页。

帝国皇帝。但他们都没有越过阿尔卑斯山君临意大利,也没有到罗马加冕。鲁道夫的目标是在德意志重建王权,因而对意大利采取了不干涉政策,承认教皇对教会辖地的统治和安茹家族对西西里的统治。阿尔伯特也为德意志封建主内部的争斗所困扰,无暇顾及意大利。但丁对此非常不满,谴责他们放弃了自己应得的权利和应尽的职责,致使国家分裂、动乱。但丁在《神曲》中表达了这种看法:鲁道夫皇帝"他本可以治好那致意大利于死命的创伤,却让他人给她为时已晚的救助";"日耳曼的阿尔柏啊,你遗弃了那个日益变得放荡不羁的女人","因为你和你的父亲,由于贪恋阿尔卑斯山彼方的土地乐而忘返,听任这座帝国的花园荒芜不堪","假如那马鞍空着没有人骑……这头畜生变得难骑了,就因为没有用靴刺来惩罚它"。①

继阿尔伯特一世之后成为神圣罗马帝国皇帝的是亨利七世,此人号称"巴巴罗萨第二",自诩为世界之王,宣称人人都必须服从罗马皇帝,也就是服从他。这正符合但丁的意愿。所以当"伟大的亨利将去整顿意大利的秩序"的消息传来,流放中的但丁压抑不住内心的喜悦,高兴地致函意大利各邦国首领,告诉他们正义就要复活,第二个摩西将使他的人民摆脱埃及人的折磨。他盛赞亨利七世富有同情心,是恺撒和奥古斯都的再生,是人民的光荣,并敦促意大利人为这位"和平之王"的到来而高兴。当但丁获悉他的故乡佛罗伦萨和那不勒斯王国结盟反对亨利七世时,他异常愤懑,斥责"最可悲的佛罗伦萨人"。②

意大利各邦国最关心的是自己的独立和自由,他们既不想受制于罗马教皇,也不愿屈从于德意志皇帝,但丁要他们以依附于一个外国皇帝为代价来摆脱教皇的控制,显然是违背他们意愿的。而亨利七世进军意大利的目的也不是要实现统一和正义,只不过是重复其前辈加冕和掠夺的老路罢了。他不但没有给意大利带来和平,反而加剧了意大利各邦国内部的党争,分裂的局面也更加恶化。

这也正是意大利和但丁的悲哀所在,民族王权的缺失让但丁只能求助于"异族皇帝"来完成统一大业,而城邦割据与教皇的存在则阻止了任何进行统一的企图。同时,异族皇帝的进军加剧了各城邦内部"皇帝党"和"教皇党"之间的争夺。这样,意大利分裂为许多邦国,在各邦国内部又分裂为互相敌对的两派,各派别内又存在不同的家族利益冲突,意大利便在这一系列

① 〔意〕但丁:《神曲·炼狱篇》,朱维基译,上海译文出版社1984年版,第46—47页。"日耳曼的阿尔柏"即阿尔伯特一世。

② 张云秋:《略论但丁的政治思想》,《史学月刊》1988年第1期。

的利益冲突中更加"碎化",统一只是一个美好的梦。①

　　与但丁相比,马基雅维利的统一思想相对成熟许多。马基雅维利(Niccolò Machiavelli, 1469—1527 年)是意大利文艺复兴后期产生的政治思想家。马基雅维利出生在佛罗伦萨市奥尔特拉诺区一个"中产阶级"家庭,其家族的成员中曾有多人在佛罗伦萨政府中担任要职。马基雅维利从小就接受人文主义的教育,很早就因学识渊博而显露出超群的才华。1498年 6 月被任命为佛罗伦萨共和国第二国务秘书处首脑,进入共和国政权的核心,此后又成为掌管军事外交的"自由安全十人委员会"的成员,负责佛罗伦萨的防务和外交事务,直到 1512 年共和国崩溃和美第奇家族复辟。②在这段时间里,马基雅维利曾先后多次出任公使,还被派往罗马教廷和比萨、法国、奥地利等执行外交使命,这些工作使他能够接触到意大利和欧洲各国的许多政治人物,亲身经历过各种重大政治事件,这对他的政治思想和世界观的形成无疑产生了很大的影响。更重要的是,在出使法国和奥地利期间,他目睹了这些国家在绝对主义君主制下所发生的巨大变化,如原本轻浮善变的法国人在强大王权的驯服下,变成了勇敢善战的斗士,法国在君主制的统治下成为欧洲的强国等等。但是反观意大利,由于缺乏强有力的领袖,人人都自视英明,难以齐心协力,所以意大利人组成的军队总是战绩不佳,各邦国之间也勾心斗角,战乱不断,为外族入侵提供了机会。③分裂与统一所造成的这种强烈对比,加上作为一个弱小城邦的外交官,外交活动中实力优先的残酷现实给自己留下的深刻印象,都让马基雅维利深刻感受到了意大利的分裂所带来的弊端,而如何消除分裂、实现统一就成为他所关注的最重要的问题。

　　14 年的外交与军事生涯塑造了马基雅维利"实用主义"的"权力政治学",其最集中的体现就是作为礼物献给当时佛罗伦萨的当政者洛伦佐·德·美第奇的《君主论》。后人对此书褒贬不一,各种各样的解读也层出不穷,但抛去各种权谋的外衣,《君主论》所体现和贯穿全书的主线,却是一个意大利爱国者的民族主义情怀。

　　依据上文的分析,民族王权缺失、市民城市割据和罗马教皇国的存在是阻碍意大利统一的三大因素,马基雅维利渴望实现意大利的统一,他也必然要思考如何解决这三个问题。正如恩格斯指出的,但丁"把异族皇帝看成意

---

　　①　[英]丹尼斯·哈伊:《意大利文艺复兴的历史背景》,李玉成译,生活·读书·新知三联书店 1988 年版,第 60 页。

　　②　[英]昆廷·斯金纳:《马基雅维利》,王锐生等译,工人出版社 1985 年版,第 21—22 页。

　　③　[意]马基雅维里:《君主论》,阎克文译,辽宁教育出版社 1998 年版,第 112 页。

大利的救星"①,把统一意大利的希望寄托在神圣罗马帝国皇帝身上,马基雅维利则要从意大利本土寻找并塑造一个民族王权,这就是统治佛罗伦萨的美第奇家族。

马基雅维利之所以选择美第奇家族,除了自己是佛罗伦萨人外,从《君主论》写作的年代(1513年)来看,美第奇家族确实拥有许多优势。首先他们统治着意大利北部三个城邦中实力最为强大的佛罗伦萨和周边的托斯坎纳地区(另外两个是米兰和威尼斯),从霍亨斯陶芬王朝的遭遇来看,佛罗伦萨是最难对付也最坚决反对统一的城邦力量,如果选择美第奇家族,佛罗伦萨的力量就有可能被用来为统一服务。其次,当时正值出身美第奇家族的教皇利奥十世(俗名乔万尼·德·美第奇,1513—1521年)掌权,原本是阻碍因素的教皇国,此时也有可能为美第奇家族的统一战争助一臂之力。正是考虑到这些因素,马基雅维利才敢于大声疾呼:"除了在您光荣的家族中,她再也找不到什么人能够寄予更大的希望了。您的家族凭着自己的命运和能力获得了上帝和教廷的宠爱,现在又是教廷的首脑,因此能够成为拯救意大利的领袖。"②

马基雅维利并不只是在进行空洞的呼吁,他也在为意大利的统一作出自己的贡献,这就是《君主论》一书凝结的"多年来历经艰险所认识和领悟到的东西",一言以蔽之,就是"如何统一,如何统治"意大利。③也可以说,在《君主论》所提供的各种阴损狡诈的权谋和政治智慧之后,暗含的是马基雅维利渴望国家统一强盛的爱国情怀。这种情怀在书中有多处流露,如在"献辞"中马基雅维利呼吁"祈殿下亮察,接受我这份衷心奉献的小小礼物,如果您认真注意到它并把它读下来,您会从中看出我不同寻常的期望:愿您达到命运之神和您自身能力使您有希望达到的伟大地位"。④在全书的结尾,他再次呼吁"因此,恳请您光荣的家族,以人们从事正义事业所具有的那种精神和希望,担当起这项重任,使我们的祖国在她的旗帜下发扬光大"。⑤

为了实现意大利的统一,马基雅维利选择了美第奇家族作为统一运动的领袖,并不惜倾囊相授,把自己观察到和思考到的政治权谋和盘托出,告诉对方应当如何才能实现统一。马基雅维利对自己的这些权谋非常自信,

---

① 转引自张云秋:《略论但丁的政治思想》,《史学月刊》1988年第1期。
② [意]马基雅维里:《君主论》,阎克文译,辽宁教育出版社1998年版,第111页。
③ 同上书,第1页。
④ 同上书,第2页。
⑤ 同上书,第114页。

他认为"您的机会可谓超乎寻常,而有了这样伟大的良机,只要您的家族能够采用我已经提供给您作为目标的那些人所采用的方法,那就不会碰到巨大的困难"。①

马基雅维利在《君主论》中提出了"为达目的可以不择手段"的政治信条,并因此备受非议。其实,《君主论》本身就是这一政治信条的产物。马基雅维利所追求的目标是实现意大利的统一,为此他编写了《君主论》一书,奉献给有可能承担统一大任的人,希望自己的言辞能够点燃此人的雄心壮志,而书中所总结的各种"定国安邦"之策又能为其所用,最终完成统一意大利的目标。

但丁与马基雅维利是意大利文艺复兴时期两位最重要的政治思想家,从生卒年月来看,他们之间相差 200 多年,这也是意大利文艺复兴最为繁盛的 200 年。作为"中世纪的最后一位诗人,同时又是新时代的最初一位诗人"②,但丁预示着意大利文艺复兴新曙光的出现,而马基雅维利则见证了意大利文艺复兴时代的黄昏。1527 年 5 月 6 日,属于哈布斯堡家族的查理五世的军队攻陷并洗劫了罗马,以罗马屠城为标志,意大利的文艺复兴结束了。同年 6 月 22 日,马基雅维利也在贫病交加之中去世。

作为政治思想家,但丁与马基雅维利提出了一个共同的命题——"如何结束意大利的分裂局面,如何实现统一与复兴",这本身就是一个民族性的命题。虽然在但丁身上还保留有浓重的"世界主义"色彩,这既源于他缅怀古罗马帝国的帝国情结,也与基督教的"普世主义"宗教情感有关,但无论如何,但丁已经提出了意大利民族统一的命题,意大利民族主义也由此肇始。从但丁以降,经过 200 多年的发展,到 15 世纪末 16 世纪初,意大利的民族观念已经形成并获得共识,这种共识是由意大利人所拥有的共同语言、历史遗迹、艺术、文学、习惯、谋略、伟大人物的声望和对伟大圣徒的记忆形成的。简言之,在文艺复兴时代的意大利人看来,他们虽然在政治上没有达到统一,但早已实现了精神与文化上的统一。同法国、英国、西班牙这些以强大的王权为核心,依靠军事征服和政治斗争形成的统一国家不一样,意大利是一个仅存在于精神和道德领域的统一国家,这个国家由教士、诗人、艺术家和哲学家建立,首都是罗马,但不是台伯河畔石头造的罗马,而是书本上和传说中的精神上的罗马。这个罗马曾使但丁、彼特拉克

① ［意］马基雅维里:《君主论》,阎克文译,辽宁教育出版社 1998 年版,第 113 页。
② 《马克思恩格斯全集》(第 1 卷),人民出版社 1972 年版,第 249 页。

着迷,还要使以后所有的意大利伟人着迷。罗马是伟大的母亲,是意大利人心爱的每件东西的发源地,没有罗马,意大利人就不能安宁。失去罗马是不可弥补的。[1]

所有这些都使意大利不同于阿尔卑斯山以北的德意志、法兰西以及西班牙和英格兰,它是一个独立的民族,人们也不再会像但丁一样指望一个异族皇帝来统一意大利。能够证明意大利民族观念产生的最明显的例子,是1495年7月6日发生的福尔诺沃战役。法国国王查理八世在1492年底进军意大利,非常顺利地戴上了那不勒斯王国的王冠,确立了法国在意大利的霸权。然而两年半以后,意大利各邦再也受不了法国的暴虐统治,教皇、米兰、威尼斯、佛罗伦萨与其他大小邦国组成反法同盟,眼看大势不好的查理八世急忙撤军回国,于是便发生了福尔诺沃战役。

参加福尔诺沃战役和促成意大利各邦国联合出兵的人们都清醒地意识到这次战役的民族意义,他们知道在福尔诺沃战场上对垒的是两个民族:意大利和法兰西。各邦国的士兵在冲锋时呼喊着"意大利!意大利!"的口号,意大利联军的统帅弗朗切斯科·贡扎加后来铸了一块金质奖牌,上面刻着"纪念意大利重获自由"的字样,这都说明在当时意大利人心中已经产生、存在"意大利民族"的概念。但可悲的是,同法国骑士在战场上高喊"保卫国王""法兰西荣耀"的口号相比,单纯的"意大利"概念是多么的单薄和软弱。[2]法兰西民族是在强大的王权控制和统一之下形成的,而意大利欠缺的正是王权和统一。

作为对本国历史和同胞的性格有深刻体察的意大利学者,路易吉·巴尔齐尼把福尔诺沃战役看作是意大利历史的转折点,认为1495年7月6日意大利各邦国联军在福尔诺沃战役的失败,决定了此后300多年意大利将忍受四分五裂和外敌入侵的命运。如果意大利人战胜了,那么他们也许在那时就已发现作为团结一致的人民的骄傲和产生于保卫共同的自由和独立的自信;意大利就会作为一个理应受到尊重的国家而出现,有能力决定自己的命运;喜欢冒险的外国人要进攻它也得三思而后行。[3]

但是,1495年福尔诺沃战败的现实、1527年罗马屠城的惨剧,既源于意大利四分五裂的政治状况,也是这种状况所造成的恶果。它们证明了意大

---

① [意]路易吉·巴尔齐尼:《意大利人》,刘万钧译,生活·读书·新知三联书店1986年版,第303—304页。

② 同上书,第298页。

③ 同上书,第294—295页。

利人的"道德民族主义"的虚妄和无力；这种民族情感只存在于很少一部分文化精英心中，绝大多数的意大利人，包括统治阶级中的精英们并没有这种概念，在灾难来临之时，没有一个领袖有魄力和勇气挺身而出遏止灾难。意大利人眼看着他们神圣的城市遭到玷污而不能扬起一个手指来改变它的厄运，这不仅是他们军事上、政治上无能的证明，更宣告了他们所相信的精神上统一的意大利的破产。

罗马屠城发生后的第三年，作为法国和西班牙争霸战争最后的胜利者，哈布斯堡王朝的查理五世同意由教皇同时加冕为神圣罗马帝国皇帝和意大利国王。按照查理五世的意志，为意大利国王加冕所用的"铁冠"①和为神圣罗马帝国皇帝加冕所用的金冠被分别从米兰的蒙扎大教堂和罗马的圣彼得大教堂取出，运送到位于罗马和蒙扎中途的波伦亚，查理五世同时命令教皇克雷芒七世到那里与他相会。教皇温顺地接受了他的要求。②

教皇和皇帝的这次会晤，是意大利历史上的转折点之一。它以极大的排场和声势，在欧洲大部分地区建立了教会的精神霸权和西班牙的世俗统治。这次会见仪式在意大利最终结束了无与伦比的智力焕发的文艺复兴时代，开创了一个新的纪元。

2. 法国大革命和拿破仑时代

从 1492 年法国国王查理八世入侵意大利，到 1559 年 4 月《卡托—康布雷齐和约》签订，在这 60 多年里，意大利成为法国王室和哈布斯堡王室争夺欧洲大陆霸权的主战场。战争摧毁了意大利各邦国的经济和文明，特别是 1527 年罗马城的陷落，被认为是意大利文艺复兴结束的标志。从《卡托—康布雷齐和约》签订到西班牙王位继承战争结束（1714 年）间的近 200 年，意大利处于西班牙的控制之下，根据 1713 年的《乌特勒支和约》和 1714 年的《拉施塔特条约》，奥地利获得西班牙在意大利的一切领地和权利。在西班牙和奥地利的专制统治之下，加之连绵不断的战争对经济的破坏，意大利各城邦失去了中世纪所具有的繁荣和活力。新航路和新大陆的发现，使国际贸易的中心向大西洋沿岸转移，威尼斯、热那亚等地中海沿岸的城

---

① 中世纪意大利国王加冕用的金王冠被称为"铁冠"，因为据说上面缀有一颗把耶稣钉死在十字架上的铁钉，金王冠保存在米兰附近的蒙扎大教堂里，国王需到此进行加冕。

② ［意］路易吉·巴尔齐尼：《意大利人》，刘万钧译，生活·读书·新知三联书店 1986 年版，第 304 页。

市经济一蹶不振。同时,专制统治窒息了各城市国家的政治活力,各城市共和国相继蜕变为封建的诸侯国。总之,16世纪以后的意大利进入了"百城沉寂"的年代,这种"蛰伏"的状态直到法国大革命和拿破仑的入侵才被打破。

在1789年法国大革命爆发之后的几年里,意大利并没有受到太大的影响,各邦国的君主们满足于对臣民加强警戒和扼杀不满的图谋,受法国启蒙思想影响的知识分子和一些上层人士虽然赞成自由、平等,但对大革命的快速深入发展和各种激进行为表示不满,分散在意大利各地的激进派人数很少,他们组成雅各宾俱乐部,进行革命的密谋,却被各邦国的统治者相继镇压。意大利真正感受到大革命的冲击和影响,是从1796年4月拿破仑指挥法国"意大利方面军"进攻撒丁王国开始的。

翻越阿尔卑斯山的拿破仑所向披靡,相继打败撒丁和奥地利的军队,占领了意大利北部和中部的大片土地。在法国占领区,自由民主的思想和建立统一民族国家的思想得到广泛传播,意大利的爱国者们从四面八方汇集到拿破仑建立的临时行政委员会管理下的米兰。这一时期,意大利民众的心态和政治思想可以从下面一件小事中看出来。伦巴第行政委员会在1796年9月举行了一次以"哪一种自由政府能更好地赐予意大利以幸福"为题的竞赛,在回答这一问题的52名作家中,皮亚琴察人梅尔基奥雷·焦亚独占鳌头,他认为是统一的自由民主共和国。统一思想的传播是如此广泛和深入民心,甚至米兰街头巷尾的歌谣小曲中也在唱着。[1]从1796年底开始,在法国占领区相继建立了一系列共和国,勒佐、波伦亚、斐拉拉和曼图亚于1797年1月组成"波河南(Cispadane)共和国",并决定以白红绿三色旗作为国旗,这是在意大利第一次打出这样的旗帜,从而确定了以后统一的意大利国旗的基色。然后米兰、布里西亚和其他一些城市组成"波河北(Transpadane)共和国",在热那亚成立"利古里亚共和国"(1797年6月)。根据拿破仑的建议,波河南共和国与波河北共和国在1797年7月组成"统一的不可分割的阿尔卑斯山南共和国",设一个五人执政团和两院制立法机构(大议会提出法律草案,参议院或予以通过或予以驳回)。这个共和国是拿破仑一手创造的,它的宪法是拿破仑起草的,执政团和立法机构的成员也由他选派,而不是由公民选出,这也就决定这些共和国的命运:它们不能掌

---

① [意]路易吉·萨尔瓦托雷利:《意大利简史:从史前到当代》,沈珩、祝本雄译,商务印书馆1998年版,第441页。

握自己的命运,而只是法国和拿破仑手中的工具。

1797 年 10 月 18 日,拿破仑同奥地利签订《坎波福米奥和约》,划定了法国占领区和奥地利的边界,并不顾威尼斯人并入阿尔卑斯山南共和国的请求,把加尔达湖和阿迪杰河以外的威尼斯领土割让给奥地利。法国人在撤退之前对威尼斯进行了洗劫(拿破仑下令搬走了放置在圣马可广场正西的青铜四马两轮车,而这是威尼斯人在第四次十字军东征时期从君士坦丁堡抢来的),1798 年 1 月 18 日,奥地利人进入该城。

1797 年底,拿破仑离开意大利,回到法国,开始了他征服埃及的东方之旅。意大利的法军由贝蒂埃将军指挥,司令部设在波伦亚。1798 年 2 月,贝蒂埃占领罗马,并建立一个共和政府;3 月,法军占领佛罗伦萨,建立伊特鲁利亚共和国;10 月,皮埃蒙特并入法国,撒丁王国的王室退居撒丁岛;1799 年 1 月,法军占领那不勒斯,建立帕特诺珀共和国(Parthenope,那不勒斯的古称,来源于《荷马史诗》)。在短短一年半之内,整个意大利变成了一系列共和国,并依靠法国占领军维持其生存,这也决定了这些共和国的失败命运。随着反法联盟在战场上的胜利,法军节节败退,这些共和国也相继瓦解。对法军的占领和掠夺不满的人们,反对法国宗教信仰自由政策的狂热天主教徒们,这时也都拿起武器捍卫"神圣的信仰",教会和被推翻的封建王朝也趁势反扑。但赶走了法国人,却迎来了奥地利人、英国人和俄国人,他们奉行同样的掠夺政策,同样的坏,无法掌握自己命运的意大利人总是受害者。[①]

1800 年 5 月,已经成为法国主宰的拿破仑率军穿过圣伯纳德山口,开始了对意大利的第二次征服。在马伦戈战役中打败奥地利军队,重新占领米兰、皮埃蒙特、利古里亚、伦巴第等地。1801 年 2 月 9 日,法国和奥地利签订《吕内维尔和约》,认可了法国对意大利中北部的占领。为了把意大利变成自己手中驯良的工具,同时也为了获得更多的财政支持和军队,拿破仑着手整顿阿尔卑斯山南共和国。1800 年 9 月把诺瓦拉地区并入该共和国,1801 年 12 月在里昂召开了由该共和国的 450 名社会名流参加的大会(里昂咨询会),会议通过了由拿破仑指使起草的宪法,规定总统为共和国的政府首脑,有权任命副总统和各部部长,提出法律和签订条约;设立由 8 人组成的国家参政院,负责研究对外事务和颁布有关国家安全的特殊措施;设立

---

① H. Hearder and D. P. Waley, eds., *A Short History of Italy: From Classical Times to the Present Day*, Cambridge: Cambridge University Press, 1963, pp. 113—115.

由 21 名成员组成的监察机构,执行监督职能;设立由 65 名成员组成的立法机构,负责对法律进行表决,为此,由土地所有者、学者和商人组成的 3 个选举团(每个选举团各有 200 名成员)至少每两年在不同的城市召开一次会议以选举上述机构的成员。里昂咨询会选举拿破仑本人为总统,作为补偿,拿破仑选择米兰人弗朗切斯科·梅尔齐为副总统,由其代行总统的职权。里昂咨询会决定把共和国定名为"意大利共和国",这表明了意大利人民对建立统一国家的热切向往。①

　　1804 年法兰西帝国建立后,意大利共和国也相应转变为意大利王国。1805 年 3 月 17 日,依据意大利王国国家咨询会法令,拿破仑在巴黎宣布自己为意大利国王,5 月 26 日在米兰大教堂以查理大帝加冕为伦巴第国王时曾戴过的"铁冠"为自己加冕,并宣称:"上帝赐给了我这顶王冠,谁要是碰它一下,谁将倒霉。"②随后颁布"宪章",改组王国政府,设置一位总督、一系列大臣和国家参政院。拿破仑任命妻子约瑟芬跟前夫所生的儿子欧仁·博阿内尔为总督,并训示他要全面服从法国的利益,这样,欧仁统治下的意大利王国便成为拿破仑最忠诚的仆从国。此后,王国的疆域不断扩大,1806 年兼并威尼斯,1808 年兼并安科纳边区,这个边区使王国的南部边疆扩展到那不勒斯王国的边界,1810 年,南蒂罗尔也加入了王国。在法兰西帝国的最后年月,意大利王国共有 700 万居民、10 万军队。尽管总督和王国政府没有主动权,只不过是接受巴黎命令的一个行政机构,但它的存在对意大利的经济、政治、法律和社会观念的影响还是非常大的。在法军刺刀的保护下,拿破仑法典在意大利各地得到执行,旧式的错综复杂的法律体系得到了统一,封建制度被废除,所有的公民,不分贫富贵贱,在法律面前一律平等,从而唤醒人们的自由平等意识,而且为商品经济的发展创造了制度环境。为了搜刮更多的财富,在财政大臣诺瓦拉人普里纳的领导下统一了税制,建立了严密高效的财政管理机关,王国税收的一部分流入了法国,但另外一部分收入则用于许多军事和经济工程,修建了卡普朗和蒙塞尼西奥公路、伦巴第平原上的水渠,疏浚了威尼托的各条河流等等,这些工程促进了商业的繁荣,而度量衡和货币的统一也有利于商业的发展。在军事上,王国实行义务兵役制,大量意大利青年人进入军队,组成意大利军团,不但受到了当时世

---

　　①　[法]乔治·勒费弗尔:《拿破仑时代》,河北师范大学外语系《拿破仑时代》翻译组译,商务印书馆 1995 年版,上卷,第 119—120 页;下卷,第 213—225 页。

　　②　[意]路易吉·萨尔瓦托雷利:《意大利简史:从史前到当代》,沈珩、祝本雄译,商务印书馆 1998 年版,第 448 页。

界上最先进的军事训练,而且他们在拿破仑的指挥下参加历次战役,打败反法联盟的军队,特别是西班牙和奥地利的军队,分享法国军队胜利的光荣,培养了民族自豪感和自信心。更重要的是,在意大利王国的疆域内,在白红绿三色国旗之下,旧的邦国界限消失了,人民开始把自己看作意大利人,而不是托斯坎纳人或皮埃蒙特人,于是一种民族自觉的轮廓开始显露出来,同一民族国家的话语和标志都开始形成。至于拿破仑的极端残暴的统治和法国人所引起的仇恨,也导致同一个趋向,即加深了意大利人自己管理自己的国土和驱逐外国人的愿望。在这个目的得以实现之前,他们还得走很长的路,但是这个独立自主的思想是产生了,而以前那个逆来顺受的旧意大利已经一去不复返了。[1]

总之,法国大革命和拿破仑终于把意大利从它所处的长期麻痹状态中摇醒过来,启发了意大利人的民族意识。经过漫长的分裂、邦国混战,中间还伴随着文艺复兴的百花怒放,筋疲力尽的意大利落在西班牙和奥地利的专制统治之下,度过了250多年。但是,在拿破仑的占领与统治之下,意大利人终于发现"原来,意大利半岛不一定只能分崩离析;原来,意大利也可以统一成为一个单一国家"。[2]拿破仑帝国崩溃之后,意大利的民族复兴运动便拉开了序幕。

3. 民族复兴运动

关于意大利历史上的"民族复兴运动"(拉丁语为 Risorgimento),学术界历来有不同的定义和划分,意大利历史学家焦瓦尼·斯帕多利尼认为意大利历史上存在着多次民族复兴运动,第一次发生在 1815—1860 年间,在这段时间里,意大利经历了一个文化和政治统一的过程,并最终建立了统一的民族国家。第二次则指意大利的反法西斯运动。不言而喻,所谓复兴,自然是原有事物的再生,就如"文艺复兴"是指古代希腊罗马文化的复兴一样,意大利的民族复兴,就是指古老的意大利民族的复兴。之所以叫"民族复兴"而不叫"民族形成和诞生",就是因为早在意大利实现领土统一之前,在圣弗朗西斯科和但丁时代(1300—1400 年城市国家时代)就已经形成了共同的语言和文化,所有意大利人已经被共同的语言和文化纽带联系在一起

---

① H. Hearder and D.P. Waley, eds. , *A Short History of Italy: From Classical Times to the Present Day*, Cambridge: Cambridge University Press, 1963, pp.119—120.

② ［英］约翰·高奇:《意大利的统一》,郑明萱译,台北麦田出版股份有限公司 2000 年版,第 21 页。

（尽管各地之间有历史上人为的边界阻隔），从而形成了路易吉·萨尔瓦托雷利所定义的现代意大利民族。在一个时期内，意大利留给人们记忆的，只是失败、屈辱和名声扫地，而民族复兴运动则使意大利重新勃兴，步入世界民族之林。[1]

对意大利而言，第一次民族复兴运动就是指自拿破仑帝国灭亡到统一的意大利民族国家建立的过程，1870年9月意大利王国军队攻陷罗马标志着民族复兴运动的尾声。这样一个漫长的过程，以1848—1849年革命为界，划分为两大阶段。在前一阶段，以烧炭党人和马志尼派为代表的意大利各阶层的爱国者们发动了一系列的密谋、起义和革命，以此来反抗外国和本国的封建统治，为实现国家的独立和统一而奋斗，虽然没有取得成功，但唤醒并培育了意大利的民族意识。在第二个阶段，通过王朝战争和民众自发的革命运动，意大利摆脱了外国的侵略和干涉，结束了分裂的局面，实现了民族的独立和统一。

1815年6月9日，参加维也纳会议的各国代表签署了汇集一切条约的大会最后文件，奥地利外交大臣梅特涅是操纵维也纳会议的核心人物。在维护欧洲力量平衡和保证王朝正统性、合法性两大原则指导下，英国、奥地利、俄国和普鲁士四大强国瓜分了拿破仑的遗产，确定了战后欧洲格局。在奥地利的策划和庇护之下，意大利恢复到了法国大革命发生之前的分裂和专制状态。奥地利占领意大利最富饶的两个地方——米兰城所在的伦巴第地区和威尼斯城所在的威尼托地区，此外还获得了在科马基奥、费拉拉和皮亚琴察三地驻军的权利。撒丁国王维克托·伊曼纽尔一世收复皮埃蒙特，并且获得了利古里亚共和国（热那亚），从而扩大了疆土。莫德纳公国及马萨、卡拉拉交还给哈布斯堡—洛林家族的弗朗切斯科四世。卢卡公国划归出身波旁家族的玛丽亚·路易莎，后由其子卡洛继承。帕尔马公国被授予拿破仑的妻子、出身哈布斯堡王室的玛丽·路易丝作为终身采邑，后根据维也纳会议由卡洛继承。佛罗伦萨城所在的托斯坎纳大公国归哈布斯堡—洛林家族的斐迪南三世。由于家族关系，托斯坎纳、帕尔马和莫德纳三邦国成为奥地利的附庸国。红衣主教厄尔科莱·孔萨尔维在维也纳会议上重申了教会对罗马涅、马尔凯、贝内文托等地的管辖权，因此教皇国也得以恢复。在南部，那不勒斯和西西里王国重新回到波旁家族的斐迪南七世之手。

---

[1] ［意］焦瓦尼·斯帕多利尼：《缔造意大利的精英：以人物为线索的意大利近代史》，戎殿新、罗红波译，世界知识出版社1993年版，第五版引言。

这就是意大利民族复兴运动初期所面临的状况,旧的封建君主、旧的法规、旧的习俗全面复辟,撒丁王国甚至还根据 1789 年的宫廷年鉴来确定每个人的职务。几乎一切都没有变化,意大利仍然四分五裂,"只是一个地理概念而已"①,法国人在 14 年里对意大利的统治和改造好像没有发生过一样,这也正是梅特涅和复辟王国的君主们所希望的。

根据维也纳会议所重建的意大利各邦国政府并不是一点不顾及被统治者利益的"独裁"政府,相反,它们是介乎"家长式"和"开明君主"之间的专制政府。为了稳固统治,平息人民的不满,所有的政府都力图关心和维护其臣民的利益,采取各种旨在提高他们的物质和日常的福利水平的措施,从而赢得了普通民众的忠诚。此外,经历了拿破仑时代的战争和动荡,实现和平安定成为人民的最大愿望,加上宗教保守势力的影响和围绕在每一个政府周围的利益网,所有这一切都使得意大利大部分民众满足于复辟而不是希望进行彻底的变革,更不要说革命了。这就是意大利在 1820—1821 年和 1830 年爆发革命的社会环境和时代背景。

发动和领导这两次革命运动的都是秘密会社组织,如意大利北部的联邦党(主张以教皇为首统一组建为联邦国家)和兄弟会,意大利中部的黑别针党(参加者在领结上佩戴黑别针作为标志)和拉迪尼斯蒂党等,其中以烧炭党的影响力最大。烧炭党是在拿破仑统治时期出现的一个资产阶级自由派的秘密政治组织,其成员来自社会的各个阶层,包括军官和士兵。烧炭党最初的目标是反抗法国的侵略和占领,谋求实现意大利的独立和建立立宪政府。维也纳会议以后,烧炭党便把斗争目标转向奥地利和各邦国的复辟统治者。作为一个秘密会社,烧炭党采取了各种矫饰、奇异的象征符号和仪式以及可怕的誓言与惩罚,从而产生一种非常可贵的效果,使成员不敢忘记愿意为意大利的独立而牺牲生命的誓言。②拿破仑帝国崩溃以后,从拿破仑军队中复员的数以千计的官兵、失业的文职官员以及曾为法国人服务过的人们纷纷加入或组建秘密会社,从而扩大了反对力量。其中大量烧炭党人加入各邦国新组建的军队,掌握了部分武装力量,这成为他们发动革命的有利条件。

1820—1821 年的意大利革命首先在那不勒斯王国拉开序幕。1820 年 7 月 2 日,在西班牙革命的影响之下,烧炭党掌握的部分军队发动哗变,并

①　苏联科学院历史研究所:《近代史》第二卷,上册,生活·读书·新知三联书店 1964 年版,第 303 页。

②　[英]博尔顿·金:《马志尼传》,马清槐等译,商务印书馆 1997 年版,第 15—16 页。

向首都那不勒斯城进军,国王被迫于7月6日发表公告,同意实行西班牙宪法(即1812年宪法),同时宣布了出版自由和其他改革。烧炭党人和立宪派掌握了政权,并于10月召开议会。此时"神圣同盟"各国先后在特罗波和莱巴赫召开会议,在那不勒斯国王的邀请下对革命进行武力干涉,奥地利军队没有受到多少抵抗便占领了那不勒斯城,革命失败。在此之前,意大利北部也发生了革命。在撒丁王国,自由派贵族和资产阶级中的自由派希望制定宪法、实行宪政,并联合伦巴第、威尼西亚组成一个"上意大利王国"(Kingdom of Upper Italy)。在一群贵族军官的领导下,革命在1821年3月9日、10日两天爆发,要求对奥地利作战和颁布宪法。国王伊曼纽尔一世无力处理这种局面,便宣告退位,让位给弟弟查理·菲利克斯,并任命推定继承人查理-阿尔伯特公爵为摄政。革命者获胜,并把西班牙宪法稍加修改予以颁布。但"神圣同盟"的奥地利、俄国、普鲁士三国坚决不允许在撒丁王国内部实行宪政,新国王也拒绝承认宪法,在奥地利的军事干涉之下,革命失败。

1830年7月,法国巴黎爆发七月革命,一向标榜自由开明的路易·菲利普成为"法国人的国王",并宣布了"不干涉政策",即如果奥地利武力干涉意大利各邦国的内部事务,法国就要予以反对。在七月革命的冲击下,比利时、波兰和意大利相继爆发了革命运动。在法国共和派的支持下,一些烧炭党人在巴黎建立起"解放意大利会社",积极策划在意大利发动起义。1831年2月5日,起义在波伦亚和莫德纳公国爆发,并迅速扩展到罗马涅、马尔凯和翁布里亚等地。半月之间,起义者便掌握了教皇国(不包括拉齐奥)和中部各公国的政权,各邦国君主纷纷逃亡,莫德纳公爵逃往曼图瓦,帕尔马女公爵玛丽·路易丝逃往驻扎着奥地利军队的皮亚琴察。教皇国的起义者在波伦亚建立临时政府,并召开起义各省的代表大会,大会宣布中止教皇俗权,以"意大利各省联合"的名义建立解放的各省联盟,宣布成立临时立宪议会。但大会拒绝支持攻打罗马的计划,又完全信赖不干涉政策,因此没有组织力量抵御奥地利。

在俄国的支持下,梅特涅明确地向法国宣布奥地利将对意大利进行干涉,并利用路易·拿破仑(即后来的拿破仑三世)在罗马参与革命密谋的事实,提醒路易·菲利普要警惕拿破仑式的军事独裁体制在意大利中部阴魂不散,提防波拿巴主义者对法国王位的威胁。为了巩固自己的王位,路易·菲利普便改变立场,默许奥地利干涉意大利,声称这只是哈布斯堡王朝的"内部家务事"——莫德纳大公和帕尔马女公爵都是哈布斯堡王族成员,而

"法国人的血只为法国流淌"。①此后,奥地利军队长驱直入,打败革命力量,1831年3月26日,波伦亚临时政府投降,逃亡的各邦国君主在奥地利军队刺刀的保护之下复辟,立刻对革命者展开了残酷的报复。

由烧炭党发起和领导的1820—1821年和1831年的意大利革命,是在西班牙和法国发生的革命事件影响下爆发的。两场革命只是地区性的,而不是全国性的。革命者没有明确的革命目标和革命胜利后的国家改造计划,从他们在这两场革命中的行为来看,争取立宪似乎是他们斗争的首要目标,很少有人提出独立和统一的口号(1821年撒丁王国的革命者曾经打出了三色旗,但主要的目的仍然是立宪),更谈不上互相支持和采取联合斗争,加上"神圣同盟"和奥地利强大的干涉力量,革命只能失败。

这两次革命的失败,宣告了作为一种政治力量的旧式秘密会社的破产。此后,在奥地利和各邦国警察机构的严厉打击之下,加上内部的分裂和叛变,无论是烧炭党、联邦党,还是其他的类似组织,力量都大大削弱,不足以承担革命的任务。取而代之的是一个新型的革命组织——马志尼和他的"青年意大利"党。

马志尼1805年6月22日出生于热那亚,在一个有着共和传统、忠诚于萨伏依王室的家庭环境里长大。1821年他还是少年时,就被所见到的皮埃蒙特政治犯上船流亡国外的情景深深打动。1827年加入烧炭党,1830年11月被捕,关在萨沃纳城堡里,1831年1月被驱逐出境,流亡马赛。②烧炭党所领导的革命运动方式及其失败使他发现了烧炭党在纲领路线和组织上存在诸多缺陷,最重要的是参加者缺乏清晰的政治目标,马志尼曾写道:"带我入党的人,不曾提过半个有关联邦或统一、共和或君主的字眼,只是一味向政府宣战,如此而已。"③同时,马志尼还发现烧炭党在组织上比较松散,而在运动中却又只依靠部分会员的参与和献身,不能够发动人民。

纵观马志尼的思想和行动,对于如何实现意大利的复兴,马志尼一生都秉持下列三条理念:首先是坚持"进步"的理念。马志尼认为,意大利的复兴运动,不能是只限于少数个人或狭隘社会阶层凭经验进行的政治行动,而应

---

① 〔英〕约翰·高奇:《意大利的统一》,郑明萱译,台北麦田出版股份有限公司2000年版,第26页。

② 〔英〕博尔顿·金:《马志尼传》,马清槐等译,商务印书馆1997年版,第17—18页。

③ 〔英〕约翰·高奇:《意大利的统一》,郑明萱译,台北麦田出版股份有限公司2000年版,第27页。

是在精神上,首先在宗教和道德方面进行革新的一种广泛而深刻的潮流,这种潮流基于对上帝、对掌握着进步的神明法则的人类坚实而深厚的信念,因而必然能打动人心,动员全体人民。拯救复兴运动,不应期待君主们,要靠人民自己;而政治解放的实现必然会带来社会解放。上帝已经将"进步的任务"赐予各国人民,而意大利必将在其中扮演独特的角色,意大利革命必须执行一个旨在改造整个人类的纲领,也就是"上帝和人民"的纲领。在拯救人类这一事业中,意大利将扮演发动者和捍卫者的角色。意大利不但要继承罗马帝国和教皇的事业,在精神上还要远远超过它们。在意大利的指引下,联合起来的反政府的各族人民必将建立自由的团结的民族社会,这种社会的合作(根据各自的能力和专长)必将产生一个按民族和民族集团组成的新欧洲,同新欧洲一起必将产生一个联合的、解放了的人类,它们一起向着无限的神的理想化境界的道路迈进。意大利人能够为自己创造出一个民族国家,而这个国家将为创建自由世界负起独特的道义责任。①

其次,马志尼认为,为了承担这样的伟大使命,意大利必须摆脱外族的压迫,实现独立,必须消除各地区之间的隔阂,实现统一,并且把首都建在罗马,这与其他爱国者所奉行的地方主义形成强烈对比。关于统一的意大利应该包括哪些地方,马志尼认为根据上帝划定的自然疆界,意大利有其"庄严的、无可争辩的疆界线",疆界线以内的所有地域都应该包括在统一的意大利国家之内。②

第三,马志尼是一位坚定的共和主义者,他相信只有共和政体才能实现平等和自由,意大利必须在一个建都罗马的共和形式的政府领导之下,成为一个自由、独立与统一的国家。他拒绝君主政体,认为这种政体意味着不平等;他拒绝联邦制度,认为这种制度会导致衰弱而不会导致强大。③

正是在这些理念的鼓舞下,马志尼于 1832 年在马赛创立了"青年意大利"党(Giovine Italia)。他为这一组织确定的纲领是:"'青年意大利'是相信进步和义务的法则的意大利人的兄弟会,他们相信意大利会被称作一个

---

① [意]路易吉·萨尔瓦托雷利:《意大利简史:从史前到当代》,沈珩、祝本雄译,商务印书馆1998年版,第476页。

② [英]博尔顿·金:《马志尼传》,马清槐等译,商务印书馆1997年版,第247页。

③ [英]约翰·高奇:《意大利的统一》,郑明萱译,台北麦田出版股份有限公司2000年版,第30页。

国家,相信能够凭借自己的力量创造这个国家,相信力量的秘诀在于团结,在于坚持不懈的努力,他们团结一致将其思想和行动奉献于意大利建成一个自由的平等的国家,一个独立的主权的国家的这一伟大信念之中","'青年意大利',是共和国的、统一的。之所以是共和国的,是因为全民族所有的人按照上帝和人类约定法则都是自由的、平等的,都是兄弟。只有共和国体制才能保证这一未来;之所以是统一的,是因为没有团结就没有力量,被联合一致的嫉妒成性的列强所包围的意大利,首先需要的是力量","国家是在一个公约中亲如兄弟的,在共同法律之下生活的意大利人的总体"。[①]

在"青年意大利"党的纲领中,马志尼把政治革命、道德革新及世界主义的宗教思想完整地糅合在一起,从而为意大利的复兴运动规划了清晰明确的路线、目标和计划,这也成为意大利资产阶级民主派(也就是许多西方学者所说的"行动党"或"行动派")在思想上对民族复兴运动所作出的最杰出的贡献。

从1832年开始,"青年意大利"党员便在意大利各邦国组织了一系列的密谋和暴动(如加里波第就参与领导了1834年在热那亚的一次起义活动),但大多遭到严酷的镇压,许多"青年意大利"党员被审判、杀戮或者流放,马志尼也多次被各邦国缺席判处死刑。"青年意大利"党成立后所进行的这些活动,虽然没有取得直接的成功,但却取得了极大的宣传效果:革命失败后的流亡者在欧洲各国获得了普遍的同情,接连不断的起义和随之而来的司法审判吸引了全国各阶层人民的关注,一些革命烈士为了民族和国家的统一而舍生取义的行为更是震醒了人们心中的民族意识。这其中,班迪耶拉兄弟的牺牲成为鼓舞意大利民族意识觉醒的最重要的事件。

马志尼和那不勒斯王国的自由派人士本来准备于1844年3月在卡拉布里亚和西西里发动一场总起义,但由于未能协调一致和准备不周,起义只在科森察爆发,并被当局镇压。为了重新组织起义,1844年6月,阿蒂利奥·班迪耶拉和埃米利奥·班迪耶拉兄弟与其他几个人一起,于16日在卡拉布里亚的科特罗内附近登陆。马志尼极力阻止他们,但徒劳无益。他们相信,为了震醒意大利人,作出牺牲和表率是必要的。几天后,由于叛徒的出卖,他们被那不勒斯军队俘虏,关进牢房。1844年7月25日,班迪耶拉

①　[意]路易吉·萨尔瓦托雷利:《意大利简史:从史前到当代》,沈珩、祝本雄译,商务印书馆1998年版,第476—477页。

兄弟和 7 位同伴被枪决,临刑时他们高呼:"意大利万岁! 自由万岁! 祖国万岁!"他们的牺牲和面临死亡时表现出来的坦然无畏,成为最激励人心的事件。①

同一时期,民族主义在意大利的经济和文化领域中也发展起来,并逐渐占据了主流地位,追求独立、实现统一渐渐成为工商界和文化界的共识。

内部的分裂和外国的占领极大地阻碍了意大利经济的发展,由此在意大利的中等阶级中催生出经济民族主义是非常自然的。以意大利工商业最为发达的伦巴第地区为例,丝织业是伦巴第地区的支柱产业,1824 年以后,伦巴第生丝和丝织品的主要销售市场为法国和德意志地区,但奥地利当局对来自伦巴第的商品征收限制性的关税,同时极力把伦巴第商人的运销路线从热那亚改往同为奥地利占领的里亚斯特港,这激起了伦巴第工商界的极大愤慨。在这种情况下,因为经济因素,在伦巴第的中等阶级中滋生了谋求独立、自由和统一的思想。正如加富尔在 1847 年 7 月 14 日的佛罗伦萨《商刊》上发表文章所指出的:"我们深信,在降低各种隔离的壁垒的同时,我们也是在为意大利的知识、道德及物质各方面的进步而努力。"②

分裂的局面也造成了诸多恶果。各邦国高筑关税壁垒,限制商品流通,是政治妨碍经济发展的典型现象。例如,从帕尔马向 37 英里外的莫德纳运输货物,就须缴纳 6 次关税;沿波河运输商品,要被征收 21 次关税,把粮食从都灵运到不算远的热那亚的费用,比从俄国的敖德萨运到热那亚所需费用还要昂贵。③这正如当时人们所作的一个比喻:"意大利好比一座房屋,然而从这一房间到另一房间的门比大门锁得还紧。"④分裂还造成了交通运输的落后,全意大利只有在伦巴第一地拥有较好的道路河流系统,铁路建设刚刚起步,在奥地利控制下的地区修建有三小段,在皮埃蒙特和那不勒斯各有一截。

政治上的分裂、经济上的落后使工商业资产阶级十分气馁,特别是在工业革命的大背景下,英法等国充分享受到统一的国内市场和强大的国家政权在保护和促进贸易方面提供的优越环境,并开始了工业化进程,经济发展

---

① 〔英〕博尔顿·金:《马志尼传》,马清槐等译,商务印书馆 1997 年版,第 88—89 页。〔意〕路易吉·萨尔瓦托雷利:《意大利简史:从史前到当代》,沈珩、祝本雄译,商务印书馆 1998 年版,第 481 页。
② 〔英〕约翰·高奇:《意大利的统一》,郑明萱译,台北麦田出版股份有限公司 2000 年版,第 34—35 页。
③ 赵克毅、辛益:《意大利统一史》,河南大学出版社 1987 年版,第 132 页。
④ 苏联科学院历史研究所:《近代史》第 2 卷,上册,生活·读书·新知三联书店 1964 年版,第 304 页。

的速度和实力都给其他前工业化国家带来了巨大压力。在这种情况下,意大利的资产阶级渴望依靠强大统一的国家政权来保护国内市场,改善经济环境,以便享有现代化的信用制度、自由贸易及良好的交通运输所能提供的好处,从而谋求经济利益。

资产阶级在经济和政治上对统一的渴求表现在文化上,就形成了所谓的"文化民族主义",这首先在许多具有民族观念的温和派知识分子中产生。在 1848 年以前,他们通过创办全国性的刊物、出版各种体现着民族观念的著作、组织全国性的学会等来宣扬自己的政治理念,唤醒国民的爱国热情,并探讨国家统一的路径和方式。

1821 年在佛罗伦萨创刊的《文集》期刊以向全国读者推广思想、文艺为职责。此外,还有卡洛·卡塔内奥创立和领导的《工科》杂志,以及《世界统计年鉴》《公共经济》《历史》《旅行和商业》《欧洲杂志》等刊物。这些期刊都以向读者介绍知识、激发民族主义情结为己任,它们的宗旨是促进意大利各地区并进而促进全国的经济、社会和文化水平的提高,使意大利经济、文化达到或超过欧洲强国(法国和英国)的水平;消除或降低半岛上各国之间的关税壁垒;通过已开始设计和建设的铁路,把半岛上各国以及半岛同外部联结起来;促进生产活动及正在思考和实施的精神自由化与现代化。

各种全国性的协会也相继成立。1839 年,在比萨召开了第一届意大利科学家大会(Congress of Italian Scientists)。会议的目的是宣扬进步的理念,议程虽然禁谈国事,但与会学者们在有关经济和社会改革等问题上所进行的激烈辩论却不能不涉及意大利的民族独立和国家统一问题。因此召开这样的会议招致了奥地利的外交抗议,撒丁王国外交大臣萨拉洛·德拉·马里加尔塔伯爵则攻击这次大会是以"科学与艺术为幌子来掩人耳目,而它的真正目的是意大利革命"。从 1839 年至 1847 年,意大利科学家大会共开过 9 次,参加的人数很快增加:第一次比萨大会为 421 人,第二次都灵大会为 611 人,第三次佛罗伦萨大会为 888 人,到第七次那不勒斯大会,参加人数最多,达到 2 427 人。在大会上,人们忘掉自己是托斯坎纳人、伦巴第人、皮埃蒙特人、威尼斯人或那不勒斯人,都称自己是意大利人,所谈论的也是全意大利的科学、经济和文化的发展状况。因此,大会的作用也就是"在精神上把意大利统一事业推向前进"。①

---

① 赵克毅、辛益:《意大利统一史》,河南大学出版社 1987 年版,第 138—139 页。

　　这一时期也出版了许多有关意大利历史的书籍,提高了人们对本国历史的认识和自觉,激发了强烈的民族自尊心。1830 年,恺撒·鲍勃写作了《蛮族时期的意大利史》,1846 年又出版了《意大利史要览》,通篇充满了民族独立的思想。1839 年,卡洛·特洛亚出版了巨著《中古时期的意大利史》第一卷。此外还有一些历史刊物和学会,如卡洛·阿尔贝托在都灵创办的皮埃蒙特爱国者历史协会(Piedmontese Society for Patriotic History)和詹彼得罗·韦尔瑟在佛罗伦萨创办的意大利历史档案馆(Italian Historical Archive)并出版期刊《意大利史文献》,都有助于对意大利历史的讨论和研究,有效地促进了国民对本国历史的了解,进而促进了思想解放和民族意识的觉醒。

　　这种文化民族主义的思潮不仅仅局限在历史学领域,而且扩展到了文学、哲学、美学等各个领域,产生了一批具有重要影响的人物,如历史小说《约婚夫妇》的作者亚历山德罗·曼佐尼、歌剧《威廉·特尔》的作者安东尼奥·罗西尼、讽刺诗作家朱赛佩·朱斯蒂、作曲家戈弗雷多·马梅利(意大利国歌的创作者)等人。在浪漫主义的影响下,这一时期的作品都是在乐观主义的基调之上赞美正义和自由,抨击暴政,揭露意大利的苦难,以唤起人们的爱国热情。而在奥地利的高压统治之下,这些作品大多采用了比较隐讳的手法,但共同的感受和遭遇却使观众和读者能够明白作者的意图,不致引起误解。例如,当格拉瓦尼·尼科利尼根据“西西里晚祷”①写成的剧本《普罗奇达岛的约翰》在佛罗伦萨上演时,在场的法国公使听到观众对于攻击他的同胞的台词发出的欢呼,感到非常愤慨,但是奥地利公使却平静地对他说:“不要不高兴,信封是写给你的,但是内容却是写给我的呀!”②

　　在马志尼和民主派发动的起义不断遭到失败的情况下,人们对于通过“自下而上”的路线统一意大利能否成功产生了怀疑。而 1820—1821 年和 1831 年的革命及其失败也表明,意大利的革命任务实际上包含着两层:统一和独立。统一是要推翻各邦国的暴政,建立统一的意大利国家;独立是要打败外国侵略者——主要是奥地利——对意大利统一进程的干涉,收复在其占领下的土地。统一和独立的双重革命任务是紧密联系在一起的,但独

---

　　① 指在 13 世纪,法国侵占西西里,法国士兵强奸一名妇女,引发民愤,起义者以听到傍晚祈祷的钟声为号,同时发动反法起义的事件。

　　② H. Hearder and D.P. Waley, eds., *A Short History of Italy: From Classical Times to the Present Day,* Cambridge: Cambridge University Press, 1963, p.131.

立是实现统一的前提条件。在前两次革命中,起义者十分容易地赶跑了撒丁和那不勒斯的专制君主,但奥地利不费吹灰之力便插手镇压了革命,这说明欧洲强国对意大利局面的巨大影响力。革命者也开始明白,独立和统一是一枚硬币的两面,要统一,必须独立,摆脱外国势力的干涉,特别是奥地利的干涉。

奥地利是欧洲的强国,要对抗奥地利并取得胜利,意大利必须有一个实力强大的核心来领导对奥战争并实现统一。在"自下而上"路线难以成功的情况下,主张通过王朝战争的方式"自上而下"统一意大利的人们,在选择哪些力量充当统一运动的"核心"的问题上形成了分歧。

恺撒·鲍勃在 1844 年出版的《论意大利的前途》一书中主张以撒丁王国为首完成意大利的统一。他认为撒丁王国的君主注定要领导整个意大利,并且主张在整个欧洲框架下看待国家统一的问题,争取其他列强的支持来驱逐奥地利。

马西莫·达泽利奥在 1846 年出版的《罗马涅近事》(*The Most Recent Events in Romagna*)和 1847 年出版的《推动意大利人国家主张意见书》(*Proposal for a Programme for Italian National Opinion*)中也表达了以撒丁王国为首完成国家统一的主张。达泽利奥认为,与温和派联手,将意大利从奥地利的反动统治下解放出来,也符合各邦国王公的利益,"如果意大利的众统治者,不想令子民成为极端的自由分子,自己就应先成为自由主义的温和派"。①达泽利奥还提出了比较完整的建国计划,包括设立由民选代表组成的社区公会(Communal Councils),推行陪审团制度,制定进步的新闻法律,兴建铁路系统,打破内部的商业樊篱等。

在 1848 年以前,撒丁王国的国王查理·阿尔贝特和 1846 年当选的新教皇庇护九世(1846—1878 年)也为那些主张通过"自上而下"方式实现国家统一的人们提供了希望。阿尔贝特继位后,在司法领域进行了一系列具有自由主义色彩的改革,同时鼓励发展农业和教育,赢得了民心。虽然他在外交上与奥地利维持密切关系,但在私下也作出一些反奥的姿态和表示,以此来提高自己在知识分子和资产阶级中的声望。如在 1844 年开始铸造奖章,颁发给那些向他赠送作品的学者,奖章一面饰以拔着鹰的羽毛的萨伏依狮子(奥地利国徽和哈布斯堡王室的徽章都是鹰),另一面刻着但丁、哥伦

---

① [英]约翰·高奇:《意大利的统一》,郑明萱译,台北麦田出版股份有限公司 2000 年版,第40 页。

布、拉斐尔、伽利略的肖像,环以萨伏依先王阿梅代奥六世的格言:"我期待我的星星"。1845 年,阿尔贝特对达泽利奥说:"请告诉那些先生们,让他们安静下来,别乱走乱动,眼下还没有什么可干的,但应确信机会会有的,那时,我的生命,我孩子们的生命,我的武器,我的金钱财富,我的军队,一切的一切,都将贡献给意大利事业。"1846 年 4 月,由于海关问题,撒丁王国和奥地利发生外交冲突,阿尔贝特在内阁会议上大声疾呼:"如果我们失去奥地利,我们会得到意大利,那么,意大利就会自行其是。"①正是由于阿尔贝特的这些言行,使他在资产阶级和知识分子中赢得了爱国者的名声,撒丁王国也成为赖以实现统一的希望。

1848 年 3 月 7 日,维也纳爆发起义,梅特涅化妆逃亡。3 月 17 日,米兰人民在卡洛·卡塔内奥的领导下发动起义,经过 5 天的激烈战斗,打败了拉德茨基元帅率领的奥地利军队,建立临时政府。与此同时,威尼斯和佛罗伦萨等地也发生起义,赶走了奥地利军队或者在奥地利支持下的封建君主。这就提供了摆脱奥地利统治、实现意大利独立的绝佳机会。

1848 年 3 月 23 日,阿尔贝特向伦巴第和威尼斯的人民宣告他的部队将伸出"兄弟之情、朋友之情的援助之手",相信上帝"给意大利派来了庇护九世",并"把意大利放在一个地位,有能力起来为自己独立展开行动"。②3 月 26 日,撒丁王国的军队越过边界,追击撒退中的奥军,战争开始了。其实,阿尔贝特并不希望对奥地利作战,其真实想法是要借机吞并伦巴第,实现领土扩张的野心,同时也要加强对温和派的支持,打击米兰的共和派,以防米兰落入共和派之手,否则到时候不但对自己的王权构成威胁,更会为列强的干涉制造借口。

虽然在奥地利的军事威胁下,米兰和威尼斯两地的临时政府都向撒丁王国求援,但这并不代表着他们希望统一在撒丁王国的旗帜下,对共和派人士而言更是如此。在米兰,起义的领导者卡塔内奥在政治上支持自由和共和,但不赞成大众民主。他主张以联邦制统一意大利,但对撒丁王国抱有很深的疑虑,认为撒丁王国极有可能镇压米兰共和派的起义。从本质上说,他的思想还属于地方自治主义,他所关心的重点是保卫本地区的独立和自由,而不是意大利的独立和统一。卡塔内奥对阿尔贝特的真实企图非常明了,

① [意]路易吉·萨尔瓦托雷利:《意大利简史:从史前到当代》,沈珩、祝本雄译,商务印书馆 1998 年版,第 490 页。

② 同上书,第 493 页。[英]约翰·高奇:《意大利的统一》,郑明萱译,台北麦田出版股份有限公司 2000 年版,第 54 页。

他希望能够推翻温和派掌握的临时政府,宣布建立共和体制,但为马志尼所阻止,马志尼强调当务之急是寻求独立然后再讨论其他。在威尼斯,丹尼尔·马宁虽然已经具有意大利国家的民族自觉,但他首先强调的是威尼斯的本土意识,是为解放和保卫自己的城市而战。其次,马宁属于资产阶级中的共和派,对撒丁王国抱有极大的戒心和不信任。但面对共同的敌人奥地利,马宁也同意将独立威尼斯政府的体制问题延后,待获胜后再讨论。[①]

但是阿尔贝特不愿等下去。为了正式吞并伦巴第,阿尔贝特在1848年5月29日组织了一次公民投票(同时举行投票的还有帕尔马、皮亚琴察和莫德纳等地),结果在6月8日公布,有561 002张票赞成与撒丁王国合并,主张缓议者只有681张。[②]同一日,威尼西亚也以压倒性的多数投票通过合并决议,与撒丁王国、伦巴第合并组成新的国家,实行君主立宪制度。在孤军奋战的威尼斯内部,各派政治力量也就前途问题展开争论,有人主张立刻合并,有人主张待打败奥地利以后再讨论是否合并问题,也有人主张向法兰西第二共和国求援。在巴黎工人发动的六月起义被镇压后,威尼斯只能于7月3日接受与撒丁王国合并的建议,希望借此获得阿尔贝特的军事援助。但库斯托扎的溃败打破了一切希望。

1848年7月25日,阿尔贝特在库斯托扎被拉德兹基的部队打败,率军撤退到米兰城,为了防止卡塔内奥和米兰的共和派掌握政权,待到奥地利军队前来,阿尔贝特又无耻地将米兰城献出。8月9日签订的《萨拉斯科停战协定》规定撒丁王国放弃对各公国和威尼斯的合并。10月,奥地利皇帝镇压了维也纳的起义,重新掌握政权。列强决议意大利应当恢复到1815年时的状态。

但事情并未到此结束,第二轮对奥战争在1849年3月20日展开,23日,撒丁军队在诺瓦拉战役中溃败。当晚,阿尔贝特退位,将王位让给长子维克托·伊曼纽尔,自己流亡西班牙——行色如此匆忙,以致忘了在退位诏书上签字。1849年3月24日,伊曼纽尔在维格涅与奥军统帅拉德兹基会面,商谈停战条件,但在事后却传出一段子虚乌有的传奇,说新国王在会议上坚决拒绝奥方开出的条件,亦即以扩大其领土为交换,要求

---

① ［意］焦瓦尼·斯帕多利尼:《缔造意大利的精英:以人物为线索的意大利近代史》,戎殿新、罗红波译,世界知识出版社1993年版,第89—90、103—104页。

② ［英］约翰·高奇:《意大利的统一》,郑明萱译,台北麦田出版股份有限公司2000年版,第55页。

新国王废除宪法,放弃红白绿三色国旗。事实上,拉德兹基从没有要求废除宪法,只是告诉伊曼纽尔如果他愿意对付民主派人士,和谈条件就可以宽松几分。对此,伊曼纽尔立刻同意,表示自己既不赞同民主分子,也不希望战火再度点燃,并指出他将捍卫君主权威,厉行专制。奥地利对此非常满意,停战协定在3月26日签订,规定新国王应当让军队处于和平状态,解散志愿兵,允许一支2万人的奥地利兵团占据领土的一部分,直到缔结最后的和约。[①]

撒丁王国军队在诺瓦拉战败的消息传到罗马共和国后,权力移交到以马志尼为首的三人委员会手中,马志尼发出新的战斗呼吁:"国王的战争结束了,民族的或者说人民的战争开始了"[②],希望通过人民起义来挽救意大利。但是,天主教各国的干涉决定了共和国失败的命运。奥地利和法国都坚决支持恢复教皇的地位,其他列强对此并不反对。奥地利军队早在2月就占领了费拉拉,那不勒斯王国的军队也开始在边境集结。4月22日,法国军队在奇韦塔维基亚登陆,28日对罗马城发动进攻。5月,奥地利军队开始进攻,先后攻取了波伦亚、安科纳和佩鲁贾等地。那不勒斯王国的军队在国王斐迪南二世的率领下也向罗马发动进攻,同时又有约4000名西班牙军登陆并攻占了特拉希纳。6月4日,3.5万名法军对罗马城发动总攻,苦战一个月后,罗马共和国于7月2日陷落。马志尼乔装潜逃,加里波第则率领部分起义军队撤出罗马城打游击战,失败后又经历了千辛万苦,辗转到达热那亚,从那里乘船离开意大利,流亡英国和美国。

罗马陷落之后,只剩下威尼斯共和国在孤军奋战。但国际形势变得非常不利,法兰西第二共和国忙于内部纷争,英国的帕麦斯顿政府主张不惜一切代价实现大陆的和平,匈牙利革命于1849年8月19日被俄奥联合镇压。1849年8月27日,在坚持了18个月后,威尼斯被奥地利军队攻陷。意大利革命就这样最后失败了。

1848—1849年的意大利革命是实现独立和统一的良好契机,特别是在奥地利国内发生革命的情况下,意大利各邦国同仇敌忾,共同出兵对奥作战,甚至连教皇也派出了军队。在这样的革命形势下,如果正常发展,至少也能够推翻奥地利在意大利的统治,以撒丁王国为核心建立一个北意大利王国。但是,无论是撒丁王国君主领导的两场对奥战争,还是资产

---

① [英]约翰·高奇:《意大利的统一》,郑明萱译,台北麦田出版股份有限公司2000年版,第59页。

② 赵克毅、辛益:《意大利统一史》,河南大学出版社1987年版,第186页。

阶级共和派领导的威尼斯和罗马两共和国，最终都失败了。这其中的原因值得深思。

首先，奥地利的军事镇压。1848年3月米兰反抗奥地利的"光辉五日"战斗引发了意大利北部各处的革命烈火。这很大程度上是因为奥地利也爆发了革命运动，自顾不暇，无力对意大利各地爆发的革命进行有效镇压。但这种权力真空现象只是暂时的，一旦奥地利镇压了内部的革命，就能够腾出手来全力对付意大利各地的革命者，而意大利革命者在国际上处于孤立无援的地位。路易·拿破仑攫取了法兰西第二共和国的政权以后，为了讨好本国的天主教徒以巩固自己的地位，不惜派遣军队镇压罗马共和国，帮助教皇恢复统治。

其次，各地革命者大多是地方主义者而不是民族主义者，各自为战，互相猜忌，不能互相支援，最后被各个击破。如在威尼斯面对奥地利军队进攻的时候，撒丁王国思考的是如何吞并伦巴第和威尼西亚，必须要威尼斯作出同意合并的许诺才给予军事援助。意大利各邦国都拒绝购买威尼斯的债券——这是为了缓解财政困难而发行的，也不肯接受威尼斯发行的纸钞，对于威尼斯的苦难，各地束手"作壁上观"。撒丁王国军队在库斯托扎战败后，威尼斯毅然升起了圣马可狮子旗，决定为捍卫威尼斯共和国的独立而战斗，意大利统一再也没有人提起。这样，阿尔贝特为撒丁王国而战，卡塔内奥为米兰而战，马宁为威尼斯而战，马志尼和加里波第为罗马共和国而战，西西里人为他们的岛国而战，就是没有人为意大利的统一而战。

第三，革命阵营内部在实行何种政治体制上分歧严重，削弱了革命力量。共和派、立宪派、社会主义者对革命胜利后应当采用哪种政治体制纷争不已，互相打压，米兰和威尼斯两地决定暂时搁置政府体制的课题，就是内部意见不合的最大证明。

意大利1848年革命的失败，也给渴望摆脱外族奴役，实现民族统一和复兴的爱国者们带来了诸多启示。

第一，各地的革命者必须抛弃地方成见，联合起来为意大利的独立和统一而战斗。

第二，为了实现革命力量的联合，必须要有一个坚强的领导核心，这个核心不但要具有足够的实力来领导独立战争和统一运动，而且要具有足够的威望和号召力，能凝聚各地区和各派别革命力量。

第三，需要有一个能为大多数革命者所认可的政治纲领，能够不涉及阶级利益冲突而把社会各阶层中的民族主义者、社会主义者联合起来。

第四,鉴于意大利的军事、经济力量无法与奥地利相抗衡,利用国际局势,争取列强的同情和支持,是打败奥地利、实现民族独立不可或缺的条件。

4. 意大利统一大业的完成

意大利的统一过程,在时限上涵盖了从 1849 年意大利革命失败到 1870 年收复罗马的这段时间;从过程上,意大利的统一包含了王朝战争和人民战争两条主线。萨伏依王室统治下的撒丁王国,在外国势力的同情和帮助下,通过发动两次王朝战争(1859 年和 1866 年的对奥战争),并借助其他国家发动的一次王朝战争(1870 年普法战争)统一了包括罗马城在内的国家领土。在第一次王朝战争期间,以加里波第领导的"千人团"远征为代表进行的人民战争,推翻了西西里岛和意大利南部的封建王朝,使其合并到意大利王国版图内,这是自东哥特王国灭亡以来的 1 300 多年里第一次把意大利南部跟意大利的其他地方在政治上统一起来。

意大利的统一进程是在两条路线既相互配合又相互斗争的背景下完成的。从某种意义上说,意大利的统一进程是意大利的"建国三杰"或者说"四大国父"领衔主演的一场宏大的历史剧,正是通过马志尼、加里波第、加富尔、伊曼纽尔二世的设想、努力和行动,意大利才得以统一。

1849 年之后,意大利似乎又恢复了革命前的状态,奥地利依然占领着伦巴第和威尼托,中部各邦国的君主则更加依赖奥地利的军事支持,教皇回到罗马,丝毫不愿意进行改革。那不勒斯王国废除了宪法,加强镇压和独裁专制,以致引起威廉·格拉斯顿的极度厌恶,称之为"对上帝的否定"。[1]唯有撒丁王国还保留着一定的革命成果,三色旗还在飘扬,1847 年宪法还在发挥作用。从严格意义上说,撒丁王国宪法并不是一部"宪法",只是一些宪法原理的集成,其中包括一些有关自由的基本保证,例如人身和财产的保障、在法律面前的平等、议会对税收的监督、出版自由、公共集会的权利以及成立国民自卫军等。宪法对国家政权各组成部分的规定如下:

(1) 国王,为执行最高行政权力的、但通常是根据负责大臣的建议
   行事的立宪君主。

---

① 〔意〕路易吉·萨尔瓦托雷利:《意大利简史:从史前到当代》,沈珩、祝本雄译,商务印书馆 1998 年版,第 505 页。

（2）由两院构成的议会：（甲）参议院，由担任过高级职务或在任何方面建立过功勋的、年龄在 40 岁以上的男性公民组成，这些人由国王任命为终身参议院议员。21 岁以上的男性王室成员为当然的参议院议员；（乙）众议院，由年龄在 21 岁以上的识字的男性公民选出，每 5 年选举一次，或者在国王解散议会以后选举。财政议案只能由众议院提出。要通过任何议案使其成为法律，都须得到两院的同意和国王的批准。

（3）内阁会议，包括政府主要部门的大臣和一位首相，他们可以兼任也可以不兼任另外的大臣职务。所有的阁员都是两院之一的议员。①

撒丁王国的这部宪法虽然并不十分完善，但它还是为建立一个自由政府提供了十分良好的基础。在各派革新力量的推动下，议会制定了一系列限制教会和神职人员的法律，如在 1850 年 4 月通过的《西卡尔迪法》（该法来自司法大臣的名字）取消教会法庭和庇护权，这引起了教廷的抗议。随后，政府同都灵大主教弗朗佐尼发生冲突，大主教被捕并被放逐。在讨论该法时，议员卡米洛·本索·加富尔伯爵阐述了政府的新原则，这一原则表明立宪机构具有进步性，能吸引最进步的分子到其轨道上来。加富尔引起了国王和达泽利奥首相的注意，此后不久便被达泽利奥召到内阁，任农业大臣，由于成绩斐然，后又被任命为财政大臣（1850—1852 年）。达泽利奥引退后，加富尔被国王召请组阁。在此之前，加富尔就已经为自己组阁寻求支持了。1852 年初，加富尔和代表中左政治力量的乌尔巴诺·拉塔济在共同的密友卡斯台利家中举行会谈，在几个方面达成了共识，即维护君主制，争取民族独立，保卫宪法，争取经济和社会进步。尽管这几点共识显得过于笼统，含义也不够明确，但毕竟勾画出了一个政治行动纲领的轮廓。正是有了这个政治纲领，加富尔代表的中右势力和拉塔济代表的中左势力得以在一个具体和求实的基础上联合起来：这个基础便是政治改革、社会改革和宗教改革。②中右和中左势力的联合，无疑是一种进步。

这样，通过中右势力和中左势力的"联姻"便改变了议会中的力量结构，

---

① H. Hearder and D. P. Waley, eds., *A Short History of Italy: From Classical Times to the Present Day,* Cambridge: Cambridge University Press, 1963, pp.141—142.

② ［意］焦瓦尼·斯帕多利尼：《缔造意大利的精英：以人物为线索的意大利近代史》，戎殿新、罗红波译，世界知识出版社 1993 年版，第 120 页。

形成了一个稳固的多数派,可以为执政者提供坚定的政治支持。在加富尔的协调下,"联姻"持续了10年之久,正是在这10年里,加富尔放开手脚进行改革,推行自己的对内对外政策,而这些政策都带有全意大利色彩。

"联姻"政策还使君主制有了一个牢固的宪法基础,由于代表中产阶级的中左派加入"联姻",成为维护与促进宪政发展的主流力量,温和派与民众在行动上便形成了牢固的联系。这是一种君主制与革命者之间的联系,反映了君主制温和派与民众之间一致的革命进取精神和行动。君主制温和派是由加富尔领导的,而民众势力则是由马志尼出谋划策和进行发动,再由加里波第灵活地加以组织。这两派势力的合流,便是民族复兴运动取得成功的秘诀。

而且加富尔的"联姻"策略为以后的执政者所继承,在以后的意大利政治生活中,一直是中间派在发挥作用。在议会内,右翼和左翼总是互不相容,彼此对立,但两者的中间派却联合在了一起。"联姻"后的中间派,无论在联合政府的组阁过程中,还是在具体的执政过程中,都使自由主义势力实现了最广泛的团结。自由派右翼往往怕这怕那,而左翼则过于激进。无论是右翼还是左翼,都会给国家造成危害:前者造成反动倒退,后者造成颠覆破坏。无论哪一种危害,都只能有利于敌对势力。右翼中间派和左翼中间派的"联姻",则防止了这种情况的发生。在加富尔之后,为了联合一切支持力量,克里斯皮执政时期提出了"多数派变化论",再往后,就是焦利蒂时代的"焦利蒂主义"。

在拉塔济的支持下,1852年11月4日,加富尔组成联合内阁,加富尔兼任财政和外交大臣,开始放手实施其对内和对外政策。加富尔的改革主要有以下几个方面:一、奖励殖产兴业,修筑铁路,扩建热那亚港口,建立商船队,扶植工商业特别是重工业发展;二、实行"自由贸易"政策,先后同英、法、比利时、瑞士等国签订了通商条约,降低关税,增加对外贸易;三、积极扩充军备,增加军费,扩编军队,采用先进的武器装备,加强训练,同时修筑军用道路,整修边界要塞;四、进行司法改革,限制教会权力,不准教会干预国家事务,取消教徒不受国家司法管制的特权,关闭部分修道院,没收其财产;五、实行言论、出版和集会自由。加富尔进行的这些改革部分消除了国内的严重弊端,为资产阶级自由派创造了良好的政治环境,促进了经济发展,增强了国力,为进行统一战争打下了基础。[1]

---

[1]　赵克毅、辛益:《意大利统一史》,河南大学出版社1987年版,第229页。

在外交上,加富尔奉行接近英法、打击奥地利的政策。1848—1849 年意大利革命的失败使加富尔充分认识到,意大利不可能仅仅依靠自己的力量实现统一,必须借助其他大国的帮助,即英国和法国。为此,维持与这两个国家的友好关系是非常必要的。为了达到这个目的,加富尔担任达泽利奥内阁大臣之初,就毫不犹豫地同法国签订了一个对本国不利的商务条约,鼓励法国和撒丁之间的自由贸易。后来作为财政大臣,他又向英国贷款,以偿付对奥地利的赔款,从罗思柴尔德银行的掌握中把国家的财政挽救出来,并利用财政的余额建造从都灵到热那亚的铁路。

法兰西第二帝国建立后,加富尔从路易·拿破仑身上看到了统一意大利的希望。拿破仑三世从年轻时代起,就非常同情意大利的民族统一事业,他还曾加入烧炭党,并参加了 1830 年的罗马起义。此时,从维护法国的利益出发,拿破仑三世奉行反对奥地利和维也纳条约的外交政策,希望打破"神圣同盟"三国的联系。克里米亚战争为拿破仑三世,同时也为加富尔寻求法国和英国的友谊提供了机会。

1854 年 3 月,以俄国为一方,以英法与土耳其为另一方,爆发了战争,战场主要集中在黑海的克里米亚半岛。最初,英法希望寻求奥地利的支持,但是奥地利虽然对俄国采取敌对态度,并占顿多瑙河的一些斯拉夫公国,可并不愿意参战。为了促使奥地利参战,英法认为必须保证奥在意大利侧翼的安全,因此向撒丁王国施加压力,让它也参战。意大利绝大多数的爱国舆论不理解,为什么要到远方去为一场非意大利事业搏斗,为一条亲奥政策而战? 马志尼对撒丁王国的参战最为仇视,在他看来,意大利要与之作战的只有一个敌人——奥地利,作战的地方只有一处——伦巴第平原。把精锐部队派遣到克里米亚去死于霍乱,去同一个与意大利没有争执的敌人作战,这种想法等于自杀。但是,加富尔从中看到了撒丁王国所面临的危险和机遇。如果奥地利成为英法积极的盟国,而撒丁王国还是既中立而又孤立的话,那么就连稍微改善意大利局势的希望也丧失了。加富尔是最不愿意面对这样的外交局面的。同时,国王维克托·伊曼纽尔二世支持派兵,希望通过远征重振撒丁王国的军威,洗刷库斯托扎和诺瓦拉的耻辱。国王的决心是如此坚定,以至于法国大使向加富尔透露,如果在派兵问题上犹豫不决,国王就将解散议会和内阁。在这种情况下,加富尔决定做个顺水人情,派兵参战。1855 年 1 月,撒丁王国向克里米亚派遣了 1.5 万名士兵,8 月 16 日,这支部队在切尔纳亚战斗中获得胜利。捷报传来,举国欢腾,公众对出兵的不满一扫而空,同时一股自豪的浪潮也席卷意大利,远征军统帅拉·马莫拉成为民族英雄。9月,塞瓦斯托波尔要塞被攻占,俄国求和。1856年2月,加富尔代表撒丁王国以战胜国身份参加巴黎和会,这时他已经确立了一个神话:只有他才是负责介入克里米亚战争的人。

在巴黎和会上,加富尔以意大利的代言人自居,他竭力想把意大利问题加入会议的议程中,如果可能的话,还要达到谴责奥地利侵略意大利的目的。此外,加富尔还希望扩张撒丁王国的领土,兼并帕尔马公国。但是加富尔的每一个企图都被奥地利阻止了。"奥地利对什么也不会让步",拿破仑三世对加富尔说,"它宁愿打仗,也不愿让你得到帕尔马。"①

在和会期间,加富尔跟拿破仑三世和英国代表克拉伦登勋爵保持密切的联系和畅通的信息交流,据说拿破仑三世主动安排了一个秘密的联络渠道,使加富尔的一切情报都安全地到达他手里。加富尔通过备忘录的形式,提醒他们关注意大利其他邦国在复辟后所实行的残暴统治以及奥地利对意大利的占领和掠夺。这些情况,特别是有关那不勒斯王国对自由主义者的大肆逮捕和迫害的情况,引发了意想不到的效果,英法两国联合向那不勒斯国王就其治理方式提出严重警告,后又断绝外交关系(1856年10月)。在和会的最后,意大利问题作为补充议题被提出来,克拉伦登勋爵首先发言,强烈指责教皇政府和那不勒斯政府,使与会者受到震动。加富尔本人则机智而温和地对克拉伦登演说的论点加以充分说明。但各国代表都以未奉有指示为由拒绝讨论这一问题,而且奥地利代表还强烈抗议,所以大会未能就意大利问题作出任何决议。会后,加富尔同克拉伦登和拿破仑三世举行秘密会谈,表明了自己的立场:除了对奥地利作战以外,意大利问题不可能有别的解决办法。

巴黎和会达到了加富尔的目的,他通过英国人把意大利问题向欧洲提出,其力度是不容忽视的,尽管没有产生立刻的实际效果,但却大大提高了撒丁王国和加富尔的威望,争取了民心,越来越多的自由派人士聚集到撒丁王国,其中还包括许多对马志尼派失去信心的共和派人士。

1853年4月,马志尼组建了"行动党"(Party of Action),吸收工人阶级参加。同时在策略上也做了调整,马志尼认为城镇地区的暴力机关力量太过强大,决定向农村发展,鼓动农民起义。但从1853年到1856年7月,行动党4次试图发动卢尼吉雅纳的农民起义都没有成功。1856年11月间,

---

① H. Hearder and D.P. Waley, eds., *A Short History of Italy: From Classical Times to the Present Day*, Cambridge: Cambridge University Press, 1963, p.146.

西西里发生数起小型起义事件,马志尼和行动党大受鼓舞,决定在西西里发动起义。1857 年 6 月 28 日,皮萨卡内率领 350 人在萨普里登陆,但各项时机都不成熟。当地的配合组织尚未准备就绪,有关当局已经截获线报,当地革命组织的领袖们也决定袖手旁观,静待其变,选择的时间也不对,当地大多数农民此时都到北部的阿普利亚帮助收割庄稼去了。而马志尼在热那亚等地安排的策应起义也没有成功。皮萨卡内等人以为会有大批兴高采烈的农民前来迎接,最后只在海岸上见到一个老头。7 月 1 日,起义者与地方部队遭遇,伤亡 150 人,其余的人也在第二天被官兵包围,出卖他们行踪的正是当地的农民,皮萨卡内最后战死。起义的失败说明一般民众的觉悟还远未达到准备与革命者合作的程度,他们根本无法领会革命者的目标和理论。

皮萨卡内的失败加剧了行动党的分化,意大利的爱国者对马志尼怨声一片,行动党的威望也降到最低点,许多共和派人士彻底放弃了自下而上的路线,开始与加富尔合作。这其中包括领导 1848 年威尼斯共和国的丹尼尔·马宁和加里波第。在加富尔的支持下,1857 年 8 月 1 日在都灵成立了"民族协会",马宁任主席,加里波第担任副主席,西西里的流亡者朱赛佩·拉法里纳担任秘书,协会制定了在萨伏依王室领导下实现统一的政治纲领,协会的口号是"意大利和维克托·伊曼纽尔"。[①]

民族协会的成立和工作标志着加富尔对国内各派政治力量整合的完成,但是要想战胜奥地利,没有法国的帮忙是不可能的。机会还是来了。

1858 年 1 月 14 日,共和派分子费利切·奥尔西尼(曾参加过烧炭党)在拿破仑三世前往歌剧院途中进行刺杀,未遂,然而奥尔西尼并不逃跑,被捕后在法庭上慷慨陈词,呼吁拿破仑三世帮助意大利实现独立和统一,然后安然赴死,这给法国人很大的震撼。

1858 年 7 月 20—21 日,拿破仑三世邀请加富尔参加在普隆比埃尔召开的秘密会议,双方在会上都亮出了手中全部的牌。拿破仑三世同意出兵帮助把奥地利驱逐出意大利,支持建立一个在维克托·伊曼纽尔统治下的北方意大利王国(至伊松佐河,包括中部各公国和罗马涅),作为报答,撒丁王国把萨伏依和尼斯割让给法国。同时,拿破仑三世还为其堂弟热罗姆·波拿巴亲王向维克托·伊曼纽尔的长女克洛蒂尔德公主求婚。拿破仑三世

---

① ［意］米诺·米拉尼:《传奇将军:加里波第》,曹振賽译,世界知识出版社 1986 年版,第 186 页。

声明,为了让法国能够名正言顺地出兵,撒丁王国应刺激奥地利首先宣战,使其背负侵略者的恶名,至于采取哪种办法,由加富尔自己决定。拿破仑三世还设想驱逐奥地利之后,在意大利应建立由教皇主持的三王国(教皇国、扩大后的撒丁王国、那不勒斯王国)邦联,拉齐奥地区将留在教皇手中。总之,拿破仑三世打算建立北部意大利王国以削弱奥地利,进而建立一个邦联来确立法国在意大利的权势,同时还能为法国谋取领土好处。

这时,英国和俄国的态度也对意大利有利。英国即使不支持,至少也不反对意大利统一。英国人对意大利文化极其仰慕,撒丁王国打击神权的立法,迎合了英国人反教皇的心态。而且意大利经济的发展对英国投资者而言也是一个机遇。此外,加里波第的英雄事迹在英国广泛流传,被视为一位传奇英雄。维多利亚女王曾在日记中写道:"(撒丁王国)作为一个自由宪政国家,致力于祛除无知、专制、革命等种种障碍……有权期望我们予以支持。"①辉格党的帕麦斯顿在 1859 年的英国议会大选中当选首相,此人对奥地利极为仇视,致力于削弱奥地利在欧洲大陆的影响,支持意大利的反奥统一事业。在俄国方面,1849 年时沙皇俄国出兵帮助奥地利镇压了匈牙利革命,所以在克里米亚战争中,俄国希望奥地利能投桃报李,予以支持。没想到奥地利趁火打劫,虽未直接宣战,却趁机在巴尔干半岛扩张,让俄国人恼怒不已。在 1856 年的巴黎和会上,俄国就已经对加富尔表示过支持,而且意大利问题和俄国没有任何利益冲突,假他人之手报复一下忘恩负义的奥地利也未必不是好事。

这样,国内外局势都十分有利,万事俱备,只欠东风。普隆比埃尔会议之后,法撒两国要做的就是激怒奥地利了。在加富尔的支持下,意大利各地的动乱开始蔓延,拿破仑三世在 1859 年元旦招待会上公开对奥地利大使说:"我很遗憾我与贵国政府的关系不如过去融洽。"②这句话使动乱更为高涨。维克托·伊曼纽尔二世在议会开幕式上(1 月 10 日)的话使动乱更为炽热,他说:"在一方面,我们尊重我们曾签订过的条约,但另一方面我们也不是对意大利各地传来的痛苦呼号麻木不仁。我们团结一致就会有力量。"③

1859 年 1 月,热罗姆·波拿巴亲王携带联盟条约到达都灵,同维克

---

① [英]约翰·高奇:《意大利的统一》,郑明萱译,台北麦田出版股份有限公司 2000 年版,第 100 页。

② [法]亚·大仲马编:《加里波第回忆录》,黄鸿钊等译,商务印书馆 1983 年版,第 361 页。

③ 同上书,第 363 页。

托·伊曼纽尔二世的长女克洛蒂尔德公主结婚,法撒两国正式结成联盟。为了使战争具有全意大利色彩,同时也为了给不愿加入撒丁王国正规军的共和派分子提供参加战斗的机会,加富尔委托加里波第招募志愿军,建立了"阿尔卑斯山猎兵团"。

法撒结盟和撒丁王国的扩军备战引起了奥地利的警觉,大批奥军进驻伦巴第,加富尔以此为借口,开始征召后备役部队。大战当前,英国害怕奥地利的失败会使法俄壮大并引发巴尔干半岛的战争,因而提出调停建议。但拿破仑三世和俄国拒绝调停,要求召开国际会议讨论意大利形势。然而奥地利企图排斥撒丁王国参加,并要求撒丁王国立即裁军。英国希望不惜一切代价避免战争,强迫拿破仑三世同意发出联合通牒,要求撒丁王国立即解除针对奥地利的武装,1859 年 4 月 21 日,加富尔被迫接受。但此时的奥地利已经失去了耐心,4 月 23 日,奥地利发出最后通牒,给撒丁王国 3 天时间考虑,或者解除武装,或者打仗。4 月 26 日,最后通牒遭到拒绝,战争爆发,法撒联盟生效。

战争爆发后,奥军立刻入侵皮埃蒙特,并进攻到距都灵 20 英里的地方。由于阴雨连绵,道路泥泞,后勤不能保障,奥军被迫后撤,从而为法国调动军队提供了时间。撒丁王国投入战争的正规军共有 9.3 万名,而法国军队多达 20 万。在战争开始后的 18 天里,由撒丁国王伊曼纽尔担任最高统帅。1859 年 5 月 14 日,拿破仑三世接任统帅,在马詹塔战役中打败奥军,解放米兰。联军的节节胜利使托斯坎纳和艾米利亚政府相继倒台。在托斯坎纳,大公(此前拒绝了加富尔提出的结盟)对于敌对性的示威游行未做任何抗拒,于 4 月 27 日放弃佛罗伦萨和大公国,外出流亡。临时政府成立,维克托·伊曼纽尔二世同意给托斯坎纳以保护,任命内阁,其中主要人物是贝蒂诺·里卡索利。他不遗余力地坚决反对复辟阴谋或建立在热罗姆·波拿巴亲王统治下的自主王国的阴谋。马詹塔战役后,莫德纳大公弗朗切斯科五世逃至曼图瓦。一个临时政府宣布莫德纳并入撒丁王国,维克托·伊曼纽尔接受这一合并,委任路易吉·卡洛·法里尼为其总督。也由于马詹塔的胜利,帕尔马女公爵决定出走,公国宣布并入撒丁王国。

沙弗里诺和圣马提诺战役之后,奥地利军队退守"四城防御区"之内的坚固阵地,准备决战。拿破仑三世发现意大利的形势变化远远超出自己的预想和控制,如果彻底打败奥地利,撒丁王国就有可能借机吞并意大利北部和中部的所有地区,这违背了自己的设想。正如恩格斯分析的,法国所遵循的唯一原则是"永远不会容许一个统一的、独立的意大利存在。

135

一直到路易·拿破仑,这一原则始终没有动摇"。①此外,加上部队损伤较大,后勤补给困难,更重要的是拿破仑三世自己对能否攻占"四城防御区"没有把握,这时又传来普鲁士军队在莱茵河畔集结的消息,使他最终决定谋求和平。

在没有通知维克托·伊曼纽尔二世的情况下,拿破仑三世便派人向奥皇弗朗西斯·约瑟夫提议停战。1859 年 7 月 11 日,两个皇帝签订维拉弗朗卡预备性条款。根据条款,奥地利把伦巴第割让给拿破仑三世,并转交给撒丁国王;威尼斯连同曼图瓦和佩斯基埃拉仍属奥地利,并由奥地利与那不勒斯、罗马、托斯坎纳、帕尔马及莫德纳分别缔结条约,建立一个在奥地利领导下的意大利各君主国的邦联,以教皇为名誉首脑;托斯坎纳和莫德纳君主将复位,但不得使用武力复辟。

法国单方面停战和签订《维拉弗朗卡协定》,在意大利引起了轩然大波,意大利人发现他们被拿破仑三世耍弄了。马志尼把《维拉弗朗卡协定》称为第二个《坎波福米奥和约》,第二个拿破仑皇帝也背叛了意大利人的信任。加富尔愤而辞职,同时也是为了使撒丁王国和法国的协定失效。他又暗地里命令佛罗伦萨、波伦亚和帕尔马各地的临时政府掌握权力,反对复辟。

在离开都灵回国之前,拿破仑三世曾经对维克托·伊曼纽尔二世说:"你得付给我战争费用,关于尼斯和萨伏依,我们就不再提了。"②拿破仑三世此刻处在很尴尬的境地,他没有把奥地利人赶走,无法帮助建立一个北部意大利王国,中途停战又激怒了意大利人,设想成立的意大利邦联也泡汤了。他真正想得到的是尼斯和萨伏依,但继加富尔之后成立的拉·马莫拉政府面对国内强大的压力,却不愿意也不敢答应。

加富尔辞职,使有关中部意大利的协定全部失效。各临时政府的首脑们(法里尼担任莫德纳首脑,莱奥内托·奇普里亚尼担任罗马涅首脑,里卡索利担任托斯坎纳首脑)召集立宪会议,投票通过并入撒丁王国(8 月、9 月)。托斯坎纳、罗马涅、莫德纳和帕尔马建立军事联盟,以撒丁王国的将军曼弗雷多·范蒂为司令,加里波第在其手下任将领。

法国和奥地利于 1859 年 11 月 10 日签订《苏黎世和约》,确认《维拉弗朗卡协定》,关于被废黜的君主之权力将由大会作最后决定。撒丁王国既未

---

① 《波河与莱茵河》,《马克思恩格斯全集》(第 13 卷),人民出版社 1995 年版,第 297 页。

② H. Hearder and D. P. Waley, eds., *A Short History of Italy: From Classical Times to the Present Day*, Cambridge: Cambridge University Press, 1963, p.151.

在保留条款上签字,也没有在关于召开大会条款上签字。撒丁王国政府虽然不接受上述四邦国议会作出的有关委任欧金尼奥·迪卡里尼亚诺亲王为摄政的任命,但仍以他的名义派遣卡洛·邦孔帕尼担任代理长官之职。

在这样纷繁复杂的国内外环境下,只有加富尔有足够的胆量和智慧来解决僵局。1860 年 1 月,加富尔再次组阁,着手解决兼并北部各邦国问题以及处理与法国的关系。对法国的政治形势有着深刻体察的加富尔,知道通过政变上台的拿破仑三世地位并不十分稳固,这个凭借法国人对拿破仑和帝国伟大荣耀的追忆所建立的王朝,依靠操纵议会选举挟持民意得以延续,所以拿破仑三世不能拒绝接受根据公民投票作出的决定。因此他命令法里尼和里卡索利就合并问题马上举行公民投票。

1860 年 3 月,托斯坎纳和艾米利亚两地进行全民公决,就"并入伊曼纽尔二世的君主立宪王国"与"单独成立王国"(选票上并没有说明将采取哪种体制)两项进行选择。艾米利亚地区的投票率为 81%,526 218 名具有投票权的公民中有 427 512 人参加投票,426 006 人选择并入撒丁王国。在托斯坎纳则有 386 445 人参加投票,占总选民人数 534 000 人的 72%,其中 366 571 人投票赞成合并。①

为了安抚法国,加富尔政府在 1860 年 4 月 1 日宣布遵守诺言,将萨伏依和尼斯两地割让给法国,同时在这两地也就是否并入法国问题举行公民投票。根据 1860 年 4 月 15 日及 22 日在两地分别进行投票的结果,97% 的萨伏依选民和 85% 的尼斯选民赞成并入法国。②割让尼斯和萨伏依在意大利激起了人们的反感,其中最著名的是加里波第,作为出生在尼斯的意大利人,同时又在为意大利的统一浴血奋战,加里波第难以接受这样的割让,他在一封公开信中曾宣告:"为我自己,为我的同胞,我保留在民族权利不再是空话的那天,收复我们在那里出生的故土的权利。"③

正是依靠加富尔老练的政治手腕和对国际形势的把握及掌控,改变了意大利的统一事业在《维拉弗朗卡协定》之后所面临的夭折局面。到 1860 年 4 月,除了威尼西亚仍在奥地利的占领之下,撒丁王国的领土已经扩张到北部和中部意大利各邦,南部与教皇国接壤,从某种程度上说,加富尔已经实现了绝大部分既定目标,撒丁王国已经成为一个"从阿尔卑斯山到亚德里

---

① ② [英]约翰·高奇:《意大利的统一》,郑明萱译,台北麦田出版股份有限公司 2000 年版,第 104—105 页。

③ [意]米诺·米拉尼:《传奇将军:加里波第》,曹振寰译,世界知识出版社 1986 年版,第 415 页。

亚海"的国家。这时，在加富尔和自由派看来，统一进程已告一段落，尚未统一的三个部分：威尼西亚、教皇国、那不勒斯王国，都是目前难以触动的。没有外国列强的帮助，撒丁王国不可能单独打败奥地利，收复威尼西亚；而教皇国作为世界天主教的中心，对它的侵犯会招来其他天主教大国的干涉，法国、西班牙、奥地利都可能出兵，1849年对罗马共和国的围攻可能重现；那不勒斯王国是一个为国际所认可的主权国家，并同撒丁王国建立外交关系，两国并不接壤，撒丁王国没有任何理由可以"侵略"并兼并对方的领土。撒丁王国领导的统一进程已经完成，要实现意大利的最终统一，只有待机而动。

马志尼和加里波第领导的行动派正是在这种背景下重新举起了统一的大旗。加里波第在得悉《维拉弗朗卡协定》之后便辞去了在撒丁王国军队内担任的正式职务，离开"阿尔卑斯山猎兵团"去都灵谒见国王，然后返回自己居住的卡普列拉岛。在这之前他发表了一份告同胞书，表达了自己渴望再次为统一战斗的心愿，"有朝一日，如果渴望解放我们祖国领土的维克托·伊曼纽尔再次号召他的士兵拿起武器，我将会拿起武器和我那些勇敢的战友们站在一起"。①

很快，再次战斗的机会就来了。长期遭受外族入侵和统治的遭遇培养了西西里人的反抗精神，密谋、暗杀、造反是西西里人的家常便饭，正如马克思所指出的："在人类历史上，没有任何其他国家和任何其他人民像西西里和西西里人那样，受到过如此痛苦的奴役、征服和外来压迫，进行过如此不倦的争取自身解放的斗争。"②1848年以后，那不勒斯的波旁王朝加强对西西里的控制，剥夺了西西里所享有的部分自治权利，在经济上奉行自由放任的政策，虽然有利于资本积累，但加剧了土地兼并，下层民众的生活日益艰难，小规模的农民暴动时有发生，只能依靠大规模驻扎军队才能维持统治。1859年，西西里人发动了一系列起义，其中发挥领导作用的是马志尼派的尼科拉·法布里奇和弗朗切斯科·克里斯皮。由于波旁王朝军队的镇压，起义者损失很大，迫切需要得到外部力量的援助。克里斯皮在前往西西里发动起义之前曾向加里波第求助，当时加里波第拒绝参加起义的组织工作，但答应在起义开始后予以援助。到1860年4月，起义已经波及全岛，同时那不勒斯王朝的镇压也更加残酷。正是在这

① ［意］米诺·米拉尼：《传奇将军：加里波第》，曹振寰译，世界知识出版社1986年版，第413页。

② 《西西里和西西里人》，《马克思恩格斯全集》（第15卷），人民出版社1965年版，第49页。

种情况下,"千人团"(Mille,又称红衫军,以其所穿红色上衣得名)远征开始了。

最初,加富尔和自由派是反对"千人团"远征的,部分是担心可能引起列强的干涉,从而损害国家的统一进程,同时也包含着对统一运动领导权的争夺。加富尔认为统一只能在撒丁王国的领导下实现,只有如此,才能够保证立宪君主政体和自由主义传统,对于主张在意大利建立共和国的马志尼和加里波第以及行动派人士,虽然可以利用其爱国热情,但对其活动范围和影响力却必须严加防范和限制,这就是在 1860 年 4 月以前行动派未能发挥重要作用的原因。现在加里波第对西西里的远征无疑标志着行动派对统一运动领导权的挑战。事实上,由于加富尔主持割让尼斯和萨伏依(尼斯是加里波第的故乡),已经失去了行动派的信任,马志尼和他的更积极的信徒们坚信加富尔是出卖意大利解放事业的叛徒,加里波第也对加富尔恨之入骨。"千人团"远征意味着加富尔已经失去主动权,只能够注视着加里波第创造惊人的功绩,但是作为一名深谋远虑的政治家,加富尔至少没有刻意阻挠这次远征,而只是任其自然发展,静待时机,以图渔翁之利。他曾在 1860 年 5 月 4 日(此时"千人团"已经从热那亚启航)表示:"如果西西里起事失败,我们一句话也不用说;要是成功,就立刻以人道与秩序的名义插手。"① 也可以说这是加富尔的一石二鸟之计,如果不能借那不勒斯王朝这把刀为自己除去加里波第这位既主张民主共和又跟自己交恶甚深的对手,那就坐收渔利,接收他浴血奋战打出来的成果。

加里波第率领的"千人团"——确切数字为 1 088 名男性军人和 1 名娘子军——于 1860 年 5 月 10 日在西西里岛的马萨拉登陆。军队中半数以上的人出身中产阶级,另一半则由手工工匠和工人组成,只有 45 名西西里人。加里波第将靠这 1 000 多人对抗西西里岛上 2.5 万人的波旁王朝军队。13 日,攻占萨莱米城,加里波第宣布以伊曼纽尔二世之名接管西西里的统治大权,并呼吁民众在"意大利和维克托·伊曼纽尔"的口号下联合起来战斗。15 日,"千人团"在卡拉塔菲米击溃波旁军队,随即进军西西里首府巴勒莫,6 月 6 日,巴勒莫守军投降。

在克里斯皮的帮助下,加里波第在西西里岛建立起政府,自己担任独裁官,但由他人代为管理日常事务,并将全岛分为 24 个区域,每区设 1 名总督

---

① [英]约翰·高奇:《意大利的统一》,郑明萱译,台北麦田出版股份有限公司 2000 年版,第107 页。

管辖。新政府废除许多捐税,特别是招人痛恨的谷物税,同时下令把公有土地分给参加解放战争的军人或其家属。

加里波第主要负责军事事务。1860 年 7 月 20 日,"千人团"在米拉佐打败波旁王室的军队,占领墨西拿,准备进攻半岛。拿破仑三世希望联合英国封锁海峡,但被拒绝。8 月 18 日,加里波第率领"千人团"渡过海峡,开始了胜利之旅。人民夹道欢迎,欢欣鼓舞,波旁王室的军队士气低落,军官同情革命事业,不做抵抗便四散溃逃或缴械投降。9 月 6 日,国王弗朗西斯二世和王室撤退到加埃塔,次日加里波第胜利进入那不勒斯城。在此之前,加富尔曾经试图派人在城内发动起义,但没有成功。

为了阻止加里波第向罗马进军,加富尔以制止叛乱为由,说服拿破仑三世同意撒丁王国军队占领教皇国中的翁布里亚和马彻斯两地,同时保证不侵占罗马。1860 年 9 月 11 日撒丁王国军队进入教皇国,18 天内就打败教皇军队占领了两地,军队在那不勒斯王国北部边界驻扎下来,准备阻击加里波第北上的部队。

10 月 1 日,加里波第在伏特里诺河击溃了那不勒斯波旁王朝的最后一支军队。10 月 2 日,撒丁王国国会通过决议,将通过全民公决的方式决定西西里岛和意大利南部是否合并于撒丁王国。10 月 21 日,投票如期举行。半岛部分有 1 312 366 人(投票率为 79.5%)参加投票,有 1 302 064 人赞成合并组成一个"不可分割"的意大利王国。西西里岛上有 432 720 人(投票率为 75.2%)参加投票,其中有 432 053 人赞成合并。[①]在这种情况下,加里波第顺应民意,于 1860 年 10 月 26 日在特亚诺会晤国王并交出政权,11 月 7 日陪同国王进入那不勒斯城。谢绝国王的一切赏赐后,加里波第回到卡普雷拉岛。

1861 年 2 月 18 日,第一届真正的意大利议会在都灵召开,开幕式由国王维克托·伊曼纽尔主持。3 月 14 日,议会两院通过关于意大利建国的法律,3 月 17 日为国王批准颁布,法令的全文为"撒丁、塞浦路斯、耶路撒冷国王维克托·伊曼纽尔二世本人及其后继者从此之后冠以意大利国王称号"。法案在参议院讨论时,其法案委员会提出应该在"意大利国王"头衔前加上一个明确的定语:"神意所授、国民所选的"。这样一个定语,显然意在强调君权神授,反映了保守派的主张。通过多次激烈辩论,最后达成妥协,意大

---

① [英]约翰·高奇:《意大利的统一》,郑明萱译,台北麦田出版股份有限公司 2000 年版,第 112 页。

利国王的尊位反映着"上帝恩宠和国民意愿",这实际上是以巧妙的手法把意大利的君主立宪政体传统和人民主权原则融为一体了。①

1861 年成立的意大利王国并不是完整的,威尼西亚还在奥地利的统治之下,教皇国仍然占据着以罗马城为中心的南北狭长的一段区域。正如1859 年借助法国的帮助统一北部意大利一样,收复威尼西亚和罗马也是依靠外国的帮助和国际形势变化带来的机遇。

1866 年 2 月,俾斯麦邀请意大利结成军事同盟。4 月 18 日两国签订了同盟条约,规定只要普鲁士与奥地利开战,意大利也应向奥地利宣战,意大利可以获取威尼西亚和曼图亚。但双方缺乏信任,所以规定条约的有效期为 3 个月。

为了破坏普意联盟,奥地利提出,如果意大利退出同盟条约,奥方可以将威尼西亚让与法国,再由法国转交给意大利。但意大利方面知道拿破仑三世不会轻易交出威尼西亚,除非意大利保证教皇对罗马的统治。国王也不愿意接受这种不体面的方式,进而督促政府宣战。1866 年 6 月 20 日,对奥战争爆发。6 月 24 日,意军在库斯托扎战败,7 月 20 日,又在里萨海战中败北。其间,普鲁士军队节节胜利,在 7 月 3 日打败奥军,并推进到维也纳城下,奥地利战败求和。7 月 21 日,普奥停火,奥地利得以调集 30 万军队到意大利战场,面对强敌,意大利没有能力继续作战,只得接受拿破仑三世的调停,放弃收复特伦蒂诺的想法。

1866 年 10 月 3 日,意大利和奥地利签订《维也纳和约》,奥地利通过拿破仑三世为中间人让出威尼西亚,并承认意大利王国。10 月 21 日,就合并问题在威尼西亚举行公民投票,赞成者有 647 489 人,反对者只有 60 人。②意大利收复威尼斯。

1870 年 7 月,普法战争爆发,9 月,法军在色当战败,拿破仑三世成为俾斯麦的战俘。此后巴黎爆发起义,第二帝国灭亡,法兰西第三共和国成立,并从罗马撤走驻军。意大利决定趁机占领罗马。9 月 20 日清晨 5 点15 分,意军开始攻城,用大炮把城墙轰开一个缺口后占领罗马。到 10 点10 分左右,战事基本结束。共有 49 名意大利士兵和 19 名教皇卫队兵丧生。

---

① ［意］焦瓦尼·斯帕多利尼:《缔造意大利的精英:以人物为线索的意大利近代史》,戎殿新、罗红波译,世界知识出版社 1993 年版,第 143—144 页。

② ［英］约翰·高奇:《意大利的统一》,郑明萱译,台北麦田出版股份有限公司 2000 年版,第122 页。

与整个复兴大业的前三场战争比起来,攻占罗马显得太单调和顺利了,缺乏激动人心的浪漫场面。为了补救高潮不足的缺点,便有人提议在罗马举行隆重的国王入城仪式和凯旋仪式,但这个提议被国王拒绝。国王维克托·伊曼纽尔二世在 1870 年 12 月才进入罗马城,借口是视察台伯河泛滥造成的灾情,马车在奎利纳尔宫门口停了下来,国王踏出车门,回头对坐在旁边的拉马莫尔将军说:"我们终于到了。"这句话是用皮埃蒙特方言说的,而不是意大利语。①攻占罗马,标志着意大利统一的最后完成,但如何建设新生的国家,实现真正的民族和国家复兴,以及如何处理与教皇的关系,都成为考验意大利人智慧的难题。

三、统一国家的建设

1. 统一后意大利的初步整合

从 1859 年到 1870 年,为了实现国家的统一,意大利人进行了两次王朝战争并充分利用了第三次王朝战争带来的机遇,中间还要加上人民自下而上的统一运动——加里波第和"千人团"的斗争,最后基本完成了国家的统一,结束了自西罗马帝国灭亡以来长达 1 400 多年的分裂和混乱局面,统一的意大利民族国家形成了。民族统一运动连同领导这一运动的精英们也相继谢幕。国家已经统一,如何把习惯了分裂和自治的各个地方联系起来,整合成一个真正的国家,确是任重道远。

法律的统一是国家统一的必然结果,同时也是维护国家统一、塑造国民意识的重要工具。1861 年以后,废除各地混乱且差异巨大的法律,代之以统一的意大利法律成为当务之急。

虽然意大利是罗马法的发源地,但是长期的分裂造成了意大利各地在法律上的差异和混乱,而且由于国家的大部分地区长期受外国的统治,意大利处于法律输入国的地位,西班牙的法律规则、奥地利哈布斯堡王室的改革措施以及法国的法典都对意大利产生了深远影响。

法国大革命之后,受其影响,意大利的法律体制发生变化,一方面是意

① [英]约翰·高奇:《意大利的统一》,郑明萱译,台北麦田出版股份有限公司 2000 年版,第127 页。

大利人折服于体现在法典中的革命思想,自愿接受《法国民法典》;另一方面,拿破仑对意大利的侵略和占领也使得这种接受更加顺利。正如茨威格特和克茨所说,在意大利,《法国民法典》也同样是随着拿破仑军队接踵而至的,除了受英国海军的保护而未被直接占领的西西里岛和撒丁岛之外,《法国民法典》在意大利半岛普遍得到实施。[①]所以,伴随着拿破仑统治的巩固和《法国民法典》的推行,意大利原本多元的法律制度和法律传统开始实现统一。位于意大利半岛东北部和中部地区的意大利王国于1805年接受了《法国民法典》的意大利文译本;西北部的皮埃蒙特和利古里亚(热那亚)并入法国领土,直接实行《法国民法典》;南部的那不勒斯王国于1808年接受了《法国民法典》的意大利文译本。唯一的例外是在伦巴第—威尼斯地区,实行的民法典是1811年《奥地利民法典》的翻译本。《法国商法典》的影响更为广泛和明显,那不勒斯、教皇国地区和皮埃蒙特等地都直接采用这个法典或制定实质上与它相同的法典。[②]

《法国民法典》为意大利半岛所广泛接受,这一方面是由于法律的统一适应了意大利资本主义经济和社会在更广阔的统一市场和更理性的制度框架内发展的要求;另一方面,由于罗马法是法意两国共同的法律传统,且意大利是罗马法的发源地,以罗马法为基础编纂的《法国民法典》就更易为意大利所接受。[③]

1814年拿破仑帝国崩溃以后,意大利各邦国的复辟君主们发现《法国民法典》限制了各种封建特权,有利于君主和中央权威的加强,便默认和保留了这种法律上的变革,即使废除了《法国民法典》,其重新编撰的新法典也是以《法国民法典》为蓝本制定的,从而具有浓厚的拿破仑色彩,如在体例上模仿《法国民法典》的三编制,各编的内容也与之相似,并根据各邦国的具体情况增加了一些内容。有些法典还作了有益的改进,如1820年帕尔马公国颁布的民法典采用了更精确的法律术语和更多的专业词汇,1837年撒丁王国颁布的民法典对那些在实践中证明有缺陷的条款进行了改革等。[④]

1861年意大利基本统一之后,建立新王国的法律体系成为最急迫的问

①　[德]茨威格特、[德]克茨:《比较法总论》,潘汉典等译,法律出版社2003年版,第160页。

②　参见Jeffrey S. Lena, Ugo Mattei, *Introduction to Italian Law*, Kluwer Law International, 2002, p.8;也可参见何勤华、李秀清主编:《意大利法律发达史》,法律出版社2006年版,第25页。

③　G. Leroy Certoma, *The Italian Legal System*, London: Butterworths, 1985, p.9.

④　[意]阿尔多·贝特鲁奇:《意大利统一前诸小国的民法典制定与1865年意大利民法典》,徐国栋译,载徐国栋:《罗马法与现代民法》(第1卷),中国法制出版社2000年版。

题，而各邦法律体系中所包含的法国色彩为制定全国性的法典提供了便利条件。以意大利民法典的制定为例，1861年意大利基本统一后短短4年便完成了民法典的编纂工作，1865年7月1日颁布，1866年1月1日生效，其主要原因就是统一前各邦国私法基础的一致性，正如茨威格特和克茨所言："统一的意大利私法的基础毕竟由于意大利（半岛）各国的大多数民法典明确一致的依据《法国民法典》而形成。"①也正如意大利学者所言，民法典能够快速完成制定要归因于这样的事实：私法的统一并不导致政治—立法类型的特别问题，因为四部统一前的民法典在渊源上是统一的《法国民法典》，其内容实质上是统一的，因此已经产生了一种"普通法"。②

正因为有这种背景，所以意大利的法律统一进程进行得相对顺利和迅速。1861年意大利王国成立之后，首先选择1848年制定的体现集权特征的阿尔伯特宪法作为新王国的宪法。在此基础之上，开始统一其他法典体系，到1865年，新王国的民法典、商法典、民事诉讼法典、刑事诉讼法典都得到统一和实施，这些新法典主要参照撒丁王国的法典制定，并吸取了其他邦国法典的优点，尽量照顾到各地的习惯差异。刑法典的制定受到一定的阻碍，这主要由于托斯坎纳地区在1853年颁布的刑法典废止了死刑，所以1859年制定的保留死刑的《撒丁王国刑法典》在除托斯坎纳以外的王国地区发生效力，直到1889年出台统一的刑法典为止。这样便建立了意大利的六法体系。无论是从法律形式和体系看，还是从法院体系来看，以撒丁王国为蓝本构建的意大利王国法律体制都遵循并符合了大陆法系的特征，比较近似法国模式，其中也参考了德国模式的优点。

意大利在政治上的统一必然导致法律上的统一，或者说，统一后的意大利人民需要统一的法律。③法律的统一是政治统一成果对社会经济发展产生推动力的必备条件，也是培育统一的民族国家意识的重要条件。单纯从推动经济发展的角度来看，政治的统一有利于创造统一的全国市场，这就需要统一的国家法律来规制共同的市场行为，形成共同的市场规则，反之则会出现政治上统一而法制上分裂的状况，意大利国家统一的意义也就无法得到实现。

---

① ［德］茨威格特、［德］克茨：《比较法总论》，潘汉典等译，法律出版社2003年版，第160页。

② ［意］阿尔多·贝特鲁奇：《意大利统一前诸小国的民法典制定与1865年意大利民法典》，徐国栋译，载徐国栋《罗马法与现代民法》（第1卷），中国法制出版社2000年版。

③ Carlo Calisse, *A History of Italian Law*, trans. by Layton, London: B. Register, 1928, p.792.

在法律统一的过程中,意大利的各项体制也建立起来。意大利是在撒丁王国的领导下完成统一的,撒丁王国的行政、法律和军事体制成为建立新王国的基础,从某种意义上说,新的意大利王国便是在疆域上扩大了的撒丁王国。如在国王伊曼纽尔的倡议下,首次形成了以皮埃蒙特军队为核心的意大利军队,伊曼纽尔早在 1861 年就向拿破仑三世表示过要把皮埃蒙特"意大利化",把军队"皮埃蒙特化"。而意大利统一进程的特殊性,特别是在统一南方的过程中,战争主要在加里波第的"千人团"和那不勒斯王国军队之间展开,皮埃蒙特军队没有和它发生正面冲突,这也为统一后两支军队的融合奠定了良好的基础。经过整编和体制改革,到 19 世纪 80 年代,意大利的陆军和海军力量都有较大的增长,成为欧洲一支主要的军事力量。①

在国家行政体制的选择上,由于新王国继承了 1848 年制定的体现中央集权特征的阿尔伯特宪法,相应地,撒丁王国的中央集权体制也扩展到整个王国。但是,应该采取尊重各地自治权利的联邦体制,还是采取加强中央权威的中央集权体制,在意大利的政治精英中存在着很大的争议。无论联邦派还是中央集权派,都是立足于意大利的历史与现实提出自己的主张:历史上意大利长期处于分裂状态,1870 年才统一,虽然不再存在小国并立的局面,但是每一个地方都仍保存着自己的传统和组织机构,它们的社会经济发展水平有所差异,追求的目标也不尽相同,因此,统一后意大利各地区的统一性和凝聚力非常低,西方学者形容意大利这个国家有"多元性"而缺乏"统一性"②。另外,意大利南方和北方经济发展很不平衡,半岛的北方发达,南方落后,而撒丁岛和西西里岛不但落后,它们与半岛的联系更为薄弱,分离倾向更强。

基于这样的历史与现实,联邦派认为应当尊重各地区不同的历史、传统、习俗,尊重各地的自治传统,在传统的地方政权市(镇)和省之上,建立一种规模更大的地方机构——区,以便及时掌握各个地区不同的情况和要求,有效地解决地方上的问题,而不能采取一刀切的管理方式。如明盖蒂就曾在 1861 年提出在省之上建立 6 个大区,授予其部分自主权的主张。③

但中央集权派却提出了完全相反的主张,他们认为,正是由于各地的长

① [意]克罗齐:《1871—1915 年意大利史》,王天清译,中国社会科学出版社 2005 年版,第44 页。
② 金太军:《当代各国政治体制——南欧各国》,兰州大学出版社 1998 年版,第 32 页。
③ [意]克罗齐:《1871—1915 年意大利史》,王天清译,中国社会科学出版社 2005 年版,第40 页。

期分离和差异,特别是在一些地区还存在着比较强大的分离主义势力和复辟势力的情况下,为了维护统一的成果,巩固新生的民族国家,更应该采取中央高度集权的国家结构形式。这种情况下,法里尼要求全国在行政上实现"皮埃蒙特化"的观点占据了上风,他在 1859 年 11 月从摩德纳发出的一封信中写道:"我实施了打击,我赶走了乡土观念,成立了唯一的政府。在新的一年,从皮亚琴察到卡多里卡,所有的法律、规范和其名称,甚至失误,都将是皮埃蒙特的。"①

中央集权派的主张得到了大部分人的支持和认同,同时也符合撒丁王国的传统。1861 年 6 月里卡索利担任首相时,仿照法国的行政体制,建立起严格的中央集权体制,在地方设立省和市镇两级行政单位。根据市级法和省级法,把全国分为 69 个省,各省设有省议会和 1 个执行官,但主要权力掌握在中央委派的地方专员手中。省下为市镇,设有选举产生的议会和执行官员,但市长要由上级政府从市议员中遴选。地方专员是地方管理中的关键人物:他推荐市长人选,解散省市议会,协助省执行官控制市议会的决定——总之,地方专员的任务就在于保持地方政府与中央的一致。②这样,从 1861 年意大利王国成立,到 1871 年正式定都罗马为止,在这段时间里,以法律、军事和行政体制的统一和构建为基础,意大利国家的各项体制基本确立起来。在政治统一实现之后,意大利的经济、交通、文化就在统一国家的大背景下得到迅速发展。在这一过程中,人们的国家观念和民族意识也逐渐扩展,这又相应促进了意大利民族国家的巩固。

2. 从中央集权到联邦制

从 1861 年到现在,意大利的行政体制经历了中央集权制到半联邦制再到联邦制三个阶段的变化。从 1861 年到两次世界大战结束,新生的意大利王国秉承撒丁王国的传统,同时也为了维护和巩固统一的民族国家,实行了中央高度集权的行政体制。第一次世界大战后,要求实行地方自治的呼声一度高涨,但被夺取了政权的法西斯党镇压,法西斯对国家体制的改造,使中央对地方的控制达到了前所未有的强度。二战以后,伴随着人们对君主制信心的丧失和对法西斯专政的厌弃,实行地方自治和分权的呼声再度高

---

① [意]克罗齐:《1871—1915 年意大利史》,王天清译,中国社会科学出版社 2005 年版,第40—41 页。

② Hilary Partridge, *Italian Politics Today*, Manchester: Manchester University Press, 1998, p.58; Martin Clark, *Modern Italy: 1871—1982*, Longman, 1984, p.51.

涨,并得到了广泛认同。1947 年制定的《意大利共和国宪法》顺应民意,规定并确认了地方自治原则,宪法第 5 条规定:意大利是"整体不可分的共和国,承认并促进地方自治;在属于国家的各种事务中实行最充分的行政上的分权;并且使自己的立法原则和方法适合自治和地方分权的要求"。①这就打破了自统一以来所形成并在法西斯政权时期得到强化的中央集权的传统。

为了切实实行地方分权和自治的宪法原则,1947 年宪法还对地方行政建制进行了改革,宪法第 114 条规定:"共和国分为区、省、市(镇)。"即在原有的省、市(镇)地方政权机构之上,增加区一级的建制。最初,根据宪法第 131 条规定,全国按地理传统划分为 19 个区,包括皮埃蒙特、瓦莱达奥斯塔、伦巴第、特伦蒂诺—阿尔托—阿迪杰(即特伦蒂诺—上阿迪杰)、威尼托、弗留利—威尼斯朱利亚、利古里亚、艾米利亚—罗马涅、托斯坎纳、翁布里亚、拉齐奥、阿布鲁齐和莫利塞、坎帕尼亚、普利亚、马尔凯、巴西利卡塔、卡拉布里亚、西西里、撒丁。根据 1963 年 12 月 27 日颁布的第 3 号宪法修改法律,莫利塞脱离阿布鲁齐区,成为一个独立的区。自此之后,意大利共拥有 20 个区。②

《意大利共和国宪法》第 115 条明确指出:"设立各区,作为自治团体,按照宪法规定的原则享有自己的权利和职能。"③同时宪法也对作为地方自治机关的区的权限进行了限定,在 20 世纪 90 年代中期以前,区在本地的立法、行政、税收和财政等方面享有部分权利。

在立法权方面,1947 年宪法第 117 条规定:"在国家法律所规定的各项基本原则的范围内,区就下列事项发布立法性的规则,但此项规则不得违反国家利益和其他各区的利益:

区的各种公职和行政机关的组织;

市(乡镇)的区域;

城乡的地方警察;

定期集市和市场;

公共慈善事业和卫生与医疗援助;

工艺与职业教育和学校帮助;

地方团体的博物馆和图书馆;

---

① 参考潘汉典译注:《意大利共和国宪法》,《法学译丛》1982 年第 6 期。本章中所引用的《意大利共和国宪法》条文,除特别注明外,都出自此处。

② 金太军:《当代各国政治体制——南欧各国》,兰州大学出版社 1998 年版,第 160—161 页。

③ "自治团体"一词在意大利文版中为"enti autonomi",意大利版英译本作"自治区域单位"。

城市计划;

旅游和旅馆事业;

有关区的利益的电车和汽车服务事业;

有关区的利益的道路、水路和公共工程;

湖内航行和港口;

矿泉和温泉;

矿山和泥煤地;

狩猎;

河湖渔业;

农业与林业;

手工业;

宪法所规定的其他事项。"

但宪法同时规定,区颁布的各项立法规则不得与国家利益和其他区的利益相抵触。

在税收和财政权方面,区在共和国宪法和法律规定的形式和范围内享有财政自主权;各区税收和部分国库税收,根据各区行使其日常职能的需要,拨给各区支配;各区根据共和国法律规定的方式,拥有自己的公产和财富。

在行政权方面,区级机关拥有较大的自主权。区级机关分为区议会、区政府及其主席三部分。区议会是区的立法机关,各区的条例规则由区议会讨论通过,由参众两院批准,最后以法律形式正式确认。区议会是集体决策机构,由本区选民直接选举产生,任期为5年,选举的办法与国家议会相同,区议员人数根据各区人口多少而定。区议员不得兼任共和国议会议员或其他区议会议员。

区议会除享有本区范围的立法权外,还拥有国家法律提案的创制权和宪法及法律赋予的其他权限。此外,它还拥有组织自身活动的权利,例如选举区议会议长及其办公机构。区议会还可以指派代表参加国家议会两院联席会议的总统选举。5个区议会联名即可要求进行公民投票。

区政府是执行机关,由主席和若干名委员组成。他们由区议会在本区议员中选出。区政府主席是全区首脑,主持区政府的工作,对外代表全区,负责颁布区的法律和规章,完成中央政府委托给本区的各项工作。

但是,在20世纪末意大利对宪法和行政体制进行大幅度改革之前,各区所享有的这些自主和自治权限受到了中央政府的很大限制。

这些限制首先来自中央政府对区的各种宪法监督权。1947年宪法规定中央政府应该对区实行立法监督、行政监督和政治监督。在立法监督方面,中央政府如果认为区的法律或法规超越了它的权能范围或损害了国家和其他区的利益,可以要求区议会重新审议这些法律和法规。如果区议会坚持原来决议,中央政府在得知后的15天内应向宪法法院或参众两院提出,如果属于违宪问题,则提交宪法法院裁决,如果属于损害国家或其他区的利益问题,则提交参众两院解决。在行政监督方面,主要是监督区政府的行政法规和政务活动是否符合法律并考察其政绩的优劣。政治监督,就是在紧急情况下可以解散区议会。所谓紧急情况,就是指:区议会丧失了任职能力;区议会严重违反了宪法或国家法律;当中央政府要求区议会更换区政府时议会拒不执行;"安全方面"出现了紧急情况。解散区议会的权力属于共和国总统。

其次,中央政府还可以通过两种组织措施干预和控制各区的活动。这些组织措施,其一是中央政府派驻各区的专员,其二是各区的监督委员会。中央政府派驻的专员一方面要经常协调区和中央政府的行政工作,另一方面要审查区的各种法规和文件,监督区政府委员会的行政工作,区的任何法规在颁布之前都要报专员审阅签署。各区专员同中央政府保持密切联系,及时报告区的情况,并为宪法法院和参众两院对区进行监督提供方便。区的监督委员会在中央政府专员的直接领导下进行工作。其成员包括若干国家官员和若干区议会指派人员。[①]

从上面的分析来看,1947年《意大利共和国宪法》所确定的行政体制是一种"半联邦制"式的体制,宪法虽然规定区为具有自主权力和职能的自治单位,并赋予了相关的自治权力,但中央政府对地方特别是区的控制并未明显削弱,只是放弃了中央集权体制下命令式直接干预的做法,转而采取相对隐蔽与温和的宪法监督和组织监督的做法。

从二战以后意大利的发展历程来看,这种"半联邦制"的行政体制在一定程度上适应了各地区发展不均衡的状况,适应了战后意大利国家政治、经济和社会发展的需要。战后意大利资本主义经济的发展,在各个地区之间,特别是在南方和北方之间,存在着严重的不平衡状态,这就造成了各个地区经济、社会、文化等方面的不同现状和不同要求。赋予地方机构一定的自治权,就能更快、更直接地从本地情况出发,解决问题,满足本地居民的要求。

① 金太军:《当代各国政治体制——南欧各国》,兰州大学出版社1998年版,第163—164页。

此外,各地区不同的社会问题难以由中央政府一手包揽,拥有一定自治权的地方机构可以根据自身特点解决这些问题,使社会紧张局面以分散的形式得以缓和。实行地方自治还可以使当地居民在宪法规定的范围内管理自己的社会生活,制定适合本区特点的法律,选举本区政权机构,并拥有自己的财政手段。

同时保留中央政府相对较大的权力,既符合战后国家干预资本主义发展的趋势,也使其有能力调配全国资源,有针对性地加大对落后地区的干预和扶持,从而实现全国的均衡发展。战后意大利中央政府利用国家税收,成立南方开发基金,向意大利半岛南部地区和撒丁岛、西西里岛投入了巨额资金,用以改善这些地区的经济、社会和环境状况,并取得了较为明显的效果。

但是,战后意大利发展的另外一个现实却是,尽管有中央政府的巨额拨款和扶持,意大利的南北差异却并没有消失,"南方问题"仅仅是得到了缓解,并没有彻底解决。与此同时,北方经济的迅速发展,又让这种南北差距有扩大的危险。更为关键的是,由于北方是中央财政的主要来源,但大部分的钱却投向了南方,这就让北方人产生了深刻的不公平感。在 20 世纪 90年代中期,南方人口占全国总人口的 36%,而生产总值只占国内生产总值的 24.9%,人均收入只相当于北方的 57%。1994 年,南方人均纳税额不到北方的一半,但从中央政府所获财政拨款的人均数额却比北部地区多出 40万里拉。[1]对此,以中小工商企业主和自由职业者为主体的一些北方人产生了不满情绪。再加上从 20 世纪 90 年代初开始的意大利政坛大变革中,揭露出无数南方政客与黑手党相勾结,侵吞南方开发基金的丑闻,更让北方人义愤填膺。正是在这种情况下,在意大利北部要求扩大地方权力的呼声再次高涨,建设真正的"联邦制"也成为一些政党的竞选纲领,更有甚者,有些政党如"北方联盟"还打出了意大利南北分离、北部独立的旗号。[2]意大利行政体制的第三次大变革就是在这种背景下展开的。

总体而言,这次联邦制改革的主要目标是调整中央和地方关系,进行适当分权,减少中央和地方的重叠职能,强化地方预算和财政自主,加强国家机构与民众的直接联系。从形式上看,这次改革主要是通过宪法改革的方

---

① 金太军:《当代各国政治体制——南欧各国》,兰州大学出版社 1998 年版,第 164 页。

② 关于意大利北方联盟兴起的原因、政治主张和对其现象的理论分析,请参考 Benito Giordano, "Institutional Thickness, Political Sub-Culture and the Resurgence of (The 'New') Regionalism in Italy: A Case Study of the Northern League in the Province of Varese", *Transactions of the Institute of British Geographers*, New Series, Vol. 26, No. 1 (2001), pp. 25—41.

式进行。

1947 年宪法中规范中央和地方关系的第 2 编第 5 章(第 114—132 条)是此次宪法改革的重点。1999 年 11 月 22 日第 1 号宪法性法律和 2001 年 10 月 18 日第 3 号宪法性法律对宪法的这部分内容进行了非常彻底的修改,主要涉及和修改的内容分为以下几个方面,从中也能够发现改革后意大利行政体制的部分特点。[①]

第一,地方政府地位提高,权力增大。

在立法权方面,1947 年宪法只给予大区少量的立法权,其余未列明的则归国家所有。修改后的宪法第 117 条第 2 款列举了国家所独有的立法权,第 3 款列举了国家与各区共有的立法,第 4 款规定各区对没有明确保留给国家的任何事项有唯一的立法权。这与联邦制国家(如美国)的立法权划分非常相似。

在行政职能方面,1947 年宪法只承认大区级以上政府的行政职能,认为大区以下的各级政府除由共和国法律授予的纯属地方利益的事项之外,没有行政职能,而只是在执行大区委托的行政职能。修改后的宪法第 118 条承认各级地方政府都拥有各自的行政职能,并且为保证它们统一履行,中央政府在处理与地方政府关系时应遵守辅助性、区别性及适当性的原则。

在财政权方面,1947 年宪法只授予大区财政自治权,修改后的宪法第 119 条规定从市镇到大区的各级地方政府都拥有独立的财政自治权,国家通过平等基金和额外的资源分配等方式进行平衡。

此外,宪法第 114 条第 1、2 款还规定设置新一级的行政区划——特大城市(Metropolitan Cities),并授予其自治主体的地位。

第二,改组大区政府的结构,形成权力制衡机制,增强其自治能力。1947 年宪法规定区执行委员会的委员和主席都由区议会选举产生。修改后的宪法第 122 条规定区执行委员会主席通过直接普选产生,执行委员会成员由主席任免。第 126 条规定区议会对执行委员会有监督权,如通过对执行委员会主席的不信任案,则可免除对方的职务,由此连带产生的后果是,区执行委员会辞职和区议会解散。第 123 条对区条例的制定、通过和修改程序作了严格的规定,使其更具权威性。

第三,中央和地方的关系发生变化,中央对地方的控制方式,由行政性的、命令性的,变为司法性的和协商性的。如中央政府和大区政府间发生法

---

① 何勤华、李秀清主编:《意大利法律发达史》,法律出版社 2006 年版,第 97—98 页。

律冲突,可以通过宪法法院的判决予以解决。

这一系列的宪法改革,调整了意大利的行政管理体制,意大利已经走上了联邦制的道路。但是,为应对地方权力的增强可能出现的离心倾向,宪法增加了"替代条款",以保留对地方的控制权力。宪法第 120 条第 2 款规定,当地方违反国际规则、条约或欧盟法律时,当公共安全出现严重危险时,以及当需要此类替代机构以保卫国家的法律或经济单位,尤其是为了保卫与公民权和社会权相关的社会福利基本标准时,中央政府可以不顾地方政府的权限划分,代替区、主要城市、省及市政当局行使职权。[①]

总体看来,从统一到现在,意大利的行政体制一直处在变动和调整中,如何在社会发展不均衡和地区差异大的不利环境中寻找到一条适合国情的道路,协调中央集权和地方分权的不同倾向和要求,从而促进国家和社会的整体发展,意大利走过了一条荆棘之路。现在的这种体制是否真正适合意大利的国情,能否平息南北之间的不平和敌对,还需要时间的检验。

3. 意大利民族国家形成中的罗马问题

在意大利民族的历史与记忆中,两个"罗马"占据了很大比重,其一是延续 1 000 多年的古罗马文明,其二是罗马教廷。它们都对人类文明产生了巨大影响。马志尼就认为,意大利"曾经有一次以罗马帝国的武力统治着世界,后来又曾经以教皇的权力统治着世界"。[②]古罗马在政治、军事和文化方面所取得的伟大成就奠定了今天西方文明的基础;西罗马帝国衰亡后,罗马从皇帝之都变成了教皇之都,最高神权取代了最高皇权,罗马教廷作为天主教中枢,在此后的 1 000 多年里掌握着统治人们心灵的神权,因此罗马城和意大利半岛仍然在西方世界扮演着中心角色。

但是,在"帝国梦想"和"天国梦想"的光环之后,是意大利国家的四分五裂和民族意识发展的迟滞,在现代化和民族国家发展的道路上远远落后于英国和法国,成为"迟到的民族"(verspaetete Nation)。[③]阻碍意大利统一和

---

① 何勤华、李秀清主编:《意大利法律发达史》,法律出版社 2006 年版,第 99 页。同时参见胡建淼:《比较行政法——20 国行政法评述》,法律出版社 1998 年版,第 554—556 页。

② [美]海斯:《现代民族主义演进史》,帕米尔等译,华东师范大学出版社 2005 年版,第 122 页。

③ [德]哈贝马斯:《欧洲的民族国家——关于主权和公民资格的过去与未来》,曹卫东译,参见 http://www.tecn.cn/data/detail.php?id=9722。关于英法等国的民族主义与德意等"迟到的民族"之间的差别,可参见 Brian Jenkins and Spyros A. Sofos, eds, *Nation & Indentity in Contemporary Europe,* London: Routledge, 1996, pp.285—286。

构建民族国家的因素有很多,如葛兰西指出,意大利"为创建民族—大众的集体意志而做的各种尝试之所以不断遭到失败,其原因要从由于地方自治行政区资产阶级解体而产生的某些特定社会集团的存在中去寻找,要从另外一些反映意大利国际职能(即作为教廷所在地和神圣罗马帝国嫡传苗裔)的社会集团的特殊性质中去寻找"。[①]可见,罗马教廷和教皇俗权的存在——具体体现为教皇国——是阻碍意大利统一的重要因素。即使意大利完成统一之后,如何处理罗马教廷与意大利国家的关系,如何处理教皇的世俗权力,都成为考验意大利政治家的棘手问题,而这些问题迟迟得不到解决,对意大利的国际处境和国内民族整合都造成极大损害。

古罗马的政治建制是以各城市为基础的,周围农村依附城市,基督教教会的早期组织也是按同一方式建立的,乡村地区依赖于城市主教及其委派的人,归他们管理,形成主教区,每一个帝国行省内的主教区围绕本地区的中心城市形成都主教区,几个都主教区又结合在一起形成更大范围的超级都主教区(并不一定与世俗的行政区重合),一般称为牧首区。公元313年《米兰敕令》宣告基督教合法以后,基督教会得到了迅速发展。公元381年,在第二次君士坦丁堡宗教会议上,帝国的4个主要城市亚历山大里亚、安提克、君士坦丁堡、罗马的主教被授予"大主教"头衔[②],这4个城市加上耶稣殉难和升天的耶路撒冷,成为自4世纪以来的5个牧首区。其中4个位于帝国的东部,在帝国西部只有罗马主教一枝独秀,罗马主教正是在这种没有对手的情况下逐渐取得了西部教会的最高领导权。[③]

在罗马帝国时代,罗马城最早成为意大利境内的基督教会中心,圣彼得和圣保罗先后在此传教和殉难,增加了罗马教会的神圣色彩,以后历代罗马主教都以圣彼得的继承人自居,认为自己拥有高出其他主教的属灵权威;罗马作为帝国首都的有利地位,加上2世纪以来大量教徒的皈依[④],罗马主教能够支配的政治和经济资源很多,其宗教和世俗权威不断增长。但是在3世纪,罗马主教的意见并不被帝国其他主教们无条件接受,当与自己的观点一致时就承认罗马主教的权力,反之则指控罗马主教成为异端或犯了错误。

---

① 〔意〕葛兰西:《现代君主》,参见中共中央编译局:《葛兰西文选》,人民出版社1992年版,第325页。总结国内外学者对造成意大利长期分裂和阻碍民族国家形成的原因的分析,主要应当概括为下列三大因素:民族王权的缺失、市民城邦的割据、教廷与教皇国的存在。

② 希腊语为"patriarkhes",意思为"父长",英语为"patriarch"。

③ 朱龙华:《意大利文化》,上海社会科学院出版社2004年版,第161—162页。

④ 到公元3世纪中叶,罗马教会的会众多达3万人,包括150位神职人员。参见〔美〕布鲁斯·雪莱:《基督教会史》,刘平译,北京大学出版社2004年版,第148页。

罗马主教的权力是逐渐增长的,特别是在帝国重心转移到东方以后,君士坦丁堡成为东部新都,西罗马帝国的皇帝们为了躲避蛮族的袭扰,先后迁都到米兰和拉文纳①,罗马主教成为罗马城的主宰,在对付蛮族入侵的过程中渐渐扩展了自己的权威。在第二次君士坦丁堡宗教会议上,罗马主教便拒绝接受"大主教"的头衔,而自称"教父"②,认为自己是普世教会的首领,高于其他主教。教皇利奥一世(440—461年)在位时强调,不管在信仰方面还是在行政管理上,圣彼得的地位都在其他使徒之上,而且圣彼得所拥有的一切权力都传给了他的继承者——罗马主教,因此作为基督教会中的第一主教,罗马主教的地位在其他主教之上。利奥一世还挫败了建立高卢主教区的企图,并在西班牙和北非行使权力。445年,他设法使西罗马帝国皇帝瓦伦丁尼三世颁布敕令,规定所有教徒都得服从罗马主教,因为他具有"圣彼得的首席地位"。另外,451年卡尔西顿公会通过的第二十八条教规使君士坦丁堡主教同罗马主教处于平等地位,对此,利奥一世立即提出抗议。这预示着东西教会的最终分别:这一分裂,政治原因远超宗教原因。③

在同一性论派展开的斗争中,罗马教皇还充分表达了宗教权力高于世俗王权的观点,教皇吉莱西厄斯(492—496年)在写给东罗马皇帝阿纳泰西厄斯的信中宣称:"统治这个世界的主要有两大权威:教皇神圣的权威和君主的权威。其中,祭司的权威远较王权伟大,因为在末日审判时,即令人间贵为君王者,他们的行为也得由祭司向上帝交待。"④502年,帕维亚主教恩诺迪乌则提出只有上帝才能审判教皇,世俗权力无权干涉教皇的选举和统治。

在同一时期,教皇的世俗权力也不断增长。在帝国政府迁离罗马城以后,教皇和教会便承担起管理和保卫罗马的重任,他们利用教会地产收入救济穷人,维修罗马的公共建筑,修建城墙,为军队发放粮饷,同蛮族入侵者谈判。但是在这一时期,教皇和教会只是以帝国行政代理人的身份履行了世俗权力,并不领有特定地域,所以无论教皇的影响力和作为多么大,他也不是一个独立的世俗君主,教皇国是建立在丕平献土的基础上的。

---

① 朱龙华:《意大利文化》,上海社会科学院出版社2004年版,第164页。

② 英语中的"Pope"和"Pape"源自拉丁语"papas"和希腊语"pappas",现在一般译为"教皇"。

③ 〔美〕威利斯顿·沃尔克:《基督教会史》,孙善玲、段琦、朱代强译,中国社会科学出版社1991年版,第155页。

④ 同上书,第156页。

从754年开始,法兰克国王"矮子"丕平在教皇斯蒂芬二世的请求下,两次发动对伦巴第王国的远征,把包括拉文纳城在内的"五城辖区"送给教皇作为教会领地,后来查理曼对此予以确认。建立在加洛林王朝赠地基础上的教皇领地不断扩大,中世纪后具有了相当规模,并延续长达1 100多年(自756年至1870年)。教皇国(教廷称之为圣彼得的事业)诞生后,罗马教皇不仅是天主教会的领袖,而且成为教皇国的世俗君主。

教皇为查理曼加冕所形成的传统为后世所继承,无论是在查理曼帝国时期,还是在后来的神圣罗马帝国时期,为皇帝者必须到罗马加冕,而皇帝与意大利国王角色的重合,普遍存在的帝国观念和天主教的普世观念,模糊了意大利人的民族意识和国家观念,同样也阻碍了德意志民族意识的成长。

在整个中世纪,随着王权的衰落和教权的兴起,教皇国的存在阻碍了任何统一意大利的努力。不过,教皇国本身虚弱的政治和军事力量并不足以有效地阻止这一历史进程的出现。于是教皇为了维持自己的世俗权力,便不惜引入外部势力以对抗意大利本土成长起来的绝对主义王权,从而使意大利成为欧洲列强的逐鹿场。[1]

近代以来,随着民族主义的传播和民族国家的兴起,意大利的统一成为迫切的需要,在探索统一方式的争论中,如何处理教皇和教皇国,教皇应当在统一民族国家中扮演什么样的角色,成为人们必须考虑的问题。

以天主教神甫维琴佐·焦贝蒂为首的联邦主义者(又称为"新圭尔夫派")希望以教皇为首,联合意大利各邦国,建立统一的国家。这种思想主要体现在焦贝蒂1843年出版的《论意大利民族在道德及文明方面的优越》(*Of the Moral and Civil Primacy of the Italians*)一书中。焦贝蒂认为世界仍然给意大利保留着优越的地位和领导的使命,这是因为其人民天资杰出,曾经创造了辉煌的历史,特别是必将在欧洲再次发挥领导作用的罗马教皇的存在。为了履行自己的世界使命,意大利必须在政治上复兴,获得独立和统一,建立以教皇为首的邦联,这一过程"必须由信仰与力量这两项主力所在之处开始,亦即圣城(罗马)与武乡(撒丁王国)"联合起来,实现意大利的独立和统一,教皇的世俗权力也得以保留。[2]《论意大利民族在道德及文

---

① 最明显的例子是在13世纪中期,教皇为对抗霍亨斯陶芬家族统一半岛的努力,把法国的安茹家族引入意大利的邦国纷争中来。参见[英]佩里·安德森:《绝对主义国家的系谱》,刘北成等译,上海人民出版社2001年版,第146—170页。

② [英]约翰·高奇:《意大利的统一》,郑明萱译,台北麦田出版股份有限公司2000年版,第38页。

明方面的优越》一书出版后获得了巨大的成功,而书中所倡导的新圭尔夫派的建国设想也获得了社会各阶层的热烈欢迎。①1846年具有自由和改革色彩的庇护九世当选新教皇,更增加了意大利沿着新圭尔夫派设计的路线实现统一的可能性。

教皇庇护九世当选后在教皇国实行了一系列具有自由主义色彩的改革,如宣布大赦、开放新闻自由、建立国家咨议会和部长会议、建立公民自卫队等都赢得了民心,人们把新教皇视为意大利的解放者,希望在教皇的领导下实现意大利的统一。而教皇在1848年2月10日发表的宣言中为意大利祈祷"伟大的上帝,赐福意大利吧!"②更唤起了人们为国家独立和统一奋斗的狂热。1848年革命就在这种情况下发生。

1848年3月23日,撒丁国王查理·阿尔贝特向奥地利宣战,28日,庇护九世应撒丁王国之请,派遣教廷军队开赴教皇国与威尼西亚相邻的边境地区,以吸引分散奥地利军队。4月21日,教皇受到教廷政府内部非神职人员的压力,命令军队渡过波河,在维琴察与威尼斯军队会师,奥地利立刻对教皇国宣战。

这一系列事件把教皇抛入困境之中:一方面,作为天主教会的首脑,他不能支持意大利的教徒攻打奥地利的教徒,而且由于教皇国参战,德意志和奥地利的天主教徒中反罗马的分裂主义性质的抗议运动迅速发展,这些地方的红衣主教们也对教皇施加压力,并以分裂相威胁;另一方面,作为意大利邦国之一的教皇国的君主,在民族大义面前又不能置身事外。教皇庇护九世所面临的这种困境充分体现在了他的两篇宣言中。庇护九世在1848年4月29日召开的枢机会议上明确宣称,他无意参战,也没有世俗野心,他必须"以同样的父爱"拥抱"所有的人民和各民族"。这被人们视为教皇对意大利民族事业的背叛,也标志着长期以来庇护九世所塑造的自由开明形象的破产。但是5月1日教皇又发布宣言,声称他无法阻止一部分属民的民族热情,从而默认了教皇国军队参战的事实。③由焦万尼·杜兰多指挥的教廷军队固守维琴察,在1848年6月初受到奥地利军队的攻击,战败投降。教皇对1848年革命的军事参与到此结束。

① 参见[意]焦瓦尼·斯帕多利尼:《缔造意大利的精英——以人物为线索的意大利近代史》,戎殿新、罗红波译,世界知识出版社1993年版,第108—114页。
② [意]路易吉·萨尔瓦托雷利:《意大利简史:从史前到当代》,沈珩、祝本雄译,商务印书馆1998年版,第492页。
③ 同上书,第495—496页。

在国内,面对爆发革命的威胁,教皇在 1848 年 11 月 24 日化装逃到加埃塔,并发布命令取消世俗内阁和延期召开议会,这激起人们的反对,爆发革命。1849 年 2 月罗马共和国成立后,宣布废除教皇的一切俗权。为了反击,庇护九世便请求奥地利、西班牙、那不勒斯和法国出兵占领教皇国,以帮助恢复自己的世俗权力,这就再一次上演了教皇邀请外国力量干涉意大利事务的一幕,这一幕从"矮子"丕平的时代开始,在此后的 1 000 多年里不断上演。

从教皇在 1848 年革命中的作为可以看出,教会的普世性和民族国家的排他性之间很难协调共存,所以教皇的双重角色——天主教教主和意大利邦国君主——使其难以承担新圭尔夫派赋予的责任。作为天主教教主、上帝在人间的代理人,教皇是没有民族性的,也没有国籍,只具有普世性,他要平等地看待和仁爱所有国家的教徒,所追求的目标是基督教世界的扩大和统一;而作为意大利邦国的君主,则具有明显的民族性,统一的进程要求他必须领导和反对侵略者——同样信仰天主教的奥地利,为意大利人民的利益而不是全部天主教徒的利益战斗,这就与宗教的普世性相冲突。这也决定了教皇和教廷不可能在意大利民族统一进程中带有积极的色彩,无论作为个人的教皇如何开明,除非他愿冒天主教大分裂的危险,否则就不可能像焦贝蒂所设想的那样,成为意大利国家统一的领导者和元首。

此外,在 1848 年革命中,人们还发现为了维护世俗权力,教皇是不惜牺牲意大利的利益的,这也体现在教皇和教廷的意识中,几乎没有意大利民族利益的概念,即使教皇本人出身于意大利的名门望族,但作为天主教会的最高领袖,他不能有意大利民族的认同感和归属感,否则意大利以外的教徒就不会认同教皇的权威。

所以,庇护九世和教廷在 1848 年革命中的表现一方面宣告了新圭尔夫派统一路线的破产,从另一方面看也预示了教廷和意大利民族国家分离的命运。教皇不能够认同意大利民族,也不能参与到意大利民族国家的构建中,但是在 19 世纪中期的严峻形势下,意大利民族的统一已成必然,如何建立一个没有教皇和教廷的民族国家就成为考验意大利教俗两界政治家的最大问题。问题的关键还是教皇世俗权力的存废。就如同加富尔宣称的,罗马是意大利统一后的首都,谁也不能想象一个没有了罗马城的意大利国家如何存在,因为这是一切光荣和历史记忆的承载体。

从另一个角度看,天主教教主与意大利邦国国君的双重角色不但使教皇难以承担领导意大利统一的重任,也使掌握独立的世俗权力成为维系教皇宗教权威的必然要求。

教皇的世俗权力已经延续了 1 000 年,由此产生的传统的惰性和惯性自然存在。更重要的是,罗马教廷作为世界天主教的中枢,必须保证自己相对于任何世俗力量的独立性,不能依赖或受制于某一民族国家,也不能具有某种民族色彩,这样才能保证宗教权威的中立性和超脱性。法国大革命以来民族国家的兴起和民族主义的泛滥不是削弱而是强化了对教廷独立性和超脱性的要求,因此,保留教皇独立的俗权就成为必要。作为意大利统一的设计者和推动者,加富尔所设想的"自由国家自由教会"的理念自然不错,但却没有考虑到教皇的这种双重身份和其他天主教国家的态度。与他同时代的法国政治家基佐(是新教徒)却对维系教皇独立俗权的重要性有着清晰的认识,基佐曾规劝加富尔说:"教皇集教权俗权于一身是必要的,这种必要性具有深刻而持久的意义……它越过一切障碍,真正导致并维持了这一事实……领地与统治权赋予教皇,乃教皇伟大宗教地位的自然延伸和必要依托……在绝对权力之上,教皇完全保持其自主性和权威性。"[1]

除了宗教领袖与世俗君主的双重角色,只就宗教职能而言,罗马教皇也具有双重性,这从其官方头衔中可以看出来。1978 年,梵蒂冈出版的《教皇年鉴》如此介绍新任教皇:约翰·保罗二世,罗马城主教,基督在世代表,使徒长彼得的继位人,普世教会至高祭司,西部宗主教,意大利总主教,罗马教省大主教暨都主教,梵蒂冈城国君主,天主的仆人之仆。[2]教皇不但是世界天主教会的最高领袖,是"普世教会至高祭司",同时还担任具体的宗教职务"意大利总主教"和"罗马教省大主教暨都主教",整个意大利都是教皇的教区。而作为意大利总主教,行使宗教职责要受到意大利国家的干涉。因此,虽然"自由国家自由教会"的理念以及政教分离的政策是构建现代民族国家的基本原则,但就意大利而言,政教分离的对象不是整个教廷和教皇,而只是教皇在意大利国内行使的那部分职权。如果把整个教廷置于意大利国家的庇护之下,就如同再次创造了"阿维农之囚",罗马教廷作为世界天主教会中枢的作用就会削弱。

意大利的统一是同教皇国领土的逐步缩小相伴随的。根据 1815 年《维也纳和约》重建的教皇国面积达 4 万平方千米,拥有居民 1 124 688 人。[3]但从 1859 年开始,随着意大利的逐步统一,罗马涅、马尔凯、翁布里亚、拉丁姆

---

① [法]波帕尔:《教皇》,肖梅译,商务印书馆 2000 年版,第 25 页。

② 同上书,前言。

③ 同上书,第 24 页。

相继并入意大利王国,最后连罗马也不能幸免。1870 年 9 月 20 日,王国军队和加里波第的志愿军同时进入罗马城。

为确定罗马教皇和教廷在意大利王国中的地位,1871 年 5 月 13 日,意大利政府颁布《教皇与至圣宗座特权法》(又称《保障法》),该法规定:

1. "教皇人身神圣不可侵犯",赋予他皇家名号和特权,保证教廷神职内阁的充分自由;

2. 保证教皇在国外享有处理世界教会事务的自主权和自由通讯权,意大利政府不干预国内教会活动,只对教会财产的使用和大小教区的俸禄(主教区、堂区等)保留认可和批准权,教士受意大利国家法律的约束;

3. 教皇与国外自由来往不受意大利当局干涉,可保有自己的通讯设施,保障外国驻教廷外交代表的特殊邮政、电报和外交的豁免权和特权;

4. 教皇绝对享有梵蒂冈城皇宫、罗马城内的拉特兰宫和安多尔福堡,并享有治外法权;

5. 教皇可直接管理在罗马的天主教神学院及其机构,免受意大利教育当局的监控,但保留国家的视察权;

6. 确定教皇年金为 322.5 万里拉(当时约合 12.9 万英镑),由意大利国家预算支出。①

《保障法》不是在教廷和意大利政府协商一致的基础上制定和颁布的一部国际条约,而仅仅是意大利议会通过的一部国内法律。②虽然法律规定了教皇享有的种种君主特权,但法令的性质和由意大利国家预算支出教皇年金的种种规定,都制造了教皇和教廷处于意大利国家的监护之下、教皇是意大利政府的一介属民的印象,这令教廷和其他天主教国家难以接受。教皇庇护九世断然拒绝接受《保障法》,并把包括意大利国王在内"所有犯有侵害教廷罪的肇事者、怂恿者、策划者、同谋者"③革除教籍,拒不承认意大利建国和定都罗马的事实,坚持要求归还教皇的世俗权力和领地,认为自己"生存于敌对统治下",只能作为"梵蒂冈的囚徒"闭门不出,对此表达愤慨和抗

---

① 参见[意]克罗齐:《1871—1915 年意大利史》,王天清译,中国社会科学出版社 2005 年版,第 29—30 页。[苏]M.M.舍英曼:《梵蒂冈史——十九世纪末和二十世纪初时期》,黑龙江人民出版社 1982 年版,第 11 页。[意]路龙吉·萨尔瓦托雷利:《意大利简史:从史前到当代》,沈珩、祝本雄译,商务印书馆 1998 年版,第 524 页。

② Gordon Ireland, "The State of the City of the Vatican", *The American Journal of International Law*, Vol.27, No.2 (Apr., 1933), pp.271—289.

③ [意]焦瓦尼·斯帕多利尼:《缔造意大利的精英——以人物为线索的意大利近代史》,戎殿新、罗红波译,世界知识出版社 1993 年版,第 131 页。

议。在 1929 年之前,庇护九世的不妥协政策为后继者所延续,每位新当选的教皇都声明不放弃"圣彼得的领地",并在适当的情况下都要提醒人们注意意大利"篡权政府"给"基督全权代理人"造成的"不堪忍受的处境"。罗马教廷认为在法律上教皇国是存在的,教皇仍然视自己为握有主权的国君,只是暂时受梵蒂冈领土的限制。①

历史已经证明,只要没有外国的干涉,占领罗马是很容易的,教皇国虚弱的军事力量根本无法同意大利王国对抗。但是,如何安置教皇却是最为棘手的问题。在 1870 年 9 月 20 日以后,由于教皇国被消灭而产生的"罗马问题",即教廷争取恢复教皇世俗权力和归还罗马的斗争,使教廷成为新生的意大利王国最大的敌人。"罗马问题"迟迟得不到解决,对意大利的内政外交都产生了严重的负面影响。

由于天主教的缘故,几乎所有的列强在意大利都有较大或较小的利益,所以无论是在给教皇少量还是大量自由的问题上,都不能够否认他们的插话权。②庇护九世和他的继承者们看准了这一点,力图把"罗马问题"变为国际问题,让欧洲各国政府和世界各国的天主教组织参加他们同意大利政府的争论,对意大利施加压力,迫使其同意恢复教皇的世俗权力。

在法国、德国和奥匈帝国内部都存在着强大的天主教政党(如德国的中央党)和组织,他们向本国政府施加压力,要求干涉意大利,迫使其放弃夺自教皇之手的不义之财(罗马)。虽然各国政府出于维护本国利益和国际形势的考虑,并没有屈从这种压力成为教廷的"十字军",俾斯麦在德国还采取了严厉的压制措施,但这并不妨碍他们利用这张外交王牌。这样一来,"罗马问题"在将近半个世纪的时间里成了欧洲列强牵制意大利的外交工具。无论是法国还是德国,都把是否支持恢复教皇世俗权力当作砝码,以便在外交中谋求利益。如在 1881 年,法国占领了意大利拥有特殊利益的突尼斯,意大利对此无能为力,只能恼怒、激动和喊叫,孤立的、有着教皇这个不可调和的敌人的意大利,在当时连反对法国都不敢想,更有甚者,还得忍受法国从马赛驱赶意大利工人的侮辱。③德国也充分利用"罗马问题"以及意大利对法国教权主义的恐慌,拉拢和控制意大利的外交,强迫它忠于三国同盟。

---

① 〔德〕H.费奈:《教会法规史》(第 1 卷),魏玛,1950 年,第 574 页。转引自〔苏〕M.M.舍英曼:《梵蒂冈史——十九世纪末和二十世纪初时期》,黑龙江人民出版社 1982 年版,第 304—305 页。
② 〔意〕克罗齐:《1871—1915 年意大利史》,王天清译,中国社会科学出版社 2005 年版,第 29 页。
③ 同上书,第 94 页。

对这种情况,俄国驻意大利大使涅利多夫在 1903 年 7 月 15 日向国内提交的报告中作了比较清晰的分析:"由于各种情况奇怪的聚合,无论是德国、奥地利,还是法国,都不能够真心诚意地希望罗马教廷同大利和解。前两个帝国在缔结三国同盟时利用了梵蒂冈对意大利政府的仇恨,答应向国王提供援助以抵御为恢复教皇世俗权力而可能采取的行动。倘若罗马教皇承认王国首都和已建的世俗政权,那么这个政权将不再需要现在这些盟国的庇护。"涅利多夫又写到,法国对罗马教廷的影响使它有可能对意大利政府施加压力,"而这种影响,在梵蒂冈同奎里纳尔宫(指意大利王宫)和解之后必将大大地削弱"[①]。

意大利政府主张"罗马问题"是内政问题,无需外界干涉,但是由于教皇并没有接受《保障法》,且在 1870 年 9 月 20 日之后,意大利国家也未能对由瑞士卫兵把守的梵蒂冈城行使主权,教皇仍然与外国政府保持外交关系,签订政教协定,在一战期间,教廷还发放外交护照,并被包括意大利在内的世界各国广泛接受。因此,在国际法上看,教皇对梵蒂冈仍然拥有和行使主权,在梵蒂冈的教廷是一个独立的主权实体。[②]

但意大利政府坚决不让梵蒂冈在国际关系中占据可能使它成为主权国的地位,也采取一切措施阻止教廷代表参加只能由主权国参加的国际会议。如在 1915 年 5 月协约国与意大利政府缔结的参战协定中,第 15 条便写明:"法国、大英帝国和俄国将支持意大利反对吸收至圣宗座的代表参加一切和平谈判和一切调解此次战争所提出的种种问题的谈判的任何建议。"[③]意大利坚持把这一条款写进协议,意在防止教廷在和会上挑起"罗马问题",同时也避免其他国家利用这一问题向自己施加压力。

在意大利国内,罗马教廷和世俗国家的对立在国民中造成了分裂,削弱了天主教徒对意大利民族国家的认同。罗马教廷在 1868 年颁布并在 1874 年重申的教皇通谕《不许》[④],以革除教籍相威胁,禁止天主教徒参加全国议会选举,因为参加全国议会选举就意味着承认意大利国家,而这个国家是在

---

①　[苏]M.M.舍英曼:《梵蒂冈史——十九世纪末和二十世纪初时期》,黑龙江人民出版社 1982 年版,第 310 页。

②　Umberto Toschi, "The Vatican City State: From the Standpoint of Political Geography", *Geographical Review*, Vol.21, No.4 (Oct., 1931), pp.529—530.

③　《俄国与他国条约汇编,1856—1917 年》,莫斯科,1952 年,第 441 页,转引自[苏]M.M.舍英曼:《梵蒂冈史——十九世纪末和二十世纪初时期》,黑龙江人民出版社 1982 年版,第 715 页。

④　法令全称是《注意到一切情况,不许可》,拉丁语为"attentis omnibus oircunistants, mon expedit"。

侵夺教皇领地和世俗权力基础上建立的,所以也就意味着间接承认了教皇国的灭亡(禁令不涉及地方议会选举)。

《不许》禁令所体现的教廷意图,是用天主教的宗教认同代替并凌驾于意大利民族认同之上,对意大利民族意识和国家观念的构建和融合都起到了非常消极的影响,如果考虑到从西罗马帝国灭亡以来的1 400多年里意大利半岛一直处于分裂状态这一特殊国情的话,就更能体会在意大利国民中培育统一民族观念和国家认同感的迫切性以及《不许》禁令所带来的不利影响。《不许》禁令凭借天主教会在意大利的巨大影响而发挥作用。1882年,意大利仅修士和修女就有3.54万名,1901年为4.7万名,1909年为5万名①,其他神职人员更多,几乎所有的公民都信仰天主教,如果禁令得到贯彻施行,则意大利全国性的政治活动将无法开展,1870年以后意大利的历次大选投票率仅能维持在50%左右,便是受此影响。②

"罗马问题"久拖不决,让教廷和意大利两败俱伤,但是如何解决双方的分歧,却一直找不到妥善的办法。教皇坚持恢复自己的世俗权力,认为这是行使宗教权威的必要保证;在领土问题上,虽然已不可能重建1815年的教皇国,但即使缩小范围,也应当包括罗马城。所以在1871年4月26日,庇护九世对法国大使德·阿尔库尔伯爵表示反对意大利议会宣布罗马为首都,并希望法国政府出面干涉。庇护九世还表示:"在现在这种时候,主权问题已无考虑的余地。这一点我比任何人都清楚。我的全部希望就是有一隅之地由我主宰。即使向我提出归还我的国家,我也拒绝接受。但是,如果我没有这一隅之地,就不能够完满地履行我的宗教义务。"③

随着意大利国家的巩固,教廷也开始探索解决"罗马问题"的途径。如在1888年3月,克雷莫纳大主教鲍诺麦利发表文章《罗马与意大利》,认为教皇具有足够的道德威信,它比世俗统治更能保证教皇的独立,可以给他留下一小片领土——建立从特韦雷河至海边的小小的国家。虽然40年后的《拉特兰条约》验证了鲍诺麦利的远见,但当时的梵蒂冈对这个方案持否定态度。因为在此之前的1887年5月,教廷与当时担任首相的克里斯皮进行秘密谈判,教廷希望把罗马市或至少该市的一部分和至海边的地区让给教

---

① 〔苏〕M. M.舍英曼:《梵蒂冈史——十九世纪末和二十世纪初时期》,黑龙江人民出版社1982年版,第331页。

② 何勤华、李秀清主编:《意大利法律发达史》,法律出版社2006年版,第55页。

③ 〔法〕儒勒·法夫尔:《罗马与法兰西共和国》,巴黎,1871年,第109页。转引自〔苏〕M. M.舍英曼:《梵蒂冈史——十九世纪末和二十世纪初时期》,黑龙江人民出版社1982年版,第13页。

皇,从而解决冲突。但谈判没有成功,意大利政府不可能把一部分领土连同罗马市划给梵蒂冈,同时教廷内部反对妥协的力量也很强大,他们仍然希望借助外国的干涉或者欧洲大战的机会重建教皇国。

对立给教廷造成的损害远比给意大利造成的损害大,而国外国内形势的变化也为双方的和解提供了条件。在国际上,德奥是意大利的盟国,不会给教廷实质的支持,法国是天主教实力最为强大的国家,也是教廷寄予最大希望的国家,但是在 1904 年,法国总理路贝访问罗马,在当时担任意大利首相的焦利蒂看来,这次访问"永远埋葬了教皇世俗权力问题。可以被怀疑有恢复教皇世俗权力倾向的强国本来只有一个,这就是法国。如果法国政府首脑访问了罗马,对教皇毫不在意,这个问题也就从此结束,罗马真正成了意大利王国神圣不可侵犯的首都"[①]。

在国内,教会利益与意大利资产阶级的利益日益紧密地交织在一起,而工人运动的迅速发展和社会党政治影响的壮大也促使双方接近,利用天主教的力量对抗社会主义运动。与之相对应的就是《不许》禁令的逐渐松弛和最终取消。1905 年 6 月 11 日颁布的教皇通谕说,现任教皇不能背弃前任教皇禁止意大利天主教徒参加全国议会选举的法令,"除非社会最高利益提出与此同等重要的理由⋯⋯要求在个别情况下不执行法令"。在观察家看来,教皇通谕所指的"同等重要的理由",就是"教权愿与现行世俗政权和睦相处的愿望和建立与势力强大的意大利社会党人作斗争的坚强堡垒的迫切要求"[②]。从此开始,意大利天主教徒与教会便积极卷入意大利的政治生活中去。[③]

"罗马问题"最终得到解决是在法西斯上台以后。教皇庇护十一世虽然比较反感法西斯的夸张宣传,但是他更惧怕社会主义者。俄国十月革命和一战后工人运动在意大利的蓬勃发展让庇护十一世忧心忡忡,希望出现一位强有力的人物重建秩序并解决"罗马问题",于是便选择了墨索里尼,并通过解散人民党,为法西斯垄断政权扫清了道路。[④]

1926 年,在教皇提出的两个必要条件——签订条约,重新组成一个不管

---

①　[意]G.焦利蒂:《回忆我的一生》,伦敦,1923 年,第 184 页。转引自[苏]M.M.舍英曼:《梵蒂冈史——十九世纪末和二十世纪初时期》,黑龙江人民出版社 1982 年版,第 465 页。

②　[苏]M.M.舍英曼:《梵蒂冈史——十九世纪末和二十世纪初时期》,黑龙江人民出版社 1982 年版,第 469 页。

③　《不许》禁令在 1919 年由教皇本笃十五世正式取消。

④　Thomas Bokenkotter, *A Concise History of the Catholic Church*, New York: Doubleday & Company, Inc., 1979, p.352, p.401.

多么小的教皇国家;订立契约,使宗教婚礼具有民间仪式的法律效力——基础上,双方开始秘密谈判。①经过两年多的争执和妥协,其间墨索里尼和教皇曾亲自参加,最终达成了协议。1929 年 2 月 11 日,教廷国务卿加斯贝利代表教皇庇护十一世,墨索里尼代表意大利国王,在罗马拉特兰宫正式签订《拉特兰条约》,其中包括政治条约(27 条)和宗教协定(45 条),另有 4 个附件。②

《拉特兰条约》中的政治条约确定了意大利王国与梵蒂冈城国双方的主权和外交关系,罗马教廷承认意大利国家及其首都罗马的地位,意大利承认教皇的权威和教廷对梵蒂冈的主权,教皇拥有世俗统治权、外交权、与外国自由来往权,同时予以拉特兰宫和十几座教会建筑治外法权和免税权。宗教协定则确定了意大利天主教会与民政当局之间的关系,规定天主教为意大利国教,罗马为天主教中心与朝觐地;意大利大主教、主教的任命需意大利政府批准,大主教、主教须为意大利人,忠于意大利国家;意大利免除教士、修士服兵役与陪审义务;国家承认天主教结婚仪式具有法律效力,但应允许公民选择政府登记结婚;在初级与中级学校开设宗教课程,由教廷审定教师与教材;国家任用教士需教会批准。

此外,根据条约第四附件"财政协定"的规定:为了"赔偿梵蒂冈因取消教皇国及因教皇国归并入意大利而所受的损失",意大利政府需偿还 18 亿里拉,其中 10 亿里拉用意大利国家有价证券偿还,8 亿里拉为现金。③

1929 年 6 月,教皇庇护十一世和墨索里尼互换条约批准文本,《拉特兰条约》正式生效。《拉特兰条约》保留了《保障法》所赋予教皇的一切主权和外交特权,也承认了教会在一切精神事务上享有的充分自由,并通过赋予教廷在梵蒂冈的完全主权而建立了一个独立的国家——"梵蒂冈城国"。此后教廷又公布宪法和国徽,宪法中规定罗马教皇享有统治梵蒂冈的立法、司法和行政全权;确定国徽为两把交叉的天国钥匙,衬托着教皇的三重冕;并以签订《拉特兰条约》的 2 月 11 日作为梵蒂冈的国庆节。这些措施使梵蒂冈具备了主权国家的职能和特征。④

① H. Hearder and D. P. Waley, eds., *A Short History of Italy: From Classical Times to the Present Day*, Cambridge: Cambridge University Press, 1963, p. 212.

② "Treaty between the Vatican and Italy", *The American Journal of International Law*, Vol. 23, No. 3, Supplement: Official Documents. (Jul., 1929), pp. 187—195.

③ 参见 Gordon Ireland, "The State of the City of the Vatican", *The American Journal of International Law*, Vol. 27, No. 2 (Apr., 1933), pp. 271—289;[苏]约·拉普列茨基:《梵蒂冈——宗教、财政与政治》,世界知识出版社 1959 年版,第 128 页。

④ Gordon Ireland, "The State of the City of the Vatican", pp. 271—289.

《拉特兰条约》和梵蒂冈城国的建立,使"罗马问题"最终得到解决。二战后,1948 年的《意大利共和国宪法》确认并附入了此项条约,确定了今天意大利和梵蒂冈的关系格局。

梵蒂冈城国的建立标志着罗马教廷与意大利民族国家的完全分离,此后作为天主教中枢的罗马教廷以一个完全独立的主权国家身份——梵蒂冈城国在国际舞台上发挥独特的作用。罗马教廷的克里斯蒂亚大主教曾评价道:"梵蒂冈城国的形成,对创立教廷作为政治强国的条件具有头等重要意义。"[1]也有人评论《拉特兰条约》签订的作用认为:"此种外交上的胜利,使教皇的威望大增,且为教皇与世界各国政府的重要关系开了道路。"[2]

《拉特兰条约》的意义还在于,经过 59 年的冲突和对抗之后,意大利民族国家和罗马教廷重新确定了自己的角色和身份认同,重新认识了教皇的世俗权力和宗教权威之间的关系,并找到了妥善的解决办法,既符合现代民族国家政教分离的要求,也满足了教皇对俗权的要求,同时还满足了世界天主教徒对保证教廷独立性和超脱性的要求。

正如在上文中谈到的,保有广泛的世俗权力会削弱教皇的宗教权威,但是在民族主义泛滥的时代,如果作为一个世界性普世教会的领袖却受制于某一民族国家的世俗权力,必然损害其宗教权威和中立性。因此,解决教皇俗权问题的关键不是教皇是否应当保有世俗权力,而是应当在多大范围内保有世俗权力。《拉特兰条约》使完全由教皇主宰的"一隅之地"缩小到梵蒂冈的城墙之内,而保有这块弹丸之地和几乎没有任何实质意义的世俗权力的目的,正如庇护十一世在签订《拉特兰条约》当天对教廷枢机会议所声明的那样:保留仅有的这块土地是为了支撑神权;如果没有这块土地,一切将无以为继,因为神权没有了存身之所。[3]又如在 1965 年 10 月 4 日,教皇保罗六世在纽约联合国全体会议上谈到这一"微不足道的几乎是象征性的俗权"时,认为这是保证教皇得以自由行使神职的最低需要,正是有了它,人们才确信在这个世界上,教皇不受制于任何君主和国家,教会和教皇也才能够"一无所求,只想力所能及地,用无私、慈恩和仁爱为你们效劳"。[4]可以说,虽然领土是构成国家的第一要素,但是就梵蒂冈而言,其国家的组成却是为了执行远远超过其领土和公民组织之上的职能,也就是作为世界天主教中

---

① 刘明翰:《罗马教皇列传》,东方出版社 1995 年版,第 223—224 页。
② [美]谷勒本:《教会历史》,李少兰译,香港道声出版社 1983 年版,第 472 页。
③ [法]波帕尔:《教皇》,肖梅译,商务印书馆 2000 年版,第 25 页。
④ 同上书,第 26 页。

枢的职能。①

天主教的普世主义与民族主义的排他性之间的矛盾是难以调和的,而作为世界天主教徒的最高精神领袖,教皇身上不能蒙上民族国家的色彩。如果教皇受到意大利政府的庇护,便很难保证其超然性、中立性,对其充当精神指导的地位会产生很大的冲击。建立梵蒂冈城国,使教廷摆脱了意大利政府的干涉和庇护,淡化了意大利色彩,成为世界天主教徒的中心。正如一位观察家所评论的那样:"历史的进程似乎剥夺了罗马教皇的政治权力,将其权力范围限制到最低——梵蒂冈城以内,但实际上却保证了他的独立性,或者可以说使他超然世外,极大地壮大了他的精神影响,使他得以假道德准则之命,只维护有关教会道德责任的利益,而不受任何怀疑。"②

四、意大利民族国家所面临的问题

1. 地区发展不均衡和南北问题

19世纪六七十年代,意大利半岛结束了自西罗马帝国崩溃以来长达1 400多年的分裂局面,实现了统一。但是,在统一过程中也产生了两大痼疾,并深刻影响了此后意大利的发展命运。其一是1870年占领罗马、剥夺教皇世俗权力所导致的意大利世俗国家与罗马教廷间的敌对,由此产生了"罗马问题",直到1929年签署《拉特兰条约》才最终解决。其二就是1861年意大利南部与北部合并,这是加里波第和"千人团"远征的结果,从此意大利最终完成了统一。但是,由于南北之间在经济、社会、文化心理等方面所存在的发展差异,导致了"南方问题"的产生和恶化,这个问题一直延续到今天。

"南方问题"的本质是意大利南北发展不均衡的问题,由于它的存在,意大利现在是欧盟内部人均国民生产总值空间分布最不平衡的国家,现在这个问题已经成为欧盟内部甚至所有发达国家中最大的地区发展不均衡问题。著名经济史学家卡洛·齐波拉认为,南北方的差距已经成为今日意大利最严重的问题,这个问题将决定未来几十年意大利的命运。③

---

① Umberto Toschi, "The Vatican City State: From the Standpoint of Political Geography", p.532.

② [法]波帕尔:《教皇》,肖梅译,商务印书馆2000年版,第27页。

③ Carlo Cipolla, a cura di, Storia Facile dell' Economia Italiana dal Medioevo a Oggi(a cura e con introduzione di C.M. Cipofia), Milano, 1995, p.XI.

1875 年,帕斯夸莱·维拉里在《观点》杂志上发表了一系列有关南方地区的文章,并呼吁政府和学界关注南方的状况,从此,"南方问题"开始引起意大利学界的重视,成为同一时期研究最多的问题。学界又把对"南方问题"的研究同意大利的政治发展现实联系起来,使其具有很强的时代感。

意大利南北方分界线有不同的划分法,意大利中央统计局采取北部、中部和南部的三分法,而意大利宪法则将南部进一步划分为大陆南部和岛屿南部。对作为一个经济—社会概念的"南方问题"而言,一般认为其所包含的地域为首都罗马和亚得里亚海滨城市佩斯卡拉及其岛屿连线以南的地方(包括拉齐奥南部),面积占全国的 42%,人口占 37.43%(1951 年人口统计),包括半岛南部 6 个区和西西里、撒丁 2 个海岛地区,共 8 个大区。①

从表现上来看,长期以来,意大利南部贫穷,经济发展落后,黑社会猖獗,缺乏一个理性的、有序的、与工业文明相匹配的社会结构,在经济上与北方形成典型的二元结构:北部工农业经济发达,经济发展水平与西欧发达国家持平;南部经济落后,以农业为主。这种二元对立的经济结构及其发展程度,使南北之间的社会生活水平差别巨大,导致国家经济和社会资源的分配不公,并进而导致意大利北方与南方的冲突。

如果把意大利的"南方问题"看作是南北方之间在经济、政治、社会、文化传统、自然环境甚至种族方面的差距和差异,则其产生的时间可以追溯到政治统一以前的久远时代。但是 1861 年之后,在国家统一的大背景之下,原本是国家与国家之间的发展差距问题(那不勒斯王国与北方各邦国)转化成为意大利内部的地区发展不均衡问题,中央政府所应当承担的消除或缩小这种不均衡的责任问题也被提上桌面,正是从这个意义上,"南方问题"才真正出现。

在 1861 年实现南北统一的时候,南北方之间的差距就已经非常大,以至于有学者断言:"如果要对国家南北两部分经济和社会的发展作一个评价的话,应该说南北不平衡在 19 世纪前 60 年内最为严重。"②根据温琴佐·罗西在 1861 年编制的国民收入分配表,可以看出南北方之间的巨大差异:皮埃蒙特、利古里亚、伦巴第和威尼托等地区约占总人口的 1/3,但几乎集中了全部国民收入的 3/4,工业和第三产业收入的 5/6。关于经济结构的具

---

① Giuseppe Mammarella, *L'Italia contemporanea 1943—1998*, Bologna, Il. Mulino, 1998, p. 159.

② [意]瓦莱里奥·卡斯特罗诺沃:《意大利经济史:从统一到今天》,沈珩译,商务印书馆 2000 年版,第 61 页。

体数据更能说明南方的劣势。在农业上，南方农业从业者的毛产值比北方低 30％以上，南北牛类资源所占比重分别为 19％和 46％，南北蚕丝产值所占比重差距更大，分别为 16％和 78％。[1]呢绒业北部 62％，南部 25％；识字率北方 45.％，南部 25.9％。[2]

南方与北方的差距还体现在人们看不到南方"从传统生活制度向现代制度的过渡"的可能性[3]，各行业的发展一直处于一种停滞状态，很难有大的转变。在制造业领域，南方的制造业在规模和竞争力上都远远落后于北方，发展潜力也非常有限。外部资金进入南方以及企业的再投资困难重重，金融体系的落后导致融资手段的匮乏。由于意大利缺乏煤炭资源，只能大规模利用水力，但南方可利用的水力资源少得可怜，而北方从阿尔卑斯山麓到平原地区都有丰沛的水力可用，为工业发展提供了无尽的动力，电气化时代到来以后又成为水电工业最发达的地区。

从可利用的原料来看，除了西西里的硫磺矿，南方没有重要的矿藏，也没有冶金工业发展所需要的铁矿；而在意大利中北部，第勒尼安海北部沿岸、皮埃蒙特和伦巴第山区以及瓦莱达奥斯塔地区，煤铁矿藏相对丰富，冶金业比较发达。

从市场和金融业发展来看，南方的城市市场，包括那些联系乡村和大城市的小市镇，数量稀少且组织极差。南方的金融业，除了发行货币的银行外，一般的信贷机构和储蓄银行几乎不存在。

从交通来看，由于波旁王朝在 1848 年以后实行低税收的政策，使其没有能力进行大规模公共工程的建设，从而造成交通设施的落后。1860 年，那不勒斯王国的普通公路里程平均每平方千米不超过 0.1 千米，而同时期北方为 0.3 千米，南部地区几乎没有铁路。

从城市发展来看，南方的城市在地理分布上支离破碎，杂乱无章地聚集于沿海平原地带，由于内地交通落后，工商业不发达，使这些城市缺乏进一步发展所需要的辐射区和腹地。以那不勒斯城为例，在 1860 年时有 50 万人口，是意大利第一、欧洲第三大城市，但由于港口设施不足，交通不便，其

---

① ［意］瓦莱里奥·卡斯特罗诺沃：《意大利经济史：从统一到今天》，沈珩译，商务印书馆 2000 年版，第 49 页。

② Luciano Cafagna, "Discussion of the Origins of Italian Economic Dualism", in Giovanni Federico, ed., *The Economic Development of Italy since 1870*, Edward Elgar Publishing Limited, 1994, p.635.

③ ［意］瓦莱里奥·卡斯特罗诺沃：《意大利经济史：从统一到今天》，沈珩译，商务印书馆 2000 年版，第 60 页。

缺乏足够的经济实力承担起作为地中海最重要港口的贸易和金融领导作用。

导致南方落后和缺乏发展潜力的更重要原因是其农业经营体制和社会结构的落后。封建体制的顽固性和保守性是南部农业发展的最大特点。南方的土地大多为贵族地主所占有,他们是最保守的力量,长期抑制一切革新思想,阻止推广土地利用和资本流通的现代化体制,反对改革农业合同。同时,他们和一些拥有较多土地的农业资产阶级热衷于兼并土地,收买或吞并农民因为缺乏资金或受高利贷剥削而出卖的小块市镇公地的永久使用权。在土地经营上,南方最流行的是三级租佃制,作为中间人或者二地主的农业资产阶级热衷于盘剥佃农获利,而不愿意投资改良土壤、革新耕作技术和作物种类,不愿意改进契约关系以提高佃农的积极性,从而增加收益。

由此可见,国家统一时的南部自然环境恶劣,基础设施落后,工商业发展潜力很小,教育和文化不发达,社会结构僵化,民间力量缺乏自主创新和进步的能力,很难打破保守落后的社会环境。在这种情况之下,国家应当对南方进行有力度的干预和支持,"只有根据优惠和有约束力的准则,在公共干预的形式和程度上,明确给予南方优先权,才能纠正经济发展的地缘方针,至少可消除最明显的地区差异,不至于达到不可收拾的地步"。然而,这一切实际上并没有做到。①

领导意大利实现统一的政治家们也部分认识到维护统一和进行有效治理的重要性,马西莫·达泽利奥曾大声疾呼:"我们已经制造了意大利,现在我们必须制造意大利人。"②加富尔也在1861年初写道:"今日之任务较过去更为艰巨、更为棘手。创立意大利、把组成意大利的各种不同成分融为一体、协调南北两部分,这一切与反奥战争、反罗马斗争同样困难。"③

但是,有两大因素导致国家没能采取有效措施干预南方的发展。其一是当时的政治家们大多奉行自由贸易和自由放任的经济方针,主动放弃了对南方发展的干预;其二是统一后建立的中央集权的行政体制和统一的管理模式,阻碍了中央对南方发展的支援。

---

① [意]瓦莱里奥·卡斯特罗诺沃:《意大利经济史:从统一到今天》,沈珩译,商务印书馆2000年版,第64页。

② [意]T.戴蒂、[意]G.戈齐尼:《当代史 I:19世纪》(Tommaso Dettie, Giovanni Gozzini, *Storia Contemporanea I: L'Ottocento*),布鲁诺·蒙达多里出版社2000年版,第272页。转引自张雄:《意大利"南方问题"的缘起和发展》,《世界历史》2001年第6期。

③ [意]瓦莱里奥·卡斯特罗诺沃:《意大利经济史:从统一到今天》,沈珩译,商务印书馆2000年版,第65页。

统一后，南方经济最需要的是什么呢？很明显，要使南方摆脱停滞状态，就需要采取一些调整性的同时又是推动性的措施，鼓励生产性投资，以求不再丧失与先进地区正在进行的变革相关的阵地。为达到这些目的，不仅要增加公共支出的数量，还必须依赖国家干预的性质和具体方式，也就是说，为了打破古老的寄生性的农业制度的惰性和保守性，由国家主导，推动一个广泛的土地设施和贸易交往现代化计划是极其重要的，其最终目的则是要扩大固定资本，提高生产水平，促进经济走向新的平衡。

但是统一初期，政界和社会舆论对南方的真实情况并不了解，对南方抱有不切实际的幻想和希望，认为在消除了波旁王朝腐败的统治和地方自治主义的阻碍之后，南方能够凭借古老的"柑果园"和"巨大的自然财富"实现复兴，南方为这些不正确、虚假的希望付出了代价。仅以对农业发展非常重要的水利工程建设为例，在19世纪七八十年代，国家投入了大量资金，为北部的费拉拉地区、科马基奥山谷、波河三角洲以及罗马诺的土壤改良工程提供补贴，但直到1897年，国家才通过了第一个针对南方公共工程的法律《撒丁岛开垦法》，直到1906年国家才把卡拉布里亚大区改良土壤工程的补贴增加到80％以上。1862—1924年间，国家全部水利工程开支的分配如下：北方为49.40％，中部为42.50％，南方仅为8％强。[1]但根据经济学家潘塔勒奥尼的估计，1910年不同地区的财富量和税收比例却是：北部占全国财富的48％，支付40％的税收；中部占财富的25％，支付28％的税收；南方占财富的27％，却支付32％的税收，这是非常不合理也不公平的。南方不但被国家忽略了，也受到了北方的"殖民掠夺"。[2]

1861年以后，以撒丁王国为主体的北方官僚队伍始终把维护政治统一放在首位，他们关注的是加强军事和政治控制，确保"复兴运动"的成果。在此背景下建立的中央集权的行政体制，使南方难以建立一个足以发挥作用的立法机构，也不能建立一个精简、高效的行政机构。省市财政权的削弱，又使地方政府无法拥有必要的、广泛的手段来公平合理地解决公产问题，也无法根据本地区的特殊需要进行公共工程建设，改善基础设施。同时，统一后全国实现了公共机构和国家干预手段在法律上的统一，但是这种行政干预和领导准则是以意大利北方地区的情况为参照系制定的，如1882年，巴

---

① ［意］瓦莱里奥·卡斯特罗诺沃：《意大利经济史：从统一到今天》，沈珩译，商务印书馆2000年版，第67页。

② 丁建弘主编：《发达国家的现代化道路——一种历史社会学的研究》，北京大学出版社1999年版，第598页。

卡利尼法规定所有的公共工程均由国家直接控制，同时这些工程财政投入的一半要由省、市和私人机构承担。这种做法适合北方较发达地区的情况，却不适合南方，在那里，地方政府普遍亏空，无力支付其余一半的款项，私人投资的积极性很小。此外，金融体系的落后也限制了社会融资能力（1873年，全国有 279 家地方储蓄银行，但南方还不到 32 家；从事土地信贷业务的机构，南方也只有那不勒斯银行一家）。[1]所以，由于南方的落后，它所需要的是特殊的干预机制和投资。甚至像帕斯夸莱·曼奇尼这样强烈主张实现全国法律统一的人，在统一后不久也批评了南方"与意大利北方现行行政和制度过分划一的倾向"，并提出一个强化公共工程的计划和一个有利于南方的特殊立法。[2]

在国家统一后的很长一段时间里，国家有效干预的缺失，对南方的政治和社会结构也造成了较大的负面影响。南方统治阶级不愿也没有能力领导和实现这种现代化的干预。他们或者由于自私，为了拉选票，在一些大型公共工程的建设上屈服于一些宗派团体和院外集团的压力，或者贪污腐化，与投机分子互相勾结，中饱私囊，进而影响南方的发展。同时，由于缺乏有效的鼓励和扶助措施，农村中最有活力和进取心的阶层——中小地主逐渐演变成一些非生产性的中产阶级，有些人进入官场、军界、学界或教会，有些则成为纯粹的剥削者，靠压榨佃农维持生活。

从以上的分析可以看出，要改变南方落后的状况，国家大规模的干预是必不可少的，正如卢恰诺·卡法尼亚所指出的，在南方需要"国家实施一种非中立的、亦非稍有体现南方各省巨大需要的政策，即要实施一种明确的、有力的支持政策"。[3]二战以后意大利对"南方问题"的处理，也正是走了一条国家干预的道路。

以落后的农业经济为主体的意大利南方，并没有受到统一之后所推进的大规模工业化浪潮的影响，相反，北方工业化的发展进一步加剧了南北之间的差距。尽管在 19 世纪末的焦利蒂时代和一战后的尼蒂政府时期，以及更晚的法西斯统治时期，都曾为改变南方的落后状况做过一些努力[4]，但

---

① ［意］瓦莱里奥·卡斯特罗诺沃：《意大利经济史：从统一到今天》，沈珩译，商务印书馆2000 年版，第 67—68 页。

② 同上书，第 70 页。

③ 同上书，第 68 页。

④ 比较详细的论述请参见张雄：《意大利"南方问题"的缘起和发展》，《世界历史》2001 年第 6 期。

是,由于南北方发展的不同步,南北不平衡的状态也进一步加剧。20 世纪
50 年代末,北方的伦巴第和皮埃蒙特两个大区共计 1 125 万人,占全国总人
口的 22.4%,但它们却占全国纺织业就业人口的 66%,冶金业就业人口的
57%,机器制造业就业人口的 56%,化学工业就业人口的 54%。与此相反,
意大利南方共有人口 1 850 万人,占总人口的 38%,而这里只占全国纺织就
业人口的 5%,冶金业就业人口的 8%,机器制造业就业人口的 8%,化学工
业就业人口的 7%。1961 年在佛罗伦萨以北,工人总数超过 1.5 万人的市
有 29 个,佛罗伦萨以南只有 4 个。[①]

二战后,南方农民进行了声势浩大的"争取土地、反对失业"的占地运
动。此起彼伏的农民斗争使意大利政府不得不把解决"南方问题"提上议事
日程。与此同时,在经济界和政界出现了以工业部长罗多尔夫·莫兰迪和
国家经济规划部际委员会副主席帕斯夸莱·萨拉切诺教授为首的新南方主
义派,他们受战后意大利所盛行的三种经济思想的影响,即外部经济论(认
为某个行业中一家企业由于其他行业中一些企业的同时设立而获得利益)、
资本—产品比率论(强调国民收入的增长有赖于保持在投资和收入之间的
最高比例,通过提高资本化来增加产品供给)、倍数分析论(认为投资在增加
收入方面具有倍数效果,能够造成对商品的更大需求,从而促进生产和就
业),对通过国家干预改变南方落后状况抱有乐观的态度。[②]他们的主要观
点是:(1)工业化是使南方摆脱落后面貌的必要途径;(2)必须通过国家干
预为私人资本南下创造便利条件,使之有利可图;(3)南方的开发对整个
国民经济的发展至关重要,国家对南方的干预具有全国意义。在各方的
大力推动下,1950 年意大利政府决定对南方进行大规模有计划的特别
干预。

1950 年 8 月 10 日颁布的第 646 号法律,决定成立"南方公共事业特别
工程基金局",简称"南方开发基金局"。根据法律规定,南方开发基金局的
活动为期 15 年,创办基金为 1 万亿里拉(当时约合 16 亿美元),相当于当年
意大利全国国民收入的 10%。它所干预的地域面积达 13 万平方千米,占
全国领土的 43.2%。除干预南方的 8 个大区外,还包括与南方 8 个大区接
壤的拉齐奥大区、马尔凯大区的部分地区和属于托斯坎纳大区的岛屿。自
1950 年以来,意大利为开发南方颁布了 20 多个法律,在不同阶段为促进南

---

① 罗红波:《意大利南北发展不平衡及其启示》,《欧洲》1997 年第 1 期。
② [美]罗伊·威利斯:《意大利选择欧洲》,上海市"五·七"干校六连翻译组译,上海人民出
版社 1976 年版,第 190—191 页。

方的工业化进程采取了不同措施。

（一）第一阶段（1950—1957 年）

第一阶段可称为工业化准备阶段。这一阶段国家对南方的特别干预主要在两个方面：一是进行土地改革，没收或收买大庄园主的土地，分给无地或少地的农民，以缓和当时南方尖锐的阶级和社会矛盾。从 1950 年起，政府先后颁布了 3 个土改法：《西拉法》（1950 年 5 月 12 日）、《临时法》（1950 年 10 月 21 日）和《西西里地区法》（1950 年 12 月 27 日），没收或赎买大土地所有者的土地，据此分配土地 749 210 公顷，在 60 年代受惠家庭为 109 425 个，其中自耕农占 7.6%，对分农占 40.4%，雇农占 52%。①

二是大规模地改良农业和修建基础设施，为今后工农业的发展创造一个有利的环境。1950 年通过的第 646 号法律规定，南方开发基金局应当将基金的 77% 用于改善农业，其余的经费将用来修建沟渠、道路和旅游设施。根据这些规定，基金局在一开始就强调改良农业，同时也为工业进行基础设施建设。在 1950—1957 年间基金局所进行的主要活动包括：1952 年，开始在全部山区盆地进行造林和修建水利系统，并建设重要的铁路线；1953 年，开始实施那不勒斯市内的一些专门计划；1955 年，开始实施为拉布里亚制定的特别法案，为兴建水利灌溉工程和开垦荒地的 12 年计划提供财政援助；同时，基金局还被授权与国外缔结贷款合同，负责为工业发展提供财政援助。1950—1955 年，南方开发基金局用于基础设施建设投资达 4 677 亿里拉（按当年价格计算，下同），占整个基金局同期总投资的 82.5%②；截至 1957 年底，已被批准的工程项目价值达 8 840 亿里拉：这些项目中有半数已经完成，有 30% 正在进行中。基金的 50% 用在山区盆地开垦荒地和兴建水利方面，18% 用在铺设自来水总管道和排水管方面，18% 用在修建道路方面，其余则用在铁路和旅游规划方面。③

土地改革并没有完全解决南方的农业落后问题，反而带来了土改机构政治化、小土地所有制盛行、农民技术落后等问题，导致数百万农村劳力涌向城市，广大农民的政治和生产积极性没有调动起来。1959 年南方的人均国民收入只有全国平均水平的 65%，而同年西北部则为 164%；到 1987 年，

① Giuseppe Mammarella, *L'Italia contemporanea 1943—1998*, Bologna, Il Mulino, 1998, pp.155—156.

② 罗红波：《意大利南北发展不平衡及其启示》，《欧洲》1997 年第 1 期。

③ ［美］罗伊·威利斯：《意大利选择欧洲》，上海市"五·七"干校六连翻译组译，上海人民出版社 1976 年版，第 193 页。

南方人均收入只上升了 3 个百分点,达到全国平均水平的 68%。[①]

同时,一些批评者也认为,虽然南方开发基金局有效地进行了 1950 年法令所规定的活动,也实现了部分目标,但是单纯进行基础建设工程并不能促进大规模工业化,因此也就无法彻底改变南方的落后面貌。意大利政府吸取了批评者的意见,对南方的开发进入了第二阶段。

(二) 第二阶段(1958—1975 年)

1957 年 7 月 29 日意大利议会通过特别法令,将南方开发基金局的活动延长到 1965 年,并且规定未来的投资重点放在工业生产方面。因此,自 1958 年开始,意大利政府对南方特别干预政策的重点从大规模兴建基础设施转向大力促进该地区的工业化,这主要是通过三个途径实现的。

第一,由于承认了地区发展潜力不同的客观现实,所以法案规定南方开发基金局应该仔细选择那些具有发展潜力的"工业发展区"和"工业化核心",并进行重点投资。在具体执行中,工业发展区的基本建设任务由开发公司承包,南方开发基金局为之提供所需资金的 85%。

第二,1957 年 7 月 29 日的法案规定国家控股公司,特别是工业复兴公司和国家碳化氢公司,须将其工业投资总额的 40% 和新建工业企业投资的 60% 投在南方地区,这大大促进了南方的工业发展。在 1958—1965 年间,国家控股企业在南部地区投资的总额达 16 550 亿里拉,占南部工业投资总额一半以上,其中大部分投在钢铁、石油化工和水泥等基础工业上,大量资金被投放到塔兰托—巴里—布林迪西、那不勒斯—萨勒诺—卡塞塔、拉蒂纳—阿普里利亚、卡利阿里以及锡腊库扎—卡培尼亚—杰拉等地区,在这些地区建成了一大批规模巨大、技术先进的钢铁、机械、汽车、造船、水泥、石油化工等企业,如 1965 年在塔兰托建成投产的意大利联合钢铁厂,在那不勒斯—萨勒诺—卡塞塔三角地带建成的阿尔法—萨特汽车厂(年产 30 万辆阿尔法—罗密欧汽车)等。[②]

第三,通过给予税收和金融方面的优惠条件,吸引并鼓励私人企业到南方投资,以增强南方地区经济发展的自主造血能力。为了吸引私人企业到工业发展区投资设厂,政府制定了一系列措施,其中包括:(1)对南方新办工

---

① Brian A'Hearn, "Institutions, Externalities, and Economic Growth in Southern Italy: Evidence from the Cotton Textile Industry, 1861—1914", *The Economic History Review*, New Series, Vol.51, No.4(Nov., 1998), pp.734—762.

② [美]罗伊·威利斯:《意大利选择欧洲》,上海市"五·七"干校六连翻译组译,上海人民出版社 1976 年版,第 200—201 页。

厂给予 10 年免征利润税的优待（当时利润税率为 28%—36%），厂房建设经费由政府补贴 25%，购置机器设备由政府补贴 10%（如果从南方部门购置设备，补贴增加到 20%），政府还为新建企业投资提供 70% 以上的优惠贷款。(2)中央政府将其采购总额的 30% 用于南方。(3)为了提高企业的管理水平和技术水平，1965 年南方开发基金局创建了南方职业培训和研究中心。在这一系列优惠政策的吸引下，1959—1963 年，南方第一次出现工业投资高潮。工业投资的 72.9% 为冶金和石油化工业所吸收，绝大多数新建工厂属于国家参与制企业。①

　　1965 年第 717 号法律、1967 年颁布的第 1522 号共和国总统令和 1971 年第 853 号法律延长了南方开发基金局的活动年限，进一步放宽了政府对南方工业企业的优惠条件。第 853 号法律规定，1971—1975 年国家对固定资本投资在 1 亿—15 亿里拉的企业的创建、改造或设备更新提供所需资金 35% 的补贴（以提供设备、原料和半成品为主，对人烟稀少地区企业的补贴达 45%）；对固定资本投资在 15 亿—50 亿里拉的企业提供所需资金 15%—20% 的补贴、35%—50% 的优惠贷款；规定国家参与制企业新建工厂投资的 80% 和工业投资总额的 60% 必须投向南方。第 853 号法律使南方出现第二次工业投资高潮。如以 1960 年南方工业投资额为 100 的话，则 1968 年为 82.3，而 1974 年猛增到 226.5。第二次工业投资高潮主要涉及钢铁部门、机械和电子部门、初级化学部门，仍然是国家参与制企业一马当先。

　　（三）第三阶段(1976—1984 年)

　　1973 年石油危机以后，南方许多大型企业陷入困境。西欧其他国家和意大利北方的经济衰退，致使许多意大利南方劳工返回家乡，进一步加剧了南方的失业压力。为了降低失业率，保证南方经济的进一步发展，第三阶段意大利政府对南方进行特别干预的重点是发展中小企业，解决失业问题。1976 年 5 月 2 日颁布的第 183 号法律规定，改革以往单纯依靠大企业来促进南方工业化的做法，拨款 18.2 万亿里拉用于发展中小企业。法律规定，对于南方兴建新企业、扩建和改造老企业给予占固定资本投资 40% 的优惠贷款，利率为普通利率的 30%，贷款期限为 15 年（新建企业）和 10 年（其他项目）。上述企业还可以从政府得到投资补贴。第 675 号法律规定，对于更新设备和进行结构改造的企业给予占投资总额 70% 的优惠贷款，期限为 15 年；同时，70 年代中期成立的南方金融租赁公司专门向该地区中小企业优

――――――――――
　　①　罗红波：《意大利南北发展不平衡及其启示》，《欧洲》1997 年第 1 期。

惠出租先进技术设备和生产流水线。1976—1984 年,国家对南方特别干预共拨款 34 万亿里拉。

(四)第四阶段(1985 年以来)

南方开发基金局自 1950 年成立后,曾 6 次延长活动年限。1984 年 7 月 31 日在南方开发基金局活动年限再次到期时,政府有关继续延长南方开发基金局活动年限的法案被众议院驳回。1984 年 8 月 6 日意大利政府颁布共和国总统令,宣布清算南方开发基金局。南方开发基金局清算完成后,取而代之的是南方发展促进公司和其他机构。与南方开发基金局不同的是,南方发展促进公司具有法人地位,是公私合营企业,其资金来源包括 3 个方面:(1)南方经济开发银行、西西里工业投资银行和撒丁工业信贷银行的贷款;(2)南方农业投资公司、南方投资公司、南方新建企业投资公司、南方销售投资公司等私营公司的入股;(3)南方发展资助局、南方职业培训和研究中心、南方发展协会等公有机构的入股。

清算南方开发基金局以及由南方发展促进公司承担原南方开发基金局的职责,标志着意大利政府对南方的干预开始向综合性和常规性转变。1986 年 3 月 1 日颁布的第 64 号法律明确规定了新的干预目标,即促进落后地区经济社会的平衡发展,促进、保护和发展生产,推动技术革新,继续发展基础设施和服务设施,保证劳动力特别是青年人的就业。第 64 号法律还规定增加对南方科学技术研究的优惠和补贴。例如,法律规定,新建和扩建的研究所可享受所需资金 50% 的投资补贴,拥有 15 个雇员以上的研究所均有资格享受补贴;直接为生产服务的新建研究单位可享受相当于投资 80% 的补贴。第 64 号法律还规定,继续贯彻有关减少南方企业增值税的规定,用于再投资的利润一律免除地方所得税,新建工厂可在 10 年内免缴全部法人所得税。1992 年颁布第 488 号法律,规定增加拨款 23.8 万亿里拉。其中 13.8 万亿里拉用于完成第 64 号法律遗留项目,10 万亿里拉用于开发具有战略意义的生产项目。[1]

自 1950 年以来,意大利政府对南方进行特别干预,促进该地区发展,已经有多年的历史,在这期间,国家投入了大量资金,完成了上千个项目,现在虽然意大利国内不同党派、不同阶层的人士对南方干预政策及其成效褒贬不一,但从总体来看,南方开发政策还是符合意大利国情的,并取得了较大的成效,南方已经摆脱贫穷落后的面貌,跟上了国家整体发展的步伐。

① 罗红波:《意大利南北发展不平衡及其启示》,《欧洲》1997 年第 1 期。

首先,工业和第三产业得到快速发展,产业结构发生了变化。1951—1988年,在南方就业人口构成中,农业的比重由57％下降到16.3％,工业的比重上升到23.2％,第三产业上升到60.5％。在南方以要素成本计算的增加值中,1984年工业(包括建筑业)的比重达29％,农业的比重已下降到10.3％,第三产业达60.7％,产业结构的升级表明,南方基本具备了现代经济和社会的特征。[①]其次,南方已建成现代化交通网。1951年南方公路线总长4.3万千米,1987年增加到10.6万千米,其中高速公路和国家级公路总长2.3万千米,人均拥有千米数大大超过北方。南方的铁路干线全部实现电气化,高速火车已通达南方。人均拥有汽车车辆数目已与北方持平。再次,南方居民生活水平得到提高。南方地区家庭用电量基本达到全国平均水平。1987年,南方家庭在饮食、购置衣物、房产、家具方面的消费,基本与北方持平。在医疗卫生、教育等方面的消费也比以前有了很大的提高。如果没有国家的特别干预,南方很难达到今天这样的水平。由此可见,意大利开发南方政策的成绩是显著的。

但是,多年的投资与开发仅仅是改变了南方绝对贫穷落后的状态,并没有使南方达到或超越北方的经济和社会发展水平,南方相对落后的状况仍然十分严重。从意大利全国来看,南北发展不均衡的问题仍然存在,并导致了比较严重的社会与政治问题。

如意大利南方的人均国民生产总值在1951—1955年间为中北部的56％,1971—1975年间上升到62％,1986—1988年又下降为58％;1987年以欧共体12国人均国内产值为100,意大利全国为104,最发达的伦巴第地区达到137.3,最落后的卡拉布里亚为58.7％;根据那不勒斯银行提供的资料,1995年,南方人均国内产值为1 909.7万里拉,仅为北方(3 348.8万里拉)的57％;根据意大利中央银行估计,南部人均国民生产总值在1947—1983年间增长3倍,仅相当于中北部20年前的水平。[②]意大利中央统计局发布的统计数字显示:2000年意大利全国贫困家庭数量(此类家庭月均消费156.9万里拉以下)为270.7万,占家庭总数的12.35％(1999年为11.9％),在北部、中部和南部分别占当地家庭总数的5.7％、9.7％、23.6％。2000年依据主要财产和服务确定的绝对贫困家庭占全国家庭总数的4.3％,即95.4万户,共计293.7万人。南方集中了70.7％的绝对贫困家庭。

---

①　罗红波:《意大利的计划与市场》,《欧洲》1993年第3期。

②　参见Jane Schneider, ed., *Italy's "Southern Question": Orientalism in One Country*, New York: Berg, 1998, p.206;罗红波:《意大利的计划与市场》,《欧洲》1993年第3期。

意大利中央统计局发布的另一组数据显示,2000 年意大利每个家庭平均每月花费 4 216 844 里拉,比 1999 年增长 4.3％,北部家庭增加 5.8％,南部家庭增加 4.6％,差距是每月 120 万里拉。[①]

　　意大利南北长期存在的发展不均衡,不仅影响整体国民经济的发展步伐,还会引发严重的社会和政治问题,削弱人们的国家认同感和民族意识,甚至导致国家的分裂,这一点,无论是在历史上还是在现当代,都曾出现过。在 19 世纪 70 年代"南方问题"浮出水面之后,许多研究者认为造成南方落后的原因是北方对南方的剥夺,把意大利的政治统一干脆说成是北方对南方的殖民化,或者认为北部殖民者强行破坏了南方已有的工业体系,把南方转变为北部的商品和廉价劳动力市场,或者从政治上强调北方对南方的征服。[②]也正是出于这种心态,再加上南方地区一直存在的反国家主义和分离主义传统,意大利国家就成了南方的敌人,特别是在具有悠久反抗传统的西西里人眼里,无论是诺曼征服者,还是波旁国王,抑或是现代意大利,都成为自己的敌人。[③]这种分离主义在二战中达到了高潮,其间安德烈亚·费诺基诺·阿普利雷领导的西西里分裂运动坚持了4 年之久。

　　二战后,国家为推动南方的开发,向南方投入巨额资金,其来源主要为北方的税收。但是,"南方问题"久拖不决,多年的开发并没有取得显著效果,同时大量的款项被贪污和浪费,从而激起了北方人的不满。在此情况下,许多北方人抛弃了民族复兴运动先哲们关于统一国家的理想,重新唤醒了北方在中世纪培养起来的地方自治和分离传统。20 世纪 90 年代"北方联盟"的崛起集中体现了北方人的这种心态。作为一个政党,"北方联盟"的目标是实现区域自治,特别是财政和政治—行政自治。1993 年的全面抽样调查表明,虽然"非常赞同""在我们地区征收税款的大多数应当用于原地"的人数不到一半(43％),但是"北方联盟"的支持者中对此持"强烈赞同"的几乎达 2/3(63.6％),同意"最好是北方与中部和南部分裂出来"观点的人有19％,而在北方联盟党人中,这个百分比是 34％。[④]虽然随着 20 世纪 90

　　① 米兰《晚邮报》(*Corriere della Sera*),2001 年 7 月 31 日,2001 年 6 月 22 日。转引自张雄:《意大利"南方问题"的缘起和发展》,《世界历史》2001 年第 6 期。

　　② Jane Schneider, ed., *Italy's "Southern Question": Orientalism in One Country*, New York: Berg, 1998, p.28.

　　③ 《西西里和西西里人》,《马克思恩格斯全集》(第 15 卷),人民出版社 1965 年版,第 49 页。

　　④ Salvatore Sechi, *Deconstructing Italy: Italy in the Nineties*, Berkeley: University of California Press, 1995, pp.281—285, p.287.

代中期以来意大利政局的稳定和国家行政体制向联邦制的转变,"北方联盟"的影响逐渐衰弱,但由于地区发展不均衡而引起的这种分裂倾向还是值得人们深思。

2. 意大利的少数民族问题

人们一般把意大利看作单一民族国家,意大利政府、研究机构以至一般居民也大多有着类似的看法。在意大利,引起人们关注的是由于发展不均衡而引发的发达的北方与相对落后的南方之间的矛盾,民族矛盾则很少引起注意。其实在意大利,除占全国人口97%的意大利人以外,还有一些人数较少的民族或人种存在,如弗留利人、南蒂罗尔人、普罗旺斯人、拉丁人、斯洛文尼亚人、希腊人、阿尔巴尼亚人、加泰隆人等,其总数不超过意大利总人口的3%。[①]

在二战以前和战后很长一段时间里,意大利政府和许多学者只承认在意大利存在着不同的语言集团,而不承认意大利有少数民族,还有人认为这些语言实际上是意大利的不同方言或者是由意大利语演变而来的,在法西斯时期,政府甚至不承认意大利存在语言上的差别,鼓吹意大利是一个单一语言的国家。20世纪70年代以来, 些学者在做了大量调查研究之后,才承认"意大利还存在许多地方方言,或者说是存在一些讲外国古老语言的集团,在任何情况下都不应该忽视,他们是'语言上的少数民族'"。[②]意大利政府也不得不承认这一点,并设立了5个语言上的少数民族自治区。它们是:特伦蒂诺—上阿迪杰(南蒂罗尔)区、瓦莱·达奥斯塔区、弗留利—威尼斯·朱丽亚区、撒丁区和西西里区。特伦蒂诺—上阿迪杰区居住着南蒂罗尔人、拉丁人;瓦莱·达奥斯塔区是普罗旺斯人聚居的地区;弗留利—威尼斯·朱丽亚区有弗留利人、斯洛文尼亚人和少量的南蒂罗尔人和克罗地亚人;西西里及意大利半岛南端生活着阿尔巴尼亚人和希腊人;撒丁岛的阿尔盖洛地区居住着加泰隆人。

从意大利现当代的发展历程来看,特伦蒂诺—上阿迪杰地区的民族问题相对突出。这些问题,特别是其中说德语的南蒂罗尔人的民族问题最具代表性,不但在意大利国内产生了较大影响,而且导致了奥地利与意大利之间的外交纠纷,甚至发展到上诉联合国和国际法庭的程度。也正是由于这种情况,才促使人们关注意大利的民族问题。

---

①②　赵锦元编著:《欧洲民族主义发展新趋向》,中央民族大学出版社1996年版,第179页。

　　特伦蒂诺—上阿迪杰大区(Trentino-Aldo Adige)位于意大利北部,与奥地利和瑞士接壤,包括以意大利语为主的特伦蒂诺省和以德语为主的博尔扎诺省2个自治省,面积1.3万平方千米,总人口约93万人。[①]在历史上,这一地区最早的居民是凯尔特人,后来被罗马人征服。公元5世纪末,居住在巴伐利亚地区的日耳曼人向南推进并占领了蒂罗尔,从此开始了这一地区的日耳曼化过程。在日耳曼语言的传播过程中,一些偏僻的峡谷未被这种语言同化,生活在这里使用拉丁语的居民便形成了今天的拉丁人。同时,特伦蒂诺地区在语言上也一直没有被日耳曼化。12世纪最后20年,上阿迪杰地区成为蒂罗尔伯爵封地,最初只限于海拉纳周围地区,以后逐渐向四方扩大,因此这一地区又被称为蒂罗尔。1805年,奥地利在奥斯特里茨战役中被拿破仑击败,被迫将蒂罗尔(包括特伦蒂诺地区)割让给法国的盟友巴伐利亚王国。1810年,拿破仑将蒂罗尔合并入意大利王国,并在此设立上阿迪杰行政区。随着拿破仑帝国的崩溃,奥地利在1813年占领了蒂罗尔,并于1815年将其正式并入奥地利版图。此后的100多年里,奥地利统治者在上阿迪杰地区大力推广德语,并得到了要求在全省实行日耳曼化的德意志国家主义运动的支持,但同时也遭到了意大利领土收复主义者的强烈反抗。在这种背景下产生了保持和传播古拉丁语的拉丁运动,与奥地利人的日耳曼化运动唱对台戏。

　　第一次世界大战以后,根据《圣日耳曼条约》的规定,上阿迪杰划归意大利。意大利政府在上阿迪杰地区推行严厉的"去日耳曼化"运动,如禁止在当地政府机关中使用德语,逐步关闭一些德语学校并采取措施禁止德语、拉定语文化集团的活动。标榜民族主义的墨索里尼在意大利夺取政权后,在上阿迪杰地区采取了更严厉的措施。1926年8月25日,当地政府宣布恢复使用各种法令的意大利语名称,与此同时,任何用德语书写的文件均被禁止,在各种企业、事业单位中以及在文化和法律领域只允许使用意大利语。德语民族的政党也被解散。在这种情况下,讲德语的职员不是被解雇,就是被调动工作。同时,意大利政府还采取各种措施鼓励意大利人移居到上阿迪杰地区,希望以此"冲淡"当地的日耳曼色彩。到20世纪30年代后半期,在上阿迪杰地区,特别是其中的博尔扎诺市、米拉诺市和布莱萨诺市等大部分地区,人口和语言结构已经明显改变,讲意大利语的人口已超过德语民族

---

　　① 范振军:《特伦蒂诺—上阿迪杰——欧洲民族自治地区的典范》,《中国民族报》2006年9月22日、29日。

集团,并遍及全省农村。1938年纳粹德国吞并奥地利后,解决南蒂罗尔问题成为希特勒和墨索里尼的紧迫任务。一方面,希特勒希望创建一个牢固的德意志民族国家并在东方新征服领土上定居其居民,声称是为了更好地保护他们;另一方面,墨索里尼为了使上阿迪杰完全意大利化,巴不得讲德语的南蒂罗尔人离开当地。在这种形势下,经过协商,两国达成了南蒂罗尔居民国籍选择权协定。根据这个协定,愿意继续留在上阿迪杰的南蒂罗尔人要发表保持意大利国籍的声明,放弃任何分裂企图;愿意成为德国公民的必须离开自己的家园,由德国政府予以安置,意大利政府将为此提供搬迁和安置费用。这一时期的南蒂罗尔人面临着集团、家庭和个人的国籍选择,在举行公民投票后,2/3的南蒂罗尔人(大约7.5万人)作出了迁徙的决定,由意大利提供70亿里拉的搬迁费。这个过程始于1939年下半年,一直持续到1943年。但在1945年以后,大约有2.1万南蒂罗尔人又从德国、奥地利,特别是从捷克斯洛伐克返回意大利。[①]

　　这些重返家园的人希望能够合并到奥地利或享有特别自治权。虽然这一要求得到了美国和英国等战胜国的重视,但出于地区稳定的考虑,《圣日耳曼条约》所确定的国界线依然有效,上阿迪杰仍属于意大利。1946年9月5日,意大利总理加斯贝利与奥地利外长格鲁伯在巴黎签署协议,规定给予上阿迪杰地区广泛的自治权和保护当地居民使用德语的权利,确保上阿迪杰地区经济和传统文化的发展,并确保当地居民能够行使自治立法权和行政权。1948年2月26日,意大利颁布《自治法》,把特伦蒂诺省和博尔扎诺省合并为特伦蒂诺—上阿迪杰大区。这个法令也是特伦蒂诺—上阿迪杰地区的第一个自治法,大区所拥有的权限涉及职业结构、文化、经济、居民、建筑、贸易和市场的调整等方面。但是,为了制止当地的分离倾向,意大利政府在区域划分时作了比较巧妙的安排。在上阿迪杰,2/3的居民是南蒂罗尔人,他们要求自治区的划分应只包括上阿迪杰,但意大利政府将主要是意大利人的特伦蒂诺省也包括在自治区内,这就使意大利人政党在特伦蒂诺—上阿迪杰自治区的议会和政府中占据了优势,再加上中央政府向地方各级政府派驻的专员、总督全部是意大利人,他们也竭力维护中央的权威并加强集权,南蒂罗尔人所享有的自治权利被大大地削弱了。

　　南蒂罗尔人和奥地利政府对此深表不满,认为地方自治法和法律的执

---

　　① 赵锦元编著:《欧洲民族主义发展新趋向》,中央民族大学出版社1996年版,第183页。

行均违反 1946 年《巴黎和约》的精神。1954 年,南蒂罗尔人民党向意大利政府递交一份备忘录,敦促按《巴黎和约》的精神来实现地方自治,不久奥地利政府也向意大利政府递交了一份有关的照会。此后几年,上阿迪杰民族问题进一步恶化,南蒂罗尔人民党宣布退出地方政府。1959 年 10 月,奥地利外长克伦斯基将这个问题上诉到联合国,控告意大利违反《巴黎和约》。为了反击,意大利政府则向国际法庭起诉,要求对《巴黎和约》的实施方式作出裁决。联合国于 1960 年和 1961 年进行了辩论,两国外长于 1961 年 1 月 27—28 日、5 月 24—25 日和 6 月 24 日分别在意大利米兰、奥地利克拉根福和瑞士苏黎世举行了 3 次会谈,但问题仍然没有解决。

20 世纪 60 年代初,南蒂罗尔人相继成立了一些政党,同时也出现了一些持激进观点的秘密组织,他们作为一种压力集团得到南蒂罗尔人的支持。在政治上,这些组织都得到奥地利外交上的支持。个别秘密组织采取了恐怖主义行动,这样便加剧了本已复杂的民族矛盾,也不利于维护少数民族的利益。

经过多年的努力,上阿迪杰地方政府和中央政府终于在 1964 年达成协议,成立一个"研究委员会",由 19 名意大利和南蒂罗尔人组成,故也称为"十九人委员会"。它的任务在于研究提出一个新的地方自治法。此后,政府代表和南蒂罗尔人不断地磋商,同时意大利和奥地利政府之间也多次进行接触。在此基础上,意大利政府提出了一个特伦蒂诺—上阿迪杰地区的自治法草案。1966 年 9 月该草案被南蒂罗尔人民党拒绝,但提出可以与中央政府就草案内容继续举行磋商和会谈。最终于 1969 年 9 月南蒂罗尔人民党的绝大多数代表通过了包括 137 个要点的一揽子计划。不久以后奥地利议会也作出了积极回应。

1971 年 11 月 10 日,意大利议会通过了关于上阿迪杰地区的新地方自治法。重新制定的地方自治法以及一系列的具体措施有助于上阿迪杰民族问题的解决,或者说长期存在的民族问题起码得到了暂时的缓和。

根据特伦蒂诺—上阿迪杰大区新自治法的有关规定,大区的政府机构包括大区议会、大区执行委员会及其主席,其中大区议会由特伦蒂诺省和博尔扎诺省的议会议员组成。大区议会有 70 个议员名额,按比例在各个选区分配议员席位和投票选举,任期 5 年。议长、副议长和秘书处成员从大区议会议员中选举产生,其中议长和副议长分别从讲意大利语和讲德语的议员中轮流产生。大区执行委员会包括代表该大区行使国家授予的行政职权的执委会主席 1 人,另设副主席 1 人,以及一些官员,这些官员都从大区议会中通过秘密投票选举产生,其任期与大区议会的任期相同。中央政府向大区派驻专员,以有效协调国家、大区和省之间的关系。政府专员在大区范围内任命,专门负责特伦蒂诺省和博尔扎诺省的公共秩序,并向国家内政部负责,主要义务包括监督有关省的办公室的工作、监督国家授权给省和其他地区机构的职权的实施等。[①]

自治法还对当地民族语言的使用和文化发展作出了特别规定,主要包括以下几个方面:保证当地讲德语居民的文化和语言权利,幼儿园、小学和中学都必须由与学生有着相同母语的教师用学生的母语进行教学,各个公共部门和公共机构的职位也必须依据当地语言群体间的比例分配职位名额;在以德语为主的博尔扎诺省,幼儿园、小学和中学用意大利语或德语教学,学生可根据自己的母语选择教学语言,授课老师也用自己的母语教学;各省有权就省级地方习俗和文化机构等问题颁布立法条款,而博尔扎诺省还有权就广播电视颁布立法,但无权建立广播电视台。这些规定给了了当地居民较大的自由选择语言的权利,对民族文化发展也具有重要的推动作用。此外,特伦蒂诺—上阿迪杰大区以及特伦蒂诺和博尔扎诺两个省都享有很高程度的自我管理权利,包括基础设施、社会福利、重点产业和地方传统等方面的自治立法权;特伦蒂诺—上阿迪杰大区的自治地位受到有关国际协议、国家宪法和自治省法律的保护等。

特伦蒂诺—上阿迪杰自治大区的成立,既是上阿迪杰民众多年来争取自治权利的成果,也为欧洲其他正在争取民族自治的地区和民族提供了极好的借鉴。意大利政府在特伦蒂诺—上阿迪杰大区实行的这种以尊重和保护不同文化为主要内容的自治模式,成功地化解了不同语言群体间的冲突。可以说,这种模式在造就一个地区的不同语言群体间和平共处方面是成功的。

除了特伦蒂诺—上阿迪杰地区的南蒂罗尔人问题,意大利还存在着其他的一些民族问题,如弗留利—威尼斯·朱丽亚大区的弗留利人问题、西西里大区的阿尔巴尼亚人问题等。但总体来看,在经济发达、民主法制比较健全、社会文化强调宽容和谐的意大利,这些民族问题都得到了比较妥善的解决,特别是从 20 世纪 90 年代中后期开始的意大利宪政改革,给予地方政府更多的自治权利,在这种情况下,即使由于语言、教育、地理位置等因素的影

---

① 范振军:《特伦蒂诺—上阿迪杰——欧洲民族自治地区的典范》,《中国民族报》2006 年 9 月 22 日、29 日。

响,一些少数民族地区在经济发展水平上还存在一定的差距,但民族矛盾激化的可能性已经不大。

3. 欧洲一体化进程中的意大利

实现欧洲统一的想法在意大利很受欢迎,罗马帝国和中世纪天主教一统天下的辉煌记忆,使意大利人感觉到只有他们曾经在统一欧洲方面作出了成功的努力。马志尼就一直宣扬三个罗马的理论:"帝国的罗马、教皇的罗马、人民的罗马",前两者都已经成为历史,现在正为之奋斗的"人民的罗马"是"应该在共同的行动和共同的思想信仰基础上,统一欧洲、美洲和地球上的其他世界部分"。[①]所以说,在19世纪中期为实现意大利民族复兴而奋斗的这些人,虽然首先是一个民族主义者,但同时也是一个支持欧洲统一的世界主义者。

在组建"青年意大利"之后,马志尼便立即投身欧洲各国人民的联合事业。在他的帮助和指导下,居住在瑞士的各国流亡者相继建立了"青年德意志"与"青年波兰"两个组织。在马志尼的思想中,欧洲是由三大"族系"组成的,这就是以意大利为代表的"古希腊—拉丁族系",以德意志为基础的"日耳曼族系",以及以波兰为代表的"斯拉夫族系"。在这三个"族系"中,意大利和德意志陷入长期的分裂状态,没有形成自己的民族国家,波兰虽然曾经存在统一的国家,后来却被瓜分殆尽,三大"族系"都面临着反抗压迫、实现民族统一和复兴的任务。但是,马志尼的高明之处在于他的思想超越了民族主义的樊篱,始终具有关怀人类命运的世界主义情怀。1834年4月15日,经过马志尼的努力,"青年德意志"和"青年波兰"便与"青年意大利"一起组成了"青年欧洲"。在实现组织合并的《博爱公约》上签字的有7名意大利代表、5名日耳曼代表和5名波兰代表。"青年欧洲"是近代第一个欧洲主义组织,其所关注的目标,正如马志尼在该组织的第一份宣言即题为《致瑞士爱国者》的呼吁书中所阐明的,是为未来欧洲的发展命运做出有益的尝试:"整个欧洲在19世纪将走向何处? 我们的未来将会怎样? 本组织经过不懈努力,对此作了回答,这就是建设一个'青年欧洲'。一个'青年欧洲'正在期待着我们。这是一个人民的'青年欧洲',它将在由各国王朝组成的'旧欧洲'的基础上产生。我们将高举崭新的'平等'旗帜,为反对腐朽的特权而

---

① [意]玛丽娅·格拉齐娅·梅吉奥妮:《欧洲统一,贤哲之梦——欧洲统一思想史》,陈宝顺、沈亦缘译,世界知识出版社2004年版,第42页。

斗争。在反对旧势力的斗争中,新思想必胜。"马志尼在呼吁书中接着指出,新欧洲将是一个属于欧洲各国人民的"共和制邦联"。①

马志尼在投身欧洲各国人民联合事业的同时,也不乏对祖国的热爱。反过来,爱国热情又促使他去热爱所有人的祖国。在意大利民族复兴运动中,马志尼的这种爱国热情从来没有蜕变为民族主义狂热或沙文主义的歇斯底里,相反,在意大利特殊的文化与民族心理之下,民族主义与世界主义找到了恰当的结合点,可以说,这就是意大利民族主义的最大特点。所以,虽然在20世纪上半叶意大利经历了两次世界大战和长达20多年的法西斯统治,极端民族主义一度得到大肆宣扬,但是在意大利的精英阶层中,促进欧洲联合的呼声一直存在。面对第一次世界大战的灾难,意大利经济学家伊诺蒂分别在1918年1月5日和12月28日的米兰《晚邮报》上发表了两篇重要文章,对爆发第一次世界大战的原因进行了分析,认为是国际无政府状态导致了战争,要确保和平,欧洲各国应当限制自己的主权,效法美国,建立欧洲合众国。②

第二次世界大战期间及以后的一段时间,是意大利欧洲联邦主义者的活跃时期。一群被囚禁在文托泰内岛上的反法西斯知识分子,如阿尔蒂埃罗·斯皮内利和埃尔内斯托·罗西等人,起草了一份《文托泰内宣言》,该宣言具有明显的联邦主义色彩,鼓励人们将抵抗运动与创造自由统一的欧洲联邦结合起来,永远消除欧洲的分裂和战争。1943年7月墨索里尼垮台以后,这批政治犯获得释放,《文托泰内宣言》及欧洲联邦主义思想随即扩散到整个意大利,成为意大利抵抗运动中最有影响力的思潮。1943年8月,包括斯皮内利、罗西和科洛尔尼在内的欧洲联邦主义者在米兰召开会议,创立了欧洲联邦主义者运动,成为推动欧洲联邦运动的政治载体。

1944年5月,欧洲九国抵抗运动组织代表在日内瓦秘密举行了第一次联邦主义积极分子大会,男女代表共15人,斯皮内利和罗西也到会。会上发表了《欧洲抵抗运动组织声明》,又称《联邦主义声明》,并以此作为标题刊登在《欧洲团结报》(1944年7—8月刊)。《声明》论述了需要建立一个欧洲联邦,制定成文宪法,成立一个直接向欧洲人民负责的超国家政府,而不是

①　[意]焦瓦尼·斯帕多利尼:《缔造意大利的精英:以人物为线索的意大利近代史》,戎殿新、罗红波译,世界知识出版社1993年版,第186页。
②　[意]玛丽娅·格拉齐娅·梅吉奥妮:《欧洲统一,贤哲之梦——欧洲统一思想史》,陈宝顺、沈亦缘译,世界知识出版社2004年版,第57页。

向各国政府负责的政府;同时,还应成立一支在这个超国家政府控制下的军队,在这支军队之外,不允许其他军事力量的存在;欧洲联邦政府应当设立一个司法法院,这个司法法院有权解释宪法,并在联邦与联邦内的各个成员之间进行仲裁。①出席日内瓦会议的欧洲各国代表,除了丹麦和挪威代表外,都支持大会的宣言。《日内瓦宣言》和其他表达类似观点的文件在各国的抵抗运动中广泛流传,从而使欧洲抵抗运动的领袖们达成了一种共识,即除了欧洲一体化外,他们不接受其他的欧洲政治重建的方案。

二战结束以后,形势发生变化。为此,欧洲联邦运动很快成立了一个领导机构,并于 1945 年 9 月 9—10 日在米兰公开举行了第一次大会,参加者除全体创始人外,还有积极分子和来自佛罗伦萨的欧洲联邦联合会领导成员,意大利临时政府的一些成员如建设部副部长罗西、意大利银行总裁伊诺蒂,以及米兰省长和市长等都派代表参加大会表示支持。在会上决定成立3 个工作中心:罗马中心,任务是对政府施加政治影响,同各政党和政界人士保持经常的联系;佛罗伦萨中心,负责文化任务,开展与联邦主义有关问题的研究;米兰中心,主要负责组织宣传工作、吸收会员工作以及与另两个中心的联络和信息交流工作。

但是,在 1945 年以后的一段时期里,意大利的主要任务是进行国内重建,包括清除 20 多年法西斯统治的影响,重建新的政治制度,恢复并发展被战争摧毁的国民经济,恢复意大利平等的国际地位,实现国家的正常化。只有在这些任务完成以后,意大利才能重新考虑欧洲问题。在这种情况下,欧洲联邦主义者的活动就显得有些不合时宜。1946 年意大利行动党的解散标志着联邦主义者的失败。虽然行动党和欧洲联邦运动纲领健全、人才济济,费鲁乔·帕里还担任了战后首届政府的总理,但是他们都没有适应战后意大利所处的环境,同时他们也没有弄明白,欧洲统一的理想必须从意大利国内环境中逐渐发展起来,而不能从外部强行施加。欧洲联合不能只有理想,还必须有切实可行的办法。

联邦主义运动还是取得了一些具体的成就,这些成就为以后意大利积极参与欧洲联合提供了保障。欧洲联邦主义者们认识到,为了促进欧洲一体化,意大利最终必须放弃部分国家主权。所以在他们的努力下,意大利制宪议会在 1948 年宪法的"总则"中列入了第 11 条。根据该条规定,意大利

---

① 李世安、刘丽云:《欧洲一体化史》,河北人民出版社 2003 年版,第 14 页。[意]玛丽娅·格拉齐娅·梅吉奥妮:《欧洲统一,贤哲之梦——欧洲统一思想史》,陈宝顺、沈亦缘译,世界知识出版社 2004 年版,第 100 页。

"在同其他各国平等的条件下,对主权作必要的限制"。①这就意味着,为了促进欧洲一体化进程,意大利不惜放弃部分国家主权。当然,这个成就的影响只有到欧洲一体化进程真正启动以后才得以体现。正是有了宪法第11条的授权,意大利才能够积极顺利地参与并推动欧洲一体化进程,从中发挥特殊的作用。

正是因为欧洲联合的思想在意大利有如此深厚的基础,且战后掌握意大利命运的政治家们也大多受其影响,所以意大利一直是欧洲一体化的热心拥护者,同时也对推动和实现欧洲一体化的途径和方式提出了自己独特的看法,并在欧洲一体化过程中发挥独特的不可替代的作用。

首先从意大利对欧洲一体化的态度来看,可以说意大利人是欧洲一体化最忠诚、最热心的支持者,可以用"积极支持、全力推动"来概括。由于欧洲联邦主义者的广泛宣传,欧洲联合的观念在意大利深入人心,所以就出现了非常奇怪的现象,在参加煤钢联营的其他5国中,推动实现国家间和解与联合的主要动力来自社会精英阶层,同时他们还要面对来自民众和反对者的抨击,作出类似的决定需要很大的勇气和冒很大的风险。在意大利,情况却完全相反,几乎所有的党派都支持推动欧洲一体化,在社会上,从精英阶层到普通民众,对欧洲一体化的了解和热情都非常高。例如在1948年的议会选举中,欧洲联邦主义运动要求每一个候选人都要公开声明当选后是否赞成建立欧洲联邦,结果获得了几乎完全一致的回答。各派政党都有自己的欧洲主义组织,如天主教民主党人加入了新国际队,社会党人加入了旨在成立欧洲合众国的社会主义运动,一些自由党人和企业家则加入了欧洲经济合作联盟。在20世纪50年代初的意大利议会两院中,约有100名参议员和235名众议员加入了"议会争取欧洲联盟小组"。这个小组谋求通过与政府保持密切的协商以影响意大利的外交政策,使其趋向于实现欧洲联邦主义,许多政府要员也经常出席这个小组的会议。一般民众的热情同样高涨,民意测验表明,多数意大利人能够接受欧洲合众国的观念,对一个能够方便意大利输出劳工和促进商品出口的组织深感兴趣。早在1948年,在被调查的人中有71%赞成一个保证提供这些利益的组织,欧洲联合的观念如此广泛地深入人心,甚至在被调查的共产党人中也有1/3

---

① 参阅潘汉典译注:《意大利共和国宪法》,《法学译丛》1982年第6期。意大利宪法第11条的全文为:"意大利拒绝以战争作为侵犯他国人民自由的工具和作为解决国际争端的手段;意大利同意为了建立保证国际和平与正义的秩序,在同其他各国平等的条件下,对主权作必要的限制;意大利促进和赞助抱有此项目的的各种国际组织。"

是赞成它的。①

二战以后,从煤钢联营开始的欧洲联合的每一步都离不开意大利的积极参与和支持。在1950年5月法国提出舒曼计划以后,当时的外交部长斯福扎认为意大利必须参加舒曼计划,认为舒曼计划"首次认真试图在近代欧洲建立一个超国家机构",将为最终建立欧洲联邦作出很大贡献。②在意大利的支持下,法国提出的体制性建议很快获得通过,1951年4月18日签署了《巴黎条约》,建立了"欧洲煤钢联营"。虽然由于经济实力的差距,特别是钢铁和煤炭产量远远落后于法德两国,意大利在联营执行机构和部长理事会中的权限小于法德,但在分配联营议会——如果议会不同意执行机构提出的年度报告,则有权迫使该机构辞职——的席位方面,意大利获得了78个席位中的18个席位,同法德一样多。

在欧洲共同体建立以后,意大利积极支持扩大进程,希望把更多的欧洲国家拉入统一进程中来,并在支持英国和西班牙、希腊等南部欧洲国家加入欧共体的进程中发挥了巨大作用。同时,意大利人民也对欧共体和欧盟的发展给予了最大的支持,从投票表决通过《欧洲联盟条约》,到加入欧元区,再到批准欧盟宪法,意大利人矢志不渝地支持欧盟的发展。正如一位经济学家评论的那样:"在欧洲大国之中,意大利是唯一一个对真正联合起来的欧洲抱有理想主义态度的,并对统一之路上前进的每一步都表示欢迎的国家。"③

在实现欧洲一体化的路径选择上,意大利也有自己独特的看法,概括而言,意大利主张从政治、军事一体化入手,实现欧洲的一体化;在这种努力受挫之后,又积极支持功能主义的计划,首先进行经济领域的一体化活动,但其对一体化进程能够从经济领域"溢出"到政治和军事领域并不断深化的愿望一直存在。

除了上文提到的欧洲联邦主义者的纲领主张和行动外,作为主宰战后意大利命运的主要政党,意大利天主教民主党的外交纲领也是充满着欧洲联邦主义气息。在1942—1943年期间,天主教民主党草拟了两份纲领,一份是由加斯贝利及其同事起草的,即《天主教民主党重建的理想》;另一份是由该党任命的一个十六人委员会起草的,但主要是由马尔韦斯蒂蒂执笔的《米兰宣言》。加斯贝利起草的文件中充满了献身教会和教义的精神,其表

① [美]罗伊·威利斯:《意大利选择欧洲》,上海市"五·七"干校六连翻译组译,上海人民出版社1976年版,第35页。

② 同上书,第38页。

③ Marta Dassu, "The Future of Europe: The View from Rome", *International Affairs*, Vol.66, No.2, 1990, pp.299—311.

达的外交纲领也很温和,加斯贝利建议:"在自由人民之间进行更广泛的团结……建立具有大陆和洲际联系的同盟组织",在平等地位上获得原材料,自由地移民,以及"继续扩大自由贸易的成就"。在 1943 年,加斯贝利尚不曾想到要将欧洲统一成为一个政治单位,对经济一体化的看法也没有超越自由贸易的范围。但是,由马尔韦斯蒂蒂起草的《米兰宣言》则直接公开地要求成立欧洲联邦。宣言的第一点是:"在一个重新建立的国际社会——它是所有各国人民团结的表现——体制内,将产生一个由自由制度管理的欧洲国家联邦。在这个联邦中,除了政府有直接的代表外,各国人民也有直接的代表——各国人民在联邦中和在各自的国家中都有代表。全面和同时进行裁军,完全由国际共同体指挥武装部队和招募志愿新兵。制定自由意志法和规定除了国家公民权外的欧洲公民权。各国公民在法律上一律平等。这些原则适用于国家和国际经济。"①

在这里,马尔韦斯蒂蒂提出了欧洲国家政治一体化的问题、成立一个直接选举出来的并具有真正权力的欧洲议会的问题、建立一体化的欧洲武装部队的问题以及实现经济一体化的问题。在加斯贝利执政时期,他接受了这些主张,并为了实现它们进行了不懈的奋斗。

1949 年北大西洋公约组织成立以后,西欧各国在美国的庇护下结成了军事同盟,为各国提供了一个合作的平台和基础,欧洲联邦主义者们便打算在此基础上继续前进,实现欧洲的政治、军事一体化。意大利为建设欧洲委员会和欧洲防务共同体所付出的努力充分体现了其从政治和军事方面推动欧洲一体化的路径选择和积极态度。

在 1948 年 5 月举行的海牙代表大会上,一些欧洲联邦主义者已经提出建立欧洲议会的要求。1948 年 7 月,法国首先提议成立一个欧洲议会,并在布鲁塞尔条约组织②内部成立一个经济和关税同盟。这个提议得到了比利时的大力支持。但是英国反对成立类似的组织,在被迫妥协后又坚持要求限制其权限,出席议会的代表由各国政府任命。经过外交斡旋,五国达成了准备建立一个欧洲委员会的协议,规定欧洲委员会将包括部长委员会和欧洲咨询议会两部分,而咨询议会将由各国政府提名的代表组成。1949 年3 月,又邀请意大利、丹麦、挪威、瑞典和爱尔兰参加成立欧洲委员会的谈判。意大利表示赞同法国的观点,要求英国让步,同意赋予欧洲议会某些实

---

① ［美］罗伊·威利斯:《意大利选择欧洲》,上海市"五·七"干校六连翻译组译,上海人民出版社 1976 年版,第 294—295 页。
② 包括法国、英国、比利时、荷兰、卢森堡 5 个国家。

权并使其具有代表性。然而这一努力徒劳无功,根据 5 月 5 日批准的条约,成立的只是一个没有实权的咨询议会。

由于英国和斯堪的纳维亚各国拒绝赋予欧洲委员会任何实际权力,就使得以欧洲委员会为起点逐渐实现欧洲政治一体化的打算落空了。意大利各界对此感到非常失望,并因此在国内造成了分裂,正如本韦努蒂于 1951 年所评论的:"实际上我们的议会已分裂成为联邦主义派和非联邦主义派。欧洲委员会决不会创建一个联合的欧洲。它会做出一些卓越的事情。它会做出任何事情,但就是不会创建一个联合的欧洲。"①

但是,对那些一直希望推进欧洲统一进程的意大利人来说,希望永远不会泯灭,正如当时的意大利外长斯福扎在批准条约的辩论会上对众议院所说的:"今天有了这欧洲委员会,明天就会有一个有效的欧洲联盟;今天有了一个部长委员会,明天就会有一个超国家的政府机构;今天有了一个咨询议会,明天必然会有一个真正的和正式的欧洲议会。"②

1950 年 6 月,朝鲜战争爆发,为了避免在德国发生类似的情况,美国提出让德国在一体化的欧洲武装力量内部重整军备的要求,意大利立刻明确地表示赞成。意大利总理加斯贝利和外长斯福扎都认为德国一旦重整军备,将能够大大减轻意大利的国防压力。迫于美国的压力,法国在 10 月宣布了建立"欧洲军"的"普利文计划",其实这是法国为了阻止联邦德国重建军队的应急策略,由让·莫内把建设煤钢共同体的原则应用于军事力量而设计出来的,其宗旨是要"建立一支统一的军队,统一指挥,统一组织,统一装备,统一财政,由超国家的高级机构统一领导"。③据此写成的"建立欧洲军"计划由当时的法国总理普利文在法国国民议会上宣布。"普利文计划"建议,为了西欧共同防务,成立一支由欧洲各国人员以尽可能小的单位混合编制组成的欧洲军队,并置于西欧统一的政治和军事权威的领导之下,尽可能实行人力、物力的完全合并;欧洲军成立后,各国不得拥有自己的国家军队、国防部和参谋本部等。

加斯贝利虽然对建立欧洲军并不抱太大热情,但认为它是一种权宜之计,可以用来加速政治一体化,因为欧洲军只能是受一个统一的欧洲政府指挥。所以,意大利积极支持"普利文计划"。④1951 年 2 月,加斯贝利和斯福

---

① [美]罗伊·威利斯:《意大利选择欧洲》,上海市"五·七"干校六连翻译组译,上海人民出版社 1976 年版,第 36 页。

② 同上书,第 31 页。

③ [法]让·莫内:《欧洲之父:莫内回忆录》,孙惠双译,国际文化出版公司 1989 年版,第 155 页。

④ R. E. M. Irving, "Italy's Christian Democrats and European Integration", *International Affairs*, Vol. 52, No. 3, 1976, pp. 400—416.

扎利用同普利文和舒曼会谈的机会,就两国在正式谈判欧洲防务集团时将采取的战略达成了更密切的协议。用加斯贝利的话来说,四位信心坚定的联邦主义者毫无疑问地表示同意:"欧洲军的体制,能成为欧洲合众国的永久的基础",两国将利用一切机会,就趋向这一目标将采取的措施达成初步协议。①

1951年2月15日,在巴黎召开了关于建立欧洲防务集团的会议,参加的只有法国、联邦德国、意大利、荷兰、比利时和卢森堡,北约其他五国派出了观察员。舒曼亲自提出了建议草案,但是它们并未引起多大热情。据出席首次谈判会议的意大利代表团团长塔维亚尼说:"德国人冷落愤怒,荷兰人疑虑重重,比利时人漠不关心,而且几乎是在冷嘲热讽,以观察员身份出席的英国人和北美人则期待法国人会认识到,他们的计划实际上是行不通的。"②只是由于塔维亚尼努力不懈的调停,会议才不曾陷入冷场。经过一年多的谈判,于1952年2月1日达成了建立"欧洲军"的方案,并在当月召开的大西洋理事会各国部长会议上通过。其间,意大利加斯贝利政府向谈判各方提交了一份备忘录,建议与防务集团的建立相一致,推进欧洲的政治一体化进程,具体措施就是成立由直接选举产生的议员组成的欧洲议会,其性质和职能分别是"一个联合组织的、选举产生的、进行审议的机构,它甚至拥有决定权和控制权,其范围将限于共同管辖的领域中,可以通过一个行政性'社团'来运用其权力",同时有一个共同的预算。此外,加斯贝利还建议《欧洲防务共同体条约》中应该包含一项有关批准成立欧洲政治机构的条款,这个建议被接受了。加斯贝利坚决热情地支持欧洲一体化事业,力图使其按照联邦主义的路径前进,他曾说过:"意大利准备将广泛的权力移转给欧洲共同体,只要它的组织是民主的,并且是能保证其生存和发展的。"③

《欧洲防务共同体条约》于1952年5月27日在巴黎签订。此后直到1954年4月,联邦德国、荷兰、比利时和卢森堡相继批准了条约。在意大利,加斯贝利在1953年6月的大选中失利下台,但他还是为让议会通过条约而进行积极的活动,据尼克松记载,1954年8月,卸任已有一年的加斯贝利在电话里恳求他的前内务部长,当时的总理马里奥·谢尔巴促使意大利

---

① ［美］罗伊·威利斯:《意大利选择欧洲》,上海市"五·七"干校六连翻译组译,上海人民出版社1976年版,第48页。

② 同上书,第49页。

③ *Le Monde*, Dec. 14, 1951, see R. E. M. Irving, "Italy's Christian Democrats and European Integration", *International Affairs*, Vol.52, No.3, 1976, pp.400—416.

继续支持欧洲防务共同体,73 岁的加斯贝利在电话里说着说着情不自禁地哭了起来。①

由于意大利政府和议会在批准条约上的拖延,特别是随着法国态度的转变,欧洲防务共同体取得成功的希望变得非常渺茫。1954 年 8 月 19—22日,各签字国外长在布鲁塞尔开会讨论法国提出的修改《欧洲防务共同体条约》的要求,其间传来了加斯贝利的死讯,加斯贝利的朋友都认为,欧洲防务集团即将失败,这是他致死的原因。加斯贝利在他最后一封信中,向当时天主教民主党政治部长阿明托雷·范范尼叙述了他的痛苦:"如果今天从巴黎传来的消息属实,或者哪怕是一半属实,我相信欧洲防务集团的事业是失败了,任何走向欧洲联合的起步都要推迟多年了。……我既无力量也无机会大声疾呼,至少未能减轻我国在这一不幸的事件中应分担的责任,而您势必很难想象到,这个事实是如何加剧了我的痛苦。"②1954 年 8 月 30 日,法国国民议会否决了《欧洲防务共同体条约》,实现西欧军事一体化的最初努力就这样宣告失败。

经过这一系列不成功的尝试之后,从政治和军事领域入手实现欧洲统一的路似乎暂时走不通了,但这并不意味着联邦主义者们的主张是不正确的,他们从另外一个角度找到了实现欧洲联合的途径,这就是功能主义。功能主义(Functionlism)是联邦主义者中的一个派别,他们主张通过实现各国职能部门如重工业、钢铁业、交通运输业、能源等部门的联合来实现欧洲国家经济上的一体化,在此基础上推动政治一体化。功能主义的实质,是在保留主权国家的基础上,把民族国家的部分主权逐渐转移到一个新型的由参加国共同享有、共同执掌的公共权力中。这一权力是超国家的,但又代表和体现每个参加国的利益。与邦联主义相比,功能主义更深刻;与联邦主义相比,功能主义更实际。功能主义的代表让·莫内认为:"功能主义道路比激进的联邦主义战士所捍卫的宪法草案更加实际、更加具体。"③

舒曼计划和据此建立的欧洲煤钢联营开启了欧洲经济一体化的进程,此后欧洲原子能共同体和欧洲经济共同体的建立和成功,则更加验证了功能主义路线的正确性。但这并不意味着没有必要启动政治和军事一体化进

① ［美］尼克松:《领导者》,尤骧等译,世界知识出版社 1996 年版,第 378 页。

② ［美］罗伊·威利斯:《意大利选择欧洲》,上海市"五·七"干校六连翻译组译,上海人民出版社 1976 年版,第 56 页。

③ ［法］让·莫内:《欧洲之父:莫内回忆录》,孙惠双译,国际文化出版公司 1989 年版,第 84—85 页。

程,特别是经济一体化发展到一定阶段,欧洲联盟内部的市场、货币、关税都实现了统一之后,联邦主义者们建立欧洲合众国的梦想就为"欧洲向何处去"指明了方向。

由于特殊的国情国力,意大利在欧洲的一体化进程中发挥了特殊的作用。这种作用,概括而言,就是由于意大利综合国力和发展程度在欧洲属于中等水平,从而使其既能充当大国(法德)与小国(比荷卢)争执的仲裁者,又能充当大国矛盾(如法德之间的矛盾、法德与英国之间的矛盾等)协调者的角色。加之意大利是欧洲一体化进程的坚定拥护者,这就使其左右逢源,相对于号称欧洲统一发动机的法德而言,成为推动欧洲一体化的润滑油。

如1955年5月在意大利举行的墨西拿会议上,以法德为一方,以比荷卢三国为一方,双方就如何进一步推进六国之间的经济联合产生激烈争执,意大利站在荷兰、比利时一方,要求六国实施电力、原子能、运输等部门的一体化,并成立全面关税同盟。经过协商,墨西拿会议作出决议,接受了比荷卢三国的提议,着手实现欧洲一体化新阶段。会议的一个重要决定是成立"斯巴克委员会","由各国政府代表和专家组成的委员会在一名负责协调各项工作的政治人物主持下进行筹备工作",为欧洲的未来发展筹划蓝图,其结果就是提出了规划建立欧洲共同市场和欧洲原子能共同体的《斯巴克报告》。[①]

在就建立共同市场的条约和建立欧洲原子能联营的条约进行谈判的过程中,意大利除了要捍卫自己的利益,如争取在各机构中获得与法德平等的权利,争取共同市场对意大利开发南部地区的支持以及成立相关的发展基金等,还要协调其他各国之间的矛盾,如调解法德在建立原子能联营上的分歧。经过艰苦的谈判,1957年3月25日,六国首脑在罗马国会中签署了《欧洲经济共同体条约》和《欧洲原子能共同体条约》,统称"罗马条约",意大利总理塞尼和外长马蒂诺代表意大利参加了仪式。在罗马城签署这些条约本身就让意大利人感到非常振奋,正如塞尼所指出的:"这些条约……之所以必须在罗马签署,那是不无深意的,即连那些著名的外国人士也认为,这个城市是伟大的欧洲文明的摇篮与中心,而这些条约的目的就在于推进欧洲的经济发展,使它在世界上再度取得政治上的重要性。"[②]至少是在意大利人心目中,新欧洲将成为罗马的延续,是共和国和帝国的延续,是天主教

① [德]康拉德·阿登纳:《阿登纳回忆录》(第3卷),上海人民出版社1976年版,第19页。
② [美]罗伊·威利斯:《意大利选择欧洲》,上海市"五·七"干校六连翻译组译,上海人民出版社1976年版,第74页。

会的延续，也是神圣罗马帝国的延续。

从 1958 年以来，意大利积极支持扩大欧共体，希望更多的欧洲国家能够加入欧洲一体化进程中。在促成英国加入欧共体的过程中，意大利的协调作用得到了充分发挥。①意大利对 1963 年 1 月戴高乐专断地拒绝英国加入表示强烈不满，所以当 1967 年英国第二次提出加入申请后，意大利立刻表示欢迎，并表示希望能够立刻开始谈判。1968 年 2 月，荷兰、比利时和卢森堡三国在一份备忘录中提出五国（加上德、意）应当就加入问题同英国开展单边谈判，把法国抛在一边。为了防止此举对欧共体可能带来的危害，意大利表示反对，缓解了法国在欧共体中的孤立处境。当 1969 年 12 月欧共体同英国的谈判正式开始后，意大利坚定支持英国加入并积极帮助解决各种具体问题。如在 1971 年 5 月，法国总统蓬皮杜对意大利政府提出的解决英国缴纳共同体会费难题的方案表示满意和感谢，而这个方案也扫清了英国加入欧共体的最后障碍。②同样，在促成西班牙和希腊两个南欧国家加入欧共体的谈判中，意大利的特殊作用也得到了体现。

意大利从对欧洲一体化的积极参与中获得了巨大的经济和政治利益，这也是意大利之所以积极支持一体化的原因。关于这一点，加斯贝利曾作过清晰明确的表述："其一是天主教会的存在，一个国中之国，凌驾于国家之上——自统一以来，教会一直干涉意大利的内政，使建立起一个治理有方、严守法制的国家更为困难。而且罗马教廷只考虑天主教会的眼前利益和未来的发展，两者很少取得一致的意见。其二是我们希望将二百万长期失业者的包袱卸给欧洲。天知道我们到底还有多少半失业者，在欧洲范围内，我们的失业率就会变得微不足道。其三，共产党选票的比例在意大利非常高，但在联合的欧洲无疑会下降，直到再也构不成一种令人胆战心惊的威胁。还有第四个原因，就是我们需要一个联合的欧洲作掩蔽体，使其他国家的人民忘记以往法西斯分子声名狼藉的外交行径和我们丢人的败绩。"③在积极

---

① 出于四个方面的考虑，意大利积极支持英国加入欧共体。其一，英国的加入可以打破法德同盟的优势，在四大国中形成平衡；其二，意大利希望能同英国一起推动制定更加有效的区域发展政策；其三，对意大利商品而言，英国是一个巨大的市场；其四，希望同英国一起推动共同体机制的民主化，建设更加有效的欧洲议会。参见 R. E. M. Irving, "Italy's Christian Democrats and European Integration", *International Affairs*, Vol.52, No.3, 1976, pp.400—416。

② R. E. M. Irving, "Italy's Christian Democrats and European Integration", *International Affairs*, Vol.52, No.3, 1976, pp.400—416。

③ ［意］路易吉·巴尔齐尼：《难以对付的欧洲人》，唐雪葆等译，生活·读书·新知三联书店 1987 年版，第 152 页。

推动欧洲一体化的进程中,意大利也确实达到了这些目的。

在经济上,从 1952 年参加欧洲煤钢联营开始,意大利国内各界就抱有很大的担忧,害怕意大利落后的工业难以应对法德等国的竞争,最终导致经济的萧条。因此,意大利的政治家是冒着很大的风险,以崇高风格准备为欧洲政治统一这一神圣事业作出牺牲,但没有想到经济一体化给意大利带来了巨大的经济利益。

在整个意大利历史中,参与欧洲共同市场的头十年(1958—1968 年)是经济发展的黄金时期。国民生产总值从 1958 年的 419 亿美元上升到 1968 年的 716 亿美元(按 1968 年的不变美元价值计算),整个时期的生产总值增长了 71%,即每年增长 5.5%,年人均收入从 800.5 美元提高到 1 358 美元,这一增长额与欧洲经济共同体其他成员国相比虽然仍旧是低的,但却大大缩小了意大利和它们之间的差距。尤为惊人的是,意大利和欧洲共同体国家之间的贸易增长了 5 倍以上。同时,意大利的经济与社会改造也加速进行,农业在促进就业和增加国民收入方面所起的作用迅速降低,城市化进程加快,向外移民数量减少了一半。经济繁荣增强了国家的社会调控能力,政府终于可以协调力量,集中财力解决困扰国家的一些老问题——包括"南方问题"、农业现代化问题、基础教育问题、收入分配问题等。很难确切指明欧洲经济共同体在这 10 年里于何等程度上促使意大利发生了巨大的变化,但是在这段时期里,几乎在意大利的每一个变化中都可以感觉到欧洲经济共同体的压力,而这种压力又几乎始终是积极性的。[1]

欧洲一体化对意大利"南方问题"的解决也发挥了重要的推动作用。"南方问题"一直是意大利建国后所面临的重大的政治、经济和社会问题。二战以后,促进南部地区经济和社会发展、消弭南北发展差距成为历届政府和社会各界的共识。在推动欧洲一体化的进程中,意大利政府也希望能够借此机遇,顺利完成开发南部的任务。

在就建立欧洲共同市场条约进行谈判的过程中,意大利代表团根据本国的情况提出了三项重要的要求,并都得到了满足。其一是制定一份特殊

---

[1] 〔美〕罗伊·威利斯:《意大利选择欧洲》,上海市"五·七"干校六连翻译组译,上海人民出版社 1976 年版,第 81 页。1951—1961 年,意大利工业生产的年增长速度为 9%;1961—1970 年,这一指标为 7.2%,在主要资本主义国家中居于前列,1951—1973 年意大利国民生产总值增加 212%,人均国民收入增加 171%。经济实力的增长使意大利与英国、法国及联邦德国的距离大大缩小,并跻身于西方七大工业国的行列。有关这一时期意大利经济发展状况的统计数字请参阅:戎殿新、罗红波主编:《战后意大利"经济奇迹"》,经济科学出版社 1992 年版,第 81—86 页。

的"关于意大利的议定书",作为条约的附件。六国在这份议定书中承认,意大利开发经济萧条地区和消灭失业现象的十年计划符合"它们的共同利益";一致同意应采取条约中所规定的一切措施,协助意大利政府完成这项计划。责成共同体的一些机构,应特别考虑到"意大利经济在此后几年中所须作出的努力,务必要避免造成危险的紧张局势(特别是有关国际收支和就业水平方面),因为这种紧张局势会影响条约在意大利的实施"。①

其二,六国同意设立欧洲社会基金(European Social Fund),作为共同体社会政策的一部分。意大利代表认为,共同体的经济萧条地区,尤其是意大利半岛南部、西西里和撒丁,将首先遇到剧烈的竞争,因此基金应具有双重目标,一方面应利用它减轻由于失业增加而出现的贫困,另一方面应利用它重新训练和再度安置这些失业者,使其能在共同体缺乏劳动力的地区找到工作。重新训练工人,重新将他们安置在可以找到工作的地方,设立职业训练中心,补贴那些由于工厂改组而暂时无工可做的工人,这一切费用将从基金中支付其半数。各国政府应贯彻这些措施,并应支付这些费用的其余半数。意大利政府只需筹集全部基金的20%,而法国和德国政府则各需筹集 32%。同时,意大利代表说服了其他国家的代表,使他们认识到:不可能区分由于共同市场直接引起的失业和其他原因造成的失业,因此"基金的权限内应包括由于任何原因和出于一切形式的失业现象"。②

其三,经过意大利代表团的努力,对《斯巴克报告》中建议成立投资基金的条款进行了修正,促成了欧洲投资银行(European Investment Bank)的建立。意大利代表团认为,共同体在实施一些庞大的计划,如促进萧条地区的经济发展、工业企业的现代化和改造等方面进行大规模的投资时,应该通过一个银行而不是通过一笔基金来进行,这个银行应当是一个自治的法律实体,它应当对自己的理事会(由六国财政部长组成)和董事会(大部分由企业家和银行家组成)负责。最初银行的初始资金仅规定为 5 000 万美元,但经过意大利代表的争取,终于被提高到 10 亿美元,其中由法国和德国各出资 3 亿美元,意大利出资 2.4 亿美元。③而且意大利推荐的人选成为欧洲投

---

① [美]罗伊·威利斯:《意大利选择欧洲》,上海市"五·七"干校六连翻译组译,上海人民出版社 1976 年版,第 71 页。

② 同上书,第 72 页。

③ R. E. M. Irving, "Italy's Christian Democrats and European Integration", *International Affairs*, Vol.52, No.3, 1976, pp.400—416.

资银行的首任行长。

意大利的这三项要求得到满足,即制定"关于意大利的议定书",设置欧洲社会基金和规定其对意大利的特殊待遇,建立援助意大利政府的金融机构等。于是意大利代表团相信,他们所谈判的条约既可以满足欧洲主义的道义要求和现代生产条件的经济需要,又可以为解决国家长期问题提供直接的国际援助。总而言之,意大利所取的是远远超过了它所予的。

但实际上,与意大利政府和国营企业在南方投入的巨额资金相比,欧共体提供的直接援助为数很小。意大利南部地区获得欧洲农业指导与保证基金指导部的 2.69 亿美元拨款中的一大部分;南部地区工人从欧洲社会基金捐献的 2 700 万美元中受益最多。欧共体执行委员会为研究如何发展塔兰托—巴里—布林迪西工业区提供了经费。然而,欧共体对南部地区最有成效的干预却是实行欧洲投资银行的信贷方案。这家银行的行长和许多高级职员都是意大利人,事实上,根据《罗马条约》创建的这家银行,作为欧共体的一个主要工具,其目的是要将意大利南部地区经济提高到西欧其他地区的水平。截至 1966 年,意大利从该行共获得 4.58 亿美元贷款,占该行发放贷款总额的 61%,其中大部分用在援助南部开发地区的工业化、南部地区铁路网的现代化、兴建公路以及资助南部开发基金局进行农业改造工作。[1]

从以上的分析可以看出,意大利既没有将"南方问题"推卸给欧共体伙伴,欧共体也没有大力和直接帮助解决意大利的困难。欧洲经济共同体和欧洲一体化进程对南方最大的影响是促进了意大利其他地区的经济发展,从而给南部地区带来了有利的后果,并于 20 世纪 60 年代末开始显露出成功的迹象。由于北部和中部地区的财富日益增长,意大利政府就可以实行其资助南部开发基金局的庞大方案以及工业复兴公司和国家碳化氢公司大量的工业项目,有计划地迫使北部地区积累的资金转到南部地区,从而促进南方的工业化和城市化进程,提高居民的收入。如南方农业人口的比率从 1950 年的 55% 降低到 1967 年的 36%,人均收入从占意大利西北部地区收入的 40% 增长到 48%。[2]

意大利从参与欧洲一体化中所获得的政治好处也是显而易见的。许多意大利人认为,积极参与和推动欧洲一体化进程能够提高意大利的国际地

---

[1] [美]罗伊·威利斯:《意大利选择欧洲》,上海市"五·七"干校六连翻译组译,上海人民出版社 1976 年版,第 202—203 页。

[2] 同上书,第 204 页。

位,并在共同体内部获得更大的发言权。在欧洲煤钢联营的 6 个创始会员国中,法国和德国的经济实力最为强大,比利时、荷兰和卢森堡三国相对弱小,意大利居中;法国是政治和军事上的大国,联合国安理会的常任理事国,又是西欧大陆唯一拥有核武器的国家,德国作为战败国,战后受到瓜分,军事和政治影响力较小,比荷卢三国很难发挥大的影响,作为二战的"协助参战国",意大利很早就恢复了正常国家的地位,具有一定的政治影响力,其军事力量也得以保留。但是,由于国力相对弱小,意大利无法单独抗衡法国的政治影响。如果法德联合起来,则凭借法国的政治军事实力和德国的经济实力,就会在西欧建立一个法德霸权,这对一直希望发挥大国作用的意大利而言不啻是灾难。因此在 1951 年舒曼计划出台后,意大利立刻表示欢迎并要求加入,借以瓦解法德联合的前景,并保证意大利不至于因为被排斥在外而受到损害。虽然意大利的钢产量和煤产量很低,但还是在联营议会中获得了 18 个席位,同法德一样多。在 1958 年后成立的欧洲原子能共同体和欧洲经济共同体中,意大利在决策、执行、咨询与监督、费用承担等方面获得了与法德完全平等的发言权。根据这两个共同体的组成规定,欧洲共同市场将设立一个九人委员会(法德意各 2 人,比荷卢各 1 人)。①欧洲原子能联营将设立一个五人委员会(除卢森堡外,每国 1 人)。属于欧洲煤钢联营的欧洲议会的人数从 78 人增加到 142 人,它和属于欧洲煤钢联营的法院一样,也代表所有三个共同体工作。意大利在欧洲议会中有 36 名代表,在经济社会委员会中有 24 名代表;在共同市场九人委员会中有同样的票数比重,即根据特定多数通过制有 4 票投票权,在支付共同体行政费用方面缴纳同等比例的资金,即支付其 28%。②

通过积极参与和推动欧洲一体化进程,意大利在欧共体内部获得了跟法德同样的发言权,对于致力于追求外交胜利和提高国际政治地位的意大利政府和民众而言,无疑在自尊心上能够获得极大的满足。欧盟成立后,作为欧盟内的重要成员和大国,意大利的地位和发言权得到进一步的保证和满足。根据欧盟的现行机制,在其三大决策机构中,意大利都拥有重要的发言权。在由各国部长组成的"欧盟理事会"③中,意大利同法国、德国、英国

---

① European Files, *Official Publications of the European Community*, Vol. 8, 1991.

② [美]罗伊·威利斯:《意大利选择欧洲》,上海市"五·七"干校六连翻译组组译,上海人民出版社 1976 年版,第 67 页。

③ 英文为"The Council of the European Union",又称为"部长理事会"(the Council of Ministers),有别于每年举行 4 次、由各成员国政府首脑参加的"欧洲理事会"(the European Council)。

拥有同样的投票权(29张票),高于西班牙和波兰(27张票),总票数为345张。在2004年选出的第6届欧洲议会的785个议席中,意大利同法国、英国一样选出78位欧洲议会议员,德国人口最多,拥有99席,波兰和西班牙只拥有54席。[①]

这都说明意大利已经成功确立了欧洲大国的政治地位,这是法西斯时代的意大利企图通过宣扬武力和对外侵略而未能实现的梦想。今天,通过和平、积极地推动欧洲一体化进程,意大利在融入欧洲的过程中确立了自己的重要地位。

综上所述,作为欧洲大家庭中的一个特殊成员,意大利是欧洲一体化进程的忠心支持者,其坚定不移地推动欧洲一体化进程的深化发展,推动一体化从经济领域向政治、军事领域不断扩展,同时通过自己的外交斡旋和努力,协调各国之间的矛盾,发挥了特殊的作用。在积极参与欧洲一体化的进程中,意大利也获得了巨大的经济和政治利益,推动了本国经济的现代化改造,促进了落后地区的发展。而意大利在欧洲一体化的各种行政、立法和司法机构中所发挥的作用也大大提高了其国际政治地位,也正是在对欧洲一体化的积极推动中,意大利实现了自民族复兴运动以来历代政治家所期盼的入国之梦、强国之梦。

因此,意大利的民族主义与民族问题在欧洲具有某种特殊性。这种特殊性表现在意大利既有欧洲主义的情怀,又有地方主义的传统,再加上罗马皇帝的历史存在和教皇的现实存在,使意大利的民族主义兼有世界主义和民族主义的混合特征。也由于这种特征,使意大利的统一与欧洲其他各国有很大的不同,那就是意大利在文化与民族认同等精神方面很早就具有了统一的坚实基础,而政治统一却迟迟不能实现。这样一种民族传统能否在欧洲真正的一体化过程中发挥其应有的作用,还需要历史来证明。

五、小　结

意大利作为欧洲最"老"的国家之一,其民族主义的发展具有十分特殊的复杂性,那就是值得骄傲的厚重的历史遗产,同时也构成了它不堪承受的

---

① Pascal Fontaine, Europe in 12 Lessons, see http://europa. eu/abc/12lessons/lesson_4/index_en. htm.

负担。是把在这片土地上所有的辉煌都记在自己的账上,并且为了重现祖先的荣光而征战四方,还是接受自己只是欧洲文明一个古老的区域,只有在欧洲的大家庭中才能充分发挥自己的作用? 在历经波折之后,战后的意大利终于走上了正轨,成为欧洲联合最主动积极和最坚定的成员,并且极为热心地为促进欧洲团结而努力奋斗。意大利的民族主义,最终在欧洲统一的愿景中找到了自己的归宿,开启了意大利民族与其他欧洲民族取长补短、协同发展的道路,这是一件了不起的大事。其对世界其余国家产生的影响,应该是值得进一步研究的课题。

第三章　英国民族主义

英国是世界上第一个工业化国家,也是欧洲第一个真正的现代民族国家。正如第一个工业化国家占有的种种优势一样,第一个现代民族国家也占有种种优势。当然,随之而来的是它也具有很多与众不同的特点。其中一个重要的特点,就是英国最成功地运用了民族主义的力量,但同时又使这种民族主义的力量化解在一种"自然"状态中,使其带有某种"世界主义"的性质,因而其特质常常为世人所忽视。

就目前的情况看,学术界对英国民族主义的研究十分薄弱。尽管在国别史的研究中,英国从来都是一个十分重要的国家,但学术界在对其政治、经济和文化的研究十分重视的同时,却几乎无人关注英国的民族主义。

英国史学界也认为,学者们如此忽视英国民族主义是令人费解的,它的性质没有被讨论,它展现出来的力量,尽管被人们觉察,却依然没有对其进行分析。它在文化上的很多创造并没有被作为一个整体来进行考虑,它与英国工业革命和现代化的关系也没有受到关注,甚至近代英国人努力清除"叛国者"并建立民族政府的历史也没有得到相应的解读。如果从专业研究的角度审视 18—19 世纪英国的道德、社会与知识原则,也即人们常说的"维多利亚主义",就会发现最好是以理解德国 19 世纪晚期文化与法国大革命时期的民族主义的方式来解读这种维多利亚主义。[①]换言之,英国存在民族主义,维多利亚主义本质上就是英国的民族主义。而英国的民族主义,不仅在欧洲最早成形,并且率先在英国扎根,直接推动了英国的现代化进程。因此,英国的民族主义问题,并不是一个纯粹概念的问题,而是一个有着深厚历史背景和现实意义的问题。

史学泰斗梅尼克(Friedrich Meinecke, 1862—1954 年)曾发表举世闻

---

① Gerald Newman, *The Rise of English Nationalism*, London: Weidenfeld and Nicolson, 1987, p. xvii.

名的巨著《近世西方的国家至上理念》(*Idee der Staatsrason inder neueren Geschichte*)。该书旨在澄清一个问题：西方列强中到底谁是"国家至上主义"(raison d'etat, Staatsrason)的始作俑者？谁又是其最彻底的信奉者？梅尼克的答案是："国家至上主义"乃是近世西方各国的集体创造。作为一种观念，它首先由意大利人(马基雅维利)提出，而作为一种实践，则由法国人黎塞留首次将其发挥得淋漓尽致，但作为一种信念，则没有人比英国人更成功地把它化成了全民族的集体无意识，从而形成了每个英国人都会脱口而出的著名格言："吾国说对就是对，吾国说错就是错。"梅尼克指出，英国人的这种信念不仅使其成为"国家至上主义"的最彻底信奉者，而且使其总是首先指责别人的"国家至上主义"，因为英国人的"国家至上主义"已经是一种集体无意识状态，根本不可能对此有自我意识。正因如此，在 1899 年海牙会议上，只有英国元帅费舍会如此赤裸裸地直言："我只知道一条原理：强权就是公理(Might Is Right)。"事实上马基雅维利早就指出，造就最强大国家的首要条件不在于制造枪炮，而在于能够造就其国民的最强信仰，即深信吾国认为对的一定对，吾国认为错的一定错。[1]盛洪曾对此现象进行分析，指出在两群人之间的贸易中，如果有一方结成同盟，即经济学中所说的卡特尔，显然会在谈判中占有优势(即所谓谈判强力)，从而改变由自由贸易所决定的财富分配，使之变得有利于结盟的一方。如果想在两群人之间改变初始的财富分配或资源占有，就要借助武力。显然，采用民族主义文化从而更易结盟的一方会拥有更强大的武力，能更有效地使用武力，因为在多人的社会中，武力的水平不仅取决于武力的技术水平，更取决于组织水平。更易结盟意味着更容易集中一群人中的资源用于战争，更容易组织起有效率的、包含对付其他民族的职能的政府，更容易团结起来、同仇敌忾地将暴力施予另一群人。[2]从这段话中，不难体会到欧洲历史的一种微妙之处，那就是任何一个社会集团或政治实体，当其试图达到某一目标时，必须有一面旗帜，以便将所有的参与者团结起来共同奋斗，非如此则不可能顺利完成预定的任务。民族主义，就是欧洲国家在实现现代化的任务中一面最具感召力的旗帜，而第一个工业化国家英国，也是最成功地运用了民族主义力量的国家和民族。当然，最成功地运用了民族主义力量的国家和民族，也是最成功地将其消解于无形，融化在自己血液中的民族。这也是史学界长期忽视英国民族主义

---

① 甘阳：《从"世界大同"到民族国家》，《联合早报》1999 年 4 月 8 日。
② 盛洪：《从民族主义到天下主义》，《战略与管理》1996 年第 1 期。

的原因之一。有鉴于此,更有必要对英国的民族主义进行较为系统的梳理。

一、英国民族主义的起源

1. 英国的种族构成

民族主义的起源多少与种族和血缘有着某种联系,英国的民族主义当然也不例外。今天英国人的种族来源主要是日耳曼人,日耳曼人从 5 世纪中期开始登陆英格兰,他们很快对好客的凯尔特人反客为主,并召唤大陆的日耳曼部落继续到这个岛屿上来。经过 4 个世纪左右的时间,他们开始控制这个岛屿主要的区域,将自己的语言称为"英语",并称自己为"英国人"。实际上,他们几乎还是野蛮人,基督教在他们中间才开始传播,他们也不与本地的凯尔特人通婚,对当地原有的土地或政治制度完全不予理会。在他们控制的土地上,他们没有吸收任何凯尔特或罗马的遗产。直到诺曼入侵前,就血缘上的种族而言,他们才几乎勉强可以称为一个日耳曼部落的混合体。[①]

从移民史的角度看,盎格鲁—撒克逊人是不列颠地地道道的入侵者。他们来到不列颠岛定居是日耳曼部落在中亚游牧民族西迁压力下的结果。按照丘吉尔的整理记述,当时的日耳曼部落,一方面面临东方民族的压力,另一方面又听闻在不列颠岛上劫掠的人都满载而归,还说那里十分富裕。于是,这些部落的首领不免会想,如果哪个顽强勇敢的民族能够占领它,便可以安然无恙了。也许在这个岛上,人们可以定居下来,享受生活的乐趣,不必整日担心被强者征服。于是,这些野蛮人挥剑涌向不列颠这个避难所。在这些部落中,撒克逊人是最凶狠的。据说,他们之所以叫做撒克逊人,是因为使用一种叫塞克斯的短剑。[②]

从 5 世纪到 10 世纪,虽然没有什么特别重大的事件发生,但这段时期在英吉利民族的形成过程中却是十分重要的阶段,因为很多日耳曼蛮族的传统被带到了不列颠并形成了未来民族发展的基础。其中,一条日耳曼共同的原则就是通过金钱的力量维护人与人之间的法律关系。平等就是各个

---

① Stephen Haseler, *The English Tribe: Identity, Nation and Europe*, London: MacMillan Press Ltd., 1996, pp. 9—10.

② 〔英〕温斯顿·丘吉尔:《英语国家史略》(上册),薛力敏等译,新华出版社 1985 年版,第 70 页。

阶层内部的平等,自由主要是有钱人的自由,权利则基本是财富带来的权利,任何犯罪的行为都可以通过罚款的方式获得宽恕。除了拒绝出征外,最大的罪行就是盗窃。他们还用先令确定每个人的精确价值。一个王子值1500先令,一个贵族值300先令,下层自由民值100先令,农奴值40—80先令,家奴一文不值。在肯特,一个先令等于一只羊。这些法律条理分明,规定明确。这些法律适用于任何家庭,杀人可以用现金赔偿,有钱能使鬼推磨,没有钱则只好失去自由,接受惩罚。①显然,盎格鲁—撒克逊人的早期社会带有强烈的部族性质,一些特殊的部族按照某种区域的联合组成王国;土地在自由民之间分配,并按他们的等级构成一个十分重要的集团,"土地耕作者"构成了自由民之下的一个等级,他们从自由民那里获得土地,但没有政治权利,奴隶构成了社会的最底层。原始的部落司法由一个选举产生的首脑和他的继承人负责。每个首脑都有一个随从团队,并有责任保护其人民。②早期盎格鲁—撒克逊国王基本上还是部族首领,开始都是由选举产生,后来才固定下来,成为世袭的国王和君主。这样的国王不能完全依靠他人来维持王室成员的生存,他们也有自己的土地。但这些国王领地和欧洲大陆意义上的领地并不完全一致,它并不是一个严格圈占的土地,其中的旷野部分,民众也享有某种使用的权利。国王所获取的是一种称为"feorm"的租金,以维持自己家族的生存。这种实物租金大致为:10海德的土地每年要交10桶蜜,300颗卷心菜……2只母牛,10只鹅,20只鸡,等等。8世纪以后情况有一些变化,在一些国王很少巡视的地方,农夫的租金必须以单一的方式缴纳,有时甚至要求用现金支付。③

从地域上看,所谓的英格兰是在不列颠的东部发展起来的,即肯特和东盎格利亚。④这些大陆移民首先在这一地区巩固了自己的地盘。日耳曼人在英格兰定居以后,他们原来的社会结构发生了变化。由于频繁的军事活动,前来开拓土地的武装农民被迫接受更大的国家权威。以前,他们没有国王,在不列颠,国王是从那些自称为古神后裔的首领中产生的。国王的地位日益显赫,他的支持者和随从在社会上逐渐形成一个新的阶级。这一新的

---

① [英]温斯顿·丘吉尔:《英语国家史略》(上册),薛力敏等译,新华出版社1985年版,第72页。

② L. B. Curzon, *English Legal History*, London, 1968, p.4.

③ Ann Williams, *Kingship and Government in Pre-Conquest England, c.500—1066*, MacMillan, 1999, pp.40—41.

④ Stephen Haseler, *The English Tribe: Identity, Nation and Europe*, London: MacMillan Press Ltd., 1996, p.9.

阶级产生了封建制度的胚胎,后来控制了这个社会。封建领主是主人,也是属民的保护者。他必须支持他的属民,打官司时给他们撑腰,发生饥荒时供养他们;反过来,属民必须为主人打仗,为他种地。这一时期,蒙受国王恩宠的土地贵族产生,越来越多的土地成为私有财产。同时也成立了很多小王国,相互征战,局面十分混乱。①

不过,在这一时期,有一件事情对于以后的不列颠而言十分重要,那就是基督教在这里的传播。早在 569 年,罗马教皇就派遣奥古斯丁来肯特王国传教,受到王室的热情接待。国王埃塞伯特首先接受洗礼,并在坎特伯雷建立了第一座教堂。奥古斯丁任首届坎特伯雷大主教。肯特国王还利用其霸主地位并通过婚姻关系,劝说别国君主放弃原来的信仰,皈依基督教。各国君主宗教信仰的变化对英格兰社会产生示范作用,许多居民成为基督教徒。在传播基督教方面,希腊人塔苏斯·西奥多的作用也很突出。他于668—690 年任坎特伯雷大主教,足迹遍及英格兰。672 年 9 月,他在赫伯特主持召开了全英格兰宗教大会,制定了教会管理章约,申明神职人员职责和道德规范。西奥多还根据不列颠政治格局及其他情况,把英格兰分为若干主教区,由专职神父主持。这一系列活动为他赢得了"英国教会第一位伟大组织者"的称号。735 年,罗马教廷又在英格兰北部设立了约克大主教区,约克大主教的地位略逊于坎特伯雷大主教。经过一个多世纪,英国形成了包括两大主教区、若干主教区和许多基层教区的宗教管理体系,定下了以后一千多年英格兰教区划分格局。基督教的传播使不列颠多数居民统一了宗教信仰,思想上有了一种强韧的凝聚力。②这样一种宗教的凝聚力对于英国民族形成的潜在重要性是不言而喻的。在近代以前,种族与宗教之间的联系超越了任何一种其他语义上的解释,基督徒与非基督徒成为身份识别的重要标志。甚至历史也是按照神学来编纂的。③因此,基督教的传播在某种程度上奠定了英吉利民族形成的基础。

按英国学者的看法,英国的民族性,即英国人自身意识到"英国"以及他们在文化上是与大陆完全不同的实体,实际上是在 18 世纪才开始正式产生的。④

---

① ［英］温斯顿·丘吉尔:《英语国家史略》(上册),薛力敏等译,新华出版社 1985 年版,第73—74 页。

② 阎照祥:《英国政治制度史》,人民出版社 1999 年版,第 4 页。

③ Colin Kidd, *British Identities before Nationalism*, Cambridge University Press, 1999, p.34.

④ Stephen Haseler, *The English Tribe: Identity, Nation and Europe*, London: MacMillan Press Ltd., 1996, p.11.

当然,真正的变化早在中世纪就已经开始,其源头可以上溯至诺曼入侵。在某种程度上,诺曼人对英国的形成至关重要,他们强制过去如同碎片似分散生活的部落合成一个整体,他们甚至认为盎格鲁—撒克逊的英国政府是"荒唐"的,只是在诺曼人的治理下,"英国"才开始成长起来。英国人不承认这种观点,他们认为在诺曼入侵前,英国就已经拥有统治着英国人的国王。一些英国学者也持这种观点,但哈斯勒认为,这固然是事实,不过这些前国王,很多其实是部落首领,即便是阿尔弗雷德大王,也并未统一英格兰。只是在亨利三世时期,才真正形成了一个英国的"共同体"。①这一看法显然更为合理。

1066 年的诺曼入侵是英国历史上的一个重大事件,在某种程度上决定了以后英国民族主义发展的特点。在当时,有两个入侵英格兰的计划。第一个来自北方的斯堪的纳维亚,挪威人试图恢复他们过去占据的英格兰王位。1066 年夏,他们的军队已经集结起来向英格兰东北部海岸出发。但挪威人的运气不好,他们遇到了顽强的阻击。不过,他们的对手英国人的运气也同样不好,英格兰的哈罗德在成功击败这支来自挪威的强大军队后,并未意识到真正的危险正在迫近——被称为"私生子"的威廉在南方登陆。

"征服者"威廉入侵英格兰的计划如同企业的冒险投资。他本身力量不足,于是他邀请欧洲各地的骑士和贵族前来入股。股票就是骑士和船只,分红则是在胜利后,将杀死的英格兰人的土地按照股份进行分配。作战有功的当然还有奖励。结果他成功地招募了大量的作战人员。当入侵者终于在 1066 年 9 月 28 日靠近不列颠岛时,刚获得胜利但十分疲惫的哈罗德却带着他损失惨重的军队,7 天行程 200 英里,并在黑斯廷斯与威廉速战速决。这显然是一个错误的决定。哈罗德军队开始还能严阵以待,一次又一次地击溃对手,但最后却被狡猾的威廉使用"拖刀计"击败。他假装溃败,等哈罗德以步兵为主的军队冲出来再大肆砍杀,英国军队被打败了,而哈罗德本人也被弓箭射中右眼,光荣阵亡。②

2. 诺曼入侵对英国民族形成的影响

威廉的入侵遇到了一个有利的因素,那就是盎格鲁—撒克逊人四分五裂,便于他战胜对手,但同时也使他打败对手容易,征服对手困难。不过,经

---

① Stephen Haseler, *The English Tribe: Identity, Nation and Europe*, London: MacMillan Press Ltd., 1996, pp.11—12.

② [英]温斯顿·丘吉尔:《英语国家史略》(上册),薛力敏等译,新华出版社 1985 年版,第 152—155 页。

历了较长的时间,直到 1071 年,威廉终于控制了撒克逊人的所有地区。英格兰全国有了共同的统治者,而重建工作也开始了。诺曼人盘踞在英格兰人的土地上,控制着城堡和财富。他们以骑兵为中心,统治和剥削周围的地区。在征服初期,诺曼人没有接受岛上居民的生活方式,也没有效仿岛上的风俗习惯,唯一的文化是法兰西文化。幸存下来的撒克逊人要把自己的儿子送到法国的修道院去接受教育。而征服者最初也看不起撒克逊人,认为他们粗鲁,因而用武力进行统治。但是不久,他们的态度就发生了变化,并以诺曼人特有的方式与当地的自由民通婚,开始与撒克逊人融为一体。

诺曼人的征服对英格兰的教会振兴是有利的。威廉对英格兰的入侵得到了教皇的全力支持,所以当他获得胜利后,教会的机构和教规得到了改革,还新建了好几个大教堂。早已灭亡的罗马帝国的精神被天主教复活之后,有三个重要的观点在不列颠得到重申。第一,在欧洲没有民族主义和民族观念的市场,只有在统一的行为准则和法律指导下的超民族的得胜军事阶级;第二,国王是他所控制的阶级等级的代表,也是经常发生利益冲突群体的仲裁人;第三是关于连连获胜的天主教会,它奇特地将罗马帝国主义同基督教伦理结合起来,它深受当时的社会制度和军事制度的影响,唯恐失掉自己的利益和权威,但却保持着流传下来的全部知识和艺术。①

诺曼征服英国后面临的严峻形势是,极少数的诺曼贵族必须在一个充满敌意的环境中进行统治。根据《末日审判书》的土地统计,50％有记载的土地由 190 个左右的主要地主控制,而其中几乎一半的财富则集中在 11 个人手上。②

"征服者"威廉在征服英格兰之后,又必须持续不断地在他英吉利海峡两岸的领地忙碌:他用来自英国的资源在其法国领地显示力量,又用法国的武力来对付英国的反叛。③在这样的形势下,各种反抗活动一直没有停止,既有民众的反抗,也有诺曼贵族的叛乱。1088 年,当继位的新王威廉二世再次击败叛乱之后,被迫召集民众,恢复他们狩猎和利用森林的权利,并允诺给他们所希望的法律。④

----

① 〔英〕温斯顿·丘吉尔:《英语国家史略》(上册),薛力敏等译,新华出版社 1985 年版,第 169 页。

② Brian Golding, *Conquest and Colonization, the Normans in Britain, 1066—1100*, New York, 1994, pp.63—64.

③ Ibid., p.192.

④ Diana Greenway, *The History of the English People, 1000—1154*, Oxford University Press, 2002, p.35.

对诺曼入侵者而言,建立一个有效的司法体系来维持社会的正常运转显然是当务之急,与英国各方势力妥协的结果催生了普通法。因此,从盎格鲁—撒克逊人的习惯法到普通法,尽管就内容而言都十分类似,但其本质却有重要的区别:传统的习俗是自下而上形成的,而普通法却是来自统治者的意志。习俗构成普通法最基本的成分,但习俗是由地理界限的共同体中不同的人群和文化所构成,而不仅仅是政府行政划分的区域。无论什么样的习俗,都具有社会的影子,法庭就是这个共同体统治的机构,处理其能够左右的公共事务。大多数社会的法律都需要一般民众的习俗来使之得以执行。当然,普通民众与国王看待这一公共机构的眼光是不同的。民众一般对其采取一种向上看的敬而远之的态度,而国王所关心的是他对王国的有效控制,他考虑的只是如何能够通过法庭更好地进行统治。[1]但无论何种态度,双方都不可能无视法庭的作用,毕竟保持法律体系的稳定对双方都是有利的。

在这样的形势下,长于执法的诺曼人并没有对传统的英国法律做重大的改变,这使盎格鲁—撒克逊的传统法律一直延续到 1100 年后。[2]在亨利一世期间,英国开始了对法律文件的书写历史时,一些不知名的作者依然顽强地将盎格鲁—撒克逊法律记载下来,以此对抗诺曼入侵者。[3]

这种局面迫使诺曼统治者在很长一段时期内只能对"自己人"行使诺曼习惯法,而对本地人行使盎格鲁—撒克逊习惯法。但实际上,盎格鲁—撒克逊的法典并非是真正成文并记载下来的,它们更多的是一大堆习惯和传统的司法实践,其中大多是判例法,当任何一地的个人案件由法官作出仲裁后就成为法律。在英国的诺曼国王们对法典几乎没有任何兴趣,他们更愿意让少数律师去解决法律的纠纷。而这些律师的一大特点是他们对传统的盎格鲁—撒克逊法有着极大的兴趣,并在收集的法典中将这些法规保存了下来。[4]

在这样一个社会政治发生重大变化的时期,作为外来统治者,加强王权也就是自己的统治权威是必然的趋势。诺曼统治者做了一系列的事情来加

---

① S.F.C. Milsom, *Historical Foundations of the Common Law*, London, 1969, pp.2—3.

② Theodore F.T. Plucknett, *A Concise History of the Common Law*, London, 1956, p.15.

③ Ibid., p.256.

④ Christopher Daniell, *From Norman Conquest to Magna Carta, England 1066—1215*, London: Routledge, 2003, p.128.

强自己的权力,强化王权,要求英吉利的教会必须向国王效忠,建立政府的专职机构,并尽力把司法权集中在自己手中。金雀花王朝的亨利二世在12世纪的司法行动巩固了普通法的基础,加速了普通法与英国政治和社会的融合。英国普通法原本是作为盎格鲁—诺曼法出现的,并由英吉利海峡两岸的同一个封建社会分享,仅仅在丧失诺曼底之后,这种法律才成为完全英国的东西。[①]

在这样一个历史发展过程中,人们可以发现新习俗不断地产生,它是为新的共同体和更现代的需要而提供替代旧习俗的一种自然的方式。诺曼入侵者的统治以及在此之后形成的新传统,都对英国法律产生了巨大的冲击。然而,诺曼入侵后法律的变化更多地强调的是对盎格鲁—撒克逊法律的继承而不是重写,因为"征服者"威廉自认为是这个王国的合法继承者。[②]封建主义是在军事而不是经济的偏好上对社会的一种重新安排形式,而其进展无疑受到了同时期新的习俗发展的影响。简言之,封建主义是一个令人印象深刻的例子,即社会的急遽变化可能引起习俗的相应变化。这种习俗的弹性使英国社会在10世纪到11世纪之间能够更加清楚地认识到自己面临的变化了的形势。而同样的变化也出现在封建主义衰落之时,它影响着封建习俗的变化,限制了封建义务,使王权得到了加强。由于此阶段的社会变化是如此剧烈,所以各种利益之间的冲突甚至引起了反叛和内战。于是,这种激烈的变化导致习俗的转化采用了一种新的形式——立法。1215年的大宪章就是这种环境下的产物。[③]在某种意义上可以说,大宪章是传统的习俗没有办法应付社会的变化后,人们在立法上寻求新的方式的产物。而王权的强化也使得它必须进行全国性的立法,而这种全国性的立法最终为了自保,会摧毁原有的习俗。当然,立法机构的行为与传统习俗之间的冲突在整个中世纪并没有停止,一直到现代国家建立和主权的观念深入人心前,习俗在英国的法律体系中仍然占有重要的位置。

由于英国各郡之间千差万别,所以普通法实际上只是国王按照习俗制定的法律,但即使是这种按照习俗制定的法律,也并不意味着它能真实地控

① R.C. Van Caenegem, *The Birth of the English Common Law*, Cambridge University Press, 1988, pp.7—8.

② Christopher Daniell, *From Norman Conquest to Magna Carta, England 1066—1215*, London: Routledge, 2003, p.129.

③ Theodore F. T. Plucknett, *A Concise History of the Common Law*, London, 1956, pp.308—309.

制人们的生活。在各个城镇、村庄,普通民众过着完全不同的生活。例如,地方习俗经常保护已婚妇女拥有不受丈夫控制的财产,甚至允许她通过自己的户头进行单独的贸易,完全不同于普通法的规定。①但在诺曼入侵之后的几个世纪内,在两个不同的民族逐渐融合的过程中,英国的法律体系还是出现了巨大的变化,其重要标志就是一个较为完备的全国性的司法系统开始形成,法律成为全国普遍适用的"普通法"。就英国人而言,普通法就是由人们普遍能够观察到的习惯构成的。在很多案例中,法官都必须掌握大量的现存的这类习惯资源,而且它们是大众或许都十分熟悉的。同时这些普遍的习俗早在进入法官的判决之前就存在了,这是普通法与政府制定的法律之间唯一重要的资源差异。②由于习惯法的影响强大,从习惯法到普通法之间的转换过程,法官就成为至关重要的中介。正如梅利西所说,十分之九的普通法事实上是法官制造的。③尽管按照科克等人的看法,法官从来没有制造法律,他们只是用证据来说明什么是法律。④就构成普通法的核心内容而言,英国法律令状和陪审团的出现十分重要,它是盎格鲁—撒克逊传统与诺曼统治者观点碰撞与妥协的结果。从以后历史发展的轨迹看,这种与欧洲大陆有区别的法律在某种程度上为英吉利民族的产生提供了一种微妙的共识——司法的共识。

诺曼征服在政治上对形成一个统一的国家有利,但却未能将这个国家转变为一个与法国有血缘关系的国家,相反,征服者始终未能在下层的民众中获得"本国"认同,"法国"(French)—"英国"(English)十分鲜明地将人们划分成两种不同类型。⑤换言之,诺曼入侵刺激了盎格鲁—撒克逊人的"英国意识"。一个显著的例子就是普通民众始终将法国人视为外国人,并把法语看作是外国人的标志。尽管这种对法语的看法已经标志着"英国意识"的产生,但一直到14世纪末,亨利五世才正式在法律文件上使用英语。在官方和民众中实际使用的英语成为民族意识和以后与罗马教廷分离的强化剂。本来在英国的上层统治者中,由于诺曼入侵的缘由,一直是法语占优势,宫廷、法庭、教育与官方文件都使用法语,但普通民众却一直

---

① Theodore F. T. Plucknett, *A Concise History of the Common Law,* London, 1956, p.313.

② Rupert Cross, *Precedent in English Law,* Clarendon Press, 1977, p.160.

③ Ibid., p.28.

④ Ibid., p.24.

⑤ Christopher Daniell, *From Norman Conquest to Magna Carta, England 1066—1215,* London: Routledge, 2003, p.26.

使用英语。这就使得本地语言始终具有广泛流行的优势。而广泛流行对任何一种语言而言，都表明它拥有无可替代的生命力。两种语言并行的局面被英法百年战争打破。英国国内仇法情绪上升，使得使用英语成为一种爱国行为，而使用法语则多少有些居心叵测。1362 年，英语被正式宣布为法律通用语。

英国宗教改革的先驱威克里夫，对英语的广泛应用发挥了十分重要的作用。14 世纪末，他在牛津大学将拉丁文本的《圣经》翻译成英文。《圣经》被翻译为英语，进一步加速了英语在英国社会替代法语和拉丁语的趋势。1422 年，伦敦的啤酒厂商决定用英语作为他们签署文件的"官方语言"。而莎士比亚的戏剧使英语不仅成为一种流行的语言文字，而且最终成为一种"文化"，极大地增强了民众的"英国意识"。①事实上，在 16 世纪中期，英格兰人的民族认同意识已经十分明确，在约翰·艾尔默的一封信中，他就十分自豪地写道："英格兰人啊，倘若你们知晓，你们的生活是多么富足，你们的山川地域是多么丰饶，你们就会俯身到上帝面前，感谢他的恩典，使你们有幸而成为英格兰人，而不是法国的农夫，不是意大利人，也不是德意志人。"②

在这种逐渐成形的民族意识的基础上，英国历史上王权优于教权的传统对英国民族的形成起到了某种促进作用。国王的特权不仅得到英国普通法的支持，而且迫使罗马教皇也不得不接受了这一事实。③现在国外的中世纪著作中，一般都认为民族认同的意识早在中世纪就已经存在。而威廉以后的国王们，在未能将英吉利"同化"为诺曼属地后，也开始明智地以"英国"为中心构建自己的统治属性。他们实际上已经懂得利用这种"英国"意识为自己服务。15 世纪初，亨利五世在自传中就宣称，他展示自己魅力的方式就是"从有利于自己和自己事业的角度挑动民族主义的情绪"。④

在当时的欧洲，尽管长期存在各种类型的君主国，这些君主国也在事实上管理着自己的领地，但整个欧洲依然是教会的天下。教皇被认为是上帝在人世的最高代表，他有权向各个君主发号施令，各国君主则必须向教皇纳

①　Stephen Haseler, *The English Tribe: Identity, Nation and Europe*, London: MacMillan Press Ltd., 1996, pp.13—14.

②　［英］阿萨·勃里格斯：《英国社会史》，陈叔平等译，中国人民大学出版社 1991 年版，第121 页。

③　详情可参阅 Dudley Julius Medley, *English Constitutional History*, Oxford: B.H. Blackwell, 1907, p.569。

④　R.J.B. Bosworth, *Nationalism*, Pearson & Longman, 2007, p.38.

贡称臣。尽管在中世纪也有某些强大的君主与教皇的较量,但从理论上讲,教皇依然拥有基督教世界里的最高权威。这样的局面使欧洲的君主国都不可能成为真正意义上的独立主权国家。所以,要拥有独立的主权国家的地位,与罗马教廷的关系成为一个重要的衡量指标。1532 年 5 月 16 日,英国教会正式宣告亨利八世为教会的最高首脑,并在 1534 年的《至尊法令》中宣布,不仅是亨利八世,包括以后他在这个王国的所有继承人,都有权成为英格兰教会的最高首脑。国王"应该成为英格兰教会的最高首领不仅是正当的,而且是合法的"。①

这一宗教事件当然与亨利八世的离婚有关,但更重要的意义在于,它是英国民族主义产生的一个重要的标志性事件。著名的托马斯·莫尔在这一事件中被处死,因为他站到了国王的对立面。而其反对国王成为英格兰教会首脑的原因,不在于他试图拯救自己的灵魂,而在于他认为地上的这些"王国们"是人工的产物。总的来看,他的观点还是"前民族主义"时代的看法,他没有意识到人们的观念已经转变,他们已经是"英国人",并愿意将这一点作为他们今后生活的核心内容。而莫尔显然还害怕那种破坏基督教世界统一的咄咄逼人的民族主义情绪,而不愿放弃固有的观点。②这种观念的"落伍"使他最终付出了生命的代价。

3. 英格兰人的民族主义萌芽

英格兰人的民族主义萌芽,在 16 世纪初期已经十分明显,主要表现为一种强烈的排外情绪。1517 年,在伦敦发生了暴力反对外国工匠的骚乱,因为这些外国工匠已经是伦敦人口一个很大的组成部分,不仅如此,爱德华·霍尔的记录中还认为这些外国人带来的竞争使得本地人只能挣口饭吃。但同时,霍尔也指出,真正的原因可能还不是经济的,而是这些外国人表现出了对英国的歧视。③

外国人是否真的表示出这种轻蔑很难考证,但英国人对这一类事情的过分敏感并且不允许人们冒犯这种情感,却是一个不争的事实。与此同时,一些英语词汇的表达方式也发生了相应的变化。其中,16 世纪一些英国知

---

① "Early Anglo-Saxon Laws", in Arvel B. Erickson and Martin J. Havana, eds., *Readings in English History*, New York, 1967, p.95.

② Liah Greenfield, *Nationalism: Five Roads to Modernity*, Harvard University Press, 2003, pp.29—30.

③ Ibid., p.42.

识分子开始强调对"英国"的正确认识。约翰·鲍尔坚持认为在英格兰的土地上有一种"最新的极为优秀的智慧",他甚至这样认为:"对上帝的荣誉而言,除开神圣的《圣经》外,再没有比他在英格兰的劳作更好的作品了:他创造了美丽的王国、博学的人民,以及与其他地方不同的日用品。"所以,他呼吁有学问的英国人"用一种正确的方式重写英格兰的编年史"。①

在鲍尔的著作中,他的爱国主义与宗教热情奇妙地结合在了一起,他将基督教的圣徒与那些"无论是为了生养他们的土地而死,还是为了共同体不顾自己生命危险的人"相比,并认为他们同样值得人们永恒地纪念。在鲍尔看来,这些人都是英雄,值得高度赞扬,他们为着自己所属的集体而牺牲生命或是其他利益,殉难就不仅仅是宗教意义上的了,或者说,不同的宗教共同体开始逐渐被看成是一个"民族"。②而乔叟等人的写作,更是明确表示要用英国的方式为英国人写作,在他们的作品中表现出了强烈的对国王以及自己国家的热爱。

在欧洲,英国人不是第一个宣称自己的政治共同体具有独特的意义,马基雅维利在第一个英国民族主义者诞生之前,就已经明确宣布他热爱佛罗伦萨超过了自己的灵魂,而英国人显然借用了大量的意大利文艺复兴的思想。但英国完全在一条独特的道路上前进,因为这些思想在欧洲各地往往只是停留在思想层面,主要在知识阶层中传播,但在英国,它们才找到了合适的地方并生根发芽。英国加速的社会流动也使这些思想获得新的动力,并最终在宗教改革的过程中以一种不同的面貌影响了国家的发展。

红白玫瑰战争标志着英国封建时代的结束和新时代的开端,都铎王朝的出现意味着原来的封建秩序已经解体,而新的社会金字塔需要按照新的界线加以构建。早已产生的议会作为这种变化的政治机构,在都铎王朝时期的作用越来越大,在国王需要用钱时尤为重要。国王必须从这个代表机构中知道,他们是否愿意以及愿意支付多少金钱给他,并根据这种意愿来设计自己的需求。③在这样的社会政治结构中,给人印象最深的一点就是,新的社会阶层坚持不懈地强调人民有权利通过议会参与英国的政治决策。因此,英国作为一个民族,在很大程度上是指他们拥有这种政治参与的权利,作为英国民族特征的代表制选举出来的精英有权利并希望自己管理自己,

---

① Liah Greenfield, *Nationalism: Five Roads to Modernity*, Harvard University Press, 2003, p.42.

② Ibid., p.43.

③ David Loades, *Power in Tudor England*, MacMillan Press Ltd., 1997, p.83.

实际上也意味着民族国家的地位等同于政治公民权。这样一种象征性的选举意味着社会金字塔和传统阶级结构的彻底变化。

这种变化在文化上的体现就是,无论社会上层还是下层,高贵的出身,甚至一般认为的体面血统,都迅速失去了它们的重要性。[1]与此同时,在英国的政治生活中,教士的地位也遭到削弱,中等阶层出身、受过教育并具有才能的人得到政府的信任和重用,政治事务更多地由一个专业的律师团体处理。而这一切,在很大程度上是由于旧贵族阶层的消失而让渡出来的上升空间,它在客观上促进了社会的流动。

此外,社会对高贵阶层的界定开始发生转变,由凭借出身转化为对才能和美德的赞赏。而这样做需要一个思想基础,那就是理性的、民族的意识。事实上,一个新的精英阶层呼唤民族主义,而民族主义也呼唤这些新贵族,他们要求王权承认其新的社会地位,都铎王朝十分迟缓但最终还是满足了他们的这种要求。作为回报,英国社会对王权贡献了应有的忠诚。1534年以后,英国王室的权威得到了进一步的加强,挑战王室权威已经被英国舆论普遍理解为就是挑战上帝的意愿。[2]然而,支撑这种王室权威强化的基础却是高涨的民族主义意识。应该说,民族主义使每一个英国人都成为高贵的人,因为贵族血统再也不成为社会地位上升的必要条件。教育成为整个社会十分重要的事务,人们能否受到合适的教育成为社会地位上升的重要条件。按英国人的看法,新的贵族阶层是一个自然产生的阶层,是一个具备知识和美德的精英阶层,而其社会地位是由于他们为社会提供的服务而不是对某人的讨好而获得的。

16世纪以后,服务于一个民族的概念已经开始在民众中流行起来,英格兰已经是一个独立的政治实体,它并不仅仅是一个王室的财产,而是一个社会共同体。这样的观念与文艺复兴的思想有类似之处,不过它并不是对外国思想的单纯引进。英国新的精英阶层需要一个现实的观念为理性化提供精神框架,并给他们自身的地位提供合法性的基础,这样的需要最终导致在英国产生了民族主义的诉求。

4. "上帝的选民"

迄今为止所有关于民族与民族主义的理论探索都集中在以下三个方

① Lawrence Stone, *The Crisis of the Aristocracy: 1558—1641*, Oxford, 1965, p.36.

② David Loades, *Power in Tudor England*, MacMillan Press Ltd., 1997, p.10.

面:第一,种族与哲学方面的思考,即民族是其自身价值的最终目标并超越了其他一切的人类价值,还是实现其他价值的一种方式或工具? 第二,从人类学与政治学的角度来界定民族,即民族是一个什么类型的共同体,其中的个人与共同体之间是什么关系? 第三则是历史的观念,即民族是一个扎根于长期分享共同的文化、在古老历史中演进的共同体,还是一个最近产生的社会或文化现象,是历史发展到现代阶段的产物,当历史跨越这一阶段后就会消失?①

　　实际上,在民族主义的发展过程中,上面涉及的诸种对立因素是交织在一起的,不同理念在民族主义不同的阶段起着不同的作用,目前唯一可以肯定的是,民族主义的兴起与一个民族的现代化进程密切相关。清教在英国民族主义孕育初期的历史进程中就具有这种特殊的作用,很难说清教与英国的民族主义究竟有什么联系,但是没有任何一种观念在当时可以明确地代表民族主义的意识。民族主义与民族等观念,在一个大一统的基督教世界里是一种全新的观念,人们在争取现代民族权益的同时,必须使这样的观念能够被其他的国家和民众接受,因此,民族的要求只能披上宗教的外衣。这也使得民族主义的诉求更为合理、更为正义和正当。尽管不能完全说清教催生了民族主义,但它无疑是英国民族主义的助产婆。事实上,早在1558年,大主教阿尔曼就宣称:"上帝是一个英国人!"②

　　英国人意识到自己在宗教方面的独特性与欧洲兴起的宗教改革运动有关。1538年,法国法学家与神学家加尔文在日内瓦初露头角。瑞士本国是由多个州组成的联盟,在教会和宗教方面,隶属于不同的天主教辖区——奥地利、德国或意大利——的主教。因此,在瑞士,除解决其他任务外,宗教改革还必须完成民族和国家的统一。加尔文在这一转变过程中成为举足轻重的人物。自1541年起,他在那里稳固地踞于独裁者的地位。加尔文比路德更加坚决地清算了天主教,把日内瓦创建成一个新型的宗教团体、一个特殊的寺院,实行最严峻的清规戒律。在所有人生乐趣中,只许过家庭生活。全体公民不得唱世俗歌曲,不得跳舞,不得饮酒,不得穿世俗服装。每逢礼拜不去教堂者罚款。对加尔文解释的任何基督教教理表示怀疑者以火刑处死。③这

①　Anthony D. Smith, *Nationalism and Modernism*, London: Routledge, 1998, p.8.

②　Stephen Haseler, *The English Tribe: Identity, Nation and Europe*, London: MacMillan Press Ltd., 1996, p.15.

③　[苏]约・阿・克雷维列夫:《宗教史》(上卷),王先睿等译,中国社会科学出版社1984年版,第264—265页。

是罗马教廷梦寐以求的神权国家。其社会内容不是封建主的统治,而是殷实市民的统治,这些市民依靠廉价教会,靠严格节约民众的消费,逐渐积累了充足的财富,用以发展资本主义的生产方式。加尔文的严刑峻法直到他死后才有所缓和。但使人略感意外的是,由于普通法的传统,没有任何人能够随意剥夺社会其他人权利的英国,强调生而自由的英国人,却成为这种严厉的新教传播的重镇。

当宗教改革兴起之际,英国国王亨利八世起初是以神学家的身份站在天主教一边的。1521年,他还发表文章批驳路德教,因此获得罗马的贵重奖赏:一朵金玫瑰和卫道者的称号。然而,路德教在政治上和经济上的实践,首先是没收教会和寺院土地的做法,比神学理论更加具有说服力。从16世纪30年代初期起,英国王权就贯彻了一系列法令,使英国教会逐渐摆脱对罗马教廷的依附地位。1532年停止缴纳岁贡。1533年废除罗马教廷对英国教会的管辖权,并禁止向罗马教廷上诉英国宗教法庭的判决,违者处以死刑。而最终1534年英国议会通过的《至尊法案》作为这场变动的结果,使英国国王成为英格兰教会的首脑。

由于英国宗教与王室的关系,王室在这样一种时刻的特殊作用就显示出来了。处在清教与民族主义之间的王室,对民族主义意识的进一步发展起到了主导作用。伊丽莎白女王成为清教与民族事业之间的联系与象征,清教主义与民族主义在她个人身上结合为一体。当时对伊丽莎白女王的溢美之辞甚至会使今日的学者都觉得脸红,因为用今天的标准看,这样的说法太过分了。但在16世纪的英国,对女王的赞颂实际上是英国人日益增长的自尊心的表现。伊丽莎白是上帝承认英国好运、英国人是其选民的象征,正是上帝通过派给英国人这样的一位女王,来给世界显示其荣耀。"上帝保佑女王"的祝福在民众中广泛流传,在她即位12年时,所有英格兰的"好人"都在庆贺女王的登基。[①]如同她的父亲一样,伊丽莎白女王也许并非一个民族主义者,但也和她父亲一样,她发现自己的利益就是促进和鼓励这种民族主义的发展。所以在半个多世纪里,她很好地甚至是极为出色地服务于这个新的民族国家。童贞女王成为民族凝聚力的核心,也成为英格兰独一无二的伟大象征。她的存在激发了人们的爱国主义热情,并推动着这个新生的民族国家去实现自己的目标。虽然女王的伟大在一定程度上阻碍了英国政治民主的发展(在这一时期,英国议会有意识地采取了与王室合作的态度),

---

① Carolly Erickson, *The First Elizabeth*, New York: Summit Books, 1983, p.273.

但也正是在这一和谐时期,英国社会精英、各个不同的社会阶层开始具有一个新的视野,即民族主义的视野,去评判社会的价值和目标。这种新的民族共识对于未来英国的发展是极为重要的。只有在这种意义上,才能理解清教对英国民族主义所起的催化作用。此外,伊丽莎白女王以官方的姿态认可了英国的民族主义,反过来也为英国民族主义的顺利发展提供了一个重要的政治空间。

也有学者认为当时出现的那种认同,与其说是民族的,不如说是宗教的或是清教的。[①]这样的看法实际上是错误理解了民族主义的本质,把民族主义与种族认同完全混为一谈。因为当时英国的民族主义,主要的界限是宗教的和理性的,人们要求的个人是自由与平等的个人,这种民族意识与种族认同之间并不存在直接的联系。文艺复兴提倡的理性的个人主义使清教成为一个初生的民族情感的完美同盟。由于特殊的历史背景,尤其是"血腥玛丽"的统治,宗教和民族的情感开始融为一体,因此,英国民族应该是一个清教的民族。但必须认识到的是,无论是否涉及清教,英国都是一个民族了。她是一个民族,是因为她的新出现的精英创造了一个新的、与其他社会不同的、集体性的社会结构,并产生了那个时代独一无二的特性和认同。所以到16世纪末,这个实际上是一个世俗的民族开始直接宣称应该效忠于自己的共同体,而宗教的因素开始逐步地淡化。其中一个明显的标志,就是人们公开承认即便有宗教方面的分歧,但大家在捍卫共同的利益方面完全是一致的。理查德·克朗普顿在1599年写道:"尽管我们由于宗教而分为不同的派别,但我相信,我们完全会充满信心并在以保护女王、捍卫国家的反对敌人的工作中联合在一起。"沃尔特·雷利爵士也认为,不管是什么宗教,所有的英国人都会加入反对西班牙的战争。[②]然而,这并不意味着宗教与民族有关的事务可以忽略不计。事实上,英国的各种教派之间,如安立甘国教与不信国教者,以及浸礼派、福音派、循道宗等等,尽管有若干分歧,甚至相互发生激烈的冲突,但只要与天主教有关,性质就具有完全不同的含义,这种区别甚至到了用法律的形式将其固定下来的程度。一直到1829年为止,英国都禁止天主教徒拥有投票权,以及成为政府官员和两院议员的权利。不仅

---

① Liah Greenfeid, *Nationalism: Five Roads to Modernity*, Harvard University Press, 2003, p.45.

② E. Arber, ed., *The Last Fight of the Revenge at Sea*, London, Southgate, 1871, p.30, p.91;转引自 Liah Greenfeid, *Nationalism: Five Roads to Modernity*, Harvard University Press, 2003, p.46。

如此,他们还被惩罚性地征税,被剥夺部分的受教育和获取财产的权利,甚至包括宗教祈祷的自由。①也就是说,即便不是在事实上,但从法律的角度看,他们已是作为"非英国人"和潜在的叛国者而被区别对待的。而原来的清教及后来的不信国教者,尽管在宗教理念上与主流的英国国教有分歧,但受到的待遇却完全不同,他们可以拥有武器,可以建立自己的教堂进行祈祷。尽管有一些限制,但不信国教者实际上可以渗透到英国任何一个政治领域。这种现象再次从反面证明,清教在形成英国民族主义方面具有极为重要的作用。

英国的法律公开宣称自己是一个执行富有侵略性政策的清教国家。应该说,并非是法律使得清教和天主教具有如此强烈的对抗情绪,这种官方的不宽容,与民众的不宽容一样,扎根于对过去历史的深深的记忆中。英国人每年都要举行一定的仪式来提醒他们自己是谁。一直到1859年,每年的1月30日,不信国教者都要进行斋戒和祈祷,以纪念查理一世被处死。而每年的5月29日,人们都要燃起篝火,敲钟以庆贺查理二世复辟,结束了军事管制和不稳定的政治局面。②这样看似矛盾的史事表明,英国的宗教分歧本质上是一种新生民族与外国控制势力的分歧,然而,在特定的历史条件下,这种民族主义的诉求只能以宗教的形式合法地表达出来,因此,清教在一定程度上也使其民族主义的本质被掩盖了。

而使英国这种民族情绪得以正式公开表达的,是英国的文学。伊丽莎白时代,人们的民族情绪开始日益明显地表露出来,而一个新的社会阶层诞生,他们的主要职业是学术研究和文学写作,写作编年史、契约文件、诗歌、小说、戏剧等等。其中一个重要特点,就是使用英语创作英国的作品。最杰出的戏剧大师当然是莎士比亚,他的作品在艺术成就之外,主要的特色之一就是让用英语解读的历史事件受到了英国公众空前的关注。乔叟在英语的文学创作中当然也功不可没。最重要的是,"英国的"开始在每一件事情上都受到重视,并滋养出一种民族的自豪情感。到16世纪末,人们已经认为英语是一种优于其他语言的最高贵的语言。正如卡鲁所说:"意大利语是令人愉快的但却往往不符合语法规则,法语语音清晰但却太可爱了,就像一个女人在证婚人面前一样,很怕将自己的嘴唇张开,西班牙语有一种过分讨好人的味道,在O上面发音太快而令人生厌,荷兰语也有同样的毛病,带着嘶

---

① Linda Colley, *Britons, Forging the Nation 1707—1837*, Yale University Press, 2005, pp. 18—19.

② Ibid., pp. 19—20.

哑的嗓音,好像随时准备与人吵架。"①而英语才是最优雅、最动听的语言,这样伟大的语言必定要在世界文化中扮演伟大的角色。

应该说,英国的宗教构成其民族鲜明且独一无二的基础。英国人自认为是上帝的选民,上帝的恩惠和神圣的信任随处可见,因为没有任何其他的理由可以解释英国的繁荣和幸运。例如,消灭西班牙无敌舰队,伊丽莎白女王长期管理的良好与稳定的政府,她战胜了所有试图与她为敌的对手。②事实上,这些干预都具有某种神圣考验的性质,作为上帝关注的对象,伊丽莎白女王在勤勉行事的时候就得到上帝的眷顾,只要她稍有懈怠,就会受到上帝的惩罚。在这种意义上,她的民族存在取决于她的宗教热情。

显然,英国的民族认同意味着"英国"具有一种全新的、不同于世界其他地方社会共同体的性质。但在这个时期,这种不同于其他地区的民族实体,还不能成为一个自我认同的概念,它必须用人们熟悉的方式进行表达。这就是为什么宗教成为英国民族认同最主要特征的原因。这一特点,在17世纪40年代的内战中也再次以几乎同样的方式进行了展示。

在这一过程中,英国人的观念开始发生一些变化。其中,一个最主要的就是有关"人民"的定义以及其所包含的人群。这是任何一个早期的现代国家都要讨论并且都是同等重要和棘手的问题。尽管人民被理解为有权利抵抗国王,但如果真要抵抗,人民以什么立场、在何种程度、又通过什么机构来抵抗呢?③从1640年至1688年,英国社会的有识之士不断地通过各种形式对这些问题进行争论,试图寻找一种较为合理的解答。这样的讨论,深化了这一新的民族共同体的一些基本的政治属性,对于以后英国民族的发展起到了十分关键的作用。那就是,这一新的政治共同体具有十分稳定的内在联系,它不会再因某种偶然的因素而解体。

这种内在联系,就在于这个共同体中的人拥有某种不可剥夺的权利。属于"辉格"的人们从古代宪法、法律、历史、有关革命的理论、自然权利,还有《圣经》中寻找依据。弗格森和洛克等人认为,处于自然状态的人通过他们个人和自由意志来组建社会,之后,这个社会又通过一个二次协议将他们的权力委托给一个政府,这样社会和政府之间就有了一种契约关系。在宪

---

① Liah Greenfeid, *Nationalism: Five Roads to Modernity*, Harvard University Press, 2003, pp.69—70.

② Ibid., p.462.

③ [英]尼古拉斯·菲利浦森、[英]昆廷·斯金纳主编:《近代英国政治话语》,潘兴明等译,华东师范大学出版社2005年版,第211页。

法中,这个社会拥有确定的权利和自由,当立法机关在与自然法相一致的情况下为社会制定法律时,人们就有"固定的"法则来支配他们,而不再是由一个国王的专断意志来控制社会。政府,不管是将其视为一种信任或是一种契约,在神的意义上它都仅是上帝注定的启示:人类应该拥有一个政府。就如汉弗莱所说,"权力就是每一个国家根据自己的宪法确立的政府机构"。① 而"人民"这个词在辉格的话语中通常就意味着立法机构。

于是,这一新的政治和社会共同体的属性就十分明显了,它是一个其成员拥有个人权利并以权力为纽带联系起来的新型社会。这个新型社会的政治表述,就是现代的民族和民族国家。它表明,英国人在 17 世纪中期通过国内事务和宗教的考验而成为一个民族。它的形成经过了一个半世纪的发展,代表着政治本质以及政治普及性的巨大变化,成为通向民主的第一次破冰之旅。英国的民族意识首先以及最重要的是强调了一个人的尊严以及他的独立性,它既隐含着也实际上推动着个人自由与政治平等的原则。这种观念原本是从界定英国的民族性的过程中产生的。他们抛弃了宗教的习惯用语并表示不是放弃了原有的原则,而只是让它更为明确。人们仍然相信他们是有理性的,因为他们是按照上帝的图像被创造出来的,所以他们对自由和平等的要求,是由造物主的行为而产生的。当然,对于人类理性的骄傲,是弥尔顿等人在内战后提出的,个人权利的意识、人类的自由以及自治等观念,经过他们的宣传,成为至高无上的价值。这些思想并非英国独有,也不是原产于英国,但是只有在英国,它们才能够成为人们认同的内容,并在个人和集体的意识中深深地扎下了根。②

这样一种变化是由于数种力量的混合支持而产生的。民族观念被采纳首先是因为社会的变化:原有的精英阶层被新的阶层替代,关于贵族的界定和标准已经过时,社会需要一种新的评判标准。新的民族主义观念既强调神秘的过去,但更强调能够自由发展的未来。③它显然更容易为这种变动中的社会所吸收,更加密集的社会流动使越来越多的处于社会变动阶层的人呼唤着新的民族认同。由于自身的原因,都铎的君主们,除了玛丽女王,都十分同情这种要求并提供了重要的王室支持来鼓励人们的热情,而已经处

---

① 〔英〕尼古拉斯·菲利浦森、〔英〕昆廷·斯金纳主编:《近代英国政治话语》,潘兴明等译,华东师范大学出版社 2005 年版,第 217—218 页。

② Liah Greenfeid, *Nationalism: Five Roads to Modernity*, Harvard University Press, 2003, p.486.

③ Anthony D. Smith, *Nationalism and Modernism*, London: Routledge, 1998, p.50.

于形成中的民族意识由于多种多样的形式得到了加强,尤其是在清教改革之时。英语《圣经》以及前所未有的富有刺激性的文学作品,在结构上对于大多数英国普通民众如何用新的社会价值标准重新评估新兴贵族而言同样重要。这些普通的民众读者,也由此获得了一种高于以前的全新的尊严,这样一种意识由于民族认同而得到了强化,并导致他们更加热烈地拥抱这种观念。而玛丽女王反对改革的政策,事实上也是反对民族主义的,当然也反对普通民众以及那些由于民族主义和清教主义而获得既得利益的精英集团。在她的统治末期,这些由精英构成的利益集团已经不能容忍她对他们利益的践踏。他们把这种利益界定为英国的利益,这样一个统治集团是由于与清教和民族的事业有关而历经多年发展起来的。这样一种联系为英国的民族意识提供了一种神圣的解释,这样一种内涵使得在当时只能通过宗教合法表达的民族情感坚持要用自己的仪式做祈祷。所以在那一特定的时期,似乎一切都有利于英国民族主义的生长,英国民族主义得到了充分的时间来孕育,它进入政治和文化生活,并逐渐地渗透到社会的各个层面,最终成为一种强有力的力量,并且不再需要其他东西来掩盖其实质。它是人们唯一能够认识的真实并且成为了真实自身,因为民族主义已经成为民众认同的基础。[1]

各种联合的力量保证了英国民族主义的发展并使英国成为一个现代民族,而其以宗教信仰为旗帜,宣称这个新的"民族"是上帝的选民,以此来争取在一个基督教世界中独立生存的方式,在所有民族主义的形成过程中具有某种独一无二的特性。

二、英国民族主义的发展

1. 投资民族国家

毫无疑问,清教主义提供了当时英国人主要的生活方式框架,它使英国人按照这样的方式去解释过去并理解现实,也使他们确认并对抗自己的敌人。它为他们提供了信心甚至希望,也使他们容易相信自己是与众不同的

---

[1]　Liah Greenfeid, *Nationalism: Five Roads to Modernity*, Harvard University Press, 2003, p.487.

人。然而，尽管宗教提供了一个民族的基础，正如法国、俄罗斯、瑞典与荷兰一样，但对于现代民族而言，还必须有一种积极的承诺，就是用一种与个人利益有关的因素使大家亲密地联系在一起。①换言之，民族主义的号召必须与人们的实际利益联系在一起，才会具有持久的活力。实际上，从近代开始，这已经成为一种历史发展趋势。正如捷克历史学家米尔斯拉夫·罗克所说，"民族意识形态在能够反映一群人的利益诉求的情况下，或在其纲领中至少在某一部分包括与他们利益密切相关的内容时是十分有效的"。②按照自由民族主义学者的观点，在人们生活中的民族认同感不是一时的种族冲动，也不是一小部分社会精英随意操作的愿望或者是一种短视的选择，而是某种服务于人们基本需求的东西。而这一理论如果成立，那么民族主义的诉求不仅不与自由主义愿望相冲突，而且是有助于人人平等与个人主义的原则的。换言之，是民主的行动，而不是民族主义的情绪，对于自由政权是极为重要的。按自由民族主义者的看法，民族主义在三个方面对于一个自由政权而言至关重要：第一，它为个人生活提供了连续性与关联性；第二，因为它宣告、激发并证明了平等的政治是正当的；第三，它为自由政权尤其是民主机构发挥其功能提供了一个社会框架。③事实上，各种形式的联合在某种程度上是一些民族追求自己目标的最好途径之一。朱舒沙·克舍郭与詹姆斯·M.歌德来尔在谈及欧洲一体化进程时就认为，中东欧国家在按照传统的观念追求自己的政治疆界与民族疆界一致的时候，远不如融入欧盟一体化的进程更容易达到自己的目标。④1707年苏格兰与英格兰合并应该是验证这一理论的最好例子，当这两个长期争斗的民族握手言和之后，英国开始了一个急速发展和扩张的时期，不同的社会阶层和利益集团，包括两个原本不同的民族，发觉他们新投资的这个民族国家是非常有价值的，作为一个能够集中效忠的对象，它同时也能满足他们自身的需要和野心。在爱国主义的旗号下，无论男人还是女人，都能够在某种程度上参与利益

① Linda Colley, *Britons, Forging the Nation 1707—1837*, Yale University Press, 2005, pp.55—56.

② Miroslav Hroch, *Social Preconditions of National Revival in Europe*, Cambridge, 1985, p.12；转引自 Linda Colley, *Britons, Forging the Nation 1707—1837*, Yale University Press, 2005, p.55。

③ Albert W. Deur, "Nationalism, Liberalism and Democracy", *Political Research Quarterly*, Vol.55, No.1,(Mar., 2002), pp.191—211.

④ Zsuzsa Csergo and James M. Goldeier, "Virtual Nationalism", *Foreign Policy*, No.125 (Jul.-Aug., 2001), pp.76—77.

的分享。

很多学者认为,这个在 1707 年由于合并法案并由汉诺威王室建立起来的国家,社会与政治的基础都非常狭隘,几乎是依靠军事力量才得以延续的。18 世纪的大多数时间,英国的政治是被一部分辉格寡头控制的,被统治的民众几乎没有多少选择。然而,这些观点忽略了一个问题,即这个几乎是人工制造的民族,由一小部分土地贵族统治,富有侵略性的盎格鲁寡头能够吸引比他们自身基础宽泛得多的民众来支持自己的国家,因为这个国家本质上就是世界上第一部金融军事帝国机器。[①]保持这部机器的有效运转,就能为英国社会各阶层的民众提供十分广泛的利益。

各种类型的从事贸易的人群总是支持这个国家机器中最显著的人群,部分原因是因为他们巨大的数量。在 18 世纪的英国,5 个家庭中或许就有 1 个依靠贸易和分配为生,他们是那些从国内外贸易中获取利润的农夫和制造业者中最突出的一个社会群体。[②]同样重要的是,这些与贸易有关的人比一般的英国人更需要政府。国内的贸易商,即便是小贩,也十分依赖一个良好的社会秩序以保证商业和信贷能够安全便利地流通。而从事海外贸易的商人,则要求国家海军在危险的航线上保卫自己的安全,尤其是在战争时期。同时,所有这些卷入贸易活动的人,都从英国无情地追逐的殖民市场以及断断续续地与另一个大陆国家法国的对抗中获益。

当然,不是所有的商人都是爱国者,甚至也不是所有这些人当时都支持政府。尽管如此,在紧急时刻,这些人都有最强烈的理由支持政府,并对国家忠诚。其落实在行动上的表现就是,他们愿意为政府的行动买单。[③] 18 世纪上半叶,苏格兰与英格兰合并后,新的汉诺威王朝尚未十分稳固,英国的土地贵族统治集团与商业精英的合作对于国家稳定而言显然是至关重要的。极富创造性的变化是,针对商业的膜拜对于成为一个"英国人"开始变得越来越重要。

英国当时的统治者依然是土地贵族精英,这种情况甚至到 19 世纪中期也依然没有根本的变化。但这些土地贵族精英似乎对这种贸易会动摇自己

---

①　Philip Harling, *The Modern British State*, Polity Press, 2001, p.32.

②　Julian Hoppit, *Risk and Failure in English Business, 1700—1800*, Cambridge, 1987, p.4. Linda Colley, *Britons, Forging the Nation 1707—1837*, Yale University Press, 2005, pp.55—56.

③　Linda Colley, *Britons, Forging the Nation 1707—1837*, Yale University Press, 2005, p.56.

的统治毫不担心,一个重要的原因在于土地与拥有土地的人的重要性没有降低,与土地有关的力量太强大、太稳定,从绅士、议员到首相,大家都不反对对贸易的贡献采取一种赞赏的态度。

实际上,在工业化前英国的经济形态主要是一种商业形态,北美和日本也大致相同。这种经济形态的进一步扩张为更深入的经济变化奠定了基础。在这一过程中,政府的政策和作用对于经济的增长是至关重要的。从整个世界的发展历史看,经济、政治与文化的变化是交织在一起的,商业无论是过去还是现在,都从来不是在真空中发展起来的。它从来都在影响着外部环境,也受到这种环境的影响。因此,在工业化之前,一个民族商业发展的政治架构是十分重要的。

对于工业化前的政治结构而言,一个具有凝聚力的政治实体和政治秩序的稳定对于经济的发展十分关键。在英国一直存在一个以国王为核心的国家,并提供着经济发展所必需的秩序。[①]17世纪中叶,国王与议会、国教与清教之间发生了一场激烈的冲突,这场冲突最终在1688年的光荣革命中得到了解决。

然而,最重要的社会变化是,英国的民族国家发展与人口的增长和人们生活水平的提高存在着内在的联系:1430—1603年,英国的人口从210万增长到380万,1700年增长到690万,1760年则增长到780万。而1700—1760年间,英国的人均收入从6.7镑增加到9.4镑。[②]

人口的增长意味着英国经济的迅速增长,而经济发展最快的阶段在18—19世纪。在这一时期,英国拥有无数的小公司,这些小公司往往就是一个老板拥有的产业,但这样的小公司却占了英国18世纪工业经济增长的绝大多数份额。不过,这些小公司的生存风险是巨大的,在18世纪,英国共有3.3万家公司宣布破产;英国在这一阶段的GDP年增长率为0.87%,而公司的破产率则高达1.15%。[③]但这种变化反过来证明了英国经济具有的活力,也意味着民族国家的巩固拥有雄厚的社会基础。

英国的国家发展与英国民族主义发展几乎同步,这使其民族主义诉求和现代化目标之间具有惊人的一致性。12—13世纪,英国的中央政权架构已经形成并具有一定的权威,而在15世纪中期以后,当欧洲大陆国家陷于

---

① Mansel G. Blackford, *The Rise of Modern Business in Great Britain, the United States and Japan,* University of North Carolina Press, 1998, p.8.

② Ibid., p.19.

③ Ibid., p.59.

国际战争的漩涡中时,英国幸运地避开,并使自己的政权继续维持有效运转。光荣革命之后,英国再次在民族主义的基础上加快了现代国家政权的发展。

这种发展在某种程度上是一个金融与军事权力相互配合、相互渗透的结果。在17世纪晚期,英国中央政权的雇员规模按欧洲大陆的标准来看依然是很小的。杰拉尔德·艾尔默通过资料证明,即便在1649—1660年这样一个非常时期,为英国政府服务的官员也只是保持在1 200人左右。[1]这种情况在查理二世复辟后开始改变,他和詹姆斯二世为了控制更大范围的税收,不断增加政府的雇员,去接手那些以前由私人金融机构代理的税收工作。这种政府的膨胀具有十分重要的政治意义,它表明斯图亚特王朝试图按照法国的中央政府模式改造英国的政治格局,减少对议会的依赖,使王室获得更大的独立性,甚至干脆不要国会。1688年光荣革命赶走了詹姆斯二世,却没有停止反而加快了政府的扩张步伐,这是因为英国从此又卷入了与路易十四的战争几达四分之一世纪。这无疑是促使政府膨胀的最主要的因素。英国的政府机器开始了前所未有的扩张,各个政府部门都在扩充人员,一些新的部门也逐步建立。给人留下深刻印象的是,财政部的全天雇员从1690年的2 534人增加到1782年的8 292人,尽管海军部、贸易部和国家机关的工作人员也增长了4倍,但从总量来看,财政部增加的人数最多。[2]

英国的税收促使金融系统发生了革命性的变化,其重要标志之一是英格兰银行的建立。其建立的一个重要功能就是,英国政府即便在信贷最困难的时候,也有一套系统的制度来募集基金。这与同时期的法国完全不同。这并不是说法国的金融管理体系与其以前的制度相比是失败的,而是它未能解决与征税有关的政治问题。光荣革命之后,英国的金融体系运转十分顺利,其行为是固定的、有秩序的,甚至几乎是一成不变的。而征税立法在议会总是顺利通过,这使得税收在英国能够完全不会遭到公众的反对。与法国甚至荷兰相比,英国在征税问题的骚动都少得多。这在很大程度上可以认为是英国的光荣革命解决了政治问题,使得国会以及国会所代表的社会力量愿意为自己的事业买单。

不过,对于当时英国政府的政制,也有学者表示了忧虑,休谟就是一个典型的代表。他认为,自由政制的一个不良后果就是它的极端自由产生了

---

① Gerald Aylmer, *The State's Servants*, London, 1961, p.169.

② John Brewer, *The Sinews of Power, War, Money and English State, 1688—1783*, Harvard University Press, 1990, pp.66—67.

一种普遍的无能——它们不能以一种节制的态度来使用公债。由公债而起的"暴烈的死亡"就是指国家被外国势力征服。休谟意识到，国债的起源和目的不是在贸易和商业中被发现的，也不是在股票投机商的肮脏实践中被发现的，而是在防卫问题上被发现的。由此，休谟采取了一种反对孤立主义外交政策的立场。英国在法国的扩张主义野心的形成过程中存在着安全隐患。法国，一个远比西班牙敏捷而聪明的国家，由于欧洲国家齐心协力的联合抵制，最终没有成为一个世界帝国。既然"我们的祖父辈、父辈和我们自己都认为，如果没有我们的协助和关心，欧洲的势力均衡是很难保持的"，那么参加这种联盟就符合英国的利益。如果欧洲的势力均衡由于英国从反法联盟中撤出而加速崩溃，一个世界君主国将接踵而至。既然英国是一个岛国，那种避免卷入欧洲大陆上血腥而耗费巨资的战争意图就总是强烈的。"在将来，如果我们的孤立主义的冷漠情绪和错误的安全感为我们明智的敌方宣传家所利用，然后，再取消英国的经济和军事援助，那么，法国的欧洲邻国将一个接一个地倒下，最终，英国所面对的是一场实力悬殊的对抗，并最终被一个无可匹敌的欧洲帝国征服。"①换言之，为了英国的独立和自由，必须建立一个有效的政府，而不仅仅是一个自由的无能的政府。不过，从以后历史的发展轨迹看，英国的政府在行政方面的现代化尽管慢一点，在最终的成果方面，应该还是十分有效的，因为它基本完成了一个现代民族国家应该完成的任务。同时，由于它的对手在这一方面并未胜出，所以英国的行政缺陷也就不是阻碍自身发展的主要问题。

　　同时，现代英国已经是一个依靠国际贸易生存的国家。按照贸易理论，国际贸易比国内贸易的时间和路途都要长，此外，还因为有经济的、社会的、文化的差异，比如语言的不同等等，使国际贸易的成本要高于国内贸易。但最重要的一点是，国际贸易的风险远远高于国内贸易，因为商人们不知道遥远国度的消费者、市场和政府的情况，无法对抗对方的市场保护措施，也无法避免灾难和政治的不稳定。②在这种意义上，从事国际贸易的商人比任何人都更强烈地需要国家，因此，投资民族国家如同投资一项其他的行业一样，是一桩最有利可图的事业。

　　此外，英国政府的扩张还有一个与欧洲大陆国家性质不同的地方，那就

---

　　①　［英］尼古拉斯·菲利浦森、［英］昆廷·斯金纳主编：《近代英国政治话语》，潘兴明等译，华东师范大学出版社 2005 年版，第 298 页。

　　②　Charles Smith, *UK Trade and Sterling*, Oxford: Heinemann Educational Books Ltd., 1992, pp.6—7.

是英国的中央行政部门在加速扩展,但地方政府机构却几乎没有发展从而限制了中央政府的效率。①这样一种格局,不利之处是国家的整体效率不可能很高,但好处也是显而易见的,即英国政府的主要关注点只能限制在这样一些领域,比如维持法律和秩序、国家的防卫与安全、制定对外政策、促进贸易以及尝试帝国式的管理等等,从而减少了侵犯本地民众自由的可能性。同时,议会对政府的制约也使得这样一种政府类型成为最值得英国民众投资的"股份公司"。而这个"公司"在18世纪最主要的业务就是对外扩张。

在英国,对外扩张意味着战争与贸易的齐头并进,战争的开支与贸易的增长有着一种十分奇特的关系。光荣革命之后,英国的军事开支急遽增加。1688—1697年的九年战争期间,英国军事开支的债务为1 670万镑;1701—1714年的西班牙王位继承战争期间,军事债务为3 620万镑;1740—1748年的奥地利王位继承战争期间,军事债务为7 610万镑;七年战争期间,军事债务为1.326亿镑;而北美独立战争期间,军事债务增加为2.429亿镑。②

英国在光荣革命之后的100年间,从一个无足轻重的孤立国家,一跃成为一个在军事和外交上拥有重要地位的世界大国,其间最重要的原因是什么? 查尔斯·泰勒的看法是,英国成功地参与了反对路易十四的战争:"战争造就了国家,国家成就了战争。"③这样的看法固然有其道理,但未免失之偏颇,因为这样的战争不是没有长远战略意图的战争,而是与贸易和国家富强联系在一起的战争。早在1672年,乔赛亚·柴尔德爵士就在一封信中写道:"英格兰无可怀疑的利益就是贸易,因为只有贸易才能使我们富裕和安全;没有一支强大的海军,我们将成为邻国的捕食对象,而没有贸易,我们则既没有水手,也没有舰队。"④英国在对外政策上的一个取向早在克伦威尔和复辟王朝时期就已经清晰可见,那就是要成为一个伟大的国家,英国必须富裕,而获得财富的最好办法,是通过成功的海外商业,这就需要占有和利用殖民地;为了进行海外及殖民地的贸易,拥有一支巨大的商船舰队至关重

---

① Gerffrey K. Fry, *The Growth of Government, The Development of Ideals about the Role of the State and the Machinery and Functions of Government in Britain since 1780*, Frank Cass and Company Ltd. , 1979, p.91.

② B.R. Mitchell and Phyllis Deane, *Abstract of British Historical Statistics*, Cambridge University Press, 1962, pp.401—402.

③ Charles Tilly, ed. , *The Formation of Nation States in Western Europe*, Princeton, 1975, p.42.

④ James A. Williamson, *A Short History of British Expansion*, MacMillan, 1965, p.255.

要，同时还需要强大的海军，而只有富裕的国家才能够维持一支足够强大的海军舰队。

这样的看法得到很多数据的支持。在此期间，英国公共开支的75％用于战争，而更高的税收也花在战争运转期间的借贷方面。财政和军事部门成为英国政权扩张的主要部门，而它们并非给公众提供福利服务，而是提供各类资源：钱、物质供应和人力资源，这些对于战争的效率都是极为重要的。①

战争在欧洲是一个古老的话题，但并非有战争就有红利，相反，很多战争使得国家不断征税，产生了巨大的国内压力，并往往由于财政危机而导致国家的解体，这样的现象甚至在法国大革命时期也出现过。于是，英国在18世纪为什么能够避免同样的灾难就成为人们关注的焦点。按亨利·霍维茨的看法，有两个原因至关重要：首先是奥兰治的威廉及其追随者是其前人行政改革的受惠者，尤其是在能够经受战争考验的税收行政部门方面，他们应该感谢查理二世和詹姆斯二世；其次，议会制止了各种不正当的渎职行为和不法行为，从而保持了公共生活的和谐，要求议员们支持战争的代价就是赋予了他们至高无上的监督权力。②这当然不能避免某些腐败行为的产生，但毫无疑问的是，它十分有效地遏制了专制。议会不仅仅是一只监督政府行为的"看门狗"，同样也是一个围绕战争的不同主张进行辩论的场所。战争的意义，对外交政策的冲击，金融的、行政的以及政治的问题如何解决等等，都在议会进行了广泛深入的辩论。正是这些辩论具有伟大的重要性，使人能够理解为什么议会在非常不情愿的情况下，还是支持了政府的战争行为。从某种意义上可以这样认为，西方大国的战争机器基本可分为两类，民主国家是具有更好的决策机制的战争机器，而专制国家或威权国家则是具有较差的决策机制的战争机器。如果再用商业的眼光来看待现代战争，对这一点就会有更加明晰的认识。民主国家类似于一个股东享有充分权益的有限股份公司，如果战争能够获益（无论是经济上的或是意识形态方面的收益），那么这样的生意就可以做；如果赔本或收益甚微，那么这样的生意就不要去做，因为它有损大部分股东的利益，股东们就有权否认国家的战争行为。在光荣革命后，英国的历史十分突出地显示了这一特点。从光荣革命

① John Brewer, *The Sinews of Power, War, Money and English State, 1688—1783*, Harvard University Press, 1990, p.138.

② Henry Horwitz, *Parliament, Policy, and Politics in the Reign of William III*, Manchester, 1977, pp.87—88.

以后到 19 世纪,英国国家的主要功能就是战争。议会至上成为宪政的基本框架,而它本身也是 17 世纪晚期的战争长期延续下来的产物。税收、战争与投资之间的良性循环,使英国的国家政权成为当时整个欧洲最有效的战争机器。[①]

因此,在通向现代化的闸门开启之际,投资以金融军事为主要特点的民族国家,成为英国发展的一个重要标志。而这一投资的丰厚回报,使英国成为世界上第一个工业化国家。

2. 英国民族主义的界定

第一个工业化民族的民族主义,其出现有一个与众不同的特点,即英国人以民族主义为动力获得了巨大的成功之后,才开始界定自身的民族主义。换言之,英国的民族主义是一个实践先行、理论和学术观念上"后发"的民族主义。不过这一特点,本身是合乎历史发展规律的。直到 18 世纪的最后十年,"民族主义"一词才开始出现,并且在很长的时期中处于不稳定和边缘的状态,直到 19 世纪晚期才开始正式编进辞典。[②]英国的历史学家,至少在印度独立之前,的确很难想象他们愿意从历史的根源认真分析英国在国际上的那种优越意识从何而来。实际上,在所有发达国家都有一种同样的看法,即他们都把民族主义看成一种疾病,尤其是影响那些"不发达地区"外国人的疾病。[③]这多少能够解释为何英国人并不关注民族主义,也同样可以解释很多发达的英语国家不重视民族主义的原因。也正因如此,英国人很难理解其他民族的民族主义。

正如鲍威尔所说,每一个民族,只要它需要健康、幸福的生活,就需要爱国主义。[④]而过去英国民族的命运是帝国的。[⑤]换言之,英国民族的认同与英帝国的扩张具有某种特定的联系。

因此,在这一过程中,一种"英国"特有的形象开始出现:这是一种将传统与现代相结合的形象,工业、旅游主义、大学,与君主、伦敦马车、划船比

---

① Philip Harling, *The Modern British State*, Polity Press, 2001, p.40.

② Colin Kidd, *British Identities before Nationalism*, Cambridge University Press, 1999, p.5.

③ Gerald Newman, *The Rise of English Nationalism*, London: Weidenfeld and Nicolson, 1987, p.51.

④ Tom Nairn, *The Break-Up of Britain, Crisis and Neo-Nationalism*, London: Lowe and Brydone Printers Ltd., 1977, p.256.

⑤ Ibid., p.258.

赛、英国的乡村生活联系在一起。①

英格兰与威尔士的关系尽管有着殖民的性质,但从 13 世纪开始,威尔士在心理上、地理上和文化上已经被认为是英格兰的一个组成部分。这一点一直到 1974 年以前没有什么变化。②

按纽曼的看法,要对民族主义进行仔细的调查,一个学者必须在考察社会进步时如同一个社会学家,进行文学考察时如同一个文艺评论家,解读各种神秘现象时如同一个人类学家,解读政治时如同一个政治史学家,如此等等。而实际上,研究这一现象的学者们很少能够声称精通两个以上的专业领域。③

民族主义与爱国主义有很多关联,有些学者甚至认为它们就是一回事,但实际上还是有区别的。爱国主义是一种集体取向的情绪,只要人们加入一个社会,他们就会具有热爱自己社会集团的这种情感,这是普遍的现象。而民族主义则要复杂得多,是通过纲领或历史条件苦心经营的结果,这种简单的情感成为一种需求与行为的模式,并深刻地影响了民族团体的政策。④只有在这样的情况下,我们才可以将其称为民族主义。换言之,民族主义并非简单的爱国主义,只有当它与特定的国家政策目标结合在一起,具有特定的政治诉求,才能称之为民族主义。在某种意义上,也只有现代社会才会产生真正意义上的民族主义,这是因为民族主义不仅关心外部的事务,它也是对内的。它假定在民族的范围内每一个成员是平等的,因而具有共同的命运。也正是在这个意义上,民族主义与现代化的进程密切相关。事实上,爱国主义往往与军事意义联系在一起,它强调整个民族在与他国关系中的威望和地位,以及一些象征意义的东西是否得到尊重。而民族主义则对民族每一个成员的权利提出了潜在的要求,它成为一种强烈的左右着政治思想和行为的情感,也是自法国大革命以来一个国家在政治、经济与社会变化上的反映。盖尔纳则认为它是每一个国家由农业社会向工业社会转变的一个意识形态方面的现代化副本。⑤

而 19 世纪的民族主义已经包含更多的东西,它不是简单地支持民族的

---

① Dana Arnold, ed., *Culture Identities and the Aesthetics of Britishness*, Manchester University Press, 2004, p.184.

② Ibid., p.36.

③④ Gerald Newman, *The Rise of English Nationalism*, London: Weidenfeld and Nicolson, 1987, p.52.

⑤ Ibid., p.54.

军事力量以及不受外国势力控制的诉求,而是产生了民族团结的意识,要求整个民族无论是在战争还是在和平时期的团结一致,并反对任何有碍这一目标的外国势力。

关于民族主义产生的一些前提条件包括:预先存在的关于国土的意识,文化与民众,以及一种捍卫这些东西的本能,一种历史性的外部敌人,与这种敌人进行的战争,文化煽动,社会的屈辱。①

18世纪末,英国民族主义在文化方面的躁动体现在两个方面:其一是大众性,民族主义的文化得到了广泛的传播,其二是卢梭式的对简单田园生活怀旧的情绪。②按照民族主义研究专家的看法,每一种民族主义运动总是要卷入一种寻找"这个社会共同体最本质的内在的美德"以便确立自己的民族认同。对于所有知识方面的民族主义运动而言,这是最核心和最重要的东西。民族性是存在的,而且可以通过各种形式描绘它,但民族认同则要复杂得多。民族认同是一种通过漫画、经典以及或多或少由所有成员共同分享的富有特征的文化模式,而并非能够十分准确地表述出来的东西。③这一特点也多少能够解释为什么一直到18世纪民族特性和认同才获得了普遍的重要性,因为在先前的若干个世纪中,不同的语言、宗教和文化,使民族主义者很难从中提取"民族性"。

此外,法国文化的长期统治也加剧了这种刺激,因为其他国家的知识分子很难设想没有法国文化导向以后的民族认同会带来怎样的危机。这也部分解释了为什么英国的民族认同是一种反法文化的产物。这样一种心态在维多利亚时期到达了顶峰,英国引以为豪的维多利亚特性,就是建立在与"法国存在的东西"相比较的基础上的。④这是理解维多利亚时期反对一切"法国"事物的一个关键内核,因为它已经成为每一个英国人的自我意识。可以说,英国人就是生活在一种反法文化构成的陈词滥调中。

上述的例子可以反映出民族意识形态产生的一个基础。它实际上是一部分知识分子有意识地选择的结果。他们认为什么是这个民族的特性,并尽量选择那些优秀的特性,以便逐步地让人们接受这一说法。所以,民族认同并不是一个客观的存在,它是一个民族的知识分子希望自己民族如此并

---

①　Gerald Newman, *The Rise of English Nationalism*, London: Weidenfeld and Nicolson, 1987, p.58.

②　Ibid., p.111.

③　Ibid., p.123.

④　Ibid., p.124.

认为自己民族就是如此的产物。这些人构建了一面理想的镜子,并用这面镜子来参照自身的形象。因此,民族的形象并非是一种自古以来就存在于乡民中的那种不言而喻的深厚的情感,而实际上是一种民族精英有意识将自己的民族特性进行理想化选择的结果。他们从自己的文化传统中去"发现"那些自己认为满意的东西,并从中"重新"认识了自己。因此,民族主义在某种意义上是人们在心理的、文化的和历史的刺激下渴求内在文化定位的产物。英国文人描述的"共同体"并不是现实中的共同体,而是"应该如此"的共同体。

但对政治学家和社会学家而言,这种现象具有更加值得重视的意义。它意味着一种重大的转变,即民族主义的历史或特性是知识分子有意识选择自己历史文化的一种"形象工程"。而一旦这样的想象被大众接受,它立即就具有了巨大的能量。它成为一个社会共同体的"行为榜样",民族认同使得民族性和民族历史最终定型。它又反过来使个人认识到自己的民族性,并按照这种民族性塑造自身的形象,追求在生活中按照这样的标准行事,因为他们意识到自己民族的伟大特性,所以最终要求整个国家的一切事务符合自己的民族性,也就是使整个国家民族主义化。这实际上也就使民族主义成为一种理想。①

民族主义的意识绝不仅仅是通过文学和诗歌来传播的,更重要的方式显然是现代教育。然而教育与文学是不分家的。在乔治三世时期,英国民族主义情绪的高涨不仅使人们重新发现了莎士比亚和弥尔顿这样的爱国作家,而且还不断创造了新的民族英雄,比如威灵顿公爵,而他恰好是一个反法的战争功臣。事实上,民族认同体现了民族主义的一个极为重要的功能,那就是它最终取代了各种原有的忠诚,比如宗教、王室、政治以及地区等等,而用一个新的理想的民族忠诚取代了所有的一切,并且人们在这种忠诚的培养过程中变得自由、健康、充满活力且崇高。任何一个民族,无论其国家是原有的还是被创造出来,所有人都相信这样一个事实:民族的道德是优于原有的道德标准的,因为它具有一种强烈的情感冲动,本质上具有平等的内涵。

耐人寻味的是,英国在最早建立民族国家以后,于1750年左右才开始追求自己的民族认同,直到1830年才算基本完成这一任务。②

---

① Gerald Newman, *The Rise of English Nationalism*, London: Weidenfeld and Nicolson, 1987, p.126.

② Ibid., p.127.

什么是英国人,最初是由宗教来界定的。然而在1829年以后,这一界定已经明显失去合法性。于是,在维多利亚时代,把自由与英国的民族性联系在一起已经在学术界成为一种毋庸置疑的前提。无论是格拉斯顿、边沁还是密尔,都是如此看待这一问题。而在阐述英国民族性与自由的关系中,阿克顿勋爵的观点最重要,他认为,对自由的最大威胁来自政府对权力的集中,因此宗教的多元化是对自由的重要的保护措施。他还进一步主张,多个民族生活在一个政权之下,对政府是一种考验,同时对其自由也是一种最好的保护方式。①

换言之,所谓的英国性,就是英国的自由与权利。那么,这种英国的自由从何时开始? 一些学者如肯布尔认为,英国的自由开始于都铎王朝,但更多的辉格历史学家认为英国的自由扎根于盎格鲁—撒克逊传统之中,历经诺曼入侵以后的各种压制而逐步发展起来,其标志性的文件就是大宪章。因此,亨利·哈勒姆在解释英国宪政基础的英国性时指出:"在各民族中那些最勇敢、最有活力的特性不是依靠种族或气候的偶然事件产生,而是由民事权利的观念作为一种遗产通过一个很长的世代周期的富有韧性的影响而逐步铸成的。"②

这种特性的开始是对法国思想的某种不满,逐步成为一种以"诚挚"(sincerity)为表征的英国民族性。1750年后,人们认为诗人的诗歌应该使用他自己的诚挚描写来感动普通的读者。人们在重新热烈地评价莎士比亚、弥尔顿、乔叟等人时,强调的不仅是他们的戏剧和诗歌成就,而是他们展示出的真诚。那么,究竟什么是真诚? 首先,真诚应该包括清白"innocence",它的原意就是干净、单纯和无辜。其最初的用意主要是指物体或事物,比如所谓"诚挚"的酒,就是还没有掺杂其他东西的纯粹的酒。在莎士比亚时代,这个词语开始用来指人的品质,意味着这个人是纯粹的,待人没有任何伪装。但到了19世纪,这个词汇的含义又扩大了,意味着它是一切美德中最重要的,没有这一品质,其他的美德都荡然无存。③其次则是老实"honesty",诚挚已经不仅仅局限于道德领域,在纯粹和无辜之外,它还有着老实、说真话或严肃的含义。第三则是诚挚意味着原创性"original"。一些英国学者认为,诚挚在18世纪以后开始日益流行,一个主要原因是英国文人寻求"自

---

① H. S. Jones, *Victorian Political Thought*, MacMillan Press Ltd., 2000, p.63.

② Ibid., p.53.

③ Gerald Newman, *The Rise of English Nationalism*, London: Weidenfeld and Nicolson, 1987, p.129.

然""原始",反感那些人工雕琢的东西。而19世纪华兹华斯则将其明确为一种原创性的表达形式,于是,诚挚获得了空前的声誉。在这一过程中,英国的美学意识逐渐成为一种英国的意识,而同时将那种模仿古典的人工雕琢的"法国"东西作为一种过时的东西抛弃了。而法国的一切,也就丧失了其原有的"伟大"。①从道德的角度讲,诚挚意味着率直和坦白。这也暗示着一种行为方式的转变。一个人不仅应该真诚地待人,而且必须直接和坦率地向他人表明一切。这并不仅仅是一种方式,而且意味着人与人之间必须在一种平等位置进行交流,对于18世纪的社会等级观念而言,这种待人的方式是市场潮流的一个巨大变化。相对于拿腔作调的法国式语言,这种英国式的表述显然更符合现代标准。此外,诚挚的道德附加物还有道德上的独立,也就是个人的道德独立与自力更生。除了言语方面的率直外,它也包括一个人的意见和行动,也就是说,从逻辑上它应该与纯粹和老实的道德标准一致。一个诚挚的人在道德上是完全独立的,意味着他始终忠于自己内心的道德原则,而不管社会强加给他的种种压力。他永远选择"什么是对的",而不是选择"什么是被赞同的"。②随之而来的结论是,一个诚挚的人必须注重自己的行为独立,那么,他必然要做到精神上的独立。由于这种对本国国民性的认识,也迫使英国人关注长期以来在对内和对外方面不同的价值标准。实际上,从1700年开始,英国人就不断地在为自己争取国内自由却同时买卖黑人人口的行为寻找某种托辞。英国在18世纪90年代将法国人赶出奴隶贸易领域后,几乎独占了这一领域,而这项贸易的利润高达10%。③但兴旺的买卖人口与生而自由的道德矛盾也越来越突出,尤其是当这些人最终在英国居住以后,是否还能以奴隶的标准对待他们? 这种道德上的矛盾以及相关的社会压力,迫使英国在19世纪初禁止奴隶贸易。对英国的自由主义者来说,废除奴隶制度是人类社会进步的光辉范例,是现代人权立法的起源。④然而,如果从民族主义的角度,也许人们会意识到,这是英国民族主义具有自觉意识以后开始自我界定的某种阶段性产物。

---

① Gerald Newman, *The Rise of English Nationalism*, London: Weidenfeld and Nicolson, 1987, p.130.

② Ibid., p.131.

③ Linda Colley, *Britons, Forging the Nation 1707—1837*, Yale University Press, 2005, pp.18—19, p.352.

④ Paul Michael Kielstra, *The Politics of Slave Trade Suppression in Britain and France, 1814—45: Diplomacy, Morality and Economics*, London and Basingstoke: MacMillan Press Ltd., pp.2—3.

　　围绕着以上美德,英国人给自己塑造了一个英雄的个性与人格,而透过这种轮廓,我们已经看到了英国民族认同的特点:它应该是这些个性和人格的集合体,一种带有明确种族与社会特征的人格与个性的集体神话。"英国特点"曾经在很多美学和道德的作品中被讨论,现在则通过各种大众化渠道,比如诗歌、戏剧、小说等进行传播,逐渐深入人心,也使普通的英国人下意识地按照这种印象来塑造自身。其结果是英国的民族主义在工业化之后进行了一次道德的升华:英国特性就是在文化与道德品质上高于法国人的特性。与诚挚相对的,就是法国人的特性:不纯粹的,虚假的,模仿的,谄媚的,道德方面总是赶时髦。①

　　这种对真诚的崇拜,不仅在文化领域影响深远,而且最终成为英国民族认同的一个主要特征,因此它在道德和政治方面也产生了巨大的影响。真诚在象征上的重要性和它的政治价值已经逐渐成为一种政治时尚。在1780 年间,人们已经与1760 年间完全不同,他们变得越来越没有耐心忍受英国政治家们那种表里不一、口是心非的虚伪表演。这种根本的转变应该是从18 世纪70 年代开始的,过去那种英国贵族式的道德标志开始逐步为资产阶级的真诚符号所代替:英国式的纯粹、老实、坦率、原创与独立。②而美国革命对人民和真诚在政治生活中的作用无疑大大加强了。到80 年代以后,真诚不仅表明政治家站到了政治正确的一方,而且甚至远远超越道德的层面,涉及一个政治家是否具有英国特性的问题。换言之,没有英国式的真诚,一个政治家就无法在英国的政坛上立足。

　　实际上,在18 世纪末的英国政坛上,已经存在着一种强大的社会压力,人们怀疑英国议会存在那种非英国式的不真诚,要求那些尚未被污染的下院议员组成一个能够真正代表英国的议会。人们普遍相信,所有政治机构里的成员都或多或少地与不真诚的行为有牵连。因此,真诚不仅关系到一个政治家的生命,甚至关系到你是否是英国人的问题。1780 年3 月13 日,英国下院议长在未能及时讨论罗金厄姆更为简练的衡量标准的讲演中清楚地表明了这一点:"下院必须以可能想象到的快捷来考虑这些要求,以避免发生任何一件可能被怀疑为不真诚的事情。"③这样的现象,表明英国的民族主义的确具有某种对其内部进行改造的压力。

---

　　① Gerald Newman, *The Rise of English Nationalism*, London: Weidenfeld and Nicolson, 1987, p. 135.

　　② Ibid., p. 206.

　　③ Ibid., p. 207.

也就是说,英国人是一个特殊民族的称谓,它应该是集中了一切现代民族优秀品质于一身的"优秀民族"。这样的民族主义,由于其具有普遍的美德,因此也应该是一种"世界主义",因为它值得世界上所有的国家和民族效仿。

三、英国民族主义的回归

1. 现代英国的扩张性

不过,这种令英国人自豪的民族主义有一个最大的虚妄之处,那就是它并非是一个构建在完整民族国家基础上的民族主义,而是构建在一个帝国基础之上的民族主义——现代英吉利民族的形成与发展是与英帝国的扩张密切相关的。换言之,此时英国的民族主义是一种"英帝国民族主义",而非"英国民族主义",但这种"英帝国民族主义"的范围毕竟太大了,它几乎是一种"世界主义"。那么,英国是否应该退回到"英伦三岛的民族主义",理清与帝国其余部分的界限? 英国人对此的态度始终是含混的,因为他们既要维护以本土为基准的核心利益,又难以割舍与帝国其余部分的关系。随着英帝国的兴衰,英国的民族主义自然会发生相应的变化,这种变化最终导致英国的民族主义成为一种最具二元形态的民族主义,即它常常在世界主义与民族主义之间任意切换,以便最大限度地维护自身的利益。这样当然会给英国带来若干额外的利益,但也给自身带来了若干麻烦。

从历史的角度看,作为世界最早启动工业化的国家,英国的发展轨迹与其帝国的扩张之间一直有着十分紧密的联系。前面已经提到英国人对民族国家的"投资",这种投资的主要收益就是整个英国作为一个股份公司的迅猛发展,而其具体的表现形式之一就是对外扩张,因为只有这种扩张才能为公司带来最大限度的殖民利益与商业利益。因此,冒险、殖民与扩张,或许本身就构成了现代英国民族的一个最基本的特性。

事实上,英国的对外扩张早在伊丽莎白时代就开始了。1576年,汉弗莱·吉尔伯特在书中就写道:"一个人如果怕死而不愿为国家效劳,不愿为自己争光,那么他虽生犹死。"在这种观点的激励下,马丁·弗洛比歇争取到伊丽莎白女王的特许,到汪洋大海中进行探索,王室和伦敦市都为此探索提供了资金。尽管无果而终,没有找到黄金,吉尔伯特却认为海上探险的价值不在于寻找黄金,而是可以移民,到新的地方定居。吉尔伯特在1587年获得伊丽莎白女王的特许状，"可以去发现不在基督教国家实际控制下的任何遥远的、野蛮的异教徒土地，并且可以在那里定居"。①

在随后的年代里，无论什么情况，英国的对外扩张活动都没有停止。在1588 年击败西班牙无敌舰队后，英国的对外扩张获得了更为有利的条件。受到重商主义的影响，英国的对外移民、获取原材料和销售市场的活动几乎同步进行。大量的英国人前往新大陆，并建立了北美殖民地。而 17 世纪英国国内的政治纷争，又给这种移民提供了新的动力。结果，北美殖民地迅速地发展起来。到北美独立战争前，北美殖民地说英语的人口已经达到英语总人口的三分之一。②

在英国内战之后建立的新政府的主导下，英国几乎没有停顿地卷入或发动对外战争，其主要目标是打击自己的海外对手：先是荷兰，然后是法国，因为这两个国家的海上力量都对英国海外扩张构成了威胁。英国从 1651 年起 3 次对荷兰开战，强迫荷兰接受维护英国利益的《航海法》。这项立法可以说是英国开始建立自己殖民帝国的第一项重要举措。其主要内容是输入英国及其属国的货物必须使用英国的船只或者是输出国的船只运载，其实质是打击当时称为"海上马车夫"的荷兰。总的来讲，对法国的战争时间较为漫长，不过英国最终还是获得了胜利。1759 年 11 月 20 日的魁北克湾战役是一个标志性的事件。这一天，法国舰队在魁北克湾被英国封锁分舰队赶上。下午 3 时半，在激烈的战斗中，法国的后卫部队被打败，"无畏"号被俘，"华丽"号沉没。在其他英国舰只参加战斗时，"英雄"号在严重损坏后被迫降旗并搁浅。"特斯"号在与"托尔贝"号作战中被击沉，船上 700 多人几乎没有幸存者。仅有 8 艘法国舰艇设法逃到罗什福尔，他们总共损失了 7 艘战列舰，而英国只损失 2 艘（即搁浅的 2 艘）。魁北克湾的激烈战斗，是英国皇家海军战史上最著名的一次胜利。经此一役，法国的军舰再也没有战斗力，法国侵略的威胁已经消除。而现在，英国能把主要力量用于远海的海军战争上。另一方面，英国紧紧地封锁了法国的海岸，使之不能与它的殖民地往来。③作为一个新型股份公司的现代民族国家，英国开始在世界殖民争夺战中占上风。

---

① ［英］温斯顿·丘吉尔：《英语国家史略》（上册），薛力敏等译，新华出版社 1985 年版，第547—548 页。

② ［美］斯塔夫里阿诺斯：《全球通史——1500 年以后的世界》，吴象婴等译，上海社会科学院出版社 1992 年版，第 177 页。

③ 同上书，第 108 页。

　　1761年6月8日后,英国的海上优势已经基本确立。1763年,英法签订《巴黎和约》,法国割让加拿大全境和密西西比河以东的领地给英国。在印度,法国只留下两个很小的贸易站,英帝国得到了极大的扩张。于是,表面上强大的法国在与看起来并不怎么强大的英国的较量中,再一次处于下风,英国在世界范围内,一步一步地将法国的很多殖民地据为己有。至于其深刻的内在原因,有很多学者都作过分析。在此将其简单归结为:首先,英国在内战后调整了其内部结构,使国家政权以股份公司的形式调动了国内的各种资源,最大限度地发挥了新型国家的作用;其次,英国的对外决策基本没有大的失误,尽管在此期间辉格党和托利党在把国家资源用在欧洲大陆还是大洋上有过分歧,但整个国家最终还是把主要精力转移到了大海,并由于坚持这一原则获得了巨大的战略利益。

　　在经历了一个多世纪混乱的征战后,不妨按西方学者的统计,总结一下英国自光荣革命以后在对外战争中的收获。下面是一个粗略的统计:

　　1. 九年战争(1688—1697,也称奥格斯堡同盟战争)。交战双方为:英国、西班牙、奥地利与荷兰对法国。英国得失:法国承认威廉三世为英国国王,而英国也默认法国在大陆的地位。

　　2. 西班牙王位继承战争(1701—1714)。交战双方为:英国、荷兰和神圣罗马帝国对法国与西班牙。英国得失:得到直布罗陀和马耳他,阻止了西班牙与法国的合并。

　　3. 詹金斯割耳之战或奥地利王位继承战争(1740—1748)。交战双方为:英国、荷兰、哈布斯堡王朝对法国与西班牙。英国得失:维持了欧洲现状,阻止了对哈布斯堡领地的分割。

　　4. 七年战争(1756—1763)。交战双方为:英国和普鲁士对法国和西班牙。英国得失:得到塞内加尔、格林纳达、多米尼加、加拿大以及所有密西西比以东的领土;取代法国在印度的商业优势,法国从德意志各州撤军;从西班牙手中夺取了佛罗里达。

　　5. 北美独立战争(1775—1783)。交战双方为:英国对北美十三州、法国、西班牙和荷兰。英国得失:失去十三州殖民地、塞内加尔、果阿、多巴哥和圣卢西亚。

　　6. 法国革命战争(1793—1801)。交战双方为:英国与不同的盟国如俄国、奥地利、普鲁士和西班牙等反对法国。英国得失:从西班牙得到特立尼达,从荷兰得到锡兰,代价是让法国统治欧洲大陆。

　　7. 拿破仑战争(1799—1815)。交战双方为:英国与不同的盟国如俄国、奥地利、普鲁士、西班牙反对法国。英国得失:法国退回到其1792年的边境;英国获得在斯凯尔特河(西欧)的自由航行权,得到多巴哥、圣卢西亚、英属几内亚、西印度群岛,以及洛里安群岛的保护权。①

当拿破仑战争结束时,英国实际上已经成为一个世界性的海洋强国,但这个海洋强国的聪明之处并不是到处发号施令、炫耀武力,而总是通过各种国际机制,在大国之间进行协调,保持欧洲大陆的平衡,维持自己的海上霸权,从而最大限度地获取了向世界扩张过程中的经济利益。整个19世纪再也没有全球性的争霸战争,成了英国"治下的和平"时期,显然英国已经将制定世界竞争规则的主动权掌握在了自己手中,其他国家和民族至少暂时还不具备与之进行挑战的能力。在18世纪的战争中,英国唯一的惨重损失是北美十三州的独立,然而从更长远的历史角度看,这种独立基本上还是属于兄弟分家的性质。美国的独立与发展固然对大英帝国是一个挑战,但从扩展盎格鲁—撒克逊民族的价值和文明而言,却无异于多了一个有力的支点。这一点,当英国在两次世界大战中遭遇危机时,就十分清楚地显示出来了。

于是,英国依赖海洋霸权,使自己在与拿破仑帝国的作战中恢复了已经失去40年的地位。它除占有加拿大、澳大利亚及印度的大部分地区之外,差不多是偶然的机会,又在战争中获取了开普敦殖民地、锡兰和圭亚那,这些都是从荷兰人手里掠夺来的。此外,还从西印度群岛中获得一些较小的省份和小岛。经过两个多世纪的征战,英国在19世纪已经无可争议地成为全球范围内的海洋霸主,成为世界民族竞争规则的主要制定者。同样,在这一系列的争霸战争中,另一种无形的观念或惯例开始形成:世界竞赛的游戏规则不是由所有参与国而是由大国制定的,所以大国俱乐部逐步成为国际事务的操纵者。所谓的国际社会,其实只是大国俱乐部的代称。直到今天,西方话语下的"国际社会"的本质依然如此,看不到这一点,就未免太天真烂漫了。

经过200多年的扩张,最早成功地建立起现代民族国家的英国已成为"巍然屹立,叱咤风云,左右世局"的庞大帝国。要让英国人退回到英伦三岛,放弃自己几个世纪扩张的"成果",对于英国而言实在是太难了。作为一

① Geoffrey Holmes and Daniel Szechi, *The Age of Oligarchy: Pre-Industrial Britain, 1722—1783*, London: Longman, 1993, pp.410—411; Paul Langford, *A Polite and Commercial People: England 1727—1783*, Oxford: Oxford University Press, 1989, p.350; Eric J. Evans, *The Forging of the Modern State: Early Industrial Britain 1783—1870*, London: Longman, 1983, pp.413—414; Philip Harling, *The Modern British State*, p.41.

个民族国家的英国,其核心部分面积并不大,所以英国民族的"大"在很大程度上是与其在英帝国、英联邦中所处的中心地位密不可分的。要放弃扩张的领土,英国就只能是一个普通的中等民族,这对于英国人而言几乎是不可想象的事情。丘吉尔所写的英国史取名为《英语民族史》,是很耐人寻味的。换言之,英语民族是同一个世界,即便说到英国的民族,它也是一个世界性民族。这是英国的民族主义带有某种"世界主义"色彩的主要原因。然而,过于巨大的民族毕竟带有某种虚幻的色彩。英伦三岛、移民殖民地以及其他的殖民地之间,发展方面的差别在一个全球化的时代越来越明显。两次世界大战之后,民族主义的呼声一浪高过一浪,越来越多的英帝国的自治领、殖民地走上了独立之路。20 世纪 30 年代英帝国大厦就开始出现裂痕,英国政府不得不以英联邦的形式替代英帝国;但到了 60 年代,所有的联邦仍然无一不是以分裂而告终——1962 年西印度群岛联邦解体,1963 年中非联邦、1965 年马来亚联邦、1967 年南阿拉伯联邦纷纷解体;70 年代,斯里兰卡、东帝汶、文莱等国先后独立或脱离英联邦;到了 80 年代初,英联邦所拥有的成员国数目锐减;而 90 年代末期,中华人民共和国恢复对香港行使主权时,英帝国的"辉煌"已是明日黄花。英国绝非心甘情愿地撤走,而是不得不如此,一个昔日世界帝国的无奈与辛酸可见一斑。

应该说,巨大的扩张背后本就隐含着不安的因素。"日不落帝国"的辉煌是人类历史上的一个奇迹,但任何奇迹都不可能持久。英国能够保有如此庞大的殖民地,证明英国具有历史上其他帝国所缺乏的那种难以企及的治理能力。这种能力吸引很多学者长期研究,目前一般的看法是,英国人每到一个地方,就将其普通法传统带到这个地方。换言之,即便是殖民地,按照英国的传统也享有某些自治的权利。英国对外扩张并建立起来的各种殖民地,大体上有三种类型:第一是英国移民殖民地,即主要由英国人和欧洲白人移民构成的殖民地;第二是原本有悠久历史和文化的殖民地;第三则是其社会经济形态还处于一个相当落后的阶段,尚未有自己独立的国家、民族意识的殖民地。而英国对这些国家和地区的影响,自然也就各不相同,并对英帝国解体后英国的民族主义状态产生了不可磨灭的印记。

首先应该确定的是,英国的扩张中究竟产生了哪些根本性的东西并对其统治过的区域产生了持久的影响? 概括地讲,英国的影响在其殖民地一般以两种方式出现,一种是"硬件",即制度性构建的遗产,另一种是"软件",即思想文化和精神层面的东西。第一种属于器物层面,但依然可以分为两类:第一类是恒久的制度,如议会制度、司法独立、政党政治、三权分立等;第二类是具体的制度性安排与经济对策,如社会福利制度、教育制度、就业制度、金融政策、投资政策等等,这一类是需要根据情况不断进行调整的政策,也不会有完全固化的模式。而"软件"的遗产则比较复杂,英国文化遗产中也有具有恒久意义的东西,或者说是构成一个社会的基本原则,如自由、民主、法治等等,这些东西至今无人否认其对人类社会发展的重要价值;另一些则是具有很浓重英国色彩的东西,如绅士风度、向上层看齐的行为规范、对田园生活的留恋、对传统的极端尊重甚至以此构成的一种保守主义心态等等。对前一类的文化,学术界的争论并不多,对后一类则褒贬不一。但不可否认的是,凡是在英国统治存在过的地区,这些或硬或软的"英国因素",都对这些地区和国家的未来发展产生了明显或潜在的影响,并使英国在一个很长的历史时期保有了对这些地区的统治权。

从 19 世纪开始,为了以较小的成本有效地管理这个令人吃惊的庞大帝国,英国政府的决策一般是倾向于赋予殖民地某些自治权利,尤其是英国的移民殖民地。所有这一类的殖民地,即有大量的白人定居人口,都根据宪法被赋予了内部自治的权利,地方政府行使权力,向地方议会负责。在小一些的殖民地,也存在一些地方议会。所不同的是,在有色人种占绝大多数的殖民地,是由英国政府任命的官员组成的政府向地方议会负责,而这些官员多数是接受过西方文化或是有亲英倾向的。英国为维护在这些殖民地的统治也不惜武力。这也是 18 世纪中期以来英国为了维持对帝国的控制制定的基本措施。其一,"通过相对少但高度职业化和自动化的军队";其次,"维持一个比仅次于英国的两个国家的海军总和还大的海军"。[①]英帝国正是在此基础上保证了对澳大利亚、加拿大、马来亚、非洲的殖民统治,维持了对那里的巨大的物质资源的控制。

但殖民地也在发展,所以这种控制是无法持久的。随着一些重要的移民殖民地的发展,英国政府被迫作出一些政策的调整。根据德拉姆勋爵 1839 年《关于英属北美局势的报告》提出的建议,英国同意在加拿大成立自治政府。1867 年 7 月 1 日,魁北克、安大略、新斯科舍、新不伦瑞克四省成立了加拿大自治领。根据《英属北美法案》,加拿大自治领实行议会制,联邦议会由英国女王、参议院和众议院组成。英国女王在名义上享有最高行政权,而实际上由英国内阁任命的总督担任自治领名义上的元首,联邦行政大

---

① David Sanders, *Losing an Empire, Finding a Role: British Foreign Policy since 1945*, Baker & Taylor Books, 1990, p.19.

权掌握在以总理为首的内阁手中。尽管加拿大自治领在很大程度上依然受制于英国政府,但它已经不是原来意义上俯首听命的殖民地。

英国为什么如此爽快地应允了加拿大的自治要求?这或许要追溯到18世纪英国丧失北美十三州殖民地的历史。英国人从美国革命中得到的教训是:“来自帝国首都的铁腕统治有造就叛乱、战争以及蒙受屈辱的危险。”①因此,他们接受了埃德蒙·伯克关于如何管理帝国的教育,议会在1852年通过体制法案,赋予各殖民地成立代议制政府的权利。1855—1859年在澳大利亚实行责任政府制,建立了完全的责任政府。19世纪后半期,列强瓜分殖民地的狂潮临近,尤其是日本、德国加强在太平洋地区的扩张,迫使英国议会于1900年通过了《澳大利亚联邦宪法》和《大不列颠自治领条例》。1901年澳大利亚联邦成立以加强各殖民地间的联合,对抗日本、德国在太平洋地区制造的威胁。

不过殖民地百余年的安定岁月似乎又使英国人淡忘了痛失北美殖民地的教训。为了维护英国在南非的特权以及实现“好望角—开罗”的非洲殖民帝国的“二C计划”,1899年10月11日英国对布尔人发动了战争。英国计划在短期内结束战争,给那些不听话的布尔人一个教训,却没想到不屈不挠的布尔人通过游击战打破了英国人的好梦。英布战争持续了3年之久,受困于黑人问题带来的日益沉重的压力,双方被迫结束了战争。1902年3月31日,双方签订了《费雷尼欣条约》,德兰士瓦和奥兰治两个布尔人的共和国接受了英国人的统治,可以尽早成立代议机构,在法院和学校可以保留自己的语言。英国政府还提供了300万英镑加速两个共和国的重建进程。

南非战争给英国人留下了自北美独立战争后的又一处难以愈合的创伤。在南非战争中英军共投入兵力45万人,而对手是大约8万人组成的未经训练、不正规的布尔义勇队。布尔战争对英国的权力、威望和自尊是一个打击。“布尔战争击碎了维多利亚时代统治阶级的迷梦”②,这次战争的惨痛教训使他们重新认识到,阻挠民族主义运动所付出的代价太大,在爱尔兰的麻烦更使他们确信了这一点。殖民地与英国之间的正式联系越紧密,对于英国与分散在世界各处的殖民地间的威胁也就越大。于是,如何以一种松散的、分权的形式维持英帝国的联系就成为一个十分急迫的问题。

---

① [英]布赖恩·拉平:《帝国斜阳》,钱乘旦等译,上海人民出版社1996年版,第7页。
② Correlli Barnet, *Britain and Her Army: 1509—1970*, New York: William Morrow and Company, 1970, p.353.

1902 年英国主要从属国的总理召开帝国会议,重申 1897 年帝国会议上提出的最发达的殖民地应当有权参与帝国管理的建议。1907 年在伦敦召开的帝国会议又一次提出了这一建议。不仅如此,英国政府还明确认识到"英国和她的领地能够和睦地生活,(但)如果他们正式结婚,那么他们的关系则更易断裂"。[①]由此,英国不会强迫与其殖民地结合。保守党在南非强迫布尔人加入帝国已经造成了彼此间的不和,在爱尔兰也出现了类似的状况。那么,对帝国保持忠诚的唯一方法就是让殖民地自愿留在英帝国内。为了得到这一忠诚,英国必须表明对他们的信任与其他的若干好处。半个世纪之前,自由党人在加拿大就是通过赋予其自治权,不仅调停了英国与法国的矛盾,也使加拿大至今仍然留在帝国内。加拿大人获得了更多的权利,这比南非更为安全,甚至也比爱尔兰更安全。对于帝国的维系,妥协和调整是必须而重要的,换言之,必须以多元的文化和民族主义来协调英帝国内部的矛盾和冲突。

英格兰的查尔斯·狄雷克爵士曾经警告:"一个基于白人统治基础上的帝国必定会有一个不好的结局。"[②]就连英国的殖民大臣、一向谨慎的老艾尔艮也意识到拒绝给南非 75% 人口政治权的含义,"除非白人和有色人种的关系平等而公平,否则终将有一天他们之间会有发生冲突的危险"。[③]果然如老艾尔艮所说,种族问题始终困扰着南非共和国。

1899 年,开普殖民地、纳塔尔、奥兰治自由邦和德兰士瓦合并成为南非联邦。布尔人根据自己的意愿制定了宪法,而非唐宁街施加给他们的。但是,民族和种族问题却难以消除。1912 年,南非组织了国民党,在赫佐格将军的领导下把自治领改为阿非利卡共和国,拒绝同英国人的任何形式的联合。

从理论上讲,英国有权对其享有自治权利的属国施加控制。但实际上,正如 1913 年的《泰晤士报》所说的,"如果政府试图加强这一政策,帝国崩溃之日也就会随之而来"。[④]因此,英国政府对于自治领、殖民地的政策不断调整,也作出了一定妥协和让步。然而,这并不是说英国的殖民政策愿意主动给殖民地提供其民族主义生长的土壤,相反,它只是针对当地民族主义的要求被动作出的反应。面对殖民地的压力,英国不得不以各种妥协和让步来

---

① Bernard Porter, *The Lion's Share: Short History of British Imperialism, 1850—1995*, London: Longman, 1984, p.204.

② Ibid., p.208.

③④ Ibid., p.212.

加以回应,因为广阔的殖民地对于这个"日不落帝国"太重要了,帝国的生存是依靠其对外贸易和投资的利润。正如列宁所说,英国资本的大量输出,同大量的殖民地领土有最密切的联系。1900—1914 年,新的海外资本投资由4.5 亿英镑激增到 20 亿英镑,其中 42% 流向英国的殖民地。英国在殖民地的银行 1904 年有 50 家,管理 2 279 个分行,散布于世界各地,1910 年为 54家,银行日益集中,到 1913 年,27 家银行集中了全部银行存款的 85.7%。随着时间的流逝,英国人已经习惯使用并依赖殖民地的某些特定物产:马来亚的橡胶,印度的茶叶,埃及的棉花,西非的可可。英伦三岛的移民在1900—1910 年超过 300 万,其中 75% 的移民来到殖民地。在经济上,英国和殖民地是相互依赖的,但在贸易上,殖民地已经取得了相当大的自主权。但是,他们仍然不是主权国家,在对外政策上,他们没有主动权和义务。根据国际法,英帝国是一个单独的国家,条约和协定只能由国王签订。这既是英国民族主义一种傲慢的体现,也在进入一个新时代后给英国民族主义的范围和定位带来了麻烦,也就是母国的民族主义与母国之外其余部分的新生民族主义如何协调的问题。这首先体现在一些具体问题的处理上。

在防御问题上,1902 年 12 月贝尔福成立的帝国防卫委员会拟订了帝国防卫联合与协调制度的一些计划,但主要防卫负担仍然落在母国肩上。经过 1914 年以前的几次帝国会议与各自治领的磋商,英国与自治领达成了基本的一致,即每个自治领只对其疆域负责,但帝国作为一个整体抵御外来侵犯的任务则依靠英国皇家海军。需要解决的主要问题是自治领如何与皇家海军的维持发生联系。总体而言,英国的意见有利于这种观点,即自治领可以自由地为皇家海军提供给养费用,英国不会强迫他们去这样做。

殖民地自治的重要性日渐为各殖民地所意识到。1907 年他们正式被英国赋予一个特殊的名字"自治领",并在帝国会议上得到特殊的应用。在这之前的殖民地会议上偶尔也出现过"自治领"一词,但这在帝国会议上更为明显,它要求出席会议的必须是享有自治的属地,每四年召开一次会议,商讨一些普遍问题,由英国首相主持,每个国家或地区有一票表决,不论其大小和人口。从领地首脑的观点看,帝国会议提供了许多有利之处,使他们能够无需通过殖民部便可直接与英国内阁接触。它提供了一个公众论坛,在那里他们可以宣讲本地区的发展前景,也可以敦促英国政府实施一些适合于他们自身利益的政策。这样的处理方式在一定时期内缓和了殖民地新生民族主义与英国母国的矛盾。

2. 从帝国到联邦

然而,这种状况毕竟不可能长期维持下去,第二次世界大战的爆发加速了英属殖民地自治的进程,并向英国的民族主义提出了新的挑战。

在一战之前的 1914 年,英国遍及世界各处的殖民地面积总和达到 3 350 万平方千米,俄国为 1 700 万平方千米,法国为 1 060 万平方千米,德国则是 290 万平方千米,美国和日本各为 30 万平方千米。然而此时世界大国的实力对比已经发生了根本性的变化:19 世纪 90 年代美国后来者居上;德国的经济不仅超过法国,就是英国也略逊其一筹,日耳曼民族的狂热分子提出要谋求阳光下的生存空间;就连一度弱小的日本经过向西方学习的发展过程,不仅经济实力大增,而且已经急不可耐地把手伸向了一水之隔的朝鲜和中国。

不过,在英国人看来,德国才是最危险的敌人,"这个强国的殖民胃口在过去的 30 年中没有得到满足,他的脸上仍然带着饥饿和好斗的神情"。[1]英国的帝国主义者坚持认为德国帝国主义富有侵略性,但他们却不是这样看待自己同样的政策。

一战的爆发并没有使帝国主义者们感到吃惊,实际上这是多年来他们一直盼着出现的事情,因为他们早已发现,欧洲各国能够"自由"扩张的日子到头了,全球已经没有"无主"的土地可以侵吞。1914 年 8 月,英国在没有同各自治领商议的情况下便决定宣战,并且自动地将他们卷入了战争。但是,没有一个自治领的政府在意这一点,由于以前对德国侵略性的宣传,人们认为英国在进行一场正义的战争,自治领应当尽最大力量去提供帮助。这场战争之所以被称为第一次世界大战,是因为尽管主战场在欧洲,但世界上不少国家都参与了战争,列强的殖民地都被无条件地卷入其中。

英国在这场战争中是胜利者。在一战中,英帝国的各自治领、殖民地是其大后方。战争期间,加拿大被征用 59.5 万人,其中牺牲 6.2 万人;澳大利亚被征用 32.9 万人,牺牲 5.9 万人;南非被征用 7.6 万人,并抽派远征军占领了德属西南非洲。印度的军队在西线、东非、中东和远东作战。此外还有大约 2 000 名东非人(数字不很确切,因为黑人通常从未像白人那样作过详

---

① Bernard Porter, *The Lion's Share: Short History of British Imperialism, 1850—1995*, London: Longman, 1984, p.230.

细统计),1 204 名纽芬兰人,850 名西非人。总之,共有 2.5 亿殖民地人民为英国作战,成千上万的人作为非战斗力为英国服务。[①]这些殖民地经济上的贡献更大。一些殖民地直接交钱,但更主要的方式是提供物质资料。印度提供了 369 万吨各种各样的装备和物资以及 500 万吨的粮食;非洲提供了大量的棉花、羊毛、剑麻、花生、可可、棕榈油、玉米和肉类,"非洲谷仓"苏丹在战时为英国输出的谷物比平时增长了 28 倍,埃及的磷灰石输出也增加了60%。英国在战时比和平时期更依赖资源,部分是因为战时对资源的需求量较和平时期大,部分是因为来自其他国家的资源被切断了。而英国的多数资源,对于战时生产至关重要的原材料则来自其殖民地。详情可见下表:

英国进口价值表(平均每年以百万英镑计算)[②]

进口来源	1910—1914 年	1915—1920 年
美国	131	293
加拿大	29	86
澳大利亚	58	94
亚洲	89	164
次撒哈拉非洲	21	47
西印度群岛	6	23

因此,温斯顿·丘吉尔在战后对下院表示:"(殖民地)生产的商品无论如何对于不列颠及其盟国的工业的维持,尤其是我们的战争工业都至关重要。"[③]但这些贡献并非毫无收获,自治领、殖民地在一战中对于英国的支援也为自身的自治、独立运动打下了基础。

一战期间,英帝国的自治领经历了诸多变化,这一结果加速了其现代民族的发展,也使得他们普遍关心的地位问题比战前更为突出。最基本的变化发生在他们的经济和军事组织上。每一个一心一意参加战争的自治领都派遣军队到海外。在经济方面,战争意味着新工业的增长,以便为部队提供装备,满足市民需求,同时也意味着作为向英国和盟国提供最多的粮食供应的国家,要组织生产,重新分配产品。军队不仅需要粮食供应和军备补给,还要被送往需要他们的地方。尽管他们都是英帝国的军队,但在每一个自

---

① Bernard Porter, *The Lion's Share: Short History of British Imperialism, 1850—1995*, London: Longman, 1984, p.233.

② Ibid., p.236.

③ Ibid., p.237.

治领,当他们与来自英国的军队结合在一起时,都会受到强烈反对,因为业已出现的民族自豪感要求他们必须保持独立的单位,只要有可能,他们就要在自己的长官命令之下行动,尽管在重大问题上他们要服从于英军或是盟军总司令。一战所带来的一个影响就是每个自治领都被激发了民族自豪感,而且产生了这样一种想法:在任何时候,一个国家都应因其自身的努力而受到尊重,不允许英国政府把所有的功劳都归于自己,也不允许英国对自治领拥有主权而发布所有命令。

战争也给殖民地领导人带来前所未有的机会。首先,他们在英国的政治舞台上成为引人注目的人,而且其中一些人也因为参加了凡尔赛会议以及他们对和平条约产生的影响而享有国际名望。加拿大的伯顿、澳大利亚的休斯、南非的斯马兹就赢得了这样的声誉,并受到本国士兵的景仰。他们能够在英国政治中发挥独特作用,因为他们没有卷入英国三党之中,也没有卷入其纷杂的政治关系中。尤其是 1917 年以后,他们的军事实力变得如此强大,以至于他们得以进入战争决策的最高层。在 1917—1918 年的决定性时期,自治领代表加入英国战时内阁,组成了一个新的机构——帝国战时内阁。无论在帝国战时内阁成立之前还是成立以后,他们都坚持,他们的国家为战争所做的努力如此之大,因此 一旦战争结束,他们就不能回到原先那种由英国政府完全把持其对外政策的体系之中。他们的要求受到英国领导人波拉·劳和梅尔纳的支持,因为他们都不愿使殖民地就此与帝国离心离德。但问题依然存在,即海外领地如何参与制定帝国对外政策?帝国战时内阁不是根本的解决方法,因为它不向任何一个议会负责。实际上,帝国会议反而是更频繁地召开。然而,如果英属海外领地的总理召开帝国会议,一旦离开本国时间过长,其国内政治必然会受到影响。

毫无疑问,一战提高了英帝国各自治领的外交地位。战后,各自治领不仅派代表参加了巴黎和会,而且在一些问题上还以独立主权国家的身份在条约上签字。不仅如此,英属自治领还分享了胜利的战果——参与了对其他列强殖民地的再分配。加拿大、澳大利亚、南非、新西兰成为国际联盟的会员国;澳大利亚得到了德国的殖民地新几内亚,南非取得了西南非洲的委任统治权,新西兰取得德属萨摩亚。当然,通过委任统治,到 20 世纪 20 年代末 30 年代初,英国的海外领地达到前所未有的水平,但是对于英国来说,"日不落帝国"已经过了如日中天的岁月,战后的自治领、殖民地早已不是原来意义上的英属领地。虽说英属自治领仍然只限于几个白人自治领,但其榜样带给其他英属殖民地的影响却是深远的。

一方面,一战给英国以重创。大战期间,英国耗费了国民财富的 1/3,军费开支达 100 亿英镑,70% 的商船被击沉,长达 200 多年的海运垄断地位也丧失了,而且从战前的债权国沦为债务国,英国的国力受到沉重的打击。这些迫使英国不得不对其殖民政策进行调整和修改,以至于有些人提出"帝国"一词已经不再适用,一些成员国也提出"诸国组成的大家庭"之称谓。"英联邦"一词应运而生,并于 1917 年帝国会议上首次正式在这一意义上使用。①

另一方面,一战期间在自治领地区产生了两种爱国主义,并在 20 世纪 20 年代产生不小的影响。在支持政府的爱国主义者中,由于自治领士兵的努力,日益增加的是本民族的民族自豪感。一战证实了自治领的忠诚,因而他们确信,如果自治领保持这种忠诚,继续保持他们对国王的尊敬和对英帝国作为一个整体的努力,他们就必定被赋予参与制定帝国政策的权利。然而,在自治领政府的反对者中,他们特别强调的是本地的爱国主义,坚决反对帝国爱国主义,在他们之中存在一种否定英国领导权的倾向。他们要求"忠诚"就是对自治领忠诚,而不是对帝国忠诚。他们把自己即将新生的国家放在首位,而英国则在其次。实际上,这两种爱国主义在这一时期并不矛盾,忠于帝国的力量也是为了提升本国的地位,而依附于英帝国的存在,对于他们是一个不错的选择。

不过,20 世纪 20 年代各自治领依然表现出越来越明显的孤立主义。"这表现在三个不同的层次之上:在国内是出于民族自信心的高涨,在帝国内部关系方面是出于要求维护宪法规定的充分自由,在国际关系方面是出于对国际联盟正式成员国的要求引起的反应。"②尽管如此,在当时,如果英联邦任何地区受到武装进攻,英联邦的多数地区都会参战。如果英国在欧洲为了自卫抵御进攻而采取任何措施,各自治领为了英联邦的整体利益也不会袖手旁观。各自治领与英国之间存在的问题是如何把伦敦的自由决策与维护各自治领的充分独立的地位结合起来,换言之,自治领的民族主义情绪已经无法用原有的方式进行满足了。为了解决这一问题,1926 年 10 月 27 日各自治领举行会议,由贝尔福主持。在这次会议上,南非总理赫佐格将军强调,应当正式向全世界表明,自治领在英联邦内享有与英国完全平等的主权地位。然而,在英国与澳大利亚的压力下,赫佐格将军最终同意在方

① W. N. Medlicott, *Contemporary England, 1914—1964*, London, 1976, p.295.
② Ibid., p.296.

案中使用"英帝国"一词。不过,他依然宣称,如果不能享有与英国平等的主权地位,他将回国"在南非草原上放一把火"以谋求独立。经过自治领的顽强斗争,帝国会议通过了《贝尔福报告》,自治领地位得到很大改善。《贝尔福报告》是由以英国枢密大臣贝尔福为首的帝国内部关系委员会起草的。它宣称"它们(大不列颠和各自治领)是不列颠帝国内的自治社会,地位平等,无论在其内政和外交的任何方面,彼此均不互相隶属,虽然以对国王的共同忠诚而连成一体,却是作为英联邦的成员而自由结合的","自由的体制是其原动力,自由合作是其手段,和平、安全和进步是其目标。……地位平等是处理我们帝国内部关系的根本原则"。[①]国王的尊号也由 1901 年的"天佑大不列颠及爱尔兰联合王国、国教保卫者、印度皇帝乔治五世"改为"天佑大不列颠、爱尔兰和不列颠海外自治领王、国教保卫者、印度皇帝乔治五世"。[②]

1926 年和 1930 年的帝国会议都提出由议会制定一项法令确保各项决议具有法律效力。1931 年的《威斯敏斯特法令》实现了这一点。《威斯敏斯特法令》不仅确认了《贝尔福报告》的原则,也确认了英王为自由联合的象征,承认自治领享有完全独立的立法权,除非经过自治领的同意或出于其自动要求,英国议会不得为自治领立法。实际上,这种转变证明英国已经不得不承认自治领新产生的民族主义及其在政治上的合法性。

由于自身力量的衰落,英国唯恐过多的约束会导致帝国内部产生公开的分歧,以致割断已经相当脆弱的联系,不得不作出以下承诺,即防务在"现在和将来的一个时期内都要由大不列颠陛下政府负主要责任"。[③]

1926 年和 1930 年的两次帝国会议成功地解决了英国与自治领之间的矛盾。但无论如何,两次世界大战期间对于英国来说都是艰难岁月,英国已经不再是世界唯一的领导者,尽管这个昔日不可一世的大国不甘心接受这样一个事实。一战的创伤仍然隐隐作痛,英国被迫为自己制定了"十年统治"的基本原则,即十年无战事,且每年对这一规定加以审查。为了这个目的,英国竭力支持国联,努力确保不再发生战争。但英国已经不再是主动出击,而只能是消极防御。1922 年,英国同意其他海军强国的看法,各自限制自己的海军规模。英国已无力承担在东方维持一支舰队以保卫中国和非洲

---

①②③　《一九二六年帝国会议关于帝国内部关系的报告》,张天译,《世界史研究动态》1987年第 3 期。

之间的东部海域以及马来亚到澳大利亚的海路安全,但是又不肯轻易放弃,于是决定在新加坡建立一个巨大的轮船坞作为海军维修基地,以警告英国的潜在敌人"假如你触犯了英国在这一地区的利益,一支舰队将在 60 天左右到达新加坡,使用那里的维修设备和军火贮备,对敌手施以可怕的报复。这是虚张声势,恫吓式的防御"。①1936 年,意大利入侵埃塞俄比亚,英国在非洲的统治受到威胁时,英国已经无能为力;1938 年,德国侵占了捷克斯洛伐克,英国政府依然采取绥靖政策,牺牲小国的利益以赢得所谓的"和平"。之所以如此,是因为英国的经济形势一直不乐观,财政部对于英国扩充军备的急迫性仍然犹豫不决。而英国军方早就发出警告,认为他们已经不能保卫"我们的贸易、领土和重要利益,使之同时免遭德国、意大利和日本的侵犯",并要求政府减少"潜在的敌人,争取潜在盟国的支持"。②换言之,需要外交,也就是绥靖外交来保卫这个经济上虚弱、战略上铺得太宽的帝国不至于受到来自远东、地中海以及欧洲本身的威胁。三军参谋人员都认为,无论在哪个海外战区,英国都不够强大,甚至英国的领空也开始受到德国空军的威胁。因此,面对外部的挑衅,英国不敢再轻易动用武力,已不复拥有这个能力。同时,这段艰难的岁月不仅有来自帝国外部的因素,也有帝国内部动荡产生的麻烦:印度和爱尔兰。

印度在英帝国的位置是特殊而又举足轻重的。地理位置不仅使其在商业上占有重要地位,而且在军事上也是战略要冲:印度扼制着英伦三岛和非洲直至东南亚、澳大利亚以及新西兰的海上防线,而且幅员辽阔、人口众多、资源丰富,这些都使其在未来战争中至关重要。"因此,印度在帝国中处于中心地位,以至于有人怀疑,如果没有印度,是否还会有一个名副其实的大英帝国。"③所以,印度素有英王"王冠上的明珠"这一美称。正因为印度的重要价值,在召开帝国会议时,虽然要求出席者均应是享有自治权利的自治领,但印度还是作为特殊代表应邀出席会议,其他自治领也未表示任何意见。正是基于印度的特殊性和重要性,英国政府想方设法把印度牢牢控制在自己的掌握之中。然而,印度却不甘听命于英国的殖民统治,这既源自一个古老文明大国的自尊,也是受到了英国无意中传递过来的欧洲民族主义思潮的影响。

19 世纪末,印度的民族运动风起云涌,反英斗争日益高涨。1885 年在

---

① 〔英〕布赖恩·拉平:《帝国斜阳》,钱乘旦等译,上海人民出版社 1996 年版,第 8 页。
② 〔美〕保罗·肯尼迪:《大国的兴衰》,王保存等译,求实出版社 1988 年版,第 390 页。
③ W. N. Medlicott, *Contemporary England, 1914—1964*, London, 1976, p. 291.

孟买成立了印度国大党,其中不乏穆斯林,民族解放运动使他们抛弃了宗教隔阂,共同领导反英斗争。20世纪初,他们提出了民族自治或独立的要求。为了分化印度民族运动的力量,英国殖民当局挑起了宗教冲突,即把孟加拉分割为西孟加拉和东孟加拉两部分,这既造成了印度教和伊斯兰教的分歧和矛盾,又阻止了孟加拉民族运动的发展。英国的这一做法遭到印度教徒的强烈反对,穆斯林却赞成分治,因为东孟加拉穆斯林占人口的多数,能够起支配作用。由于英国的挑拨和煽动,两个教派日益不和,分歧越来越大,直至出现大规模的流血冲突。穆斯林于1906年12月30日在达卡建立了自己的政治组织——"全印穆斯林联盟"。穆斯林联盟为了保护自己的政治利益,提出穆斯林应作为一个独立的实体单独选举。英国为了制约印度国大党的发展,不顾国大党的反对,于1909年正式颁布立法会议改革法,不仅同意穆斯林提出的"分区选举制",而且给予穆斯林高于其人口比例的席位定额。自此,"在英国统治印度的历史上第一次承认宗教作为选举的基础,这就在印度教徒和伊斯兰教徒之间永远筑起一道隔开两者的长城"。[1]英国殖民当局也不无得意地宣称:"这是使用政治手腕的杰作,它将长期影响印度和历史。这等于将6 000万人拽住,使之不致加入反叛者的行列。"[2]

但是令英国殖民当局失望的是,1916年12月,国大党和穆斯林联盟达成《勒克瑙公约》,双方共同提出要实现"在大英帝国内与自治领平等的'自治'"。正当印度出现国大党和穆斯林联盟合作,共同争取印度民族解放运动的契机之时,一战爆发了。

为了把印度拉入战争,英国在一战刚刚爆发时就宣布,由于印度对帝国的忠诚,将在印度进行宽宏大量的改革。印度人民也相信,英国与盟国的胜利有助于改善殖民地的处境。因此,一战中印度的付出在帝国内部仅次于英国。印度人民期盼着战后的好时光。然而,等待他们的又是什么?1918—1919年的流行性疾病夺去了130万人的生命;1919年的印度政府法与他们希望的英国"扩大在政府各部门中与印度人的合作,并以建立一个作为大英帝国整体的组成部分的责任政府为目的,逐步发展自治政府机构"[3]的允诺大相径庭。根据1919年的宪法,印度只有3%的有产者享有公民

---

① ②　王坚德:《英国是怎样在印度推行"分而治之"政策的》,《世界历史》1994年第4期。

③　[美]爱德华·麦克诺尔·伯恩斯、[美]菲利普·李·拉尔夫:《世界文明史》,罗经国等译,商务印书馆1988年版,第99页。

权,为了便于管理,牵制各方,选民还被分成印度教徒、穆斯林、锡克族、土地所有者以及其他特殊利益阶层。这些做法使印度人民对英国失去了仅剩的信任,紧接着发生的血腥镇压更令他们愤怒不已。1919 年 3 月,英国殖民当局颁行了《罗拉特法》。印度人民为此举行示威游行和群众集会,抗议英国的殖民政策。4 月 13 日,印度国大党在旁遮普省的阿姆利则组织了一次公共集会,参加者达到 2 万名。英国军队在戴尔旅长的指挥下包围了手无寸铁的和平抗议队伍,无情地向他们射击,直至弹药耗尽。"阿姆利则惨案"中大约 379 人被杀,1 200 多人受伤。这一惨案"对印度的许多家庭都是一个转折点,在那以前,他们对同英国的斗争一直采取较为温和的观点"①。抗议运动迅速波及社会各个阶层和全国各地,人们对反抗英国的犹豫彷徨一扫而光。

莫汉达斯·K.甘地正是此时投身于印度的民族事业之中。他确信社会与政治上的罪恶是永远无法通过暴力来消灭的,要与这些罪恶作斗争,就要使用"不合作"这一武器,依靠徼诚的力量改变犯罪。他说服国大党通过一项与政府采取不合作的决议,并于 1922 年发动了首次非暴力的群众运动。甘地的不合作运动甚至受到穆斯林联盟的支持。然而,两个教派的合作却被少数印度教极端分子断送了。1923 年他们成立印度教大斋会,提出了印度教国家穆斯林改宗的"净化"口号,引起穆斯林的不满,英国殖民当局利用了这一事件,煽风点火引起两个教派的激烈冲突。1925 年 7 月,德里、加尔各答等地发生流血冲突,持续 6 个星期,死伤数百人;1926 年,加尔各答又发生冲突,持续 6 个星期,约 125 人丧生,5 000 人受伤;1927 年 5 月,教派冲突达到狂热程度,在拉合尔发生的 4 天冲突中就有 30 人丧命,300人受伤。②

两派冲突愈演愈烈,英国于是在 1930 年、1931 年和 1932 年于伦敦召开了 3 次圆桌会议,以表示解决印度问题的决心。然而,圆桌会议虽然打着宪政改革的幌子,却没有解决印度的宪法问题,也没解决教派问题,只是加剧了宗教领袖的不和。

1935 年 8 月,英国出台了《印度政府组织法》。这个宪法性法令虽然将选民人数扩大到印度成年人口总数的四分之一,却依然保留了许多宗教派别的选区,无形中加深了印度教徒与穆斯林的不和。表面上给予印度一些

---

① 王斯德主编:《世界现代史参考资料》,高等教育出版社 1988 年版,第 30 页。
② 王坚德:《英国是怎样在印度推行"分而治之"政策的》,《世界历史》1994 年第 4 期。

自治权,在各省成立议会制政府,但还允许各个土邦建立与中央政府的联邦制。印度人民并没有获得完全的自治领地位。《印度政府组织法》不过是维护英国在印度的殖民统治,保留了印度宗教和种族的分裂。尽管如此,国大党为了获得组织政府和颁布法律的权力还是参加了竞选,并在11个省中获得了7个省的多数。国大党的胜利引起穆斯林联盟的不安,他们担心印度获得自治后自己将处于少数派的不利地位。这一事态加剧了两派的紧张关系,以至于穆斯林联盟领导人真纳在1940年宣称印度穆斯林不仅是一个少数民族或宗教派别,而且是个独立的国家,他最终接受建立一个穆斯林的国家——巴基斯坦。印度以宗教派别划分建立国家导致分裂似乎是难以避免了。这使得印度在争取自身民族独立的过程中尚未达到目标,却已给自己埋下了未来民族冲突的祸根。正在这时,二战爆发了,这一进程暂时被搁置。

爱尔兰是离英国最近的殖民地,也是民族主义情绪最为强烈、令英国最为头疼的麻烦之地,对英国的反抗运动从未间断过。19世纪60年代的芬尼亚运动失败以后,爱尔兰人民转向争取民族自治。不懈的斗争迫使英国议会不得不在1914年通过了《爱尔兰自治法案》,但是一战的爆发阻碍了爱尔兰自治的进程。战后,爱尔兰爆发了人民起义,民族运动再次高涨。在这一压力下,1921年12月6日,英国签署了《英爱条约》,把爱尔兰经济最发达的北部6郡划归英国,允许爱尔兰南部26郡组成爱尔兰自由邦,享有加拿大式的自治领地位。不过,这一处理的后果是给英国人留下了又一个难以解开的死结,因为北爱是一个宗教社会,天主教和新教是两大主要宗教集团。北爱人口中约有60%是新教徒,40%是天主教徒。[1]北爱人民不仅有强烈的宗教归属感,而且双方参与宗教活动的比例都非常高,遥居欧洲首位。社会态度调查的结果显示:北爱有58%的人经常去教堂,并参与和宗教有关的各种社会活动。而英国的比例仅为15%。[2]两种宗教意识强化了两个不同群体的民族意识,因此,爱尔兰的民族主义与英国的民族主义在这一狭小的区域内,反而以超出英帝国其余地区的猛烈程度不断地给英国制造麻烦。

当然,二战暂时中止了这些地区原本的冲突。1939年9月3日英国正式对德宣战时,各自治领的态度已经非常明朗,除了南非和爱尔兰共和国及

① Paul Dixon, *Northern Ireland: The Politics of War and Peace*, Palgrave, 2001, p.2.
② Sabine Wincher, *Northern Ireland since 1945*, Longman, 1999, p.81.

时加入英国作战,澳大利亚、加拿大、新西兰都自愿参加了战争。而南非议会最终以 13 票的微弱多数通过了支持英国的决定。尽管做法有所不同,但他们的协议与英国的政策是一致的。自治领的地位在 1926 年和 1931 年已经口头明确规定,而 1939 年的参战则是在行动上明确他们作为主权国家的地位。"1939 年自治领最终采取一致行动是因为'共同恐惧的纽带'而非'共同需要和共同目标'所致。"① 对于英国来说,也有同样的恐惧。英国政府自知已经无力单独承受战争,必须取得帝国内各成员的支持,取得美国的支持,否则整个英帝国的解体就不可避免。

二战中,自治领和殖民地再次证明了他们的忠诚。自治领和殖民地为战争提供了 500 万军队,其中一半来自印度。印度坚持以一个主权国家的资格参加战争,这显示了印度长远的战略考虑:不想做无谓的投资,想在战后获得更大的回报,因此其为英国所作的贡献比一战时还要多。麦考莱·麦克唐纳,一位前任殖民大臣 1940 年对此指出:"这 6 000 万散在世界 50 个不同地区的人们,他们尚且没有得到自治,他们仍旧由我们统治,他们认识到我们是自由和小国人民幸福的真正捍卫者,这是极其重要的。"② 广大自治领的参战以及对英国的支持是出于他们反法西斯的愿望以及捍卫本国利益的目的,因此,与战前最显著的区别是他们的注意力不再集中在伦敦或巴黎,1941 年以后,他们关注的是华盛顿。美国提出的关于解放殖民地的见解使殖民地人民开始把解放的希望寄托在美国身上。自治领已经不愿仅仅接受英国的领导。当丘吉尔的政策与他们的意见一致时,他们会赞同丘吉尔,但是他们却不会在与罗斯福总统的会谈中把丘吉尔作为他们唯一的代表。这就是为什么在 1942 年初,澳大利亚和新西兰政府要求,如同在伦敦一样,也应当在华盛顿召开一次太平洋战时会议。他们想确保自己关于战略与供给的意见能够不依靠任何中介传给美国政府,而不会在众多的英国利益中被过滤掉。澳大利亚、新西兰提出这样的要求,并非由于他们有任何改变与英联邦关系的想法,而是因为他们感到本国的安全处在生死攸关之际。由于美国的实力,二战决定胜负的关键性权力已经转移到了华盛顿,因此他们必须与美国直接接触。由于没有足够的战时资源,他们所需的枪支、飞机等物资都要直接与英国竞争。

---

① J.D.B. Miller, *The Commonwealth in the World*, Cambridge University Press, 1965, p.42.

② Bernard Porter, *The Lion's Share: Short History of British Imperialism, 1850—1995*, London: Longman, 1984, p.303.

　　这就是二战期间英帝国内部的合作要远比一战时少得多的原因。最引人注目的会议是盟军召开的,而不再是帝国会议。当然也存在例外,一种情况是在美国参战之前,自治领希望详细了解英国的战略以及供需计划。为此,各自治领派其总理到伦敦与战时内阁会晤。当然,也并非所有的自治领都会做同样的事情,澳大利亚和新西兰两国态度是最积极主动的。另一种情况是,一旦太平洋战争的危险减弱,欧洲胜利在望之际,自治领在与英国的关系以及有可能设计和利用联邦形式为他们战后的目的服务上就表现出了浓厚的兴趣。首先是澳大利亚。1943 年和 1944 年,澳大利亚总理柯廷表示希望能召开一次帝国会议,以促进联邦作为一个整体在外交与防御上的合作,以便重要的决策是经过严密磋商而不是匆忙决断的。这两年中,澳大利亚曾多次提出联邦合作体系的建议,以便每个自治领都能在其所处的地区承担起代表整个联邦的义务。对于自治领与美国的接触以及其意图,英国政府是清楚意识到的,但无法阻止自治领的做法,不管是与美国亲近,还是谋求联邦内的合作,他们都是首先出于本民族国家的安全、利益考虑。既然英国已经没有昔日震撼寰宇的实力,又怎能奢求其属地对自己俯首帖耳呢? 对于自治领,英国只能慢慢松开缰绳,以便自己也能在征途上走得快一些、稳一些。

　　为了在战争中生存下来,英国必须依靠自治领和殖民地,正如不能将自己的命运缚在一辆战车上一样,还必须与美国,这个曾经是其殖民地,与自己有着血缘与文化渊源的国家建立某种“特殊关系”。1941 年 8 月,丘吉尔向罗斯福总统表示,希望美国能够尽快参战,共同承担反法西斯的重任。罗斯福总统建议两国政府发表一个联合声明阐述共同作战的目的,不仅有利于获得公众舆论的支持,也有助于争取美国国会。因此,两国政府发表了著名的《大西洋宪章》。在罗斯福总统的坚持下,丘吉尔最终认可了(两国首脑)“尊重各民族有选择自己在其统治下生活的政府形式的权利。他们希望看到那些被强行剥夺了的民族主权和自治政府得以恢复”的表述。尽管丘吉尔万分不情愿,但还是签署了他勉强承认的宣言。但丘吉尔辩解说:“在大西洋会议时,我们所想的,主要是恢复当时在纳粹桎梏下的欧洲国家与民族主权、自主政府和民族生活。”[1]丘吉尔把印度以及英帝国的其他部分排除在《大西洋宪章》之外。而罗斯福总统指的则是欧洲帝国的臣民,实际上,英帝国内部的民族国家的独立趋势已经不可避免。

---

①　王坚德:《英国是怎样在印度推行“分而治之”政策的》,《世界历史》1994 年第 4 期。

借助英美两国的合作,通过《租借法案》,英国和英联邦,后来加上苏联,接受了大量的军需品、食物、工业原材料。两国商定日后以一种"令总统满意的方式"予以结算偿还。①这是非常巨大的援助,没有它们,英国在战争中能否继续生存很值得怀疑。但这也是有条件的援助,为此,英国不得不承诺要给殖民地以应有的地位。

第二次世界大战最终结束时,作为战胜国的英国已经被折腾得精疲力竭,而各个自治领和殖民地的新兴力量却日益壮大,已经急不可耐地要求实现自己的愿望,帝国的黄昏已经来临。

3. 英国民族主义回归后的迷惘

帝国黄昏的来临,为英国民族主义从往昔的帝国主义和殖民主义向本土回归提供了一个客观的条件,但这样的退缩依然给英国人造成了巨大的心理障碍,因为这毕竟是昔日辉煌的终结。首先是战争本身带来的经济上的枯竭,英国的金融业和工业地位衰落了。到 1945 年,国家的黄金和外汇储备消耗殆尽:几乎所有个人外汇所得和收入以及公司的外国资产自 1918 年就已被要求作为抵押或业已出售。在短期内,这为政府提供了大量外汇用以购买原材料和军需品。但在战后初期,不仅支付债券持有者的利息对于财政部来说是个不小的开支,而且英国经济上作为一个整体,被剥夺了无形的出口收入,这在战前是以返回本国的利润形式体现的。这一问题是由 356.7 亿英镑的巨额债务引起的,战时作为物资供应欠印度和加拿大的。英国支付给这些国家的利息是其经济脆弱的原因之一。而持续严重的国际收支不平衡又使得债务问题进一步恶化。1945 年国际收支逆差为 70.4 亿英镑,1946 年是 38.6 亿英镑,1947 年达到 65.2 亿英镑,1948 年为 49.6 英镑,1948 年为 48.8 亿英镑。②

其次军事上也超出负荷。战争结束时英国约有 500 万人服役。巨大的国内压力要求尽快令士兵复员。1945 年 12 月,裁军到 350 万,1948 年 3 月为 100 万。1939 年之前,英国在和平时期无需大量军队,不需要在欧洲大陆保留军队,帝国也只需相对较少的职业化的移动部队。虽然帝国境内有地方民族主义分子,但英国采用分而治之之法,利用受过西方教育的本土精英参加管理,英国皇家海军则保护帝国的殖民地,以防第三方的挑战和渗

---

① David Sanders, *Losing an Empire, Finding a Role: British Foreign Policy since 1945*, Baker & Taylor Books, 1990, p. 34.

② Ibid., p. 49.

透。然而到1945年，一切都变了。在欧洲，英国要在德国、奥地利和意大利驻军；在帝国内部，尤其是在1920年所要求的托管地内，当地的民族主义分子不仅要求更广泛的决定权，也要在本土居民中获得更广泛的拥护，他们还发现了新的更有效的游击战，这就使得对他们的镇压更为困难。因此，尽管国内军队大幅度裁减了，伦敦却发觉其海外驻军不仅庞大，而且不断增加。1945年，英国在40多个国家保留驻军，一方面为了镇压当地人民，一方面为了制止来自外部的潜在侵略者的冒险主义，在世界几乎每一个地区都有英国军人。英国虽然实力不及从前，但每一届政府都不愿公开承认这一点。英国和丘吉尔在二战中的表现，使英国人感到自己尚能与美国平起平坐。作为西方大国，英国需要保持这支军队用以维持其世界政策，英国同样需要这支军队保证不列颠的安全，维护其世界利益。

对于一个在世界大战中刚刚获胜的大国，一个拥有庞大殖民地、附属国、自治领的帝国，在战争的激烈变动中仍然合为一体的国家，这些承诺看起来是完全合乎情理的。然而，对于一个欧洲中等面积的国家，已经被6年的战争折磨得精疲力竭而殖民链环和经济基础又如此脆弱的国家，诸多承诺已经压得其喘不过气来。但是，如果英国不履行这些义务，那么其他大国毫无疑问会抓住机会进一步扩展势力范围。不仅如此，世人也会因此指责英国不可挽救地衰落了，而那些不甘心受制于英国的殖民地则会趁机跃跃欲试。换言之，英国已经被迫要脱去"世界民族"虚幻的外衣，回归其英伦三岛民族国家的本位。

其实，英帝国内部早已千疮百孔、危机四伏。贝文曾在1942年写道："我们所知道的那个帝国必将成为过去。"[1]二战不仅强化了世界各国的民族独立意识，也强化了平等的观念。二战中，英国与自治领之间保持着较好的联系，并且时常与其协商重大战争策略问题，自治领重新获得对自己军队的完全控制。1944年伦敦召开的总理会议不像1939年以前的正式帝国会议，那时英国起着主导作用，1944年的会议是平等的各方召开的一次非正式会议。自治领首脑们意识到在世界权力格局中发生的变化，欧洲和联合王国已经衰落。在国际舞台上，联合国正在形成，英帝国各处的自治领显然都已准备以与联合王国同等的身份参与国际事务。

但是，自治领地位的成熟加深了自治领及印度、缅甸等与殖民帝国的鸿

---

[1]　[英]阿伦·斯克德、[英]克里斯·库克：《战后英国政治史》，王子珍等译，世界知识出版社1985年版，第44页。

沟。在自治领看来，自 1939 年联合王国对德宣战，1941—1942 年逐渐败给日本以来，英国再也没有重新得到东南亚的支配权。新加坡的丧失和对印度洋控制权的丧失表明：皇家海军再也不是海上的霸主，英国在没有协助的情况下再也不可能为帝国子民提供和平与安全。

殖民地的民族独立意识增强，英国的实力经过二战的打击继续衰落，加之国际舆论的压力，使得英国在殖民问题上进退维谷。抓住不放，无疑与时代潮流背道而驰，势必被斥责为人人痛恨的帝国主义和殖民主义国家，更何况英国也无力再把殖民地牢牢地控制在自己的手中；自动放弃，任苦心经营的帝国毁于一旦，也会被世人看作是英国衰落的表现，更是某一届政府无能的结果。这是英国政府和每一个英国人都不甘心接受的结果。更不必说帝国与联合王国的利益有着千丝万缕的联系。下表是战后英帝国内部的贸易量，从侧面体现出要割舍帝国对于英国而言是多么艰难①。

二战后英帝国内部贸易量表

年　　份	进口（％）	出口（％）
1946—1949 年	48	57.5
1950—1954 年	49	54
1955—1959 年	47	51

统计表明，英国的资本输出在 1958—1960 年约有 60％流向帝国其他地区。即使英国不再是世界霸权国家，依然拥有遍及世界的经济利益。英国进口羊毛的 66％、进口奶油的 55％、进口肉类的 29％依赖于澳大利亚，50％的非铁金属制品依赖于南非和加拿大，81％的茶叶依赖于印度，54％的进口谷物来自加拿大，糖类则来自西印度群岛，橡胶来自马来亚，金属和蔬菜制品来自赤道非洲。②换言之，英帝国对于英国实在太重要了，英国民族主义是否回归英伦三岛，并不仅仅是一个民族情感问题，更多地涉及英国人自身实实在在的经济利益。

但是，战后的自治领变得更加成熟，要求取得更为完整的主权。而在英国的殖民地中，即使在二战期间，自治运动与独立运动也从未间断。二战后

---

① Bernard Porter, *The Lion's Share: Short History of British Imperialism, 1850—1995*, London: Longman, 1984, p.320.

② William Woodruff, *Impact of Western Man: A Study of Europe's Role in the World Economy, 1750—1960*, London and New York: St. Martin's Press, 1966, p.302.

的非殖民化进程迅速发展,英国的殖民体系趋于瓦解。这一过程经历了三个阶段:战后初期到20世纪50年代中期,南亚和东南亚国家争取民族独立,英国从这一地区撤出;50年代中期以后,中东和阿拉伯国家掀起反帝斗争,英国从此结束了对中东和阿拉伯世界的控制;50年代末及60年代是非洲人民的觉醒时期,大批英属殖民地、保护国摆脱了殖民统治。独立后的英帝国成员多以主权国家的身份加入了英联邦,这一举措使英联邦居然经历了一次"辉煌",其成员国数目猛增,英国人似乎又找回了帝国时代的光荣和梦想。然而,英联邦毕竟不是英帝国,已经不再能够完全由英国控制,英联邦日益松散、衰落,不过是全球化进程中一个带有英属印记的没有强制性权威的国际组织而已。

与此同时,英国民族主义退回英国本土的压力却在不断增大。即便在英联邦的短暂辉煌时期,英属殖民地的民族独立运动依然方兴未艾。在苏伊士运河事件后,中东和阿拉伯世界民族独立运动随即掀起了一个高潮。

1960年8月16日,英国在地中海的重要基地塞浦路斯独立。1962年9月26日,萨拉勒领导自由军官集团在也门王国发动革命,推翻了巴德尔王朝的统治,成立了阿拉伯也门共和国,结束了英国的殖民统治。1967年11月30日,南也门人民共和国宣布成立。自20世纪60年代后,科威特、阿曼、阿联酋等国家也先后独立。

帝国大厦的根基似乎在短短十年之间松动了许多,以至于要求重新评价英国的国际作用的呼声越来越高。当人们刚刚意识到英国的国际地位已今非昔比之时,20世纪50年代末至60年代初在非洲大陆上兴起的独立风暴已经无可挽回地加剧了帝国解体的进程。

正如1960年2月麦克米伦在开普敦所言:"在20世纪尤其是(第二次世界)大战以来,欧洲民族国家产生的过程在全世界范围内再现。我们看到在许多世纪中靠依赖强国而生存的人民那里,民族主义正在觉醒。15年前这一运动席卷亚洲,在那里不同种族和文明的许多国家强烈要求一种独立的民族生活。今天同样的事出现在非洲,自从我一个月前离开伦敦以来,给我留下最强烈印象的是非洲民族主义的力量。在不同的地方,它以不同的形式出现,但的确是到处出现。变革之风正吹遍整个大陆,不管我们是否喜欢,这种民族主义的增长是个政治事实。我们必须把它当做一个既成事实全盘接受,我们的国家政策必须重视这一事实。"[1]面对这样的形势,英国的

---

[1] [英]布赖恩·拉平:《帝国斜阳》,钱乘旦等译,上海人民出版社1996年版,第14页。

统治者开始意识到,英联邦境内的民族主义浪潮一浪高过一浪,民族独立已是大势所趋,武力镇压不仅会造成更多的麻烦,还会遭到国际舆论的谴责。现在唯有鼓励非洲人在政治上自由发展、"和平独立",才是取得经济安全最保险的办法,才能最有效地维护英国作为一个大国的利益。

1957年3月6日,加纳宣布独立,1960年通过公民投票,成为一个独立的共和国留在英联邦内。1960年7月,索马里独立。1960年10月,尼日利亚宣布独立。1961年4月,塞拉利昂独立。1961年8月,喀麦隆独立。1961年12月,坦噶尼喀独立。1962年10月,乌干达独立。1963年12月,肯尼亚独立。1963年12月独立的桑给巴尔在1964年与坦噶尼喀合并成立坦桑尼亚。1964年7月,尼亚萨兰独立,并改名为马拉维。1964年10月,赞比亚独立。1965年2月,冈比亚独立。1966年9月,"贝专纳保护地"独立,定名为博茨瓦纳。1966年10月,巴苏陀兰独立,定名为莱索托。1968年3月,毛里求斯独立。1968年9月,斯威士兰独立。

由于英国对这些国家的民族主义基本采取"和平"政策导向,所以独立后这些国家大多继续留在英联邦内,但他们毕竟再也不是殖民地。20世纪60—70年代独立的还有牙买加、特立尼达和多巴哥、新加坡、马来西亚、马耳他、圭亚那、巴巴多斯、斐济、巴哈马。到1974年2月向风群岛的格林纳达独立时,几乎每个殖民地都摆脱了英国的殖民统治。

在苏伊士运河事件以及一系列殖民地问题中,英国尽管动用了大量兵力,但仍然无法按照自己的方针行动,因为军事实力的下降,加之缺乏原有的国际威望,英国治下的和平已是明日黄花。但英国为了维持联邦军队的开支,军费在国民生产总值中所占份额还是在逐年增长,这对英国来说是一个沉重的负担。[1]英国不得不逐年缩减开支,其重型航母基本退出现役。20世纪60年代以后英国军事力量的全球影响越来越小,似乎已经是一支无足轻重的力量。

但1982年,英国军队终于有了一次机会,证明自己还不完全是一只死老虎。当年4月2日,阿根廷突然出兵4 000多人占领了马尔维纳斯群岛,宣布收复该岛的主权。英国和阿根廷为此爆发了马岛战争。凭借先进的武器装备、快速的反应,以及撒切尔夫人的强硬作风,英国取得了马岛战争的胜利。但是,英国在经济上的损失远远超过阿根廷,而最关键的是,马岛争端并未解决,阿根廷已经明确表示,一定要收复失地。因此,英国人得到的

---

① William Kimber, *A History of the British Army, 1945—1970*, Bolitho, 1971, p.35.

只是面子。或许,这是英国通过军事力量证明自己还是一个军事强国的最后一次机会,以后再也不可能获得类似的机会进行表演了。

英帝国无可奈何地撤离了,不过它有意无意留下的隐患至今影响当地的政治经济发展,也威胁到地区安全。印度、巴基斯坦获得独立,但双方关于宗教与领土的争端仍在继续,孟加拉国是冲突的产物,克什米尔问题仍然困扰着印度和巴基斯坦。英国早在 1947 年 2 月就宣布将巴勒斯坦问题提交联合国,结束了在巴勒斯坦的委任统治,然而"英国政治家们从不断变化的眼前利益出发,在巴勒斯坦推行一种毫无原则、反复无常的政策,随意践踏当地人民的正当权益,结果人为制造出一系列矛盾,种下了今日动乱的祸根"。①巴勒斯坦问题不仅没有解决,反而日趋严重,从历史的角度看,英国有着不可推卸的责任。

不过,从虚幻的世界帝国回归其民族国家的本位,毕竟可以使英国人摆脱很多不必要的麻烦,对于构建新的民族国家未尝不是一件好事。然而,要使英国人真正回归自己的民族"本位",又是一件困难的事情,因为英帝国的扩张与英国现代民族的塑造几乎同步进行,两者之间产生了其他民族几乎难以想象的密切关系。同时,英国在扩张过程中向世界各地的殖民地大量地移民,而一些殖民地的人民作为英国一些技术或简单低级劳动需求的补充劳力,也来到了英伦三岛,并且英语已经成为广大的英帝国区域内的公共语言。这就使英国人要割断与英帝国的联系,回到民族国家的本位,比其他国家和民族更为麻烦。而英联邦国家之间的人员流动也产生了英国民族认同的新的困难,"英国的移民历史和民族认同是通过作为殖民帝国的大英帝国和英联邦的核心国家而打上了深刻的历史烙印"。②因此,当二战结束,英国在 1948 年实施了《英国国籍法》,将英联邦的公民分为两类:一类是独立的英联邦国家公民,另一类是联合王国及其殖民地公民,但两者都有移居英国的权利。一直到 1962 年的《英联邦移民法》实施之前,英国本土对其他的英联邦国家和英国殖民地的居民都是完全开放的。当 20 世纪 60 年代的亚非拉反殖民斗争取得伟大胜利之时,在原英属殖民地的大量英国外迁移民和殖民地的非白人移民不得不进入英国。"从 1953 年到 1962 年间,到达英国的来自殖民地的移民数量估计有 39.1 万人,这其中包括每年的 6 000 个

---

① 潘光:《浅谈本世纪上半叶英国的巴勒斯坦政策》,《西亚非洲》1985 年第 2 期。
② 参见 Zig Layton-Henry, "The Politics of Immigration", in Anita Bocker, Betty de Hart and Ines Michalowski, eds., *Migration and the Regulation of Social Integration*, p. 45。转引自宋全成:《英德非法移民社会问题之比较研究》,《欧洲研究》2008 年第 5 期。

伊朗人。到了 1968 年,由于肯尼亚政府推行非洲化的政策,不承认双重国籍,发生大规模的排挤持有英国护照的亚裔人的现象,于是出现了大批亚裔人移民英国的浪潮。依据英国当时的移民法和国籍法,他们属于英国公民,因此可以自由地返回英国。这样,仅在 1968 年的头两个月就有 1.3 万人来到了英国。"①

这种情况一直到 1971 年后才开始改变,英国终于开始限制来自英联邦国家的移民。但出于殖民帝国的情结,英国依然保持着与这些国家的种种特殊和优先关系。据估计,英国每年仅非法移民就有万人左右,而目前在英国的非法移民总量应该有 100 万。②由于各种类型移民的涌入,英国的盎格鲁—撒克逊人种构成发生了变化,英国已经逐渐从单一民族国家向多种族国家转变。现在,英国已经有 54 个种族。在某种意义上,英国已经是一个"多民族国家"。

"生而自由的英国人"是英国自大宪章以来一直引以为豪的立国原则,也是英国的"国民性"之一。不过这一原则在英帝国的扩张过程中已经变得含混不清,毕竟征服者要使这样的原则贯彻始终是很困难的。英国的侵略扩张与民族利己主义的行为使自身形象如同海盗,而英国主张的自由法治却又使其带上了一丝人道主义的光彩。但在 20 世纪,经历了两次惨痛的世界大战和殖民地的解放与独立后,这样一个矛盾的混合体已经在悄然地发生改变。此前自由与征服的形象已经让位于一种英国似的乡村形象:适度的,徐缓的,带着薄雾的田园般的,甚至有些可爱的形象。传统的英国性似乎在消失,这主要是由于两个方面的影响:大众传媒的作用与大众旅行的盛行。而各种移民大量持续地进入英国本土,也改变了英国的人口构成。在战后的 50 年中,英国的认同问题已经转为英国认同的危机。因此,有学者预测,以后英国的认同也许会被欧洲认同取代,而"英国人的故事也就结束了"。③

这样的预测似乎过于悲观,因为最近苏格兰独立运动的势头证明这个故事显然还未到结束之际。但不能不承认,在世界民族主义的几种类型中,英国式的民族主义显然是极为独特的。按照汉斯-鲁道夫·维克的看法,这种高度工业化国家民族主义的特点就是在其现代化的过程中,使国家政权

---

① ②　转引自宋全成:《英德非法移民社会问题之比较研究》,《欧洲研究》2008 年第 5 期。

③　Stephen Haseler, *The English Tribe: Identity, Nation and Europe*, London: MacMillan Press Ltd., 1996, p.3.

与经济利益能在民族的理念中联合起来,而资产阶级就是这种民族政治最积极的支持者,因为它认为这有助于促进其自身利益的最大化。①

与世界其他一些民族主义的发展进行比较,可以认为英国民族主义发展的最大特点是其发展历程完全与英国的现代化进程一致。换言之,英国民族主义的诉求与英国现代化的目标几乎自然地融为一体。由于这样的特点,人们往往更多地关注英国现代化特点,而忽略了其民族主义的性质。也正是由于这样的特点,英国民族主义的种族色彩并不强烈,这使人们在关注其特点时,愿意更多地从现代观念而不是种族特点来分析问题。

而这种现代观念最突出的一点就是强调人们的权利。近代以来英国几乎所有有关政治的书籍,都在不同层面上强调人们的权利。这些权利被视作基本的人权,包括人身、言论、结社和财产四大自由,人身自由被视为自由最重要的支柱。1765年,英国在货币与其他的案件中就明确坚持这样的原则,即对一个没有被法官定罪的人进行拘捕是非法和无效的。同时,假如一个人被冤枉监禁、袭击或殴打,他或她还可以通过社会和普通法获得一系列救助。此外,在英国还有一些古老的对个人自由的保证,如令状等,确保每一个人都能要求被带到法院进行公正的审判。而能够自由表达政治意愿被认为是一个民主社会最基本的权利,缺少这样的权利则被认为是最明显的压制的征兆。政治基本上是一种集体的行为,是个人自愿的组合,因此,结社自由也被认为是基本的权利之一。财产自由则被认为是最核心的权利,英国人的家通常被认为是他自己的城堡,这样的观点也被英国的法律承认,早在1603年塞姆伊案件的判决中就宣布,如果一个盗贼进入一个人的房子试图抢劫或杀人,那么这个人或他的仆人都有权利杀死盗贼以保护自己的生命和财产。②

这样的观念在英国是如此深入人心,以至于人们认为这是一种不证自明的真理。应该说,在此基础上形成的英国民族主义是一种较为理性的民族主义,它最发人深思的地方在于,这种民族主义赋予了这个共同体内所有成员应有的权利,并让所有成员始终都有权维护自己的权利。一种以权利为纽带联接起来的共同体,不仅具有更大的包容性,而且比任何强制性的共同体都富有凝聚力。这或许是英国民族主义不那么极端、容易被人忽视的

①　Hans-Rudolf Wicker, ed., *Rethink Nationalism and Ethnicity*, Oxford: Berg Additional Office, 1997, p.32.

②　John Kingdom, *Government and Political Politics in Britain*, Oxford: Polity Press, 1999, pp.69—70.

真正原因。同时,以权利为纽带形成的共同体,似乎也更容易实现自己的现代化目标,并在世界民族之林中获得更大的利益。

因此,在现代化的进程中,如何使民族主义的诉求与自己的现代化目标合拍,应该是值得继续思考的问题。

当然,英国这种几乎是"自然"的民族主义也产生了一些微妙的麻烦,那就是它的民族整合工作似乎被遗忘了。英国的"自然"边界在哪里,应该如何界定自己的民族特性,外来移民是不是要融入英国社会等等,英国人似乎从未考虑过这些"不入流"的问题。在英国脱欧之后,苏格兰的独立问题也开始发酵,如何处理这一棘手的问题,对长期顺风顺水发展的英国人而言是一个巨大的考验。

四、小　　结

英国民族主义的独特之处,在于它认为其他民族才会有民族主义,而其自身是超越民族主义的存在。英国人产生这种傲慢的原因,在于英国的民族主义将其价值诉求尤其是个人权利放在首位,淡化了一般民族主义那种种族的色彩。由于这些价值诉求与英国的普通法、宪政架构乃至基层自治缠绕在一起,的确很难厘清一个剥离了上诉关系、十分"纯粹"的英国民族主义。在这个意义上,英国民族主义的确不是一种典型的民族主义,它是民族主义中的另类,是英国发展历程中的特殊产物。也正因如此,不认真研读英国历史,就无法真正理解英国这种"特殊"的民族主义。

第四章　法国民族主义

如果说英国民族主义在逐步成长的过程中并未引起人们的关注,法国民族主义则不同,其从一开始就显示出极强的影响力,并且随着法国大革命的进展迅速传播到了整个欧洲。学术界很多人将现代民族主义的诞生与法国联系在一起,与法国民族主义这一富有冲击性的特点有很大关系。法国民族主义的影响比英国强的另一个原因,则是法兰西在很长时段里都是欧洲文明的中心之一,加之地理位置与欧洲各国接壤,所以法国的一举一动都会对其余欧洲国家产生比英国大得多的影响。最后一个原因,则是法国的民族主义往往与大革命时期的"自由、平等与博爱"的口号联系在一起,使自身带有某种"世界主义"的色彩。这也是造成人们对法国人革命遗产的内涵产生困惑的原因之一。正因如此,对法国民族主义的研究显然是深入了解欧洲民族主义的一项极为重要的工作。

一、萌芽状态的民族国家与民族主义

要了解法国这样一种震天动地、色彩极其鲜明的民族主义,就不能不溯源法兰西民族与国家的发展历史。

1. 法兰西民族国家领土的统一

公元 987 年,当于格·卡佩正式取代加洛林家族建立新王朝时,所谓的"法国",无论从何种意义上讲,都根本不曾存在。从事法国中世纪史研究的学者多用"王领"这一术语来指称国王直接控制的领地,言下之意,法兰西岛只不过是众多诸侯领地中的一个。早期卡佩王朝的君主们仅仅拥有王室的"领地",即他作为领主而不是作为国君所拥有的土地。[1]国王的实际统治区

---

① ［法］皮埃尔·米盖尔:《法国史》,蔡鸿滨等译,商务印书馆 1985 年版,第 67 页。

域仅限于王室领地,范围包括从塞纳河到卢瓦尔河中游之间,以巴黎为中心,"从奥尔良伸展到桑利斯,南北长约 200 公里,宽不足 100 公里的地区"①,被称为"法兰西岛"。当时名义上法兰西领土有 45 万平方千米,而法兰西岛的面积不到 3 万平方千米,王室领地仅占总面积的 1/15。王领之外存在着数十个大的封建公国和伯国:卢瓦尔河以北的佛兰德尔伯国和韦芒杜瓦伯国比法兰西国王富裕得多,王室领地以东的香槟伯爵和勃艮第公爵则是卡佩国王危险的邻居,西部的诺曼底公国和布列塔尼伯国几乎是完全独立的,其他大领主如曼恩公爵、安茹伯爵和布洛瓦伯爵也是如此。南方的大领主各占大片土地,俨然成了国家:图卢兹伯爵和巴塞罗那伯爵并不把北方的法兰西国王放在眼里,加斯科尼公爵和阿奎丹公爵也看不起"北方的野蛮人"。

上述情况并非封建割据最严重的形态,10—11 世纪发生的"封建革命"更加剧了法兰西的分裂。在这期间,公国和伯国纷纷解体,公爵、伯爵对其领地的统治权也很快丧失,更小的封建领主开始兴起,形成以城堡为中心的新的地方领主割据统治。卡佩王室的领地也经历了被城堡主攫取政权的过程,这样,即使在这 3 万平方千米的土地上,国王的有效统治也丧失了,其内部处于大小贵族割据的状态。在王室领地内,单单从巴黎到奥尔良就要经过许多城堡主的领地,穿越层层关卡。

法兰西土地上的封建割据状况至 12 世纪初开始改变。随着法国社会经济的发展,不同地区之间的经济联系日趋增强,客观上要求结束政治分权的局面。而随着经济和社会交往超出了领地范围,封建领主也无法履行一些必要的社会职能。此外,11—13 世纪西欧普遍发生城市的复兴运动。城市自形成之日,就通过金钱赎买、武装起义等方式与封建领主展开争取自治权利的斗争。城市工商业的兴起促进了商品经济的发展和地区间经济联系的加强,而自治运动又打击了封建领主的统治势力,这一切都是西欧封建社会内部的破坏因素。再加上市民阶级为了保护自己的经济活动,维护自己的特权和在城市内的统治地位,遂与亟待发展的王权形成联盟,共同推动国家的统一和王权的强大。

正是在这样的历史背景下,1108 年,随着路易六世的登基,卡佩王朝的王权逐渐增强,法国统一进程亦开始起步。根据路易六世的主要辅佐者和传记作者、圣德尼修道院院长苏热的记录,路易六世讨伐领地内及周边城堡

---

① Edward James, *The Origins of France: From Clovis to the Capetians 500—1000*, London: MacMillan Press Ltd., 1982, p.187.

主的战斗不下数十次。通过战争,路易逐渐建立起领地内的和平,从而为王室权威向外扩张打下了基础。1110 年,路易带兵征讨拒不履行封臣义务的南方的波旁领主埃蒙,并带其去王领受审;1112 年又讨伐强占克莱蒙的奥弗涅伯爵纪尧姆六世,迫使伯爵放弃所占领的主教城市。1124 年,路易取得了其一生最重要的一次胜利。当时,神圣罗马帝国皇帝亨利五世在其岳父英格兰国王亨利一世的支持下,欲侵犯法国兰斯地区。路易下令征召军队抗敌。几乎全国的大小贵族都应召前来,不仅有法兰西岛及其邻近的领主,而且有王领外的勃艮第公爵、阿奎丹公爵、佛兰德尔伯爵等大贵族,甚至还有曾经与国王作对的于格伯爵、布卢瓦-夏特勒伯爵等人。路易的军队共有 8 个部分,根据传记整理者和法文翻译者瓦凯的估算,总数近 17 万人。[①]最终,在路易召集的庞大军队面前,德意志人退却了。"无论在现代还是在古代,法兰西从没有取得如此卓越的功绩。在法兰西战胜了德皇和英王的同一时刻,当王国所有部分的力量团结在一起的时候,它荣耀地证明了王国的力量。"[②]"在 11 世纪和 12 世纪初统一的情感仍然清晰可见,小实体开始让位于大王国的想象。在此,国王实至名归。"[③]

　　路易六世之子路易七世继位后,继续其父扩展领地、加强王权的政策。他娶了阿奎丹公国女公爵埃莉诺为后,因此顺理成章地并入这块比王室领地还大的领土,还对图卢兹伯国进行远征,并率军加入第二次十字军东征。此时,由于王位未稳,国内大贵族纷纷图谋废黜路易七世,传闻王后也与人偷情。路易七世回国后先剿平叛乱,之后与埃莉诺离婚,遂使王室领地又缩回原状。更糟糕的是,埃莉诺旋即改嫁安茹伯爵亨利,此人不久成为英格兰的亨利二世,阿奎丹从此成为英王的领地。而英格兰国王作为法王的封臣,其在法国的领地比王室领地还大 5 倍,金雀花王朝遂成为法王统一法兰西最大的障碍。在此后的几代国王统治时期,法王与诸侯间的争斗开始让位于英法两国的较量。

---

　　① 黄春高:《"国王们都有长长的手臂"——法王路易六世时期的王权》,《历史研究》2006 年第 2 期。

　　② Sugar, *Vita Ludovici Grossi Regis, Vie de Louis VI Le Gros*, edited et traduite par Henri Waquet, Paris, 1929; *Life of King Louis the Fat*, Jean Dunbabin, trans., Oxford: St. Anne's College;转引自黄春高:《"国王们都有长长的手臂"——法王路易六世时期的王权》,《历史研究》2006 年第 2 期。

　　③ Karl Ferdinand Werner, "Kingdom and Principality in Twelfth-Century France", in Timothy Reuter, ed. & trans., *The Medieval Nobility: Studies on the Ruling Classes of France and Germany from the Sixth to the Twelfth Century*, Amsterdam: North-Holland Publishing Company, 1978, p.267.

路易七世之后的 150 年间,出现了 3 位甚有作为的国王,他们在以王权为中心统一法兰西国家的征程中取得了巨大的成就。腓力二世先是采取通婚和巧夺的手段在北方扩展领土,从佛兰德尔伯爵手中夺取阿图瓦、韦芒杜瓦和亚眠地区,之后,就与强大的金雀花王朝展开了持久的斗争。他先是挑动和利用亨利二世与其子"狮心王"理查、"无地王"约翰父子兄弟间的矛盾,坐收渔翁之利。之后又借口英王约翰拒绝出席法王法庭受审,于 1202 年宣布剥夺他在法国大陆的领地,并陆续派兵占领了诺曼底、普瓦图、吐兰纳、安茹和布列塔尼等地。不甘失败的约翰联合德意志皇帝奥托一世和佛兰德尔伯爵及布伦伯爵共同进攻法王。1214 年 7 月 21 日,法国军队与联军在布汶遭遇,结果,腓力的军队和 2 万市民武装英勇善战,大败敌军,直至攻克伦敦。佛兰德尔伯爵被生擒,佛兰德尔由此成为法国王室的领地。不过,佛兰德尔问题并未最终解决,它与英国方面的联系特别是经济方面的联系,一直没有断绝。布汶战役是决定法国王权及法兰西民族存亡的重大战役。正是这次战役,首次真正激起了法国人的民族情感。布汶战役的胜利巩固了法国王权的地位,使王室领地扩大了 8 倍,腓力二世也因此获得"奥古斯都"的尊号。1217 年时,腓力·奥古斯都拥有 67 个管辖区或采邑领地,其中 32 个是由他自己并入王室领地的。①

继承腓力二世王位的路易八世在位仅 3 年,其间,他利用征讨阿尔比异端的机会,将南部的朗格多克地区并入王室领地,之后在亲征图卢兹时染病身亡,王位传给年仅 12 岁的路易九世。在领土问题上,死后被尊为圣徒的路易九世宣扬基督教的和解精神,与阿拉贡国王和金雀花王朝的亨利三世签订了谅解协议,在作出让步的条件下获得对图卢兹、诺曼底、安茹和普瓦图的统治权。对于此类行为,其同时代和后世的历史学家曾颇有微词。其实,路易九世并非无原则地一味退让,只是采取了一种与先辈不同的领土扩张方式,他仍是最有效地为扩张国土而努力的国王之一。"虽然他从来拒绝利用暴力和欺诈,但他警惕地注意决不放过一个缔结有利的条约和通过漂亮的手段去获取额外的领土的机会。"②纳尔旁公爵领地、布洛涅、皮尔卡迪、韦芒杜瓦、瓦洛亚、奥佛涅等地都是他通过和平方式获取的王室领地。

圣路易之子腓力三世在位期间非常幸运地将阿尔丰斯·德·普瓦提埃德采邑夺了回来,还令未来的腓力四世娶了香槟伯爵国和比利牛斯山区纳

---

① [法]基佐:《法国文明史——自罗马帝国败落起》(第三卷),沅芷等译,商务印书馆 1997 年版,第 263 页。

② 同上书,第 280 页。

瓦拉王国的女继承人胡安娜。腓力的哥哥死后,他同时继承了法兰西的王位和香槟伯爵领,使王权在法国东部有了较为稳定的基础。因此,当腓力四世登位时,他拥有大大扩展了的王室领地。1305 年,胡安娜王后死去,纳瓦拉王位遂由法国王室兼领,这使法国与西南方的纳瓦拉王国产生了数百年难以割舍的联系,此后两国在王位问题上经常出现纠纷。一直处于若即若离状态的北方重地佛兰德尔也是腓力四世长期耿耿于怀的焦点地区之一。1300 年对其讨伐成功之后,腓力四世旋即对佛兰德尔居民实行重税政策。1302 年,当地贵族及平民掀起暴动,实力雄厚的佛兰德尔步兵在库尔特雷击败了前来镇压的法国骑士团。1304 年,腓力四世再次派兵讨伐,佛兰德尔虽被迫屈服,但是其平民和纺织工人并不承认法国国王的权威,貌合神离的状态并未就此结束,这也为 30 余年后爆发的英法百年战争埋下伏笔。

1314 年"美男子"腓力四世驾崩。从该年起至 1328 年,在短短的 14 年中,法国先后换了 3 个国王,分别是"顽夫"路易十世、"长人"腓力五世和"美男子"查理四世。至 1328 年,卡佩王朝绝嗣。英王爱德华三世的母亲是查理四世的妹妹,爱德华以法王外孙的资格要求继承王位。但是法国三级会议援引《萨利克法典》中女子无继承权的条款,拒绝了英王的要求,并推举查理四世的堂兄、瓦卢瓦家族的腓力六世继承王位,法国开始了瓦卢瓦王朝的统治。爱德华三世不甘心失败,继续坚持对法国王位的要求。以法国王位继承纷争为导火线,终于引发了英法百年战争。

其实,百年战争的爆发有更深层次的原因,那就是英法两国之间的领土纠纷,这牵扯到 14 世纪初欧洲大陆两个最富庶的地区,一个是吉埃内,即前文提到的阿奎丹,一个是佛兰德尔。英格兰诺曼王朝和金雀花王朝的统治者都是来自法国的封建主,因而在法国大陆拥有大片领地。腓力二世及其后的几代法国君主,通过种种手段剥夺了英王在法国的大部分领地,但是英王仍占领着西南部的不少土地,其中就包括阿奎丹。英国王室还抱有在法国大陆进行更大范围扩张的野心。对法国王室来说,只要英国在法国境内仍占有领地,就会对法国的统一大业构成威胁,因此他们竭力想全盘收复英王在法国的领地。另外,佛兰德尔毛纺织业与英国的经济联系极为密切,而佛兰德尔伯爵又是法国国王的附庸,1328 年腓力六世镇压了该地区的市民起义,建立起对佛兰德尔的直接统治。

法国王权统一领土的愿望与英国扩张的企图产生尖锐的矛盾,1337 年,英王、法王互相宣战,百年战争正式爆发。不久,布列塔尼也成为第三个麻烦地区,布列塔尼公爵死后无嗣,英法两国国王分别支持自己的亲信嗣位,于是开辟了百年战争的另一个战场。这里不再赘述百年战争的进程,仅勾画其梗概:战争初期,法国骑士贵族在普瓦提埃等战役中连连败北,不但使得英国占领了法国大片土地,还引发国内巴黎市民起义和北法农民起义。1364年查理五世即位后,经过十余年的奋战,收复了除加来之外的大部分被占领土。但是,其子查理六世是个精神病人,封建贵族趁机结党营私,争权夺利,形成了勃艮第派和奥尔良派,企图恢复几百年来被法王夺去的领土和权力。英王亨利五世趁机再度侵法,勃艮第派为了自身利益投靠英王,"封建的欲望超过了民族的感情。内战再一次向英国人敞开了法兰西的大门"①。在阿金库尔两军相遇,法军惨败,英军很快占领了首都巴黎和法国北部地区。1422年,两国的王位都归亨利五世的继承人。此时法国一分为三,半壁江山都处于英国和其控制下的勃艮第派的统治之下,原王太子查理带领一部分贵族偏安南方的布尔日城一隅,与英军对抗,形成历史上"最小的法国"。法国几百年来逐渐发展起来的王权、几百年来统一而成的国土,几乎毁于一旦。

但就在此时,形势发生了逆转。沉重的苦难唤起了法国人民的民族情感和爱国热忱,统一运动再度兴起。这次运动并不策源于外国占领下的法兰西岛,而是发轫于自由的南方,领导运动的是出生于香槟伯国边境地区的民族女英雄贞德。她先带领法国将士解了奥尔良之围,不久又偕同王太子在兰斯大教堂加冕。胜利与加冕这两个具有极大意义的行动使法国人意识到,"光复国土不仅仅是争夺采邑的诸侯们的责任,而成了整个国家的义务……这个国家在一种神秘的感情中团结起来了"。②虽然后来失败被俘的贞德被烧死在火刑柱上,但她忠勇爱国的献身精神更加燃旺了法国人民救亡图存的爱国主义烈焰,使法军在光复国土的战斗中节节胜利。1453年英法双方签订条约,英国除继续保留加来港外,全部退出法国。百年战争最终以法国失地的收复和领土的初步统一而结束。

虽然战争的胜利排除了法国领土统一的最大障碍——英国,但是在战争危急时刻与王权团结起来的贵族,又站回了与路易十一对立的位置。1465年,以勃艮第公爵为首的贵族结成"公益同盟",反抗国王。路易十一对此除诉诸武力外,还大量使用外交、间谍、贿赂等手段。1447年,勃艮第

---

① [法]皮埃尔·米盖尔:《法国史》,蔡鸿滨等译,商务印书馆1985年版,第120页。
② 同上书,第127页。

公爵"大胆查理"在南锡战役中阵亡,路易十一通过谈判在几年后从其女继承人手中收回了勃艮第公爵领和皮卡尔迪。在此前后,路易十一还先后收回了阿朗松公爵领、阿曼雅克伯爵领、普罗旺斯伯爵领、曼恩伯爵领等贵族领地。这样,"国土聚合者"路易十一耐心地勾画出了今日法国版图的轮廓,只有布列塔尼和东方各省尚未包括在内。

虽然法国的领土在路易十一时已基本统一,但是事实上,江山统一之路并未走到尽头。这主要是两个因素造成的:其一是在基本完成本土的统一之后,法国君主立刻走上了对外扩张的道路,由此引发一系列国家间的战争;其二是被没收了领土和权力的贵族领主并未就此屈服,他们还利用一切机会发起叛乱。以上二者都曾造成法国国家的分裂和领土的缺失,国王也不得不重新进行统一领土的工作。

经济上繁荣富庶而政治上四分五裂的意大利一向是西欧列强角逐的战场,"市民国王"路易十一之后的几位"骑士国王"先后把意大利作为对外扩张的目标,这些战争也是法国争夺霸权的第一波尝试。结果,查理八世、路易十二和弗朗索瓦一世都在意大利城邦、阿拉贡、神圣罗马帝国和英国的联合进击下失败。1559年,亨利二世签订和约结束了意大利战争,法国收复加来,并继续持有安全意义重大的东北边境3个主教区梅斯、图尔和凡尔登,但是放弃对意大利领土的要求。

四代君主的意大利冒险给王权下的国家统一带来的损害还未恢复,法国就遭受了更大的苦难,其间不但王权威望降到了最低点,而且引发第一次全民族的大对抗,导致国家的分裂和"两个法兰西"之间的剧烈冲突(这种对立和冲突在法国大革命时期以及二战纳粹德国占领期间再次发生),这就是宗教改革和胡格诺战争。16世纪30年代,围绕着天主教与新教的斗争,法国贵族形成两个相互敌视的集团:一个是以法国王室、大贵族吉斯、蒙莫朗西和洛林红衣主教查理为首的天主教阵营,其势力主要集中在法国北部和东部,得到西班牙的支持;另一个是以纳瓦拉国王、孔代亲王和海军上将克里尼为首的新教阵营,他们得到英国和德意志新教诸侯的支持,其力量分布在西部和西南部。而南方的奥尔良、普瓦提埃、蒙托邦、波尔多等都建立了独立的共和国。天主教与新教的斗争已经蜕变为封建贵族反对王权、争权夺利的战争。从1562年到1598年,内战在法国的每一个角落爆发,双方互相进行惨绝人寰的杀戮,"整个法国发生叛乱","仿佛王权是他们唯一的共同的敌人"。[1]

---

[1]　[法]皮埃尔·米盖尔:《法国史》,蔡鸿滨等译,商务印书馆1985年版,第174页。

法国王权不复存在,法兰西民族也危在旦夕。但也正是在此时,命运女神给了法兰西一次存活的机会。1588 年亨利三世派人将吉斯公爵亨利刺死,一年后他自己也被刺杀,瓦卢瓦家族绝嗣,按照继承顺序应由纳瓦拉的亨利继承王位。亨利 1593 年"为了巴黎"做了弥撒,宣布放弃新教,改信天主教,取得法国王位,开创了波旁王朝的统治。此时亨利四世所拥有的,只剩下四分五裂的王国和不复存在的王权。

亨利四世上台后,先后夺回普罗旺斯、多菲内、阿登和香槟以及布列塔尼,并从西班牙手中夺回勃艮第,之后遇刺身亡,将恢复国家秩序的大任留给黎塞留,而红衣主教多次粉碎贵族阴谋和叛乱,维护了王权的"崇高"和"荣耀"。同胡格诺战争时期一样,贵族叛乱很多时候仍然是打着新教旗号进行的。亨利四世的《南特赦令》,实际上承认了内战中形成的、独立于王权之外的新教共和国,但这个英国支持下的政权在黎塞留的强力围剿下灭亡。在镇压了朗格多克省的胡格诺派叛乱后,他又颁布"阿莱斯恩典赦令",拆除胡格诺派的一切要塞,最终消灭了胡格诺派的"国中之国",法国国王的权威有所恢复,胡格诺战争造成的领土分裂终于结束。

同一个半世纪之前的意大利冒险一样,紧随本土统一后法国的下一个行动必然是扩张和争霸。当时法国的老对手哈布斯堡家族称霸欧洲,三十年战争于 1618 年爆发。红衣主教黎塞留先在外交上力促新教的丹麦、瑞典、荷兰和英国结成同盟攻打天主教的哈布斯堡家族的神圣罗马帝国和西班牙。法军开始时取得了一系列胜利,势力到达莱茵河西岸。但是不久,对手的军队展开反攻,勃艮第、科尔比相继失守,威胁巴黎。同上一次意大利冒险一样,法国在欧洲的扩张反而导致本土的沦陷。幸好西班牙爆发内战,黎塞留去世时才留给法国一个胜利的结局。根据《威斯特伐利亚和约》,法国的国家利益得到最大的满足,除了获得阿尔萨斯(斯特拉斯堡除外),且梅斯、图尔与凡尔登归法得到再次确认之外,还推翻了哈布斯堡家族的欧洲霸权,并成功地将德意志统一进程延后了 200 年。除了在欧洲扩张领土外,黎塞留时期法国也加快了海外殖民的步伐,比如曾派舰队帮助法国殖民者定居在塞内加尔、加勒比海、圭亚那和马达加斯加。

黎塞留遗嘱的忠实执行者马萨林上台后首先要对付的又是贵族叛乱,这次是以"福隆德(投石党)运动"的形式出现的。在具有资产阶级革命性质的"高等法院的福隆德运动"爆发之后,大领主们纷纷抓住这次报仇雪恨的大好时机,站在他们鄙视的长袍法官一边,掀起"亲王的福隆德运动",反对王权治下的国家统一。孔代一度占领巴黎,赶走国王。诺曼底、吉埃内和普罗旺斯等外省爆发骚乱,巴黎也建起街垒。法国再度陷入分裂的边缘,西班牙军队也突破国境线。虽然最终马萨林依靠民众要求和平统一的愿望和反叛者的内讧平息了动乱,但是留给亲政的路易十四的,仍然是一批随时蠢蠢欲动、准备发起叛乱分裂国家的封建贵族。尽管如此,在历史条件业已成熟的时刻,以王权为核心的法兰西民族统一国家已经稳定,路易十四得以用一种与祖辈完全不同的方式,最终降伏了兴风作浪数百年的贵族分离势力,并在对外扩张过程中建立了法国短暂的欧洲霸权。

路易十四使宫廷成为贵族国家的中心,将大批贵族招入豪华的凡尔赛宫充当侍臣。他建立了极其严格的礼仪制度,以便设立各种荣誉职位分配给大领主。荣膺这些职位,就能够获得丰厚的赏赐和俸禄。而要得到这些职位,就要尽可能多地待在王宫,接近国王,赢得国王的欢心。"所有的品德、才能、权力都集中在巴黎,怎能忍受在外省生活呢?"①更不要提在外省发动叛乱了。路易十四用"软刀子"杀死了贵族的反叛心之后,也同祖辈一样,开始了扩张与争霸,其在位 72 年,亲政 54 年,31 年用于对外战争。在针对西班牙的"王后权利战争"和针对荷兰的"解体战争"中,路易十四以一国之力打败众多对手的联合,获得富饶的弗朗什—孔泰和位置重要的斯特拉斯堡等地,也获得欧洲霸主的威名。但与大半个欧洲为敌的法王在奥格斯堡同盟战争和西班牙王位继承战争中遭到失败,不但失去先前占有的部分土地,国界线也曾被敌人攻破。法国短暂的欧洲霸权在路易十四牺牲他国利益的民族主义下消亡了。但是,尽管有战争和边境线的调整,路易十四在位时,法国的版图还是扩大了,有些地方永久留在了国界之内(阿图瓦、鲁西永、阿尔萨斯、弗朗什—孔泰等)。"法国边区上边的人民最终归属了法兰西共同体的现实,并开始分担她的忧虑,分享她的荣耀。"②

如前所述,法国民族国家的形成过程,一直充斥着王权统一领土的努力与贵族分裂国家的阴谋之间的斗争,因为毕竟国家的统一是建立在诸侯丧失其领地和部分权力的基础上的,在法国民族国家未成熟稳固之前,贵族以各种形式展开的反攻就不会停止,王权对他们的镇压也丝毫不敢懈怠。

2. 法兰西民族国家的制度建设

卡佩王朝初期王权衰弱的一个重要表现,就是当时的法兰西王国不具

---

① ［法］皮埃尔·米盖尔:《法国史》,蔡鸿滨等译,商务印书馆 1985 年版,第 221 页。
② ［法］弗朗索瓦·布吕士:《太阳王和他的时代》,麻艳萍译,山东画报出版社 2005 年版,第 227 页。

备任何民族国家的制度特征。王位的世袭制尚未确立,新国王往往要由大贵族选举产生。国家没有固定的行政中心,国王也没有固定的住所,或在巴黎,或在奥尔良。在中央,不存在以国王为首的政府官僚机构;在地方,王室领地不存在行政区划,国王没有任免地方官吏的权利。王国内没有完整的税收制度,因此王室也没有固定收入,国王的生计都成问题,更不用提建立常备军这种"奢侈"的想法了。因此摆在历代法兰西国王面前的任务,是全面建设以王权为中心的民族国家的各种政治、经济和社会制度。

卡佩王朝的开国君主巴黎伯爵于格·卡佩并不处于查理曼继承人的地位,他的祖先都不是国王、皇帝或全国的君主。[①]因此,即便那些法兰西岛周边的诸侯,也对国王缺少尊重。有一则逸事记载,于格·卡佩质问拉马什的阿尔德贝特:"谁让你成为伯爵?"后者则反问:"谁让你们成为国王?"[②]如果说过去大小封建领主曾对国王保持着名义上的宗主与附庸关系,那么到11世纪,他们对卡佩国王连名义上的臣属关系也不予承认了。他们在自己的领地里享有完全的独立,独立地制定法律、执法、课税、铸币等,而他们本人却不服从任何人,只服从自己的自由意志。一块封地的单纯的居民们——隶农或农奴——一切事情完全决定于这个对他们行使十足主权的贵族。[③]法国南部的大贵族自889年以后就不再长途跋涉到北方参加国王召集的同僚会议,"南部诸侯从来就没有朝觐过王廷,王室档案中并不称他们为'忠臣',而是称为'朋友'或'我们统治的伙伴'"。[④]"国王很少能够控制大诸侯;后者在得意之时更像国王的同盟者,而非臣民。"[⑤]

于格·卡佩在政权稳定之后,首先试图改变的是法兰克人传统的由贵族推举国王的王位继承制度。公元987年,他加冕后,就通过诸侯会议欢呼表示赞同的方式册立他的嗣子即之后的"虔诚者"罗贝尔为国王。于是当他驾崩时,罗贝尔就顺利地登上了王位。亨利一世即位也遵从祖制,结果在腓力8岁时他就死去,幸而佛兰德尔的博杜安伯爵和王太后临朝辅政,确保腓

① [法]基佐:《法国文明史——自罗马帝国败落起》(第三卷),沅芷等译,商务印书馆1997年版,第233页。

② Geoffrey Koziol, "Political Culture", in Marcus Bull, ed., *France in the Central Middle Ages 900—1200*, Oxford: Oxford University Press, 2002, pp.45—46.

③ [法]基佐:《法国文明史——自罗马帝国败落起》(第三卷),沅芷等译,商务印书馆1997年版,第67页。

④ Edward James, *The Origins of France: From Clovis to the Capetians 500—1000*, London: MacMillan Press Ltd., 1982, p.187.

⑤ John Benton, *Culture, Power and Personality in Medieval France*, Thomas N. Bisson, ed., London: The Hambledon Press, 1991, p.162.

力一世不但在幼年时顺利继承王位,还使得这位才疏学浅的国王稳坐王位将近50年。当然他在位期间,也同样指定儿子路易为王位继承人,并为这位未来的路易六世在法兰西国王的传统加冕地——兰斯大教堂进行了神圣的涂油册立仪式。

卡佩王朝最初的五代君主通过在位时就指定继承人并给未来国王加冕的方式,确立了一个重要的原则——王权的神圣性原则。王权的神圣性原则对法兰西民族国家发展的影响之一,即保证了国王政权的长久稳定。王权的神圣性原则认为王权是超越国王个人生命之外的神圣而永恒的东西,王位的更迭并不影响王权的威严,国不可一日无君,王位再也不能出现空缺。前任国王驾崩后,诸侯和臣民必须按照先王的意志,拥立先王确立的继承人为新王,因为先王的意志不是他个人的意志,而是神圣的上帝的意志,任何人不得违抗。王太子由国王公开指定,然后兰斯大主教召集诸侯,令他们向王太子欢呼,并正式宣布王太子当选,然后庄严地给王太子戴上王冠。此项仪式一经确认,新立为王的王太子便成为区别于其他封建诸侯的、具有某种神圣性并受到上帝承认和庇护的人,日后在继承王位时就不会有多少麻烦。卡佩王朝初期的这种王位继承方式,此后便成为习惯法,不但为以后的几代国王所恪守,还得到诸侯们的尊重。法兰西王国的王位世袭继承制逐渐压倒诸侯选举制,这不但保证了家族王位的稳定,为一个绵延久远的政权奠定了基础,更重要的是消灭了几百年来法兰克君主制衰微不振的一个主要因素,为后世国王加强王权的努力创造了条件。

路易六世除了通过大大小小的战争平抑封建大贵族的势力之外,在民族国家的制度建设方面也建树颇丰。在中央,首先是改组御前会议,吸收了若干忠于国王的市民、教士和中小封建主参加。他还改革王室内府事务的管理,陆续解除一些大贵族控制的内府职位——诸如总管、警卫长、内侍长等,并规定内府职务不再世袭,而只有某种荣誉上的重要性。[①]

随着王室领地的扩大,在地方建立高效率的行政管理体系逐渐提上路易六世的议事日程。他改革了传统的"普雷沃"体制,派官员代表国王管理王领上的司法和行政,帮王室代征赋税。他还发布各种敕令,不但在王室领地内贯彻实施,还争取使其在王领之外发挥法律效力。路易六世认为城市公社是一个"和平机制",利用城市公社还可以广开财源和抗衡

---

① Jean Dunbabin, *France in the Making*, *843—1180*, Oxford: Oxford University Press, 2000, p.298.

大封建主。因此,他对当时方兴未艾的城市自治运动尤其是城市公社甚为看重和支持,并被誉为"公社之父"。他一生颁发了许多城市特许状,其对象既有位于王室领地的,也有位于王领之外主教所在地的。城市市民的自由与权利的确认,"既加强了国王在王领内的权威,又扩大了国王在王领外的影响"。①

婚姻失败的路易七世决定使家族永久定居巴黎。路易六世认为圣德尼修道院是"法兰西王国的头部",路易七世则把塞纳河西岱岛上"虔诚者"路易曾住过的旧宫作为自己的王宫,将原来的一些中央行政机构搬到了那里。随后,领主和朝廷的谋士也纷纷在王宫周围建立自己的宅第。于是,从12世纪开始,法兰西民族国家的首都开始形成。

腓力·奥古斯都不仅在战场上慑服了金雀花帝国,在内政建设方面也取得了伟大的成绩。从中央到地方,他将法兰西王国治理得井井有条,自己的王权也得到前所未有的提升。由于卡佩王朝的王位已经足够稳定和强大,腓力就取消了前代君主生前就给王太子加冕的做法。在中央行政框架内,腓力则采取在现任死后不指定继任者的方式,逐渐取消了宰相和总管等职务,只任命他的忠实臣仆盖兰修士为类似于宰相但没有实权的"掌玺官",总管的职务则由许多较小的官员分担,如都统或酒官等,这样,腓力在中央分割了权力,削弱了达官显贵对王权的威胁。

在地方层面上国王政令执行不畅的现状,再加上多年对外征战获得的大片新领地,促使腓力进一步改革行政体系,以加强王权的控制。这项改革是通过设立一个新官职——大法官来实现的。大法官从北方狭小的封建阶层里选拔,由国王任命、支俸和罢黜。他们是国王在各省中的真正代表,专门监督王家领地上的地方官吏,还拥有财政和司法大权,各领地法庭审判过的案件都可以上诉到大法官管辖区,国王的司法权于是凌驾于各领主的司法权之上。这些大法官辖区很快就变成了直接受朝廷管辖的名副其实的地方行政区,它们不但把中部和东部各省中从英国夺来的领土在行政层面上固定下来,而且使国王的权力深入王领的每个角落,法兰西王国开始产生某种中央集权的萌芽。

相比前代国王,腓力二世更加重视将立法权和司法权尽可能多地从地方领主手中抢到自己手里。在《法国国王法令汇编》里有他颁布的52个条

---

① John W. Baldwin, "The Kingdom of the Franks from Louis VI to Philip II: Crown and Government", in David Luscombe and Jonathan Riley-Smith, eds., *The New Cambridge History*, Vol. IV, c.1024—1198, Part II, Cambridge: Cambridge University Press, 2004, p.515.

令或官方法令,它们在整个王国范围内,至少在批准它们的一切贵族范围内,具有法律效力。国王法院有权处理国内包括各大藩属法庭的一切上诉案件。贵族虽然是法院的法定成员,但若案情与他们无关,腓力是不让他们参加审判的。财政方面,腓力不但征收贵族的继承税,还对教会和富裕的犹太人团体课税,战争时还向民众征收人头税、间接税等各种特别捐税,收入全部集中在位于圣殿隐修院的瞭望塔王家金库里,由军队严加保卫,用以满足官吏、军队、警察和法官等必需的开支。国王的代表每年来此检查所有官员的账目,这就是今天负责财政和预算的审计院的雏形。腓力还在巴黎铺设了道路,扩展和加高了城墙,建造了引水渠、医院和教堂,筑起了闻名于世的卢浮宫,巴黎逐渐具有王国首都的风貌。此外,腓力还建立了一个专门的仓库存放政府文件,包括国家的法令文件、证书、名衔等,因此国家档案馆的建立同样应归功于他。

路易九世是腓力二世的嫡孙,他在位期间,在司法和财政两个问题上进行了旨在提高国王权威的制度性变革。司法方面,路易严禁贵族私斗和血亲复仇,并进一步扩大国王的司法权。虽然贵族私战并未根除,但是至少在理论上,在王国一切地方的所有人,都必须将他们的争端提交国王的法官和地方行政长官来解决,国王的裁判权取代了地方的贵族势力。路易将叛逆、铸伪币、伪造王室法令、非法携带武器等案件均收归王室法庭审理,还坚持亲自审理案件,并将一些法学专家请到宫廷,以国王的名义审理上诉案件。就这样,地方贵族的司法权、其典型制度——私战、其范围、独立性都衰落了,国王在司法方面开始享有至高无上的权威。路易还进行了币制改革,规定在王室领地上只能使用王室铸币,在贵族领地上,王室铸币和该贵族(必须是有权铸币者)的铸币可以同时使用。以后,王室铸币图尔里佛尔和巴黎里佛尔逐渐取代了封建贵族的铸币,法国的币制逐渐走向统一。

"美男子"腓力四世是另一位在法国民族国家的制度建设征途上留下深深足印的国王。他曾开展通行王国全境的成文法的编纂活动。他召集了一班罗马法专家作为"王家立法官",编撰全国适用的法律。腓力统治时期,中央权力机构已日趋完善,原来的国王御前会议内部分工逐渐明确,从中分离出两个重要组织:高等法院和审计院。高等法院负责审理来自外省的上诉案件,分为大法院、调查院、审理诉状院和成文法听取院4个院。审计院下设王室金库、掌玺局和管理货币的机构。腓力还尝试建立固定的税收制度,并首先在王室领地上征收炉灶税等直接税和盐税等间接税。此外,腓力四世还是卡佩王朝立法最多的君主。卢浮宫的法令汇编里记载着他名下的

354 条赦令,内容涉及政治、封地、铸币、自治城市等,这表明腓力王权的干预已进展到国家一切事务。

然而让腓力四世占据大量历史教科书篇幅的,却是他的另外两项活动:与教皇的冲突和首开三级会议。受到财政问题困扰的腓力,决定将征税的范围扩充到一个先王们从未触及的领域——法国的教会财产,即“教士收入的什一税”(有别于平民向教会缴纳的什一税),这自然引起教皇卜尼法斯七世的抵制。在这个事关法国政治制度的独立性是否受到尊重的问题上,法国的主教们采取了支持国王的立场。结果,反对法王的教皇郁闷而死,教廷成为受法王控制的“阿维农之囚”。另外,在各种司法机构中——既包括国王的法庭,也包括领主们的法庭,以及任何存在世俗审判权的地方,腓力四世也尽量排除一切教士,以减少教廷对法国自身国事的干预。

为得到全国各阶级的支持,腓力在 1302 年召开了法国历史上第一次三级会议。教士、贵族和市民三个等级的代表名额由国王决定,开会时分别讨论,各等级都只有一票表决权。三级会议讨论表决的议题主要限制在税收和财政问题上,且其意见仅供国王咨询之用,国家大事的决定权始终掌握在国王及其控制下的政府手中。腓力四世还规定以后三级会议要定期召开,各地方也逐渐建立了本地的三级会议。三级会议的制度化以及国王和等级代表会议的共存与结合,标志着法国封建等级君主制的建立。此后直至 16 世纪初,等级君主制一直是法国政治制度史上的一个客观存在。在当时的条件下,由于以王权为首的等级君主制的存在,封建分裂与割据得以逐渐克服,体现了国家的统一。它还有利于抵御外敌,维护国家的独立与主权。因此,等级君主制作为法国民族国家制度建设阶段的重要产物,在一定历史时期内促进了法兰西民族国家的发展。

在卡佩王朝和瓦卢瓦王朝交接的 1328 年,还发生了一件对后世法国民族国家的发展意义重大的事件:在继承危机中登基的国王的授意下,数位法学家对《萨利克法典》进行了重新解释,拒绝了卡佩家族的母系亲属——英王爱德华三世对法国王位的要求,《萨利克法典》的性质也随之改变。一方面,它由古代的习惯法变为体现国王意志的成文法,成为君主集权制产生和发展的历史依据和理论前提;另一方面,它由普通私法转变为王位继承法,由先前仅仅规定“自由份地不得传给妇女”,引申出法国王位继承的两项基本原则:禁止女子及母系男性继承王位和长子继承制。

百年战争虽然唤醒了法国人民的民族感情,但打乱了法国国家制度建设的进程。然而,战争最需要的两样东西——金钱与军队,客观上却促进了法国民族国家的制度建设。查理七世建立了常备的雇佣军,由 15 个兵队组成,主要是骑兵,也有步兵、炮兵和海军。战争结束后,查理将大部分雇佣军编入了正规的王家军队,为后来正式而强大的王国常备军的建立奠定了基础。在战争最激烈的 1436 年,三级会议批准永久征收交易税、盐税等间接税,征收的数量由中央政府决定。1439 年,北法三级会议同意按同样原则对平民征收基于财产的直接税。自此,临时捐税开始向固定税制过渡。

使法国民族国家的发展重入正轨的是路易十一,这位国王不但是伟大的"国土聚合者",还称得上是尽职的制度建设者。在中央,他使御前会议成为荣誉性或者咨询性的机构,顾问们只有回答国王问题的权利,真正独揽大权的是国王自己。军事方面,他建立了一支由 8 000 名骑兵"大方阵"联队和各教区提供的 1 万名"自由弓箭手"组成的常备军,还建立了一支用土炮装备的强大的王家炮队,国王从此拥有足以慑服地方贵族和入侵外敌的独立军队。司法方面,由于案件与日俱增,国王在一些主要城市如图卢兹、第戎等设立了高等法院,它们仿效巴黎高等法院建立组织体系,如同巴黎的派出机构。但无论是对巴黎高等法院,还是各地方法院,国王都给予严格的控制:王权决定它们的产生、建立、安置地点、会期、有否谏诤权等,任命自己的人当法官,粉碎任何扩充权力和独立的企图。国土的以上行动需要强大财力的支持,路易十一之所以能获得这种独立性,是因为他建立了完善的征税体制。他设立"间接税法庭",把法国分为 4 个大"财政区",有"派管税区"(包括法国大部分地区)和"等级会议税区"两个类型,分别由中央和地方等级会议负责征税。从此,国王取得了不经三级会议同意而自行征税的权利。虽然在路易十一统治期间三级会议仍照常召开,但是丧失了金钱控制权的各级代表,已经失去制衡王权的力量,并逐渐沦为国王的附属品。法国的王权已经冲破等级君主制的束缚,开始向绝对君主制演变。

15 世纪末至 16 世纪上半叶,四代法国君主在意大利的扩张又一次使得法国民族国家的制度建设遭遇障碍。幸好以前的国王已经在此方面打下了坚实的基础,此时又出现了一位能干的君主——弗朗索瓦一世,法国的各项民族主义政治和经济制度得以进一步发展。意大利战争的需要有利于法王进一步加强对中央政权机构的控制。从弗朗索瓦一世开始,国王的诏书都要以"此乃朕意"结尾,这表明国王已凌驾于咨询、司法机构之上,国王的命令成为必须遵守的法律。为了拟定政府文件,国王特别设置了大约 120 名"秘密书记",其中少部分人来为御前会议工作,在有关财政的文件上签字,后来他们就自称"国务秘书"。这些人虽仍只是没有权力的顾问,但是因为他们知道很多政府机密，并办理国王的政治文件，他们的势力遂逐渐增强，不久就变成了某种程度上的政府首脑，渐渐发展为现在的各部部长。

弗朗索瓦一世为了使自己的命令通行于全国，设立了一些新的官职。在16世纪后半叶，国王开始直接委派官员到各财政区去完成军事和财政使命，他们被称为"奉派执行国王陛下命令的特派员"，这些特派员直属御前会议管辖，这就是"监察官"的起源，他们后来成为各财政区的行政长官。国王为招募军队并分配军队于各驻防区域，有时派一个军事指挥官驻在某一个地区工作，这种安排后来变成永久性的职务，全国于是分为约30个"军区"。各省省长、监察官、行政官和总兵都由国王任命和给予俸禄，他们都效忠于国王且互相监督。

控制教会是体现绝对王权的一个重要方面。1516年，弗朗索瓦一世与教皇签订《布伦教务协议》，规定法王有权任命法国的主教等高级教士，教皇则按教会规章对他们授以圣职。法国国王从此掌握高卢派教会的财产，对其征收"教士的什一税"。为了审判有关商业的案件，法国仿照意大利的先例，创设了"商务法官"，这是商务法庭的起源。为审理抢劫的案件，1536—1544年创设了由军队司令官主持的裁判院，负责维持公路的治安和取缔无业游民，是司令官法庭的起源，后来变为军事法庭和公安法庭，由此产生现在法国的宪兵制度。此前的司法文件一向是用拉丁文拟稿，但1539年的《维莱—科特雷法令》要求王国的所有法院使用法文起草文件和进行辩论。财政方面，出于应付战争和宫廷费用的需要，弗朗索瓦一世以巴黎的一部分税收为担保向民间借债，这就是法国国债的开端。

16世纪下半叶持续了30余年的胡格诺战争，不仅使法国陷入前所未有的分裂和动荡，更完全打断了民族国家制度建设的发展进程，直至1594年波旁王朝的第一代君主亨利四世入主巴黎，才开始恢复和强化中央集权的君主专制。他在地方建立新的中央直辖财政区——基恩区，越来越多地通过监察官控制地方政权，曾有独立倾向的省长们则在此种监控下处理日常事务。亨利还要求外省的省三级会议对他绝对服从，在那些发生暴乱的省份，三级会议只有权分摊捐税，而无权讨论。

路易十三、十四和十五皆幼年即位，都曾依赖重臣管理国家，在那期间重臣的命令如同君主的指示必须服从。绝对君主制不再具有人格性，"大臣专制"也是绝对君主制的工具。黎塞留以路易十三的名义进行了大量的工作。路易十四亲政之后，又通过一系列制度建设的举措，不仅使得法国基本上具备了民族国家的一切制度特征，也把绝对君主制推向顶峰。在其掌权的50多年间,一直兢兢业业地履行"国王的职业"。他通过大臣处理国家的日常事务,其中科尔伯曾任财政监察官和财政总监督,统管内政。"太阳王"治下,法国终于建成了比较完整的中央机构。御前会议分为4个专门委员会:"最高会议"由国王召集,主要处理国内外重大事宜,是一个现代意义上的真正的政府,它的成员称"国务大臣";"文件收发委员会"专门负责中央政府各部门之间的联络,并对地方政府发布政令;"王室财政委员会"是取代财政总监察官的机制,负责监督财政并制定收入和支出表格,并于1675年制定了法国第一份国家预算;"秘密委员会"从事立法、行政和司法方面的工作,还为国王准备诏书和敕令。此外还有若干"会议"和"委员会",比如"信仰委员会",相当于宗教事务部。中央还设有"宫廷国务秘书"和陆军、外事和海军4名"国务秘书"。此外《路易法典》规定,高等法院必须立即登记国王的一切饬令。而且从1614年至大革命前夕,法国不曾召开全国范围的三级会议。这些都表明路易十四的君主权已经得到充分肯定。

在地方,路易十四继续推行监察官制度,向新征服的地区增派"司法、治安与财政总监察官",并延长他们的任期,他们的实际权力和受信任程度超过了其上级省长。省长将军权交给国王派来的总督之后,权力进一步萎缩,只能留在宫中。到1715年,法国各省由31个总督管理。当时,主教是国王在教区里的代表,省长是国王在省里的代表,而总督成了国王在全体法国人中的代表。他们都受到中央严格的管辖,相互合作与监督,形成了严密的中央集权统治体制。路易十四虽然倾向于实现全国统一,但并没有追求过完全一致,而是很尊重新征服地区的固有权利。巴黎的治安则由3个机构分管。巴黎市长以及助理法官负责作出判决和指挥"城市民兵";高等法院的总检察长保证关于公共安全、粮食供应和风尚等决议的通过;裁判所的王家法官负责法庭和监禁。后来还在首都设立警察总督,并任命德·拉雷尼担任警察总监。

保证君主权力相对于教皇权力的优势是路易十四的一贯主张。1661年,他宣布教士会议必须由君主安排,并在教士会议上宣布法国天主教会拥有自主权。按照1673年的敕令,君主在全国各主教区拥有征收空缺主教的收入与任命主教的特权,法国主教此后一律由国王任命。1682年,教士会议公布"四项声明":教皇和教会不得干预世俗事务,后者应由国君处理;普世性主教会议为教会最高机关,在信仰方面的权力高于教皇;教廷必须尊重法国教会公认的教规教仪和习俗;教皇关于宗教信仰的决定经教会接受后才能生效,教皇的敕令并非不可更改。

路易十四还进行了拿破仑之前法国唯一的一次系统立法运动,使社会各个主要领域都有法可依,并以法律为武器保证制度的有效运行。法律皆以敕令形式发布,主要包括民法(又称《路易法典》)、水利森林法、刑法、商法、海运法与殖民法(又称《黑人法典》)等。科尔伯还代表国王实行了一系列重商主义的经济政策,包括撤销国内的封建关卡,建立关税同盟;实施保护关税的政策,保护和扶植民族手工业;发展对外贸易,同时大力开拓殖民地等。军事方面,路易十四在 1672 年组建了 18 万人的正规军队,后来扩展到 45 万人,并扩充了海军力量,建成了欧洲一支纪律最严明、最能吃苦耐劳的军队。[①]由于征兵的数量远不能满足路易十四频繁对外战争的需要,法国在卢瓦侯爵的首创之下出现了义务兵役的萌芽——民兵制度,要求全民为战争作出自己的努力。

需要特别提及的一点是,国家官僚队伍的扩大,在法国采取的是一种特殊的方式——鬻官制度。其实腓力四世就开始将书记官和公证人的职务标价出售,后来售官的范围由司法部门逐步扩展到财政、行政等领域。在弗朗索瓦一世时代,卖官鬻爵的范围急速扩大,并逐步走向公开化和制度化。他设立了负责卖官的专门机构"官职候补处",起初只售空缺的官衔,后来发展到增设大批新的闲职以供售卖。即使这样,官职还是供不应求,于是亨利二世发明了一种轮流任官制,一个官职由多人平分。到了亨利四世时,他采纳金融家波莱的建议,颁布了"波莱敕令",国家每年征收官职售价的 1/60 作为官职税,交换条件是官职可以世袭。从此,鬻官制度便以一项税收措施为基础,在全国各地的绝大多数官职领域建立起来。鬻官制度使得大批资产者以"穿袍贵族"的身份参与封建君主政权,客观上起到了稳定和延长法国封建制度的作用。但是,历代君主竞相设立了大批五花八门、莫名其妙的官职,造成法国官僚机构的恶性膨胀,冗官冗职充斥全国,行政部门的办事效率低下,政府也失去了必要时撤换旧吏、任命真正有能力的人做官的权利。卖官鬻爵现象泛滥还给平民尤其是农民带来了更加沉重的赋税负担,因而成为法国大革命前"旧制度"的典型特征之一。

3. 法兰西民族国家思想文化的萌发

中世纪后期的法国,缺乏统一的政治、经济体制,对民族共同体的维系

---

① [法]萨克森元帅:《战争艺术回忆录》,转引自[法]弗朗索瓦·布吕士:《太阳王和他的时代》,麻艳萍译,山东画报出版社 2005 年版,第 199 页。

和认同在很大程度上还须依赖于民族文化和民族精神。表现在社会意识形态和思想观念上,法国知识界精英展开对教权至上理论的批判,对王权的忠诚开始萌发、增长,出现了各种拥护和支持王权的政治理论。同时,以王权为中心,形成了国家主权、国家利益等民族国家的观念,广大民众的民族情感也逐渐成长,为近代民族主义和民族国家的诞生奠定了思想基础。

教权与王权之争一直贯穿欧洲中世纪历史的始终,而在法国,这种斗争尤其激烈。教廷一直企图摆脱法王对其的控制,并提出教权高于王权的理论,鼓吹"教皇权力至上""王权来自教权"和"教皇有权废黜国王"等。到12世纪,教权无论在理论上还是在实践中,都赢得了对君权的优势,在民众心目中,教皇不但是基督的代表,还是整个世界之主。在法国的版图上,教皇不仅掌握全部宗教权力,还对法王的世俗权力构成威胁。

但也就在这时,为了排除教会对王权的精神和政治羁绊,为王权的存在和扩张制造理论依据,法兰西政治家和思想精英开始创造独立于教会之外的王权神圣性理论。法兰西国王开始被视为世界上最为虔诚的基督教国王,其虔信程度超越了尘世上的一切俗人乃至一切教会机构,他们的信仰是通过与上帝直接交流而获得的,因而其王权的神圣性也直接来自上帝的恩典,而不需要经过教会作为中间环节。换句话说,法兰西王统的神圣性是独立的。

独立于教会之外的王权神圣性理论在卡佩王朝初期、于格·卡佩恢复克洛维首创的国王加冕涂油礼时就初见端倪。据说这种"圣油"来自上帝,是克洛维受洗时由一只鸽子带来的。卡佩王朝的国王还将自己的血缘追溯到查理曼和克洛维之前,证实自己与所罗门王和《圣经·旧约》中的诸王一脉相承。值得注意的是,在加冕仪式上,法国的大主教要正式申明,教皇的同意在选举国王和为国王加冕这件事上是不必要的,因为早在克洛维时期,教皇已经把加冕权交给了全高卢首席大主教。王室让教皇的使节宣布同意新任国王,仅仅是为了对其表示敬意和慈爱。也就是说,法兰西王统治的神圣权力与教会的加冕礼无关,王权的神圣性直接来源于上帝。教会的加冕礼仅仅是一种祝福,它的功能只是将既定事实公之于众而已。

上帝赋予国王超凡的精神力量这种观点,贯穿中世纪人们的思想,法兰西国王逐渐被认为能够创造奇迹。从"虔诚者"罗贝尔时期起,王国中就流传着关于只要他画一个十字就能使创口愈合的说法。他还像基督一样,用圣水给盲人洗脸来使其复明。而且,国王创造奇迹的神圣威力亦与教会无关。1376年出现的一本名叫《乐园之梦》的著作明确地将法兰西君主所具有的那种魔术般的力量归因于上帝的恩赐和他们的神圣血统。法国文人曾以轻松且习以为常的笔调描述道:"法兰西的所有国王均有能力创造奇迹",而且"创造奇迹的能力是由国王长子承袭的"。①

随着法国的王权日渐加强、王室领地迅速扩大和统一的政治机构逐渐形成,独立于教会势力之外的王权神圣性得以发展和深化。路易六世的重臣苏热认为,国王是至诚至信的基督徒,因而他必然具有类似于上帝的那种神圣性和正义性,而国王的敌人则是魔鬼撒旦的子孙。路易八世及其后的国王大都被奉为"圣徒",而那些对国王有非礼之举或微辞之人则往往被指控犯有渎圣罪。1429 年,圣女贞德在查理七世加冕时曾言:"不论是谁,只要是反对神圣的法兰西王国的,就是在与国王耶稣作对。……他们终将一无所获。"在 1484 年全国三级会议上,大法官莱里再次强调:"世界上最为出色、最为虔诚、最为可信的血统就是法兰西王室那一最为高贵的血统。"②从腓力二世至路易十一期间,法国王室曾颁布大量立法,将渎圣罪的适用范围由宗教领域扩及政治领域,即对神圣的国王以及王室成员的亵渎行为不仅是一种宗教罪愆,而且是一种不容宽宥的政治犯罪。这样,诅咒国王就如同诅咒上帝一样,是对王统神圣性的挑战,其结果只能是自取灭亡。

16 世纪胡格诺战争血与火的教训告诉法国人,不论是新教还是天主教,都不能取得完全的胜利,宗教的对立只能造成民族内部的分裂和仇杀,只能给国家带来混乱甚至毁灭,只有真正拥有权力的国王,才能给法国带来和平、秩序和安全。因此,抛弃宗教问题上的对立,把国王树为国家首脑,使其成为所有集团的效忠目标,便成为一种社会共识。在这种共识之下,王权神圣性理论有了更大的发展空间,一些思想家的著作都集中于论证国王的神圣权力,以及这种权力的无限性,从而将王权的神圣性理论推向更高的阶段。

布兰克伍德的《摆脱宗教的束缚》和《为国王辩护》、勒鲁瓦的《为安宁的生活和享受和平劝勉法国人》和《杰出的国王》、贝卢瓦的《天主教的辩护》和《国王的权威》以及巴克利的《论王国与王权》中,都充分论述了绝对主义的"王权神授"理论。他们认为,一种权威、一种统治和要求服从的权力只能由上帝建立,而上帝把这种权威和权力授予了法王,国王是上帝的化身,他只

---

① 详见[法]马克·布洛赫:《能够创造奇迹的国王:王权超自然特征之研究》(M. Bloch, *Les Rois thaum aturges: etude sur le caractère surnaturel de la puissance royale*),巴黎 1961 年版,第 110—120 页。转引自陈文海:《试论中世纪中后期的法兰西王统理论》,《世界历史》1999 年第 1 期。

② Colette Beaune, *The Birth of an Ide-Ology: Myths and Symbols of Nation in Late Medieval France*, Berkeley: University of California Press, 1991, pp.189—190.

对上帝负责。所以,由上帝建立的绝对君主政体是主权的唯一形式,也是最好、最自然的政体形式。据此,他们进一步指出,国王的神圣性是不可能为教皇及任何人所干涉或反抗的。正如国王的权威是无限的一样,臣民的服从义务也是绝对的,他们没有权利反抗国王的旨意,任何叛乱反抗都是不合法的,并且反抗国王就等于反抗上帝。"绝非暴力、绝非残酷、绝非专制、绝非任何情况可以证明一个臣民的反抗是合理的。"[①]

亨利四世掌握政权以后,很多学者纷纷撰文表达对这位国王的忠诚与期望。如比尼翁在《杰出的法兰西王国和国王》以及献给亨利四世的信中写下了这样的赞美之辞:"从前征服世界的法兰西,一度目睹自己陷入苦难的深渊。她的美丽疆土遭到异族入侵恶行和本国儿女背叛的玷污。是您,将她从沉沦中托起,用超人一般的力量把她从毁灭的悬崖边缘拉回来,并再次现身于世人的面前。因为您,这个世界看到了法兰西当前的胜利,整个国家将您视为民族重生的缔造者、实至名归的建国者和可敬可嘉的陛下。陛下,依靠您,我们过上舒适的生活,享受着无尽的欢乐,只有依靠您,我们才能拥有和平、自由和生命。"[②]这一时期,法国人民把忠诚于国王和热爱祖国等同起来。到路易十四执政时,王权神授学说已经完全定型并成为占据主导地位的社会政治观念。

独立于教权之外的法兰西王权神圣性理论,使得教权至上已为王权至上所取代,王权战胜了教权,也战胜了地方割据,成为整个国家的最高权威和社会各集团的效忠对象。国王及其王朝被看作国家的象征和标志。亨利四世时的阿兰德就曾说过,民族同化于国王,没有人能怀疑整个国家是在国王个人身上,国王的意志代表国家的意志、利益和权力。在这里,君主与国家具有等同的一致性,广大民众也正是通过对君主的热爱与忠诚这样的中介来热爱与效忠自己的国家,忠君与爱国就这样紧密地联系在一起了。

王权是在历史的进步运动中取得至上的权威地位的,正是这种王权,又反过来推动了社会历史的进步,奠定了近代民族国家的基础。事实上,当一个国家还处于地方主义和建立在特权之上的社会等级制的控制之下时,就不可能存在一个具有统一的经济体系、统一的语言的民族共同体,民族的统一也就无从提起。只有一种超然凌驾于社会之上的强大的权威才能把它们

---

① John William Allen, *A History of Political Thought in the Sixteenth Century*, London: Rowman & Littlefield Pub Inc., 1977, p.377.

② O. Lanarm, *National Consciousness History and Political Culture in Early-Modern Europe*, Baltimore: Hopkins University Press, 1975, pp.50—51.

联结成一个整体,这种权威只能是世俗的王权。在王权之下,整个社会凭借效忠于国王的纽带联结在一起,因此也就孕育着未来民族团结的种子,以及发展统一国家的各种条件。可以说,这时的王权成了逐渐形成的民族国家的象征,成了从中世纪迈向近代的标志。整个社会表达的对王权的忠诚与热爱,实际上反映了全社会对日益兴起的民族国家的追求与渴望,这种追求与渴望也是爱国主义的一种表达,成为近代民族主义的思想基础。

中世纪前期的法国,就社会的政治组织体制来说,并不存在全国性的国家组织机构,"国家"的基本形式和普遍类型是封建的公国或伯国,在这种情况下是不存在关于国家的理论的。14世纪以后,法国民族国家逐渐兴起,作为一个民族共同体的政治组织——国家,理应成为这个民族共同体的最高权力机关和权力载体,它要求共同体的一切居民对其服从与效忠,同时也要求这种权力具有不受任何外在力量干涉和挟制的独立性。这种独立体现在既形成压倒地方割据、不受外国控制的国家主权,又形成超越个人利益、集团利益和宗教利益的国家利益,并以此作为国家存在的基石。随着民族国家的逐渐兴起,反映在社会思想意识上,中世纪轻视世俗国家的观念逐渐被打破,人们开始把国家作为一个独立的"政治学"领域和内容来加以考察。①

塞瑟尔是弗朗索瓦一世的重要朝臣,其《法国君主制度》一书被认为是一部"明显地为适应新君主的咨询需要"而撰著的作品②,"君主制合理与优越"是此书的理论基点。他指出,尽管君主制、贵族制、民主制这三种政体各有利弊得失,但从"人性"角度看,应该实行君主制。因为只有让一个单独的、终身任职且具有神圣权威的领袖来统治,才能对社会保持巨大而持久的慑服力:"比起一个临时的和可以更换的领袖,或一个没有充分权威的领袖,他(君主)常常更多地受到服从、尊崇、畏惧与敬重。"③就现实而言,法国君主制是最完美的,因为它吸收了贵族制与民主制的长处,也克服了它们的缺陷,既凸显了君主权威,又考虑到贵族特权和民众权利。此外,法国早就确立王位男性继承制,确保了王位传承与王室谱系的纯正。总之,正是顺应历史发展潮流的君主制使法国兴旺发达,成为举足轻重的大国。

---

① 李宏图:《西欧近代民族主义思潮研究——从启蒙运动到拿破仑时代》,上海社会科学院出版社1997年版,第42页。

② John William Allen, *A History of Political Thought in the Sixteenth Century*, London: Rowman & Littlefield Pub Inc., 1977, p.469.

③ Claude de Seyssel, *The Monarchy of France*, translated by J. H. Hexter, edited, annotated and introduced by Donald R. Kelley, additional translation by Michael Sherman, New Haven: Yale University Press, 1981, p.174.

　　为了发扬君主制的长处,塞瑟尔提出建立"君主咨政会议制"的主张。基于对三级会议妨碍君权实施的教训,他主张君主首先要建立"第一会议",由诸侯、主教、朝臣、官员组成,议决立法、宣战、征服等重大事务;再就是"第二会议",由 10 名左右热衷国务、德才兼备之人组成,讨论比较核心的政务;此外还需建立"第三会议",是"秘密会议",由数名最精明忠诚之人组成,预先讨论将要提交给"第二会议"议决的机密要政,以便君主本人"成竹在胸",见机决断。一些机密事务,君主也可不通知"第二会议"而直接付诸实施。①而在对外关系问题上,塞瑟尔认为,为了在大国的冲突与争霸中确保法国的安全与发展,君主应奉行灵活务实的政策和两条外交准则:一是"和睦共处",与所有邻国建立友好关系,除非它们是异教国家;二是发动"义战",为了保卫国土或支持被侵略的友邦,君主"可以根据神法与国法宣战"。此外,君主必须未雨绸缪,做好充分的战争准备,特别要建立强大的舰队,努力获取制海权。同时,为了国家利益,必须通过武力对"远距离的国家和地区"进行殖民征服。

　　塞瑟尔之后的让·博丹是历史上第一个对国家主权理论进行详密论述的政治思想家。目睹了胡格诺战争造成的巨大灾难之后,博丹想创立一套国家权威的理论基础,以适应结束分裂混战和树立国家权威的时代需要。为此,在其巨著《论主权》中创造性地提出了"主权"概念。他认为,"主权是一种绝对的和永恒的国家权力"②,永恒性和绝对性是主权的基本性质,此外它还具有不可分割性。这一主权理论是近代国家理论的端起,而以主权理论为核心的绝对主义的思潮则奠定了近代国家观念的基础。

　　博丹写道:"主权存在于人民之中,主权的行使是委托给执政官,人们可以将他称为最高的官长,但不是真正的主权者。"③即使在君主制度下,主权也不是君主的个人财产,只应在一个国王故去时,将权力和权威立刻转移给继承谱系中的下一个人,以便将王位继承中的不确定性降到最低。绝对性是主权最基本的性质,只有无条件的绝对权力才可能是永恒的,给予国王的最高权力应该是不附加条件和不能收回的绝对权力,这一权力唯一的限制

　　①　Claude de Seyssel, *The Monarchy of France*, translated by J. H. Hexter, edited, annotated and introduced by Donald R. Kelley, additional translation by Michael Sherman, New Haven: Yale University Press, 1981, pp. 72—77.

　　②　Jean Bodin, *On Sovereignty: Four Chapters from the Six Books of the Commonwealth*, 剑桥政治思想史原著系列(影印本),中国政法大学出版社 2003 年版,第 1 页。

　　③　同上书,第 5 页。

来自上帝之法和自然法。主权的绝对性主要体现在主权者不受法律的约束,因为"法律是主权者行使他的主权权力时产生的命令"。①但是,主权者要遵守自然法,这一点主要表现在个人财产和契约两个问题上,即他既不能邪恶地、毫无理由地拿走臣下的财产,也要同臣下一样遵守既定契约。在臣下的反抗问题上,博丹表现出坚决的反对态度。他主张,"绝不允许臣下以任何意图反抗主权者,无论这个暴君是多么邪恶与残暴。臣下所能做的,只能是在不违背自然法和上帝之法的前提下——逃离、隐匿、躲避,宁可受死也不冒犯主权者的生命和荣誉"。②此外,博丹笔下的主权还具有不可分割性,即将主权的归属与权力的行使区分开来。博丹要求明确区分国家的形式和政府的形式:国家是既不同于统治者也不同于人民的权力载体,是一种独立的、非人格化的政治组织或政治权力。当国家形成之后,根据主权寄寓方式分成了不同的政府形式,它只是治理国家的机制。在近代宪政国家的观念体系中,国家和政府恰恰处于不同的层面,它们各自的标志——主权与权力制衡——也互不干扰。

除了博丹之外,16世纪末胡格诺战争时期,还有许多其他的法国思想家也论述了国家作为独立政治权力的存在,并呼吁停止内战,维护"国家"的生存。在纪尧姆·比代的《王公的教育》一书中,他把国家看作同君主权力有别的政治权力载体。1562年卡斯特里奥写下《给将要被毁的法兰西的忠告》,认为不应以互相残杀来解决宗教分歧,而要确保国家不致毁灭。迪安南在1570年出版的著作《国家和法国事业的成功》一书中首先讨论了"法兰西国家"的基础,并描绘这个国家的进步、灾难和命运。

在中世纪前期的法国,封建的地方主义与基督教的普世主义并存,表现在语言上,就是大量杂乱的方言与凌驾于其上的神学语言——拉丁语并存。一方面,法国至少有五大方言体系,后来的法语即是奥依语中一个小的分支,只适用于以巴黎为中心的法兰西岛范围之内;另一方面,拉丁语不但在整个欧洲基督教会内使用,还出现在各国文化界、教育领域和王室行政中,并被视为最"高雅"和"精确"的语言。无疑,无论是底层民众中方言的多元分裂,还是知识阶层中拉丁语的盛行,都是与法国的民族意识相抵触的。

14、15世纪之后,随着法国民族观念趋于形成和王权的逐步壮大,来自法国的政治中心、代表民族声音的巴黎方言开始走出法兰西岛,进而成为

---

① Jean Bodin, *On Sovereignty: Four Chapters from the Six Books of the Commonwealth*, 剑桥政治思想史原著系列(影印本),中国政法大学出版社2003年版,第38页。

② 同上书,第18—19页。

法兰西的民族语言。一批学者首先对法语进行了一系列"形象设计"工作。他们试图证明法语起源于古老的希腊语，而且"是世界上最美丽、最雅致、最高贵的语言，是最受称颂、最受喜爱的"①优质语言。库斯特尔说："考虑到我们的法语所能达到的完美程度，我们认真地研读一下，确实是值得的。事实上，它从来没有像现在这样富于表现力，词藻这样高雅，描写这样精确含蓄，语气这样婉转委婉，态势这样雄伟庄重，比喻这样自然贴切，它是这样完美高尚且富有诗意。所有的其他民族都在争先恐后地学习这种语言的一切优美的东西来完善自己，如果自己国家的孩子对它一无所知，这将是一种耻辱。"②

　　法语古老并且优秀，自然应该将其在全王国范围内推广使用。其实早在 13 世纪，一批作家就已经使用法语写作，一些长篇叙事诗，如茹安维尔的《圣路易时代》等均是法语作品。进入 16 世纪，特别是弗朗索瓦一世时期，法语的使用范围日趋扩大，语法体系也逐渐成熟。1529 年，博丹在图卢兹发表讲话，反对在学校中单独采用拉丁语教学，建议使用法语进行科学教育。20 年后，勒·鲁瓦首次在大学课堂上使用法语教学，并且成为用法语撰写哲学论文的第一位作家。1539 年，弗朗索瓦一世下令所有的法令和公告都必须使用法语。1549 年，七星诗社的成员托·贝雷发表《保卫和发扬法兰西语言》，主张用法语进行文学创作。诗社的另一位成员龙沙也说："舍弃典丽的本国活文字而向死灰里发掘上古文字的余烬是大逆不道的行为。"③黎塞留执政期间，法语作为国家语言更加统一和规范。1637 年他创建"学院"，规定前四年的课程必须用法语教学，后几年也在一定范围内使用法语。路易十四时代，教育更是朝着国民教育的方向发展。奥拉托利会创办的学校，其现代教育理念表现为三点：重视法语、引入历史学习以及重视科学知识。教士们编订了第一本法语的拉丁语语法，把外国名著翻译成本国文字，借助其开展法语教学。他们还在法国率先开设了历史课。他们的史书强调神意和爱国精神，偏爱克洛维、罗兰和查理大帝。旺多姆中学的老师勒库安特神父是这种历史教学以及"法兰西民族至上"潮流的伟大首创者。他给学生们教三十年战争的历史，给他们画《威斯特伐利亚和约》签订

---

　　① F. Brunot, *Histoire de lal angue franais,* Vol.1, Paris, 1903, p.358,转引自陈文海：《民族语言·民族文化·民族国家——法国中世纪后期语言文化的民族化进程探析》，《世界历史》1997年第 6 期。

　　② 〔英〕博伊德、〔英〕金：《西方教育史》，任宝祥等译，人民教育出版社 1985 年版，第 256—257 页。

　　③ 沈炼之主编：《法国通史简编》，人民出版社 1990 年版，第 129 页。

之后的欧洲地图,给他们讲述法国阿尔萨斯的情况。很多学校的历史课都用法语而非拉丁语授课。

民族语言是民族团结和民族情感的基础,法语的形成与普及对法兰西民族具有重大的意义。亨利四世对各省总督的讲话就表明了这一点,他说:"当你自然而然地说法语时,很合情理地你应是法国国王的臣民。我非常同意西班牙语应属于西班牙人,德语属于德意志人,但是,整个法语地区必须是我的。"①

二、启蒙主义民族主义及雅各宾民族主义的理论和实践

当西方在15世纪向世界扩张之后,法国的地理位置及其在社会经济方面取得的进展,使现代的法兰西民族主义开始以一种独特的状态成长起来。

1. 民主主义的民族主义及其在大革命中的应用

法国的专制君主制存在了近3个世纪。在16、17世纪,它的作用是积极的,但当路易十四的统治进入18世纪之后,封建君主专制就开始走向衰败,之后的路易十五和路易十六也成为腐朽没落的"旧制度"下的统治者。我们可以用"自由和平等的缺失"来概括旧制度的特征。旧法国的封建制度和等级特权具有典型性和顽固性,三个等级间的地位和权利极不平等。僧侣和贵族只占全国人口的2%,却占有全国35%的土地,他们向农民征收各种苛捐杂税。教会控制了民众的婚丧嫁娶和教育系统,贵族则垄断了政府和军队中的各种要职,同时他们还享有免税权和司法特权。第三等级的资产阶级、农民和城市平民占全国人口的98%,但政治上无权、经济上备受剥削,并承担国家的各种赋税和劳役。可以说,在大革命前,波旁王朝在法国已经成为众矢之的。

在近代民族国家的形成过程中,日益强大的君主专制制度成为打破封建地方主义的强大力量。但是,专制国王把国家当成自己的私产,首先着眼于满足王朝私利,而不以国家的强盛和人民的幸福为目的。因此,专制君主本身并不能成为近代民族国家的中心,以君主为中心构造的国家永远只是"王朝国家",它只是通向现代民族国家的第一步。当它严重阻碍法国近代

---

① [美]博伊德·C.沙夫尔:《民族主义——神话与现实》,《世界历史》1994年第6期。

民族国家进一步发展时,就应该结束其历史使命。当时很多新兴资产阶级思想家从理性、自然法、自由、人权等理论出发,质疑君主与国家、王朝利益和国家利益的一致性,抨击君主专制及其下的宗教和国家制度,并赋予"祖国"以崭新的政治意义。这些带有浓烈政治意义的民族主义思想成为法兰西近代民族主义的典型表达,为构建近代民族国家奠定了思想理论基础。

在路易十四时期,由于其追逐王朝利益的对外战争接连失败,已有人对热爱君主与热爱国家的同一性产生了怀疑。早在 17 世纪时,布吕耶尔就喊出了"专制之下无祖国"这句名言。进入 18 世纪后,历史学家勒瓦瑟在其10 卷本的《路易十三时代史》中写道:"难道由于我是国家的成员,我就希望这个国家成为所有欧洲国家的领袖? 认可统治它的王公们的无限欲望? ……这是否意味着国王本身就是整个国家? 这两者是非常不同的。……热爱国家和祖国就是希望使祖国获得利益,……但是在法国,热爱国王的权力和光荣只是在为建立专制而工作。"①1715 年,阿格索在巴黎发表了一次著名的关于热爱祖国的演说,深刻批判了热爱国王就是热爱祖国的观念。"在这里我们能发现我们的祖国? 个人的私利出卖了她,冷漠淡忘了她,空洞的哲学咒骂她。……一个庞大的王国但没有祖国,有众多的人而几乎没有公民。……热爱祖国之火燃烧在所有人的心中,社会的联系得到了加强,公民找到了他的祖国,祖国寻着了她的公民,每一个人开始懂得他个人的利益依赖着公共的利益。更令人欣慰的是,支配我们的这种观念将会被更多的人相信,君主的利益依赖着人民的利益。"②

除了这些萌芽状态的观点,伟大的启蒙思想家们更是在理性原则的引导下,运用自然法理论批判现存的专制制度,要求恢复人的自由、平等和权利,并使之成为构建新型民族国家的思想理论原则。孟德斯鸠猛烈攻击封建专制制度,抨击君主的暴虐、贵族的专横和官场的腐败。他说在专制国家,法律等于零,君主一人集中了无限的权力,可以任意剥夺别人的生命。孟德斯鸠对未来资产阶级国家制度的设想和法学理论的阐述对后世影响很大。他认为,在共和、君主和专制这三种政体中,专制政体是无法造就祖国的公民及对祖国的热爱的。而共和政体及君主立宪政体是依赖对祖国和法律的热爱来维持的,其本质就是热爱民主、热爱平等:"爱共和国就是爱民主

---

① ② O. Lanarm, *National Consciousness History and Political Culture in Early-Modern Europe*, Baltimore: Hopkins University Press, 1975, p.61.

政治;爱民主政治就是爱平等。"①但是,他认为共和政体有着这样那样的弊端,因此,君主立宪是最理想的政体形式。而要实现君主立宪政体,就必须建立一个立法、司法和行政"三权分立"的政府,分别由议会、法院和国王执掌三权,彼此相对独立但相互平衡和牵制。只有这样,才能实现公民的政治自由并有效防止君主滥用权力。

伏尔泰从自然神论出发,对教会和宗教谬误进行了无情的揭露和批判。他指出教会是"分裂、内战和罪恶的根源",教皇、主教和国甫都是"文明的恶棍",而镇压异端的宗教裁判所"剥夺你所有的一切,……思想……灵魂……躯体"。伏尔泰在政治上赞成开明君主制和君主立宪制,并不主张废除君主,建立共和。他认为"一切享有各种天然能力的人,显然都是平等的"。因此,破坏自由平等的封建等级制和贵族特权必须废除。在祖国与人民的幸福的关系问题上,伏尔泰清楚地表明,祖国是使人民获得利益和幸福的共同体,确保人们的自由和幸福便是新型民族国家的基本目的。通过这条纽带,人民和国家结合为一个统一的整体,他们热爱并效忠于自己的祖国。但是,专制君主的统治剥夺了人民的自由和权利,毫不考虑民族和国家的利益,人民也因此无法再热爱和效忠于这样的"祖国"。那么,在何种政体下人民才能确保自己的自由与权利,从而拥有并热爱自己的祖国呢? 伏尔泰也给予了明确的回答:"一个拥护共和政体者完全依恋于他的祖国,并且对它的热爱更甚于它的主人。"

百科全书派的核心人物狄德罗、达朗贝尔、拉美特利、爱尔维修、霍尔巴赫和孔多塞等,以《百科全书》为阵地,向国家和教会等反动势力发起猛烈的抨击。他们以资产阶级的自由和平等为奋斗目标,以"理性"为旗帜,以无神论和人性论为武器,对封建的国家制度、伦理道德及其精神支柱宗教神学进行了彻底的否定。他们说宗教是神圣的瘟疫,是僧侣们用来束缚人们观念、压制人们智慧的工具。暴君则利用教会来窒息天才、理性和自由,奴役和压榨人民。与此相反,"自由是天赐的东西,每一个同类的个体,只要享有理性,就有享受自由的权利"。②狄德罗还认为,人应该爱祖国,因为祖国保障着他的权利与利益,但是专制制度剥夺了人的自由和权利,损害了人民的利益,因此专制制度下公民没有祖国。爱尔维修也提出这样的疑问:"赤贫的人实际上是否还有一个祖国?"回答是否定的。霍尔巴赫也曾高喊:"如果自

---

① 〔法〕孟德斯鸠:《论法的精神》(影印本),中国政法大学出版社 2003 年版,第 41 页。
② 北京大学哲学系编:《十八世纪法国哲学》,商务印书馆 1963 年版,第 427 页。

由、财产、安全消失了，祖国也不存在了。……真正的爱国主义只能在人人自由、平等、和睦的社会中找到。"[1]百科全书派思想家还将热爱祖国与民主政治结合起来。在《百科全书》"祖国"这一条目上写道："热爱祖国就是热爱国家法律和幸福，尤其是热爱民主政体。"而只有推翻君主专制制度，实现民主共和，从前君主统治下的臣民才会成为祖国的公民，他们才会拥有一个自己真正的祖国。

西哀耶斯的《第三等级是什么》是大革命中流传最广、影响最大的理论著作。他在此书第一章就用醒目的标题书写道：第三等级就是整个国家。占人口大多数的第三等级是国家主权和民族意志的代表者，因此应该获得政治平等和权利。而封建特权等级"不但远不能为国家造福，反而只会剥削国家，危害国家。……贵族等级不会成为国家的一个组成部分"[2]。所以，现存的王朝国家体制必须打破，封建特权必须取消，第三等级要掌握国家政权，从而创造出一个以第三等级为基础的自由的新的民族国家。

总之，在批判法国"旧制度"的思想家看来，祖国这个概念具有极其浓厚的民主政治意义。根据自然和社会契约论，人们平等、自由地结合在一起形成国家，人们心中蕴藏着对这个与自己休戚相关的命运共同体——祖国的热爱与忠诚。君主及其政府应通过维护民族的利益来证明它存在的合理性。但是，专制国王只服务于王朝利益，完全背离了整个国家的公共利益。人民身为专制君主的臣民，毫无自由、权利和幸福。在这样的政治下，君主已经从国家中分离出去，忠君与爱国不再具有一致性。只有建立三权分立的民主政体，才能实现资产者范围内的自由和平等，人们的爱国热情也才能够被唤起。而要建立民主国家，必须由第三等级掌握政权，因为第三等级与民族、国家具有同一性。可以说，以上思想观点已经完全确立了近代资产阶级民主主义的民族主义理论框架。在法国大革命中，君主立宪派、吉伦特派以及后期的"热月党人"和督政府，都忠实地致力于将这种资产阶级民主主义的民族主义理论变为现实。

1789 年 5 月法国历史上最后一次三级会议刚开幕，由于与特权等级发生激烈冲突，自称"下院"的第三等级代表就公布了《关于建立国民议会的声明》，组成了最高立法机构，行使着国家的最高权力，这是第三等级开始构建以自己为中心的新的民族国家体系的第一步。当国王在贵族特权等级的支持下

---

① 邢贲思：《欧洲哲学史上的人道主义》，上海人民出版社 1979 年版，第 59 页。
② ［法］西哀耶斯：《论特权·第三等级是什么？》，冯棠译，商务印书馆 1990 年版，第 21 页。

关闭会议地点时,穆尼埃提议,应该以一项庄严的誓约把自己同公众命运和祖国利益结合起来,在制定宪法之前决不解散,就是著名的"网球场宣誓"。针对国王对各种改革提案的破坏,巴黎民众在 7 月 14 日发动了世界近代史上最著名的事件之一——攻占巴士底狱,轰轰烈烈、激荡人心的法国大革命由此开端。

巴黎革命胜利后,制宪会议成为国家立法机关和实际上的革命领导机关,其主要成员米拉波、西哀耶斯、巴那夫、拉法耶特、巴伊等人始终坚持君主立宪的主张,他们利用立法手段,对法国的封建旧制度进行了根本性的改造,为资本主义民主社会的建立奠定了基础。在激情澎湃的"8 月 4 日之夜",制宪会议通过决议,"将封建制度全部予以废除"。取消免税权并改为按收入纳税,取消徭役、永久管业权等人身奴役。狩猎权、养兔权、养鸽权、领主司法权和卖官鬻爵制宣布废除。"封建权利"及物权则规定通过赎买的方式加以废除。"8 月 11 日法令"取消旧有的郡、公国、地区、区、城市以及民众团体所拥有的特权,以宪法和公共自由为准则建立全国的行政区划和行政制度。法令还规定,今后一切公民,不问出身门第,均可担任教会职务和军政官制。此外,1790 年制宪会议宣布:"一切特权、一切财产的封建性质和贵族性质概予废除。长子继承权、在分配上的男子特权以及由于门第不同而实行的不公平分配概予废除。""永远废除世袭的贵族阶级。任何人不得再保留亲王、公爵等贵族头衔,今后也不再授予任何人这样的头衔。"[1]

从根本上废除封建制度之后,君主立宪派开始在法兰西的土地上系统地建立新的资本主义民主制度。其最初的成果就是 8 月 26 日通过的《人权宣言》,其中提出了资本主义民主政治的基本理论原则:(1)国民主权:"在权利方面,人们生来而且始终是自由平等的",自由、平等、财产安全和反抗压迫是自然的和不可动摇的权利。权力来自国民,整个主权的本原主要寄托于国民。(2)平等:所有法兰西人在法律面前、担任公职方面、纳税上一律平等。法国人开始融合成为没有差别与对立的真正的统一的民族。(3)法制:明确"法律是公民意志的体现",没有比法律更高的权力,国王只能根据法律来治理国家。国家的活动均由法律来规定,并受法律秩序的制约。在法律保护下,公民享有言论、出版、信仰等自由。(4)财产权:私有财产是神圣不可侵犯的权利。(5)分权:"凡权利无保障和分权未确立的社会,就没有宪法。"宣言将启蒙学说中关于政治民主的理论第一次用法律的形式确定下来,构成近代民主主义的民族主义根本理论基础。

---

[1]　刘宗绪:《世界近代史》,高等教育出版社 1986 年版,第 105 页。

自《人权宣言》颁布直到 1791 年,制宪会议在政治制度方面持续破旧立新,逐渐实现了资本主义君主立宪主义的国家化,或者说构建起完整的现代民族国家。第三等级的选举人建立"巴黎公社"(一译"市政府"),以及每区200人的"国民卫队"。旧制度下的巴黎 60 个区重新划为 48 个区,同时建立区政府。市、区均建立议会,政府和议会都由选举产生。同时,各地也开展"市政革命",以选举人为主建立起常务委员会,组织起国民自卫军。虽然各地的革命方式不同,但资产阶级在广大居民的支持下掌握了城市的政权。之后,制宪会议宣布取消过去省的划分,把全国分为 75—85 个郡,郡下设区,区下设县,各级政府都由选举产生,这种做法对于实现国家的真正统一,最终清除地方割据状况具有重要的意义。1789 年,政府还下令发行新纸币——指券,以教会财产为保证金。制宪会议还宣布没收一切教会财产,并将其作为国家财产出售,其总数大约有 30 亿锂。不久颁布《教士公民法》和《教士宣誓法》,规定取消修会教士及其教堂,令其到指定的团体去或者还俗;中止法国教会与罗马教廷之间的关系,主教和神甫都要由选举产生,不再由罗马教皇任命;按新的郡行政区设立新主教区;全体教士都必须宣誓效忠于民族、法律、国王和宪法。

在《人权宣言》及两年来制定的各项法令和决议的基础上,制宪会议最终制定出了法国历史上第一部国家的根本大法——《1791 年宪法》,使得法兰西民族国家的发展取得重大进步。《1791 年宪法》完整体现了启蒙思想——民主、平等、自由和分权。只是前三点都仅仅适用于资产者范围内,只有孟德斯鸠的"权力分立"原则得到了充分的应用。宪法规定,立法权属于议会,国王不得解散议会;国王对议会法令具有搁置否决权,即被国王否决的法令在下两届议会提出时就自动生效;行政权属于国王,但是宪法建立了约束政治权威的政治体制和法律原则,规定"法律高于任何权力",王权受到宪法、法律和经费等因素的限制;司法权属于法院,议会和国王不得干涉,但法庭也不得干涉立法权的行使或法律的执行。此外,宪法在"王国的区划"项下,肯定了 1789 年关于全国分为面积与人口大致相同的 83 个郡的区划,改变了过去混乱的区划等级,第一次使法国的地方行政具有了近代统一民族国家的特点。除了以上的进步特征,《1791 年宪法》作为一部典型的君主立宪制宪法,最令民众常常提起的,是它对国王保留和赋予权力,以及其规定财产资格限制、划分"积极公民"和"消极公民"的选举制度。这恰恰体现了君主立宪派的政治理念。资产阶级把自己同民族、国家等同起来,其政治理想中是包含"国王"这个因素的,资产阶级领导下"民族、国王、法律"三者的结合才是他们建立新型民族国家的支柱。因此,《人权宣言》及随后以之为原则的《1791 年宪法》清除了王朝国家的社会基础,用人权、自由和平等构建了新的民族国家,但并没有排除国王的存在,而仅仅是限制他的权力,使其成为服从于民族和法律的君主。

法国近代民族国家的第一批创造者和立法者实践了当年的"网球场宣誓",没有利用自己造就的政治形势和功勋谋求权位。制宪会议的全体代表决议遵守宪法的规定,一律不进入新的立法议会,他们中的多数人都从政治斗争的中心舞台上引退了。他们的行为完美地体现了真正的革命者和爱国者的操守,正是他们播种了法国革命最宝贵的胜利果实——"八九年原则"。但是,君主立宪派的局限性,再加上国外武装干涉势力的集结和逼近,注定法国革命不会就此止步,而要朝着更加激荡的形势发展,在革命的最高潮——雅各宾专政到来之前,法国经历了吉伦特派短暂的统治。

君主立宪派大刀阔斧地破旧立新,建立了近代资产阶级民主主义的民族国家,这个民族国家体现和保卫资产阶级的利益。但是,在革命中作为资产阶级力量源泉和支柱的第三等级平民又从革命中获得了什么呢?下层民众仍然没有选举权,赎买封建地租需要 20 年的原地租金额,教会的土地绝大多数为大资产阶级获得,商人囤积居奇导致物价飞涨。广大民众发现,自己付出血的代价得到的仅仅是《人权宣言》和《1791 年宪法》中对自由与平等所作出的书面保证。大革命初期,资产阶级在事实上而非理论上把下层人民排斥在他们建立的新型的民族国家之外,这样的结局是平民所不可接受的。广大民众在前一阶段的革命中已经获得了反抗的勇气和斗争的经验,现在他们没有理由不继续深入革命为自己争得权利。更加糟糕的是,掌权的君主立宪派对群众斗争采取了坚决镇压的态度,制造了包括"马尔斯校场惨案"在内的众多丧失民心的事件。

正当国内大资产阶级和下层民众的对立日益尖锐之时,欧洲反动君主们对法国革命的武装干涉也慢慢逼近。早在 1791 年 8 月,普鲁士和奥地利就扬言如果法国不恢复王权、解散议会,各国君主都将出面保障法国的君主体制,俄国、瑞典、西班牙等则支持法国逃亡贵族在边境的反攻。外来干涉对新生的法国民族的威胁激发起法兰西人民的爱国热情。克郎塞在关于战争问题看法的提案中写道:"倘若有专制君主胆敢侵犯我国,法兰西民族宣誓:不把暴君消灭,不把自己的旗帜插到专制制度的废墟上决不放下武器。"①

---

① 陈崇武:《罗伯斯比尔评传》,华东师范大学出版社 1989 年版,第 190 页。

1792 年 4 月 20 日,立法议会向奥地利宣战,并发表宣言表明誓死抗敌的决心:"……用武力维护自身的自由与独立,这次不得不参与的战争不是民族间的战争,而是一个自由民族向一个君王的无理侵略的正当防卫……"①

初战失利和路易十六趁机恢复的君主立宪派政府促使民众进一步行动。1792 年 7 月 11 日,立法议会发布公告:大批敌军正向我国边境迫近,所有仇视自由的人都武装起来反对我们的宪法。公民们,祖国在危急中!在这样的形势下,广大民众开始把保卫祖国与推进革命结合起来,各地联盟军纷纷在巴黎集中,他们宣称"当祖国处于危殆中时,国家主人应该忠于职守,即统帅军队,主持国务"。②广大民众纷纷报名参军,拿起武器,法国很快实现了全民皆兵。消极公民得到武装,就冲淡了其与积极公民的界限,推进了民主的扩展。罗伯斯比尔强调,反抗外敌持续失败的真正原因,是政府领导者不想拯救祖国的阴谋,对宪法、对自由的侵害,以及对人民权利的侵害。当祖国处于危急时刻,必须通过推进革命,让人民获得权利来激发其爱国热情、爱国力量去拯救祖国。"祖国在严重的危难中,全体公民应当被召唤来保卫它。"只有取消积极公民和消极公民的区别,确立公民的普选权,才"可以支持和激励人们的爱国精神和活力",才"可以无限地增殖祖国的精神力量",才"可以消除贵族和阴谋活动的影响"。③

法国人民在暂时放下分歧的罗伯斯比尔和布里索的领导下,开展了轰轰烈烈的共和运动。群众在请愿书中写道:"爱国者的鲜血不能为了满足土伊勒里宫的傲慢和虚荣而流洒……一个人不能左右二千五百万人的意志。"④马赛的爱国者在信中说,关于王权的立法是违反人权的,"王权同平等及人民主权的原则是不相容的"。⑤1792 年 7 月上旬,吉伦特派代表在立法议会上把攻击的矛头指向国王,指出祖国处于危急状态的祸根就是国王。在第三次结盟节活动上,罗伯斯比尔向来自各省的战士们讲到,此次联盟"是在国家最深重的危机中为维护摇摇欲坠的宪法和捍卫遭到威胁的自由而形成的。……他们的集合与其说是出于他们所能催促颁布的法令的召唤,毋宁说是由于祖国的危殆。……他们只是向祖国、自由致敬和宣誓"。⑥在这次集会上,人们高呼"祖国万岁",而不再喊"国王万岁"的口号。7 月下

---

①　[美]海斯:《现代民族主义演进史》,帕米尔等译,华东师范大学出版社 2005 年版,第 30 页。

②　[法]索布尔:《法国大革命史》,马胜利等译,中国社会科学出版社 1989 年版,第 189 页。

③⑥　王养冲、陈崇武:《罗伯斯比尔选集》,华东师范大学出版社 1989 年版,第 93 页。

④⑤　[苏]沃尔金、塔尔列:《1789—1794 年法国资产阶级革命》,苏联科学院 1941 年版,第 198 页。

句,更多结盟军到达巴黎。其中,马赛结盟军的到来将斗争引向高潮。他们一到巴黎就与倾向王政的卫队发生了冲突。他们高唱《献给吕克内元帅的军歌》,之后这成为法国的国歌《马赛曲》。此时,人民共和运动的目标已经逐渐清晰与一致:废除国王,惩办立宪派代表人物拉法耶特,实行普选权并建立新的立法机构。

1792 年 8 月 10 日凌晨,群众武装起义开始了。结果是人民推翻了君主制度,也结束了君主立宪政体,而起义后上台的吉伦特派沿着人民主权的公民社会的道路将革命推进到一个新的阶段。立法议会 15 日宣布王室人员和逃亡贵族家属为人质;17 日成立特别法庭,审判起义时的反革命罪犯;26 日限令 60 岁以下的反抗派教士在半个月内离开法国。立法议会还颁布了一些新的土地法令,包括将没收来的逃亡贵族土地作为"国有财产"分成小块出租或出售的法令、在农村公社按户无偿分配公有土地的法令,特别是 8 月 25 日废除"没有无领主的土地"这一封建原则的法令,凡不能提供不动产原始契券的地主,一概废除其领主权利。由于大多数地主不可能提供原始契券,法令实际上已经将封建权利基本废除。

对外战争方面,当传来凡尔登要塞失陷的消息后,首都群情激愤,特别是巴黎公社领导下的"无套裤汉",达到年龄的公民大部分都入了伍。公社主要领导人之一、时任司法部长的丹东在立法议会发表了战斗鼓动:大家听到的,不是告急的炮声,而是向祖国敌人冲锋的号角。要战胜和打垮敌人,必须勇敢、勇敢、再勇敢! 这样法国才能得救。1792 年 9 月 20 日,法国与普鲁士在瓦尔密展开激战。待装备精良的普军临近时,法军将领克勒曼用剑挑起自己的帽子,高呼"民族万岁"。这是一个重要的标志,它意味着法国大革命具有极其鲜明的民族主义气质。刹那间,法军士兵一齐高喊"民族万岁"冲向普军,法军获得了开战以来的首次胜利,扭转了被动局面。瓦尔密大捷不仅是军事上的胜利,更是法兰西民族主义在精神上的胜利。

在瓦尔密大捷的凯歌声中,普选产生的国民公会开幕,第一个决议就是废除君主制,建立共和国。1792 年 9 月 22 日,法兰西第一共和国正式诞生。而在是否审判和处死路易十六的问题上,处于右翼的吉伦特派却与雅各宾派发生尖锐分歧。然而,从当时民众特别是巴黎"无套裤汉"的激烈情绪看,吉伦特派反对处死国王的主张势必要失败的。1793 年 1 月 21 日,爱好制锁甚于爱好"国王职业"的路易十六被送上了断头台。共和的实现和处死国王对于激发人民群众的爱国热情、推进革命和抵抗外敌意义重大,同时却也导致反法同盟的形成和更严重的外敌干涉。

吉伦特派的领导人布里索等从资产者的利益考虑,从推翻专制制度和废除王权的革命目标出发,认为革命的任务已经完成,下一步的工作应该是稳定秩序。应该说,这样的评估是理性的,符合政治发展的规律,但是却不能与法国当时的国内外斗争形势合拍。此时法国虽然建立了共和国,但是民众对自由与平等的渴望还远未得到安抚和满足,以巴黎"无套裤汉"为首的下层群众的革命热情和欲望尚处于最高涨的阶段。同时,国内外敌人远未肃清,旧势力的联合进攻还严重威胁着新的法兰西民族国家。执政的吉伦特派此时却没有调动共和国成立之后唤起的全国人民的新的爱国激情,去完成最后打败国内敌人、保卫革命成果的任务。相反,他们宣布革命已经完成,并开始着眼于消灭国内的"无政府状态"。就这样,吉伦特派在最需要群众力量的时候,把自己推到了民众的对立面。与此同时,其对手雅各宾派却主张进一步推进革命,要求扩大共和国的社会基础,也就是说让更多的阶层分享革命的果实,这自然获得了更多民众的支持。在法国大革命中人民群众的力量如此之大,以至于他们在很大程度上可以决定掌权者的命运。于是,大革命注定将进入令人心潮澎湃又毛骨悚然的"雅各宾专政"阶段。

2. 雅各宾民族主义

在国民公会内部,山岳派(雅各宾派)与吉伦特派的斗争从未停止过。如前所述,由于国内外斗争的尖锐化以及吉伦特派自身策略的失误,两派的斗争最终以雅各宾派推翻吉伦特派统治而告终。此次政治变动的方式是,雅各宾派操纵的"秘密暴动委员会"以武力包围国民公会,并威胁和逮捕吉伦特派议员,迫使其退出政治活动的中心。合法选举产生的全国最高立法机构国民公会,却被迫屈服于非法产生的暴动委员会,这不能不说是对共和制度的扭曲,似乎也预示着以后的雅各宾派统治将"侧滑"出资产阶级民主共和制的正常轨道,把革命形势向更激进的方向推进。

提及雅各宾民族主义,不能不概略地对一位启蒙思想家——卢梭的思想加以论述,因为在所有层面上,卢梭的思想都称得上是雅各宾民族主义的源头。他的《社会契约论》就曾被雅各宾派视为《圣经》,一本革命道德、国民精神、爱国主义的手册。首先,卢梭提出,只有当组成共同体的人们成为公民,成为国家主权的成员,拥有自由、平等、权利和获得幸福时,他们的爱国热情才能产生,民族共同体才会存在,祖国才会存在。相反,如果人民是专制统治下的臣民,对他们而言,祖国便全然无存。在卢梭看来,祖国并不仅仅是一个地理概念,而是具有政治意义的政治共同体,这个政治共同体就是民族国家，就是每个民族成员的祖国。如果说旧制度下的王朝国家是以王权为中心构建起来的，那么这种新型的民族国家又是如何构建的呢？卢梭在《社会契约论》中提供了答案。人们从自然状态过渡到社会状态时，达成了最初的约定，在这种结合中，每个人都成为共同体的成员，他们的意志形成了共同体的公共意志，并成为最高主权。也就是说，民族国家是所有国家成员的一种约定，构成这个民族国家基础的不是许多不平等的阶级，而是具有相同权利的独立公民，因而每一个个体的自由和幸福便成为国家存在的基础和目的，人民主权就成为促进共同体结合的中心。在卢梭的著作中，这样的论述比比皆是："国家创制的目的，即公共幸福"，"立法体系最终目的的全体最大的幸福究竟是什么，我们便会发现它可以归结为两大主要的目标，即自由和平等"。①

既然人民主权是民族国家的中心和支点，国家的职能是保障和增进民族的利益及公民的自由、平等和幸福，那么国家的命运就与公民个人的命运紧密相连。因而，公民对祖国怀有百般眷恋的热爱之情，为维护民族的安全、稳固和团结，他们会乐于奉献、勇于牺牲，并将因此而感到光荣与自豪。这种公民对其民族国家的热爱之情，就是卢梭特别强调的"美德"。只有祖国能够维护公民的自由与平等，而公民都具有爱国的美德，共同体才会良好运转、经久长存。而要培育公民的美德，就必须建立一套民族化的、爱国者的教育体系，此外，还可以通过公民宗教、体育、节日、公共庆典等方式来培养公民的爱国感情。总之，卢梭认为祖国存在于公民之中，热爱祖国就要热爱民主、热爱共和，两者相互交融、密不可分。卢梭的民族主义理论把握到了近代民族主义的本质，为大革命中雅各宾民族主义轰轰烈烈的实践奠定了坚实的理论基础。

雅各宾派掌权初始，他们面临的局势是异常严峻的。处死路易十六招致反法同盟力量的迅速扩充，在他们强大的进攻面前法军不断败退。从1793年7月开始，前线局势急剧恶化，英、荷、汉诺威的军队在北部，普、奥军队在东部，西班牙、撒丁等国的军队在南部，都攻入了法国领土。敦刻尔克遭到围攻，西部海岸也被英国海军封锁，孔德、美因茨都被攻破。旺代的叛军已控制该郡，不久又占领了昂热，并向南特进军。一些被推翻的吉伦特派代表集中在冈城，发起叛乱，他们还煽动里昂、马赛、波尔多和布列塔尼等地的联邦派叛乱，其势力已经蔓延到60个郡的部分地区。与此同时，国内

---

① [法]卢梭：《社会契约论》，何兆武译，商务印书馆1980年版，第69页。

经济状况和财政状况也异常严峻,物价飞涨,指券不断贬值。更严重的是,要求限价的群众运动规模越来越大,巴黎发生多次民众武装示威。总之,共和国的处境十分危急。

面对这样的形势,深刻理解卢梭思想内涵、以罗伯斯比尔为首的雅各宾派领导人的认识是十分清晰的。民族的危机、国家的危机,只能依靠这个民族、这个国家的全体成员强烈的爱国热情与积极参与才能拯救。但是,大革命前一阶段所宣布的民主和平等实际上还只局限在资产阶级的范围之内,这样的国家并不是广大人民群众甘愿奋起保卫的祖国。因此,只有继续推进革命,维护人民的政治权利,保障人民的生存权利,赋予他们真正的自由与平等,镇压国内外反革命者和叛国者,才能激发他们为祖国献身的爱国精神,进而击败外国侵略者。这样,雅各宾派领导人一方面为了维护大革命的胜利果实,另一方面也是为了保住自己的统治地位,进行了一系列革命性的行动。这些行动,既包括日后被历史学家赋予极大进步意义的民主共和举措,也包括毁誉参半的"雅各宾专政"。这一切行动都履行和发展了卢梭关于民族国家的建立、爱国主义的激发与公民民主、平等、自由的实现之间具有相辅相成关系的思想。雅各宾派将民主主义与民族主义充分结合,从而把握了真正具有近代意义的民族主义的最深刻内涵,也形成了历史学家称之为具有划时代意义的"雅各宾民族主义"。

雅各宾派执政以后,立即通过了三项法令,打击农村封建势力,满足农民对土地的要求。国民公会首先宣布将逃亡贵族的地产分成小块出售,地价 10 年付清。之后又规定,农村公社的公有土地可按人口分配给农民。每个公社凡有 1/3 公民主张分配就必须分配。1793 年 7 月 17 日颁布的土地法令最为重要,它宣布一切前领主的贡赋、封建权力,连同上一年"8 月 26 日法令"保留下来的上述赋税,全部无偿废除。这样,全部永佃田成为农民的私产,最终消灭了土地关系中的封建权力。以上措施通过世界上最实在的事物——土地,将广大农民与共和国的命运紧密联系在了一起。

最能表明雅各宾民族主义民主共和内容的是国民公会 1793 年 6 月 24 日通过的共和元年宪法即《1793 年宪法》,以及附在此宪法前由罗伯斯比尔起草的新《人权宣言》。《1793 年宪法》是法国历史上第一部共和制宪法,其中除了摒弃君主制,确立共和制,废除选举权上的财产资格限制和两级选举制,实行 21 岁以上男子的普选权外,该部宪法还有许多地方体现了雅各宾民族主义主权在民和直接民主的思想。宣言第一条即宣布"社会的目的就是为了共同的幸福。政府是为保障人们享受其自然的和不可动摇的权利而设立的"。①《1793 年宪法》虽然仍规定共和国实行三权分立的原则,但是三权的关系和力量对比已与《1791 年宪法》大为不同。雅各宾派宪法刻意加强立法权,规定行政权从属于立法权,立法机关由全国普选直接产生,因此是代表人民行使主权的最高权力机关,中央行政机关执行会议由立法议会选出并听命于它。这样的规定虽然初衷是好的,但也导致雅各宾专政时期国民公会权力的集中和膨胀。《1793 年宪法》保障全体法国人民的平等、自由、安全、财产、公债、信教自由、普通教育、公共救助、无限的出版权、请愿权、结成人民团体等的权利。宪法规定由人民议定法律,公民可以投票来批准法律,并具有重新审查、修改和更换宪法的权利。宪法还规定"当政府违反人民的权利时,对于人民而论,起义就是最神圣的权利和最不可缺少的义务",即没有一个人有权利自称比其他公民更不可侵犯。此外,宪法还有若干关于全民公决的思想,如"全国性大会的构成与立法性国民公会的方式是一样的,也拥有同样的权力"。最后,宪法还特别强调政治的公开性原则,"他们(民事仲裁人)进行判决的评议是公开的……他们应高声发表意见","国民公会的会议应该是公开的",并鼓励民众旁听。可以说,在近代历史上,再没有哪一部资产阶级宪法赋予公民如此之多的民主权利。

雅各宾派还从法律上确认了"全民皆兵"的原则。《1793 年宪法》规定共和国的全部武装力量由全体人民组成,所有法国男子都是士兵。8 月 23 日国民公会还通过总动员令,规定从现在起直到敌人被逐出共和国为止,法国人民始终处于应征服军役状态。这是近代历史上第一次全民族的战时总动员。"士兵就是国民,国民就是士兵"的原则一方面确认了人民的政治权利,另一方面也把保卫祖国的重任托付给了人民。在进行全民武装的同时,国民公会还进行了有效的军事改革。首先是合并旧军队,加快军队统一编制、统一指挥的步伐;废除了旧军队的白制服,改穿义勇军的蓝军服;罢免贵族,从下层群众中提拔将领;设立军事法庭,严肃军队的组织和纪律等。军事改革后,1794 年初法国直接作战的军队就有 60 万人,且战斗力大大提高,为打败国内外敌人做好了准备。

根据雅各宾派关于财产权和自由权都要以尊重"他人的权利为限制"的主张,国民公会在 1793 年 7 月 17 日颁布了关闭交易所的法令,7 月 26 日通过严禁包买商囤积垄断以及打击投机活动的法令,宣布囤积居奇为重大

---

① 《1793 年宪法》条款,参见赵宝云:《西方五国宪法通论》,中国人民公安大学出版社 1994 年版。

罪行。凡囤积生活必需品不肯正常出售,甚至销毁货物者,均为囤积犯。法令公布一周后仍拒不申报其已存货物及地点者,按囤积犯治罪,处以死刑。公职人员中利用职权保护囤积犯者,同样处死。随后,雅各宾派又通过了关于平分遗产的法令、关于小股出售国有财产的法令,以及没收嫌疑分子的财产给贫穷爱国者的法令。此外,雅各宾派还实行了普遍的国家救济措施。国民公会通过建立"全国慈善基金"的法令,其资产用于救助"国家慈善册"中记录的穷困孤独之人,后来又宣布"各医院的资产和负债以及其他慈善机构"均为国有。雅各宾派领导人希望通过上述措施尽量缩小巨富与赤贫之间的差别,实现人民的平等权利。

作为一个资产阶级派别,雅各宾派在打击封建势力和对国家进行民主改造方面,已经走到极限。但是,从当时的形势看,这是远远不够的。雅各宾派坚信,只有通过给予人民民主、自由和权利,他们的爱国热情才能被唤起,而愈演愈烈的群众请愿运动与武装暴动,再加上持续恶化的对敌斗争局势,必然使他们走得更远。1793 年 9 月 5 日的国民公会上,许多代表发表了言辞激烈的发言,最后,会议几乎全盘接受了群众的要求:建立由巴黎"无套裤汉"组成的革命军,改组革命法庭以加速审判,肯定巴黎公社的口号"将恐怖提上日程",制定全面限价的法令等。这一天是雅各宾派政权进入恐怖统治阶段即雅各宾专政阶段的起始。

对于雅各宾专政阶段,特别是其后期那些令人毛骨悚然的滥用恐怖、无视法律、草菅人命的现象,后世的历史学家给予了充分的批判,后世的统治者也或多或少吸取了教训。不可否认的是,雅各宾派专政的许多措施——包括维护人民的生存权利和政治权利,打击反革命分子,充分给予人民民主、自由与平等的措施等——都达到了挽救革命和保卫祖国的目标,因此它也深刻体现了雅各宾民族主义的内涵。

根据"9 月 5 日决议"制定的各项具体法令陆续颁行。在政治方面,革命法庭一分为四,同时审判;革命军包括 6 000 名步兵和 1 200 名炮兵,其任务是保证限价法令的实施以及征发、分配和运输粮食;1793 年 9 月 17 日颁布嫌疑犯法令,划定了嫌疑犯的范围,并规定一切嫌疑犯均要逮捕,并由各地革命委员会决定嫌疑犯身份。经济方面,国民公会先颁布了粮食、面粉、饲料限价法令,实行全国统一价格。9 月 20 日颁布全面限价法令,规定对 40 种生活必需品实行最高限价。其中,盐、肥皂、烟草实行全国统一价格,其余商品均按照各地 1790 年的价格提高 1/3,而薪金和工资按 1790 年水平提高 1/2。凡违反法令者以嫌疑犯论处,情节严重者叛处 10 年徒刑。同时宣布，此法令实行一年。后来又建立供应委员会，在巴黎等一些大城市实行面包等生活必需品的配给制度，对批发商和零售商利润额进行限制等。

恐怖统治的实行，很快就发生了重大作用。几年来一直困扰革命的货币贬值、物价暴涨的情况迅速好转。群众生活状况得到了一定程度的改善，人们开始相信革命政府要给予民众民主与利益的诚心，雅各宾派政权与人民群众的联盟关系大为加强，民众的爱国热情也更多地被唤醒了，这就为打败国内外敌人创造了条件。正是在恐怖政策开始实施的 9 月之后，共和国军队在前线抗敌和后方平叛的战斗中，都取得了决定性的胜利。10 月初，政府军队在多次击败联邦党叛乱军之后，攻下了其指挥中心里昂，联邦党叛乱彻底平息。共和国军队还两次击溃旺代王党叛军，虽未完全肃清，但基本上稳定了局势。与此同时，前线法军在平民出身的新任将领指挥下，勇猛作战，接连在几个重要战场战胜了敌军。在北方解了敦刻尔克之围，迫使英军仓皇撤出法国领土；在东面，打破奥军对摩贝日的围困，之后又打败了包围兰道的普鲁士军队；在南方，在初露锋芒的年轻军官拿破仑指挥下，法军收复土伦；西班牙军队也在比利牛斯山以西向本国败退。到 1794 年初，所有入侵的敌军全部被赶出法国国土，共和国军开始攻入敌国，进行外线作战。共和国获得了久违的安全，法国革命的胜利成果保住了。

在这里，有一个问题不能不提，那就是雅各宾派关于对外战争的立场问题。在法国革命者心目中，这次战争是防卫的战争，是自由的民族对专制暴政的战争，而不是法兰西民族对其他民族的侵略和征服，它的政治性远远大于民族性。战争的目的不是征服其他民族，掠夺物质利益，而是推翻压在这些民族身上的封建专制统治，让别的民族也获得自由。国民公会确立了这样的指导思想，法国在革命中已经实现了自由和人权，获得了民族的解放，而其他欧洲国家的民族仍然是受着专制压迫的民族，因而一个已经解放的民族有义务、有责任去帮助、保护被压迫的民族，把革命的原则推向这些民族，使他们获得解放，所以法国要进行的战争不是侵略和征服的战争，而是一场解放战争。他们还认为只有全欧洲各国都起而进行革命，法国的自由独立才有保障，因此法国也有义务帮助、支持他们进行革命，号召他们进行民族起义。因此，在对待其他民族的态度上，国民公会采取的是对被占领国家的封建统治者和人民区别对待的原则，即 1917 年列宁在《告各交战国士兵书》中借鉴而成的"给茅屋和平，对宫廷宣战"。

也就是说,罗伯斯比尔所代表的主流的雅各宾派民族主义理论,实际上包含一个非常重要的原则——民族自决原则,即虽然法国革命的原则是普遍适用的,但是由于各个民族的风俗不同、文明程度不同,所以法国不应该用强制的办法将自己选择的原则、宪法乃至政体强加于其他民族,更不能够对其进行征服和掠夺。罗伯斯比尔曾经表明:"一切国家的人都是兄弟,不同的各国人民应当尽其所能像同一个国家公民那样互相帮助。压迫一个民族的人表明他是一切民族的敌人。"①由此,法国在对外关系中应该坚持这样的行动原则:"把人民自己的命运交到他们自己手里。在他们那儿宣布权利宣言和民族至上,他们应在这样的庇护下团结起来,然后自己规定自己政府的形式。"②根据这一原则,罗伯斯比尔曾宣布放弃任何征服和解放各族人民的政策。在当时的历史条件下,民族自决原则的提出具有非常重大的意义,它把法兰西的资产阶级民族主义理论发展到了一个更高的层次。而罗伯斯比尔等雅各宾派领导人之所以坚持这条原则,从理论的角度而言,是将普遍的人的自然权利理论由法国推广到其他民族,既然每个人都拥有平等、自由、安全等权利,那么每个民族也应具有以上权利;从现实的角度考虑,是因为他们意识到如果将解放战争变成征服战争,外民族人民的强大反抗力量将使法国陷入一场更加可怕的战争。

雅各宾派民族主义中蕴涵的民族自决原则,之所以说其是主流,是因为这条原则是被广泛承认和写入《1793年宪法》中的,但是这并不能否定雅各宾派民族主义中也包含民族扩张和压迫的成分。一部分人想进行一场征服其他国家的扩张战争,目标则是恢复法国的"自然疆界",即昔日高卢人曾拥有的、大大超过当时法国领土范围的土地。丹东就曾批驳同僚对国家疆界的过分扩张,他们提出占领日内瓦、吞并比利时和瓦萨,以达到莱茵河、大西洋和阿尔卑斯山三方构成的自然边界。这不能不说是法国民族欲望的显露,更糟糕的是他们要把为争取平等和自由而激发的民族热情引向对外征服。他们甚至还设想建立一个法国外围的共和国圈组成的"大民族",而法国的地位是位于其他民族之上的,是其他民族的领导者和保护者。这种民族主义明显带有民族扩张和牺牲其他民族来服务本民族利益的意味。在这种思想指导下,法军开始在一些地方进行征服和掠夺,并引起当地居民的反对和愤恨。不幸的是,拿破仑恰恰继承了雅各宾派民族主义中藏而未发的

---

① 王养冲、陈崇武:《罗伯斯比尔选集》,华东师范大学出版社1989年版,第163页。
② 同上书,第202页。

对外扩张的狭隘民族主义思想并付诸实施,这也就注定了其辉煌过后必然失败的结局。

雅各宾派领导人特别重视以"美德"治国,他们所说的美德也就是人民热爱祖国的强烈情感。罗伯斯比尔就曾经说过:"我说的美德,不是别的什么,而只是对祖国的爱和对祖国法律的爱。"[①]雅各宾派领导人深知,在民主共和政体下维护人民的生存权利和政治权利是美德产生的源泉,但是,要把这种崇高的情感变为人们的一种自觉意识,还需要借助其他手段。因此雅各宾派运用一切手段,在宗教道德、风俗习惯、文化教育等各方面,让民众心中铭记自由、平等、共和与祖国,唤醒其爱国情感,使爱国主义成为民众广泛的价值和信仰,成为一种社会风尚和行为习惯。

雅各宾政权,特别是其中的激进派——埃贝尔派首先在宗教领域开展了取消基督教信仰的"非基督教化运动"。人们在运动中打倒和摧毁一切旧崇拜、旧偶像,代之以对大革命的思想家和殉道者以及象征物的崇拜。象征自由的橡树和白杨风靡全国,革命时期每次典礼上都有其形象,胆敢砍树的人往往会被处以死刑,"无套裤汉"常戴的小红帽则成为革命象征物中最耀眼的明星。对伏尔泰、卢梭和马拉等的崇拜也到了狂热的程度。

社会生活中与基督教决裂的世俗化也开始了。洗礼和婚礼都在"祖国的圣坛"中进行,在葬礼中,棺材上覆盖着三色旗。当时的家具和陶瓷器皿上都画着各革命日的情景和表示共和的图像,写着诸如"为国家而死,无上光荣"之类的共和箴言。此外,几乎整个法兰西从地名到人名都发生了反基督教和革命化的变化,在运动最激烈的时期,整个法国有2 000多个公社和市镇改用象征革命的名字。在巴黎,杜伊勒里宫改为"国家宫",凡尔赛宫改成"自由摇篮",王宫改成"平等大厦",马尔斯校场改为"团结校场",巴黎圣母院改为"理性庙堂"。在外省,里昂改为"解放公社",土伦改为"山岳派港",旺代改为"复仇省"。到了1794年,还出现了"自由人路""共和国集市""无套裤汉济贫院"之类的新地名。在地名更改的同时,人名的更改也逐渐进入一个高潮。法国人基督教传统色彩名字的比例迅速退潮,与大革命有关的概念和事物在命名时最受欢迎,如与"美德"有关的"弗吕加尔"(意为"粗茶淡饭的")等、与共和国军事上的胜利有关的"弗雷吕斯"和"热马普"等、与共和原则有关的"自由""平等"等、与公民的行为准则有关的"爱国""友谊"等,比如著名的奥尔良公爵就改名为"平等"。即使在使用旧名时,也

① 王养冲、陈崇武:《罗伯斯比尔选集》,华东师范大学出版社1989年版,第187页。

加上了大革命式的新成分,例如"玛丽·自由"或"平等·玛丽"等等。

国民公会还决议取消了原来的格里高利历法,改用"共和历",目的是体现革命的、共和的精神。共和历的新世纪以 1792 年 9 月 22 日(秋分日)法兰西共和国的成立为标志。共和历完全按照自然的秩序,每年分为 4 季 12 个月,每月 30 天,分为 3 旬。12 个月的名称依次为葡月、雾月、霜月、雪月、雨月、风月、芽月、花月、牧月、获月、热月、果月。年末所剩 5 天称"无套裤汉日",以后又改称才智节、劳动节、美德节、舆论节和报酬节,闰年所剩的第 6 天为"革命日"。

此外,雅各宾派还设立了众多公共节日来培养公民的爱国心。罗伯斯比尔曾经说过:"所有的节日,……都以唤醒对自由的热忱、对祖国的爱、对法律的尊重为目的……节日必须用我们革命的光荣事件、最为人所珍爱和对人类有用的美德、自然的最巨大的恩惠来命名。"[1]这样,1789 年 7 月 14 日、1792 年 8 月 10 日、1793 年 1 月 21 日、1793 年 5 月 31 日等都成为全国性的盛大节日。同时,每十天分别纪念下列节日:最高主宰和自然节、人类节、法国人民节、人类造福者节、自由殉道者节、自由平等节、共和国节、世界自由节、爱国主义节、痛恨暴君与叛徒节、光荣与不朽节、勇敢节、英雄主义节、大公无私节等。通常情况下,节庆活动都被设计成人民大游行,并且以音乐、舞蹈、造型、狂欢、焰火等烘托气氛。置身于这么多的象征符号中,民众自然会产生巨大的爱国主义激情。

在雅各宾派政权即将倒台之时,处境危急的罗伯斯比尔终于迈出了其激发民众爱国狂热的最后一步,他一手为被剥夺了旧崇拜的法国民众创造了一个新神——"最高主宰"。1794 年花月 18 日(5 月 7 日),罗伯斯比尔以救国委员会的名义,向国民公会提出《关于宗教、道德思想与共和国各项原则的关系,关于国家节日》的报告,并附《关于最高主宰崇拜和国家节日法令》的草案,历史学家将其总称为《花月法令》。这是罗伯斯比尔一生中的代表作品。在报告中,他凭个人的信念并从政治目的出发,希望人民由此树立一种能淳化风俗、强固道德信仰的宗教:"在立法者眼里,凡是对人有用、对实践有益的就是真理……对最高主宰的存想意味着对正义的不断存想;因此,最高主宰的观念是社会的,又是共和主义的。"[2]罗伯斯比尔的"最高主宰"并不能具体化为偶像式的上帝或者圣人,而只是大自然。在共和国的环

---

① [苏]卢金:《罗伯斯比尔》,吕式伦等译,商务印书馆 1963 年版,第 104 页。
② [法]索布尔、王养冲编:《阿·索布尔法国大革命史论选》,华东师范大学出版社 1984 年版,第 66—67 页。

境下,崇拜大自然就意味着"崇拜自由、热爱祖国和尊重法律"。因此,"最高主宰"崇拜实际上是用宗教外衣包裹着的对祖国的热爱,是一个人对祖国应尽责任的实践。《花月法令》还确定牧月 20 日为最高主宰节,要举行盛大庆典。罗伯斯比尔希望用宗教的力量把美德神圣化,激发出人们的爱国主义和英雄主义精神。

除了在宗教道德和日常生活中强化爱国主义精神,雅各宾派也没有忽视激发公民爱国和爱民主感情的另外一块重要阵地——公共教育领域,并确立了"民族在公共学校中"的原则。巴雷尔曾经说过,"儿童属于大家庭,属于共和国,然后才属于各家庭"①。根据他的建议,国民公会规定凡人口达 400—1 500 人的地方设立一所公共小学,儿童和成年人都要接受公共教育。教育的目的是培养祖国的公民,基本内容则包括:人的权利、宪法及英勇和高尚行为。正如巴雷尔所说:"热爱祖国将成为三月学校学生的主要热情,因为正是祖国塑造了他们。"②

除了公共教育,报刊、历书、歌曲、舞蹈和戏剧也成为大众化的爱国主义教育手段。比如历书是城乡下层居民的生活必需品,被雅各宾派称为"乡下人的课本和图书馆",因此政治性历书的发行量逐渐增大。《热拉尔老爹历书》就用家庭谈话的方式向人民讲解大革命的各项原则。救国委员会还号召大写爱国主义诗歌和共和主义剧本。据统计,当时流传的革命歌曲有 3 000 多首。此外,美术馆、图书馆、档案馆和博物馆也成为爱国主义教育的重要场所。启蒙思想家和革命英雄的胸像大受欢迎,大卫的《马拉之死》被宣布永远悬挂在国民公会大厅。国民公会还投入大量资金保存和维护国家的艺术珍品及资料档案,并将其作为"教育材料"向人民开放。

与文化教育相联系的是在全国进一步推进语言的统一。雅各宾派认为,语言统一是民族统一和公民参与国家社会活动的工具,也是培养公民爱国主义的重要途径。巴雷尔在向国民公会所作的报告中指出:"公民们,自由的语言应当统一,应当是所有人的共同语言;……听任公民们不懂得民族语言,就是对祖国的背叛。"③"曾光荣地表达《人权宣言》的法语应该成为全体法国人的语言。我们应该把沟通思想的工具、革命最可靠的代表——共同语言交给全体公民。"④在这种思想指导下,国民公会通过法令,规定由民

① [美]海斯:《现代民族主义演进史》,帕米尔等译,华东师范大学出版社 2005 年版,第 63 页。
② 同上书,第 64 页。
③ 同上书,第 65 页。
④ [法]索布尔:《法国大革命史》,马胜利等译,中国社会科学出版社 1989 年版,第 479 页。

众爱国团体推举法语教师，然后把他们派到不同方言的地区去工作，向儿童和居民教授法语和《人权宣言》，并向法国人朗读共和国的法律，特别是关于农业和国民权利的法律。后来，国民公会又要求编印"合乎自由语言"的新法语文法和字典，以便人民使用。

以上所述，就是雅各宾派民族主义的理论和实践，其实质就是将民族主义与民主主义相结合。雅各宾派通过建立一个人民主权的新型民族国家，通过赋予人民真正的平等与自由，唤起了人民对祖国的热爱与忠诚；又通过重建社会的文化、道德、宗教、教育等，使民众的爱国美德得到强化。民众明白，不拯救民族危机就意味着革命的法国将会在内外反动势力的干涉下失败，自由的法国将重新变成专制暴君的国度，而拯救民族危机则必须推进革命。将外敌和国内专制统治联系在一起，将革命与民族融为一体，就形成了近代民族主义的最强烈表达。在这种表达下，"爱国者"与"革命者"是同义词。法国人民在革命中看到了武装逃亡者通过武力重新建立可恨的旧制度的企图，因此他们非常自然地把热爱法国与热爱革命等同起来。法国革命中的民族主义带有明显的保卫革命、推进革命的内容，因此显得那样激动人心、充满活力。雅各宾派民族主义仍属于资产阶级民族主义范畴，并且带有明显的专制性，但其革命性、进步性和人民性应予以肯定。在险恶的斗争环境下，如果资产阶级没有用自由平等的法兰西共和国这块巨大的"磁铁"去凝聚人心、团结人民，法国革命要取得最后的胜利是完全不可能的。正如米什莱所说："法国是被法国拯救了的，是由不知姓名的群众拯救了的。"①

3. 热月党人和拿破仑的统治

雅各宾派政府用以巩固自身统治地位的工具——恐怖政策，虽然起到了稳定秩序和团结民众抗击外敌的作用，但是同时也严重损害了资产阶级的利益，因为从根本上讲，统制经济政策与资本主义私有制之间的矛盾是不可调和的。限价政策使资产阶级丧失了发财的机会，军事工业国有化和外贸国有化使得大工业家、大财阀、大船主和大商人无利可图。更严重的是，恐怖措施的滥用给法国人民的生命和财产造成极大的损失，雅各宾派与平民群众之间联盟的裂痕越来越深。再加上雅各宾派内部斗争，特别是山岳派与巴黎"无套裤汉"的斗争愈发激烈，这一切都导致雅各宾派在完成保卫祖国和维护革命成果的任务之后，必然为历史所淘汰。虽然雅各宾派的统

---

① 楼均信主编：《法兰西第一至第五共和国论文集》，东方出版社1994年版，第5页。

治崩塌了，但是其精神遗产——伟大的雅各宾派民族主义不但没有消失，反而在以后的热月党人督政府和拿破仑政权中得到深化与发展。

1794年7月28日（热月10日），雅各宾派和罗伯斯比尔短暂却轰轰烈烈的统治走到了尽头。当时法国几乎所有的派别——虽然他们的阶级立场和政治主张大相径庭——出人意料地联合一致，共同推翻了雅各宾派两委员会和巴黎公社的政权。恢复和建立资本主义正常秩序的任务落到热月党宽容派的肩膀上。热月党人的第一个举措就是所谓"热月反动"，其实质是对雅各宾派专政及其激进措施的撤销，是1789年原则的恢复。措施主要包括：首先，系统地终止经济恐怖措施，开放市场，终止限价，恢复自由贸易；其次，释放嫌疑犯，放松政治恐怖；第三，对除雅各宾派之外的各类反对派或政敌实行宽容或赦免，并对过去极力推行恐怖政策的人进行惩办。当然，严厉打击雅各宾派残余势力也是必然行动。在当时的历史条件下，结束恐怖统治不但是大资产阶级的要求，在一定程度上也符合广大国民渴望安全与平静的愿望，因此，热月党人的这一举措具有保卫大革命胜利成果和维护法国民族国家稳定与和平的意义。

恐怖政策特别是限价政策的取消引起物价飞涨和人民生活水平剧烈下降，这导致了法国大革命最后两次大规模的群众起义——芽月起义和牧月起义。对这两次群众运动，国民公会都给予毫不留情的镇压。热月党打击雅各宾派和人民起义的右倾政策为王党势力的抬头提供了机会。他们拥戴路易十六的弟弟、普罗旺斯伯爵为路易十八，在英国的援助下，于布列塔尼掀起全面暴动。1795年6月下旬，王党数千人的队伍穿着英国提供的军服，携带可供数万人使用的武器装备，在英国舰队的运送下于基贝隆半岛登陆，准备会合旺代叛军进军巴黎，但被奥什将军镇压。之后，热月党政府又采取了一系列措施打击王党势力，却引起更大规模的"葡月暴动"，不久巴黎的大部分地区就落入叛乱分子手中。国民公会指令巴拉斯指挥武装部队准备镇压，巴拉斯则连夜招来年轻将领拿破仑，后者面对四倍于己的敌人，果断地下令开炮，用猛烈的炮火击溃了近在咫尺的暴动者。王党暴动被镇压下去，热月党人督政府顺利成立，"葡月将军"拿破仑也借此走上发达之路。对王党反攻的打击表明，热月党人在防止旧制度复辟、维护共和制度方面，是非常坚决和有效的。由于王党势力多以英国作为靠山，热月党的行动还具有反抗外国势力干预本国内政的色彩。这一切都是其维护大革命胜利成果和国内稳定秩序的重要功绩。

与此同时，督政府对左派势力的打击也称得上行之有效。巴贝夫领导的平等派运动是法国大革命中民主派最后一次大规模的革命行动,提出"要求真正的平等,否则宁可死亡"的口号,计划发动群众进行一次有 1.7 万人参加的起义,推翻督政府。但是,这次"平等派密谋"被政府当局破获,遂展开彻底追查,巴贝夫分子及其同伴雅各宾党人被捕,巴贝夫被送上了断头台。1797 年清洗王党势力的"果月政变"后新组建的政府为第二届督政府,在大力打击保王派势力的过程中表现出一定的左倾,使得以新雅各宾派为代表的民主共和派得以复兴。1798 年 4 月立法院选举时,民主派又获得了胜利。督政府故伎重演,再一次借助军队的力量,在将军们的刺刀下宣布 106 名民主派议员当选资格无效,通过"花月政变"将雅各宾民主派的势力压制了下去。

要巩固革命成果,必须首先建立新的国家,并运用国家政权功能,粉碎国内外反动势力的进攻。热月党及其后来的政权组织——两届督政府除了从右和左两方向反对王党复辟和雅各宾派残余之外,还通过一系列体现民族国家政府职能的国家主义政策,建立健全的行政、财政和社会政策体系,并努力促进法国的经济发展和社会进步。热月党人的《1795 年宪法》是站在资产阶级的立场解释"89 年原则"的典型体现。宪法规定实行三权分立,立法权由两院制的立法院掌握,分为上院(元老院)和下院(五百人院),立法院每年改选 1/3,议员由有财产资格限制的法定选举人通过两级选举制选出;行政权归 5 名"督政官"组成的督政府,由立法院任命,任期 5 年,每年改选 1 人,其主席由 5 人轮流担任;司法权独立。这部宪法建立了资产阶级的统治秩序,但是由于其强调各派势力的均衡,没有估计到督政官与两院可能冲突,这也是督政府政权始终不稳定的原因之一。

新成立的督政府对其职责的认知还是很清晰的,它发表公告称,政府在政治上要积极对王党作战,发扬爱国主义,严厉镇压一切乱党,消除所有派别意识,禁绝任何报复念头,促成和谐的统治,实现和平。在经济上则要"重开生产之源,再振工业与商业,消灭投机活动,使艺术与科学得以重生,再创财富和社会信誉"。[①]在实践中,督政府在切实努力实践以上纲领的同时,还领导法国军队坚持抵抗反法同盟的进攻,虽然此时的战争已具有些微争夺欧洲霸权的味道,以至于到了 1796 年,法国控制的地区实际上已经延伸到了带有民族扩张色彩的"自然疆界"之外。即便如此,督政府仍未停止军事行动,为了打击唯一没有屈服的敌人——英国,争夺欧洲霸权,督政府决定

① [法]索布尔:《法国大革命史》,马胜利等译,中国社会科学出版社 1989 年版,第 384 页。

继续向国外推进战线,可惜这一行动给自己带来灭顶之灾。1798 年法军占领伯尔尼和日内瓦,拿破仑则开始了对埃及的远征。但是,8 月 1 日法国舰队被纳尔逊将军统帅的英国舰队全歼,拿破仑东征叙利亚也受到挫折。在重新组织起来的强大的第二次反法联盟面前,法军迅速溃败。普、奥、荷、俄和那不勒斯等分别从东、北、南三个方向进攻法军。督政府在对外关系上这种不尊重别国独立自由的强势民族主义①,终于导致战争又一次逼近法国本土。

恰在此时,法国国内政治动荡也加剧了。立法院对督政府提出指责,迫使督政官频繁更换;雅各宾俱乐部在巴黎重建;西部和南部又发生王党暴乱;国内经济又一次陷入困境。这种政治、经济和军事上的全面混乱,使得建立强有力的政权以稳定秩序成为当务之急。在新当选的督政官西哀耶斯的强力推动下,1799 年 11 月(雾月),拿破仑·波拿巴终于登上了法国历史舞台的中心。在拿破仑所率领军队的刀光剑影下,多数元老院和少数五百人院议院决议废除督政府,建立执政府,拿破仑轻松取得了法国的最高权力。在此后的 15 年中,不论是担任第一执政(1799 年 11 月—1804 年 12月),还是法兰西第一帝国皇帝(1804 年 12 月—1815 年 6 月),拿破仑都是法国和欧洲最叱咤风云的人物,并开创了欧洲历史上的拿破仑时代。在此期间,拿破仑完成了督政府没能完成的维护和巩固法国大革命的革命成果的任务,使已经取得的政权巩固下来,建立新的社会秩序,确立资产阶级统治并发展资本主义。很有意思的是,拿破仑却是运用表面上不符合法国大革命原则的个人独裁专政的方式,出色地履行了这一伟大的历史使命,这也体现了法国大革命民主主义民族主义的深刻内涵。马克思说过,法国大革命及其所取得的社会、行政和立法各方面的成果,是在拿破仑时代才得以巩固下来的,法国大革命正是体现在拿破仑身上。这也是为什么反法同盟把反拿破仑的胜利看作是法国大革命的覆灭。梅特涅也认为在当时和以后,拿破仑都是封建欧洲所公认的“法国大革命的军人”和“法国大革命的化身”。

执政府成立后的当务之急是制定新的宪法。在讨论宪法草案的过程中,以法学权威著称、深刻体会“89 年原则”且具有极丰富斗争经验的西哀耶斯,却由于手中没有实权而被自己一手锻造的雾月“战刀”——拿破仑斩落马下。后者很快完全按照自己的意志,制定出一部新宪法,并以压倒性优

---

① 关于强势民族主义与弱势民族主义的概念,可参阅陈晓律:《全球化进程中的民族主义》,《世界历史》2000 年第 4 期。

势获得通过,这就是"共和八年宪法"。宪法确立了资产阶级的中央集权制,议会实行四院制,每一院都无权单独决定国家立法问题;赋予第一执政以极大的权力,除了拥有任免政府各级官员,决定宣战、媾和等行政权外,实际上还可决定法律是否生效;规定了"荣誉公民"制度,实际上确定了保证资产阶级内部民主的选举财产资格限制。总之,"共和八年宪法"既坚持了大革命的原则,又肯定了拿破仑的无限权力,为高度集权的帝国体制创造了条件。1804年拿破仑称帝后,下令修改这部宪法成为"共和十年宪法",更加明确地规定了拿破仑任终身执政,并有权任命继承人,实际上就是资产阶级君主制的开始。

在对待国内反对派问题上,拿破仑坚持既坚决防止王党复辟,又严厉打击新雅各宾势力;既维护大革命的胜利成果,又努力保持社会秩序的稳定。他曾说过,自己既不戴红帽子,也不穿红鞋跟,而是属于全民族的。在对待保王分子的问题上,拿破仑采取镇压与安抚相结合的方针,下令凡叛乱者,只要放下武器,宣誓效忠新制度,即可得到赦免。在执政府初期的各部部长和议院中,也有很多是大革命前的官员和旧制度同情者。但此举并不意味着妥协。拿破仑多次派兵清剿叛党,西部王党叛乱复活后,他严令枪决一切手持武器和煽动叛乱的人。1803年亡命英伦的朱安党头目卡杜达尔潜入巴黎,与著名反对派将领皮什格鲁和莫罗勾结,策划暗杀拿破仑。阴谋败露后,拿破仑不但将其全部送上断头台,还在1804年派兵到德意志把其供出的当甘公爵抓回并立即处决。拿破仑还很注重切断王党宣传的喉舌,1800年封闭了73家主要保王派报纸中的60家。第一执政对王党软硬兼施的政策,取得了良好的效果,基贝隆半岛那样的事件再未发生过。

在政权行政建设上,拿破仑强调中央集权和大权独揽。在地方,他把全国分为88个省,省长、专区区长和市长由中央政府委派,5 000名居民以下的市镇长官由省长任命,各级议会议员也要由中央或者省长委派。议会的职权大大削弱,徒有虚名。各大城市于共和三年建立起来的割裂的行政区划被取消了,它们都由单一的市政厅管理。这种地方行政体制使得地方服从中央的资产阶级权力机构得以确立和完善,政策法令的贯彻从上到下畅通无阻,法国作为统一的民族国家更进了一步。在中央,拿破仑亲自挑选有丰富行政经验的各种专家、名人共29人,组建了具有最高行政裁决权的参议院,分为海军、陆军、财政、立法和内务5个小组。他还在中央设立12个部,任命有真才实学和实际经验的人担任各部部长。但是值得注意的是,无论是各省省长还是各部部长,都仅仅充当拿破仑的办事员而已,真正作出决定的永远是第一执政(后来则为皇帝)。

拿破仑把警察从地方行政机构里分离出来,将其置于中央机构的控制之下,从而建立了严密的警察制度。他任命密探头子富歇继续担任警务部长,主管治安工作。同时还设立秘密警察机关——巴黎警察总署,任用亲信担任总署负责人。与警察并存的还有组织严密的宪兵队,单独执行任务。拿破仑为使警察机关互相监视,使各警察机构并存,又各有职守,还规定了一套严格的告密制度。拿破仑建立的警察系统是法国历史上的首创,也成为维护国内秩序的有力工具。1800年,拿破仑又开始对司法系统进行改革,建立了金字塔式的法庭和法官体系。法官不再由选举产生,除最高法院的法官由元老院指派外,其余法官都由第一执政任命。拿破仑还有权确定执行吏和检察官的人选。这样,司法系统在很大程度上也实现了中央集权。

在政治体制改革的同时,拿破仑也深刻意识到改革财政以重振经济才是法国稳定与发展的当务之急。面对几乎空虚的国库,拿破仑的头一个举措就是废除督政府后期某些类似恐怖年代的经济立法,诸如强制公债、军需征发等,以稳住有产者。紧接着,他便委任财政部长戈丹大刀阔斧地进行改革。首先致力于加强财政的集中管理。为此,他在中央设立了直接税行政总署,各省设分署,将财政管理纳入了中央集权的轨道。地方政府分配和征收直接税的权利被取消,由国家直接派税收人员到各省、大区和市镇执行收税任务。拿破仑还重视健全会计制度,严厉打击贪污和盗窃国家财富者。为了促进工业和商业的发展,他采取了很多刺激资本主义工商业发展的措施。这些措施包括国家订货,给工业以巨额津贴,成立"鼓励民族工业协会",举办工业展览会,鼓励对本国资源消耗较少的奢侈品生产等。拿破仑还建立了"工厂和手工场委员会",研究和制定法国工商业发展的基本准则。为了活跃信贷与商业,拿破仑恢复了期票证券制度,后来又建立了法兰西银行,给予其独家发行纸币的特权。拿破仑还进行了币制改革,规定了国家的货币本位和固定的金银比价,并坚决稳定货币。1800年,执政府建立了国家统计局,调查全国的经济和人口。拿破仑还下令采用十进制的公制以统一国内市场。在对外贸易方面,拿破仑实行保护主义政策,尤其是对英国商品征收高关税,与英国在国内市场、欧洲市场、殖民地市场和全世界市场上进行激烈的竞争,并且在很长时期内处于优势地位。拿破仑还十分重视发挥海关的作用,称其为抵制外国商品在法国倾销的"民族的围墙"。拿破仑很注意交通运输业的发展,下令开凿运河,开辟港口,建造桥梁,修整街道,兴建纪念性建筑物。拿破仑不仅将小土地所有制看作立国的基石之一,还十分重视农业的发展。他注意对农业进行改良,组织兴修水利,严禁破坏森林,推广新技术,并努力提高产量和谷物售价。依靠以上措施,从 1802 年至 1803 年,执政府的预算奇迹般地实现了旧制度下和大革命以来极少有的收支平衡,并略有结余,法国的经济得到振兴。

拿破仑将宗教看作维持社会秩序的秘诀。为了照顾大多数法国人的宗教感情和争取不宣誓的教士及罗马教廷的支持,同时也出于解除国内王党势力的思想武器之目的,拿破仑在与教皇进行了一年多艰难曲折的谈判之后,于 1801 年签订了《教务专约》。主要内容是法国承认天主教是"法国公民中绝大多数人的宗教",承认公民信教自由;天主教承认法国大革命的原则,大革命中没收的教产和取消的教会特权不予恢复;大主教、主教和首席教士均由第一执政任命,并由国家支付神职人员的薪俸;主教必须直接向第一执政宣誓效忠,永远服从并忠于按照法兰西共和国宪法所成立的政府。在《教务专约》的附件即组织条例中又规定,不经法国政府同意,罗马教廷的任何人不得随意向法国教徒发圣谕、召集主教会议、授圣职等;法国教会的任何活动,必须经法国政府批准方能生效。《教务专约》既从宗教层面上维护了大革命的成果——拿破仑从未承认天主教为国教,并且明确保证新教的地位,又对缓和矛盾、促进稳定很有积极作用。更加重要的是,拿破仑宗教政策确定了现代民族国家与教会的关系原则:教会必须完全服从国家,为国家服务,但不许干涉国家其他领域的任何问题。

拿破仑逐渐建立了一整套国立综合教育体系,对法国民族国家的教育事业进行垄断和控制。1800 年帝国教育团又称法兰西大学院成立,它是全国教育系统的最高领导机构,是近代民族国家教育部的雏形。帝国教育团设有 1 名总监,辅之以 30 人组成的评议会和督学团,负责制定教育规章、组织编写教材、严格检查和控制教学内容、批准和任命大学教授等事项。教育被严格地分为初等、中等和高等三个等级,分别以不同的政策培养不同的人才。初等教育是唯一允许教会适当介入的教育领域,即使这样,也必须坚持国家和地方政府的管理与监督。拿破仑十分重视培养儿童的爱国思想和道德情操,规定小学生必须阅读《帝国教理问答》。对中等教育,拿破仑则强调严格性、纪律性和实用性。帝国后期,法国有 100 多所国立中学,即由政府直接管理并供给经费的中学,每年可以培养 2 000 名对各级政府有用的公务、法律和其他专业的中学毕业生,成为各级权力机构中的新生力量。高等教育更是完全由国家掌握和管理。它主要致力于培养工程师、教师、科学家和技术人员,这个任务主要由各类专门学院来完成,如巴黎高等师范学校。拿破仑通过教育改革，基本建立起了完整的民族国家教育体系，虽然这个体系还有很多欠缺（比如对女子教育的歧视与忽略），但是它却培养出了整整一代热爱祖国、忠于皇帝、奉公守法，同时又具有很强专业技能的近代公民。

拿破仑的统治虽然具有独裁专制的色彩，但是从根本上讲，他的每一个举动都称得上是秉公守法、依法治国。这一表面上的悖论形成的原因就在于，拿破仑几乎是亲自制定了一整套与资产阶级君主制民族国家相适应的法律体系。除了上文提到的"共和八年宪法"和"共和十年宪法"，最著名的就是意义胜于"40个胜仗"的《拿破仑法典》。1804年颁布的《法国民法典》是《拿破仑法典》的主体，它的巨大意义首先在于结束了法国自古以来以卢瓦尔河为界分裂成习惯法区和罗马法区的状况，统一完整的"法兰西民族国家法"概念得以诞生。《民法典》还是维护和巩固法国大革命胜利成果的载体，因为它确立了民法的自由与平等、所有权无限和契约自由等若干法国大革命追求的基本原则，开创了自由资本主义民法的新纪元。法典规定："所有法国人都享有民事权利"[1]，民事权利的行使独立于政治权利，每个成年人都拥有行使民事权利的自由意志。法典确立了"法律面前人人平等"的资产阶级人权平等原则，这是"89年原则"的典型体现，意味着对封建特权和贵族的消灭。自由平等精神在物权法领域的体现就是所有权无限制原则。"所有权是对于物有绝对无限制的使用、收益及处分的权利"，"任何人不得被强制出让其所有权"。这些规定是对私有制度的严格保护。契约法是《民法典》的重要内容之一，规定了一系列保障契约自由和契约法律效力的条款。虽然《民法典》在父权、夫权、妇女地位和继承权等问题上保留了明显的封建家长制和父权制色彩，但是从历史的角度看，它总结了大革命的全部法规，提供了现代民族国家的基本准则，因而对欧洲和世界的现代化产生了不可磨灭的影响。

最后，不能不提到的是拿破仑作为人类历史上最伟大人物之一的另一方面——激荡人心而又残酷卓绝的拿破仑战争。拿破仑成年后直到倒台将近30年的时间，几乎都是在与英国、与反法联盟其他国家以及一些反法联盟之外国家的战争中度过的。这些战争的性质、对法国和对方国家的影响都具有明显的两面性：既具有反抗侵略、打击欧洲武装干涉的性质，又带有侵略扩张、争夺霸权的色彩；既维护了大革命的胜利成果和法兰西民族国家

---

[1] 《拿破仑法典》条款，请见罗结珍译：《法国民法典》，中国法制出版社1999年版。

的独立，又给法国人民带来无尽的灾难；既有力地涤荡了欧洲封建国家的旧制度，又使这些国家无数生灵涂炭。拿破仑征服更重要的意义还在于，从此以后，真正现代意义上的民族主义终于在欧洲范围内全面诞生。

当然，任何矛盾都有主次之分，拿破仑战争的两面性也不例外。姑且以帝国的诞生作为判断其性质和影响的分界点。1800 年马伦哥战役的胜利，1801 年法奥《吕纳维尔和约》和 1802 年法英《亚眠和约》的签订，粉碎了第二次反法联盟，扭转了督政府后期在对外关系上的不利局面。但是，1805年奥斯特里茨战役、法奥《普勒斯堡和约》以及 1806 年莱茵联邦的建立，可看作战争性质和影响的转折期。从 1806 年开始，特别是法俄《提尔西特和约》的签订、"大陆封锁"政策的实施，再到 1809 年拿破仑占领西班牙，"闪电战"击败奥地利以及签订法奥《维也纳和约》，拿破仑战争的掠夺性和侵略性无疑已占据了主导地位。1812 年皇帝大举远征俄国并大败而归，不但使拿破仑战争给欧洲带来的灾难达到极致，也是拿破仑帝国崩溃的起点。此后拿破仑又经历了莱比锡战役的惨败，1815 年滑铁卢之战最终宣判了法兰西第一帝国及其伟大皇帝的死刑。法国大革命中诞生的近代法国民族主义是以平等、民主、自由等"89 年原则"为根本特征的，这些原则不仅适用于法国，在对待其他民族、其他国家时也要坚持这一原则。拿破仑统治后期的对外战争却粗暴损害了欧洲其他民族的自决权，从而将民主与自由原则从法国民族主义中剥离出去。这种狭隘的民族主义，或者成为沙文主义，或者成为侵略主义，最终必然导致拿破仑的灭亡。因此只有尊重他国人民的民主、平等、自由，民族主义才不会误入歧途，才不会给本国的独立带来负面影响和灾难。

三、法式民族主义的正面影响

以平和、理性为主导的启蒙思想与激情、暴烈的民主主义混合在一起的法式民族主义，注定将对欧洲和世界产生深远的影响。

1. 19 世纪法国政治民主、自由、平等的深化发展

肇始于 18 世纪末的法国大革命对世界历史进程的影响，绝不仅限于法国；即使仅看其对法国历史进程的影响，也不仅局限于热月政变、雾月政变抑或拿破仑帝国崩溃等传统的革命终结点上。"这次革命给本阶级，给它所服务的那个阶级，给资产阶级做了很多事情，以至整个 19 世纪，即给予全人

类以文明和文化的世纪,都是在法国革命的标志下度过的。"①拿破仑帝国
覆灭之后到 19 世纪 70 年代,法国政治形势极其动荡,政体形式更替的频繁
程度在人类历史上都非常少见,包括 1830 年、1848 年和 1870 年 3 次革命,
立宪君主制、民主共和制和军事独裁帝制的交替转变,以及限制选举权和普
选权的反复变动。虽然经历多次曲折和反动,但是 19 世纪法国政治演变的
总趋势始终是按照"89 年原则"所倡导的人权、平等和民主的方向发展的。
并且,与大革命的历程惊人相似,19 世纪的法国仍然在以下两类斗争中度
过,而且斗争的激烈程度与大革命的激荡年代相比有过之而无不及。这两
类斗争即保王势力要求恢复君主专制和贵族特权的封建制度与资产阶级和
人民群众要求维护和深化大革命胜利成果的斗争,以及资产阶级要求代表
和保护私有财产的自由民主制与人民群众要求实现社会平等和全面解放的
激进民主制二者的斗争。因此,19 世纪的法国政治,是对大革命中资产阶
级和人民群众曾经获得但未能成功保持的胜利成果的重新争取和进一步巩
固,因而这一时期的民族主义仍然带有大革命高潮时期民主与自由的深深
痕迹。

　　1814 年波旁王朝的复辟,从政体上是对大革命成果的否定和倒退,但
出于法兰西民族国家的利益考虑,这不失为一个将拿破仑战争的贻害降到
最低的明智之举。当时法国战败,面临任人宰割的威胁,生死存亡难以预
测。只有复辟才能让法国承担最少的战争责任,从而保全法兰西国家的领
土完整和民族统一。果然,在维也纳会议上,背叛拿破仑而力主波旁王朝复
辟的塔列朗提出正统主义原则,不仅恢复了法国与四个战胜国平起平坐的
地位,而且同它们签订了不割地不赔款的和平协议,法国奇迹般地保留了
1792 年的边界。法国的领土有了保障,外国军队撤离了法国,法国仍然拥
有一支强大的军队。战败的法国不但有了喘息之机,得以恢复国力,更为重
要的是,法国的工业革命在此大环境下起步了。为了国家和民族的最高利
益可以主动作出必要和适度的妥协,这不仅是塔列朗民族精神的表现,也是
法国近代民族主义逐渐走向成熟的标志。

　　塔列朗等政治家之所以支持波旁王朝复辟,还有一个重要的考虑,那就
是他们清楚地知道,25 年革命所付出的血和泪不会白费,"89 年原则"的光
芒绝不会被复辟帝王的嚣张气焰掩盖。事实正是如此。1814 年路易十八

---

　　① 《关于用自由平等口号欺骗人民》,《列宁选集》(第 3 卷),人民出版社 1972 年版,第
851 页。

重新回到巴黎时,其登上的宝座早已不是祖先的宝座,而是拿破仑的宝座。复辟的波旁王朝必须正视 1789 年法国国土上发生的一切变化,即法国大革命奠定的无法消灭的资产阶级民主和自由的基石。于是,路易十八在《圣多昂宣言》和钦定《1814 年宪章》中,不得不同意立宪制和代议制的基本原则。可惜,其继任者查理十世却不愿按照英王的方式进行统治,充当一名临朝而不理政的虚君,反而以高额税剥夺广大人民群众和工商业资产阶级的选举权,并解散议会,取消出版自由,妄图恢复旧制度下的专制王权。可是,此时专制君主面对的人民,早已不是封建制度下蒙昧的顺民,而是经历过大革命特别是雅各宾派统治洗礼的公民,以民主、自由和平等为特征的近代民族主义精神早已深入他们的内心。在这样的政治环境下,任何妄图恢复旧制度的企图,结局都将只有一个——失败。

七月革命永远结束了波旁王朝的统治,在"光荣三日"中建立起来的七月王朝,已经近似英国的立宪君主政体。以平民国王自居的路易·菲利普接受了经议会制定的《1830 年宪章》。宪章不是"钦定"的,而是资产阶级与国王之间签订的一项契约;王权不是神授的,他是"法兰西人的国王";天主教不是国教,而只是大多数法国人的宗教,他们可以自由地信仰其他宗教;内阁对议会负责;废除贵族院议员的世袭制;取消双重投票法,降低选民和当选者的年龄和财产资格;重新采用三色旗为国旗、马赛曲为国歌,并在事实上承认了国民主权原则。然而,七月王朝选举权的扩大也是十分有限的。不仅广大农民、工人和中小资产阶级被排斥于国家的政治生活之外,连大部分工业资产阶级也无法享有民主参政的权利。执掌七月王朝政权的,是由银行家及铁路、煤矿和森林所有者构成的所谓"金融贵族"。因此,几乎从七月王朝成立的那一天起,资产阶级共和派和自由主义者、小资产阶级民主派、工人和社会主义者就提出实行议会及选举改革的要求,并在 19 世纪 40年代发展为"宴会运动"进而达到高潮。可是,七月王朝的统治者却反对任何改革,拒绝采纳推进政治民主化的任何措施,反而大举镇压共和派运动和工人罢工。这一切诱发了 1848 年二月革命,埋葬了七月王朝,并迎来了法国历史上第二次民主共和的时代。法国式的以民主和自由为显著特征的近代民族主义得到了强烈的彰显。

1848 年成立的临时政府决定恢复共和传统,其宪法继承和发展了《人权宣言》和《1793 年宪法》确定的直接民主制的各项原则,是对"89 年原则"的再次肯定和发展。它宣布主权在民,永远废除贵族称号、出身、阶级和等级差别;"法兰西共和国是民主、统一而不可分割的";"自由、平等、博爱"被作为共和国的原则写入宪法;恢复普选权,并且第一次规定"选举是直接的和普遍的,投票是秘密的";第一次规定总统为国家元首,由人民直接普选产生,任期 4 年,不得连任;立法权授予由人民普选产生的一院制国民议会;规定立法、行政和司法三权分立。

然而,《1848 年宪法》只赋予各方力量充分的权利,却没有规定必要的协调和制衡机制,特别是在总统和议会的关系上存在致命的弱点,最终导致了其存在 3 年多就夭折的命运,随其一起灭亡的还有法兰西第二共和国。1851 年,路易·波拿巴发动政变,将帝制重新加到法国人民头上。《1852 年宪法》与《1799 年宪法》颇为相似,侄子的第二帝国与叔父的第一帝国也有着类似的命运。虽然在第二帝国后期曾经尝试自由主义改革,但是玩火自焚的皇帝还是在色当战役中永久埋葬了法兰西历史上的帝制。在 1870 年 9 月 4 日巴黎人民革命中建立起来的第三共和国,初期一直处于君主派与共和派的激烈斗争中。《1875 年宪法》虽然是法国宪政史上绝无仅有的最简短、最含糊不清的一部宪法,却通行了 65 年,是迄今为止法国历史上寿命最长的宪法。在《1875 年宪法》的框架中,在杰出的共和主义政治家甘必大的领导下,法国的资产阶级共和派终于在 1877 年将参众两院、内阁和总统都控制在自己的手中,资产阶级民主共和制在法国的大地上最终确立。

2. 普法战争中法兰西民族主义的华丽体现

法国历史发展到 19 世纪下半叶,有一段是不能不涉及的,那就是普法战争及其间法国政治变化的历程。从普法战争的性质和结果来看,这场第二帝国民族沙文主义性质的侵略战争给法国带来的,似乎仅仅是失败和灾难。但是如果从分析第二帝国的专制统治和拿破仑三世发动战争的原因入手,就可以看到 1879 年"9 月 4 日革命"推翻帝国、重建资产阶级民主共和制度的民族主义含义。如果了解了以梯也尔为首的第三共和国临时政府的卖国行为及其维护资产阶级统治、剥夺广大人民民主和自由权利的企图,就可以认识到以巴黎公社为代表的巴黎人民起义、其人民民主的尝试及抵抗外敌的斗争所具有的深刻民族主义内涵。

普法战争是两国统治集团战前政策的恶性演变。法兰西第二帝国由于多种原因,决定率先挑起战争。由于农业歉收和世界性经济危机的影响,曾经繁荣的法国经济逐渐陷入困境。在普奥战争、意大利统一和墨西哥问题上,帝国外交也接连受挫。经济形势的恶化和外交失利激化了法国的各种社会矛盾。为了维护工商业和金融大资产阶级的统治和帝国制度,拿破仑三世觉得只能通过战争，才能摆脱这一系列政治、经济和外交危机。

可惜，拿破仑三世不可能意识到当时法国国内政治动荡的根本原因却在于自己的统治政策。他大力强化军队、警察和官僚机构，通过它们来推行高压政策，镇压国内的各种反抗活动。他还公然取消了"自由、平等、博爱"这一大革命时期的口号，严禁出版、集会和结社，并解散了国民自卫军。近百年来，法国人民从来没有停止过对于共和制度和民主自由的追求，拿破仑三世的专制统治和帝国体制显然不符合民众的理想，也严重损害了他们的现实利益。只是在那个历史阶段，法国的民主共和斗争主体已经完全分化，工人阶级代表的人民大众和资产阶级逐渐拥有不同的斗争目标和方式。19 世纪 60 年代末，工人的经济性罢工和政治性示威日益频繁，规模不断扩大。在第一国际法国支部的领导下，工人阶级日益成为一支推翻帝国的主要革命力量。而代表一般工商业和金融业资产阶级利益的政治派别——资产阶级共和派，已经成为以甘必大为首的"不可调和的反对派"，他们要求改革政治体制，建立在整个资产阶级范围内的民主与平等。

法兰西第二帝国迫不及待挑起战争的另外一个原因在于妄图通过打击普鲁士的力量，阻止德意志的统一并延缓其发展速度，以坐收渔人之利。这些"利"包括维护法国的欧陆优势地位和在殖民地获得竞争优势，维持法国对南德小邦的控制等等。但是，普法关系中最敏感的问题始终是莱茵河以西地区的归属问题。"莱茵河以西"领土，大致包括德意志的莱茵河左岸（1866 年包括普鲁士的莱茵省、巴伐利亚的普法尔茨和黑森大公国的部分地区等）、卢森堡和比利时。法兰西历朝历代的统治者都将其视为本民族的自然疆界，拿破仑一世曾用武力夺得这片领土，但随着第一帝国的崩溃而失去。拿破仑三世对此耿耿于怀，每时每刻都梦想予以收回，并在 1866 年坚决要求以莱茵河—摩泽尔河之间的地区"补偿法国"。

无论是在处理国内问题还是处理与其他民族的关系方面，普法战争前拿破仑三世的政策和行为都是与宣称独立、民主、自由和平等的法式民族主义精神相违背的。这种背离的后果是 1870 年 9 月 2 日拿破仑三世的色当投降，而其深层次的结果则是两天后的"9 月 4 日革命"。了解到色当详情的巴黎市民自发走上街头，举行示威游行。游行队伍高喊"推翻帝国！""共和国万岁！"等口号，涌向波旁宫和卢浮宫。布朗基主义者则在巴黎各工人区进行宣传工作，力图将自发的群众示威变成"一场革命的尝试"，迫使反对派议员宣布成立共和国。下午立法团会议召开时，巴黎已充满革命的气氛，冲进议会大厅的示威群众要求共和派议员立即宣布成立共和国，"废除帝国!共和国万岁!"的口号响彻整个大厅。共和派议员们此时认识到宣布共和的时机已经成熟,决定站到群众一边,将政权掌握在自己手中。甘必大带领人群进入巴黎市政厅,人们在那里宣布废除帝国,成立共和国,组成"国防政府",并宣布了新政府成员的名单。

"9月4日革命"是法国历史上最后一次资产阶级革命,它推翻了第二帝国的统治,建立了法兰西第三共和国。推翻专制腐朽的帝国,建立实行更大范围的资产阶级民主的共和国,结束沙文主义的扩张行为,着手进行保卫祖国的自卫战争,这就是法国民族主义在普法战争中前期阶段发挥的历史作用。革命之后,以甘必大为首的一批爱国志士奔赴图尔,展开抗战,与普鲁士军队进行惨烈的斗争,表现出法国资产阶级主战派的爱国热情。而第一国际巴黎支部则号召人民给已成立的政府以有条件的支持,而其条件就是它坚持共和并保卫祖国。也就是说,人民和资产阶级政府合作的协议是建立在全民抗战的基础上的。

那么,国防政府有没有履行与人民达成的协议,遵循全民抗战这一纲领呢?答案是没有,甚至从其成立的第一天起就没有。布朗基在其动人心魄的《祖国在危急中》一书中,对此进行了极为透彻的分析:"德意志的恶棍使我们不幸的国家蒙受了耻辱,把它推进了深渊,而国防政府却匍匐在这个恶棍的马鞭之下,并把国家出卖给他,这样的政府没有资格再叫国防政府。国防政府已经背弃了它的全部义务,它并不保卫国家,而是把国家出卖给普鲁士。"[1]面对巴黎民众高涨的革命热情,极度惶恐的临时政府当然不可能跑去抵抗外国。"临时政府害怕革命胜过害怕普鲁士,戒备巴黎胜过戒备威廉,它无时无事不对人民表示怀疑与敌对。"[2]第二帝国被推翻之后,法国的政治形势朝着民主和自由更广阔的范围发展,民众要求获得充分的政治权利和经济保障,要求成为法兰西民族国家的真正主人。很显然,这是资产阶级统治者完全不可能接受的。

为了腾出精力对付人民起义,面对普鲁士咄咄逼人的进攻,临时政府只想求和。"国防政府要求的不是胜利的和平,甚至不是体面的和平,而是无条件的和平。"[3]而法国为这种和平付出的代价,"是交出法兰西的黄金,割让国家的法兰西的土地,但首先是牺牲法兰西的共和制度。军事法庭的严峻法律,普选的被取消,国民自卫军实行了军队体制并剥夺了选举自己长官

---

① [法]奥·布朗基:《祖国在危急中》,顾良、冯文光译,商务印书馆1980年版,第61页。

② 同上书,第62页。

③ 同上书,第143页。

的权利,以及禁止招收新兵扩充国民自卫军,都是临时政府准备扼杀共和制度的行动"。①国防政府的卖国行为中,后果最严重的就是 1871 年 3 月梯也尔与普鲁士签订的和约。法国不但将阿尔萨斯的全部(贝尔福城除外)和洛林省的一部分割让给普鲁士,还要向普鲁士支付巨额赔款。这样的战争结局对未来几十年两国关系的走向和世界历史进程都产生了极其深远的影响。

和约签订后,普鲁士军以胜利者的姿态开进巴黎城。但是,充满民族主义精神的巴黎人民又怎么可能屈服?普鲁士人原以为可以顺利地进入一个害怕得发抖的城市,想不到碰到的是刺刀林立的堡垒。在普鲁士军进入巴黎的三天里,全城挂黑旗致哀。商店停业,喷泉干涸,路灯熄灭,街上静寂。巴黎成了一座死城。在巴黎公社革命工人武装的监视和包围下,胜利者不敢凯旋进入巴黎;他们只敢占据巴黎的一个小角落,其中有一部分还是公园,并且在这个角落也只被他们占据几天。没有一个普鲁士兵敢闯进巴黎市政厅,敢逛巴黎大街,敢擅自蹿进卢浮宫博物馆去鉴赏艺术珍品。就连俾斯麦本人也未能随心所欲地演一出凯旋的"威武壮剧"。他只在 3 月 2 日悄悄地到巴黎逛了一趟而已,"他受到几个小孩的口哨声嘲笑,有一个工人对他出言不逊"。②

巴黎人民爱国热情最壮烈的表现,是 1871 年 3—5 月间的伟大革命。在民族主义精神已充分成熟的法国民众心目中,共和国就是法兰西。而临时政府既然不推行民主共和制度,也不组织抗战保卫祖国,其职权就已经被撤销,人民推翻政府的革命行动就是法兰西民族主义的深刻体现。3 月 18日,巴黎人民通过武装起义占领了市政厅和旺多姆广场;26 日,巴黎举行了史无前例的民主选举;28 日,由各区普选产生的代表组成的巴黎公社庄严宣告成立。

巴黎公社建立伊始,就力求打碎资产阶级国家机器:宣布中止凡尔赛政权的政治效力;废除征兵制,由一切能服军役的公民组成的国民自卫军是国家唯一的军事力量;取消旧的警察机构和军事法庭。同时,公社还着手建立新的人民民主主义国家机器:建立了直属公社的 10 个委员会,分管不同国家事务;公社在行使权力的过程中实行民主集中制;要求公社人员成为"为人民服务"的社会公仆;规定高级官员的薪金限额,废除其特权,并禁止兼职兼薪;公社还在经济、文化和教育领域进行了一系列民主主义改革。

① [法]奥·布朗基:《祖国在危急中》,顾良、冯文光译,商务印书馆 1980 年版,第 147 页。
② [英]艾伦·帕麦尔:《俾斯麦传》,高年生等译,商务印书馆 1982 年版,第 129 页。

在抵抗普鲁士军队及其支持下的凡尔赛政府的进攻过程中，公社战士们都充满了牺牲精神。"战斗到底，不惜流尽最后一滴血，拯救巴黎和法兰西，这就是巴黎人民坚定不移的宗旨。"①在强烈的爱国精神鼓舞下，巴黎人民举起武器，无所畏惧地面对俾斯麦和梯也尔的军队，面对饥馑和炮轰。在梯也尔政府对革命的巴黎"不间歇、不留情的战争"之下，经过"五月流血周"的残酷较量后，巴黎公社终因寡不敌众而失败。公社战士的大义凛然和宁死不屈在法兰西民族主义发展史上谱写了最华丽也最壮烈的篇章。

3. 第一次世界大战

在人类历史上前所未有的一场武装冲突——第一次世界大战中，法兰西的民族精神也得到前所未有的残酷考验和充分的表现。主要资本主义国家相继进入帝国主义阶段之后，彼此间发展的不平衡性加剧。在欧洲，德国自古就是一个不稳定的因素。进入 20 世纪以后，柏林无疑已经做好发动战争以争夺欧洲和世界霸权的准备，为此，它不惜与英法这两个西方的民主国家为敌，并且不断向其挑衅，完全不理睬伦敦和巴黎寻求与德国达成某种体面而友好的谅解的心情。②德国军事史学家伯恩哈德将军在《德国与下一次战争》中强调"必须彻底征服法国，使它永远不再能够挡住我们的路"。面对这样的局势，很多法国政治家清醒地认识到保持国家和平与稳定对于普法战争后法国实力恢复的重要性，因此通过各种方式希望与德国达成和平谅解。对于德国挑起的多次地方性危机，法国政府在保持本国基本权利和尊严的前提下，大多采取了妥协的立场，目的在于维护欧洲的非战争状态，以此为本国发展争取时间和机会。在 1905 年和 1911 年的两次摩洛哥危机中，时任总理的主和派代表人物卡约在基本达到本国预期目标的情况下对德让步，暂时避免了似乎一触即发的德法大战，为法国争取到宝贵的扩军备战和发展经济的时间，在当时的历史条件下，这无疑是保护国家利益的明智之举。

然而，无论是在法国民众还是在政治领导者心中，对德国始终有一个无法解开的心结，那就是普法战争失败受辱之后由民族主义感情自然滋生出的复仇愿望。只是在国家实力恢复之前，法国尚不具备对德复仇的条件。然而，经过 40 余年的苦心经营，进入 20 世纪的第二个十年后，法国经济和

---

① ［法］奥·布朗基：《祖国在危急中》，顾良、冯文光译，商务印书馆 1980 年版，第 166 页。

② ［美］威廉·夏伊勒：《第三共和国的崩溃》，尹元耀等译，南海出版公司 1990 年版，第 127 页。

政治地位都得到很大程度的提高。此时深受费里爱国主义义务教育影响的新一代法国人，似乎看到了洗刷法兰西民族耻辱的希望，看到了收回属于法兰西民族的土地——阿尔萨斯和洛林的机会。再加上德国又疯狂进行扩军备战和寻衅滋事，民族自卫的本能使法国从上到下的狂热的民族感情再也无法抑制。1912年，推行和平外交政策的卡约被迫下台，取而代之的是强硬派代表人物普恩加莱。普恩加莱上台后，一方面大肆宣传"民族观念"，为可能的战争争取民心；另一方面开始积极地进行扩军备战：以三年兵役制取代两年制，大幅度增加军费，发展军火生产，并且不断修改和完善酝酿已久的对德作战计划。普恩加莱的行为在当时虽然受到广大和平主义者的抨击，但是后来的历史证明，他对时局的判断是准确的——在德国一心向战的情况下，大战是不可避免的，这位共和国总统敦促整个法国从心理上和物质上都做好了迎战强敌的准备，从而为最终赢得大战打下坚实的基础。

1914年8月1日，德国对俄国宣战。3日，德国入侵中立的比利时，德法战争最终再次爆发。4日午夜，法国人获知一支世界上最强大的军队正在向他们猛冲过来。虽然这次法国不再是孤军奋战，但其盟国英国军队还过少，俄国人则在德国东部边境集结，法国人不得不独自承受敌人对西方战线的头几次沉重打击。同样的战局、同一个敌人，法国在1870年曾经面对过，1940年又再次遭遇。但是，这两次的结局都是失败和耻辱，只有1914年，法国人从崩溃危险中拯救了自己，获得了荣耀。为什么？也许只有用法兰西伟大的民族精神来解释。

战争爆发当天，共和国总统普恩加莱就向全体陆海军下总动员令。下午4时，在凯旋门和全国各邮局都贴出了一份通告，上书："特别紧急——通告：全国总动员令——八月二日（星期日）开始正式动员。"与此同时，总统和政府成员向全国发出如下激动人心的号召："全国同胞们……政府寄希望于这个高贵的民族的沉着的镇定，以免她陷入不必要的慌乱之中。政府寄希望于全体法国人的爱国主义，并知道没有一个法国人不准备履行自己的职责。现在，政党不复存在，只有一个永存的法国，一个爱好和平的坚定的法国。只有一个自主的正义的，在镇静、警惕和尊严之中团结一致的法国。"①4日，共和国总理维维安尼在议会宣读了总统致参议院和众议院的信，普恩加莱在信中饱含热情地号召法兰西的儿子们紧密地团结在一起，为"保卫祖

① Georges Bonnefous, *Histoire Politique de la Troisterne Republique*, Vol.2, Paris, 1965, pp.24—25[《第三共和国政治史》（第2卷），第24—25页]，转引自楼均信、郑德第、张忠其选译：《一八七一——一九一八年的法国》，商务印书馆1989年版，第118—119页。

国"而战。

整个法国确实达到了"神圣团结"的状态。征兵令颁布以后,总参谋部原来估计可能有 13% 的保守分子拒绝报名服役,实际上只有不到 1.5% 的人没有报名。征兵办公室被 35 万名志愿者包围,还有 3 000 名和平时期的逃兵又归队了。由于不久之前社会党和总工会都通过了采取一切办法阻止战争的决议,政府曾担心全民动员可能引发工农武装暴动,但事实证明,这种担心完全是多余的。各个党派团体,从资产阶级各政党到改良主义的社会党、总工会,都在"保卫法兰西"的口号下联合起来。8 月 4 日参众两院特别联席会议的召开标志着国内各阶级和政党联合的实现,议会一致通过了多项军事法令和战争拨款。8 月 27 日,维维安尼在"神圣团结"的基础上组成了自 1881 年以来的第三个大内阁,不仅吸收了 3 名前总理,还包括社会党人桑巴和盖德。

法国的"神圣团结",不是总统令人鼓舞的演说的结果,而是决心保卫自己民族国家民主共和制度的法兰西人民自发建立起来的。法国人民经过 100 余年坚苦卓绝的斗争,才建立和巩固了共和制度,任何对法兰西共和国、对法兰西民主和自由的威胁,都必将招致法国人民的誓死抵抗。8 月 2 日,桑巴在群众大会上号召:你们要为保卫法国文化和人民的自由而战! 龙格说,如果明天法国受到侵犯,社会党人怎么能够不带头去保卫革命和民主的法国、1789 年百科全书的法国、1848 年 6 月的法国和饶勒斯的法国呢?桑巴和盖德参加政府的当天,社会党就发表宣言,表示"不仅要为祖国的生存和法兰西的尊严而战,并且要为自由、为共和国和文明而战……必须使整个民族拿出我国在历史上的类似时刻曾经表现出来的英雄气概,奋起保卫自己的领土和自由"。[1]所以说,1914 年挽救了法兰西的是伟大的民主与共和制度。正如一位历史学家所写:"1914 年的那些日子是我们国家曾经历过的最光辉的日子……因为从战争一开始便出现的团结精神拯救了我们的国家……因为是共和国使得这一切成为可能,爱国者应当感谢共和国。"[2]

虽然法国国内一片热血沸腾,军队也斗志昂扬,但是一些固有的弱点和战略失误导致法军在战争之初节节败退,伤亡惨重,政府不得不迁往波尔多,巴黎再一次听到德军的炮声。然而,历史没有重演。1914 年的第三共

---

① 鲁仁:《爱丽舍宫 100 年内幕》,山东人民出版社 2001 年版,第 140 页。
② [美]威廉·夏伊勒:《第三共和国的崩溃》,尹元耀等译,南海出版公司 1990 年版,第 134 页。

和国有一个坚强并团结的政府,有一些意志刚强、头脑冷静并对自己、对军队充满信心的军事指挥官,还有下决心战斗到底、誓死保卫祖国、保卫共和制度的人民,他们同仇敌忾,终于扭转了战局,创造了"马恩河上的奇迹"。

法军总司令霞飞是第三共和国"真正的儿子",在法军"边境战役"失败后,他及时纠正了先前的过失,将尽可能多的法军从东部调到西部,做好了坚决抗敌的准备。9月3日,他任命加利埃尼将军为巴黎军事总督,担负起保卫首都的重任。加利埃尼在领命时表示,他受命保卫巴黎,抵抗入侵者,自己将执行这项命令,战斗到底。这一慷慨激昂的言辞使因政府撤离而浮动的人心安定下来。霞飞则在9月5日下令法军开始向巴黎东北推进,拉开马恩河战役的序幕。未来的联军统帅福煦率领刚刚组建的第九军插入德国第二、第三军之间,虽然左右受敌,但仍坚持战斗,以猛烈的炮火击退了德军骑兵的攻击。他给霞飞拍了一封气势豪迈的电报说:我的左右两翼正遭受敌军的攻击而后退,我正在中间发动进攻!充分表现出法兰西民族将士的大无畏精神。9日,马恩河战役进入高潮。法军第六军受到德军主力的全力攻击,司令莫努里紧急求援。第四军刚从东线抵达巴黎,要上前线却无运输工具。加利埃尼于是下令征用巴黎的出租车。由1 000多辆出租车、公交车和卡车组成的庞大车队,连夜往返数趟,将6 000多名士兵和供应给养运到大约60千米以外的前线,解了第六军的急难。这可能是历史上唯一一次征用出租车运兵赴战场,"马恩河出租车"的传奇鼓舞了法国人民的抗敌决心。在法军强大的攻势和冲天的士气面前,10日,德军被迫全线撤退。到13日,战斗逐渐停止。德军虽然仍驻扎在法国,但是由于速决战的破产,德国陷入长期两线作战,这是协约国集团战略性的胜利。"马恩河上的奇迹"救了巴黎,救了法军,救了法国,也救了民主与共和制度。

马恩河战役之后,西线进入长期艰苦的对峙僵持阶段。1916年初,在东线取得一些重大胜利之后,德军开始向法国东北重镇凡尔登发动猛烈进攻。如果凡尔登失守,通向巴黎的门户又要洞开,因此法军不惜一切代价死守阵地,联队往往战斗到最后一个人,但还是没能抵挡住德军疯狂的进攻。2月25日,霞飞派老将军贝当到前线负责指挥。贝当一面加强炮兵,要求士兵坚守阵地;一面急速预备和调运物资弹药。由于铁路处于德军炮火射程内,贝当就组织人抢修了一条从巴勒杜克到凡尔登的道路。就这样,一支9 000人的运输队,调集3 900辆车,在一个星期内将援军19万人、2.3万吨弹药和2.5万吨其他军需物资源源不绝地送往前线。据估计,在巴勒杜克到凡尔登这条65千米长的小路上,平均14秒钟就通过一辆法军军车,最快时 5 秒钟通过一辆。这条"神圣之路"保证了法军有足够的实力与德军抗衡。面对德军飞机掩护下的重炮和毒气,法军将士顽强抵抗。再加上 7 月协约国在东线发动索姆河战役,使德军兵力分散,凡尔登的主动权开始转向法军。12 月,夺回了几个炮台和村庄,迫使德军退到了发起进攻的老阵地,战役终于以德军的失败告终。在历时 10 个月的凡尔登战役中,法军 75%的师参加了战斗,伤亡 36 万人,是历史上少有的消耗战"绞肉机"。同时它也是西线及大战的决定性战役,法兰西民族勇敢、刚毅的精神在战斗中发挥得淋漓尽致。

尽管法国获得了凡尔登和索姆河战役的胜利,但战争的扩大和持续使作为主战场的法国经济遭受了严重的破坏,社会动荡加剧。1917 年 4 月,新任法军统帅尼韦尔求胜心切,将数十万精疲力尽的士兵投入大进攻,而其作战计划又早为德军指挥部获悉,故法军节节受挫,短短 20 天内就伤亡约 20 万人,造成士兵的严重不满并引起兵变。为了有效应对前线和后方的各种危机,保证战争胜利,必须建立一个强有力的政权。此时,只有集激烈的民族主义、不可动摇的战斗精神和对共和政体的坚定于一身的克里孟梭可以担起继续领导全体法国人抗战到底的重担。克里孟梭一上台,就着手强化战争机器,打击国内反对派,并强化军事行动。他不顾年迈和危险,经常到战壕里去鼓舞士气,使士兵们相信胜利已唾手可得。

1918 年 3 月,德国集结全部力量企图在西线最后一搏。5 月 31 日德军抵达马恩河右岸,巴黎再次受到直接威胁。在关键时刻,克里孟梭再次宣布巴黎为战区,宣布自己与法国统帅部决心与巴黎共存亡,以此激励法国军民。6 月,在西线联军司令福煦指挥下,英法联军成功地阻止了德军的进攻势头。7 月 18 日起,法军不仅挡住了德军企图强渡马恩河的进攻,还打得德军节节败退。大战中的第二次马恩河战役不仅再次解除了德军对首都的威胁,而且使法军夺得了战场上的主动权。接下来法国要做的,就仅剩下西线的总反攻。11 月 11 日清晨,战败的德国几乎接受了法方提出的全部停战条件,双方在贡比涅森林签订了停战协定。中午,巴黎上空响起了 101 响礼炮声,教堂钟声齐鸣。欢呼雀跃的巴黎人蜂拥到协和广场,扯下蒙在斯特拉斯堡城铸像上的黑纱。这块黑纱从 1871 年该城被德国人占领后就蒙在那里,是国耻的标志。如今胜利使得法国人彻底洗刷了普法战争的奇耻大辱,也收复了普法战争中丧失的国土——以斯特拉斯堡为中心的阿尔萨斯和洛林。然而,战争胜利的意义还不仅于此,更重要的是,战争使法国的民主和共和制度经受了考验,法国民众希望保卫和传播共和制度的民族主义愿望实现了,法兰西第三共和国得到了巩固。

4. 戴高乐"自由法国"及其他法国抵抗运动

在第一次世界大战中,法国政府和人民同仇敌忾,几乎以一己之力承担了打败德国的主要责任。而在接下来规模更大的第二次世界大战中,情况却发生了翻天覆地的变化。在同样的敌人面前、同样的战略形势之下,法国当权者的"神圣团结"和军队的英勇无畏精神由于种种原因转瞬间都消失殆尽,因而等待他们的只是军队的溃败和国家的灭亡。1939 年 9 月英法相继向德国宣战从而宣告第二次世界大战全面爆发之后的 8 个月内,仍固守绥靖防御政策的法国一直与蓄势待发的德国维持着"西线无战事"的状态。1940 年 5 月 10 日,德军在西线发动了全面进攻。在此后的 45 天里,法军的溃败速度令人咋舌。5 月 26 日至 6 月 4 日,英法联军进行敦刻尔克大撤退;6 月初,"魏刚防线"崩溃;6 月 10 日,德军强渡塞纳河,将巴黎三面包围;14 日,巴黎守军不战而降,法国首都陷落;15 日,德军突破马其诺防线;18 日,法国政府发出停战指令;20 日,贝当政府正式向德国请降;22 日,割地赔款、肢解法国的《贡比涅停战协定》签订。至此,独立的法兰西民族国家灭亡了,其伟大的民主共和制度也随之终结。

但是,失败决不是法兰西民族最终的结局。法兰西是一个将民主和自由看得比自己的生命还珍贵的民族,他们怎么甘心做亡国奴呢? 旧当权者卖国,胸怀强烈爱国激情的新领导者及时出现;旧军队溃败,新的英勇无畏的正规军逐渐建立。更加重要的是,深受法西斯奴役的人民没有屈服,他们开始了坚苦卓绝的抵抗运动,为法兰西民族国家的复兴贡献出了自己的鲜血和生命。二战期间的法国抵抗运动是主张抵抗德国侵略者的派别、集团或个人在不同地区、不同时间内逐步形成的全民族反法西斯占领的运动。在整个二战期间,法国抵抗运动都由国内抵抗运动和戴高乐的"自由法国"(1942 年改名为"战斗法国")两部分组成。一方面,戴高乐的"自由法国"是法国抵抗运动的先锋和重心,对于组织和鼓舞国内抵抗运动起着不可磨灭的积极作用;另一方面,国内抵抗运动及其所代表的法国民众全民抗战行动又是"自由法国"在政治上和军事上的基础和支撑。形势的演进使得戴高乐最终整合了分属各个党派的各支本土抵抗力量,他也成为法兰西民族复兴运动的领导者。

"请相信我,法兰西并没有失败……有朝一日我们完全可以扭转乾坤,取得胜利……"1940 年 6 月 18 日,只身一人从即将沦陷的巴黎飞到英国的戴高乐在布什大厦的演播室里发表了一篇震撼人心的演说,庄严宣告自己领导的法国人民抵抗运动正式开始:"我,戴高乐将军,现在伦敦向法国的官兵发出请求,不管你们现在还是将来踏上英国的国土,不管是否持有武器,都和我联系。我请求具有制造武器技能的工程师和技术工人,不管你们现在还是将来踏上英国的国土,都和我联系。不管风云如何变幻,法兰西的抵抗烽火都不会熄灭,也绝不可能熄灭。"

除了连续发表各种文告、广播和通讯,鼓舞法国人民的抗战决心之外,戴高乐还将筹建武装部队作为当务之急。戴高乐初到英国时两手空空,"身旁连一个军队或组织的影子都没有"①,然而他意识到一支坚强有效的军队对于民族国家的生存和复兴是多么重要,"没有武装就没有法国,建立一个战斗部队比什么都重要"。②于是他先与驻扎在英国的法国阿尔卑斯山轻步兵师接触,招募了外籍军团第13不完全旅的大部分官兵、200名阿尔卑斯山步兵以及1个坦克连的2/3,后来又争取了几名海军军官的加盟,2艘潜艇和1艘巡逻艇也宣布拥护戴高乐,而驻圣阿塔恩的几十名飞行员后来成为"自由法国"空军的核心。再加上一些从法国和北非辗转到达英国的志愿人员,短短一个月间,一支7000余人的军队已经建立起来。7月13日,戴高乐终于可以自豪地宣称:"法国同胞们!请认清这一点,你们还有一个战斗的队伍存在。"③21日,"自由法国"军队的首批飞行员参加了对德国鲁尔区的轰炸。法兰西民族自己的军队重新投入为本民族争取自由与独立的战斗中。自此,在北非、海洋和欧洲大陆各战场上,他们代表盟军参加战役,并且取得一次又一次的胜利。而1942年6月在比耳哈亥依木,第一轻型装甲师在和隆美尔交战中,更是创造了光辉的战绩。这支部队在遭到敌人包围和重炮、飞机的轮番轰炸后,弹药储备殆尽,食物缺乏,水源断绝。即便如此,面对德军的多次劝降,法军都仍旧以更加英勇的拼杀作出答复。戴高乐远在伦敦密切注视着战局的发展,他发给前方的电报说:盖尼将军,希望你知道,并转告你的军队,全法国注视着你们,你们是她的骄傲。结果,这支部队于11日奇迹般地突破重围,完成了预定的战斗任务,并造成德军三倍于己的损失。戴高乐对此次战役总结道:"我们已经接近一直所向往的目的,那就是为我们的自由法国军队——虽然他们在数量上力量有

---

① 沈炼之主编:《法国通史简编》,人民出版社1990年版,第548页。

② [法]戴高乐:《战争回忆录·第一卷——召唤》,北京编译社译,世界知识出版社1981年版,第83页。

③ 同上书,第88页。

限——取得一个伟大时期的伟大任务。比耳哈亥依木的炮火向全世界宣布了法国复兴的开端。"①

1943 年春天,"战斗法国"军队参加了由盟军发起的规模巨大的突尼斯战役,胜利肃清了德意在北非的军队,下一步就是横渡地中海向意大利本土进军。为了积蓄力量解放祖国,戴高乐决心顶住英美的压力,率领法国军队参加意大利之战。他派出了 3 个远征师共 12 万人参加战斗。这支军队英勇顽强,攻无不克。6 月 4 日,戴高乐的先头部队进入罗马。18 日,法国部队继解放科西嘉后,又光复了厄尔巴岛,这为盟军在法国南部的登陆创造了有利的条件。在海上,法国海军从英国港口出发,参加在大西洋、英吉利海峡、北海和极地一带的战斗。到 1942 年,已有 1/4 的海员在海上牺牲。空军方面,"自由法国"空军在战争中损失的总数比它所保持的空军实力多一倍。②与盟军庞大的军事实力相比,"自由法国"军队的数量是微不足道的,但他们英勇顽强,配合了英军和美军的作战,牵制了一定数量的轴心国兵力,为保住盟军的军事基地和反攻的胜利作出了力所能及的贡献。更重要的是,"自由法国"军队的存在和行动为法国人民树立了榜样,鼓舞了各阶层反法西斯的斗志和决心,成为促进法兰西民族国家伟大复兴的关键因素。

戴高乐清醒地认识到,对于真正意义上的民族国家而言,一个拥有完全行政职能的主权政府是多么重要,而由于他本人就是法兰西民族利益的保护人,那么"自由法国"必须在已解放的属于自己的土地上行使一个实行民主与共和制度的主权政府的职责,因此,戴高乐开始了艰难地建立政权的努力。首先,1940 年 10 月 27 日,戴高乐在布拉柴维尔发表了庄严的宣告。他谴责维希那个"机构""违反宪法",对侵略者"惟命是从"。他庄严保证,他掌权的目标是为了解放整个法国。1941 年 9 月 24 日,戴高乐"以法国人民和帝国主义的名义",宣告法兰西民族委员会成立,自己为主席,设 8 个委员,实际上承担了国家中央政府的职能。每个派别不管其影响如何,都在委员会内拥有一票。1943 年,随着盟军在北非登陆,原来维希政权在北非的军事领袖吉罗宣布与同盟国一起反对法西斯德国,这就使戴高乐与吉罗的联合有了一定基础。法共在北非的中央代表团也与双方进行了接触,三方达成了建立协调民族斗争的临时政府的协议,并建立了法兰西民族解放委员会。其成立宣言指出:"这样成立的民族解放委员会,就是法国的中央政

---

① 解力夫编著:《坚忍不拔:戴高乐》,世界知识出版社 1994 年版,第 161 页。
② [法]戴高乐:《战争回忆录:第一卷——召唤》,北京编译社译,世界知识出版社 1981 年版,第 134 页。

权机关。"8月,委员会得到 26 个国家的承认。10 月初,戴高乐成为民族解放委员会的唯一主席,吉罗则指挥军队。11 月,戴高乐主持了临时咨询会议,国内外抵抗运动组织和各党派都派代表参加。1944 年 6 月 3 日,戴高乐将法兰西民族解放委员会改组为法国临时政府,准备战后接管法国。至此,行使有效权力的新的法兰西民族国家中央政权终于完整地建立起来。

几乎在"自由法国"运动兴起的同时,处于法西斯德国黑暗统治之下的法国本土也兴起了抵抗运动。戴高乐激动人心的号召和一系列抗敌工作,是国内抵抗运动的强大推动力。法国的本土抵抗经历了由自发到自觉、由分散到组织的发展过程。最初只是少数爱国者对德国占领者的非暴力反抗,比如散发传单、书写反法西斯标语等,后来抵抗运动开始具有越来越明显的军事倾向,并逐渐形成了一些大的抵抗组织。随着全民抗战的开始,法国抵抗运动日趋高涨,其中一个重要标志就是国内武装斗争逐渐发展为大规模的游击战争。1941 年 8 月 3 日巴黎的百万人爱国示威和 23 日法共党员法比安射杀德国军官之后,占领者对抵抗运动的镇压更加血腥。在这种形势下,一批又一批人逃往山区和乡村,组织了游击队,当时这些人被称为"马基"。在中央高原和阿尔卑斯山区,出现了第一批"马基营"。后来,"马基"的分布范围越来越广,人数不断增多。法共则将原来的武装组织合并为"自由射手和游击队",由全国军事委员会协调其行动。1942 年 6 月,在巴黎地区正式建立了第一支游击兵营,下属若干游击队,各省、区也相应建立军事抵抗组织。此外,德军占领法国南部后,被解散的"休战军"部分官兵组织了"军队抵抗组织",投入抗战。与此同时,戴高乐则不断组织空投,为游击队提供武器。

法兰西民族的游击队员们高举"法国应该通过战斗来解放自己"的大旗,前赴后继,英勇战斗,从 1940 年到 1942 年,法国共发生了 380 起武装袭击占领军的事件。1943 年,游击队破坏铁路、公路事件已达 2 000 次。[①]仅仅 1—3 月,"自由射手和游击队"就发起了 1 500 次军事行动,使法西斯损失了数百部载有军用物资的火车、数十艘驳船和数座桥梁。9 月,游击队又在群众的支持下解放了科西嘉岛,歼灭和俘虏德军 1.2 万人。[②]游击队的规模也日益壮大,发展成为遍布全法的"法国内地军"的基础队伍。到 1944 年 6 月,由法共武装、戴高乐秘密军和军队抵抗组织共同组成的法国内地军已拥有近 50 万人的武装。

---

①② 延艺云:《欧洲抵抗运动》,光明日报出版社 1991 年版,第 166 页。

　　值得注意的是,1940 年以来公开或秘密参加抵抗斗争的人们,都明确主张废除政治特权阶级、军衔等级制度、"联合统治"制度、教会等级制度等,他们要求建立一种尊重人权的、卓有效能的民主政治。维希政权是法国共和制度的断裂,抵抗运动则反映了共和制度优良传统的延续。法兰西的危亡促使抵抗运动产生,它自发投入战斗,为了捍卫共和制度遗产、国家主权和民族独立,也是为了争取重建共和制度和捍卫法兰西。也就是说,抵抗运动所争取的政治制度形式就是共和国。它从原则上肯定曾经存在的共和制度及其法律基础,它主张虽然战败,但是共和国从未死亡。这就是二战期间法国抵抗运动与民主主义的法兰西民族主义之间的完美契合点。

　　如果说在法国抵抗运动前期,各个抵抗组织之间基本上都是各自为战,没有协调行动的话,那么在第二次世界大战进入后半段时,为了使法国抵抗组织能够发挥更大的作用,建立一个统一的反法西斯领导中心已变得刻不容缓。在这一历史时刻,又是视自己为法兰西化身的戴高乐最先也是最坚决地承担了这一历史使命。幸运的是,戴高乐此时还拥有了一个勇敢精神和爱国热情丝毫不逊于自己的得力助手——让·穆兰。德军入侵法国时,穆兰曾是埃尔—罗伯尔省的省长,他的"卓越坚定和高贵品质"使德国人也不得不将他放出监狱并对他表示敬意。1941 年 9 月他偷越国境线到达伦敦投奔戴高乐。戴高乐为他非凡的政治和军事才能以及对法国解放的强烈信心所折服,决定派他回法国,作为自己在本土抗战运动的唯一代表。

　　1942 年 1 月 1 日,穆兰跳伞回到法国。他的使命是组织秘密军事小组,设立空投武器接收站,分发经费和用无线电同伦敦保持联系,但更重要的是,将内地的各个抵抗组织整合至戴高乐"自由法国"的统一领导之下。在穆兰的推动下,许多抵抗运动的领导人都发表了拥护戴高乐为领袖的宣言,并且组成了一些联合委员会。在武装斗争广泛发展,国内各个抵抗运动组织联合趋向日益加强的情况下,1943 年 5 月,经过艰苦周密的工作,穆兰终于创建了一个视戴高乐的"战斗法国"为最高领袖、"得到包括共产党在内的所有游击队一致承认的"[1]法国抵抗运动统一战线——全国抵抗委员会。加入委员会的有 16 个派别或组织,其中包括"民族阵线""军民组织"等 8 个抵抗组织,共产党、社会党等 6 个政党和 2 个工会。27 日,全国抵抗委员会在巴黎召开第一次全体会议,由穆兰主持,选举了常设机构,颁布了关于战后国家大政方针的委员会章程,并开始准备民族起义。不久,在全国抵抗委

① 　[法]皮埃尔·米盖尔:《法国史》,蔡鸿滨等译,商务印书馆 1985 年版,第 558 页。

员会的领导下,各省和地区都成立了抵抗委员会。法国国土上的点点抵抗星火,终于燃成燎原的烈焰,这股法兰西民族之火必然烧尽德国法西斯和卖国的维希政权,而熔炼出一个独立、自由、民主、共和的新法兰西。令人扼腕叹息的是,法兰西统一战线的缔造者穆兰却在不到一个月后被敌人逮捕,受尽酷刑后壮烈牺牲,为二战期间的法国抵抗运动画上了最浓墨重彩的一笔。

1944年6月,在戴高乐的一再要求下,世界历史上规模最大的一次两栖登陆战——诺曼底登陆终于拉开战幕。在转入反攻的盟军作战序列中,戴高乐的法国第一集团军和第二师参加了登陆作战。而法国内地军则担负起极其危险的配合登陆任务:执行英国特种行动局的“紫色”计划,即破坏敌人的通讯联络。接到来自伦敦的密码广播命令之后,6日午夜之前,他们立即着手切断敌人的电缆和电话线,使法国各地特别是诺曼底地区和所有大中城市的关键德军驻地,都遭遇严重的通讯障碍甚至中断。其中布列塔尼游击队还负有一项对登陆行动意义更加重大的使命,那就是切断布列塔尼同法国其他地区的联系,尤其要设法阻挠驻守该半岛的14万德军向诺曼底增援。由于游击队的活动,驻守布列塔尼的德军第77步兵师用了13天才走完2天的路程,第165和275步兵师则始终未全师到达前线。德军的伞兵遭到了同样的阻击,号称世界上最精良的第二党卫军装甲师“帝国”,也在去往诺曼底的路上遭到游击队的猛烈袭击。抵抗运动中最有战斗力的游击队之一“修车工”将“帝国”储存的大部分汽油都炸上了天,不得不改用铁路运输的“帝国”又遭到“辣椒”游击队的破坏,弄到足够的汽油之后,“帝国”又遭遇“奎宁”和“矿工”游击队的英勇阻击。在一个通向诺曼底的桥头堡,“奎宁”与该师的一个坦克连激战6小时,27人的游击队有20人光荣牺牲。法国游击队凭借自己的英勇斗争,大大推迟了“帝国”装甲师到达前线的时间,对诺曼底战局的巩固起到了决定性的作用。艾森豪威尔认为,法国内地军在诺曼底登陆中的贡献超过15个正规师。

当法国的舰队、机群、突击队向导和盟军一同胜利到达英吉利海峡彼岸时,戴高乐知道,他4年来梦寐以求的一天就要到了。1944年6月14日,戴高乐乘坐“战斗”号驱逐舰重新踏上故土。从诺曼底胜利登陆的戴高乐第一集团军在内地军的配合下,胜利收复土伦和马赛两座城市。与此同时,第一师从南部登陆入境作战,到9月中旬,已达法国腹地。与正规军同步,法国人民在游击队员的带领下,掀起了波澜壮阔的民族大起义。到7月中旬,全国有40多个省爆发了武装起义,内地军解放了法国大部分地区,并在当地建立了新政权。

到 8 月中旬,巴黎回到法兰西民族怀抱的日子终于到来了。1944 年 7 月 14 日,巴黎爆发了 15 万人参加的罢工和示威,8 月 10 日,巴黎地铁工人总罢工,15 日开始,警察罢工并加入抵抗队伍。同时,城内的共产党、社会党、教会代表等迅速组织了巴黎解放委员会,并建立了一支 8 万人的武装。19 日清晨战斗开始后,巴黎抵抗战士和市民倾城出动,围歼占领者。经过几天的浴血奋战,到 25 日,德军全部缴械投降,巴黎解放了。11 月下旬,法国境内的德军全部肃清。1945 年 4 月,法军作为盟军进入德国境内并参与了对柏林的占领。法军在战争后期的英勇表现对战后法国建立和维护大国地位具有极大的政治意义。

四、重回欧洲的法兰西民族主义

法国胜利了,然而法兰西民族在维护祖国独立的同时,如何才能实现法国大革命中那些伟大的理想? 二战后的历史证明,法兰西民族围绕这一问题,为欧洲提供了一张极富建设性的蓝图。

1. 戴高乐主义的理论与实践

戴高乐主义产生于第二次世界大战,在二战期间主要表现为反法西斯主义、反民族投降主义,即要将法兰西民族从法西斯的奴役下解放出来,给法国以独立和自由。二战后期和战后最初几年戴高乐的一些行动也是戴高乐主义实践的组成部分之一。战争末期,美英认为法国是战败国,因此在很多次决定战后安排的重要国际会议如雅尔塔会议上,将戴高乐排挤在外。罗斯福还主张在解放后的法国领土上建立"盟国军政府",实行军事占领。对此,戴高乐针锋相对地指出,在被解放的法国领土上,"我们就是法国的行政机构……当我们行使权力时,决不允许受到任何监督和侵扰"[1],并宣称"自己要作为一个自由的唯一的和有全权的首脑回到法国"[2]。为此,他采取了一系列关键性措施。1944 年 6 月 3 日,他把设在阿尔及利亚的法兰西民族解放委员会改组为法兰西共和国临时政府;27 日,发布整顿法国本土

---

① ［法］戴高乐:《战争回忆录:第一卷——召唤》,北京编译社译,世界知识出版社 1981 年版,第 1 页。

② ［法］戴高乐:《战争回忆录:第三卷——拯救》,北京编译社译,世界知识出版社 1981 年版,第 252 页。

行政机构的政令;7 月 27 日,他颁布在法国恢复共和国体制合法性的法令;8 月 25 日,戴高乐进入巴黎市区,接受德国递交的投降书;31 日,他把政权中心迁回巴黎,组成多党联合临时政府。面对戴高乐维护法国民族独立的强硬行动,美国被迫承认了法兰西共和国临时政府的合法性。

戴高乐在确保了法国享有战胜国的地位之后,便着手争取使法国能在国际政治中发挥大国作用。他说:"我们认为,对于战后与世界人民息息相关的政治、经济和思想方面的问题,如果没有法国的参与就作出决定,那都是冒险行为……人类的任何重大事业,如果没有得到法国的同意,都将是非法的,因而也是不稳固的。"①为了向美国示威,1944 年 12 月,戴高乐以法国临时政府首脑的身份访问莫斯科,与苏联签订了互助条约。法国不会从遭受战火严重破坏的苏联那里获得多少实际的好处,戴高乐也意识到这一点,但是与三大国之一的苏联结盟,无疑是对"盎格鲁—撒克逊人称霸野心"的一次反击,表明了法国的地位和分量,说明战后法国可以同大国合作并起到"应有"的作用,而这必然会影响到美英对法国的态度。面对戴高乐控制着几十万武装并掌握着法国政权的事实,考虑到战后与苏联对抗的需要,美英被迫允许法国成为德国停战协议的签署国之一,在德国划有一个占领区,并为联合国五个常任理事国之一。这样,法国的大国地位得到了一定程度的恢复。

然而,第二次世界大战以后,国际局势已形成美苏为首的两大阵营对峙、试图主宰世界的格局。西欧国家出于经济上的需要和安全上的考虑,只能在政治、经济、军事各方面全方位地依赖美国,无可奈何地与美国形成一种依附关系。恰在此时,厌恶法国传统政党政治的戴高乐也暂别政坛,于是法兰西第四共和国只得执行了一条亲美的大西洋政策。在这一政策下,法国的独立性受到限制,民族利益和愿望不能得到充分的满足。但是,进入20 世纪 50 年代,随着西欧国家生产恢复和经济发展,美国从原来的绝对优势地位变为相对优势,西欧国家已不是战后初期对美国那种全方位的依赖者,经济上对美国形成了竞争性,政治上也开始提出自己的利益要求,这就是戴高乐主义重新开始全面实施的客观历史条件。

由于在政治方面存在致命的缺陷,法兰西第四共和国仅仅跌跌撞撞地走过了 12 个春秋,就在阿尔及利亚战争所引发的政治危机中极不光彩地悄然终结了。在严重的民族灾难中,戴高乐再一次被赋予拯救国家的责任和

---

① [法]戴高乐:《战争回忆录:第三卷——拯救》,北京编译社译,世界知识出版社 1981 年版,第 13 页。

权力。戴高乐上台后,首先完全按照自己的意愿创立了第五共和国的政治体制,随后就开始了一系列全面贯彻和发展其理想的实践,并在与超级大国、与欧洲建设、与第三世界的关系中得到充分表现。这就是二战后戴高乐主义的复兴、发展和完善。直到 1968 年戴高乐再次下野,其 10 年间轰轰烈烈的行动对法国和世界都产生了极大的影响。

"戴高乐希望在制定世界政策时享有同美国和英国'完全的、绝对的、无条件的'平等权。按照他的观点,美国将代表西半球发表意见,英国代表英联邦发表意见,而法国则代表欧洲和大部分非洲发表意见。"①在这样的指导方针下,戴高乐在国际交往中,"旗帜鲜明,充满对无理的拒绝,对霸权的藐视,并始终强调尊严和独立"②,致力于在美苏两极格局中寻求国际关系中的新均衡,"这种均衡要以每一个国家的民族独立和责任为基础,而不是以一个世界大国的独霸或两个世界大国的共同霸权为基础"。③他曾经说过:"只有我们,能够对美国的保护说'不'。不论德国人、意大利人、比利时人或荷兰人都不能说'不'。只有我们一家能这样,这也是我们的义务。"④

学者勒纳·雷蒙把戴高乐主义比作波拿巴主义,认为他们的共同点是:"无限崇尚民族的伟大,极力维护民族的团结,并通过强大国家的权力来达到上述目的。"⑤戴高乐的亲信德勃雷把戴高乐主义归纳为一种强烈的民族主义,指出"我相信在戴高乐主义的精髓中有着某种法兰西的思想,依靠着这种思想便表现为努力保障民族的物质力量和道义上的权威……换句话说,戴高乐主义的核心便是保障法兰西的命运"。⑥知名学者莱奥·阿蒙认为,戴高乐是一个重视民族和重视国家地位的人,同时又极力主张维持社会秩序,但并不守旧,希望通过科技来实现新的人道主义。以上观点都有一个共同点,就是肯定戴高乐主义的客观思想基础是法兰西民族主义,植根于法兰西民族之中,表现于民族利益和国家利益之中,又服务于法兰西民族。戴高乐主义的所有实践,都是法兰西民族主义延伸的结果,其实质主要就是维护民族独立和国家主权。

----

① 美国《新闻周刊》,1961 年 6 月 5 日,转引自《国际问题论丛》1963 年第 1 期。
② [法]让·拉古都尔:《戴高乐全传》,允道等译,军事科学出版社 1988 年版,第 276 页。
③ 李植枬等主编:《当代世界史》,武汉大学出版社 1985 年版,第 255 页。
④ [法]戴高乐:《希望回忆录:第一卷——复兴 1958—1962》,上海人民出版社 1973 年版,第 252 页。
⑤⑥ 金重远:《20 世纪的法兰西》,复旦大学出版社 2004 年版,第 361 页。

经过 20 世纪 60 年代的一次次努力,法国的地位不一样了,它的的确确在世界上树立了自己的形象,找到了适合自己的位置,往往能在国际事务中起到一种独到的作用。由于法国的独立自主,它不仅在第三世界国家中赢得了友谊,在西欧国家中赢得了领导地位,而且迫使美苏对它另眼相看。按照戴高乐的说法:"我们的国家突然成了国际舞台上的主角了,以前人家总是把它当作一个跑龙套的。至于各国政府,不管是属于盟国一方的,属于东方国家的,或是第三世界国家的,都懂得我们现在进入了一个新的政治阶段。在这个阶段里,法国重新和它过去的历史衔接起来了,再也不听从任何人指挥了……","最近这几年,法兰西在世界上已经恢复了它原有的面目和地位……所有这一切,都说明我国重新卓立于世界"。①

戴高乐强硬的民族主义政策遭到了美国的痛恨。美国以为,这种政策只有戴高乐凭借其个人权威以及高超的外交技巧才能推行,戴高乐的外交政策和作为,将会随着他的逝世而烟消云散。然而,戴高乐走下政坛后,戴高乐主义却一直盛行不衰,其后的所有总统都继承了他的政治遗产,蓬皮杜被称为"现实的戴高乐主义",德斯坦被称为"新潮的戴高乐主义",密特朗则被称为"社会党色彩的戴高乐主义",而希拉克的上台则干脆被评为是"戴高乐主义"的复兴。这四位总统不管派别如何、风格如何,他们在法国政坛上都执行了一条没有戴高乐的戴高乐主义。沃勒斯坦认为,"战后各届法国政府都在不懈地推行'戴高乐主义'的外交政策,无论是戴高乐、戴高乐派人士,还是其他任何人主政"。②戴高乐自己也曾经说过,全法国所有人都曾经是、现在是、未来也将是戴高乐主义者。

如果说戴高乐以其在冷战期间运用一个政治家的胆略周旋于两个超级大国之间,勇敢地奉行独立外交被载入当代国际政治史册的话,那么在冷战后建立国际新秩序的历史上,希拉克则以其不屈从美国强权政策的硬汉形象而赢得国际社会的尊敬。希拉克在青年时代就是戴高乐主义的狂热崇拜者。继蓬皮杜之后,他作为戴高乐主义的继承人一直活跃于法国政坛。他在首任总统的前两年,在波黑、非洲和中东,在北约、核试验、欧亚会议、加利连任和美国治外法权等问题上,有着一连串的不俗表现,这使其像戴高乐时期一样,把法国推向了国际舞台的前沿。特别是在 2003 年的伊拉克战争

① [法]戴高乐:《希望回忆录:第一卷——复兴 1958—1962》,上海人民出版社 1973 年版,第265 页。

② Immanuel Wallerstein, "France is the Key", *Commentary*, Vol. 106, Fernand Braudel Center, Binghamton: Binghamton University Press.

中,他强烈反对美国武装侵略伊拉克,使戴高乐主义再次成为国际政治的热点。法国通过一次次地对美国说"不"来提高自身的国际地位,推动多极化世界的形成。正如沃勒斯坦所言:"法国是当今世界上能对美国地缘政治地位产生重要影响的唯一国家……这并非因为法国如此强大,而是由于她坚持不懈地推动了一个多极世界,因此法国代表了一股强大的世界力量。"①

　　总之,戴高乐主义使法国在战后的国际事务中一直发挥着超出自己国力的作用和影响。保罗·肯尼迪指出:"法国对世界事务的影响,总是远远超过人们对这么一个仅占世界国民生产总值 4％的国家可能寄予的期望,而且不仅在戴高乐总统任期内是如此。"②冷战期间,身为"中等强国"的法国成功地利用美苏矛盾和联合欧洲来加强自身地位,达到了"用二等车票乘一等车厢"的目的。冷战结束后,"以天下为己任"的法国坚持不懈地推动世界多极化进程,影响和带动了世界上大多数国家敢于向美国的单边主义和霸权主义说出"不"字,用"软实力"制约了美国的"硬实力",极大地遏制了单边势力的恶性膨胀。可以说,戴高乐主义对建立一个和谐、平衡的国际新秩序起了巨大的推动作用。

　　戴高乐在追求国家独立自主的过程中,一直把军队特别是新式武器装备作为实现国家独立自主、维护民族利益的重要工具。那么,面对二战之后的军事发展,特别是美苏先后拥有核武器的状况,戴高乐自然将法国自主拥有核武器作为一项当务之急和重中之重。他在 1953 年 5 月就指出:"现在,起作用的是原子武器,其余都不在话下。阻止俄国人行动的,不是李奇微,而是原子弹。"③如果法国不具备核武器,它将"不再是一个欧洲强国,不再是一个主权国家,而只是一个被一体化了的卫星"。④然而,在第四共和国时期,法国政府虽然曾请求美国政府提供有关核武器构造和生产工艺的技术资料,但遭美国断然拒绝。于是戴高乐 1958 年上台后,立刻将建立独立的核打击力量作为当时法国军事政策的基础。戴高乐先要求与美国分享核秘密,并坚决不同意在法国领土上设置带有核弹头的中程导弹。9 月,艾森豪

---

　　①　Immanuel Wallerstein, "France is the Key", *Commentary*, Vol. 106, Fernand Braudel Center, Binghamton: Binghamton University Press.

　　②　马胜利:《法国外交的文化传统》,《中国社会科学院院报》2004 年第 3 期。

　　③　［法］乔治·蓬皮杜:《恢复历史真相——蓬皮杜回忆录》,龚元兴等译,世界知识出版社 1984 年版,第 116 页。

　　④　吴国庆:《战后法国政治史》,社会科学文献出版社 1990 年版,第 245 页。

威尔访问法国,再次试图说服法国放弃开发核武器。为此,戴高乐明确表明了法国的核威慑力量原则:"即使敌人有杀死我们十次的力量,我们只需要杀死敌人一次就够了,我们的威慑力量就是有效的了。"①这番话奠定了发展法国的独立核打击力量的理论基础,即"以小慑大"的核威慑理论。

1960年2月13日,法国在撒哈拉沙漠成功进行了第一次核试验,成为有核国。戴高乐在给国防部长的贺电中称:"为法兰西欢呼吧!从今天早晨开始,法国变得更加强大,更加自豪。衷心感谢您和那些为法国带来辉煌成就的人。""法国的防务必须属于法国。"②同年10月,戴高乐在格勒诺布发表演说,宣布西方国家不应在未得到法国允许的情况下投放原子弹,只要法国政府不同意,也不得从法国领土上投出原子弹。之后美国又提出种种共同发展核武器的方案,1961年初就任美国总统的肯尼迪则强调欧美实行战略分工,由美国负责控制核武器,欧洲盟国则侧重发展常规武器。对此,戴高乐宣称,法国坚持发展自己的独立核力量,绝不当"联盟的士兵"。在劝说无效的情况下,由美国提出的意在由北约盟国集体参加的"多边核力量"计划出台,其目的是邀法国参加,从而迫使法国放弃独立核力量计划。戴高乐对此计划直言不讳地揭穿道,多边核力量是置于北约"美国司令之下的",因而是"受美国控制的",要法国参加的目的在于吞并掉法国惨淡经营的一点核力量。最终"多边核力量"计划由于戴高乐的奋力抗拒而宣告破产。而法国的独立核力量却得以迅速发展起来。

戴高乐在核武器政策方面扔下的最重磅炮弹无疑是对部分核禁试条约的抵制。1963年7月25日,美国、苏联和英国三个拥有核武器的国家签订《莫斯科禁止核武器条约》,即部分核禁试条约,企图维护核大国的垄断地位。戴高乐在7月29日召开的记者招待会上声明法国在任何情况下都决不签署这个条约,而且将继续发展本国的核武装。1965年11月,北约成立以美国为首的十国特别委员会,其目的为计划和磋商共同的核政策,法国拒绝加入。随后法国又拒绝加入美国创建的核防务委员会和核计划小组。

蓬皮杜上台后,继续把发展独立核力量放在防务的优先地位。他在戴高乐的基础上,建立了陆基中程导弹、核潜艇、战术核武器三者互相结合而成的第二代核打击力量。德斯坦则充实核武库,以提高质量为方针。戴高乐所创的核政策已在法国政治生活中取得普遍共识,成为不带政治派别色

---

① [法]戴高乐:《希望回忆录:第一卷——复兴 1958—1962》,上海人民出版社 1973 年版,第225 页。

② 张锡昌、周剑卿:《战后法国外交史 1944—1992》,世界知识出版社 1993 年版,第 138 页。

彩和不容争辩的国家性政策,所以社会党总统密特朗也制定了优先发展核力量的方针,并进一步完善和发展了以战略核潜艇为主体的核力量。20 世纪 80 年代以来,在核谈判和核裁军成为世界潮流的背景下,密特朗虽然不得不宣布暂停在南太平洋的核试验,但不同意销毁全部核武器,而主张保持核威慑,并要求首先应裁减美苏的超级核军备,坚决反对将法国的核力量纳入美苏核谈判之中。1995 年希拉克当选掌权后,不顾密特朗于 1992 年 4 月暂停核试验的承诺和世界舆论的普遍反对,宣布恢复核试验。他认为"那些核试验正在重新树立法国是世界上一支可靠力量的形象"①,同时也"作为国家独立的象征"。②

北约是在美国拥有核垄断、西欧国家在二战中受到严重削弱和东西方冷战正酣的时期建立起来的,它一开始就具有美国控制西欧和遏制苏联的双重作用。在北约这个一体化体系中,法国仅仅是"被称为大西洋团结的霸权主义统治下的驯服的角色"③,戴高乐一开始就对此深感不满。因此,1958 年他刚刚重新上台执政,就提出改组北约的领导体制,把美英两头政治变为有法国参与的三头政治,主张将北约的职责范围由大西洋扩展到全球所有地区,同时要求改组北约北部组织结构——鉴于法国的责任和安全的世界性质,巴黎应当直接参与北约的政治和战略决策,因此应尽快建立一个美英法组成的大西洋理事会,负责制订北约组织的全球性战略计划并决定其他政治问题。戴高乐还警告,如果法国的愿望得不到满足,那么北约将难以得到法国的全面合作,并按照北约第 12 条的规定,保留修改或者退出公约的权利。其实当时戴高乐并未指望美英会同意自己这种"狂妄"的建议,其真实的意图恐怕是想以美国的否定态度来为法国早已决心进行的摆脱北约控制的行动获得借口或者理由,正如戴高乐在回忆录中所写的:"果然不出我所料,美英两国接到我的备忘录后,仅仅作了支支吾吾的答复。事已至此,没有任何东西能够阻止我们采取行动了。"④

于是,法国开始逐步退出北约军事一体化组织。1959 年 3 月 6 日,法方宣布撤回受北约指挥的法国地中海舰队。戴高乐本人对此则作出直率的解释:法国必须摆脱北约的羁绊,因为北约无法保护自己在中东、北非、撒哈

① 《参考消息》1995 年 6 月 16 日。
② 路透社 1996 年 1 月 17 日报道,转引自《参考消息》1996 年 1 月 20 日。
③ [法]戴高乐:《希望回忆录:第一卷——复兴 1958—1962》,上海人民出版社 1973 年版,第 177 页。
④ 同上书,第 209 页。

拉沙漠以南非洲及红海地区的利益。6 月,法国宣布不同意美国在法国领土上储存核弹头和安装导弹发射器;7 月,美国被迫将驻法国的 200 架轰炸机撤往英国和德国;11 月,戴高乐在最高军事研究中心发表演说,明确反对北约一体化的原则。1960 年 5 月,法国拒绝北约防空一体化,宣布重建本国的军事航空系统。1963 年 1 月,法国拒绝把从阿尔及利亚遣返的部队置于北约一体化司令部的管辖之下;6 月,法国大西洋舰队撤出北约。1964 年4 月,法国从北约驻地中海和英吉利海峡的各级指挥部撤走自己的海军参谋官。1965 年 5 月,法国通知各盟国,从此将不再参加北约组织的战略演习;9 月 9 日,戴高乐又在记者招待会上正式宣布,法国最迟将在 1969 年亦即北约组织成立 20 周年之际,不再受北约"一体化"的约束。

1966 年 3 月 7 日,戴高乐在致约翰逊总统和所有北约盟国的信中,宣布法国退出北约军事组织,驻联邦德国的法军不再受北约的指挥,所有法国军官及参谋人员均从北约指挥部撤出,而北约欧洲盟军最高指挥部则应从巴黎附近的罗康库尔及枫丹白露撤走,所有外国驻法国的军队、基地也一律撤走。3 月 9 日,法国在发给其盟国的另一个通知中,明确要求 1967 年为外国军队及装备撤出法国的最后期限。同时还规定,美国及北约军用飞机穿越法国领空时将受到严格限制。尽管法国的行为受到北约盟国的一致劝阻,但戴高乐丝毫不为所动。自 1966 年 7 月 1 日起,法国的地面部队及空军均不再受北约的指挥;10 月 1 日起,法国代表不再参加北约的军事会议,次年 1 月 1 日起,法国不再向北约支付军事费用。1966 年 7 月至 1967 年 4月 1 日,北约完成了从法国的大撤退,共撤出 7 万名军事人员和家属及 80万吨军用物资。

像戴高乐指出的那样,盟军长期驻扎在法国并使用其领空,使法国全面行使主权受到了严重的损害。法国撤出北约军事一体化组织,是为了恢复在本国领土上全面行使安全防卫主权,为了摆脱在军事上、政治上对美国的依赖,同时从集团政治中脱身出来,成为超越美苏集团的独立政治力量,从而使自己在东西方关系中处于一种十分有利的特殊地位,为法国的独立外交打开局面。

二战后,美国确立起在西欧的霸主地位,西欧各盟国都围绕其左右,配合其推行反苏反东方的冷战政策。但 20 世纪 50 年代末 60 年代初,国际形势发生了巨大的变化:从结构上看,东方阵营内部已经出现了不和甚至裂痕;从思想上讲,苏联也在寻求和平,避免战争。更重要的是,世界和平、避免战争的结果不能靠美苏两个大国来实现。戴高乐认为,每个国家都应当发挥自己的作用,特别是法国,更应该发挥东西方之间的"积极纽带作用"。要实现戴高乐主义的理想,就必须同东方国家发展关系,从而从苏联获得直接或间接的支持,增强同美国闹独立的筹码。如果不改善同苏联的关系,欧洲问题不可能得到解决,法国也不可能在欧洲谋求自己的地位。也就是说,戴高乐希望建设的是一个独立于美国之外的欧洲,为了建设这样一个独立强大的欧洲,不把苏联吸引过来是不可能的。

于是,在戴高乐的反美斗争走向高潮时,法苏之间也开始了互相接近的步伐。1960 年 3 月,戴高乐邀请赫鲁晓夫访法,在双方会谈中戴高乐提出了著名的"缓和、谅解、合作"的三部曲政策。1965 年 4 月,在苏联大使举办的宴会上,戴高乐以极其热情的语调称颂了法俄两国人民之间的传统友谊。次年 6 月,戴高乐亲赴莫斯科访问。自 1812 年莫斯科大火后,法国的三色旗第一次飘扬在克里姆林宫上空。双方高层举行会谈后发表了联合声明,称两国应为全欧洲有成效的合作作出决定性的贡献,并决定从此开始广泛的合作。此后的蓬皮杜进一步巩固了与勃列日涅夫领导下的苏联的合作关系,德斯坦在任时积极斡旋苏联入侵阿富汗造成的紧张局势,他们都是在戴高乐所开辟的法苏关系之路上继续前进。

相较法苏关系的正常化,1964 年法国率先承认中华人民共和国并且建立大使级外交关系,在西方社会中引起的震动就更大了。"中国本身的庞大、它的价值、它目前的需要和它将来的广阔前途,使得它越来越受到全世界的关心和注意。"[1]要解决世界上的问题尤其是亚洲问题,没有中国的参与显然是不可能的。"由于这一切原因,显然法国应该能够直接听到中国的声音,也让中国听到法国的声音。"[2]基于以上认识,再加上阿尔及利亚问题的解决搬走了阻碍中法关系发展的一块绊脚石,戴高乐决定不顾西方盟国的压力,加速打开中国的大门。1961 年密特朗以议员身份访华,商谈建交事宜。1963 年 10 月,戴高乐以个人名义派亲信、前总理富尔携带一封由他亲笔书写的授权信出使中国,双方就建交方式和程序达成协议。1964 年 1 月 27 日,中法两国同时发表联合公报,建立外交关系;2 月 10 日,法国撤回驻台湾的"外交"人员;5 月 27 日,法国首任驻华大使佩耶到达北京;6 月 2 日,中国驻法首任大使黄镇到达巴黎。这样,中法之间就建立了正式的外交关系,法国也成为第一个与中华人民共和国建立大使级外交关系的西方大

<hr/>

① ［法］戴高乐:《希望回忆录·第一卷——复兴 1958—1962》,上海人民出版社 1973 年版,第 209 页。

② 刘聪:《戴高乐将军全传》,军事科学出版社 2005 年版,第 379 页。

国。1973 年,蓬皮杜总统以癌症之身踏上中国领土,成为第一个访问中国的欧洲国家元首。1975 年,当时主持国务院工作的邓小平对法国进行了正式友好访问。20 世纪 70 年代后期,两国部长级互访更为频繁,两国军队高级领导人也开始了互访。1980 年,德斯坦总统正式访问中国。密特朗更是一位与中国关系非常密切的政治家,先后以参议员、社会党领袖和共和国总统的身份 3 次访华。中法建交和维持合作关系的意义及影响远远超出了双边关系的范畴,地处欧亚大陆两端的两国在反对美苏双重霸权中相互呼应,法国的全球战略布局也趋于完整。法国增强了自身与美苏两个超级大国周旋时的发言权,使其国际地位得到了进一步的巩固,在国际事务中"自由行动"的能力得以进一步提升。

法国除了在与苏联、东欧国家和中国的关系问题上奉行独立自主的外交政策之外,在其他许多国际政治的热点地区,比如印度支那战争和第三次中东战争期间,法国也力争在美苏之间维持平衡,以实现本民族利益的最大化。不过,在处理自己的"后院"——广大法语非洲的问题上,戴高乐就不能做到如此淡定了。第四共和国非殖民化的不彻底不但引发大规模的对外战争,还加深了母国自身的社会矛盾,削弱了法国的国际地位。在 1958 年的阿尔及利亚叛乱中上台的戴高乐当然最清楚殖民地问题的严重性,但同时,作为一个曾竭力维护法兰西殖民帝国利益的军人,严峻的形势又与戴高乐强烈的维护本民族利益的爱国情感产生矛盾。他曾对老朋友说,在阿尔及利亚问题上必须勇往直前,"反对敌人,反对朋友,也反对我自己"①。他在回忆录中也承认:"对我来说,要在那些地方移交我们的权力,卷起我们的旗帜,合上这部伟大的历史是一种多么痛苦的精神上的考验呀!"②

与此同时,戴高乐也清楚,让海外领地自己当家作主,绝不意味着将其放弃掉、"廉价拍卖"掉。"由于他们同法国的长期的联系和法国的天使和恶魔的魅力给予他们——正像给予所有和法国接近的人一样——的影响,他们倾向于同我们保持密切的关系。另一方面,我们为他们的进步所做的好事,和由此产生的友谊、习惯、利益,以及我们千百年来根据我们的使命所发挥的影响和所展开的扩张活动,都使我们把他们看作是特别亲近的伙伴。"③

---

① 《希望》杂志第 43 期,巴黎戴高乐研究所 1983 年版,第 23 页,转引自张锡昌、周剑卿:《战后法国外交史——1944—1992》,世界知识出版社 1993 年版,导言,第 21 页。

② [法]戴高乐:《希望回忆录:第一卷——复兴 1958—1962》,上海人民出版社 1973 年版,第 37—38 页。

③ 同上书,第 38 页。

正是基于以上认识,戴高乐以过人的政治胆略冲破统治集团内部的重重障碍,果断结束了旷日持久的阿尔及利亚战争,承认阿尔及利亚独立,并进而实现了整个法兰西殖民帝国的非殖民化。

无论是法属撒哈拉沙漠以南非洲国家的独立,还是阿尔及利亚获得民族自决权,从表面上看,法国暂时丧失了很多既得利益,遭受了很大的损失,因此这似乎成为戴高乐的失政。但是,实际情况恰恰相反,戴高乐的高瞻远瞩正体现于此。法国的非殖民化才是实现法兰西民族长远根本利益的正确途径,因此也正是戴高乐强烈民族主义的体现。正如戴高乐所言:"殖民事业的告终,写下了我国历史的一页,在翻过这一页的时候,法兰西既对过去感到遗憾,又对未来充满希望。"①

戴高乐的非殖民化政策,绝非意味着法国彻底断绝与前殖民地的联系和完全放弃在前殖民地的利益。相反,与前殖民地建立有利于法国利益的新型合作关系才是戴高乐非殖民化政策的根本出发点。"我们同殖民地的联系要由统治的关系改变为合作关系,这是一项宽宏大量而且必要的事业。"②他强调在非洲,法国应该保持传统的影响,甚至起更大的作用。1960—1962 年,法国先后同马尔加什等 12 国签订了外交、军事、财经、教育等"合作"协定,还同科特迪瓦等 7 国签订了"法国同西非货币联盟各成员国间的合作协定"。这些协定规定法非在外交上互通情况和磋商;互相提供关税优惠;法国允诺向缔约对方提供经济援助;法国拥有在缔约国保留军事基地、驻军、应缔约国政府邀请进行军事干预等权利;法国承诺组建当地军队、警察,提供顾问、教官和装备等。法国正是通过这些协定,保持和加强与独立后前法属非洲国家在各方面的联系,以维护本民族的利益。

殖民战争的结束和非殖民化的实现,不但使法国大大减轻了因庞大军费开支而造成的财政负担,国内社会矛盾和统治阶级内部矛盾也得到了缓和。戴高乐本人的地位和声望进一步提高,第五共和国的政治形势趋于稳定,经济发展速度明显加快。1960—1970 年,法国国民生产总值的年增长率达到 5.6%,超过了 1950—1960 年的 4.8%。到 1970 年,国内生产总值达到 1 409 亿美元,居资本主义世界第四位。③对于这些成就,戴高乐总结道:"在我执政的十年中,它在繁荣、进步和货币方面取得的成功,是半个多世纪

---

① [法]戴高乐:《希望回忆录:第一卷——复兴 1958—1962》,上海人民出版社 1973 年版,第 66 页。

② 《戴高乐言论集(1958—1964)》,世界知识出版社 1964 年版,第 323 页。

③ 徐天新等编:《当代世界史》,人民出版社 1993 年版,第 147 页。

以来所没有的。"①而且非殖民化的实现有助于提升法国在第三世界人民心目中的形象,从而扩大其在整个第三世界的影响,在第三世界争取同盟军,并以此在全球范围内平衡美苏力量的消长。戴高乐"以自豪的民族主义代替屈辱的民族主义"②,在完成非殖民化后,开始以第三世界代言人的身份,教训美国在第三世界推行的"新殖民主义",法国已成为美苏两个超级大国争夺第三世界的强劲对手。戴高乐非殖民化政策为以后法国历届政府发展与第三世界国家的关系提供了有效的经验。

非殖民化使命的完成,使法国得以推行戴高乐的全球战略,法国在国际舞台上发挥的影响更大了。陷入殖民战争而不能自拔的第四共和国是无法承担大国的世界使命的。而卸掉了殖民地包袱的第五共和国有更多的精力转向全球事务,也有实力积极推行世界范围的政策。戴高乐写道:"我们解放殖民地人民的政策也慢慢消除了他们(第三世界)对我们的怨恨……法国的精神、外交和物质地位的改变,使许多国家相继到巴黎进行访问,这种访问将日益增多,必将使我国的首都最终成为世界的政治中心,多少世代以来它从未表现过这样的活跃。"③"成为世界的政治中心"不正是戴高乐"大国梦"民族主义的集中体现吗?

2. 世界主义传统和戴高乐的欧洲联合思想

西方文化的种种思想流派,都可以在古希腊文明中找到源头,世界主义也不例外。斯多葛派提倡人类乃一整体,主张建立一个以理性为基础的世界国家。塞涅卡说:"我来到世界并非因为想占有一块狭小的土地(故国),而是因为全世界都是我的母国。"④马可·奥勒留说:"就我们是理性的存在者来说,理性也是共同的……这样,我们就是同类公民(fellow-citizens)了,因而在某种意义上,这个世界就是一个国家。"⑤据此,每个人都是大同世界的一员,同一个普遍理性支配着每一个人。这是一种具有泛爱色彩的世界

---

① 〔法〕戴高乐:《希望回忆录:第一卷——复兴 1958—1962》,上海人民出版社 1973 年版,第138 页。

② 〔法〕阿尔弗雷德·格罗塞:《战后欧美关系》,刘其中等译,上海译文出版社 1986 年版,第196 页。

③ 〔法〕戴高乐:《希望回忆录:第一卷——复兴 1958—1962》,上海人民出版社 1973 年版,第272 页。

④ 《西方思想宝库》编委会编译:《西方思想宝库》,吉林人民出版社 1988 年版,第 1625 页。

⑤ George Long trans., *The Meditations of Marcus Aurelius*, New York: Avon Books, 1993, p.99.

主义。这里的"人"乃普遍的,不分种族、肤色的人。他又说:"地上所有的国都是一个家。人人都是至高的宇宙国家的一个市民(公民)","人呀,你一直是这个大国家(世界)里的一个公民"。①这就是说,对人类而言,国家不过是世界的一个公民,正如个人是国家的公民一样。

在罗马帝国后期,基督教从被禁转而得到宽容和支持,并开始迅速在整个欧洲范围内传播,成为中世纪在欧洲占统治地位的意识形态。而基督教教义是具有明显的普世主义色彩的:上帝是至高无上的世间唯一的神;上帝创造了万物,创造了人,因而普天之下的人都是上帝的子民;上帝之子耶稣被钉死在十字架上,是为了给全人类赎罪;在现实社会中,尽管人分属不同等级、集团,但在上帝面前彼此平等;尽管他们语言各异、习俗有别,但都以拉丁语来诵读《圣经》、赞美上帝;尽管他们分属不同的地区和国别,但在对上帝的虔诚信仰方面则无甚差别。

基督教在欧洲占据统治地位后,教会为了与世俗政权争夺权力,就更加宣扬和推广"普世主义",强调基督教世界的统一性、教会权力的普遍性和教会统治的最高权威性,随形势的变化,与世俗政权建立了既合作又斗争的关系。西罗马帝国灭亡之后,日耳曼人建立的法兰克帝国实现了今天欧洲核心地区的第一次统一,基督教在世俗政权的保护下有了更加广阔的发展空间。其间来自东方伊斯兰教的威胁和进攻也反过来促进了基督教欧洲的统一身份认同。总之,法兰克王国世俗权力把实现大一统作为终极目标并与具有同一目的的教会神权相结合,从而在欧洲的精神世界创造了一个传统的政治观念,即欧洲大一统观念。这个观念深深地刻在欧洲人的心里,它是宗教文化与政治的结合,保证了一体化思想最终能够被大多数欧洲居民接受,并且成为中世纪以后欧洲教、俗两界所努力追求的理想与目标。这使得欧洲虽然在公元10世纪以后走向分裂,但追求欧洲大一统的精神仍在,实际上欧洲观念成了一个永恒的主题。②

随着充斥着战争和杀戮的分裂动荡的中世纪进入尾声,欧洲历史悄悄进入启蒙时代。启蒙思想家在创立近代民族主义理论的同时,也形成了强烈的世界主义思想,并酝酿出欧洲和平联合的设想。首先系统考虑欧洲或者全人类联合问题的是法国修道院院长、思想家圣皮埃尔,他在1713年写成的《永恒和平方案》一书中,首次比较完整地提出了"以联邦求和平"的思

①　[古罗马]马可·奥勒留:《沉思录》,何怀宏译,商务印书馆1989年版,XII.36。
②　惠一鸣:《论欧洲一体化运动发生发展的基本历史动因》,《史学集刊》2000年第1期。

想,即在欧洲建立一个"牢固的和持久的邦联",令加入邦联的所有国家"相互依存"。邦联内各国的纷争由一个欧洲参议院以 2/3 多数所作出的决定进行裁决。为了保证这种裁决的有效性,参议院还要拥有一支公共的军队。参议院的主席由各国派出的代表轮流担任。邦联还应尊重各国的主权,保证每个成员国按现状治理自己的国家,包括各国的王位继承方式等等。应该说,在已普遍存在独立主权国家的现状下,圣皮埃尔这种既要对各国的主权加以必要的限制,又要注意对这些主权保持充分尊重的设想是合理的。

卢梭虽然几次提到反对世界主义观念,其实其思想中恰恰有着明显的世界主义倾向。他认为,人类不平等和战争的起源是一个民族的专制政体。因此,只有建立了新的民族共同体,人类获得了自由幸福时,各民族间的和平才会到来。在分析其社会契约论时,卢梭提出,国家出现之后,人们又进入一种自然状态,因此,欧洲仍然战乱不息,个人之间的争斗被更惨烈的团体间的相互残杀取代。因此,国家之间也应该"通过某种联邦政府的形式尽可能地联合到一起",根据自己不会伤害自己的原则,各国将会相安无事,彼此互助,从而实现永久和平。卢梭把这样的共同体叫做邦联式的"欧洲共和国"。从全人类的角度出发,伏尔泰拓宽了视野,开始用公正平等的眼光看待全人类文明,不仅讨论欧洲一些国家的特长优点,还衷心赞美欧洲以外的东方各民族。伏尔泰还将自己视为"世界公民",并不把自己的祖国——法国作为唯一忠诚和服务的对象,认为每个人可以自由地选择自己的国家。

启蒙时代的世界主义思想更重要的表现,是与以民主、自由、平等和人权为特征的理性精神紧密联系在一起。在启蒙思想家看来,由于理性是普遍的、人人所具有的,因而启蒙思想家所说的人便不是特指某个阶级、某个民族、某个国家,它具有普遍的抽象意义,泛指全人类。理性指引下的民主、自由、平等和人权,则是整个人类的公正、自由、平等和人权。从全人类而不是本民族的利益出发,自然延伸出人类彼此之间要互相热爱、和睦相处,不能心怀恶意、征战不已。因此,启蒙时代的思想家热爱全人类的所有人,尊重其他民族、国家的权利,对侵略和征服无比愤恨。孔多塞始终相信,通过理性和科学,人类将不断进步和臻于完善。在《人类精神进步史概观》一书中,他衷心希望亚洲、非洲和美洲的落后民族获得独立和进步,国际大家庭平等互助、和睦相处。列宁曾经说过,18 世纪的启蒙思想家没有表现出任何自私的观念。的确,他们从全人类的利益出发,抹去了地区、时代、阶级和民族的一切差别,衷心期望建立一个美好的"理性王国",实现全人类的民主和自由,这是启蒙思想家世界主义倾向的思想基础。

近代晚期,世界主义仍然在西方思想舞台上扮演重要角色。莫泊桑斥责家国主义"是一种宗教,是孵化出战争的鸡蛋";约翰逊说"爱国主义是歹徒的最后庇护所";萧伯纳主张从人类中清除家国主义者,否则和平世界不会降临;威尔斯说,邦国主义已经变成仅仅是一种民族自我肯定和没有建设性义务的为国旗而欢呼的情绪;罗曼·罗兰说,必须经过"母国"达到"人类"这一层楼。19世纪末发生于法国的德雷福斯事件,使欧洲自法国大革命以来对于民族和个人的两种观念形成尖锐对立。德雷福斯派认为个人是超越种族、语言和宗教的独立人格,德雷福斯不应该因为是犹太人而获罪。反德雷福斯派则认定犹太人不会爱法兰西。事件的实质表现为是否要终结启蒙思想中的世界主义因素,而后来法国终于作出了否定的答复。直至今日,启蒙思想普遍而超民族的个人观仍然在左派占主导地位的法国知识界长盛不衰。

世界进入现代史的发展进程之后,随着启蒙运动中世界主义思想的传播和经济、社会的全面全球化,人们更加认识到,有些东西,比如科学、民族、自由、法治、市场经济以及对人权的保护等,虽然也具有民族性,但其普世性是大于其民族性的。然而,在典型意义上的民族国家普遍建立之后,就不可能再存在真正的世界主义,如果有,那也是民族主义化了的世界主义。摩根索在《国家间政治》中提到,民族主义精神一旦在民族国家内得以实现,它就被证明是完全忠于一国利益的和排他的,而不是世界主义的和人道主义的。战后法国对世界主义的实践就证明了这一点。受到战争严重创伤,一时尚难恢复世界大国地位的法国,战后首要任务是制定一项能有效确保其安全、复兴和强盛的欧洲政策。而联合欧洲其他国家以求共同发展,既可实现优势互补,又可形成一股合力,壮大集体力量,因此成为法国欧洲政策的核心之举。戴高乐认为,无论从政治、经济还是战略的观点出发,欧洲都应自成一体,形成一个"把靠近莱茵河、阿尔卑斯山和比利牛斯山的国家联合起来"的欧洲,唯其如此,这个欧洲集团才能成为世界三大势力之一,成为美苏之间的仲裁者。然而,对于欧洲联合的方式和程度、领导者及美国的作用等方面,戴高乐都有一套与自己的对内对外行动纲领一脉相承的、具有鲜明戴高乐主义民族主义特色的主张和政策。

对于欧洲联合的方式和程度问题,历来都存在联邦主义和邦联主义两大主张。联邦主义者认为,欧洲历次战争的根源在于民族国家这种传统组织形式引发的利益冲突,特别是二战的根源德国法西斯主义和纳粹主义就是民族主义发展到极端的产物。因此民族国家这种组织形式,已经不能尽到保护公民的生命和为他们提供福利的责任,所以战后应当在一个新的基础上重建欧洲,建立一个凌驾于民族国家之上的一体化的超国家权力机构,以实现和保障和平与发展。

欧洲联邦主义在法国的代表人物有让·莫内、舒曼、赫利奥特等。1947年7月,赫利奥特就与雷诺、泰根等人组织了"欧洲联盟法国委员会",他们还代表法国参加了1948年的"欧洲大会"。同战后初期法国一系列外交政策的出发点一样,法国联邦主义者的目标仍是建立某种超国家机构来约束联邦德国。1944年,让·莫内到伦敦与麦克米伦的谈话中说得很明白:整个欧洲的未来取决于德国问题的解决,真正的欧洲合众国虽然一时还不能实现,但西欧各国可以先组织一个联盟,以达到制约德国的目的。[①]

与联邦主义相对立的,就是邦联主义的欧洲联合主张。邦联主义者认为,民族国家是客观存在,各个国家有着自己的具体情况和特殊利益,这些情况和特殊利益不可能因为出让主权就不复存在。因此,他们认为欧洲建设的道路不是成立欧洲联邦,而是在主权国家之间进行邦联式的联合,即各国通过各种条约的形式,建立以不触动各国主权和自治为前提的由一个中心机构进行协调的联盟,而这个中心机构"也并不具有执行权。决议必须获得全体通过……它看起来好像是许多单个国家的组合"。[②]

戴高乐的"欧洲观"作为戴高乐主义的重要组成部分,同样具有鲜明的民族主义色彩,也不可能脱离维护民族独立和国家主权、争取法国的大国地位这个实质性主题。在他看来,凡属超国家的一体化机构,都是要法国放弃自己民族的特性,放弃国家的主权,并溶化在一个更大的集体中,这是与戴高乐主义的指导原则和实践绝对不相容的。更重要的是,法国作为一个独立的民族国家要在世界上发挥伟大的作用,法兰西民族和国家在世界上应有大国的地位,它不能被封闭在一个超国家的欧洲联邦内。因此,在联邦主义和邦联主义的论战中,戴高乐自然而然地站在邦联主义的立场上,反对建设一体化和超国家式的欧洲联邦,主张建立一个坚持民族独立和国家主权的、邦联式的"多祖国的欧洲"。由于1958年戴高乐重新上台执政,他的欧洲观也对法国的欧洲政策产生了深远的影响,使得法国在欧洲联合的整体进程中表现出比其他国家都更加强烈的民族主义味道。

1962年,戴高乐在一次记者招待会上说,如果欧洲不包括法国人的法

---

① 姜铸等:《掌握自己命运的欧洲》,世界知识出版社1985年版,第71页。

② [法]罗歇·马西普:《戴高乐与欧洲》,上海人民出版社1973年版,第3页。

国、德国人的德国以及意大利人的意大利，就没有什么存在的现实性。"祖国是一个有情感的名词，而建设欧洲是要以能行动、有权力、负责任的因素为基础的。具有这种因素的基础是什么呢？当然就是国家！因为只有国家在这方面才是有效的、合法的，而且有能力去实施欧洲建设……在欧洲，只有现存的国家是有效的、合法的和有能力采取行动的。我再重复一遍，在现实情况下，除了分为各个国家的欧洲之外，既没有也不可能有其他形式的欧洲。除此之外，显然都是些荒谬绝伦的神话、虚无缥缈的幻想和招揽顾客的滑稽表演……"[1]

此外，戴高乐主义的民族主义思想和行动始终都包含一个重要的因素，就是要摆脱霸权国家特别是美国的控制和影响，在欧洲建设这一方面也不例外。他反对将欧洲建设的步骤和目标纳入美国领导的"大西洋体系"中，希望欧洲成为"欧洲人的欧洲"、真正独立自主的欧洲。戴高乐强调欧洲的事务应该由欧洲自己来解决，强调美国不属于欧洲，"……美国不是欧洲的一部分，……这在地图上是可以看到的"[2]。因此，除非发生战争，美国应该置身于欧洲事务之外，尤其不要过问西欧联合问题。也就是说，在戴高乐看来，一个团结一致的、政治上富于活力的欧洲应该是一个不屈从、不依赖于美国的联盟。

在戴高乐主义关于"欧洲人的欧洲"的主张里，既然坚决反对美国的介入，自然对于一直与美国保持特殊关系的英国也持排斥的态度。戴高乐大概永远不会忘记丘吉尔在战争期间对他说的一席话："您要知道，当我必须在欧洲和海洋之间作出选择时，我总是选择罗斯福的。"而事实上，战后初期的英国，即使并未像戴高乐认为的那样完全甘心追随美国的政策，但至少也确实奉行着一种不直接介入欧洲大陆事务的政策。英国没有参加欧洲煤钢共同体和欧洲防务共同体的签约，没有加入《罗马条约》，甚至还组织了欧洲自由贸易区与欧洲共同体对抗。因此，到1961年，当认识到自己的行为得不偿失的英国麦克米伦政府正式申请加入欧共体时，戴高乐坚决拒绝了英国的请求。1967年，威尔逊政府再度尝试，又告失败，这一次仍然是戴高乐的法国起了关键的作用，他当然不能让英国——这个美国安置在欧洲的"特洛伊木马"——进入"欧洲人的欧洲"。

欧洲绝对不应该由美国来领导，由英国领导则是更加不可能的。那么，

---

[1]　［法］让·莫内：《欧洲之父——莫内回忆录》，孙慧双译，国际文化出版公司1989年版，第79页。

[2]　同上书，第188页。

未来的一体化欧洲,其天然的领导者又是谁呢? 在戴高乐看来,这个问题的答案是毋庸置疑的:当然是其深爱的祖国——法国。"在一个按照现代技术的速度和明确步伐前进的欧洲中……法国人已经感到法国的天才将要起何等突出的作用。""我们的法国,对欧洲有根本性的意义,自由世界是非有它不可的。我们的消失和动乱不安都会给西欧带来分裂,带来不幸的征兆。"①戴高乐深信,几个世纪以来,法兰西民族已经习惯于做欧洲的巨人,因此,现在法兰西共和国也能够而且应该在一个团结起来的欧洲中发挥自己的力量,成为巨人。"只要法国不居于领导地位,欧洲就无法形成,我所说的是一个站起来的、不受限制的法国。""应该建立一个西欧集团……然而这一集团自然的和道德的中心,正是法国。""欧洲应该有一个共同的防御体系,必须由法国来为这个体系规定计划和指定指挥官,正像在太平洋上领导权应该在美国手里,在东方应该由英国领导一样。"②

总之,戴高乐主义的欧洲一体化主张和政策,即要求建立一个以法国为中心组织者和领导者,基于各主权国家联合的基础之上,独立于美国之外的欧洲,而这个欧洲的建成,必须有一个不可缺少的支柱,就是法德合作。

3. 法德和解、共创欧盟

自近代以来,统一的德国一直是法国潜在及事实上的威胁。因此,自法国从纳粹占领下解放,甚至更早些时候,戴高乐就认为德国问题的解决办法是将它永远肢解。德国在第二次世界大战中的战败终于造成了这一令法国人满意的结局。德国被一分为四,柏林也被几个战胜国共同占领,"德国作为一个称霸的和强大可畏的强国已不复存在"。因此,戴高乐说:"不许再有中央集权的德国! 按照我的意见,这是防止德国危险势力再起的首要条件。"③也就是说,戴高乐和大部分法国人都希望恢复到德意志统一以前的、由独立的各邦组成的松散联邦。然而,随着国际形势的发展,联邦德国终于不可阻挡地成立了。在这种情况下,戴高乐只好面对新的现实。同时,由于德国领土上成立两个共和国已是既成事实,德国的力量已经较以前大为削弱,这使法国的"恐德症"有所缓解,不再固执地坚持强硬的对德政策,从而为法国推行法德和解政策提供了现实的基础。因此有人说,"事实上,法德

① 周荣耀:《戴高乐评传》,东方出版社 1994 年版,第 256 页。
② [法]罗歇·马西普:《戴高乐与欧洲》,上海人民出版社 1973 年版,第 86—89 页。
③ [法]戴高乐:《战争回忆录·第三卷——拯救》,北京编译社译,世界知识出版社 1981 年版,第 46 页。

之间的友谊是立足于德国的分裂这一基础之上的"。①

德法两国在政治军事方面虽然常常对立,但经济联系却很密切且由来已久。地处法德边界的法国主要钢铁工业基地洛林地区,一直从产煤丰富的鲁尔地区和靠近法德边界的萨尔地区进口煤和焦炭,而德国重要工业基地鲁尔地区所用铁矿石的重要来源之一是法国的洛林地区,可见两国的经济尤其是重工业发展紧密相连,互补性很强。20世纪50年代初,依靠美国援助,经济得到一定程度恢复的德法两国为复兴经济,摆脱美国的经济控制,更加需要加强相互之间的经济合作,促进两国共同发展。

在政治政策方面,法国对联邦德国也有强烈的需求,它想联合联邦德国以增强与美国对抗的实力。从20世纪50年代末开始,戴高乐极力想恢复法国的大国地位,摆脱对美国的"屈从"。但是,他感到光靠法国自身的力量还不够,还需要一个有实力的同盟者,这就是德国。此外,法国还要依靠联邦德国充当它防御来自东方的威胁的天然屏障。最后,法国要充当欧洲领导者的角色,需要联邦德国各方面的配合与支持,而英国是一贯死抱着"英美特殊关系"不放,不可能成为法国有力的合作者。因此,从某种程度上讲,法国必然也必须选择联邦德国与其共同承担"领导"欧洲的任务。

除此之外,法国欧洲政策更重要的着眼点恐怕是消除德国复兴和强大的威胁性,把德国纳入一个欧洲一体化国际机构中,有效监督、控制和制约德国,把德国牢牢套在以法国为中心、法国在其中起主导作用的欧洲一体化中,用戴高乐的话说,"欧洲联合将由法国和德国完成,法国是赶车人,德国是马",这就是法国的欧洲政策和对德政策的核心。而在"欧洲之父"莫内看来,战败后的德国"虽然不会成为战争的起因,却会成为战争的赌注。我们不应该让德国成为战争的赌注,应该让他成为战争的一方","用什么才能把德国联系在一起,和怎样才能使共同的利益在两个国家之间同时生根"。②莫内的解决办法就是把鲁尔的煤钢资源置于欧洲权力机构领导和管理之下,欧洲各国都把一部分主权交给类似"中央联盟"的机构,以建立巨大的欧洲市场和阻止民族主义势力重新抬头。所以,对法国而言,欧洲一体化是制约和套牢德国的一根缰绳和一把保险锁,是法国通向强国之路的有效依托和保障。"在目前,这个一切都集中到全面冲突的威胁的世界上,出现这样

---

① K. Hildebrand, *Germany Foreign Policy from Bismarck to Adenauer*, London: Routledge, 1989, p.18.

② [法]让·莫内:《欧洲之父——莫内回忆录》,孙慧双译,国际文化出版公司1989年版,第93页。

一个统一的西欧,即具有足够的力量、手段和团结一致,能独立生存的西欧的想法,是很自然的。"①

在这样的考虑下,戴高乐于1949年秋发表演讲,提出"欧洲的统一,假如可能,而且无论如何都非包括德国人不可"。②之后不久,法国政府就开始提出一系列推进欧洲经济联合的计划。1950年4月中旬,莫内和保罗·泰勒以及《展望》杂志编辑雅克·加斯居埃尔等拟订出一份将法德煤钢生产联营的计划。5月4日,该计划送到舒曼之手,舒曼立即表示赞同。后又经过一番加工修改,舒曼于9日下午举行记者招待会,他先向记者宣布,今天法国决定在欧洲建设以及同联邦德国建立伙伴关系方面,采取"第一个决定性行动",接着,舒曼宣读了一项声明,表明要结束长达百年之久的法德间的冲突,进而使欧洲国家统一起来。这就是著名的"舒曼计划"。

在"舒曼计划"中,莫内建议成立一个由各参加国在平等基础上组成的超国家的欧洲机构,统一管理参加国的煤钢工业。由于煤钢工业既是国民经济的基础部门,又是军事力量的重要基础,所以煤钢工业的欧洲化就可以改变这个地区因长期从事武器制造而使自己成为牺牲品的命运,使将来法德之间的战争不仅不可想象,而且"在物质上也不可能"。法国方面关于煤钢联营的"舒曼计划"出台后,阿登纳立即作出了热烈反应:"舒曼计划完全与我提到的关于欧洲重要工业一体化的思想相适应。我立即通知罗伯特·舒曼,我衷心接受他的建议。"③1951年4月,法、德、意、卢、比、荷6国签订《欧洲煤钢联营条约》,欧洲煤钢共同体于1952年7月25日正式开始运行,并在以后几年里有效地促进了成员国冶金工业的发展,而且最终导致了欧洲共同市场的建立。德法经济上的合作使两国关系的改善也从经济领域找到了突破口,德法两国实现了初步和解,同时也促进了西欧的联合。20世纪50年代中后期,特别是对法德关系造成深刻影响的萨尔问题和德国的重新武装问题最终解决后,两国的合作更加密切。1957年3月,六国外长又签订了包括建立欧洲经济共同体和原子能共同体在内的《罗马条约》,将联营计划扩展到其他经济部门,从而使有关国家在统一的共同市场下紧密地绑在一起。

就这样,德法两国从煤钢联营着手,开始了经济上的合作,两国资本相互渗透,20世纪50年代经济联系已十分紧密。而经济上成功建立的友好

---

① 国际关系研究所:《戴高乐言论集》,世界知识出版社1964年版,第337页。
② [法]罗歇·马西普:《戴高乐与欧洲》,上海人民出版社1973年版,第27页。
③ [德]康拉德·阿登纳:《阿登纳回忆录》(第3卷),上海人民出版社1973年版,第565页。

关系,为两国在政治等领域的深化合作奠定了坚实的基础。1958 年 9 月 14
日,戴高乐在其乡间住宅科隆贝双教堂接待了来访的阿登纳,会晤后双方
"都同意对国际问题保持非常紧密的、经常性的和持久性的接触",并认为
"有必要使德法两国的政策协调一致"。①同年 11 月 26 日,戴高乐又到克罗
伊茨纳赫进行回访。自此以后到 1962 年,阿登纳与戴高乐通信达 40 多次,
会晤 15 次,总计进行了 100 多个小时的会谈②,就两国关系和国际形势的
许多问题达成了广泛共识,这些共识也很快转化成为现实成果。1963 年 1
月,法德双方在巴黎签订了《法德友好合作条约》(又称法德《爱丽舍条约》),
集中体现了两国全面和解与合作的内容,大体勾勒出在外交、防务、教育、科
技等领域广泛合作的框架,条约明确规定要建立相应的协调与合作机制,并
对两国不同级别的磋商作出了规定,构成了法德关系发展的总框架。

　　自此之后直到 20 世纪 90 年代,法德的结盟关系逐步形成一套行之有
效的成熟的政治磋商、协调和决策的运行机制。而这一时期也是欧洲一体
化深化、扩展和机制发展取得显著成就的时期。不论是重大一体化政策措
施或政策调整的出台,还是重大矛盾和危机的化解,几乎都是法德联手共同
促成的结果。两国政府和领导人的替换,甚至执政党和领袖人物的政治色
彩、背景和风格截然不同时,法德合作却毫不动摇,并强有力地推动欧洲一
体化的进程。两国在 1978 年联合倡议建立了欧洲货币体系,80 年代又建
立了"法德联合旅"和"欧洲军团",为欧洲独立防务和欧盟未来的共同安全
和防务政策提供了实际手段。1985 年 6 月,两国又以联合倡议的名义提出
建设欧洲联盟的具体方案,随后又克服了一个又一个矛盾和障碍,为 90 年
代欧盟的成立奠定了基础。

4. 法国的定位与欧盟的未来

　　法国启动和推进欧洲联合,一方面希望借助德国的经济实力与西欧联
合的整体合力,同美苏争夺欧洲事务主导权,从而维护并加强自身在欧洲的
大国地位;另一方面,妄图通过欧洲经济、政治一体化和共同防务综合机制,
将德国紧密编织于一体化中,牢牢拴住德国,达到防德、制德的目的。因此,
法国所希望的欧洲,是一个以法国为中心、以法德合作为支柱、独立于美国

①　[德]康拉德·阿登纳:《阿登纳回忆录》(第 3 卷),上海人民出版社 1973 年版,第 505、
511 页。
②　[法]戴高乐:《希望回忆录:第一卷——复兴 1958—1962》,上海人民出版社 1973 年版,第
188—189 页。

的控制之外、由各个主权国家联合的欧洲。从戴高乐、蓬皮杜、德斯坦,到密特朗、希拉克,再到萨科齐,这一关于欧洲一体化的基本纲领始终未变。

20世纪70年代以后德国在经济上的迅速崛起并没有引起法国的不安,这主要是因为"只要东西方的对峙使德国保持分裂,法国的核武器就能平衡德国的马克"①,即法国独立的核力量以及联合国常任理事国的地位,使它能够在法德轴心中保持政治上和战略上的优势地位。然而,冷战体制的终结和德国的统一,造成欧洲政治格局的大变动,这无论对德国、对法国,还是对作为欧洲一体化发动机和推动力的法德联盟,都造成了无法估量的影响。统一使得德国无论从地缘政治还是经济利益方面,都获益巨大。如今的德国,无论是国家实力还是国际地位,都与欧洲一体化起步和初期阶段不可同日而语。而德国的强大,无疑会对与其关系最为密切也最为微妙的法国产生前所未有的压力。德国统一前夕法国的行动,就明显地透露出其对未来的担忧。柏林墙倒塌后,密特朗在1989年底匆匆赶往基辅与戈尔巴乔夫会谈,接着又会晤民主德国领导人昂纳克,显然是企图阻止德国的统一行动。1990年,在德国统一前数周,在法德的一次最高级别会议上,密特朗又有点"苦涩"地宣称,法国对在欧洲心脏地区出现一个强大的新德国"没有病态恐惧"。

德国统一之后,按照法国著名的德国问题专家格罗赛的话说,"1990年以来,除了拥有原子武器以及没有希特勒那样的历史老账,我们在政治上、心理上没有能抵消德国经济实力的东西"。过去在德国分裂情况下形成的力量平衡因德国的重新统一而打破了,而新的力量平衡还没有建立起来。德国的统一使得法国的外交空间明显缩小,影响德国与欧盟政策的能力下降,在欧盟里法德轴心关系中的主导地位也岌岌可危。撒切尔写道:"我认为,德法集团越来越变为德国集团(经济上看就是德国马克集团),其中法国进一步沦为儿子伙伴的角色","法国对于德国的强权地位和德国的强权追求也公开显示出厌恶"。正如施密特所言:"自从1989年11月(柏林墙推倒)以来,波恩和巴黎之间的合作已开始崩溃了。"

德国对于邻国的担忧与不安极其清楚,科尔政府一再告诫德国人民谨慎对待自己的强大:"统一的德国在欧洲居第一位",但是"我们不要去宣传它,最好不要更多地谈论它"。但是,低调与谦逊仅仅是日耳曼人的外交姿

---

① Dominique Moisi & Michael Mertes, "Europe's Map, Compass, and Horizon", *Foreign Affairs*, Palm Coast, Jan./Feb., 1995, p.132.

态，或者更准确地说，是一种外交策略。作为一个实力与日俱增的国家，他们必然要求改变自己"经济巨人""政治侏儒"的形象，在欧洲和世界上承担起更大的责任。特别是在欧盟内部，德国更希望凭借其强大的经济实力，占据支配地位，主导欧洲一体化的深化与扩大。对于德国这一自然而然的、与其政治经济实力相称的企图，其邻国、30 余年来的亲密朋友——法国自然心知肚明，并且努力在新形势下维护自己的地位，因此也造成法德双方一连串的矛盾和冲突及两国关系的疏远。

1995 年，希拉克未同任何国家商量就自行恢复核试验，后来再次未经商量就企图建立一支欧洲职业军队，法国抵制德国为欧洲单一货币提出的"稳定协定"，法国坚持让法兰西银行行长——显然是一名法国人——领导欧洲中央银行。德国则要求减少其对欧盟预算的捐款，要求改革有利于法国的欧洲共同农业政策，要求重新权衡在欧洲委员会中的投票权以考虑德国更多的人口等等。

在欧盟未来的发展方向上，法德两国最根本的分歧——恰恰是典型的法式民族主义所造成的分歧——还是在于"联邦"与"邦联"的矛盾，在于究竟要不要削弱法兰西民族国家独立权力的矛盾。法国反对德国的联邦主义倾向，希望把欧洲建成一个紧密的国家联盟；在欧洲机构改革问题上，法国反对德国加强欧洲议会作用的主张，提议减少欧盟委员会的权力，主张加强欧盟部长理事会的作用；在共同防务和外交政策上，法国反对在所有问题上都实行"多数表决制"，更强调个体成员国的否定权利。法国的统治精英和广大民众显然更喜欢一种"政府间"的方式，即这个联邦由成员国自己管理，而不是由一个超国家政府管理，因此反对德国人所倡导的欧洲政府或者欧洲总统。他们宁愿看到不同的国家集团为解决不同的问题进行合作，而坚决拒绝任何放弃其外交和安全政策主权的想法。显然，这是与德国以其联邦制为模板、建设一个联邦主义的欧洲设想相冲突的。

2000 年 5 月，德国副总理兼外交部长菲舍尔在洪堡大学发表了那篇堪称欧洲联邦主义的集大成之作《从邦联到联邦——关于欧洲一体化目标的思考》的长篇演讲后，立刻在法国政界引起强烈反响。当时的法国内政部长维内芒严厉地批评德国总是想把联邦制模式强加给欧洲大陆，认为"民主和民族国家密不可分"，目前并不存在"欧洲民族"，"欧洲公民身份（即欧洲国籍）"是"一个笑话"。一年后，法国总理若斯潘在题为《扩大后的欧洲之前途》的演讲中也明确反对德国式"一个总统""一个政府"的欧洲联邦目标，声称虽然"支持统一的欧洲，但前提是保留法国的独立性"。希拉克也曾明确表示："联邦欧洲不符合我们的文化"，"保留各成员国的特性应是欧洲建设的核心"，主张削弱欧盟机构的权力，不赞成给予欧洲议会过多的权力。最终，2005年，对法兰西民族、法兰西民主抱有极端热情的法国人在全民公投中否决了《欧盟宪法条约》，使得欧洲的政治一体化和联邦制度的发展经历了最大的也许是致命的挫折。

法国的目标永远是控制德国、约束德国，问题在于其方式究竟应该是通过深化欧洲联合，还是应该通过减缓欧洲联合的步伐降低其程度？有些法国人认为，想防止出现一个德国的欧洲，展现在法国面前的唯一办法，就是支持那些正在积极推动欧洲一体化的德国人，以使其冒险控制欧洲大陆的可能性尽可能地小。正是在持这一观点的法国领导精英推动下，欧洲联合才在20世纪90年代以来取得了一系列巨大的进展。这些进展的诸多标志性事件包括：欧盟成员国扩充为今日的27个；1991年12月，欧共体马斯特里赫特首脑会议通过《欧洲联盟条约》，以经贸联盟、共同外交与安全政策和内政司法合作为支柱的欧洲联盟开始建立；1999年5月生效的《阿姆斯特丹条约》，对共同外交与安全政策的实施手段作出了集中表述；2002年新年，欧元现钞开始流通；同年的首脑峰会决定建立欧盟军事委员会和欧盟快速反应部队等等。

但是在法国政界、学术界和部分民众中，对以上政策持质疑态度的也大有人在。法国在变化了的格局中还能否像过去那样保持其在欧洲的领导地位？法国认为能够控制德国的最好办法，是否正在被德国人利用达到自己的目的？对于德国推动欧洲朝着联邦主义的方向发展，法国早有人认为这是"在为德国走向民族主义和单边主义制造借口"。希拉克上台以后法国外交政策的一系列变化，就表明这些疑问已经产生了作用。比如在防务政策上，法国除了加强与英国的合作外，还重新贴近北约，重新参加北约军事委员会和国防部长会议。

法国优势明显下降，但仍然是个实力相当的大国，甚至拥有超越其实力的民族自尊心和自豪感。面对正在崛起的德国和风云变化的国际形势，一方面出于国家间共同的利害关系，法国绝不会与德国反目成仇，两国之间的合作关系仍会继续下去；但是另一方面，面对德国咄咄逼人的实力膨胀和某些根本利益的矛盾，两国关系将逐渐趋于冷淡和松弛，合作道路也是坎坷的。曾经以法德合作为单一支柱的欧洲国际关系体系，将被多边多角关系取代。欧洲大国之间，以及它们与世界其他地区的大国之间，会随着利害关系及其政策立场的异同变化，在不同方面和领域结合形成一系列不同的结盟关系。例如,在防务安全方面以英法军事联盟为主,在贸易方面以英德为指导,在单一货币方面以法德为轴心,在对付美国时有可能结成"柏林—巴黎—莫斯科"联盟,法国或者整个西欧还可能与美国签订新的《大西洋宪章》,以对付俄罗斯的威胁等等。法、德、英仍会在欧盟内"联合",并在这个"联合体"内互相利用,互相争夺,互相对抗。看起来,欧洲民族主义的阴影并未彻底退出历史舞台,但行为方式比起过去还是文明多了。

不过,有一点是可以肯定的,即这几个欧洲的老对手,尽管依然存在矛盾和冲突,也很难想象再以战争的方式来解决。就此而言,法式民族主义在解决自身的社会转型,促进欧洲现代化和一体化,甚至在推动民族主义理性化和理想化的方面,都具有不可磨灭的历史功绩。

五、小　结

在翻天覆地的大革命中挺立而生的法国民族主义无疑具有典型的开放式的特征。开放式的法国民族主义源自启蒙思想的乐观哲学,与"自由、平等、博爱"的革命价值观紧密相连,振聋发聩地喊出"专制之下无祖国"的口号,号召各民族人民奋起斗争,反对专制、反对强权。开放式的法国民族主义建立在"人民主权"之上,以民主为基本特征,是一种共和主义的民族主义,它时刻维护着这个民族国家的独立和完整,并作用于民族利益最大化的实现,以保持法国的大国地位。与此同时,伴随着法兰西民族漫长演进历程中的多次危机——譬如胡格诺战争期间和普法战争后,法国民族主义似乎又不时呈现封闭的、狭隘的面貌。显然,封闭式的民族主义建立于对历史演变的悲观看法,或是对法兰西日益没落的恐惧,还有挥之不去的要保卫民族、捍卫政权,使国家强盛以及使集体认同免受事实上的或是想象的威胁等这样一些看法之上。它在战败时鼓动复仇,在危机时宣扬衰退论,并将一切归咎于他者,助长排外情绪和种族主义。值得注意的是,法国民族主义的开放性和封闭性不是非此即彼、完全隔绝开来的,它们共存于这个国家,并呈现过渡、妥协甚至汇合的态势。在法国历史上,一些关键的事件或时期往往或将民族主义发展推向高潮,或促发民族主义的急速转向,两种民族主义的思潮时而冲突对立,时而合二为一,同时发酵、激化或发展。有时候,"国际"的民族主义占据优势,另一些时候,"沙文"的民族主义则甚嚣尘上,这多由时局决定,往往同当时的国际国内环境、政治力量对比、思想理论基础相关。

无论是在布朗热运动和德雷福斯事件中,还是在两次世界大战和戴高乐执政期间,都可清晰地看到上述两条脉络的复杂交缠。

近年来,随着世界政治、经济格局剧烈变动,叠加福利、移民、债务等问题,深陷重重危机的法国将何去何从?怎样维护法兰西的民族特征、民族身份、民族利益?怎样输出法兰西民族的历史文化和思想理念?怎样延续法兰西民族的"大国梦"?这些问题目前也许还无解。不过可以肯定的是,法国民族主义在继承传统的开放性与封闭性并存特征的同时,未来将发生诸多层面的变化,或者更准确地说,呈现诸多新内涵、新面貌、新趋势,且处于持续不断的动态调整与迭代之中。

第五章　德意志民族主义

德意志民族主义是欧洲历史进程中最为复杂的现象，它不仅对德国本身，同时也对欧洲其他国家乃至国际关系产生了极为深远的影响。本章拟聚焦德意志人的集体自我理解和与之相关的政治诉求，考察德意志民族主义的起源、演变和影响。德意志民族主义诞生于1750—1850年间，但和欧洲许多国家的情况一样，中世纪和近代早期的德意志，民族情绪、民族意识和民族话语存在的证据比比皆是。由此引发了民族主义的历史和理论探讨中旷日持久的争论，有人认为民族主义基本上是一种现代现象，另一些人则坚持前现代时期已可以发现民族主义。①之所以聚焦自我理解和政治诉求，就是为了凸显民族主义诞生前后历史行为者对民族理解的差别以及赋予民族的不同意义与价值，同时也是为了避免将今天对民族和民族主义的认识强加给历史上的行为者。

具体来说，以此为焦点去观察德意志民族主义，牵涉几个基本问题：德意志民族和民族认同的出现。哪些人在什么时候基于何种目的以及在何种条件下开始认为自己是一个民族？他们依据何种标准去界定民族和民族共同体的边界？这种认定是否具有社会回响和政治意涵？这是否意味着民族主义的形成？如果不是的话，和民族主义有何区别？民族主义的形成。为什么说德意志民族主义诞生于1750—1850年间？其形成的条件和过程是怎样的？哪些人或群体是民族主义的主要倡导者和积极支持者？他们是如何界定民族和民族共同体的边界的？据此提出了何种政治要求？民族认同和其他集体认同的关系。自我理解包含身份认同，正如不列颠民族认同的研究者琳达·科利所言，"身份认同不像帽子，人们可以且的确同时有多个身份认同"②。

---

① 参见 Len Scales and Oliver Zimmer, eds., *Power and the Nation in European History*, Cambridge: Cambridge University Press, 2005，这部论文集收录了研究欧洲中世纪、近代早期和现代时期的史学家专门讨论此问题的文章，展示了两派观点的交流和直接交锋。

② Linda Colley, *Britons: Forging the Nation 1707—1837*, London: Pimlico, 2003, p.6.

在德意志，民族忠诚和归属始终面临着一些重要竞争者，包括地方认同、帝国认同、邦国认同、教派认同和等级认同等。到了更为晚近的时期，这份竞争者的名单上还要加上西方与欧洲。民族主义诞生之前是如此，之后依然如故，民族主义的产生对于多重认同的共存与竞争究竟产生了何种影响？带来了什么样的政治后果？

一、民族主义之前的"民族思想"

1. 民族主义和"民族思想"

西方的民族主义理论研究主要有三种范式：永存主义（perennialism）、现代主义（modernism）和族裔—象征主义（ethno-symbolism）。

现代主义可谓民族主义研究中最有影响力的解释，秉持这种立场的学者认为，民族和民族主义本质上都是现代的，是在"漫长的 19 世纪"中产生、发展并成熟的现象。民族主义的伟大时代，开始于 18 世纪 90 年代法国革命者对民族的"发明"，结束于伴随着一战爆发的大众民族主义激情的喷发。在一个多世纪的时间里，欧洲从一个由非民主的王朝领土国家组成的大陆转变为一个民族国家成为政治组织主导形式的大陆。政治组织根本方式的巨大转变和社会经济与文化的现代化——人口的增长、工业化、城市化、世俗化、识字率的提高、空间和社会流动的加大等等——携手并进，以至于盖尔纳、霍布斯鲍姆、安德森和布鲁伊利等人认为，民族主义和现代化这两种现象之间存在内在的关联。他们一般并不认可民族主义产生之前民族的存在，民族于他们来说不过是被民族主义创造出来的"想象的共同体"和"被发明的传统"，是民族主义创造了民族，而非相反。许多德国史家在他们对德国个案的研究中，得出了和现代主义理论家同样的结论。老一代权威学者大多认为，德意志民族主义是对法国大革命和拿破仑战争的反应，1806 年拿破仑大胜普鲁士后对后者的严苛是"点燃德意志民族主义的第一颗火星"，"拿破仑才是真正的德意志民族之父"。更为晚近的新研究多强调，单一事件——即便像法国大革命和拿破仑战争那样影响巨大的事件——无法承载民族主义形成这一巨大复杂进程的解释分量。德意志民族主义的出现不只是对法国革命的反应，更主要是 18 世纪中期到 19 世纪中期诸多相互关联的剧烈震荡和重大事态发展的结果。①

永存主义的解释反对民族是民族主义的创造。有人承认民族主义确是较为晚近的现象,与法国大革命密切相关,但民族在此之前即已存在,至少像英格兰、苏格兰、法兰西、德意志等西欧"古老的、持续的"民族是如此。但也有人坚持,不仅民族是古老的,而且在1789年那个"充满魔力的日期"之前,民族主义已存在于欧洲的许多国度。里亚·格林菲尔德认为民族主义最先产生于16世纪的英格兰,并从这里扩散到欧洲的其他国家和殖民地。黑斯廷斯则发现英格兰到10世纪末时已展现了其大部分民族特征,民族意识到14世纪末更因为俗语文学的兴起和百年战争的压力而日趋稳固:"某种民族主义在14世纪与法国的长期战争中即已显现,在16和17世纪更是经常出现。"就德意志来说,专研中世纪史的斯盖尔斯认为,13世纪中期以后,在欧洲正分裂为与不同人群密切相连的王国之时,曾强盛一时的霍亨斯陶芬王朝的衰落激发了对德意志身份的讨论,由此形成了共同德意志身份的观念。另一位研究者主张,民族主义根源于罗马帝国给中世纪政治文化留下的普世统治理想同碎片化的政治结构之间的矛盾与张力,一再意欲实现普世统治的努力及其失败在14世纪创造出了以"民族荣誉"和"民族自由"为核心的民族主义政治话语。②

---

①　参见[英]厄内斯特·盖尔纳:《民族与民族主义》,韩红译,中央编译出版社2002年版;[英]埃里克·霍布斯鲍姆:《民族与民族主义》,李金梅译,上海人民出版社2000年版;[美]本尼迪克特·安德森:《想象的共同体:民族主义的起源与散布》,吴叡人译,上海人民出版社2003年版;John Breuilly, *Nationalism and the State,* Manchester: Manchester University Press, 1993;[英]埃里克·霍布斯鲍姆、[英]特伦斯·兰格:《传统的发明》,顾杭、庞冠群译,译林出版社2004年版。德意志民族主义诞生的传统观点,参见 Hagen Schulze, *The Course of German Nationalism: From Frederick the Great to Bismarck, 1763—1867,* trans. by Sarah Hanbury-Tenison, Cambridge: Cambridge University Press, 1991, p. 49; Otto Dann and John Dinwinddy, eds., *Nationalism in the Age of the French Revolution,* London: The Hambledon Press, 1988。新阐释的代表参见 Ute Planert, "International Conflict, War, and the Making of Modern Germany, 1740—1815"; Christian Jansen, "The Formation of German Nationalism, 1740—1850"; in Helmut Walser Smith, ed., *The Oxford Handbook of Modern German History,* Oxford: Oxford University Press, 2011。

②　参见 Hugh Seton-Watson, *Nations and States: An Enquiry into the Origins of Nations and the Politics of Nationalism,* London: Methuen, 1977, ch. 2;[美]里亚·格林菲尔德:《民族主义:走向现代的五条道路》,王春华等译,上海三联书店2010年版;Adrian Hastings, *The Construction of Nationhood: Ethnicity, Religion and Nationalism,* Cambridge: Cambridge University Press, 1997, p. 5; Lens Scales, *The Shaping of German Identity: Authority and Crisis, 1245—1414,* Cambridge: Cambridge University Press, 2012; Len Scales, "Rose Without Thorn, Eagle Without Feathers: Nation and Power in Late Medieval England and Germany", *German Historical Institute London Bulletin,* 31/1(May 2009), pp. 3—35; Caspar Hirschi, *The Origins of Nationalism: An Alternative History from Ancient Rome to Early Modern Germany,* Cambridge: Cambridge University Press, 2012。

族裔—象征主义不满于上述两种解释,同时力求综合现代主义和永存主义的长处。这一范式的主要代表人物为安东尼·史密斯,他和盖尔纳及其他现代主义者一致认为,大规模的民族主义现象的确是法国大革命以来才出现的,民族主义是现代社会、经济、政治和文化条件的产物。史密斯同样承认,只有在现代时期民族才具有重大的政治影响,并因此断言,永存主义的根本缺陷在于完全忽视了前现代的族裔认同和现代民族认同的根本不同。同时,在史密斯看来,现代主义解释也存在问题,尤其是没有重视前现代的族裔联系或族群纽带对于现代民族主义和民族的重要意义。我们的确可以在法国大革命以来的民族形成现象中发现有意计划和人为制造的因素,但过度强调民族的建构性,只会忽略"发明"或"想象"都不可能凭空而来。他说:"通常只要一个现代民族自认为拥有独特的族群历史,所谓'被发明的传统'就会暴露出它事实上比较接近于过去历史的'重新建构'。族群的过去会限制'发明'的挥洒空间。虽然过去可以被我们以各种不同方式'解读',但过去毕竟不是任何过去,而是一个特定共同体的过去,它具有明显的历史事件起伏形态、独特的英雄人物以及特定的背景脉络。我们绝对不可能任意取用另外一个共同体的过去以建构一个现代民族。"换言之,成功的民族往往建立在前现代的遗产尤其是族群之上。在史密斯那里,所谓族群是一群意识到自己拥有与其他群体不同的历史记忆、起源神话、生活文化与居息家园的人群。族群的本质既非纯属原始生发,也不纯属人为主观感受之表达,而是介于两者之间,由历史经验及象征性的文化活动(如语言、宗教、习俗)所凝聚产生。①

在此简短回顾民族主义已有的重要研究,并不是要提出一种关于民族主义的一般理论,也不想借德意志的案例来评判三种范式的解释力,而是借前人的洞见提出几点看法。

首先,也是最重要的,民族和民族主义是不同的范畴。②

民族主义首先是一种政治意识形态,主要包含三个核心信条:(1)民族是最自然、有机的人类集合,其成员应当将民族视为最高或终极价值。换言

---

① Anthony D. Smith, "The Nation: Invented, Imagined, Reconstructed?", in Marjorie Ringrose and Adam J. Lerner, eds., *Reimaging the Nation*, Buckingham: Open University Press, 1993, pp.15—16; Anthony D. Smith, *National Identity*, London: Penguin, 1991, pp.20—21.

② 大卫·贝尔的相关论述很有帮助,参见《发明民族主义:法国的民族崇拜,1680—1800》,成沅一译,浙江大学出版社2020年版,导言;David E. Bell, "Revolutionary France and the Origins of Nationalism", in Lotte Jensen, ed., *The Roots of Nationalism: National Identity Formation in Early Modern Europe, 1600—1815*, Amsterdam: Amsterdam University Press, 2016, pp.67—83.

之，民族是其成员无法脱离的共同体，对民族的情感依恋和忠诚应处于顶端，包括共同体成员愿意为本民族牺牲。套用历史学家霍华德的话说，死亡是民族主义所理解的"社会契约的一部分"①。(2)国家所获的授权和主权来自其组成民族，对国家的忠诚是民族忠诚的自然延伸。(3)根据民族分野建立的国家，是人类最自然的划分，理想的情况是，国家的轮廓与其组成民族的轮廓无缝重叠。②

在德意志，这一意识形态诞生于1750—1850年间。约一个世纪中，国家构建引发了各种行为者在公共领域中关于政治体的性质、宗旨与权威来源的公共辩论。现代民族主义的若干要素正诞生于此一过程中。尽管法国大革命和拿破仑战争无疑是一个重要转折，但德意志民族主义并非诞生于一场"大爆炸"。没有第一个民族主义者，也不存在触发民族主义的第一个事件，只有民族和爱国话语的逐渐流行，并在公开讨论和交流中，逐渐改变了对民族的界定与理解，改变了人们对为祖国而战和牺牲的思考，改变了人们对文化归属和政治忠诚、文化共同体和政治共同体之间关系的认识。

民族要古老得多。这不是说民族就是一种纯然客观的实在。认为民族是一种客观现实，"这样的看法并无历史基础，在德意志尤其如此，地理、语言、文化和政治合起来使得很难发现一个自然的、可以客观界定的民族。民族是被发明出来的，……它们并非民族自我意识的原因和对象，而是民族自我意识的产物和投射"③。民族一直都是"想象的共同体"。只不过，这种想象一旦稳固，能在人们的意识中扎根且实现传承，想象就变成了某种"真实"。

也就是说，现代民族主义之前，还存在想象民族的其他方式。这种前现代的民族想象，我们称为"民族思想"(national thought)。"民族思想"是指把人类社会看作由不同的、各具独立特征和文化的民族组成，每个民族都有存在和要求其成员忠诚的权利，尽管这种忠诚既非排他性的，也非最高的。④包括德意志在内的欧洲很多国家，"民族思想"在中世纪后期和近代早

① Michael Howard, *The Invention of Peace and the Reinvention of War*, London: Profile Books, 2001, p.100.

② 参见 Joep Leerssen, *National Thought in Europe: A Cultural History*, Amsterdam: Amsterdam University Press, 2006, p.14。民族作为最高价值及其成员的牺牲义务，参见 Peter Alter, *Nationalism*, trans. by Stuart McKinnon-Evans, London: Edward Arnold, 1989.

③ James J. Sheehan, *German History, 1700—1866*, Oxford: Clarendon Press, 1989, p.371.

④ 参见 Joep Leerssen, *National Thought in Europe: A Cultural History*, Amsterdam: Amsterdam University Press, p.15。前现代时期想象民族的其他方式，参见 Patrick J. Geary, *The Myth of Nations: The Medieval Origins of Europe*, Princeton, NJ: Princeton University Press, 2002，史密斯的族群就属于对民族的前现代想象。

期即已存在。那些将民族主义的起源和存在追溯至这一时期的研究者，显然将对民族的前现代想象和民族主义混为一谈。现代民族主义诞生后，追求民族统一的政治民族主义也未能垄断对民族的想象和理解。以不那么严格的意义去界定民族主义的话，德意志民族主义始终存在多种传统。

与"民族思想"相比，民族主义改变了对民族的理解和想象民族的方式，将作为平等成员共同体的民族作为终极价值，且具有更明显和强烈的政治意涵与情感维度。只有在民族主义诞生并取得支配性地位后，民族才成为群体性的主要标志和根本性的政治因素。所谓群体性的主要标志，是指民族成为人们群体归属的最重要界标；所谓根本性的政治因素，是指民族不仅是对不同族群的一种描述，更是建构国家权力和合法性的关键因素。

其次，鉴于中东欧地区复杂的族群杂居状况，民族和政治体的领土组织之间的恰当关系问题构成了19世纪到20世纪前半期该地区政治冲突的焦点问题。社会学家罗杰斯·布鲁贝克曾将这一问题称为"民族问题"，其产生有两个前提：一是民族和国家相互独立。只有在民族被想象为独立于国家存在时，民族和国家之间的关系问题才获得巨大的张力。二是民族和国家的趋同被认为是可取的，甚至是必要的。①

民族主义诞生之前，政治和文化边界应该一致的观念是人们无法理解的。正如两位力图摆脱民族国家叙事的学者指出的那样，世界历史的大部分时间里，大多数人都生活在帝国，信奉不同宗教和讲不同语言的族群只要服从于统治者，就完全可以保持自身的某种独立性。哈布斯堡君主国是这种意义上的帝国，到1800年，讲德语的居民在该国只占少数。普鲁士同样一度如此，经过1772—1795年3次瓜分波兰，讲波兰语的人口已占普鲁士总人口的接近一半，华沙成为普鲁士的第二大城市。此时的普鲁士无疑可被称为"双民族国家""半波兰的普鲁士"。变成普鲁士人的数百万波兰人中，除贵族可以从政与从军融入普鲁士上层外，其他群体的语言、习俗和宗教完全不受侵犯，故大多乐于接受普鲁士臣民的新身份。民族主义时代来临后，这种情况将发生改变。在普鲁士，一位其家族为普王服务数代的波兰贵族在1871年以后难掩哀伤地表示，波兰人无论什么时候都能够当普鲁士人，可是却永远也无法变成德意志人。②就德意志民族主义来说，由于数百

---

① Rogers Brubaker, Margit Feischmidt, Jon Fox, and Liana Grancea, *Nationalist Politics and Everyday Ethnicity in a Transylvanian Town*, Princeton, NJ: Princeton University Press, 2006, p.27.

② ［美］简·伯班克、［美］弗雷德里克·库珀：《世界帝国史：权力与差异政治》，柴彬译，商务印书馆2017年版；［德］塞巴斯蒂安·哈夫纳：《不含传说的普鲁士》，周全译，北京大学出版社2016年版，第119—120页。

万德意志人居住在邦联和第二帝国之外,不仅导致统一之前德意志民族主义运动就大小德意志方案的激烈争论,德意志民族主义表现出明显的沙文主义、扩张主义意味,在第二帝国建立后直至二次大战为止,"民族问题"更是德国国内政治生活和对外政策中的热点,具有内在爆炸性。

第三,将民族呈现为政治的自然单位和最高价值,这一表象之下的历史复杂且充满冲突。所谓冲突是指,民族总是在社会、文化或政治斗争中得到界定,在这些斗争中,一方以"民族价值"或"民族大业"为武器反对内外的敌人。比如说,在德意志民族意识发展的重要阶段,文艺复兴时期的人文主义者就利用塔西陀对所谓日耳曼美德的描述,肯定德意志对腐朽的罗马教会及其盟友的优越性。同样,在 18 世纪,德意志的知识分子总喜欢将德语和德意志价值的真实性与深厚同法兰西文化及其德意志模仿者宫廷贵族的肤浅刻意加以对比。在大革命时期,德法之间的文化战争进一步激化,并且发生了部分的转变。一些德意志知识分子第一次将捍卫民族利益同建立一个民族国家联系在一起。而且,对于民族价值的倡扬第一次超出了高雅文化的范围,变成政治运动。①

所谓复杂是说,民族主义既不是静态的,也不是单一的。以德意志的情况看,19 世纪上半期,资产阶级自由派自视为民族的代言人,充当了民族运动的主要领导和社会基础,自由民族运动因此也成为反对邦国林立和部分复辟的旧制度的反对派运动。1848—1849 年革命后,普鲁士的保守派和国王开始逐渐改变对自由民族运动的应对。经过 19 世纪 60 年代,俾斯麦创造性地利用革命的手段去实现保守的目标;到 19 世纪 80 年代,保守派也开始抢夺民族的大旗。现代民族主义之所以拥有巨大影响力,部分原因就在于此,它可以同各种政治意识形态结合,为各种政治力量所用。任何人或群体都无法垄断对民族的解释权,因此,从来都不存在某种单一的德意志民族主义。比如说,从德意志民族主义形成政治运动的一开始,南德天主教徒和北德新教徒对民族的理解,民族共同体边界的界定以及民族叙事的建构就存在着巨大的差别,由此形成了实现民族统一的大小德意志方案之争。到第二帝国建立后,尤其是威廉二世时期,德意志民族主义至少存在着三种主要版本:一是追求凸显霍亨索伦君主的官方民族主义,二是逐渐对新民族国家习以为常、分布于社会各阶级与教派的日常民族主义,三是力求突破小德

① James J. Sheehan, *German History, 1700—1866*, Oxford: Clarendon Press, 1989, pp. 371ff.

意志框架和追求世界强国地位的极端民族主义。

2. 从日耳曼诸部到德意志民族的神圣罗马帝国

很大程度上,"民族思想"和民族主义都是关于"血和土"的想象。"血"指的是民族共同体成员有着共同的祖先,并因此血脉相连;"土"则意味着自久远已不可考的年代起民族共同体成员世代所居的空间,由此赋予了民族这个"想象的共同体"以相对明确或大致的地理范围。德意志也不例外,从15、16世纪的人文主义者到19世纪的民族主义者,日耳曼和德意志这两个词分别构成了对德意志民族"血"和"土"的想象。换言之,古罗马史学家塔西陀在《日耳曼尼亚志》中描绘的日耳曼诸部被认为是德意志人的共同祖先,他们一直生存繁衍于北到北海与波罗的海、南至阿尔卑斯山、西至莱茵河、东到维斯图拉河与奥德河的区域,中欧的这片广袤区域即为所有德意志人的故土——德意志兰。这一看法固然包含着真理的成分,却和绝大多数民族想象一样,主要是信念、想象或习惯的产物。

和其他现代民族一样,德意志人也是不同族群融合的产物,既包括日耳曼的血统,也吸收了凯尔特人、斯拉夫人、马扎尔人、地中海人等其他种群的一些成分。自公元前6世纪起,远道迁徙抵达中欧的日耳曼人将"土著"居民凯尔特人赶走后,到前1世纪,所谓的日耳曼人已遍布于多瑙河以北和莱茵河以东的广大地区,有些日耳曼部落甚至越过莱茵河下游侵入高卢人的地域,最后向罗马臣服。日耳曼和日耳曼尼亚的名称就来自凯尔特语,它最早出现在希腊和罗马的史料中,分别被高卢的凯尔特人和罗马人用来称呼莱茵河以东和阿尔卑斯山以北各蛮族部落的人及其居住的地方,即没有归顺罗马的蛮族诸部及其所居之地。日耳曼人讲各种各样的印欧语言,最重要的是他们自认为属于不同的部落或族群。历史上著名的日耳曼部落有哥特人、汪达尔人、勃艮第人、盎格鲁人、法兰克人、撒克逊人、阿勒曼尼人等。[①]4世纪中叶起,日耳曼人纷纷进入罗马帝国境内,从而掀起前后延续200多年的民族大迁徙的浪潮,波及中欧、西欧、南欧和北非等广大地区。

民族大迁徙不仅带来了日耳曼人内部各部族、日耳曼各部族和包括罗马人在内的其他种群的相互征战,带来了西罗马帝国的毁灭,而且带来了种群的大融合,由此奠定了日后德意志民族的基础。易北河以东的日耳曼部

---

① 参见 Malcolm Todd, *The Early Germans*, 2nd edn., Oxford: Blackwell, 2004, pp. 8—14;[德]埃里希·卡勒尔:《德意志人》,黄正柏、邢来顺、袁正清等译,商务印书馆1999年版,第15—16页。

落西迁之后,阿兰人和斯拉夫人立即跟进,阿兰人甚至追随汪达尔人转战西欧和北非,而斯拉夫人则力图在易北河以东立足。阿勒曼尼诸部族占据了莱茵河、美茵河和多瑙河之间的地域,逐渐当地化,形成诸如阿尔萨斯人、施瓦本人、巴伐利亚人等,构成了后来的南德居民。在美茵河以北,莱茵河与易北河之间的土地上,多数日耳曼部族并未外迁,与原土著迅速融合,逐渐形成弗里斯人、萨克森人、法兰克尼亚人、图林根人等,构成后来的中德和北德居民。可以说,民族大迁移使一些日耳曼部落或部族融合成巨大的部落联盟,这些部落联盟又与剩余的凯尔特人、罗马人和西进的斯拉夫人融合,形成了日后的德意志人。①

此时,"德意志"这一称谓尚未出现,居住在莱茵河与易北河之间的诸部族和部落联盟并无统一的称呼,他们也没有像法兰克人那样立国,反倒先后为法兰克人所征服,成为法兰克王国的属民,并渐次皈依了基督教。不过,也正是在法兰克王国时期,几项历史进程——早期德语的出现,"德意志"空间经过 843 年和 870 年两次对查理曼帝国的分割而相对明确化,920 年萨克森王朝将东法兰克王国更名为德意志王国标志着德意志王权的创立②——造就了早期德意志的语言、地域和政治基础。962 年,德意志国王奥托一世征服了意大利大部地区,教皇在罗马为其加冕,把"罗马人皇帝"称号加给德意志国王,这就是一直持续到 1806 年的神圣罗马帝国的开始。在德意志历史上,神圣罗马帝国被称为第一帝国,以区别 1871 年建立的第二帝国和希特勒的第三帝国。

"帝国"(*imperium*)意指最高领主,即皇帝的。在中世纪,该词为皇帝位(office of emperor)的同义词。"罗马人皇帝"这一头衔,其首要意义并非是皇帝作为最高领主统治的具体版图,而是不局限于任何特定区域或人民的普世性权威。13 世纪以来,皇帝直属领地的缺失加强了皇帝头衔的普世主义特性,皇帝不再被等同于任何具体的地域。当然,所谓的普世权威始终是理想而非现实,因为帝国从来没有包括基督教欧洲的全部,皇帝也从未对整个帝国实行直接统治。帝国的权威依赖于皇帝的封建管辖权,以及与皇帝头衔有关的权利与特权,其中最主要的当属皇帝作为最高世俗统治者和教会保护者的地位。这里的最高仅指优先于基督教世界其他君主和作为帝国诸侯最高领主的地位。15—16 世纪以来,与日益丧失封建色彩的西欧其

---

① 丁建弘:《德国通史》,上海社会科学院出版社 2002 年版,第 15—16 页。
② 920 年日耳曼人第一个王权的建立是否可以被视为德国史的开端,向来有争议。参见[英]玛丽·富布卢克:《剑桥德国史》,高旖嬉译,新星出版社 2017 年版,第 10—12 页。

他君主制大国和日益领地化的德意志邦国相比,皇帝位直到1806年帝国解体为止一直保留着一定的封建特征,丹麦和瑞典国王都因其拥有的德意志领地承认其相对于皇帝的封臣地位。在近代早期,最高还意味着对其他称帝者的优先。1606年,皇帝鲁道夫二世非常勉强地承认奥斯曼土耳其苏丹的帝衔,是东罗马皇帝的继承人;1721年,查理六世为寻求与俄结盟,承认彼得大帝的帝衔,条件是神圣罗马帝国皇帝仍然拥有优越地位。即便拿破仑在1804年称帝时,也承认皇帝的优先。①

"罗马"一词则将帝国置于沿袭自古典时期的帝国传统之中。中世纪拉丁基督教世界的作家们曾费尽一切心思证明,罗马帝国从来没有消失过,并为此发展出一套强调帝国连续性的帝权传递(translatio imperii)理论。根据这一理论,查理曼在800年被教皇加冕为皇帝,意味着帝国的衣钵(imperial mantle)传到了法兰克人手中。查理曼去世后,其帝国虽解体,但962年奥托大帝的加冕,并非一个新帝国的建立,而是罗马帝国的回归,意味着罗马帝国的统治权由法兰克人传给了德意志诸王朝。与此同时,教皇加冕的象征性行动允许德意志的皇帝们宣称对所有基督徒的政治权威,以及对欧洲其他统治者的优先地位。来自《圣经》的阐释也支撑了帝权传递的观念。根据古典后期对《但以理书》的通常阐释,罗马帝国被视为四大世俗帝国的最后一个,帝国的崩溃之时即为敌基督者出现和最终审判发生之日。如果世界尚未终结,罗马帝国必然还以某种方式存在。②

古代的罗马帝国从未自称亦未被称为"神圣","神圣"这个形容词出现在帝国国号中始于12世纪的巴巴罗萨时期。11世纪后期开始的主教叙任权之争,是一直延续到14世纪的教俗冲突的第一阶段。这场教权和皇权之间的剧烈冲突不仅对整个基督教世界,而且对帝国和德意志都产生了异常广泛和深远的影响,并且也为德意志的皇帝们不断干预意大利提供了直接的动力。斗争的早期阶段,教皇格里高利七世坚持教皇高于皇帝。通过将神圣置于头衔之中,皇帝的支持者力图使皇帝能与教皇平起平坐。由于反

---

① 参见 Barbara Stollberg-Rilinger, *The Holy Roman Empire: A Short History*, trans. by Yair Mintzker, Princeton, NJ: Princeton University Press, 2018, pp.10—11; Peter H. Wilson, "The Meaning of Empire in Central Europe around 1800", in Alan Forrest and Peter H. Wilson, eds., *The Bee and the Eagle: Napoleonic France and the End of the Holy Roman Empire*, Basingstoke: Palgrave MacMillan, 2009, pp.25—26。皇帝位的封建特征,参见[英]彼得·威尔逊:《神圣罗马帝国,1495—1806》,殷宏译,北京大学出版社2013年版,第64—65页。

② Barbara Stollberg-Rilinger, *The Holy Roman Empire: A Short History*, trans. by Yair Mintzker, Princeton, NJ: Princeton University Press, 2018, pp.12—13.

教皇斗争,中世纪后期的教皇已很少参加皇帝的加冕礼。到近代早期,皇帝头衔和教皇加冕之间的联系被永久打破了。哈布斯堡家族的马克西米利安一世在征得教皇尤里乌斯二世同意后,于1508年自行加冕,号称"当选的罗马人皇帝"。其孙子和继承人查理五世1519年当选,但直到1530年才由教皇加冕,他也是最后一位由教皇加冕的德国皇帝,其后的皇帝都宣称皇帝头衔的获得仅仅以选举为基础。帝国依然坚持其"神圣性",部分原因在于,迟至18世纪,所有合法的欧洲统治权其根基都在于"王权神授"的观念。坚持帝国的神圣,有助于彰显帝国相对于其他君主国的最高地位,支撑帝国相对于奥斯曼土耳其的地位。

统治中欧大部地区的神圣罗马帝国在其漫长的历史中,从未拥有明确的边界,其管辖人口无论在语言还是族群身份上都不是单一的。即便到15世纪末帝国已被称为"德意志民族的神圣罗马帝国"(Heiliges Römisches Reich Deutscher Nation),帝国依然包括若干重要的非德语地区,比如波希米亚王国及其附属的摩拉维亚、卢萨蒂亚、西里西亚,再比如由意大利北部公国和城市组成的"帝国意大利",还有说法语的勃艮第及其附属的尼德兰南部地区。帝国以外有许多德意志人,尤其是作为12世纪以来德意志向东殖民斯拉夫地区的结果,大量德意志人生活在直至波罗的海沿岸的帝国以东地区。

19世纪普鲁士派的历史学家们将中世纪帝国视为一个伟大和强盛的德意志国家,认为来自萨克森(919—1024年)、萨利安(1024—1125年)和霍亨斯陶芬王朝(1138—1254年)的德意志诸王们建立了一个荣耀的帝国,拥有对整个西方基督教世界的最高权力。霍亨斯陶芬王朝确曾强横一时,但也因过度扩张最终崩溃。之后的"大空位时期",大封建主借机扩张自己的领地和力量,相互征战,抢夺弱小,攻打城市,篡夺皇帝的权力和帝国之地。普遍的混乱和无政府状态最终让诸侯们感到自己也受到威胁,遂决定以选举皇帝的办法来代替王位世袭,同时为避免皇权过大,参与选举的大诸侯们一般总是选择势力较小的家族,皇帝如走马灯般换来换去。直到1356年,查理四世同大诸侯达成妥协,颁布《金玺诏书》,以帝国立法的形式承认皇帝由选帝侯选举产生,承认选帝侯在其领地内政治独立,以换取由其儿子继承皇位的承诺。①《金玺诏书》可以被视为帝国的宪法性文件,直到1806年一直有效。除此之外,帝国在中世纪基本上没有建立正式的制度,且帝国

---

① 丁建弘:《德国通史》,上海社会科学院出版社2002年版,第41—44页。

的凝聚力在中世纪不断衰落。

到哈布斯堡家族的腓特烈三世时期,由于皇帝更看重家族利益而忽视帝国利益,导致帝国内部的普遍不满,要求改革的呼声日益高涨,由此产生了著名的帝国改革运动。改革时代历经马克西米利安一世和查理五世两个阶段,建立了帝国议会、两个帝国法院和地方行政区等正式机构与制度,较为明确地规定了皇帝、选帝侯、其他诸侯与贵族、帝国城市以及其他帝国等级各自的特权,从而确立了皇帝和诸侯之间的某种平衡,同时亦能兼顾帝国城市和其他等级的利益,在很大程度上塑造了近代早期的帝国形态。此后,在宗教改革引发的宗教—政治辩论和战争过程中,在皇帝与追求领地邦国化的诸侯们的持久博弈中,帝国的宪政结构又进一步发展,到1648年的《威斯特伐利亚和约》中最终定型。正如很多学者所强调的那样,由此形成的制度架构使得近代早期的帝国根本不同于中世纪的帝国。①

3. 近代早期的帝国制度、民族话语和德意志认同

就历史和现实中的大部分情况来看,能够为民族认同的形成和维持提供持久基础的因素主要有二:政治制度和文化。政治制度意味着政治决定在很大程度上会塑造一个群体的命运,从而为其社会、经济、文化和政治发展创造出共同的历史。在大多数情况下,政治制度还具备重要的整合功能,为人们的忠诚提供焦点。文化既包括一定意义上可视为客观存在的文化现实,即族群的语言、习俗、生活方式和遗产,也包括"民族思想",即精英尤其是知识精英对民族遗产的文化生产和呈现。这种文化生产与表达,意味着身份认同的重新概念化和对共同体的重新想象,意味着"发现"民族和民族遗产的"发明",并且主要通过政治论辩形成以"民族"范畴为核心的全新文化与政治语言。

就近代早期的德意志来说,经过改革的帝国为德意志认同的形成提供了制度框架。15、16世纪之交,德意志人文主义者"发明"了德意志民族的历史。15世纪末以来,帝国持久面临的内忧外患又进一步刺激了各种行为者在政治论辩中使用"民族"和"祖国"言辞。

具体来说,四个方面的因素促进了德意志认同的形成和维持。

第一,重新发现塔西佗的《日耳曼尼亚志》,使得德意志人文主义者在

---

① Stollberg-Rilinger, *The Holy Roman Empire: A Short History,* trans. by Yair Mintzker, Princeton, NJ: Princeton University Press, 2018; Peter H. Wilson, *Heart of Europe: A History of the Holy Roman Empire,* Cambridge, MA: Harvard University Press, 2016.

1500 年之后的一代人里生产出关于德意志民族起源和历史的神话。

《日耳曼尼亚志》约写于公元 98 年。在这本小册子中，塔西佗称分布于多瑙河以北、莱茵河以东广大蛮荒之地的日耳曼诸部是该地的原住民，他们体格高大健壮，生活简单质朴，崇拜战神"沃丹"，既有懒散怠惰、酗酒、嗜赌、举止粗俗、行为残忍诸般缺点，又表现出正直、忠诚、坚毅、英勇等美德。在文明的罗马人眼中，日耳曼人只能算野蛮人，因封闭而能保持血统纯净，因好勇尚武才从未被外族征服，保持自身的独立和自由。书中还记述了公元 9 年，阿米尼乌斯（Arminius）——马丁·路德将拉丁文翻译成德语后的名字叫赫尔曼（Hermann）——在条顿堡森林之战中击败罗马军团的故事。古典时代后期和中世纪大部分时间里，塔西佗的大部分作品散失，直到 15 世纪中期《日耳曼尼亚志》的手抄本被发现并在 1451 年带到罗马，之后通过人文主义者的思想交流扩散开来。1470 年，《日耳曼尼亚志》拉丁语版首次出版；1476 年，其在德意志首次付印。①

意大利人文主义者对"蛮荒"德意志的蔑视引发了德意志人文主义者对《日耳曼尼亚志》的关注，但真正激起他们以该书为基础编织民族史并借此抒发民族情绪的深层因素是外来威胁与剥削。剥削来自罗马教廷。早在 1457 年，皮科洛米尼——教廷圈子中的大人物，时任锡耶纳主教，1458 年当选为教皇庇护二世——收到了来自美因茨主教文书的警告。后者提醒皮科洛米尼注意德意志精英对教廷政策的普遍不满和怨愤，包括罗马出售有俸圣职、兜售赎罪券以及滥敛税收："为了金钱，罗马教会千方百计地压榨我们（仿佛我们就是野蛮人）。这种行径将我们一度显赫的（德意志）民族——这位世界的皇后和女王以她的美德和鲜血保卫了罗马帝国——贬低成了多年来深陷污浊而悲叹其命运与贫困的女仆和附庸。"这种愤懑在 1517 年由路德点燃，转变成席卷整个基督教世界的宗教改革。路德的坚定支持者胡滕（Ulrich von Hutten）大声呐喊："让我们解放祖国吧，它已遭受了长久的压迫。"②

---

① Joachim Whaley, *Germany and the Holy Roman Empire, 1493—1806*, Vol.1, Oxford: Oxford University Press, 2012, pp. 53—57; Caspar Hirschi, *The Origins of Nationalism: An Alternative History from Ancient Rome to Early Modern Germany*, Cambridge: Cambridge University Press, 2012, p.11, pp.119—179.

② 参见［美］克里斯托夫·B.克里布斯：《一本最危险的书：塔西佗〈日耳曼尼亚志〉——从罗马帝国到第三帝国》，荆滕译，江西人民出版社 2015 年版，第 64—65、101—103 页；Christopher B. Krebs, "A Dangerous Book: The Reception of Tacitus' *Germania*", in A. J. Woodman, ed., *The Cambridge Companion to Tacitus*, Cambridge: Cambridge University Press, 2009, p.283。

当时的帝国官方和教廷一直在呼吁抵抗土耳其,但让许多人文主义者更感同身受的威胁来自法国。1494 年,法王率军进入意大利,引发了与哈布斯堡家族之间旷日持久的意大利战争,同时也开始了法国王室瓦卢瓦家族及后继波旁家族同哈布斯堡家族历经两个多世纪争夺基督教世界优势的斗争。面对野心勃勃的法王,许多德意志人文主义者颇为警惕。来自阿尔萨斯的温普菲林(Jacob Wimpfeling)在 1505 年出版了《德意志简史》(*Epitome rerum Germanicarum*)。在这部著作中,他表达了许多德意志人文主义者从《日耳曼尼亚志》中获得的自信。就像在赫尔曼率领下高贵的野蛮人战胜了曾经征服整个世界却已腐化堕落的罗马人一样,德意志人作为拥有无数美德和自由的日耳曼人的后裔,作为一个纯洁、从未被污染的民族,注定将取代意大利和法国古老却精疲力竭的文明。针对法国王室聘用的人文主义者宣称查理大帝是法国王室先祖的说法,以及法王意欲参加皇帝竞选的企图,温普菲林坚持说,查理曼实际上是统治法国的德意志人,从来没有一个法国人或高卢人做过罗马皇帝,这本身就是德意志人比法国人优越的明证。对于温普菲林等人来说,阿尔萨斯自奥古斯都时代以来就属于德意志。[①]

第二,相比更具普世色彩的中世纪帝国,近代早期帝国的德意志属性更加突出。

在宗教改革的冲击下,作为中世纪拉丁基督教世界一体象征的两大支柱,教皇和皇帝的权威受到了巨大冲击。到 1648 年《威斯特伐利亚和约》时,基督教世界的一体性已然崩解,最终形成了新教和天主教在整个欧洲和德意志平分天下的局面。皇帝作为教会和基督教世界保护者的角色越来越名不副实。与此同时,虽然帝国的边疆仍然处于各方势力的争夺之中,但其边界逐渐变得清晰,中欧德语区构成了帝国的核心区域。按照中世纪的政治哲学,"*imperium*"一词并不用来指皇帝的普世权威时,就意味着包括三个国度——帝国意大利(*Reichsitalien*)、高卢(基本上是指洛林和勃艮第)和德意志。中世纪后期和近代早期,随着皇帝丧失对勃艮第和帝国意大利大部的控制,帝国的德意志特性越发凸显。在腓特烈三世 1486 年颁布的《公共和平法》(*Landfriedensgesetz*)中,"德意志民族"第一次和神圣罗马帝国一起出现。此后的几个世纪中,"德意志民族的神圣罗马帝国"既非帝国的唯一称呼,也不是官方称呼。不过,由于讲德语的人群构成了帝国居民

---

① Hagen Schulze, *States, Nations and Nationalism: From the Middle Ages to the Present*, trans. by William E. Yuill, Oxford: Blackwell, 1996, pp.128—129.

的主体,到18世纪,帝国的官员们越来越倾向于采用简洁的表述"罗马—德意志帝国",甚至更简单的"德意志帝国"①。

最为重要的是,帝国改革后逐步发展起来的一整套正式制度主要在德语区实行。只有那些服从帝国议会立法的地区才被称为德意志人的祖国,比如路德就将在帝国议会中拥有代表席位的伯爵和诸侯家族称为德意志民族的贵族。他们和帝国议会中的自由城市、教会法团组织一起被认为是帝国的公民,同时又是其领地上臣民的长官。与此密切相关的是,帝国和诸领地机构所用的书面德语也实现了某种统一。13世纪起,高地德语(High German)逐渐取代拉丁语成为帝国行政管理的语言,这促进了新高地德语从南德向北方的扩散并在行政管理中逐步取代了低地德语。1500年左右,由于和帝国议会以及其他帝国机构之间通信的需要,北德领地行政机构也开始采用帝国官厅风格的南部德语。②

第三,最重要的是,帝国改革时代起逐步建立的全新制度为德意志提供了总体性的政治框架,并在此基础上形成了以帝国为参照系的德意志认同。

一个最简单的重大事实足以说明这一点。考虑到法国自15—16世纪之交以来一直致力于削弱哈布斯堡家族并为此刻意利用和制造帝国的内部紧张与分裂;考虑到宗教改革开始后,教派确立时结构性的不宽容③在整个欧洲范围内引发了一个多世纪的长期动荡、宗教内战和国际战争;考虑到宗教改革在其发源地德意志最终的结果根本不同于欧洲其他许多国家,形成了教派永远分裂的局面,向德意志政治中注入了新的且持久的分裂性因素;同时还考虑到,教派分裂和宗教论战以分裂形式加强了德意志邦国领地独立的、集体的认同感,还有自18世纪40年代以后普奥长期敌对带来的巨大冲击,帝国不仅没有被摧毁,反而得到重建,并一直维持到1806年,不能不

---

① Stollberg-Rilinger, *The Holy Roman Empire: A Short History,* trans. by Yair Mintzker, Princeton, NJ: Princeton University Press, 2018, pp. 14—15.

② Robert von Friedeburg, "Origins of Modern Germany", in Helmut Walser Smith, ed., *The Oxford Handbook of Modern German History,* Oxford: Oxford University Press, 2011, p. 34; Peter H. Wilson, *Heart of Europe: A History of the Holy Roman Empire,* Cambridge, MA: Harvard University Press, 2016, pp. 258—260.

③ 结构性的不宽容是指随着主要宗教教派的制度化即所谓的教派化,所有教派都认为只有一种宗教真理,因此只应有一个基督教世界。这里的利害在于每一教派都认为他们掌握着唯一的基督教真理,自认是基督教唯一合法的继承者。教派的好斗,来自他们拒绝其他宗教团体的存在权,从而在欧洲导致了一系列宗教战争。参见 Johannes Burkhardt, "Religious War or Imperial War? Views of the Seven Years' War from Germany and Rome", in Mark H. Danley and Patrick J. Speelman, eds., *The Seven Years' War: Global Views,* Leiden and Boston: Brill, 2012, p. 110。

说同这套制度安排有关,包括这套制度安排面临内外巨大冲击时所体现出的弹性和适应性。

在这套制度框架下,皇帝依然是所有帝国等级的最高领主和国家元首,由选帝侯选出。15世纪中叶以来,除巴伐利亚维特斯巴赫家族的查理七世外,皇位一直由哈布斯堡家族占据。皇帝的正式权力可分两类。第一类是来源于皇帝作为最高封建主身份的专有权,包括重新分配无人继承的较小帝国采邑的权力、擢升贵族与其他显贵的权力,不过,后一种权力逐渐受到帝国议会的控制。此外,皇帝还可影响帝国机构,任命帝国法院的部分法官,决定帝国议会的议事日程。第二类是两组共享的权力,一组是只能与帝国议会共同行使的立法、司法、财政、军事和外交等权力;另一组权力由皇帝与选帝侯共享。只有取得选帝侯的同意,皇帝才可支配较大的帝国采邑、召集帝国议会、实施剥夺违法者公民权的帝国禁令(Reichsacht)。1711年起,帝国禁令的实施需要得到帝国议会的批准。[①]当然,正式权力并不能反映皇帝的真实地位。自马克西米利安一世开始,哈布斯堡家族通过联姻和继承在中西欧获得了诸多富庶领地,包括勃艮第及附属的尼德兰地区。到1516年其孙查理成为西班牙国王后,德意志诸侯面对的是一个拥有庞大领地联合体且美洲殖民地不断扩展的皇位继承人,不得不在1519年选举查理五世为皇帝时要求后者作出"选举让步",从此形成惯例,以确保皇帝遵守帝国的法律和习惯,不滥用权力。

帝国议会是帝国等级参加的会议,即有表决权的帝国成员或其代表参加的会议。帝国成员多种多样,包括世俗和教会诸侯、帝国直属修道院的帝国高级教士、帝国伯爵、帝国骑士、帝国城市和帝国村庄。帝国骑士和帝国村庄没有获得帝国等级地位,无权参加议会。作为帝国集体决策的首要机构,帝国议会包括三大议院。选侯院拥有选举皇帝和商定选举让步协议的独享特权。美因茨大主教、科隆大主教、特里尔大主教、波希米亚国王、勃兰登堡伯爵、萨克森公爵和帕拉丁伯爵为最初的七大选侯,皇帝为获得诸侯的军事支持,分别于1648年和1692年提升巴伐利亚和汉诺威统治者为选侯。诸侯院包括除选侯和帝国骑士外的其他所有诸侯与贵族领主,其表决权分为两类,诸侯拥有充分的个人表决权,伯爵与教士只能分享集体表决权。帝国城市直到1648年才被批准组成第三个议院,且未获得平等的表决权。帝

---

① [英]彼得·威尔逊:《神圣罗马帝国,1495—1806》,殷宏译,北京大学出版社2013年版,第62—63页。

国议会的表决过程非常复杂。先是每个议院分别根据多数裁定原则进行讨论和表决，然后对每个决定进行共同表决。决定先由诸侯和选帝侯商定，确定后再听取城市意见。三个议院作出的决定被称为"帝国鉴定"，由皇帝宣布为"帝国决议"。①1663 年开始，在雷根斯堡召开的帝国会议成为常设会议。

1648 年的《威斯特伐利亚和约》为保障教派的和平共处，赋予了三大教派同等的法律地位。所有宗教信仰问题的讨论和决定权赋予了全体帝国等级，且宗教信仰问题上的决定不采用多数决定原则，而是由帝国等级在帝国议会上分成两个集团——天主教集团（corpus catholicorum）和新教集团（corpus evangelicorum）——分别进行讨论，只有两个集团一致同意才可赋予帝国决议以有效性。根据和约，领地诸侯还被赋予了在其领地内的最高权力即"领地主权"（Landeshoheit），以及通过帝国议会和行政区行使的集体权力。皇帝对缔结同盟、战争与和平的独自决定权受到限制，相应地，和约确认诸侯相互结盟和与帝国以外行为者结盟的权力（ius foederis），因此含蓄肯定诸侯有权采取独立的对外政策并拥有在特定条件下建立和维持独立军队的权利。不过，诸侯在内外事务上的独立性受到了一项最根本的制约，即不得违背诸侯对皇帝与帝国的忠诚以及不得扰乱帝国等级之间的和平。②帝国诸侯虽未获得完全的主权独立地位，但其相对于皇帝的地位以及对领地内事务的管辖权的确在上升。

皇帝的权力与行动自由因帝国等级在所有有关帝国重大问题上的共同决定权而极受钳制，帝国基本法——既包括《黄金诏书》《奥格斯堡宗教和约》《威斯特伐利亚和约》等重大文件，也包括皇帝和帝国等级之间签订的诸多双边协议，尤其是"选举让步协议"——逐步取代封建成为皇帝和帝国等级之间分割政治权力的基础。正是在这个意义上，近代早期的帝国根本不同于中世纪的封建帝国。在面对意欲加强君主权力的皇帝时，帝国等级很早就开始利用人文主义者的"发现"和"发明"，宣称德意志民族的帝国一直

---

① 参见［德］彼得·克劳斯·哈特曼：《神圣罗马帝国文化史 1648—1806：帝国法、宗教和文化》，刘新利等译，东方出版社 2005 年版，第 4—34 页；［英］彼得·威尔逊：《神圣罗马帝国，1495—1806》，殷宏译，北京大学出版社 2013 年版，第 68—71 页。

② Geoffrey Parker, ed., *The Thirty Years War*, 2nd edn., London and New York: Routledge, 1997, pp. 182—183; Ronald G. Asch, *The Thirty Years War: The Holy Roman Empire and Europe, 1618—48*, New York: St. Martin's Press, 1997, pp. 141—142; Axel Gotthard, "The Settlement of 1648 for the German Empire", in Peter Schroeder and Olaf Asbach, eds., *The Ashgate Research Companion to the Thirty Years War*, Farnham: Ashgate, 2014.

都是自由的帝国,拥有保障自由的古老宪法。从 1530 年开始,针对意欲恢复基督教世界宗教一统的查理五世,信奉路德派的帝国等级基于皇帝由选帝侯选举产生的传统,宣称皇帝并非真正的君主,其统治必须要得到帝国等级的同意,不能任意将自己的意志强加给帝国等级。按照这样一种对帝国宪法基础的阐释,帝国可以说是近代早期意义上的"自由国家"或"共和国"。不过,近代早期帝国和皇帝位又保留着一定的封建色彩,比如直到维特斯巴赫家族的查理七世时才废止分封仪式,再比如皇帝和德语区之外领地——波希米亚、摩拉维亚、西里西亚、卢萨蒂亚和隶属于帝国意大利的萨伏依——的关系在很大程度上依然以封建为基础。因此,从 16 世纪对抗皇帝的诸侯到 18 世纪的帝国宪法学家再到今天的研究者,对帝国制度的基本性质问题始终存在争论。有人称之为君侯联邦,有人视之为封建的等级制体系。①

无论对帝国制度的性质作何解读,近代早期帝国基本制度的建立是一个叠床架屋的过程,在古老的封建秩序之上又叠加了更具近代色彩的君侯共治,在这个意义上,不妨将之看作一种多层帝国秩序。

著名法学家普芬道夫(Samuel Pufendorf)在 1667 年出版的宪法评论著作中,曾指出这一帝国秩序存在两大结构性缺陷:赋予邦君与外国君主联盟的权利以及教派分裂在帝国决策中的制度化严重损害了帝国的统一。前一项措施导致了德意志诸侯分成不同的派系,还为外国提供了按照其特殊利益和意志塑造德意志事务的机会。在宗教信仰问题上分两集团投票的程序本来意在保护新教徒,却很快成为新教诸侯的有力武器,他们立刻认识到可以利用这一权利宣称大多数有争议的问题为宗教争议;在新教集团中达成的决定对于他们来说才是唯一有约束力的协议,天主教集团无权干预或挑战新教集团的讨论。②帝国制度的顺利运转取决于各方能否达成妥协和

---

① 对近代早期帝国性质的不同诠释,可对比 Karl Otmar von Aretin, "The Old Reich: A Federation or Hierarchical System?"; Georg Schmidt, "The Old Reich: The State and Nation of the Germans", 两文均载于 R. J. W. Evans, Michael Schaich, and Peter H. Wilson, eds., *The Holy Roman Empire 1495—1806*, Oxford: Oxford University Press, 2011。近代早期帝国的联邦色彩,还可见 Joachim Whaley, "Federal Habits: The Holy Roman Empire and the Continuity of German Federalism", in Maiken Umbach, ed., *German Federalism: Past, Present and Future*, Basingstoke: Palgrave MacMillan, 2002, pp.15—41;[德]约翰内斯·布克哈特:《战争的战争:欧洲的国家构建与和平追求》,马绎译,浙江人民出版社 2020 年版,第 173—183 页。

② Peter Schroder, "The Constitution of the Holy Roman Empire after 1648: Samuel Pufendorf's Assessment in his *Monzambano*", *The Historical Journal*, 42/4 (December 1999), pp.961—983.

共识。帝国议会、地方行政区会议、帝国法院作出的决定和实施,常常需要各种行为者之间经过漫长且低效的争吵与讨价还价后方能达成,更何况很多时候在重大问题上根本无法达成共识,不利于帝国作为一个整体采取行动,尤其是对外迅速行动。

虽然存在上述缺陷,但利奥波德一世的长期统治时期迎来了帝国和皇帝影响力的复兴,这大大有利于帝国制度的顺利运转。

帝国为其成员提供了一定程度的对外安全。由于建立和维持军队的成本高昂,不仅是弱小等级,即便在真正能够建立起一支具备独立行动能力的军队之前,包括勃兰登堡—普鲁士在内的大诸侯,相对他们可能遭遇的强大外敌而言也过于弱小,需要帝国的保护。汉诺威公爵在1682年说:"脱离皇帝和帝国并不符合本家族的利益,正相反,我们的家族要与它们保持牢固的联系,因为没有比在帝国中更可靠的安全了。如果帝国灭亡,我不知道本家族如何能保持其自由和尊严。"①

帝国制度促进了帝国等级之间纠纷的和平解决,普雷斯将这种现象称为"帝国的司法化"。到17世纪70年代,以司法手段解决争端已成为常态,一改早期大诸侯诉诸暴力手段的局面。诸侯们逐渐认识到,过早使用暴力,会使自己在诉讼中处于不利境地,这推动了帝国法律规定的准则获得更多认可,有助于维护现有的宪政结构。甚至皇帝也十分注意遵守法律程序,以便维持其作为公正无私的最高封建主地位,进而也加强了皇帝全面恢复起来的影响力。18世纪前期,萨克森地区各公国复杂的继承问题,曾导致多次武装入侵争议地区,但在法院介入后,最终是由司法仲裁而非军事行动来解决这些冲突。司法手段当然有其局限性,尤其当国际冲突加剧德意志内部冲突时,但它和其他帝国制度一起为弱小成员提供了保护,以免招致强邻的肆意欺凌和吞并。②

"帝国的司法化"也促进了领地内纠纷的解决,尤其是统治者与领地等级会议之间的纠纷。比如,在梅克伦堡公爵领地持续近　个世纪(1664—

---

① Karl Otmar von Aretin, "The Old Reich: A Federation or Hierarchical System?", in R. J. W. Evans, Michael Schaich, and Peter H. Wilson, eds., *The Holy Roman Empire 1495—1806*, Oxford: Oxford University; Peter H. Wilson, *Heart of Europe: A History of the Holy Roman Empire*, Cambridge, MA: Harvard University Press, 2016, p.283.

② 参见 Volker Press, "The Holy Roman Empire in German History", in E. I. Kouri and Tom Scott, eds., *Politics and Society in Reformation Europe: Essays for Sir Geoffrey Elton on his Sixty-Fifth Birthday*, Basingstoke: MacMillan, 1987, pp.51—77;[英]彼得·威尔逊:《神圣罗马帝国,1495—1806》,殷宏译,北京大学出版社2013年版,第79页。

1755 年)的宪法冲突中,帝国机构多次站在领地等级一边进行干预。1719年帝国法院甚至批准梅克伦堡的等级会议可以采用军事干预手段阻止其统治者的暴力镇压,在帝国的要求下,汉诺威选侯率领的联军为梅克伦堡等级会议提供了支持。1764 年,符腾堡公爵想要强行征收新税,符腾堡等级会议随即取得法院禁令阻止了公爵的行为。那些认为自己获得了"领地主权"从而肆意妄为的诸侯会因违反帝国宪法而受到惩罚。

帝国还在一定程度上保护了领地臣民的权利,以防止其统治者滥权。《威斯特伐利亚和约》将帝国等级、领地等级及其臣民的所有世袭权利、自由和特权都法典化了,皇帝和帝国机构据此可以干预诸侯领地的部分事务,帝国司法体系又为普通百姓提供了通过两大帝国最高法院针对领主和诸侯的法律诉讼渠道。关于 1526 年德意志农民战争结束后农民抗争的研究表明,农民抗争并非被领地邦国强力压服,而是转移到帝国司法制度中。①

第四,从 15 世纪末开始,外部威胁和内部冲突鼓励各种行为者使用"民族"(natio)和"祖国"(patria)等言辞进行精英层面的动员,去界定帝国框架下各等级和诸侯的特权与权利。不管使用者基于何种动机和意图,民族言辞和意象被广泛且持续地应用于政治论辩都有助于德意志认同的维持和强化。

15 世纪 70 年代,面对来自法国/勃艮第和土耳其的威胁,保护德意志民族这样的说法第一次进入帝国政治的语汇。至于哪些地方需要被保护,即德意志民族的地理空间问题,常常被简单地界定为讲德语的地方。1494年意大利战争开始后,德意志诸侯不愿支持哈布斯堡家族在意大利的行动,针对马克西米利安一世认为德意志民族和"韦尔施"(Welsch,中世纪后期和近代早期,德意志人对所谓罗曼民族如"罗马人""法国人"和"意大利人"等带有贬义的称呼)民族利益一致的说法,参加帝国议会的帝国等级坚持他们只愿意保护"德意志民族"。②

人文主义者赋予德意志民族更丰满特性与意象后的两个多世纪中,一旦遇到外来威胁和重大危机,比如 16—17 世纪面对土耳其的进攻、17 世纪后期路易十四入侵德意志并兼并帝国领土、三十年战争等,各种行为者通过

---

① 参见[英]彼得·威尔逊:《神圣罗马帝国,1495—1806》,殷宏译,北京大学出版社 2013 年版,第 81 页;Leopold Auer, "The Role of the Imperial Aulic Council in the Constitutional Structure of the Holy Roman Empire", in R. J. W. Evans, Michael Schaich and Peter H. Wilson, eds., *The Holy Roman Empire 1495—1806*, Oxford: Oxford University Press, pp. 63—75。

② Joachim Whaley, *Germany and the Holy Roman Empire, 1493—1806*, Vol. 1, Oxford: Oxford University Press, 2012, pp. 53—54.

帝国议会和大量印刷的小册子等平台与载体攻击对手,使用民族言辞呼吁抵御共同的外敌,为自己的立场和行动辩护。宗教改革初期,萨克森选帝侯和黑森大公在给查理五世的信中告诫后者:"德意志民族是一个自由的帝国,事实上它是世界上最自由的。"人文主义作家们最初用来反对罗马和法国的反"韦尔施"言辞,现在被用来反对查理五世。宗教问题就这样被转化为民族和宪法问题,从而有可能影响天主教诸侯的立场。在路德派出产的小册子中,大量使用"祖国""民族"等词汇解释抵抗查理五世的理据。皇帝侵犯了德意志民族帝国等级的特权,抵抗因此拥有法律依据。同时,抵抗也是正当的,因为这是在捍卫祖国——德意志帝国。荷兰战争和九年战争期间的大量反法小册子不仅以民族言辞号召帝国等级团结起来共御外侮,还批评德意志诸侯和贵族特别容易受到法国生活方式和时尚的影响。三十年战争中,新教徒和天主教徒都宣称自己在维护帝国宪法,指责对方不爱国,背叛德意志民族。新教徒说天主教徒将帝国出卖给西班牙耶稣会和教皇,天主教徒则指责新教徒勾结丹麦、瑞典和法国入侵帝国。①

　　需要指出的是,到 17 世纪时,在德意志各地,领地贵族常常以他们有捍卫领地祖国——不管是符腾堡、黑森或波美拉尼亚——的职责去捍卫自身权力。②祖国开始被越来越多地用于指领地或地方,促进了多重忠诚的形成,甚至会割裂人们的文化认同与政治归属。

　　在以上四个具体因素的交互作用下,近代早期的德意志精英尤其是统

---

① Joachim Whaley, "'Reich, Nation, Volk': Early Modern Perspectives", *The Modern Language Review*, 101/2(April 2006), p. 450; Tim Blanning, "The Holy Roman Empire of the German Nation: Past and Present", *Historical Research*, 85(February 2012), p. 62; Caspar Hirschi, *The Origins of Nationalism: An Alternative History from Ancient Rome to Early Modern Germany*, Cambridge: Cambridge University Press, 2012, pp. 95—96; Peter H. Wilson, *Heart of Europe: A History of the Holy Roman Empire*, Cambridge, MA: Harvard University Press, 2016, pp. 264—265; Martin Wrede, "The House of Brunswick-Lüneburg and the Holy Roman Empire: The Making of a Patriotic Dynasty, 1648—1714?", in Andreas Gestrich and Michael Schaich, eds., *The Hanoverian Succession: Dynastic Politics and Monarchical Culture*, Farnham: Ashgate, 2015, pp. 47—48.

② 参见 Peter H. Wilson, *Heart of Europe: A History of the Holy Roman Empire*, Cambridge, MA: Harvard University Press, 2016, p. 280。对 16—17 世纪祖国语汇在领地等级与诸侯争辩中的使用,历史学家弗里德堡作了最为深入全面的研究,参见 Robert von Friedeburg, "The Making of Patriots", pp. 881—916; Robert von Friedeburg, "Why did Seventeenth-Century Estates Address the Jurisdictions of their Princes as Fatherlands? War, Territorial Absolutism and Duties to the Fatherland in Seventeenth-Century German Political Discourse", in Randolph C. Head and Daniel Christensen, eds., *Orthodoxies and Heterodoxies in Early Modern German Culture: Order and Creativity 1500—1750*, Leiden and Boston: Brill, 2007, pp. 169—194。

治精英形成了以帝国为焦点的德意志认同。参与威斯特伐利亚和平谈判的帝国诸侯一再拒绝法国削弱皇帝地位的提议,最典型地体现了帝国等级的帝国忠诚和归属感。选帝侯们拒绝了法国提出的完全禁止于皇帝在位时选举继承人,以及不得从同一王朝连续选出两任皇帝的要求。针对法国谈判者提议帝国诸侯获得完全主权以实现与外国缔结条约的无限制自由,绝大多数诸侯同样表示拒绝。①不过,这种德意志认同将占人口绝对多数的被统治者排斥在外。从人文主义者开始,民族言辞的使用者常常以相当含糊的方式——将之作为理想实体——使用德意志民族的表述。但当涉及普通人的现实时,作为被统治对象的人民一向被视为无知愚昧之众。民族主义时代的来临将改变这种状况。

二、民族主义时代的来临

1. 国家构建和文化革命

18 世纪中期到 19 世纪中期,中西欧发生了快速而剧烈的变化。敏锐的亲历者"认识到自己正生活在一个激动人心的时代",不断用"革命"一词来抒发对各种变革的惊叹。推动中西欧转型的重大变迁有人口长期的迅速增长、资本主义的兴起和发展、传统法团秩序的逐渐瓦解、大西洋两岸的政治革命和工业革命,不过,对于现代民族主义的诞生来说,两个因素尤为关键。一是战争压力下的国家构建,二是英国史家布莱宁所说的文化革命即公共领域的出现。

现代意义上的国家是"与统治者和被统治者相分离的公共权力,它构成了某一有限领土内的最高政治权威"②,现代国家形成即是指从中世纪的封建君主制向超越统治者和被统治者之上的最高政治权威的转变。这一过程漫长、曲折且多样,但自中世纪末期开始,国家构建遵循的最基本逻辑是中

---

① 参见 Johannes Burkhardt, "The Thirty Years' War", in Ronnie Po-Chia Hsia, ed., *A Companion to the Reformation World*, Oxford: Blackwell, 2004, p.286;[英]彼得·威尔逊:《神圣罗马帝国,1495—1806》,殷宏译,北京大学出版社 2013 年版,第 60 页;Tim Blanning, "The Holy Roman Empire of the German Nation: Past and Present", *Historical Research*, 85 (February 2012), pp.59—60。

② Quentin Skinner, *The Foundations of Modern Political Thought*, *Vol.2: The Age of Reformation*, Cambridge: Cambridge University Press, 1978, p.353.

央集权,尤其是王权的加强。

　　国家构建在欧洲带来了不同的政治体制和发展道路,但它引发的政治论辩却在中西欧表现出更多的相似性。国家、民族和祖国等言辞一方面被君主用来动员民众对付外敌;另一方面,在内部论辩中,被各方用于为自己的立场辩护。到18世纪,在大西洋世界频发的国际战争——最重大的战争包括奥地利王位继承战争、七年战争和法国革命战争与拿破仑战争——和敌对的压力下,随着君权神授观念在精英群体中的衰落,受启蒙思想的影响,在新出现的公共领域中,民族和国家的现代意义在日趋激烈的政治论辩中浮现,并成为中西欧政治话语中的支配性观念。在英法,相当一部分公共论辩的积极参与者日益将民族视为合法性的来源,至少也是来源之一,由此对君主制和整个旧制度构成了严峻的挑战。统治者及其王朝现在处于压力之下,需要证明自己是爱国的,为他们统治的国家服务,甚至要将王朝关切置于国家的福祉之下。君主们使用民族言辞和爱国主义的语言变得越来越重要。布莱宁认为,英国和普鲁士的统治者在这方面相当成功,成功将君主制"民族化"了。英国的汉诺威王朝成功地在民族和统治之间建立起联盟,普鲁士则发展出了颇为有效的邦国爱国主义,只有法国君主制的应对基本失败,最终的下场举世皆知。[1]

　　和英法一样,德意志诸邦同样面临战争和敌对的长期压力。18世纪下半叶的德意志,最重要和最具界定性的冲突都发生在帝国内部:普鲁士对奥地利、奥地利对巴伐利亚、普鲁士对萨克森等。这些和国际权势敌对——尤其是英法全球敌对——相交织的帝国内部冲突塑造了公共领域的讨论话题,促成了公共领域的政治化。不过,和英法不同的是,由于诸侯的强烈反对、外来干预、教派化和帝国的制度框架,到三十年战争结束时,德意志的国家构建已不可能在全德的层面上进行。

　　三十年战争和《威斯特伐利亚和约》从两方面影响了德意志的国家构建。

---

　　① 参见 T. C. W. Blanning, *The Culture of Power and the Power of Culture: Old Regime Europe 1660—1789*, Oxford: Oxford University Press, 2002。民族和爱国话语在中西欧的盛行,参见 J. H. Sheehan, "The Rise of Patriotism in the 18th-Century Europe", *History of European Ideas*, 13/6(1991), pp. 689—710。18世纪中叶,德·韦里神父(Abbé de Véri, 1724—1799)在日记中写道:"现在,巴黎社会里已经没什么人敢说'我为国王效劳'……谁要是这么说,就会被当成凡尔赛宫的男仆头子。'我为国家效劳'才是最常用的。"参见[英]蒂莫西·布莱宁:《追逐荣耀:1648—1815》,吴畋译,中信出版集团2018年版,第358页。18世纪中期,英语中的民族含义已经和现代没有差别,参见 Ian Mcbride, "The Nation in the Age of Revolution", in Len Scales and Oliver Zimmer, eds., *Power and the Nation in European History*, Cambridge: Cambridge University Press, 2005, p. 248。

一方面,《威斯特伐利亚和约》确定了德意志未来的政治发展路线。和约中对皇帝的进一步限制意味着国家缔造过程已不可能由皇帝在整个帝国层面进行,只可能发生于领地特别是那些较强大的领地上。1653—1654 年的帝国议会通过了一项关键决议,领地等级有缴纳帝国和行政大区税的义务,也有义务为其领地统治者提供防御领地的必要手段。决议对于领地等级的传统权利构成了致命打击,为诸侯建立领地独立军队打开了方便之门。

另一方面,《威斯特伐利亚和约》也是对未来欧洲顶层外交游戏中参与者资格的重新界定。对于帝国诸侯尤其是那些有抱负的大诸侯来说,皇帝封臣的身份严重影响了其国际地位和对外交往。为获得与其他国家统治者的平等地位,同时也是为了确保在相互间的地位竞赛中不致落后于人,17 世纪后期开始,一些实力强大的帝国诸侯开始追求国王的头衔,由此形成了德意志诸侯野心的"君主化"现象。其中失败者如谋求波希米亚王位未果的帕拉丁选帝侯(维特斯巴赫家族),成功者则包括获得波兰王位的萨克森选帝侯(韦廷家族)、继承英国王位的汉诺威选帝侯(韦尔夫家族)、成为普鲁士国王的勃兰登堡选帝侯(霍亨索伦家族)以及德意志以外的帝国诸侯萨伏依。巴伐利亚的维特斯巴赫家族野心勃勃,对哈布斯堡家族的皇位继承权发起挑战,于 1742—1745 年间一度暂时获得皇位。追求皇位和谋求安全、独立一起,促进了大诸侯建立领地独立军队的动力,并加入 17—18 世纪之交欧洲的主要战争,以便获得外部大国或皇帝对其要求的支持。建军和参与国际战争的物质需求,决定性塑造了诸侯的经济、行政管理和财政政策,从而推动了领地的邦国化和诸侯绝对主义的兴起。[1]

在追求邦国集权的过程中,许多诸侯常常利用新的理性主义哲学原则来为其行动辩护。17—18 世纪的自然法理论强调所有政治联合的契约性

① 参见 Barbara Stollberg-Rilinger, "State and Political History in a Culturalist Perspective"; Christian Wieland, "The Consequences of Early Modern Diplomacy: Entanglement, Discrimination, Mutual Ignorance—and State Building", in Antje Flüchter and Susan Richter, eds., *Structures on the Move: Technologies of Governance*, Berlin: Springer-Verlag, 2012;[英]彼得·威尔逊:《神圣罗马帝国,1495—1806》,殷宏译,北京大学出版社 2013 年版,第 51—52 页;Peter H. Wilson, *German Armies: War and German Politics, 1684—1806*, London: UCL Press, 1998, pp.14—15; Robert Oresko, "The House of Savoy in Search for a Royal Crown in the Seventeenth Century", in Robert Oresko, G.C. Gibbs and H.M. Scott, eds. *Royal and Republican Sovereignty in Early Modern Europe: Essays in Memory of Ragnhild Hatton*, Cambridge: Cambridge University Press, 1997; Sven Externbrink, "State-Building within the Empire: The Cases of Brandenburg-Prussia and Savoy-Sardinia", in R.J.W. Evans and Peter H. Wilson, eds., *The Holy Roman Empire, 1495—1806: A European Perspective*, Leiden and Boston: Brill, 2012, p.190。

质,将国家的合法性置于臣民同意基础之上,而臣民之所以愿意服从是因为诸侯的统治促进了"共善"或"公共利益"。启蒙哲学家坚持认为,国家的任务不能仅仅局限于保障和平与法律,还应促进臣民的"幸福追求"。这样的观念对于诸侯特别有吸引力,因为它为邦君削弱传统特权的做法提供了最好的辩护。到18世纪下半叶,"共善"这一抽象概念已构成地方和邦国爱国话语的核心,邦国作为诸侯个人及其家族领地的传统观念逐渐丧失了合法性。在邦君和邦国等级的公开辩论中,双方都宣称自己才是邦国这一政治共同体的真正代表。爱国话语相当成功,多数邦君和诸侯也开始称自己为"爱国者",以对祖国的爱为自己的行动辩护。腓特烈二世时常宣称自己是"国家的第一仆人",且切实践行,成为手下许多贵族和官员的榜样,并引发德意志和欧洲许多专制君主的效仿。约瑟夫二世在1761年写道:"一切都是为国家而存在的;国家这个词涵盖了一切,因此,生活在国家里的所有人都应当一同促进国家利益。"如此一来,出身和君权神授作为君主权力来源的观念,逐步让位于"共善"。统治者家族的利益被等同于邦国公共利益的时代已经成为过去。在这方面,依然秉持传统观念、坚持认为自己是邦国人格体现的符腾堡大公卡尔·欧根不仅落后于那些以腓特烈二世为榜样的德意志王侯,也落后于自己手下那些受启蒙思想影响、开始忠诚于一个抽象和非人格化国家的官员。欧根曾执意要开征新人头税,在遭到反对者以爱国原则抗辩时,大公说:"祖国? 我就是祖国。"[①]

在德意志,因国家构建引发的公开论辩除了帝国机构、邦国等级会议外,18世纪下半叶逐渐繁盛的公共领域构成了一个全新的平台。和英法一样,德意志的公共领域很大程度上也是国家构建的产物,其出现有赖于两大先决条件。

一是成人识字率的攀升和文化日益被商品化。在德意志,基于塑造臣民虔诚和忠诚之考虑,信奉不同教派的领地自16世纪下半叶开始已竞相为其臣民提供初等教育机会。18世纪后,在许多邦国领地上,入学接受基础教育已成强制性的。"教派化"和邦国领地之间的竞争在德意志带来了识字

---

① 参见 Ute Planert, "International Conflict, War, and the Making of Modern Germany, 1740—1815", in Helmut Walser Smith, ed., *The Oxford Handbook of Modern German History*, Oxford: Oxford University Press, 2011, p.98;[英]克里斯托弗·克拉克:《钢铁帝国:普鲁士的兴衰》,王从琪译,中信出版集团2018年版,第236—237页;Peter Wilson, *War, State and Society in Württemberg, 1677—1793*, Cambridge: Cambridge University Press, 1995, p.10, p.252; T. J. Reed, "Talking to Tyrants: Dialogues with Power in Eighteenth-Century Germany", *The Historical Journal*, 33/1(March 1990), p.64。

率相对均匀地扩散。帝国的第一所大学 1348 年在布拉格建立,此后帝国各地的诸侯也都效仿在各邦国内建立多所大学。在促进教育方面,小诸侯领地领先于普鲁士、奥地利这样的大邦。18 世纪末,普奥占据了帝国的一半领土,只有 10 所大学;其他邦国领地和帝国城市拥有 35 所大学。据估计,1700 年,德意志大约有 8 万的潜在读者,到 1800 年增至 35 万—55 万人。受益于读者剧增,德意志土地上的书籍生产日益转向德语。三十年战争后,拉丁语书籍与德语书籍的比例在 2∶1。1740 年,按照莱比锡书展的目录,拉丁语书籍占总数的 25%,到 1800 年仅占 4%。①

掌握文化因此不再是极少数精英——王室、贵族或文人——的专利,而是日益取决于消费者的支付能力。文化成为商品并非新现象,但文化商品化在 18 世纪的扩张规模和范围巨大,可以说这一时期构成了一个真正的分水岭。1780 年,一本很有影响的杂志《德意志博物志》在评论莱比锡书展时说:"60 年前只有学者才会买书,然而时至今日,几乎没有一个声称接受过教育的妇女不会阅读。不论城乡,我们在每个阶层中都能找到读者,就连大城市里的普通士兵都会从图书馆借书。"在德意志,帝国的非集中化意味着各邦在书刊审查实践上的多样化和灵活性,这和读者的增多一起推动了德意志文化消费的剧增。由于印刷媒介——书籍、小册子、杂志和报纸——爆炸性增长,出现了专门的评论性杂志负责为读者推荐最新的出版物。②

第二,在正在形成的公共领域中,"文化资产阶级"(Bildungsbürgertum)构成了参与者的主力。

18 世纪下半叶,印刷媒介、作者群和读者群的激增在德意志土地上创造出一种新型的文化空间即公共领域,公众/公共(public)借此获得了现代的形态和含义。这一公共领域有别于哈贝马斯所说的以呈现君主权威和宫廷为中心的展示型公共领域,它位于家庭的私人世界和国家的官方世界之间,是一个个孤立的个体能够在一起交换信息、观念和批评的论坛,是政治论辩和政治想象的主要场所。不管是通过阅读同一本书刊远距离相互沟通,或在沙龙、小酒馆和咖啡馆中面对面交谈,抑或是通过参加社团组织比

---

① J. V. H. Melton, *The Rise of the Public in Enlightenment Europe*, Cambridge: Cambridge University Press, 2001, pp. 105—108; Peter H. Wilson, *Heart of Europe: A History of the Holy Roman Empire*, Cambridge, MA: Harvard University Press, 2016, pp. 276—277.

② 参见 Peter H. Wilson, *Heart of Europe: A History of the Holy Roman Empire*, Cambridge, MA: Harvard University Press, 2016, p. 277; James J. Sheehan, *German Liberalism in the Nineteenth Century*, Chicago: The University of Chicago Press, 1978, p. 7;〔英〕蒂莫西·布莱宁:《追逐荣耀,1648—1815》,吴畋译,中信出版集团 2018 年版,第 595 页。

如读书俱乐部、辩论社、文学社、音乐社团和爱国社团等,公众获得了远大于其个体成员总和的集体分量,并在一定程度上成为独立于政府、塑造舆论的新权威来源。德语"Publikum"一词的传统用法是指受众,政府印刷颁行的法令、法律和条例的潜在读者群。到 18 世纪,该词被日益用来专指受过教育的读者,且不只是自上而下传播的消极受众,而是交换观点与立场、引领风尚的积极参与者。公共与舆论结合后的含义变化最好地展现了这一变迁。迟至 18 世纪中期,舆论一词通常是指和普遍真理相对、善变且狭隘的偏见。但到 18 世纪末,公共舆论在时人的理解中,已带有理性和客观性之意,摇身一变为集体良知的权威性判断,即便国家也要服从其判决。①

公共领域的形成和新兴文化资产阶级相伴相生。文化资产阶级的出现,主要出于国家构建需要越来越多受过良好教育且拥有专业知识的官员及其他专业人员。在全德意志,国家对合格人才的需要以及中高等教育的相应扩展,导致在大城市和贸易城镇中涌现出一批受过大学教育的贵族和平民,他们共同构成了不属传统等级社会却受到优待——不需要服兵役且免税——的独特人群,包括官僚、教会神职人员、大学教授、教师、各类工程技术人员、律师、医生、书商、作家和其他新兴专业群体。②

在德意志,从 18 世纪 70 年代开始,时人将沙龙、读书俱乐部和辩论社团的文化称为"资产阶级的"(bürgerlich)文化。这一公共领域在一定程度上可以说是"资产阶级的",但这里的资产阶级并非阶级范畴,而是一个道德范畴。由于跨大西洋经济兴起后的总体长期经济落后、帝国的非集中化和制度安排、三十年战争的毁灭性影响以及邦国绝对主义的发展,帝国城市和邦国城市中享有法定权利的居民仍然多是扎根于地方环境中的、等级意义上的市民,尚不足以构成独立且具有自我意识的"经济资产阶级"(Wirtschaftsbürgertum)群体。在汉堡等城市,虽有不少工商业者是城市自治政府的管理者和公共活动的积极参与者,但在整个德意志,文化资产

---

① 参见[德]尤尔根·哈贝马斯:《公共领域的结构转型》,曹卫东等译,学林出版社 1999 年版,第 5—14 页;Dorothea E. von Mücke, *The Practices of the Enlightenment: Authorship, and the Public*, New York: Columbia University Press, 2015, p.182; Anthony J. La Vopa, "Conceiving a Public: Ideas and Society in Eighteenth-Century Europe", *The Journal of Modern History*, 64/1(March 1992), pp.79—80。

② Hagen Schulze, *The Course of German Nationalism: From Frederick the Great to Bismarck, 1763—1867*, trans. by Sarah Hanbury-Tenison, Cambridge: Cambridge University Press, 1991, pp.45—46.

阶级才是公共领域与启蒙运动的主要参与者和受众,文化创新浪潮的主力和主要消费者。他们认为,"资产阶级"(Bürgerlichkeit)并非阶级属性,而是一种道德操守。在启蒙运动的代表人物之一莱辛那里,资产阶级是与贵族的奢华和铺张浪费形成鲜明对照的道德、诚实和自我克制。从 18 世纪 70 年代晚期开始,资产阶级精神意味着对自主个体和自我培育的新崇拜。资产阶级是通过"自我培育",靠自我奋斗成功的人,是自己精神命运的主人。大文豪歌德的小说《威廉·迈斯特的学习时代》是描绘资产阶级自我培育的典范。他们和从事工商业的中间等级联系不多,反倒和邦国政府与宫廷关系密切,帝国的许多宫廷不仅通过支持教育在文化资产阶级的产生过程中发挥了重要作用,也作为雇主为文化资产阶级提供了就业机会,同时又是公共领域中创造新文化的主要资助者。1776 年,已然声名鹊起的歌德接受萨克森—魏玛公爵的邀请前往图林根邦国宫廷任职,就是文化生产者与其王侯赞助者和雇主之间关系的绝佳展现。①

和英法一样,正是依托公共领域的沟通和争论,通过公共领域去想象各种政治共同体,德意志人对民族的理解、认识和呈现德意志民族的方式发生了范式转变,慢慢转向了理解民族的全新模式,这种"哥白尼式的转向"彻底改变了他们认识和体验自己国家的方式。德意志人对民族共同体的界定发生了革命性的变化,民族逐渐成为"群分"的决定性标志和根本性的政治因素。一方面,民族被想象为人类共存的基本单位,是每一个人生来所属、无法脱离且居于价值位阶顶端的共同体;另一方面,民族成为国家权力和合法性最根本的构成性因素。

但和英法不同的是,在德意志,政治忠诚和归属始终在帝国、地方、德意志民族、邦国和教派之间摇摆与游移。基于这个原因,其民族主义诞生的过程远比那些更早确立中央集权和以单一教派为基础的欧洲邻国复杂。可以从三个维度去理解这一复杂的转向。首先,18 世纪后期出现了邦国层面上的牺牲性爱国主义(sacrificial patriotism)和与之针锋相对的帝国爱国主义。其次,18 世纪 70 年代以后,一些青年知识精英发展出了以德意志为对象的文化民族主义。最后,在法国大革命尤其是拿破仑战争的刺激下,诞生了政治性的德意志民族主义。

① Maiken Umbach, "Culture and *Bürgerlichkeit*", in Hamish Scott and Brendan Simms, eds., *Cultures of Power in Europe during the Long Eighteenth Century*, Cambridge: Cambridge University Press, 2007, pp.184—189; T.C.W. Blanning, *The Culture of Power and the Power of Culture, Old Regime Europe 1660—1789*, Oxford: Oxford University Press, 2002, pp.211—212.

2. 邦国爱国主义和帝国爱国主义

18世纪下半叶，民族和爱国话语的盛行在中西欧是普遍现象。德意志正在形成的公共领域中，同样可以发现民族、祖国（Vaterland）和爱国主义（Patriotismus）等词语使用的激增。但与中西欧其他国家相比，德意志的情况有两点不同。一是可以看到奥地利民族、普鲁士民族、巴伐利亚民族这样的说法，且都是在同德意志民族有别的意义上使用的。祖国可以指德意志和帝国，但在更多的情况下被用来指诸侯领地、帝国城市甚至城镇和农村公社。在当时的德语文献中，前者是大（weiteres）祖国，后者是小（engeres）祖国。受过教育的人在坚持其德意志认同的同时，依然维持对领地及其统治者的忠诚。所以当他们提到民族、祖国或爱国主义的概念时，可能想到的是德意志，也可能指他们生活的邦国，又或者同时指这两者。①二是"爱国者"一词在德意志有独特的含义，爱国主义更为复杂和多样，包括两种形态，即邦国爱国主义和帝国爱国主义。

帝国衰落尤其是普奥敌对形成后的两场大战直接刺激了邦国爱国主义和帝国爱国主义的出现。

帝国衰落的根本原因在于随着共同外部威胁的消失，强大的帝国成员越来越视帝国为实现个人和家族野心的障碍。利奥波德一世时期皇帝和帝国影响力与权威的复兴到查理六世统治的前半期达到一个新高峰，与此同时，天主教看起来处于上升势头，德意志诸多诸侯放弃新教信仰。从17世纪中叶到18世纪中叶，至少有31位德意志诸侯改信天主教，包括帕拉丁选帝侯（1685年）、萨克森选帝侯（1697年）和符腾堡公爵（1733年）。出于对拥有强大实力的皇帝的恐惧和帝国内部教派力量对比越发不利于新教趋势的担忧，新教等级从18世纪20年代开始运用《威斯特伐利亚和约》确立的宪法规则挑战皇帝的权威。《威斯特伐利亚和约》将所有宗教问题的讨论和决定权赋予全体帝国等级，但在之后的几十年中，帝国等级之间的宗教冲突实际上由皇帝任命的调查团来解决。现在新教等级坚持，只有帝国议会才

① Joachim Whaley, "Thinking about Germany, 1750—1815: The Birth of a Nation?", *Publications of the English Goethe Society*, 66/1(1996), p.57; Ute Planert, "International Conflict, War, and the Making of Modern Germany, 1740—1815", in Helmut Walser Smith, ed., *The Oxford Handbook of Modern German History*, Oxford: Oxford University Press, 2011, p.99; Hagen Schulze, *The Course of German Nationalism: From Frederick the Great to Bismarck, 1763—1867*, trans. by Sarah Hanbury-Tension, Cambridge: Cambridge University Press, 1991, p.47.

能处理宗教问题,但什么问题和宗教没有关系呢?而且,根据《威斯特伐利亚和约》,帝国议会只有在两个教团达成友好协议的情况下才能作出决定。在一些新教等级——比如英格兰—汉诺威和勃兰登堡—普鲁士——利用教派分裂追求自身政治目标的情况下,帝国内部的教派分裂导致帝国制度的运转日趋艰难。①

奥地利王位继承战争的爆发集中展现了帝国诸侯对皇帝的疑惧。查理六世无男性继承人,早在 1713 年,他通过《国本诏书》,以确保其女玛丽亚·特雷莎的继承权。在哈布斯堡家族作了一系列让步后,欧洲诸国和帝国议会最后接受了《国本诏书》。不过,当特雷莎在 1740 年即位时,立刻遭到了挑战。同样于当年登基的腓特烈二世,违背帝国宪法,与法国结盟,入侵西里西亚。与此同时,萨克森和巴伐利亚都对哈布斯堡的部分领地提出要求,在法国支持下入侵哈布斯堡。几个帝国成员之间相互作战,整个帝国则作壁上观。此外,选帝侯们还在 1742 年选举巴伐利亚选帝侯为查理七世,这是 3 个世纪以来的第一位非哈布斯堡皇帝,显然选帝侯更希望看到一个独立权力基础薄弱的皇帝。

经过奥地利王位继承战争,腓特烈二世夺取并守住了哈布斯堡领地中富庶的西里西亚,普奥长期敌对自此形成。对于帝国的继续存在来说,更为重要的是腓特烈二世所代表的挑战。萨克森、巴伐利亚的领土与地位野心只是针对哈布斯堡家族,而腓特烈二世既针对哈布斯堡家族,也针对帝国本身。其父腓特烈·威廉一世对皇帝和帝国的态度与其他大诸侯并无太大差别,在尽可能追求独立性的同时,仍忠于皇帝和帝国。老王曾告诫其子应该尊重皇帝,但不能信任他。腓特烈二世显然走得更远,作为启蒙中人,他深信现代国家观念,蔑视"帝国过时和怪异的政治构成",认为帝国法律是理性和进步政府的障碍。令他无法容忍的是,帝国宪法对在普鲁士建立理性和进步政府构成了束缚。在邦国国家构建的过程中,由于前面提到的帝国干预,领地等级或早或迟可以从帝国那里获得政治和军事支持,真正摆脱了帝国司法干预的地区只有哈布斯堡家族统治下的奥地利和波希米亚(1637 年后)。1648 年,瑞典也想为其帝国领地获得同样特权,未果。作为选帝侯,勃兰登堡早在 1586 年就获得了领地最高司法裁决权(privilegium de non appellando),其臣民不能越过诸侯向帝国法院上诉。1703 年,大选帝侯腓特烈·威廉还率先在大

① 参见[英]克里斯托弗·克拉克:《钢铁帝国:普鲁士的兴衰》,王从琪译,中信出版集团 2018 年版,第 215 页;Stollberg-Rilinger, *The Holy Roman Empire: A Short History*, trans. by Yair Mintzker, Princeton, NJ: Princeton University Press, 2018, p.119。

诸侯中建立了自己的上诉法庭。但如果臣民未能从领地司法机构获得公正待遇，帝国法院仍可进行干预。为阻断帝国的可能干预，腓特烈·威廉一世在1713—1714年间试图劝说帝国领地的省等级会议自愿放弃向帝国法院的上诉权，但遭拒。腓特烈二世支持查理七世为皇帝的交换条件之一，就是争取霍亨索伦家族的帝国领地完全豁免帝国的司法干预。1750年6月，他下令禁止普鲁士臣民为皇帝祈祷的传统，以压制普鲁士臣民的帝国认同。而且，帝国对于他来说舞台太小，他更愿意参与欧洲层面的大国游戏。他在《政治遗嘱》(1752)中将帝国算作欧洲诸国中的一支独立力量，但不属于包括奥地利和普鲁士在内的大国之列。腓特烈二世即位伊始，便立刻决定由自己来负责处理与欧洲其他国家的关系，而将帝国事务完全交由大臣们来处理。他还要求普鲁士外交官和柏林之间的通信采用法语，体现了他要将普鲁士提升为欧洲一流国家的愿望，以及对法国文化和启蒙思想的钦佩。[①]

腓特烈二世的欧洲大国抱负促使他在1756年再度率先出击，挑起了七年战争。正是在七年战争中，普鲁士通过专门面向大众的小册子和政治布道动员人们参与和支持战争。

宫廷牧师萨克(August Friedrich Sack)在七年战争期间的布道特别受欢迎。1757年11月的罗斯巴赫之战是军事史上最具决定性的以少胜多的战役之一，在不到90分钟的时间里，腓特烈二世亲自指挥的2.2万普鲁士军队彻底击溃4万法国和帝国联军。一个月后，萨克在柏林大教堂主持了庆祝胜利的感恩礼拜仪式。诗人和剧作家格莱姆(Johann Wilhelm Ludwig Gleim)接到一位参与仪式的友人来信："亲爱的朋友，我刚刚听了牧师成功的布道，他的演说是那么无与伦比。几乎所有人都因为爱和感恩而流下了眼泪。如果你想读一读这成功的布道，我可以寄给你。牧师所做的布道不仅在布拉格取得了成功，……他今天所做的布道也取得了同样的效果。我们的年轻人一直在鸣枪庆祝，在我给你写信的时候，我的周围充斥着各种射击声。我们的商人生产了各种丝带，以庆祝战争的胜利，我们把这些丝带系

① 参见 Peter H. Wilson, "Prussia's Relations with the Holy Roman Empire, 1740—1786", *The Historical Journal*, 51/2(June 2008), pp.339—340; H.M. Scott, "Prussia's Royal Foreign Minister: Frederick the Great and the Administration of Prussian Diplomacy", in Robert Dresko, G.C. Gibbs, and H.M. Scott, eds., *Royal and Republican Sovereignty in Early Modern Europe*, Cambridge: Cambridge University Press, p.506; Michael Rowe, "The Political Culture of the Holy Roman Empire on the Eve of its Destruction", in Alan Forrest and Peter H. Wilson, eds., *The Bee and Eagle: Napolconic France and the End of the Holy Roman Empire*, Basingstoke: Palgrave MacMillian, 2009, pp.49—50。

在背心上、帽子上和剑上。"萨克和其他许多牧师的布道不仅被记录下来结集出版、多次重印,而且还在普鲁士各地的集会上被反复诵读。在一个大多数人都经常去教堂的时代,布道作为一种公共媒介,其重要性可想而知。在腓特烈二世统治时期的普鲁士,新教牧师在舆论的形成中发挥了核心作用。他们使用的语言和意象当然是符合《圣经》的:称普鲁士民族是上帝的选民,腓特烈被说成是大卫王,是上帝打击敌人即天主教徒的工具。[①]

在先前的奥地利王位继承战争中,新教牧师通过布道进行了同样的动员,却未能像七年战争那样点燃普鲁士高昂的爱国主义情绪。这一方面和腓特烈二世确定的宣传基调有关。为争取新教诸侯,腓特烈二世有意将战争说成是法奥两个天主教霸权国家对新教的宗教之战,尽管由于他在战争中攻击同属新教的萨克森和梅克伦堡,宣传未能取得全部预想效果,却在很大程度上激发了普鲁士人高昂的爱国主义情绪。最新的一项研究通过分析七年战争期间的通信发现,在普通士兵那里基本看不到有些军官流露出的对法国的仇恨,战士们在家书中还因为俄军在攻占东普鲁士后的野蛮与悍勇而表现出反俄情绪和对俄国人的恐惧,不过主要出于教派原因,他们多将奥地利人视为头号敌人。另一方面也是因为七年战争期间新教牧师在布道时结合了宗教主题和爱国话语。一位研究者曾对比了两场战争中英格兰和普鲁士的战争布道,发现在奥地利王位继承战争中,与英格兰相比,普鲁士的布道者很少使用古典的共和主义语汇。到七年战争期间,普鲁士布道者开始大量使用启蒙的爱国主义话语,包括爱国者和祖国的概念。就像萨克在 1757 年的布道中将听众称为"敬畏上帝的爱国者"一样,许多新教牧师在布道中将普鲁士作为祖国神圣化,并要求普鲁士人忠于祖国、为祖国牺牲乃至献出自己的生命。[②]

与奥地利王位继承战争时期相比,七年战争中,一些文化资产阶级自发为普鲁士鼓与呼。格莱姆假托一个普鲁士掷弹兵的身份,创作了《1756 年和 1757 年的普鲁士战歌》(以下简称为《掷弹兵之歌》),声称这位充满爱国热情的普通战士代表了所有等级的普鲁士人,面世后颇为流行。1758 年结

---

① [英]克里斯托弗·克拉克:《钢铁帝国:普鲁士的兴衰》,王从琪译,中信出版集团 2018 年版,第 216—217 页。

② Katrin Möbius and Sascha Möbius, *Prussian Army Soldiers and the Seven Years' War: The Psychology of Honour*, London: Bloomsbury, 2020, pp.140—142; Pasi Ihalainen, "The Enlightenment Sermon: Towards Practical Religion and a Sacred National Community", in Joris van Eijnatten, ed., *Preaching, Sermon and Cultural Change in the Long Eighteenth Century*, Leiden and Boston: Brill, 2009, pp.244—246.

集出版时，莱辛亲自作序。为了演唱，同时也是为了让大众听懂，格莱姆的诗句用简单、直接、生动的语言写成。诗歌的基调斗志昂扬甚至有些好战和嗜血："战争是我的歌！因为整个世界；想要战争，就让战争发生吧！让柏林成为斯巴达！愿普鲁士的英雄荣耀和胜利加冕！"在现代战争诗歌史上，《掷弹兵之歌》是一个重要的转折。过往诗歌中对战争的描绘常常突出战争的恐怖，对于经历过三十年战争的德意志来说，战争尤其意味着一个"堕落和无神的世界"；而《掷弹兵之歌》开启了歌颂战争和战斗人员的英雄化，颂扬为了保卫普鲁士这一高贵目标的血腥厮杀。促使格莱姆笔下的士兵走上战场，像一个英雄那样死去的是爱国情感——"为祖国而死，英雄不朽！""祖国"已经成为最高价值，值得每一个人为之牺牲。如此炽热的爱国主义需要一个可见的敌人。在格莱姆的诗歌中，匈牙利人、法国人、俄国人以及和普鲁士敌对的其他"德意志部落"就是这样的敌人，与英勇的普鲁士人相比，他们狡猾、怯懦、残忍、见利忘义。敌人固然强大，但普鲁士却获得了胜利，因为"上帝将胜利给予了正义的一方而非强有力者"。"当腓特烈，或通过他，上帝，完成伟业，压制骄傲的维也纳，并使德意志获得自由。"和新教牧师的布道一样，《掷弹兵之歌》也显然将上帝、祖国和国王置于同样的圣坛上。[①]

1759 年 8 月，俄奥联军在库纳斯多夫战役中大败普军，并短暂占领柏林，腓特烈二世一度考虑自杀。1761 年，年轻的大学教师阿布特（Thomas Abbt）出版了小册子《为祖国而死》（vom Tode für das Vaterland），呼吁同胞在危机时为国献身。《为祖国而死》不仅是宣传鼓动，也是同孟德斯鸠的对话。孟德斯鸠《论法的精神》1748 年问世后，引发了整个欧洲知识界的持续讨论。针对孟德斯鸠说真正的爱国主义只可能出现于以平等政治参与为根基的共和制下，阿布特不以为然。与"祖国"这一概念化的因此本身不可见的存在相比，贤明国王更能激发臣民对由国王代表的可见祖国的热情。在战争中，这可以让人们克服对死亡的恐惧："对祖国的爱使我们相信……为国捐躯让我们得到的快乐远超活得更久。"[②]战争在阿布特这里变成了净

---

① 参见 Hans Peter Herrmann, "'Fatherland': Patriotism and Nationalism in the Eighteenth Century", in Jost Hermand and James Steakley, eds., *Heimat, Nation, Fatherland: The German Sense of Belonging,* New York: Peter Lang, 1996, pp.10—13。

② Christian Jansen, "The Formation of German Nationalism, 1740—1850", pp.237—238; Eva Piirimäe, "Dying for the Fatherland: Thomas Abbt's Theory of Aesthetic Patriotism", *History of European Ideas,* 35(2009), pp.198—199; Benjamin W. Redekop, *Enlightenment and Community: Lessing, Abbt, Herder, and the Quest for a German Public,* Montreal: McGill-Queen's University Press, 2000, pp.140—142.

化个人和国家社会的工具,死亡的平等先于平等的政治权利。阿布特在《为祖国而死》中所表达的爱国主义观念已经包括现代民族主义的一个核心要素,和牧师的布道与格莱姆的战歌一样,祖国被神圣化并成为终极价值。

阿布特表达的普鲁士爱国主义遭到了弗里德里希·卡尔·冯·莫泽尔(Friedrich Carl von Moser)的反击,后者在 1765 年出版的《论德意志民族精神》(Von dem Deutschen Nationalgeist)中将由帝国法律保障的所有等级的自由视为民族精神,倡导帝国爱国主义。针对阿布特明显呼应普鲁士宣传基调的德意志双重祖国——"天主教的德意志和路德派的德意志"——莫泽尔提出纠正,认为德意志人的确有两个祖国,一个狭义的祖国即"(爱国者)赖以生存的土地"和一个更大的祖国——德意志民族的神圣罗马帝国,但并非以教派为基础。莫泽尔着力强调后者才是真正的祖国。他呼吁所有德意志人站在皇帝一边团结起来。现在,帝国复兴的时机已经成熟,战争的结束以及年轻新皇约瑟夫二世的继位,为帝国的新生提供了机会。必须重振民族精神即德意志自由,但没有帝国法律和能保障帝国法律得到执行的国家权力,德意志的自由是不可能的,莫泽尔因此建议加强皇帝的权力,在皇帝领导下改革帝国。①莫泽尔在《论德意志民族精神》和其后两本小册子中对帝国爱国主义的鼓动并不成功,反而在帝国内部激起了强烈的反弹,大多数帝国诸侯强烈反对莫泽尔的帝国改革倡议,因为它给皇帝的权力太大,使皇帝成为德意志实际上的统治者。1767 年,莫泽尔从维也纳秘密接受年金的消息被泄露后,其言论的可信度大打折扣。不过就德意志民族主义的发展来说,莫泽尔著作引发的"民族精神辩论"促进了知识精英对德意志性和民族概念的讨论。

民族精神(Nationalgeist)一词系莫泽尔自创的德语新名词,他用民族精神这个词翻译孟德斯鸠的"普遍精神"(esprit général),以示德意志一直存在着最适于其民情的法律体系。一位批评者因此指出,既然这个词是莫泽尔发明的概念,就意味着民族精神实际上并不存在。更多的批评者则强调,莫泽尔所谓的民族精神——德意志自由——仅仅是帝国等级的自由,毕竟只有帝国等级才是帝国的"公民",帝国领地上的居民并无这种身份。莫泽尔所哀叹的帝国衰败已经导致只有领地邦国才能保证臣民的自由,因此仅仅以帝国等级的自由和不可执行的帝国法律为基础的民族精神不过是空想而已。针对这种没有参与就没有自由的批评,莫泽尔在回应中提出了具

---

① Rudolf Vierhaus, *Germany in the Age of Absolutism*, trans. by Jonathan B. Knudsen, Cambridge: Cambridge University Press, 1988, p.146; Joachim Whaley, "'Reich, Nation, Volk': Early Modern Perspectives", *The Modern Language Review*, 101/2(April 2006), pp.451—452.

有颠覆性的提议,建立英格兰议会下院之类的机构以实现帝国居民的政治参与,自由的臣民既可以借此表达他们对德意志祖国的爱国热情,又能在皇帝和诸侯之间形成中介。来自奥斯纳布吕克主教区的尤斯图斯·莫泽尔(Justus Möser)坚持民族性格寓于"人民","孤零零高居宫廷的人不是爱国者,不属于民族"。在诸侯的宫廷和大学的讲堂上,不可能发现德意志精神,地方制度——不管是有机的农村公社还是家乡小镇极具凝聚力的共同体——才体现了真正的德意志自由,而普通民众身上最好地展示了德意志的民族性格,比如自愿守卫本乡本土的地方民兵或者典型的奥斯纳布吕克农妇。还有批评者反对弗里德里希·莫泽尔对民族的政治界定,主张族裔—文化的民族概念。克劳茨(Friedrich Casimir Carl von Creutz)指出,帝国居民中包括许多非德意志人,比如丹麦人、瑞典人、荷兰人和西里西亚人,还有很多德意志人生活在其他国家。一个民族共同体的成员可以散居于多个独立国家,这并不会改变他们的民族归属。决定民族共同体成员地位的并非居住在哪个国家,而是特定人群的"前政治同质性",即以血统或其衍生特质——语言和文化——为基础的归属。①

事实证明,阿布特表达的那种邦国爱国主义是比帝国爱国主义更为强劲的力量。邦国层面的国家构建到此时已经发展到大多数人更为仰赖邦国而非帝国的程度。正如阿布特在反驳莫泽尔时指出的,现在只有普鲁士人和奥地利人,而无德意志臣民,"当他们的王有不同的利益时,普鲁士或奥地利臣民没有满足德意志帝国要求的义务:这种义务只能给他的祖国,也就是邦国,(因为)邦国的法律保护他,使他幸福"②。事实上,莫泽尔自己也清楚这一点,毕竟人们要仰赖邦国为生。

更何况,阿布特的爱国主义代表了18世纪下半叶在德意志很多地方都可以发现的"开明爱国主义"。

"开明爱国主义"深受启蒙思想的影响,主要表现为受教育者和部分有产者的"道德与政治态度"。它意味着有志于促进同胞桑梓的福祉,致力于改善祖国。这里的祖国指的是个人所居之地、城市、邦国甚至帝国和民族。

---

① 关于"民族精神"辩论,参见 Nicholas Vazsonyi, "Montesquieu, Friedrich Carl von Moser, and the 'National Spirit Debate' in Germany, 1765—1767", *German Studies Review*, 22/2(May 1999), pp.225—246; Joachim Whaley, *Germany and the Holy Roman Empire*, Vol.2, Oxford: Oxford University Press, 2012, pp.411—412; James J. Sheehan, *German History, 1700—1866*, Oxford: Clarendon Press, 1989, pp.198—199。

② Helmut Walser Smith, *Germany a Nation in its Time: Before, During and After Nationalism, 1500—2000*, New York: Liveright, 2020, p.105.

比如,对尤斯图斯·莫泽尔来说,只有 12 万居民的奥斯纳布吕克主教区就是他的祖国,他曾撰写《奥斯纳布吕克史》来显示他的爱国热情。这一爱国主义体现了文化资产阶级的"公共精神"、改革热情和参与诉求。成为一个爱国者、爱国地行动、为祖国牺牲自己,不仅是文化资产阶级的口头要求,更是他们自信的体现,他们要求参与,拒绝仅仅被视为臣民。当然,由于德意志文化资产阶级对国家的依赖和信任,参与并无在宪政和议会意义上的代表要求。参与意味着与国家合作,一改往昔作为臣民的消极被动与对政治共同体的漠然,通过参与公共讨论、参加等级会议或其他形式的地方议事机构,推动政府实行开明政治改革。参与的另一大方式,是自我组织起来去解决实际的社会经济问题(七年战争之后德意志许多地方都面临着诸多实际困难),促进对人们的道德教化,改进传统的社会和经济结构。1765 年,汉堡建立了德意志的第一个"爱国协会"就是此类努力的典范。到 18 世纪 90 年代,德意志各地建立了 50—60 个类似的组织和经济社团。①"开明爱国主义"是一种公民爱国主义,不以出生地而定。阿布特本人来自德意志南部的帝国城市乌尔姆,却愿意选择腓特烈治下的普鲁士为自己的祖国。"为祖国而死"就是为一个原则上值得效忠的国家献身。

18 世纪 70 年代以后,这样的民族缔造不仅出现于普鲁士和奥地利等大的邦国,同样可见于巴伐利亚等中等邦国。1772 年俄普奥第一次瓜分波兰后,许多德意志邦国都意识到了危险。事实证明,这样的恐惧绝非杞人忧天。18 世纪 70 年代末和 80 年代中期,完全无心履行皇帝职责、一心一意仿效腓特烈二世扩大家族领地实力的约瑟夫二世,两度觊觎巴伐利亚。虽因普鲁士以及其他许多中小邦国的联合反对,普奥之间甚至爆发了短暂的巴伐利亚继承战争,皇帝未能实现其图谋,但遭到分割与兼并的实际威胁促使中小邦国一方面寻求外部力量的保护(汉诺威可以指望英国,巴伐利亚、美因茨和特里尔选帝侯等则转向了法国);另一方面,这些邦国的宫廷、官员和文化资产阶级还联合起来进行了爱国动员。

① Siegfried Weichlein, "Cosmopolitanism, Patriotism, Nationalism", in Tim Blanning and Hagen Schulze, eds., *Unity and Diversity in European Culture c.1800*, Oxford: Oxford University Press, 2006, pp.80—81, pp.86—87; Rudolf Vierhaus, "'*Wir nenen's Gemeinsinn*' (We Call it Public Spirit): Republic and Republicanism in the German Political Discussion of the Nineteenth Century", in Jürgen Heideking and James A. Henretta, eds., *Republicanism and Liberalism in America and the German States, 1750—1850*, Cambridge: Cambridge University Press, 2002, pp.25—26; Mary Lindemann, *Patriots and Paupers: Hamburg, 1712—1830*, Oxford: Oxford University Press, 1990.

经过国家的推动和文化资产阶级在公共领域中的讨论与宣扬,到 18 世纪末,在德意志的许多邦国,民族这个词已经被用来描述一个国家中拥有平等成员地位的人民整体。这是对民族的一种全新界定,它指的是一个国家共同体中的成员资格,而国家的边界、共同的法律、政府和统治王朝界定了他们的身份。这种以国家为基础的民族界定不同于流行于 19 世纪欧洲的以语言或族裔的群分概念,也不同于过去的精英民族观念。

3. 文化民族主义

18 世纪最后三分之一的时间里,邦国爱国主义、帝国爱国主义和文化民族主义构成了德意志人政治意识中的不同支流。前两者同族裔—文化意义上的德意志认同完全相容,文化民族主义则是德意志认同的升华,是 18 世纪 70 年代以后出现的新现象。

思想史家以赛亚·伯林曾说,一个社会的集体感情受伤害而造成的集体屈辱感是产生民族主义的必要条件。创伤来自一个民族遭受其他民族的军事征服、蔑视或其他形式的压迫与不公正对待,由此产生的屈辱感将导致民族主义的反应,就像树枝被压弯,势必反弹一样。[①]德意志文化民族主义的产生很大程度上是对当时法国强势文化的反弹。

路易十四时代,伴随着法国国势的强盛以及太阳王旨在确立法国文化在欧洲领导权的诸多文化工程——修建凡尔赛宫、国家资助和扶持高雅文化——的实施,法兰西文化逐渐取代意大利文化成为欧洲的强势文化。如果说西班牙王位继承战争结束了法国的政治—军事霸权,法语、法国文化和法国思想的霸权到启蒙时代才真正达到巅峰,法语成为全欧洲上流社会和启蒙运动的通用语是法国文化影响力的最佳表征。在德意志的上层社会,媚法之风尤盛。许多邦国不顾国小力弱修建自己的"凡尔赛宫",效仿凡尔赛宫的奢靡生活方式;贵族无不热衷于法国的生活方式和文化;德意志的文化生活中到处充斥着法国的文学、哲学、诗歌、戏剧、音乐等高雅文化作品。上行下效,城市中许多稍稍富足一点的中产家庭,也让孩子在同父母和同侪交流时使用法语,德语只用于同"下人"交流。这让德意志的知识精英颇感挫折。弗里德里希·莫泽尔非常不安,一度考虑写一本书,详尽说明"法国的原则、文学、道德和习俗"对德意志诸侯和大臣的消极影响,"对青年的教育和发展以及对德意志土地上的政府和人民"带来的所有负面结果。法国

---

① 　[英]以赛亚·伯林:《扭曲的人性之材》,岳秀坤译,译林出版社 2009 年版,第 248—249 页。

人对德意志的蔑视令知识精英更感屈辱。奥地利启蒙运动的领军人物索南菲尔兹（Joseph von Sonnenfels）曾抱怨："众所周知，法国人对在谈及和写到德意志的传统、思想、社会、品味以及在德意志阳光下绽放的一切时，一向不客气。他们的形容词'tudesque''germanique''allemand'对他们来说是'粗俗''故作深奥'和'没有教养'的同义词。"来自南德的舒巴特（Christian Friedrich Daniel Schubart）1774年创办了一份颇受欢迎的杂志《德意志纪事》（*Deutsche Chronik*），以此为平台来抒发他的民族情感。他谴责法国人的过度精致，批评那些花钱去购买法国奢侈品与仿效法式生活的德意志人，称他们为"半德意志人"。他呼吁"在我们的性格中保留一点旧有的粗野。一个精致的民族不会崛起，只会衰落；如果我的祖国是这样，我的心就会流血"。相对于法国人和"半德意志人"的肤浅，德意志人勇敢、忠诚、简单、坚实、纯洁、真诚和诚实。[①]

最令许多知识精英无法忍受的是腓特烈二世的态度。腓特烈以其文治武功成为许多德意志人尤其是年轻一代心目中的"民族英雄"。大文豪歌德在晚年回忆家乡美茵河畔的法兰克福曾因七年战争分裂为"弗利茨派"和"反弗利茨派"。歌德和父亲属于前者，支持击败法俄军队的腓特烈二世；家里的老一辈自觉是与帝国和皇帝休戚与共的帝国城市公民，反对普王。歌德当时年幼，不像成年的"弗利茨派"如舒巴特那样潜藏着民族兴盛的理想。对于舒巴特们来说，他们支持腓特烈大多因为腓特烈的军事成就大大缓解了他们的自卑感。但他们心目中的"民族英雄"却极为推崇法语和法国文化，蔑视德语和德意志文化。1737年，腓特烈二世在信中告诉伏尔泰，德意志永远不可能发展出有价值的俗语文化，主要问题在于德意志分为那么多领地，永远不可能就德语的标准化达成协议。私下交流是一回事，公开表态是另一回事。1743年，腓特烈下令柏林科学院的口头和书面交流必须用法语。1780年，晚年的腓特烈完全无视歌德已经取得的文学成就，以法语撰写了《论德意志文学》（*De la littérature allemande*），声称任何作家都不可能以德语这种"半野蛮的""混乱、很难使用、听起来毫不悦耳"的语言写出好

① 参见关子尹：《莱布尼兹与现代德语之沧桑——兼论"语文教育"与民族语言命运问题》，载孙周兴、陈家琪主编：《德意志思想评论》（第2卷），同济大学出版社2004年版，第88页；T.C.W. Blanning, *The Culture of Power and the Power of Culture: The Old Regime Europe 1660—1789*, Oxford: Oxford University Press, 2002, pp.241—242; John G. Gagliardo, *From Pariah to Patriot: The Changing Image of the German Peasant, 1770—1840*, Lexington, MA: The University Press of Kentucky, 1969, p.138。

的作品,引发了德意志知识界的愤怒。歌德后来评论说,腓特烈的评价是巨大的负面刺激,某种意义上"高度有益于"德意志的作家们,赋予了后者加倍的动力和斗志:"腓特烈厌恶作为文学媒介的德语,对德意志作家来说是件好事,他们尽其所能让国王注意到他们。"①

到七年战争结束后的 18 世纪 70 年代,两项因素有助于将文化资产阶级的屈辱感和族裔—文化认同转化为民族主义:一是主要依托到此时进入繁荣发展阶段的公共领域,形成了德意志的高雅文化,并迎来了思想文化的黄金时代;二是民族主义理论的形成。

语言的标准化及进一步成为主要的文学与学术用语是高雅文化生成的先决条件,而德语的标准化和发展成为一门文学语言经历了漫长的过程。马丁·路德在将《圣经》翻译为德语时,曾尽力寻找让尽可能多的人能看懂的书面语形式,从而为德语的发展奠定了初步基础。但北德沿海地区的读者要想读懂他的德语版《圣经》,必须先翻译为低地德语。任何一门语言的标准化、正规化,尤其是发展成高雅文化的语言,都需要政府力量的持续推动、投入以及政治与知识精英的坚持使用及改善。莱布尼兹(Gottfried Wilhelm Leibniz)是17 世纪德意志最伟大的思想家,他所有重要的哲学、政治和科学著作都是用拉丁语或法语写的,但他在晚年特地用德语写了一篇长文《关于德语运用与改善的一些未合时宜的思想》,敦促其同胞更多、更好地使用德语。②

早期启蒙运动中,文学界的领军人物戈特舍德(Johann Christoph Gottsched)遵从莱布尼兹的教诲,1727 年在莱比锡大学建立了"德意志协会",呼吁使用纯洁的民族语言去授课和写作:"在任何时候都应该促进纯洁和正确的语言;也就是说,不仅要避免所有的外来词汇,也要避免所有不正确的德语表述和方言;如此一来,成为书面语的就只是高地德语,而非西里西亚或梅森、法兰克尼亚、下萨克森的方言;这样的话,整个德意志都能正确理解。"随后的几十年中,其他的大学城建立了类似的协会:如耶拿(1730年)、哥廷根(1738 年)、科尼斯堡(1741 年)、维也纳(1761 年)和不来梅(1762 年)。与此同时,越来越多的教师在课堂上开始使用德语而非拉丁语

① 参见[德]歌德:《歌德自传:诗与真》(上),刘思慕译,人民文学出版社 1999 年版,第 41—44页;T.C.W. Blanning, *The Culture of Power and the Power of Culture: The Old Regime Europe 1660—1789*, Oxford: Oxford University Press, 2002, pp.236—239。

② 刘新利、邢来顺:《德国通史·第 3 卷:专制、启蒙与改革时代(1648—1815)》,江苏人民出版社 2018 年版,第 75—78 页;关子尹:《莱布尼兹与现代德语之沧桑——兼论"语文教育"与民族语言命运问题》,载孙周兴、陈家琪主编:《德意志思想评论》(第 2 卷),同济大学出版社 2004 年版,第88—89 页。

教学。戈特舍德对促进知识精英使用德语贡献莫大,到18世纪60年代,德语已经成为德意志各地文学创作和启蒙运动的主要用语:1700年,德意志出版市场的拉丁语书籍占比为38%,1740年下降到28%,1770年进一步降至14%。但戈特舍德在文学创作中强调理性和呆板模仿法国新古典主义的主张却不利于德意志民族文学的发展,遭到很多人的反对和抵制。文艺批评家和剧作家莱辛在《当代文学书简》中尖锐批判了戈特舍德,旗帜鲜明地提出要建立属于德意志自己的文学。莱辛和挚友柏林著名书商尼科莱(Friedrich Nicolai)、哲学家门德尔松(Moses Mendelssohn)一起致力于提升德意志人的文学品味和意识。与此同时,他还为编辑德语字典收集材料,研究了词源学和语法,他认为文学需要更优雅的语言。只有受众品味的提高和语言的改善才能为民族文学奠定根基。莱辛和很多同时代人一样认为,戏剧是建立民族文学的最有效工具。戏剧对观众的影响直接且立竿见影,可以激发公众的情感、提升观众的欣赏品味和道德水准、塑造人们在日常生活中的用语。莱辛不仅自己创作戏剧,还在1767年前往汉堡参与建立了德意志的第一家民族剧院。1769年,莱辛将自己为剧院历次演出所写的剧评结集出版,名为《汉堡剧评》。他要求戏剧反映现实和普通人的喜怒哀乐,提出写市民戏剧,从而促进了德意志文学语言的形成,因为任何一种文学语言形成的先决条件是能触及同时代人的经历并引发他们的共鸣。①

在戈特舍德和莱辛等人努力的基础上,德意志人在18世纪70年代以后出现了创造力大爆发。②在哲学领域,以1770年提出的教授就职论文为界,大哲学家康德的思想发展开始进入"批判时期",他的三大力作《纯粹理性批判》(1781年)、《实践理性批判》(1788年)和《判断力批判》(1790年)开创了现代西方哲学的新局面,将德意志哲学提升到一个前所未有的新高度。

---

① T.C.W. Blanning, *The Culture of Power and the Power of Culture: The Old Regime Europe 1660—1789*, Oxford: Oxford University Press, 2002, pp.217—218, p.145; Michael J. Sosulski, *Theater and Nation in Eighteenth-Century Germany*, Farnham: Ashgate, 2007, pp.16—20; James J. Sheehan, *German History, 1700—1866*, Oxford: Clarendon Press, 1989, pp.161—164; H.B. Garland, *Lessing: The Founder of Modern German Literature*, London: Palgrave MacMillan, 1962.

② 音乐领域的创造性很早就已体现,18世纪涌现出诸多取得不朽成就的德意志作曲家:巴赫父子(John Sebastian Bach and Carl Philipp Emmanuel Bach)、约瑟夫·海顿(Joseph Haydn)和莫扎特(Wolfgang Amadeus Mozart)等。可以说,整个18世纪的古典音乐史就是德意志作曲家所谱写的。只不过和已经实现音乐商业化的伦敦、巴黎相比,在18世纪的中欧,音乐仍然和宫廷与教会的展示性需要密切相连,与新形成的德意志高雅文化联系较弱。参见 T.C.W. Blanning, *The Culture of Power and the Power of Culture: The Old Regime Europe 1660—1789*, Oxford: Oxford University Press, 2002, p.165, p.243。

在文学领域,由赫尔德、歌德和席勒等人领衔的狂飙突进运动从莱辛手中接过了创建德意志文学的接力棒,开创了属于德意志的经典文学传统。狂飙时期,歌德出版了两本影响力极大的杰作:1773 年面世的戏剧《铁手骑士葛兹·冯·贝利欣根》和1774 年面世的小说《少年维特之烦恼》。《少年维特之烦恼》引发了整个欧洲的轰动,一年内出现了两个法文译本,并被改编为戏剧。1779 年,出版了第一个英文译本;到 18 世纪末,几乎所有欧洲语言的译本都有了。[1]席勒在 18 世纪 80 年代创作的剧本《强盗》(1782 年)、《阴谋与爱情》(1784 年)和《唐·卡洛斯》(1787 年),让这个年轻人名声大噪,而且越出国界,俨然步歌德之后,成为德意志文学年轻一代的另一旗手。1794 年,已经成熟的歌德和席勒开始了长达 10 年的合作,相互砥砺和探讨,成就了著名的"魏玛古典主义文学时代"。合作时期,歌德创作了小说《威廉·迈斯特的学习时代》和诗剧《浮士德》的第一部;席勒完成了历史剧《华伦斯坦》三部曲和《威廉·退尔》。属于德意志文化的时刻已经到来,到 18 世纪末 19 世纪初,德意志已经作为"诗人和哲学家"的国度享誉欧洲。

对于文化资产阶级来说,与晦涩艰深的哲学相比,同胞以德语创作的文学成就更能让他们在现实中体会到祖国的存在,也更能提振他们的民族自信。很多人感觉到他们正在目睹民族文学的诞生。在帝国衰落和德意志处于政治分裂的情况下,他们同属于一个超越了邦国或城市边界的文化共同体。尤斯图斯·莫泽尔写道,除了我们的家乡之外,我们现在有了一个"文学上的祖国"。舒巴特在 18 世纪 70 年代中后期甚至就迫不及待地宣布德意志在世界上的地位已经发生了革命性变化:"如果我们有理由为我们的祖国感到骄傲,那么现在就是时候了。外国人现在以羡慕的眼光,看着一个他们过去试图通过挑拨离间和时尚来征服的民族。我们曾经是模仿者而遭人鄙视,现在成了被模仿的对象。"至迟到 18 世纪 80 年代,音乐、哲学和文学成就的累积性效应已经在文化资产阶级那里创造了一种坚定的信念,德意志文化正成为欧洲的优势文化。针对腓特烈二世,《汉堡新报》(*Hamburgische Neue Zeitung*)这样写道:"众人皆知,我们的民族已经在知识活动的所有分支取得了大量成就,可以夸口说在几乎每一个分支我们都拥有和最自豪的外民族一样多的重量级人物。外国人满怀感激地使用德意志人的发明和发现。从现在开始长期内,外国人不会再诋毁我们缺少'创造性'。""自

---

[1]　Nicholas Boyle, *Goethe: The Poet and the Age, Vol. 1: The Poetry of Desire*(1749—1790), Oxford: Oxford University Press, 1991, p.175.

从 18 世纪 60 年代以来,法国人、英国人、意大利人、荷兰人、丹麦人和俄国人竞相翻译我们的文学作品。鉴于我们不可胜数的诸侯们大部分不理解、尊重或鼓励我们的文学,这项成就更显瞩目。"①

歌德、席勒和其他许多人的文学创作实践,得到了赫尔德思想给予的理论支撑。赫尔德出生于东普鲁士,在科尼斯堡大学求学期间受到康德和哈曼(Johann Georg Hamann)思想的决定性影响。他革命性地改变了德意志人对自身文化的看法以及对民族的界定和理解。赫尔德的思想有两大主线。一方面,在美学和精神上,他强调个人自决。这部分来自虔信派及其"内在的光"的理念,部分来自启蒙哲学,尤其是康德对何谓启蒙的那句著名回答——"勇于求知吧(Sapere aude)!"。狂飙运动和日后浪漫主义的表现美学都依赖于这一点。不要再对古代人顶礼膜拜,不要再考虑什么古典主义规则和比例,不要再模仿,现在是个体创作者及其特殊经历与情感占据中心位置。和谐、永恒和普遍的美不再重要,现在重要的是个人的原创性、自发性、真实和真诚。赫尔德在 1773 年给未婚妻的信中说:"我们所有的行为都应当是由自己决定的,符合我们内心最深的性格——我们必须真诚对待自己。"②这是对狂飙运动美学和伦理的最好概括。另一方面,审美上的个人主义在认同和归属领域却变成了整体主义。赫尔德厌恶国家包括他那个如枷锁般的祖国普鲁士,称颂民族。他认为,民族是人类存在和世界历史的基本单位,也是对于个人来说最重要的集体。个人并非如启蒙哲学中宣扬的那样主要是人类的成员和世界公民,而是其民族的一员。民族归属和忠诚在所有群体归属和忠诚中处于首位,个人只有在民族、民族的历史文化遗产中才能找到自己的集体身份认同,个人的生活亦只有通过民族才能获得其部分意义。民族于赫尔德而言具有最高的精神价值。因为民族是自然的,就像家庭,而国家除了最早期父权制的形态外都是人为的建构。因此,民族共同体先于——不仅是时间意义上还是价值意义上的优先——且独立于国家。③

---

① James J. Sheehan, *German History, 1700—1866*, Oxford: Clarendon Press, 1989, p.173; T.C.W. Blanning, *The Culture of Power and the Power of Culture: The Old Regime Europe 1660—1789*, Oxford: Oxford University Press, 2002, p.230, pp.261—262.

② T.C.W. Blanning, *The Culture of Power and the Power of Culture: The Old Regime Europe 1660—1789*, Oxford: Oxford University Press, 2002, pp.253—254.

③ Thomas Nipperdey, *Germany from Napoleon to Bismarck, 1800—1866*, trans. by Daniel Nolan, Princeton, NJ: Princeton University Press, 1996, p.263; Frederick C. Beiser, *Enlightenment, Revolution, and Romanticism: The Genesis of Modern German Political Thought, 1790—1800*, Cambridge, MA: Harvard University Press, 1992, p.198, pp.201—205.

在赫尔德眼中,每一个民族都拥有独特的精神或气质。民族精神是民族成长和发展的内生动力,它贯穿于民族生活的全部。依靠纯粹的智识或理性手段无法领会民族精神,只能通过想象式的理解或者审美意义上的移情去理解。最能体现民族精神的莫过于民族的语言。赫尔德的语言理论是他整个思想体系的基石。在1770年获柏林科学院征文奖的论文《论语言的起源》中,他已集中表达了他的语言观。没有语言,就没有知识,也没有自我意识,更不会意识到他人,这样一来根本不可能有社会存在。语言不是人类理性的发明,而是人类理性的先决条件、最自然和最必要的人类功能。在后来的著作中,赫尔德明确指出,正是语言创造了民族:"每一个民族都是拥有自身民族文化和语言的一群人。"由于本民族语言的至关重要,借用其他民族的语言无异于文化犯罪,他因此异常痛恨那些模仿法国的同胞。他在一首名为《致德意志人》的诗中这样写道:"吐掉来自塞纳河的软泥,说德语,你这德意志人!"他断言,标准的语言将有利于国家每一方面的利益,包括可以增进其权力:"人类历史表明,所有支配性的民族与其说以剑来统治,不如说通过利用理性、促进他们的文化和使用更为文雅的语言(获得支配地位)……即便在他们的政治权力衰败时,他们的思想遗产和制度依然可以成为其他民族的榜样和尊敬的对象。"他敦促德意志诸侯们使用德语,并鼓励贵族们使用德语来示范他们对母语的尊重。①

赫尔德用两个词"Nation"和"Volk"来指民族。在赫尔德的时代,"Volk"仍主要用来指下层民众,他却反其道行之,并在后来的成熟著作中越来越多地使用"Volk",从而为树立一种理想化的平民尤其是农民的形象奠定了基础。他坚持对民族的平等主义理解,民族包括所有说同一种语言的人,相较于此,民族内部的地位和阶层之分只是第二位的:"国家中只有一个阶级,即民族(Volk),国王和农民一样属于这个阶级。"他和尤斯图斯·莫泽尔一样认为,在宫廷和贵族那里不可能发现真正的民族精神,任何民族的真正价值都存在于普通人那里,普通人的根牢牢地扎在土地之上和历史之中。民族性格最真实的表达在诗或歌中,歌是最原初的文学,所有语言的最早阶段都有显著的诗性,民族最根本的特质由此得到了简单和直接的表

---

① H. Barry Nisbet, "Herder's Conception of Nationhood and its Influence in Eastern Europe", in Roger Bartlett and Karen Schönwälder, eds., *The German Lands and Eastern Europe: Essays on the History of their Social, Cultural and Political Relations*, Basingstoke: MacMillan, 1999, p. 116; Robert Reinhold Ergang, *Herder and the Foundations of German Nationalism*, New York: Octagon Books, 1966, p.7, p.154; T. C. W. Blanning, *The Culture of Power and the Power of Culture, The Old Regime Europe 1660—1789*, Oxford: Oxford University Press, 2002, pp.257—258.

达。民歌乡谣因其未受外来文化污染而最大程度地保留了民族之歌的原初诗性,是"民族的档案"或者"民族活生生的声音",从它们那里才"可以学到一个民族的思维模式和情感语言"。1773 年,赫尔德公开呼吁搜集和整理德意志民歌,激发了其后许多德意志知识分子的此类努力。①

很多赫尔德的阐释者都强调其多元主义,即他相信每一种文化都有其内在的价值,应该以其自身的尺度而非由某种外来的所谓客观价值去评判。赫尔德在理论上的确主张所有的民族和民族文化在原则上是平等的,拥有发展和表达其自身传统的平等权利,不存在任何绝对标准去评判任何特定民族的文化和价值观。不过,赫尔德并不相信一个共同体中的多元文化主义。他认为他的第二故乡里加所在的利沃尼亚省,其语言多样性——俄语、德语、立陶宛语、爱沙尼亚语——是个问题。因为正是共同的语言才使得一个政治共同体不会分崩离析,共同的语言会促进社会凝聚力、身份认同感和爱国公众的形成。而且,在现实中,赫尔德的多元主义总是被他对法语、法国文化和法兰西民族的厌恶甚至仇恨所压倒。和他的大多数同胞一样,法国是赫尔德界定自己身份的显著"他者"。1769 年,他离开里加前往法国。在南特待了几个月,他写信告诉哈曼说:"我现在在南特,在这儿我进一步了解了法语、法国习俗和法国人的思维习惯……对这些东西了解得越多,我心理上与它们的距离就越远。"到巴黎后,那种大都会的规模让他深感震惊,成长和生活于虔信派背景下的赫尔德对路易十五时期巴黎的那种享乐主义气氛更是极度反感。他告诉另一位友人,巴黎到处充斥着"奢侈、浮华,以及法国特有的虚无",是一个罪恶的腐朽窟穴。离开法国之前,他说:"我真心厌恶法国。"他开始相信德意志的复兴即将来临,法国文化霸权的日子日薄西山:"她的文学时代结束了,路易十四的世纪结束了;孟德斯鸠、达朗贝尔、伏尔泰和卢梭都完了;法国人生活在他们的废墟上……他们对百科全书、字典、选集和文摘的喜好表明他们缺乏原创作品。"法国大革命爆发时,他还愤愤不平地说:"几个世纪以来,那个民族对我们的国家只有伤害。"②

---

① Robert Reinhold Ergang, *Herder and the Foundations of German Nationalism*, New York: Octagon Books, 1966, p.206, p.198.

② 参见[英]以赛亚·柏林:《启蒙的三个批评者》,马寅卯、郑想译,译林出版社 2014 年版,第179—260 页;[英]蒂莫西·C.W.布莱宁:《浪漫主义革命:缔造现代世界的人文运动》,袁子奇译,中信出版集团 2017 年版,第 128—129 页;Anthony J. La Vopa, "Herder's *Publikum*: Language, Print, and Sociability in Eighteenth-Century Germany", *Eighteenth-Century Studies*, 29/1(Fall 1995), p.14; G.P. Gooch, *Germany and the French Revolution*, London: Longmans, Green, and Co., 1920, p.168; T.C.W. Blanning, *The Culture of Power and the Power of Culture: The Old Regime Europe 1660—1789*, Oxford: Oxford University Press, 2002, pp.255—257。

赫尔德的思想根本重塑了德意志人如何理解自己,还开辟了民族主义的新时代。他将民族想象为一个影响到每一个人却无法脱离的共同体,他对民众那种带有民粹意味的界定和颂扬,决定性影响了所有现代的民族和民族主义观念。在将民族主义变成一种思想上受人尊敬的观念方面,他可能是除了卢梭之外贡献最大的思想家,他将民族主义变成了启蒙世界主义最具分量的对手。1769 年,莱辛在给格莱姆的信中写道,爱国主义"是我们不能理解的一种感情……因为它会让我忘掉我必须是一个世界公民"。赫尔德的观点完全相反,世界公民"属于每一个国家,却不为任何一个国家做任何事"。当赫尔德在 1774 年创造出民族主义(Nationalismus)一词时,他是在宣布一种新意识形态的到来,这种意识形态在未来将被证明具有爆炸性力量。①

4. 从政治民族主义的诞生到德意志的统一

1889 年 5 月,德意志帝国议会的一次辩论中,一位保守党议员猛烈攻击法国革命的原则。社会民主党领导人倍倍尔(August Bebel)站出来反驳说,没有法国大革命,压根就不会有供大家辩论的帝国议会这个机构。在场的许多自由派议员以及他们的父辈都曾反对德意志的现状,并参与了 1848 年革命,而恰恰是 1848 年的革命开启了普鲁士的宪政制度。倍倍尔接着说:"再想想之后的民族联合会(Nationalverein),其主要领导人本尼希森(Herr von Bennigsen)和米奎尔博士(Johannes Miquel),今天也在这儿和我们一起。没有这个组织的鼓动,没有它持之以恒地鼓动德意志人民对现状的反抗与不满,我们不会实现德意志民族的统一。"②

倍倍尔和保守党人争辩的这一幕再好不过地显示了法国革命的长远影响。法国革命的观念和制度——革命本身、视民族为主权所有者的人民主权原则、公民的概念与实践、以《宣传法令》号召欧洲其他国家人民起来推翻本国的君主和旧制度——创造了"政治的新语法",促进了民族主

---

①　参见 Robert Reinhold Ergang, *Herder and the Foundations of German Nationalism*, New York: Octagon Books, 1966, p.32; G.P. Gooch, *Germany and the French Revolution*, London: Longmans, Green, and Co., 1920, p.33. 关于赫尔德第一次使用民族主义一词,参见 Eva Piirimäe, "Sociability, Nationalism and Cosmopolitanism in Herder's Early Philosophy of History", *History of Political Thought*, 36/3(Autumn 2015), p.521. 关于赫尔德是否在负面意义上使用"民族主义"一词,参见 T.C.W. Blanning, *The Culture of Power and the Power of Culture: The Old Regime Europe 1660—1789*, Oxford: Oxford University Press, 2002, pp.260—261, n.292.

②　John Breuilly, "Nationalism and the First Unification", in Ronald Speirs and John Breuilly, eds., *Germany's Two Unifications: Anticipations, Experiences, Responses*, Basingstoke: Palgrave MacMillan, 2005, p.101.

义、民主和自由主义的传播,从根本上挑战了欧洲的旧秩序。整个欧洲的19世纪可以说是一个应对法国革命遗产的时期,接受、适应或拒绝革命的遗产几乎在所有欧洲国家都成为最重大的政治问题,君主和民主这两种统治原则、等级制和法律平等这两种社会秩序原则之间的冲突贯穿于各国的政治生活之中。1815年后欧洲诸国政府一再重申君主统治的合法性,各国还寻求通过整个欧洲层面上的君主合作来共同压制民族主义、民主和自由主义潮流,但全欧君主均意识到,法国大革命是一个分水岭,他们的地位再也不像先前那样安全无虞,他们在意识形态和政治上已永久处于守势。①

革命的即时影响同样重大,1792年革命战争爆发后的近四分之一个世纪里,革命、战争和拿破仑让整个欧洲天翻地覆。由于地理和政治上的原因,德意志是受法国事态发展影响最大、最直接的国家之一。1793年,法军已经将战火烧到了德意志境内,并在次年占领了莱茵河以西全部地区。在莱茵河左岸地区,法国实施了行政、司法和法律制度改革,废除了农奴制和封建等级。1795年,普鲁士单独与法议和。在《巴塞尔和约》中,普鲁士承认法国对莱茵河左岸地区的占领,法国则承认莱茵河以东的北德地区为普鲁士的势力范围。战争随后转向了德意志南部和意大利,奥地利独自对法作战,普鲁士和北德意志迎来了10年的和平,普鲁士为消化瓜分波兰所获,基本放弃了在德意志的角色。1801年,奥地利和法国签订《吕内维尔和约》,确认将莱茵河左岸地区割让给法国,同时承诺那些因此丧失领地的帝国等级将在莱茵河东岸地区获得补偿。补偿计划由拿破仑和俄国共同制定,拿破仑希望在德意志建立除普奥之外依附于巴黎的第三支力量。面对即将建立的德意志新秩序,巴伐利亚、符腾堡、巴登、美因茨选帝侯、普鲁士等帝国诸侯纷纷向法国靠拢或讨好法国。在法俄的联合压力下,1803年皇帝弗朗兹二世和帝国议会共同批准了法俄的补偿计划,德意志的政治版图经历了一次重大重组。大量先前独立的政治单位被废或者被并入大的领地,1789年前大约1 800个领地单位只剩下2%。约350个帝国骑士和伯爵失去了领地,112个政治单位被废除,

---

① David Blackbourn, *The Long Nineteenth Century: A History of Germany, 1780—1918*, Oxford: Oxford University Press, 1998, p. xiv; Johannes Paulmann, "Searching for a 'Royal International': The Mechanics of Monarchical Relationships in Nineteenth-Century Europe", in Martin H. Geyer and Johannes Paulmann, eds., *The Mechanics of Internationalism: Culture, Society, and Politics from the 1840s to the First World War*, Oxford: Oxford University Press, 2001.

包括 20 个大主教区和教会诸侯领地以及绝大部分帝国自由城市。经过重组，土地和政治权力集中于大约 20 个中等邦国和大邦国手中。一位研究者将这次政治版图变更称为德意志较大邦国的"生日派对"，他们可以拿走想要的任何礼物。①1805 年，奥地利与英、俄等结成第三次反法同盟，奥俄联军在奥斯特里茨战役中惨败。奥地利被迫签订《普雷斯堡和约》，承认法国对意大利的占领；将哈布斯堡的西部领地割让给拿破仑的盟友巴伐利亚、巴登和符腾堡；承认巴伐利亚选帝侯和符腾堡公爵为国王，巴登公爵成为大公，三邦获得完整主权。

　　1806 年 7 月，在拿破仑的推动下，巴伐利亚等 16 个德意志邦国宣布脱离帝国，在拿破仑保护下组建莱茵联邦。8 月 6 日，弗朗兹二世宣布退位，神圣罗马帝国解体。从 1803 年到 1806 年之间的这一系列重大变化，后来被普鲁士学派著名历史学家特赖奇克（Heinrich von Treitschke）称为"诸侯的革命"，诸侯们最终摆脱了皇帝的权威，变成了主权统治者。同年 10 月，普鲁士加入反法同盟，在耶拿遭到耻辱性的失败。1809 年，奥地利决定对法开战。到此时，一再败于拿破仑之手让柏林和维也纳都认识到，传统的作战方法不足以对付拿破仑。奥地利政府通过早期浪漫派代表弗里德里希·冯·施莱格尔（Friedrich von Schlegel）、作家克莱斯特（Heinrich von Kleist）和诗人阿恩特（Ernst Moritz Arndt）等人试图动员德意志人的民族感情，发动一场旨在"使德意志帝国获得新生和重建奥地利的德意志民族战争"。结果，除了在蒂罗尔和北德出现零星起义外，应者寥寥。正面战场上，奥军再遭重挫，被迫乞和。1810 年，拿破仑与哈布斯堡家族联姻，法奥结成同盟。至此，德意志已全部处于拿破仑直接或间接掌控下。随后的事态发展众所周知，1812 年，拿破仑征俄大败而归；1813 年，普奥和莱茵联邦诸邦先后背弃同法国的联盟，加入英俄组建的第六次反法联盟，当年 10 月的莱比锡会战中，联军大败法军。1814—1815 年的维也纳会议为帝国解体后的德意志确立了新的政治框架，即德意志邦联。邦联是一个包括 38 个主权实体（1817 年增至 39 个）的松散联合，按照主要设计者英俄奥的设想，邦联被赋予了双重任务，在为德意志民族提供一个新政治纽带的同时，以加强而非统一中欧德语区的方式充当欧洲新安全体系

---

①　参见［英］克里斯托弗·克拉克：《钢铁帝国：普鲁士的兴衰》，王从琪译，中信出版集团 2018 年版，第 290—291 页；James J. Sheehan, *German History, 1770—1866*, Oxford: Clarendon Press, 1989, p.251; Michael Hughes, *Nationalism and Society: Germany, 1800—1945*, London: Edward Arnold, 1988, p.40。

的基石。①邦联满足了欧洲君主们在20多年的革命与战争之后重建新国际体系的愿望，但不可能为建立一个德意志民族国家提供基础。

在德意志民族主义的发展过程中，法国大革命和拿破仑战争无疑是一个关键的转折点。在法国大革命和拿破仑战争的刺激下，尤其在反拿破仑战争期间，爱国和民族言辞成为德意志各地公共领域中的支配性语言。在这些爱国和民族话语中，两种观念影响最为深远。一是满足政治分裂现实的联邦式民族观念②，另一是历史学家向来重视的追求统一的政治民族主义。

政治民族主义以阿恩特、雅恩（Friedrich Ludwig Jahn）、费希特、克莱斯特、施莱尔马赫（Friedrich Daniel Schleiermacher）、戈雷斯（Josef Görres）等人为代表，并得到一部分文化资产阶级尤其是青年学子的追随，少数思想家和文人在纸面上表达的民族自我理解转变为追求民族解放与统一的政治运动。有人将这批知识分子和活动家称为浪漫主义的民族主义者，因为他们要么本身就是早期浪漫派的代表人物，要么受到浪漫主义文化的影响。③不管在拿破仑时期还是之后，大多政治民族主义者都被排除在权力机构之外，因此他们常常在官方渠道之外直接向全民族发声。

概括来说，政治民族主义有以下几个特点。

首先是将民族视为最高价值并强调德意志民族的优越性。

如果说在赫尔德那里民族已经成为核心价值的话，那么，新一代政治民族主义者要求将民族忠诚置于其他忠诚和归属之上。1807—1808年冬，在被法军占领的柏林，费希特做了数次演讲，吸引了不少知识精英和官僚，包括普鲁士改革的主持者斯泰因。在第八次演讲中，费希特说："民族和祖国作为尘世中的永恒性的支柱和保证，作为在这个尘世中能够永恒的东西，远

① Michael Hughes, *Nationalism and Society: Germany 1800—1945*, Baltimore: Edward Arnold, 1988, p.39; Karen Hagemann, "'Be Proud and Firm, Citizens of Austria!' Patriotism and Masculinity in Texts of the 'Political Romantics' written during Austria's Anti-Napoleonic Wars", *German Studies Review*, 29/1(February 2006), pp.41—62; Wolf D. Gruner, "The German Confederation: Cornerstone of the New European Security System", in Beatrice de Graaf, Ido de Haan and Brian Vick, eds., *Securing Europe after Napoleon: 1815 and the New European Security Culture*, Cambridge: Cambridge University Press, 2019, pp.150—167.

② Dieter Langewiesche and Georg Schmidt, eds., *Föderative Nation: Deutschlandkonzepte von der Reformation bis zum Ersten Weltkrieg*, Munich: R. Oldenburg Verlag, 2000.

③ Thomas Nipperdey, "In Search of Identity: Romantic Nationalism, its Intellectual, Political and Social Background", in J.C. Eade, ed., *Romantic Nationalism in Europe*, Canberra: Humanities Research Centre at Australian National University, 1983, pp.1—15.

远超过了通常意义上的国家……对祖国的爱必须支配那种作为绝对最高、最终和独立的行政机构的国家本身。"在主权权威的基础问题上，政治民族主义者始终态度暧昧，几乎无人明确挑战君主制，但他们将民族奉为最高价值的意涵相当清楚。这意味着对君主和人民之间关系的重新界定：国家的合法性来自民族，而非上帝或王朝；国家及其统治者应该为民族服务，而非相反。阿恩特说得直白："王侯们不过是民族的仆人和官员，如果民族不需要他们，或者他们实际上变成了民族的毁灭者，他们就必须停止存在。"[①]

在政治民族主义者中，除了戈雷斯以制度——实施古老德意志宪法之地——界定德意志民族外，其他人多强调文化或种族。费希特发表演讲时，普鲁士的多数精英正因耶拿惨败和被法国占领而垂头丧气和迷失方向，这位哲人告诉他们，德意志民族是最原生和纯洁的民族。费希特追随赫尔德，认为语言是民族的关键。但他不像赫尔德那样认为民族文化不分高下。费希特说，德语是独特的，因为只有德语是保持了纯洁的语言，其他所有欧洲语言或多或少受到了"污染"，一定程度上被罗马帝国的拉丁文化所同化。因此，德意志人是"第一等的民族"，在诸民族中理应占据着特权位置，肩负着特殊使命："在所有现代人中，正是你，承载着人类完善的种子，领导人类发展的任务落在你身上。"阿恩特和雅恩则更进一步，他们认为种族是决定民族的重要因素，宣称德意志民族因种族纯洁而优越。阿恩特在1812年写道，"幸运的德意志人是原生的民族"，"……还没有被外来民族所污染，没有变成杂交种"[②]。

阿恩特们的民族观念与同一时期出现的其他民族话语形成了鲜明对比。莱文格（Matthew Levinger）的杰出研究发现，在普鲁士改革期间的内部讨论与政治论辩中，改革派和反对者都曾大量使用民族言辞，但他们对

---

① 参见[德]费希特：《对德意志民族的演讲》，梁志学、沈真、李理译，商务印书馆2010年版，第127页；Matthew Levinger, *Enlightened Nationalism: The Transformation of Prussian Political Culture, 1806—1848*, Oxford: Oxford University Press, 2000, pp. 108—109; Helmut Walser Smith, "Nation and Nationalism", in Jonathan Sperber, ed., *Germany, 1800—1870*, Oxford: Oxford University Press, 2004, pp. 239—240. 费希特曾提到，到22世纪，德意志将会建立不存在君主和贵族的共和国，参见 Eric Dorn Brose, *German History 1789—1871: From the Holy Roman Empire to the Bismarckian Reich*, New York and Oxford: Berghahn, 2013, p. 64.

② 参见[英]蒂莫西·C.W.布莱宁：《浪漫主义革命：缔造现代世界的人文运动》，袁子奇译，中信出版集团2017年版，第132—133页；Helmut Walser Smith, *The Continuities of German History: Nation, Religion, and Race across the Long Nineteenth Century*, Cambridge: Cambridge University Press, 2008, pp. 58—71.

民族的理解与界定既不同于政治民族主义,也各不相同。1807 年之后,改革派官僚为挽救处于崩溃边缘的君主国,试图效仿法国,动员全体普鲁士人民的能量,锻造一个能让民主原则和君主制共存的普鲁士民族共同体——这样的"普鲁士民族"只能是政治共同体。"民族"概念一旦被改革派引入普鲁士的政治话语,立刻就被改革的反对者尤其是容克和传统城市精英用来维护自身的特权与等级秩序。其中,许多容克地主表达了一种传统贵族式的政治民族观,将民族理解为建立在君主与贵族的互惠契约之上。斯泰因、哈登贝格和洪堡等改革派文官相当熟悉赫尔德的文化民族观念,也了解费希特等人的政治民族主义思想,但在民族究竟是指普鲁士还是德意志的问题上,为避免非德臣民的不满和普鲁士的分裂,他们在大多数情况下刻意保持沉默和含混。不过,改革派官僚也深知,在对法作战动员中,德意志民族情绪是和普鲁士爱国主义一样可以利用的强大力量,因此在由他们起草的、1813 年 3 月普王对法宣战的《告人民书》——以德语和波兰语双语发布——中,有意将普鲁士刻画为德意志观念和传统的捍卫者。①

其次,阿恩特们的民族主义是政治性和行动指向的。

和德意志精英割裂政治忠诚和文化认同的传统不同,政治民族主义坚持两者的趋同,这是将民族奉为最高价值的必然结果。梅特涅和斯泰因可以被视为这两种观念的代表。两人都来自莱茵兰,分别出身于领地被拿破仑重组没收的帝国贵族和骑士。梅特涅延续其家族为哈布斯堡王朝服务的传统,一直在奥地利政府任职。1814 年 10 月 18 日,作为维也纳会议主持者的梅特涅在自家的乡间别墅举办了一场盛大的私人庆典,欢迎来自全欧的与会者。庆典恰逢莱比锡战役一周年,但梅特涅绝无纪念民族解放之意,而是意欲展现欧洲传统的宫廷社会和王朝秩序。梅特涅在文化上从不否认其德意志身份,也从不讳于展示其德意志文化认同,但他从不认为其德意志文化归属在政治上有何重要性,在政治上他始终是一位坚定的君主主义者。借用一位考察 1750—1850 年间德意志贵族民族观演变的研究者的话说,他的"地缘文化世界观"属于欧洲世界主义的贵族传统。梅特涅据此以为,政治民族主义不仅会摧毁王朝秩序,而且会给全欧带来战争与灾难。与之相比,斯泰因已经在政治民族主义的意义上理解民族,因此被梅特涅斥为"普

---

① Matthew Levinger, *Enlightened Nationalism: The Transformation of Prussian Political Culture, 1806—1848*, Oxford: Oxford University Press, 2000; Matthew Levinger, "The Prussian Reform Movement and the Rise of Enlightened Nationalism", in Philip G. Dwyer, ed., *The Rise of Prussia, 1700—1830*, Harlow: Pearson, 2000, pp.259—277.

鲁士的雅各宾派"。斯泰因一直在普鲁士政府服务,1807年10月,他被任命为首相并主持普鲁士的改革,直到近一年后因其强烈的反法倾向在拿破仑坚持下被解职。此后他到维也纳参与了1809年奥地利政府的对法战争谋划。奥地利战败后,斯泰因前往俄国,法俄关系恶化后,充任沙皇亚历山大一世的顾问。与他那个时代绝大多数统治精英认为自己有两个祖国不同,斯泰因在1812年一封著名的信中这样写道:"我只有一个祖国,那就是德意志,因为根据古老的宪法,我属于德意志而非祖国的任何一部分,我忠于整个祖国而非其哪个部分。对我而言,在这个大发展的时刻,王朝完全不重要。我的愿望是,德意志能强盛伟大……"①

不过,德意志祖国在现实政治的意义上尚不存在,政治民族主义者因此不仅要求德意志民族摆脱拿破仑的控制,而且还要为解放后的德意志民族确立某种政治框架。如果说费希特是新民族主义头号哲学家的话,阿恩特和雅恩则是最重要的宣传鼓动者和行动者。阿恩特是民族主义知识分子中声音最为响亮的一个,他创作的爱国诗歌与散文,有些能卖到10万册(费希特的《对德意志民族的演讲》出版后第一年只卖了600册),改编为歌曲后更是被广为传唱。雅恩曾是普鲁士爱国主义者,在费希特和阿恩特的影响下才成为德意志民族主义者。1810年,雅恩出版了《德意志的民族性》(*Deutsches Volkstum*),为德意志民族主义的语汇库添加了一个新词"民族性"(Volkstum)。他和阿恩特与费希特一样,认为普鲁士最可能实现德意志统一,因为奥地利已经堕落为一个民族混杂区(Völkermang),而"混杂的人群和语言必将自毁或毁于他人之手"。按照雅恩的设想,未来的德意志民族国家将实行立宪君主,拥有宪法、代表机构和人民军队,城市实行自治,农民获得解放。但这个德意志国家究竟包括哪些地方? 阿恩特在1813年面世的诗歌《德意志祖国》和短文《莱茵,德意志的河流,但不是德意志的边境》中给出了答案。他以语言去界定德意志民族的地理范围,"凡响起德语之地"皆为德意志:南至阿尔卑斯山和阿登山脉;东方的边界延伸到达尔马提亚、克罗地亚、

---

① 参见 Brian E. Vick, *The Congress of Vienna: Power and Politics after Napoleon*, Cambridge, MA: Harvard University Press, 2014, p. 48, pp. 240—241; William D. Godsey, Jr., *Nobles and Nation in Central Europe: Free Imperial Knights in the Age of Revolution, 1750—1850*, Cambridge: Cambridge University Press, 2004, pp. 240—244; Paul Schroeder, *The Transformation of European Politics, 1763—1848*, Oxford: Clarendon Press, 1994, p. 478。斯泰因的信转引自 John Breuilly, "The National Idea in Modern German History", in John Breuilly, ed., *The State of Germany: The National Idea in the Making, Unmaking and Remaking of a Modern Nation-State*, London and New York: Longman, 1992, p. 7。

匈牙利和波兰；北抵波罗的海；西到北海。①这样一个大大的德意志尚未包括零散分布于东欧的德裔聚居点，但也显然超越了现实中的领土和自然界线。

政治民族主义者不仅坐而言，还起而行，雅恩是其中的佼佼者。1811年，在柏林一家文理中学任教的雅恩于汉森海德公园创办了体操俱乐部，发起了影响巨大且深远的体操运动。按照他的设想，体操训练是"完成民族教育的一个手段"，既培育年轻人的爱国热情和民族忠诚，也在身体上训练"民族未来的保卫者"，以应对即将到来的反法战争。雅恩秉持共和主义的公民士兵理想，坚称体操员不是"士兵"，因为德语中士兵一词"Soldat"带有铜臭味（前半部分"Sold"的意思是支付），更不是王侯们的工具，而是出于对祖国的热爱自愿参与战斗的自由个体。雅恩所创的户外训练设施和体操动作，吸引了柏林的大批年轻人，尤其是学生。他还努力推动体操运动的扩散，为此他培训和派出一批柏林体操俱乐部的优秀学员到各地帮助爱好者建立体操协会。体操协会很快就发展成为受资产阶级青年欢迎的大众性运动，从柏林扩散到德意志很多地方，成为传播民族主义思想的主要载体之一。到1818年，德意志共有150个体操协会，成员1.2万人，主要集中在美茵河以北。雅恩有意识地促进各地体操协会之间的相互联系，德意志各地的爱国者有史以来第一次建立了一个有效的跨界沟通体系。②

学生兄弟会（Burschenschaft）是民族主义运动的另一支柱。1815年6月，150名大学生在耶拿大学建立了第一个兄弟会。这些大学生受民族主义的影响，其中很多人还自愿参加了反拿破仑战争，"德意志民族"因此成为他们直接的个人体验。他们对维也纳会议未能实现德意志统一感到极度失望和愤怒，决心首先改变德意志大学生以邦为基础的组织状况，促进各地大学生的民族意识和民族团结。在学生兄弟会的建立和发展过程中，雅恩再度发挥关键作用。一方面，正是在他的建议下，学生兄弟会采用反拿破仑战争时期著名志愿军团吕措自由军团（Lützowsches Freikorps）的军服颜色黑、红、金作为民族团结的象征，由此为德意志民族主义运动确立了一个永

---

① Dieter Düding, "The Nineteenth-Century German Nationalist Movement as a Movement of Societies", in Hagen Schulze, ed., *Nation-Building in Central Europe*, Oxford: Berg, 1987, p. 24; Helmut Walser Smith, "Nation and Nationalism", in Jonathan Sperber, ed., *Germany 1800—1870*, Oxford: Oxford University Press, 2004, pp. 240—241, pp. 238—239.

② 参见 Dieter Düding, "The Nineteenth-Century German Nationalist Movement as a Movement of Societies", in Hagen Schulze, ed., *Nation-Building in Central Europe*, Oxford: Berg, 1987, p.24, p.27;[英]克里斯托弗·克拉克：《钢铁帝国：普鲁士的兴衰》，王从琪译，中信出版集团2018年版，第342—343页。

恒的象征符号。另一方面,学生兄弟会在人员和意识形态上同体操运动基本一致,可以借助体操运动的网络迅速扩散到其他大学。1818 年,来自 14 所大学的 4 000 名兄弟会成员建立了统一的全德学生兄弟会。①

政治民族主义者的行动倾向还表现在通过大众性的庆祝活动表达政治诉求、塑造公众的民族认同和集体记忆。1814 年 9 月,莱比锡会战周年即将来临之际,阿恩特出版了一本小册子倡议举办庆祝活动以纪念德意志人民的解放,证明他们属于同一个民族,并表达他们对民族统一的渴望。10 月 18—19 日,在雅恩体操俱乐部所在的汉森海德公园,来自德意志各地的人们开始庆祝他们的第一个民族节日,围观者近 1 万人。3 年后的 10 月 18—19 日,来自多所大学的近 500 名学生齐聚图林根的瓦特堡,纪念宗教改革 300 周年——路德在被教皇逐出教会后一度隐居于瓦特堡,并在这里将《圣经》译为德语——和莱比锡战役 4 周年,并要求建立宪政政府和实现德意志的统一。一位来自耶拿的学生领袖以反拿破仑战争老兵的名义,用极具煽动性的口吻要求邦联各国赋予人民在国内政治中更大的发言权:"那些为祖国流血的人也有权利谈论他们在和平时期如何能最好地服务于祖国。"与德意志各邦官方将反拿破仑战争说成是国王和将军们领导下的"解放战争"(Befreiungskriege)、人们积极参战是出于对国王和邦国的忠诚不同,浪漫主义的民族主义者认为他们纪念的是志愿者而非正规军的战争,是德意志人民为了争取自由而自发积极投身于战争的"自由之战"(Freiheitskriege)。直至 1871 年德意志统一之前,民族主义的"自由之战"说和君主—保守主义的"解放战争"说构成了反拿破仑战争的两大最有影响的叙事,竞相塑造德意志人对反拿破仑战争的集体记忆。瓦特堡集会还将自由军团的黑红金三色旗永久地添加到德意志民族的象征符号库里。②

再次,政治民族主义者对民族的理解是有机和平等主义的,且带有宗教色彩。

---

① Dieter Düding, "The Nineteenth-Century German Nationalist Movement as a Movement of Societies", in Hagen Schulze, ed. , *Nation-Building in Central Europe*, Oxford: Berg, 1987, pp. 27—28; Heinrich August Winkler, *Germany: The Long Road West, Vol. 1: 1789—1933*, trans. by Alexander J. Sager, Oxford: Oxford University Press, 2006, p. 66.

② Jürgen Heideking, "Festive Culture and National Identity in America and Germany, 1760—1860", in Jürgen Heideking and James A. Hencetta, eds. , *Republicanism and Liberalism in America and the German States, 1750—1850*, Cambridge: Cambridge University Press, 2002, pp. 217—221; Eric Dorn Brose, *German History 1789—1871: From the Holy Roman Empire to the Bismarckian Reich*, New York and Oxford: Berghahn, 2013, p. 89.

　　早期浪漫派在审美上受赫尔德和狂飙运动的直接影响,反对启蒙乏味的理性主宰,强调独创性、直觉和激情。他们和他们的英雄都是孤独的局外人,想从孤独中得救促使他们在社会与政治领域渴求集体归属和共同体。从观念史的角度看,早期浪漫派的社会与政治思考实质上是以柏拉图和亚里士多德的古典城邦观念来对抗霍布斯、洛克代表的现代个人主义传统,又以理想化的、属于德意志荣耀时代的中世纪——强大、和谐与纯粹——批判现代生活的腐败、破碎与个人的孤立无依。他们希望恢复和谐,通过重新抓住"真正的情感和真实的生活"实现个人与共同体的重新统一。但任何一个真正的共同体都不可能建立在个人契约的基础之上,就像费希特强调的那样,民族优先于个体,是民族构成了个人,而个人只有在民族中才能实现自己。费希特还进一步将民族想象为大写的自主个体,拥有自己的意志和良知,且和所有的生物有机体那样,拥有年轻时代和成熟时光。①

　　作为有机体的民族是由共同的语言、文化和历史等因素所建构的。民族是在历史中形成,且只有通过历史才能理解,民族的文化就是民族在历史中形成的内在共同生活的表达。个人只有通过浸入民族的历史文化遗产、在民族共同体中才能发现自己的身份。如果说这听起来和赫尔德的观念无甚区别的话,那么政治民族主义者赋予民族的强烈规范性内涵则是一大创新。民族不仅是一个单纯描绘事物是怎样的概念,还是一个描绘事物应该是怎样的概念。换言之,"民族"不仅仅是现在存在的样子,还是应该存在的样子,应该被保存、解放、发展和加强的东西。民族主义因此成为行动的指南,保护和促进民族的身份认同不会自动发生,而是一项政治—教育任务。忠于自己的民族就对民族的成员提出了要求,他们必须远离外来的影响,避免对民族特性的偏离。民族成为衡量和评判一切事物的指标,文化产品、社会和法律机构都应该是民族的。不仅如此,成为最高价值的民族还带有了宗教色彩,开始为生命的意义问题提供答案。通过民族归属和忠诚,可以发现永恒、得到救赎的未来和兄弟情谊,前引费希特所言"民族和祖国……作为在这个尘世中能够永恒的东西"所表达的即是此意。阿恩特在1813年表达了同样的观点,"成为一个民族,就是我们时代的宗教";"在我的升华中,我一下子从我的罪中解脱出来,我不再是一个人孤零零地受苦。我与民族和上帝融为一体。在这样的时刻,对我生活和工作的一切疑虑都烟消云

---

　　① Frederick C. Beiser, *The Romantic Imperative: The Concept of Early German Romanticism*, Cambridge, MA: Harvard University Press, 2003, pp.35—39; James J. Sheehan, *German History, 1700—1866*, Oxford: Clarendon Press, 1989, p.332.

散”。反拿破仑战争时期的爱国主义布道说得更直白，德意志人是“一个神圣的民族”，是“我们大陆的心脏”；与暴君的战斗，是在履行上帝赋予的使命；为民族做出的牺牲将是基督徒的牺牲。①

和赫尔德一样，许多政治民族主义者秉持对民族成员的平等主义理解。费希特坚持个人和民族之间的关系不需要任何中介，比如家庭、宗教归属和地方纽带等。同属于德意志民族共同体消除了共同体的内部差异。雅恩开创的体操运动以可见的方式体现了这种平等。他特地设计了一套深受参与者喜爱的套装，宽松的夹克配上阔腿裤，不仅适合自由的身体活动，还消除了所有象征社会差异的外在标志。他在体操运动的官方问答手册《德意志体操艺术》中写道：“体操员轻便朴素、不加修饰且十分实用的亚麻套装，不适于装饰……穗带、肩带、臂章、佩剑及金属手套等。”他要求体操员以“你”（德语中的“du”而非敬称“Sie”）互相称呼，体操运动的参与者还用唱歌的方式，宣称所有成员的“身份和地位一律平等”②。

最后，政治民族主义饱含对法国的刻骨仇恨与要求人们牺牲的政治激情。

阿恩特写道：“我需要针对法国的仇恨，不仅为这场战争；我需要它很长时间，我需要它为永远……这个仇恨似火燃烧，作为德意志民族的宗教，作为所有人心中一种神圣的妄念，让我们永远保持我们的忠诚、正直和勇敢。”与格莱姆相比，阿恩特的战争诗歌更具侵略性，也更嗜血；与阿布特相比，他既强调为民族牺牲，也强调为民族杀戮。他将对法国的仇恨、报复欲望与战争，转化为实现民族团结的手段：“对法国人的仇恨，对他们的饰品，他们的虚荣心，他们的放荡，他们的语言，他们的习俗，是的，对来自他们一切的强烈仇恨，必然会以坚实、兄弟般的纽带把所有德意志人团结起来。”要报复的对象除了法国人之外，还包括德奸。费希特不像阿布特那样狭隘和狂暴，但他同样要求“更高尚的爱国主义的熊熊烈火，这种爱国精神把民族视为永恒之物的象征。为了它，高尚的人应该愉快地牺牲自己，而只为别人活着的卑贱的人也必须牺牲自己”③。

---

　①　Thomas Nipperdey, *Germany from Napoleon to Bismarck, 1800—1866*, trans. by Daniel Nolan, Princeton, NJ: Princeton University Press, 1996, p.267.

　②　［英］克里斯托弗·克拉克:《钢铁帝国:普鲁士的兴衰》，王从琪译，中信出版集团 2018 年版，第 343 页。

　③　参见［德］吕迪格尔·萨弗兰斯基:《荣耀与丑闻:反思德国浪漫主义》，卫茂平译，上海人民出版社 2014 年版，第 204 页；钱春绮:《德国诗选》，上海译文出版社 1982 年版，第 159—160 页；James J. Sheehan, *German History, 1700—1866*, Oxford: Clarendon Press, 1989, p.379；［英］赫尔弗里德·明克勒:《德国人和他们的神话》，李维、范鸿译，商务印书馆 2017 年版，第 161—162 页；［英］科佩尔·S.平森:《德国近现代史》(上册)，范德一译，商务印书馆 1987 年版，第 57 页。

显然,德意志的政治民族主义在其诞生之初即已显示出"两面神"的特性。它有追求解放和平等的"光明"面,也有嗜血和沙文主义的"黑暗"面;它体现了包容,同时亦在排斥。被排斥的除了法国人,还有内部的犹太人和天主教徒。反拿破仑战争期间和维也纳会议上,面对《拿破仑法典》中规定的解放犹太人、1812 年普鲁士改革期间颁布的《解放敕令》以及犹太人志愿参加"解放战争"并据此要求享有平等公民权,德意志爆发了一场声势浩大的公开辩论,争论犹太人是否属于德意志民族。阿恩特是辩论的主要启动者之一。阿恩特在这里表达的已然是和前现代时期的传统反犹偏见不同的政治反犹主义,而且,在当时的爱国圈子中被广泛阅读,影响巨大。犹太裔哲学家和政治作家阿舍尔(Saul Ascher)在次年撰写了一本书反击,批评学生运动的反犹主义,并创造出"德意志狂热症"(Germanomania)一词讽刺许多政治民族主义者的妄自尊大。[1]

将人口只占 1% 左右的犹太人排斥在民族共同体之外是一回事,质疑甚至否认占总人口一半的德意志天主教徒——在 1815 年建立的德意志邦联中,基督教两大教派的人数相当接近,天主教徒稍多——的民族资格则是另一回事。尼佩代曾说:"教派分裂和矛盾是德国日常生活的最基本、最重要的事实。"[2]宗教改革以来,天主教徒主要分布于德意志的西部和南部,新教徒则集中于中部和北部。20 世纪 60 年代以前的几个世纪中,天主教徒和新教徒生活在不同的文化、政治和宗教世界之中,他们之间的隔膜、疏离和不时爆发的敌意决定性地影响了两大群体的自我定位与集体归属,从而对德意志的政治文化和历史进程产生了持久且深远的影响。政治民族主义诞生之时,恰逢教派意识的重新敏锐化。拿破仑时期和维也纳会议上的领土重组摧毁了自《威斯特伐利亚和约》以来确立的教派国家即教派和政治单位的大致吻合,普鲁士、南德三邦——巴伐利亚、巴登和符腾堡——和汉诺威等都形成了教派混居的局面,教派政治问题具备再度爆发的潜能。面对

---

[1] Karen Hagemann, *Revisiting Prussia's Wars against Napoleon: History, Culture, and Memory,* trans. by Pamela Selwyn, Cambridge: Cambridge University Press, 2015, pp.113—129; Matthew Levinger, *Enlightened Nationalism: The Transformation of Prussian Political Culture, 1806—1848,* Oxford: Oxford University Press, 2000, pp.115—125; Michael Rowe, "The Issue of Citizenship: Jews, Germans and the Contested Legacy of the Napoleonic Wars", in Alan Forrest, Karen Hagemann and Michael Rowe, eds., *War, Demobilization and Memory: The Legacy of War in the Era of Atlantic Revolutions,* Basingstoke: Palgrave MacMillan, 2016, pp.132—149.

[2] 转引自[英]詹姆斯·雷塔拉克:《威廉二世时代的德国》,王莹、方长明译,北京大学出版社 2013 年版,第 79 页。

教派分裂,德意志人如何才能实现民族统一呢? 著名新教神学家布雷茨内德(Karl Gottlieb Bretschneider)在 19 世纪初的回答是:永远不要。"德意志南北方之间差异巨大;风俗习惯和思想文化方面的差异也惊人。"即便少数文人可以传播泛德意志的爱国主义,那也永远不会让讲德语的人民实现统一,因为被自然分割的人群无法聚合! 依布雷茨内德之见,倒是建立一个普鲁士领导下的北德民族国家更为现实。除戈雷斯之外,这一时期及之后许多最著名的政治民族主义者都是新教徒,其中相当比例的人研究神学或担任牧师。深受新教神学影响的他们坚信,一个统一的、不可分割的民族,无论是作为文化民族还是政治民族,无条件需要一个共同的、单一的宗教。费希特的建议是后基督教的公民宗教,还有人认为不妨回到日耳曼人皈依基督教之前,但这样的看法均属少数。整个 19 世纪,最常出现的答案是,新教尤其是路德宗才是最适合德意志民族精神的德意志民族宗教。阿恩特在"解放战争"之后宣布,"德意志是新教之地",因为"新教信仰看起来是纯德意志的"。难道不正是宗教改革才在精神和政治上将德意志从本质上属于拉丁民族(实际上是犹太—拉丁民族)的天主教会的束缚中解放出来的吗? 难道不正是路德通过翻译《圣经》才将德语和德意志民族的本质带回来的吗? 1817 年瓦特堡纪念活动传达的民族理解正是阿恩特们传播的观念,不仅庆祝路德与教会的决裂,将天主教徒排除在德意志民族之外,而且将三十年战争期间率大军蹂躏德意志的瑞典国王阿道夫奉为德意志的民族英雄。①

与政治民族主义相比,联邦式的民族观念更愿意容忍多样性。其支持者拒绝同质性的民族观念,反而主张德意志的民族特性是多中心的,德意志是一个复合民族,由可以追溯到不同日耳曼部落的亚民族人群组成。萨克森人、巴伐利亚人、符腾堡人、汉诺威人、黑森人等都属于德意志民族,却各有其特性并深以为豪。建立一个强大的民族国家是不必要的,中央集权反而将损害祖宗成法和传统的德意志自由,这些法律和自由恰恰体现于诸多德意志"部落"的不同政治建制和多姿多彩的生活方式。洪堡和剧作家科策布(August von Kotzebue)的民族观就属此类。在 1813 年

---

① Margaret Lavinia Anderson, "Afterword: Living Apart and Together in Germany", pp. 320—321; Wolfgang Altgeld, "Religion, Denomination and Nationalism in Nineteenth-century Germany", pp.51—56; Kevin Cramer, "The Cult of Gustavus Adolphus: Protestant Identity and German Nationalism", in Helmut Walser Smith, ed., *Protestants, Catholics, and Jews, 1800—1914*, Oxford: Berg, 2001.

12月就德意志未来的宪法安排给斯泰因的备忘录中,洪堡指出,"德意志是一个整体,这种感觉不能从任何一个德意志人的心中消除,它不仅基于共同的习俗、语言和文学……而且来自我们共同享有的权利和自由的记忆,来自我们共同取得的胜利和共同抵御的危险,来自我们的祖先建立的、现在只存在于他们后代渴望中的更紧密联合的记忆",但恢复旧帝国是不可能的,应该建立一个邦国联合体(Staatenverein),因为"德意志人只有在感到自己是共同祖国之下一个邦国的居民时,才会意识到自己是一个德意志人"。维也纳会议上,作为普鲁士代表团成员的洪堡在更深切领会到其他欧洲列强的态度后,以统一会危及欧洲均势和国际和平为维持分裂辩护,"到那时谁也无法阻止德国(作为德意志国家)成为一个侵略性的政权,没有一个真正的德意志人愿意看到这种局面"。政治民族主义的公开反对者科策布也不断重申,受过教育的人可能会感到"对(德意志)祖国的爱"(Vaterlandsliebe),但其他大多数人只会有"对家乡的爱"(Heimathsliebe),或者只是通过后者来爱前者。太多的中央集权和同质化有可能因为损害邦国爱国主义或地区忠诚而削弱德意志人的爱国主义。①

事实上,即便是受过教育者的政治忠诚也相当传统。一项对拿破仑战争期间德意志志愿参军人员自传材料——回忆录、信件和日记——的研究发现,上帝、君主和祖国这三个词构成了绝大多数自述者自愿参军的首要动机。这些能留下自传材料的人显然都受过较高程度的教育,他们所理解的祖国都是双重意义上的,即政治意义上的邦国/城市和文化意义上的德意志。由此可见,许多受教育德意志人接受文化民族的观念,但他们在政治上继续认同地区或邦国,尤其是强烈认同地方共同体即"故土"(Heimat)。比如说,参加汉堡的公民民兵组织——汉萨城市军团(Hanseatic Legion)——的志愿者,会以"Vaterstadt"(意为"父之城")替代普鲁士志愿者笔下的"Vaterland"(祖国)。事实上,直到1871年第二帝国建立时,就大众情绪和身份认同而言,地区和地方情感、教派认同和王朝忠诚要比德意志民族情绪甚至邦国认同重要得多。在一个大部分人一生都生活在其出生之地和周边即历史学家布莱克本所谓的"小世界"的时期,对民族这个抽象共同体的想

---

① Joachim Whaley, *Germany and the Holy Roman Empire, Vol. II*, Oxford: Oxford University Press, 2011, p. 645; Brian E. Vick, *The Congress of Vienna: Power and Politics after Napoleon*, Cambridge, MA: Harvard University Press, 2014, pp. 273—274;[美]戈登・A. 克雷格:《德国人》,杨立义、钱松英译,上海译文出版社1998年版,第20页,译文略有变动。

象不大可能。①对受过教育且有较广博见识的人来说,文化意义上的德意志已经成为他们熟悉的现实,但政治意义上的德意志依然抽象。

联邦式的民族观念根植于旧帝国的历史,亦特别适应 1815 年后依然分裂的现实。它允许人们在文化上认同德意志民族,同时仍然是符腾堡或巴伐利亚的爱国者,因此得到各邦统治者的支持与大力宣扬。对于在维也纳会议后面临着邦国整合要务的诸多邦国来说,联邦式民族观念是统治者们缔造邦国忠诚的有力工具之一。

经过拿破仑时期和维也纳会议的重组,德意志多数邦国都经历了领土变更,因此都非常重视整合。其中,南德三邦、汉诺威和普鲁士的整合任务最为艰巨,这一方面是因为它们获得了较大的新领土。巴登的领土增长了7.5 倍,人口增长了 9.5 倍;符腾堡的领土和人口分别增长了 4.5 倍和 8.5倍,两邦都由原先的小邦一跃成为中等邦国。巴伐利亚的领土获益也相当丰厚,获得了诸多教会领地、下法兰克尼亚和莱茵河左岸的巴拉丁内特。拿破仑时期被并入威斯特伐利亚王国的汉诺威,在维也纳会议上得以重建,并获得希德斯海姆和奥斯纳布吕克两个主教区以及原属普鲁士的东弗里斯兰省,成为德意志的第四大邦。普鲁士获得了莱茵兰地区、萨克森北部、原属瑞典的波美拉尼亚和波兹南大公国,1831 年时,新普鲁士公民占总人口的比例接近 50%。

另一方面,这几邦获得的新领地与邦国核心区有着截然不同的社会、行政制度与教派信仰(如原本大多信奉新教的巴登所兼并的诸多教会领地使天主教臣民占到 60%以上;巴拉丁内特和下法兰克尼亚的居民多为新教徒),并且因其居民怀念先前曾经享有的政治独立(如被并入汉诺威的两大主教区)与社会福利(如巴伐利亚获得的很多教会领地上,原先由修道院提供的社会福利和基础教育消失),或依然眷恋过去的统治王朝(如汉诺威的东弗里斯兰居民长期保持对霍亨索伦家族的忠诚),成为抗议和骚乱的温床。莱茵兰居民多为天主教徒,因长期属于旧帝国核心区和教派信仰而存

① Katherine Aaslestad and Karen Hagemann, "1806 and its Aftermath: Revisiting the Period of the Napoleonic Wars in German Central European Historiography", *Central European History*, 39/4(December 2006), pp.569—570; Katherine B. Aaslestad, *Place and Politics: Local Identity, Civic Culture and German Nationalism in North Germany during the Revolutionary Era*, Leiden and Boston: Brill, 2005; Leighton S. James, "For the Fatherland? The Motivations of Austrian and Prussian Volunteers during the Revolutionary and Napoleonic Wars", in Christine G. Krüger and Sonja Levsen, eds., *War Volunteering in Modern Times: From the French Revolution to the Second World War*, Basingstoke: Palgrave MacMillan, 2010, pp.40—58.

在着强烈的亲哈布斯堡情绪，法国的 20 年占领又使其在经济和政治文化上与法国联系相当紧密。面对阿恩特等政治民族主义者和普鲁士当局对其缺乏德意志情感的指责，莱茵兰人认为自己的德意志身份并非是需要证明尤其是需要证明给普鲁士人看的事情。他们之所以接受来自柏林的统治，不是为了变成普鲁士人而是为了仍然做德意志人。在很多莱茵兰人看来，普鲁士和德意志完全是两码事，普鲁士位于遥远且陌生的东方，他们蔑称其居民为"立陶宛人"。一些人清楚哈布斯堡奥地利有着更漫长抗击革命法国和拿破仑的历史，完全无法接受霍亨索伦家族将自己描绘为重振德意志的领袖。1822 年，官方的《符腾堡年鉴》(*Württembergisches Jahrbuch*)对符腾堡国家困境的总结，可以说适用于面临整合任务的所有邦国："我们有老符腾堡人，有新符腾堡人……但至今我们还没有符腾堡人民。"①

为"消化"新获领土和居民，德意志诸邦在维也纳会议后的半个多世纪中均实施了强化邦国认同与忠诚的举措。普鲁士尽量维持新领土的建制原貌，其中，为消解莱茵兰人的反普敌意，当局基本保留了广受当地人支持的拿破仑遗产——包括《拿破仑法典》、司法体系和商会系统等。不设全国性代表机构而只在各省设立代表机构的做法，本是反革命措施，却因提供了发声机会而得到当地精英的欢迎。1828 年起开始启动的关税联盟到 1834 年基本定型时包含了多数德意志邦国，从而赢得了莱茵兰地区正在崛起的经济资产阶级的支持。始建于 13 世纪的科隆大教堂一直未能完工，一向被政治民族主义者视为民族统一的象征。1842 年 9 月，普王夫妇与科隆当地的教俗显贵一起重新启动了教堂建设工程，在促进莱茵兰人对霍亨佐伦王朝归属感的同时，也有彰显普鲁士作为德意志及其传统捍卫者之意，与政治民族主义运动竞争，与其他王侯尤其是巴伐利亚的维特斯巴赫家族竞争德意志的"代言权"，以塑造德意志的公共舆论。②

与普鲁士相比，南德三邦在促进经济自由化方面的力度不大，反而更专

---

① Michael Rowe, "France, Prussia, or Germany? The Napoleonic Wars and Shifting Allegiances in the Rhineland", *Central European History*, 39/4(December 2006), p. 636, pp. 638—639; Abigail Green, *Fatherlands: State-Building and Nationhood in Nineteenth-Century Germany*, Cambridge: Cambridge University Press, 2001, p. 97.

② Jeffrey M. Diefendorf, *Businessmen and Politics in the Rhineland 1789—1834*, Princeton NJ: Princeton University Press, 1980, pp. 334ff.; David E. Barclay, "Representing the Middle Ages: Court Festivals in Nineteenth-Century Prussia", in Richard Utz and Tom Shippey, eds., *Medievalism in the Modern World: Essays in Honour of Leslie Workman*, Turnhout: Brepols, 1998, pp. 105—116.

注于邦国的中央集权和一定程度的政治自由化。就宪法安排来说,维也纳会议后的德意志诸邦形成了两种模式。德意志中部和北部诸邦均实行以等级制代表机构为基础的传统建制,普王在改革时期和对拿破仑战争期间基于紧迫的实际需要曾含糊承诺立宪与建立全国性代表机构,但随着战争的结束不了了之。受拿破仑影响更大的德意志西南诸邦——巴伐利亚(1818年)、巴登(1818年)、符腾堡(1819年)、黑森—达姆施塔特(1820年)等,均颁布了正式宪法并建立起两院制代表机构。立宪当然不是因为这些邦国统治者的政治信念,而是出于邦国巩固的需要。这些统治者相信,参与式政府可以疏导反对,吸纳各方精英,促进新领土与原核心区的融合。符腾堡宪法批准前夕,奥皇在给符腾堡国王的信中警告,颁行宪法是"革命的祸根"。他和梅特涅都担心,赋予人民太多的权利会损害国家的合法性,不可避免地导致革命的爆发。符腾堡国王和政府则认为,国家越接受人民的监管,人民就会越信任国家,立宪可以鼓励符腾堡公民形成对国家和国王的忠诚。①

立宪之外,南德三邦还注重通过教育、文化和宗教等领域的施策,以统治王朝和宪法为焦点促进邦国层面上的国家民族缔造。从拿破仑时期开始,巴伐利亚在推动行政与法律整合的同时,已经有意通过教育和宗教去促进巴伐利亚的"民族"意识。不过,和普鲁士一样,所有努力缔造邦国忠诚的统治者都认识到邦国爱国主义必须同德意志民族情感共存。在1813年后争夺德意志公众舆论的长期斗争中,针对政治民族主义和普鲁士一再摆出为德意志民族代言的架势,巴伐利亚官方支持的报纸《阿勒曼尼娅》(*Allemannia*)不仅嘲弄民族主义运动的节庆活动和发明的礼仪,还不断宣称,普鲁士和奥地利都是"外国君主"统治的"混杂部落",巴伐利亚和符腾堡才是"两个最纯粹的德意志国家"。巴伐利亚国王路德维希一世以其对艺术的慷慨赞助闻名,他以大手笔推动修复教堂、建造纪念碑和其他建设计划,力求将慕尼黑打造成德意志的文化之都,在颂扬巴伐利亚"民族"精神的同时,显示维特斯巴赫家族才是德意志精神的代表。这位艺术家国王以法国的先贤祠为样板,在1830—1842年间为德意志的英雄们建造了瓦尔哈拉神殿。巴伐利亚和符腾堡还以记忆政治化解曾与拿破仑联盟的尴尬历史。1833年

---

① James J. Sheehan, *German History, 1700—1866*, Oxford: Clarendon Press, 1989, pp. 411—425; Markus J. Prutsch, "Monarchical Sovereignty and the Legacy of the Revolution: Constitutionalism in Post-Napoleonic Germany", *Historia Constitucional*, 16 (2015), pp. 177—203; Bodie A. Ashton, *The Kingdom of Württemberg and the Making of Germany, 1815—1871*, London: Bloomsbury, 2017, p.56.

10 月 18 日,莱比锡战役 20 周年之际,路德维希一世主持了纪念俄罗斯战役中牺牲战士的巨大方尖碑的揭幕仪式。该纪念碑位于慕尼黑的一个十字路口,在此处交会的马路均以反拿破仑战争时期胜利的战役命名。根据纪念碑底座的铭文,"解放战争"开始的日期从 1813 年提前了一年,1812 年随同拿破仑征俄阵亡的 3 万巴伐利亚士兵就这样变成了推翻拿破仑统治和重振德意志民族的英雄。1841 年符腾堡国王登基 25 周年时,位于斯图加特老城区王宫旁的胜利之柱顺利竣工,以纪念时为王储的国王在 1814 年率军战胜拿破仑。①南德各邦君主就这样重新加入了德意志历史上的英雄传奇,利用德意志民族情绪促进王朝忠诚和邦国认同。

普鲁士等邦国对德意志民族情绪的战略利用都有对付政治民族主义之意。1819 年政治民族主义遭到全邦联镇压后,民族主义运动进入一个新的发展阶段。

一部分知识分子专注于发展和培育德意志文化,探寻德意志民族的过去。斯泰因在 1819 年经过与歌德、洪堡、格林兄弟等诸多知名人士协商后建立了德意志古史学会(Gesellschaft für ältere deutsche Geschichtskunde),收集和整理德意志历史的材料,出版鸿篇巨制《德意志史料集成》(Monumenta Germaniae Historica)。早在 1814 年,斯泰因就已计划出版《德意志史料集成》,以推进民族史研究,因为"历史是影响年轻人的有力工具,……可以唤醒其民族情感"。大历史学家兰克受益于洪堡主持的教育改革,尤其是后者创立的柏林大学和致力于将大学建设为完全致力于科学研究与追求真知之所,不仅奠定了历史研究的现代学科基础,还开创了德意志的民族史学,尽管他本人对建立一个德意志民族国家持有疑虑。在他的影响下,许多职业历史学家充当起民族记忆的"官方"守护者,填补德意志民族历史上被遗忘的过去,他们的叙述也成为民族史的"官方"话语。德意志语言学的创立者格林兄弟,响应赫尔德的号召,收集、整理和记录"纯"属德意志民族的声音,出版了《格林童话》,发行量巨大,影响了一代代德意志人。类似活动不胜枚举,这些文化与学术活动并未公开挑战现存政治秩序,但影响深远。正如格林兄弟自认的,到民间收集传说、探究大众风俗习惯的起源以及梳理德

① Abigail Green, "Political Institutions and Nationhood in Germany, 1750—1914", in Len Scales and Oliver Zimmer, eds., *Power and the Nation in European History*, Cambridge: Cambridge University Press, 2005, pp. 321—322; Ute Planert, "From Collaboration to Resistance: Politics, Experience, and Memory of the Revolutionary and Napoleonic Wars in Southern Germany", *Central European History*, 39/4(December 2006), pp.676—705.

语的源头与流变，和参与政治鼓动与议会辩论一样，都是在探寻民族的身份认同。[1]经过这些知识精英的发掘、阐释与创造，在越来越多德意志人的心中，拥有悠长历史和特色的德意志民族渐渐成为清晰的实体，成为"自然的"存在。

另一方面，政治气氛相对自由的德意志西南部成为有组织民族主义的中心，政治民族主义和自由主义合流，形成了自由民族运动[2]，阅历更为丰富和沉稳的成年人取代青年学子成为运动的主力。自由民族运动拯救了德意志的政治民族主义，这不仅因为在民族主义运动遭到镇压的时期自由反对派延续了对民族问题的讨论与关注，更因为他们赋予了政治民族主义更多的德意志色彩。拿破仑战争期间诞生的政治民族主义在起源和抱负上都是普鲁士的，其最重要的代言人——阿恩特、费希特和雅恩——都将自己视为普鲁士人。正是阿恩特们将普鲁士的失败阐释为整个德意志民族的耻辱，而奥地利的德意志知识分子、莱茵兰和德意志西南部的多数知识精英并不这样想。1813—1814年间民族和爱国言辞在北方异常活跃，但在南方情况不同，反法情绪也存在同样的南北差异。[3]传统观点一向看重的政治民族主义就其内核与实质来说，不过是在新教色彩浓厚的普鲁士爱国主义之上披了一层德意志的外衣。倘若没有西南德意志自由主义者以联邦式民族观念接过民族主义的旗帜，阿恩特们的政治民族主义发展下去有很大可能成为七年战争时期普鲁士邦国民族主义的更新版。

在思想上，自由主义是前工业化时代的产物，深受启蒙尤其康德的影响，将自治奉为最高价值。自治在本体论的意义上是指个人和理性的自我立法，在集体生活中意味着免除所有的专断。自治因此意味着解放，既拒绝等级的传统束缚，也反对官僚与国家——即便是带有自由派色彩的改革派官僚——对个人的监管。这一世界观的核心是个人及其潜力与才能的发展。作为政治运动的自由主义开始于1815年后，是追求立宪的政治反对派运动。早期自由派追求政治解放，即在宪法和法律框架下确立公民对国家的参与，这使其大大有别于普鲁士和南德诸邦的官僚改革运动或官僚自由主义。官僚改革运动之所以被称为自由主义的，因为改革派要消除或削弱等级和封建联系，

---

① William D. Godsey, Jr. , *Nobles and Nation in Central Europe: Free Imperial Knights in the Age of Revolution, 1750—1850*, Cambridge: Cambridge University Press, 2004, p.241; James J. Sheehan, *German History, 1700—1866*, Oxford: Clarendon Press, 1989, pp.549—550, p.553.

② 此处采用自由民族运动是为了显示与日后的民族自由主义（National Liberalism）的区别。

③ Leighton S. James, *Witnessing the Revolutionary and Napoleonic Wars in German Central Europe*, Basingstoke: Palgrave MacMillan, 2013, pp.47—48.

限制位于国家和臣民之间的传统中介权力。自由派同样反对传统等级制度,要求平等对待所有公民,但他们同样甚至更看重掌控自己的命运,个人必须从所有专断约束中解放出来,拥有在法律界限内追求其利益的自由,国家则只充当公共利益的守护者。自由主义运动的核心目标是一部能保障个人权利和参与权的宪法,官僚改革者则主要聚焦于国家,而非公民的参与。早期自由派对法国革命时期的恐怖记忆犹新,因此他们并不追求建立共和国,而是倾向于立宪君主制。这是自由派和民主派的核心差别,19世纪30年代可以首次发现两者之间的差别,1848年革命期间两派的分离昭然若揭。自由派要求宪法就是希望借此排除所有来自上层和下层的专制。他们的权利清单主要包括个人的良知和宗教权利、人身安全和财产权利,还有新闻出版自由和结社自由。复辟时期,他们不断用基本权利论断批评威权主义的实践。但选举权平等并不包含在清单内,自由派要求法律面前的平等,但他们并不寻求"财产和权力的外在平等"。一般来说,他们意在通过使用以交税为基础的温和约束手段,防止"无资产者的统治",但无意于将"小有资产或中产人士"排除在外。颇能反映其前工业起源的是,早期自由派追求的理想社会是一个依靠自身努力而拥有适度财产的独立公民组成的无阶级社会。德国历史学家盖尔(Lothar Gall)称之为"无阶级的公民社会"理想:相对平等的父权式家长组成的社会秩序,每一个成年男性最终有机会获得经济上的独立和政治参与权,既保护财产同时又限制经济力量或财富的过于集中。[①]

自由反对派运动兴起的复辟时期是一个新老模式共存的过渡期,表面的平静与沉闷下潜藏着新老时代相互碰撞、适应和融合所蕴含的巨大能量。新老模式的共存、冲突与交织体现在这一时期的制度、意识形态甚至个人的头脑中。传统的等级社会正处于漫长解体过程的最后加速阶段,新的阶级社会尚未成型。在政治上,一个多世纪以来德意志诸邦国家构建过程中形成的官僚绝对主义传统,在普鲁士与南德诸邦的改革和随后持续的国家构建中达到顶峰;与此同时,可以发现参与性政治活动的开始,以及19世纪中期以后将塑造德意志公共生活的那种冲突的预演。经济生活中同样是多个经济世界——农业、早期工厂工业和法团社会——共存的情形。面对因为政治效应与社会后果而颇为怀疑工业化和铁路建设的诸邦官僚们,最富开

---

① 参见 Dieter Langewiesche, *Liberalism in Germany*, trans. by Christiane Banerji, Basingstoke: MacMillan, 2000, pp.1—19。盖尔的观点引自 Jonathan Sperber, "Bürger, Bürgertum, Bürgerlichkeit, Bürgerliche Gesellschaft: Studies of the German(Upper) Middle Class and Its Sociocultural World", *Journal of Modern History*, 69/2(June 1997), p.273。

拓精神的商人和制造业主已开始效仿英国。著名的"鲁尔之父"、工业家哈考特(Friedrich Harkort)，1819 年在鲁尔的一家中世纪城堡旁建造了德意志第一座现代工厂，还为修建铁路不断游说普鲁士高官。1831 年从美国返乡的李斯特(Friedrich List)更是铁路的狂热宣扬者，以全德铁路网络的巨大裨益引诱普鲁士官员："就像变魔术一样，柏林将发现自己成为 3 000 万人民的中心。"只需一两天就可到达汉堡、不来梅、科隆、斯特拉斯堡和慕尼黑，其"道德、政治、军事和工业、商业、金融"效果无法估量。1835 年，德意志的第一条铁路线开通。与此同时，农业依然占据支配地位，正经历从近代早期那种塑造了所有其他经济活动的一种生活方式向面向市场的一个经济部门的转变，农村工业、行会支配的手工业、早期工厂主和城市的富商寡头共同主宰制造业与商品交换。结果就是恩格斯在 1847 年所描绘的那种状况："到现在为止，还没有一个阶级强大到足以使自己的生产部门变成全民族的 par excellence〔主导〕生产部门，从而自己也成为全民族利益的代表者。从 10 世纪以来在历史舞台上出现的一切等级和阶级——贵族、农奴、徭役农民、自由农民、小资产者、帮工、工场工人、资产者和无产者——肩并肩地存在着。"[1]

在地理上，自由主义的很多重要中心如巴登、巴拉丁内特、符腾堡和汉诺威的部分地区以及普鲁士的莱茵兰两省，恰恰是 19 世纪前 20 年领土重组期间传统忠诚遭到最大破坏的地区。到帝国解体的 1806 年，已经有 60% 的德意志人经历了统治者变更，奥斯纳布吕克主教区在 1802—1814 年间其统治者换了 6 次。在一个对统治家族的忠诚于大多数人眼中依然是政治合法性源泉的时代，人们要被迫切断对先前统治者的忠诚，转而接受一个新统治者，甚至在 10 多年中发生多次。这一过程必然是痛苦和不稳定的，不仅提升了人们的政治意识，也增强了许多人的政治反对倾向。年轻时目睹其家乡弗莱堡如走马灯般被不同统治者统治的经历，让日后南德自由主义的头号旗手罗特克(Carl von Rotteck)一生致力于自由主义和政治反对。西南诸邦的立宪为罗特克们参与自由反对派运动创造了全新的制度环境，选举产生的议会在德意志有史以来第一次成为立法过程的重要环节：没有

---

[1]　参见 Eric Dorn Brose, *The Politics of Technological Change in Prussia: Out of the Shadow of Antiquity, 1809—1848*, Princeton NJ: Princeton University Press, 1993, p.219;《马克思恩格斯全集》(第 4 卷)，第 57—58 页;James J. Sheehan, "Liberalism and Society in Germany, 1815—48", *Journal of Modern History*, 45/4(December 1973), p.583; James M. Brophy, "The End of the Economic Old Order: The Great Transition, 1750—1860", *The Oxford Handbook of Modern German History*, pp.169—194。

议会的批准,不得通过任何法律和预算。当然,不宜扩大新政治安排的"现代性"。下院由选举产生,但选举权受到严格限制。议员由间接选举产生,选民先选出选举人团,再由选举人团选出议员,而成为议员的资格需要满足更高的经济标准。以最自由化的巴登为例,全体国民中只有17%的人有选民和进入选举人团的资格,有资格被选为议员的人只占0.5%。而且,宪法权利和强制权力在君主与议会下院之间的不平等分配,也使得政府很容易压制反对。更为重要的是,大政方针与政治路线依然由君主及受其信赖的官僚们所决定,即便在巴登,下院也从未参与核心政治决定。①

受到严格限制的选举制度完全偏向"有产者和有教养者",但不能想当然地认为自由派会在议会中占据支配地位。在很长时间里,占据议会下院多数的更可能是自由派眼中的"反动"或"落后"势力,致力于维护地方利益者如沃尔克笔下的家乡小镇居民代表,在领土重组中领地被没收因而渴望得到补偿的前帝国骑士和贵族,顽固守护封建残余特权的贵族领主,或受天主教选民青睐、维护教会权利和信仰纯洁的教士。不过,资产阶级自由派随时间推移日益壮大,西南诸邦议会因此成为政治反对派的重要阵地。资产阶级是一个异质性的群体,包括经济资产阶级——如商人、工厂主、银行家等——和文化资产阶级——教授、教师、记者、牧师、司法从业者和高等文官等。占据不同市场位置的资产阶级还算不上马克思主义意义上的那种阶级,使他们构成阶级的因素有二,他们一方面由共同对手——君主专制、享有特权的贵族和宗教正统——而实现团结,另一方面通过共同的文化和价值界定自身。资产阶级尊重个人成就,重视教育,强调勤奋工作、节俭和自力更生,并将所有这些作为自己有权获得报酬、承认与影响的基础。拿破仑战争结束后,伴随着英国工业化向欧洲大陆的扩散,伴随着工业化和城市化的起步,资产阶级的人数开始持续增长。巴登的一位保守派官员在1839年对邦内工厂主数量翻番甚是忧虑,而在邻近的符腾堡,工业家从19世纪30年代初的250人增长到40年代后期的1 200人,以至于国王和大臣们担心这个新兴群体带来的政治挑战。在工业最为集中的莱茵兰,工厂主超过1万人。文化资产阶级的数量同样在增长。1820年,普鲁士文理中学和大学的注册人数为1.6万,30年代初攀升至2.9万,半个世纪后超过10万,整

---

① Michael John, "The Napoleonic Legacy and Problems of Restoration in Central Europe: The German Confederation", in David Laven and Lucy Riall, eds., *Napoleon's Legacy: Problems of Government in Restoration Europe*, Oxford: Berg, 2000, p.85; Christopher Clark, "Germany 1815—1848: Restoration or Pre-March?", in John Breuilly, ed., *Nineteenth-Century Germany: Politics, Culture and Society 1780—1918*, London: Arnold, 2001, pp.49—51.

个德国则高达 26.5 万。资产阶级不仅人数日增，还越发自信并寻求政治影响。哈考特相信，铁路机车将成为把贵族们送入墓地的灵车；工业家是新贵族，他们将改变世界，并消灭残存的封建特权和绝对主义。当一名资产阶级政论家在 1834 年大胆宣布"我们就是时代"时，表达的是资产阶级的共同看法：现代属于他们，他们是人民合法的发言人；商人和专业人士正在创造新的财富和知识，并将重塑社会、经济、政治和全民族的机构。普鲁士莱茵省长在 1844 年向普鲁士内政大臣发出警告："本省逐渐显露出来的不满并非来自下层阶级，而是源自所谓的受教育群体，……他们意欲不惜一切代价将新闻出版自由和大众代表的观念付诸实践。属于这个阶级的大多是律师、医生和商人……"①当然不能在自由主义和资产阶级之间画等号，但自由主义作为政治运动的兴起正得益于资产阶级的崛起，并反映了资产阶级的志向、价值和利益，他们追求的"自由主义"改革包括与贵族的社会平等、代议制机构、立宪、法治、德意志的经济融合和政治联合。

　　1848 年革命爆发前，在民族统一问题上，南北方的自由派看法不一。莱茵兰自由派的主要代表汉斯曼（David Hansemann）是一位成功的商人和银行家。1830 年 8 月比利时起义后，他在给普鲁士新任财政大臣的信中说："比利时革命实在是人民曾经做过的最糟糕、最愚蠢和最不政治的事。"但他警告，若不进行大胆的政治改革，普鲁士也会爆发革命。汉斯曼主张资产阶级在君主立宪框架下与仍保留大量执行权的君主合作，但在经济发展快德意志其他地方一步的莱茵兰，自由派不像南德自由派那样对"无阶级公民社会"理想信心十足，他们主张的自由主义资产阶级色彩更强，经济意涵更重。他们真正寄予厚望的不是宪法，而是他们自己——经济资产阶级这一代表着新时代的新生力量。汉斯曼不断呼吁普鲁士国家支持这一新力量，因为经济资产阶级需要一个民族的经济领域——关税联盟。他还曾设想关税联盟会和平地演化为某种北德政治联合，因为奥地利太过陷入巴尔干和意大利事务以致无法代表"真正的民族多数"。普鲁士学派的领导人物之一德罗伊森（Johann Gustav Droysen）代表了北德自由主义的极端右翼，他在早年出版的亚历山大传记中声称，强大的普鲁士会像马其顿王给混乱的希腊城邦带来统一一样让南德臣服。现代国家应该有代表机构，但他拒

---

① Mack Walker, *German Home Towns: Community, State, and General Estate, 1648—1871*, Ithaca and London: Cornell University Press, 1971, ch. 7—10; Theodore S. Hamerow, *Restoration, Revolution, Reaction: Economics and Politics in Germany, 1815—1871*, Princeton NJ: Princeton University Press, 1958, p.60.

绝英法的社会契约和分权观念,因为这让君主虚弱,而君主是唯一能完成伟业的人。德罗伊森认为,这不会带来普鲁士的霸权;相反,他建议将自由化后的普鲁士肢解为各省后与其他邦一起加入他设想的"普鲁士帝国"①。

对伊茨泰因(Johann Adam von Itzstein)、维尔克(Carl Theodor Welcker)和罗特克等第一代南德自由派来说,"德意志"主要是一个文化民族,更具政治意义的是邦联框架下的各邦,罗特克甚至将1818年的巴登宪法说成是"巴登人民的出生证"。在罗特克眼中,巴登转变为一个宪政国家是政治进步的里程碑,并构成邦联改革的样板。他梦想有一天能将西南德意志转变为可媲美英法美的个人自由堡垒,于他而言,这远比德意志统一更重要。针对1832年5月汉巴赫集会体现出来的民主气息和将民族归属作为最高价值的倾向,他说统一不能以牺牲公民自由为代价实现:"我不希望在没有自由的情况下实现(民族)统一,我宁可选择没有统一的自由,也不要没有自由的统一。我拒绝在普鲁士或奥地利雄鹰的翅膀下实现统一。我更不希望在一个普遍的德意志共和国下实现统一,因为通往那里的道路将是可怕的,而且其成功或成果的性质非常不确定……"换言之,政治参与和自由化不需要一个民族国家。但到19世纪40年代,出生于1800年左右的一代自由派——加格恩(Heinrich von Gagern)、莫尔(Robert von Mohl)和普菲泽(Paul Achatius Pfizer)等——开始更为渴望一个强大的德意志国家。②

造成这一转变的因素有二。

一是1830年革命后的新一轮镇压表明,若无整个德意志层面的变革,连邦国内部已经实现的自由化也无法保障。

1830—1832年间,法国、比利时的革命以及英国改革法案的通过,在德意志引发了新一波政治骚动。一些治理不善的邦国如不伦瑞克、黑森—卡塞尔、汉诺威在1830年爆发了起义,1831年萨克森的一些城市也出现了骚

---

① 参见 Eric Dorn Brose, *German History 1789—1871: From the Holy Roman Empire to the Bismarckian Reich*, New York and Oxford: Berghahn, 2013, p.190;[德]弗里德里希·梅尼克:《世界主义与民族国家》,孟钟捷译,上海三联书店2007年版,第264—265页。

② Dan S. White, "Regionalism and Particularism", in Roger Chickering, ed., *Imperial Germany: A Historiographical Companion*, Westport, Connecticut: Greenwood, 1996, p.135; Heinrich August Winkler, *Germany: The Long Road West*, Vol. 1: *1789—1933*, trans. by Alexander J. Sager, Oxford: Oxford University Press, 2006, p.75; Nikolaus Buschmann, "Between the Federative Nation and the National State: Public Perceptions of the Foundation of the German Empire in Southern Germany and Austria", in Laurence Cole, ed., *Different Paths to the Nation: Regional and National Identities in Central Europe and Italy, 1830—70*, Basingstoke: Palgrave MacMillan, 2007, pp.157—162.

乱。1832年5月,在巴拉丁内特的汉巴赫城堡,官方组织纪念巴伐利亚宪法,来自西南诸邦的参与者却将之转化为要求建立自由民主共和国和实现民族统一的盛大示威。这是1848年革命爆发前德意志规模最大的一次政治集会,与会者达两三万人,他们身披象征政治民族主义的黑红金三色旗,佩戴声援1830年波兰民族起义的白鹰徽章,聆听洋溢着爱国主义的演讲。这次集会暴露了自由派和民主派的区别,罗特克和普菲泽等温和自由派反对汉巴赫集会演说中的民主倾向。各邦政府更是惊恐万分,在梅特涅的推动下,邦联议会实施了更为严厉的镇压和监控措施,包括大幅度限制各邦议会的权力。在整个南德,曾经以自己比普奥更为自由而感到自豪的邦国首脑们,虽激烈反对将邦联法律置于邦国法律之上,但面对议会下院要求改革的无休止压力,早已颇感不耐。1830年革命后,南德三邦当局顺势渐趋反动。以巴登为例,政府以履行对邦联的义务为由拒绝了自由派和激进派在议会中的大多数要求,后者开始认识到邦联变成了最大的障碍。1843年,加格恩在给其兄弟的信中写道:"在(德意志)南部的每一个地方,他们现在都得出这样的结论:在邦联宪法的限制下,在没有新闻自由的情况下,在没有任何可促进自由之条件的进一步发展的情况下,仅有形式上的代表……并不构成自由。在巴登,他们抵制的时间最长,并试图通过宪法找到自由。……反对派人获全胜,因为他们获得了多数,但没有取得丝毫的实际成功,……好像被打败了一样……少数人的信念现在变成了大多数人的看法:……统一……分立主义不再有任何依据。"[1]宪政政府的理想开始同统一联系在一起。

　　二是对外来侵略的恐惧。在自由民族运动的发展中,1840年莱茵危机是一个关键转折点。1840年,法国对莱茵河左岸提出领土要求,导致德意志民族情绪的大爆发。诗人和日耳曼学家法勒斯列本(Hoffmann von Fallersleben)创作了《德意志兰之歌》,以"德意志兰,德意志兰,您高于一切!"的开头和争取统一的立场,和阿恩特的《莱茵,德意志的河流,但不是德意志的边境》一起,在危机期间的德意志各地被不断传唱。和反拿破仑战争时期南北反法情绪存在巨大差别不同,莱茵危机期间南北方同仇敌忾。面对邦联的软弱反应,德意志各地还出现了自发的大众性抗议。这让越来越多的自由派开始重新思考统一和自由的关系。他们认识到,为建立一个自由的

　　① Eric Dorn Brose, *German History 1789—1871: From the Holy Roman Empire to the Bismarckian Reich*, New York and Oxford: Berghahn, 2013, pp.196—197; Sabine Freitag, "National Union or Cosmopolitan Unity? Republican Discourse and the Instrumental Approach towards the German Question", in Axel Körner, ed., *1848: A European Revolution? International Ideas and National Memories of 1848*, Basingstoke: MacMillan, 2000, p.114.

民族,必须先要有一个民族,而仅靠宪法的斗争永远带不来这样的民族。加格恩和普菲泽都赞成普鲁士领导下的小德意志民族国家。普菲泽还建议德国统一后,奥地利与德国建立"联邦性质的、得到国际承认的"紧密关系,并专注于扩展德意志文化在多瑙河地区的影响。不过,小德意志解决方案在此时的自由派仍然不算主流,在联邦式民族观念影响更大的南部天主教地区,绝大多数人更是无法接受一个将奥地利排除在外的小德意志国家。迟至1862年,南德自由派的另一位代表莫尔虽然坚定认可现代民族国家观念,但他考虑到中欧政治与族裔分布状况的复杂性以及旧帝国的联邦传统,依然不认为现代民族国家就是德国未来唯一的国家形式:"(现实当中)更多的情况是,不同的民族可以共存于一个国家中;同一民族也可以分散在不同的国家。"[1]

在莱茵危机和丹麦对石勒苏益格公国的威胁(1844—1846年)的连续刺激下,自由民族运动已不再仅仅局限于一小撮资产阶级名流的集会,表面非政治性的社团重新活跃起来,构成了民族运动的大众基础。体操运动死灰复燃,吸引了许多在工业化冲击下艰难度日的工匠和学徒。到1847年全德已有250个"非政治性"的体操俱乐部,拥有8.5万成员;当年在海德堡举行的盛大体操节表明,体操运动已成为跨地区现象。从瑞士德语区和德意志西南部扩散到全德的歌唱俱乐部成员更多。歌唱俱乐部一般选择被视为德意志民族象征的森林为主要活动场地,由50个或100个小镇市民组成的男声合唱团歌唱各种爱国歌曲。这些组织带有平等主义意味,正如当时一句非常流行的表达:"在歌声的力量面前,社会等级的可笑壁垒低下了头。"1848年,几千名爱国者聚集多特蒙德附近,纪念赫尔曼纪念碑奠基。整个19世纪40年代,受益于新修的铁路和得到改善的公路,参与类似庆祝和纪念活动——如纪念席勒(斯图加特)、莫扎特(萨尔茨堡)、巴赫(莱比锡)、歌德(法兰克福)的活动——的民众数量众多,让保守派深感惊恐。[2]

对许多参与者来说,1848年3月开始席卷全德的革命开局如同梦幻。西南德意志开始的农民暴力抗议很快导致大众性暴力席卷全邦联,维也纳

---

① James M. Brophy, "The Rhine Crisis of 1840 and German Nationalism: Chauvinism, Skepticism, and Regional Reception", *Journal of Modern History*, 85/1(March 2013), pp. 1—35; Heinrich August Winkler, *Germany: The Long Road West*, Vol. 1: 1789—1933, trans. by Alexander J. Sager, Oxford: Oxford University Press, 2006, pp. 79—80.

② Jürgen Heideking, "Festive Culture and National Identity in America and Germany, 1760—1860", in Jürgen Heideking and James A. Henretta, eds., *Republicanism and Liberalism in America and the German States, 1750—1850*, Cambridge: Cambridge University Press, 2002, pp. 228—229.

和柏林爆发了革命起义,惊慌失措的各邦统治者不得不任命自由反对派建立所谓的"三月内阁"。在各邦"三月内阁"的主持和各地自由派名流的积极参与下,5月18日,德意志第一次民主选举中产生的民族议会代表齐聚法兰克福的保罗教堂,为拟建立的德国立宪。因丹麦于3月吞并了石勒苏益格,原邦联议会授权各邦维护德意志。4月23日,普鲁士和几个北德小邦组建联军前往,赢得全德舆论的喝彩。联军很快将丹麦军队驱逐出去,并向北推进到丹麦境内的日德兰半岛,一时之间,议会内外的民族主义者都陶醉于德意志强大的武力之中。议会开始后的一个多月间,温和自由派和民主派在民族权威的性质问题上的无休止辩论——占据多数的温和派期望与君主达成妥协实施改革,以避免革命的激进化;民主派则主张人民主权,以平等选举权为基础建立民主共和国,组建公民武装——固然美中不足,但6月加格恩的提议——以哈布斯堡家族的约翰大公为帝国摄政——打破了僵局。7月,帝国摄政开始建立独立于议会的内阁,德意志终于有了一个全民族的中央执行机构,即便只是临时的。

在民族议会的585名议员中,四分之三的代表为持温和自由立场的文化资产阶级,还有十分之一的经济资产阶级代表在一些问题上追随文化资产阶级。最初几个月,多数议员怀抱大德意志的帝国梦,坚持认为新德国应包括邦联的全部领土以及东西普鲁士、波森省的大部分。他们相信,由于其自由主义宪法和可以预期的繁荣,新德国将吸引那些居住在边界之外的德意志人,比如阿尔萨斯、荷兰、瑞士的德语区、俄罗斯的波罗的海省份。此外,大德意志帝国还要建立一支强大的海军以便获得遍布世界的殖民地。[①]

代表们的提议和辩论经由各种媒体的报道与传播,不仅在邦联各地激荡起回响和争论,还吸引了全欧洲的注意。最终从各种畅想中浮现出来的是大小德意志方案之争。小德意志方案的倡导者多为来自北德的新教资产阶级,属于温和自由派和温和保守派(相对少见),对普鲁士信心十足。"大德意志派"背景多样,主要包括天主教徒和民主派。对前者来说,一个由普鲁士支配、新教徒占多数的小德意志民族国家令他们不寒而栗;后者则坚持奥地利属于德意志民族的一分子,而基于人民主权原则,奥地利理当是新德国的组成部分。10月27日,两派经过激烈辩论,绝大多数代表依然支持新

---

① Eric Dorn Brose, *German History 1789—1871: From the Holy Roman Empire to the Bismarckian Reich*, New York and Oxford: Berghahn, 2013, pp.243—254; Frank Lorenz Müller, "Imperialist Ambitions in *Vormärz* and Revolutionary Germany: The Agitation for German Settlement Colonies Overseas, 1840—1849", *German History*, 17/3(July 1999), pp.346—368.

德国必须包括奥地利,但法兰克福议会通过的大德意志方案意味着哈布斯堡君主国被分割为德意志部分和非德意志部分。一个月后,在先后成功镇压布拉格革命、意大利民族运动和维也纳革命后,奥地利表示拒绝,以德意志同哈布斯堡君主国联合的提议作为应对。大多数民族主义者坚信文化凝聚力是力量源泉,他们无法接受一个屹立于中欧的、超过 7 000 万居民且多民族的庞大实体。一位代表将之称为"中央帝国"和"政治怪兽":"我们不接受这个中央帝国,欧洲也不会允许。"来自莱茵兰的一位代表在辩论中说:"无论是否可行,你不能叫它德意志国家。"①1849 年 3 月底,民族议会再次经过漫长辩论以微弱多数表决通过了小德意志方案,并选举普王为新德国的皇帝。4 月 3 日,腓特烈·威廉四世接见了法兰克福议会派出的代表团,声称接受皇冠的前提是德意志各邦的合法君主达成一致。

普王虽然拒绝他从心底里蔑视的革命者提供的皇冠,但也看到了普鲁士统一德意志的可能。4 月下旬,在维也纳依然分心于镇压匈牙利革命、哈布斯堡君主国前途未卜之时,普王授意其密友拉多维茨(Joseph Maria von Radowitz)提出一项统一计划,普鲁士将和奥地利之外的德意志邦国建立紧密联合,然后再同奥地利建立松散的联系。随后,普鲁士同德意志各邦政府开始谈判。民族统一大业一时之间大有希望。巴伐利亚和符腾堡不同意,26 个邦国表示同意,但随着奥地利在 8 月依靠沙俄 10 万大军彻底扑灭匈牙利革命,萨克森、汉诺威和巴登表示反悔。到 1850 年上半年,维也纳坚持必须恢复德意志邦联。当年 9 月,普奥之间的对峙到了爆发德意志内战的地步。维也纳得到了俄国的坚决支持,柏林最终选择屈服,签署了《奥尔米茨协议》。很多革命参与者的美梦至此彻底破碎。

参与民族议会为新德国立宪的经历和随后的失败让很多自由民族主义者开始反思。他们首先认识到,必须按照欧洲秩序的现存框架去解决德意志问题,将民族国家的边界局限于由德意志人居住的没有争议的领土。一个强大的德意志在 1848 年一如在 1815 年,完全不符合其邻国的利益,也必然会遭到其他欧洲大国的反对。法国的自由主义政权和路易十四一样,对维持德意志的政治分裂更有兴趣。1848 年 8 月,与丹麦交战中胜利的普鲁士最终被迫在英国的压力下签署了《马尔默停战协议》。俄国帮助奥地利镇压匈牙利革命和在拉多维茨计划上站在维也纳一边,同样清楚表明了圣彼得堡的立场。

---

① Heinrich August Winkler, *Germany: The Long Road West*, Vol. 1: 1789—1933, trans. by Alexander J. Sager, Oxford: Oxford University Press, 2006, pp. 105—108.

相比在欧洲中部建立一个大德意志帝国，小德意志方案显然更为现实。

他们还认识到，对德意志问题的任何解决都绕不过诸邦及其统治者。这一方面是指适应联邦主义的历史传统，尊重各邦的邦国爱国主义。革命期间，德意志的土地上出现了两个"民族议会"，一个在法兰克福，另一个是在柏林的普鲁士民族议会。柏林民族议会的存在显示了以普鲁士国家为焦点的政治民族观念的持久影响。参加柏林民族议会的保守派和自由派都公开宣誓忠于普鲁士国家的历史和传统："波美拉尼亚人、普鲁士人、库尔马克和阿特马克的居民、马格德堡人，多数西里西亚人、威斯特伐利亚人以及莱茵省居民只想做普鲁士公民。"这一幕经公开报道广为人知，更何况许多法兰克福民族议会的参与者也感同身受，他们追求德意志的统一，但不见得就愿意放弃作为普鲁士人、巴伐利亚人或符腾堡人的身份认同。法兰克福议会最终通过的宪法因此并未追求消灭现存的 39 个邦国，而是要使这些邦国服从于一个联邦政府，同时促进所有邦国的自由化。[1]

此外，统一计划的失败让大多数小德意志派认识到，没有国家权威及其背后军事力量的支持，民族观念本身的力量是有限的。德罗伊森在 1851 年指出，"现实开始胜过梦想了，利益胜过空想。德意志统一不是通过'自由'或全国决议实现的，其不过是　国的权力压倒别国的权力"。1853 年，温和自由派政论作家罗豪（Ludwig August von Rochau）创造出"现实政治"（Realpolitik）一词，表达自由主义的自我批评。民主派在 1848 年 4 月和 9 月两次寻求以武力建立德意志共和国，又于 1849 年春夏在萨克森、巴登、巴拉丁内特和普鲁士的莱茵河两岸鼓动大众起义，一部分自由派可能会意识到他们在革命之初的得势仰赖于迅速席卷全邦联的大众暴力，但他们不能接受暴力革命。他们既需要诸侯们的军队镇压他们眼中的"暴民"骚乱，更需要普鲁士的军队实现统一。[2]但统一需要时机，时机到来之前，不妨先努力争取邦国内部的自由化，革命后除奥地利之外的其他诸邦均颁布宪法建立代表机构也为此提供了平台。

经过近 10 年的"反动时期"，时机在 50 年代末似乎到来。1858 年秋，

① Andreas Schulz, "Experiencing Parliamentarism: The German National Assembly of 1848", in R. Aerts et al., eds., *The Ideal of Parliament in Europe since 1800*, Basingstoke: Palgrave MacMillan, 2019, pp.107—108.

② Heinrich August Winkler, *Germany: The Long Road West, Vol.1: 1789—1933*, trans. by Alexander J.Sager, Oxford: Oxford University Press, 2006, p.123; David E. Barclay, "Revolution and Counter-Revolution in Prussia, 1840—1850", in Philip G. Dwyer, ed., *Modern Prussian History 1830—1947*, Harlow: Pearson, 2001, pp.83—84.

因腓特烈·威廉四世疯了，其弟威廉亲王先是作为摄政，然后自 1861 年起正式登基执掌普鲁士大权。新摄政担任莱茵兰总督时期，就与一些小德意志自由派相熟。上任伊始，更是以其言行提高了自由民族派的期望。摄政威廉承诺将开启普鲁士的新时期，在"道德上征服"德意志，还以少数温和自由派取代部分反动的大臣。

1859 年 4 月，在普鲁士新掌权者引发民族统一希望之际，加富尔领导下的皮埃蒙特在拿破仑三世的支持下与奥地利开战。到 1861 年，皮埃蒙特已统一了意大利大部分地区。意大利统一战争在德意志释放出 1848 年革命以来最大的爱国热潮。这不仅因为邦联的核心成员卷入了同宿敌法国的战争，更是因为期望在德意志重演意大利的成功一幕。南德的公众舆论一边倒地支持哈布斯堡君主国，但同情意大利民族运动统一抱负的北德自由派远比南德自由派更难采取一种清晰的立场。对头号大敌法国的传统敌意再度被点燃，这要算唯一能弥合南北方差异的因素了。英国驻慕尼黑使节在 1860 年 2 月报告："几乎整个南德的新闻界每天都以最令人恼火和最恶毒的语言抨击路易·拿破仑皇帝，特别是因为现在普遍归咎于他的设计，即……把法国边界和莱茵河之间的所有国家纳入他的帝国。"在沸腾的公众舆论中，无数的活动家和记者通过成千上万的传单、小册子和报纸文章，呼吁立刻建立一个拥有真正有效军事力量的德意志民族国家。1859 年 9 月，来自北德诸邦的几百名资产阶级名流在汉诺威贵族本尼希森的推动下建立了德意志民族联合会。在声明中强调，为了回应"欧洲和德意志此刻所处的危险状况"，急需"一个稳定、强大和永久的德意志中央政府"。而鉴于奥地利的失败和反动记录，德意志需要普鲁士的政治和军事领导，只要普鲁士的政策"与德意志的需求和任务相一致，只要其活动趋向于为德意志引入一部强大和自由的共同宪法"[1]。

大德意志派同样对 1859 年危机作出了回应。弗洛贝尔认为，意大利战争凸显了邦联改革的必要性，但要解决德意志问题，必须考虑他所谓的"德意志国家体系的三个自然因素：奥地利、普鲁士和所有中小邦国"。对弗洛贝尔和几代德意志联邦主义者来说，第三德意志是抗衡普奥代表的官僚中

① Frank Lorenz Müller, "The Spectre of a People in Arms: The Prussian Government and the Militarisation of German Nationalism, 1859—1864", *The English Historical Review*, 122 (February 2007), pp.84—85; Theodore S. Hamerow, *The Social Foundations of German Unification 1858—1871, Vol. 1: Ideas and Institutions*, Princeton, NJ: Princeton University Press, 1969, pp.315—316; Eric Dorn Brose, *German History 1789—1871: From the Holy Roman Empire to the Bismarckian Reich*, New York and Oxford: Berghahn, 2013, p.273.

央集权的基本因素。因此，第三德意志有必要形成一种单独的联合，并与普奥一起平等地参与对德意志的三方共治。弗洛贝尔代表了大德意志派中的民主联邦一脉。其他人则是出于不同的原因反对普鲁士、支持奥地利，除了奥地利爱国者之外，还包括担心新教霸权的天主教徒，像符腾堡外交大臣万布勒（Karl von Varnbüler）这样更关心捍卫邦国独立与完整的分立主义者、反对普鲁士威权主义的自由派。大德意志派太过分裂，以至于直到1862年才建立起与民族联合会相抗衡的组织——德意志改革联合会（Deutscher Reformverein）。[①]

　　与大德意志派相比，小德意志派有诸多优势。民族联合会的组织更为严密，建立了权力集中的执委会作为其成员在全德行动的唯一指挥中心。联合会是一个付费会员组织，会员每年至少需支付1塔勒会费，成员最高峰时——1862—1863年——达2.5万人（改革联合会最高峰时只有1 500人），这和来自诸多富有成员的额外捐助一起为联合会的活动提供了充沛的财力。当然，这也显示了自由派意欲借此排斥中下阶层。与此同时，联合会通过委派其成员进入工人教育协会、体操协会和射击协会的领导层，力求维持对这些大众性组织的某种控制。民族联合会的行动目标和战略异常清晰与一贯。自由派一向相信公众舆论的威力，不过他们深知公众舆论不仅是需要被反映的，更是需要被创造的。联合会成员米奎尔说，联合会"不拥有真正的权力，它只寻求在知识层面上教育整个民族，把希望寄托于未来"。联合会因此特别看重宣传和教育，不仅了建立了联合会的主要喉舌《周报》——德意志组织史上的第一例，资助出版很多政治小册子和报纸，建立了专门影响国际新闻媒体的新闻官；还意在影响长期舆论，尤其是致力于确立对德意志历史的自由主义和新教的解读，联合会为此专门建立了一座德意志历史公共图书馆。19世纪后期民族自由派政治和历史科学之间的紧密关联正是在这一时期奠定的。为了推动小德意志方案的实现，民族联合会在其存续期间，通过与占据普鲁士议会下院多数的自由派的合作与协调，采取了通过煽动舆论制造外交政策危机或激化危机的"好战战略"。[②]

————————

　　① James J. Sheehan, *German History 1700—1866*, Oxford: Clarendon Press, 1989, p.867.

　　② Michael Jone, "Liberalism and Society in Germany, 1850—1880", *The English Historical Review*, 102(July 1987), pp.586—587; Andreas Biefang, "The German National Association 1859—1867: Rise and Fall of a Proto-Party", in Henk te Velde and Maartje Janse, eds., *Organizing Democracy: Reflections on the Rise of Political Organizations in the Nineteenth Century*, Basingstoke: Palgrave MacMillan, 2017, pp.165—184.

　　但民族联合会也面临两大严重障碍。第一,就全德来说,草根层面的民族情绪对小德意志方案并不买账。19 世纪 50 年代末,大众性的结社与公共庆祝活动再度活跃,构成了民族运动的群众基础。除体操协会和合唱团外,发展迅速的射击协会(Schützenvereine)成为第三大组织。得益于越发便利的交通,包括这三大组织在内的诸多社团不仅成员人数剧增(如体操协会到 1865 年已拥有成员 16.7 万),建立了全德范围的组织,还开始组织大规模的庆祝活动。1862 年,刚刚成立的德意志射手联盟在法兰克福举办了第一次全德射击节,吸引了超过 8 000 名步枪手。2 万人参加了 1863 年在莱比锡举办的全德体操节,1.6 万人参加了 1865 年在德累斯顿举办的全德歌唱节,如果再加上举办地及其周边地区的活动参与者,每次活动的实际参与者都超过 10 万人。中产阶级下层和工人构成了这些大众性组织与活动的主力,与把持自由民族运动的多数资产阶级名流相比,他们曾是 1848 年革命时期的民主派。这些平民民族主义者将瑞士和美国视为样板,要求民族统一和公民权利,但多支持大德意志方案,反对普鲁士的霸权。当然,支持大德意志方案并不意味着支持奥地利哈布斯堡。对平民民族主义者最有吸引力的是建立一个包括奥地利但是以第三德意志为政治中心——可能以法兰克福为首都——的德意志民族国家。①

　　第二,被小德意志派寄予厚望的普鲁士既不愿意进一步自由化,也不想按照自由派设定的步调和方式承担起统一德意志的任务。1860—1866 年间,自由派占多数的议会下院同王室因军队改革计划的冲突更是演变为宪法危机。

　　依照 1850 年 1 月最后修改通过的普鲁士宪法,议会下院根据有利于有产者的三级选举制产生。王室和贵族仍然统治着普鲁士,但他们统治下的普鲁士和以前已有天壤之别。19 世纪 50 年代,得益于铁路、冶金业和日益丰富的资本,普鲁士经济经历了近代史上的第一次繁荣:工业的发展速度前所未有,这十年还见证了近代资本主义企业的决定性突破。人数日增且越发富有的资产阶级发现自己在选举中已经可以压倒保守派。到 1860 年普鲁士国防大臣罗恩伯爵(Albrecht Graf von Roon)提出军队改革方案时,自由派已经在议会下院占据了多数。

① Dieter Düding, "The Nineteenth-Century German Nationalist Movement as a Movement of Societies", in Hagen Schulze, ed., *Nation-Building in Central Europe*, Oxford: Berg, 1987, pp. 44—48; Eric Dorn Brose, *German History 1789—1871: From the Holy Roman Empire to the Bismarckian Reich*, New York and Oxford: Berghahn, 2013, pp. 273—274; George L. Mosse, *The Nationalization of the Masses: Political Symbolism and Mass Movements in Germany from the Napoleonic Wars through the Third Reich*, New York: Howard Fertig, 1975, p. 87.

自从拿破仑战争时期的军队改革以来,普鲁士军队和军事预算在多年中没有太大变化。意大利战争期间,为应对法国对莱茵兰的可能攻击,普鲁士军队进行了动员,但动员的情况异常混乱和糟糕。威廉亲王希望加强普军的战斗力,授权罗恩进行改革。罗恩提出的改革方案引入三项措施:增加每年的征兵人数,将和平时期的军队规模从15万增加到22万;将服役期从2年增加到3年;将后备军整合进王室常备军。自由派愿意支持军事改革,毕竟小德意志方案的实施需要普鲁士的军事实力,但许多人坚决反对罗恩的方案,尤其是延长服役期和取消后备军。延长服役期不仅涉及费用,更让自由派怀疑王室此举是为了向士兵灌输保守主义观念。取消后备军更令自由派无法接受,对他们来说,始于普鲁士军事改革时期的后备军意味着人民对反拿破仑"自由之战"的参与,从而承载了公民战士的观念和人民军队的愿景。1861年6月,部分激进自由派组建德意志进步党(Deutsche Fortschrittspartei),并以"议会的军队还是国王的军队"去界定斗争涉及的利害,成功争取到许多自由派的支持。威廉一世的理解与进步党不谋而合,他在一份备忘录中这样去宣泄对反对派的愤怒:"进步党、民主派和极端自由派已经宣布与君主及其常备军决一死战,他们为此将采取任何手段。"反对派"会建立他们自己的军官团,而那是为革命做准备的"。为避免这种情形出现,威廉一世分别在1861年底和1862年5月两次解散议会,希望保守派能在重新选举中得势。但事与愿违,第二次选举后,自由派议员已占绝对多数,对峙陷入僵局。到1862年9月,不愿屈服但也不想废除宪法(一些保守的军方领袖不断劝说国王与宪法体系决裂)的威廉一世越发焦虑和绝望,有意将王位传于同自由派关系密切的王储腓特烈·威廉。最后在罗恩的劝说下才打消念头,任命罗恩举荐的俾斯麦出任首相。9月30日,新任首相在下院预算委员会上发表了著名的"铁血演说":"德意志所指望的不是普鲁士的自由主义,而是它的强权;巴伐利亚、符滕堡、巴登愿意尊重自由主义,它们却无法承担普鲁士的角色。普鲁士必须积聚自己的力量以等待有利的时机,这样的机会我们已经错过多次了;当代的重大问题不是通过演说和多数人的决议能够解决的——这正是1848年和1849年的错误——而是要通过铁和血。"[1]

众所周知,之后不到10年,普鲁士通过三场战争实现了德意志的统一,

---

[1]　参见［英］克里斯托弗·克拉克:《钢铁帝国:普鲁士的兴衰》,王从琪译,中信出版集团2018年版,第501—506页;Dieter Langewiesche, *Liberalism in Germany*, trans. by Chrittiane Banerji, Basingstoke: MacMillan, 2000, p. 91; Frank Lorenz Müller, *Britain and the German Question: Perceptions of Nationalism and Political Reform 1830—1863*, Basingstoke: Palgrave, 2002, pp. 191—192。

历史似乎证明俾斯麦是对的。毫无疑问,第二帝国不是由演说和多数决定创造的。但德意志的统一不仅仅是俾斯麦和普鲁士军队的成就,民族运动的贡献同样巨大。依其本意,俾斯麦更愿意看到一个更大的普鲁士。

俾斯麦出身老普鲁士地区的容克世家。容克当然并非单一和不变的实体,19世纪前半期,普鲁士贵族遇到了最严峻的挑战。普军惨败于拿破仑之手让向来以在军中服役自豪且占据高位的容克蒙羞,随后的改革废除了农奴制和容克的许多传统特权。允许非贵族购买土地导致部分经营不善的容克被淘汰,开启了大庄园所有权的巨变。1800—1805年间,只有六分之一的容克出售其地产;到1830—1835年间,普鲁士贵族庄园平均换手2次。换言之,进入19世纪以后,易北河以东已经有了越来越多的非贵族庄园主,但在普鲁士东部占据支配地位的是那些自殖民时期以来就长期定居且内部相互通婚的容克家族。和其他德意志贵族一样,这些自认真正属于"蓝血"的容克家族开始通过全新的自我界定,去应对威胁其地位和特权的各种变化,包括传统等级制度逐渐被废除、工商业资产阶级的兴起、追求中央集权的国家官僚机器。他们自诩为"血统贵族",以示自身与"受封贵族"或"职位贵族"的区别。他们当然忠于君主制,在他们眼中,等级秩序、君主统治、贵族为君主和普鲁士国家服务因而拥有特权全都出自神意。但出于利益、身份认同和骄傲,绝大多数容克反对绝对主义,无论是君主专制还是他们最痛恨的官僚绝对主义。普鲁士改革期间,著名的普鲁士保守派贵族、俾斯麦的提携者格拉赫(Leopold von Gerlach)愤怒地将锐意改革的中央官僚机构斥为"像害虫一样吞噬一切的行政独裁"。1845年,普鲁士8个省等级会议中的5个通过决议要求立宪。当然,和资产阶级自由派不同,多数容克希望借此恢复丧失了的等级特权。[①]他们将旧秩序时期的等级代表会议称为宪制政府,并视之为保护自身利益和权位不受官僚制国家侵犯的重要保障。

容克有强烈的普鲁士认同感。俾斯麦坚决反对小德意志方案,主要原因之一就在于德意志的统一将意味着普鲁士的解体,霍亨索伦家族戴上皇冠并不足以弥补这一点。他在1849年9月大声疾呼,普鲁士才是德意志力

① James J. Sheehan, *German History 1700—1866*, Oxford: Clarendon Press, 1989, p.481; Christopher Clark, "Germany 1815—1848: Restoration or Pre-March?", in John Breuilly, ed., *Nineteenth-Century Germany: Politics, Culture and Society 1780—1918*, London: Arnold, 2001, p.49; Daniel Moran, "Arms and the Concert: The Nation in Arms and the Dilemmas of German Liberalism", in Daniel Moran and Arthur Waldron, eds., *The People in Arms: Military Myth and National Mobilization since the French Revolution*, Cambridge: Cambridge University Press, 2003, p.63.

量的真正支柱,革命期间在外来威胁中拯救德意志的正是普鲁士:"保住我们的是构成真正普鲁士的东西……即普鲁士的军队、普鲁士的国库、多年来普鲁士明智的行政管理的成果,以及普鲁士国王和人民之间充满活力的合作精神,这是普鲁士人民对其世袭王朝的忠诚,这是普鲁士的古老美德,即荣誉、忠诚、服从和勇敢,从军队的核心军官团一直到最年轻的新兵都有这些美德。这支军队……对普鲁士这个名字感到满意,对普鲁士这个名字感到自豪。……我们是普鲁士人,我们仍然希望做普鲁士人。"当一位反对者斥之为"伟大德意志祖国的迷失之子"时,他反唇相讥:"普鲁士才是我的祖国。"当然,在19世纪50年代,俾斯麦就像那些变得"现实"的自由派一样,也开始逐渐意识到要适应新的现实,以致与格拉赫渐行渐远。到50年代末他和一些自由派领导人有了联系,并表现出对德意志统一的兴趣。但终其一生,俾斯麦都是那种最典型的普鲁士保守派,即将普鲁士视为最高价值的那些人。俾斯麦曾宣称:"即便国王也无权以对外国人的爱或恨支配祖国的利益。"他在1860年告诉一位同事:我会忠于"一位其政策对我没有吸引力的国王;但只是我的国王。……我只根据对普鲁士目标的有用程度来看待政策。在我看来,普鲁士君主的责任仅限于上帝所划定的普鲁士帝国的边界内"。俾斯麦和许多老牌谷兑一样认为,他们和普鲁士国家是一体的,正是他们的奉献与牺牲才缔造了普鲁士的强大。俾斯麦在1849年的一次演讲中说,"实行贵族世袭统治的国家尤其容易延续繁荣和权力","普鲁士的自由之根浸透了贵族的鲜血"①。对于俾斯麦这样的普鲁士主义者来说,通过普鲁士军队的牺牲与战斗、动用普鲁士国家的资源实现的德意志统一,有何理由不建立一个更大的普鲁士呢? 或者干脆像俾斯麦曾经设想过的建立一个脱离德意志、单独的普鲁士民族国家。

但民族运动——不管是大小德意志派,致力于促进文化认同的知识分子们,还是积极参与各种民族集会的平民民族主义者——所塑造的那种公众舆论,通过无数的社团、庆祝活动、报纸、选举和议会辩论广泛传播的舆论,确保了日后统一的只能是德意志的民族国家。换言之,民族主义解决了第二帝国的身份认同问题。1859年意大利战争爆发后,追求民族统一的舆

---

① Otto Pflanze, *Bismarck and the Development of Germany, Vol. 1: The Period of Unification, 1815—1871*, Princeton, NJ: Princeton University Press, 1990, pp.68—69, p.77; Lothar Gall, *Bismarck: The White Revolutionary, Vol. 1: 1851—1871*, London: Allen and Unwin, 1986, p.30;[德]克里斯托弗·诺恩:《俾斯麦:一个普鲁士人和他的世纪》,陈晓莉译,社会科学文献出版社2018年版,第36—37、44页。

论力量已经强大到各邦政府都必须认真对待并相应调整自己政治立场的地步。1861 年 7 月,一位狂热的德意志民族主义者向普王威廉一世开枪射击,因为他认为后者为"德意志的统一做得不够"。当普鲁士内外一些反动的大臣们提议利用该事件镇压民族联合会时,威廉一世表示拒绝,并回答说:"更明智的路线是满足德意志人民的正当要求。"更能说明民族主义影响的是,德意志诸邦竞相提出各种统一计划或邦联改革计划。1859 年 11 月,在意大利战争爆发后那种白热化的民族情绪下,来自巴伐利亚、萨克森、符腾堡以及其他诸多小邦的代表开会讨论采用邦联的法律统一和建立德意志最高法院等问题。过去,极为珍视自身独立的中等邦国统治者一向视此类举动为洪水猛兽,但此时正如巴伐利亚国王所说,必须成为"形势的主人"。1861 年 10 月,萨克森首相博伊斯特(Count Friedrich Ferdinand von Beust)向前迈进了一大步,起草了将邦联转化为联邦制民族国家的计划。次年 3 月,奥地利借博伊斯特计划,表现出公开支持民族主义事业的姿态,同时切实支持邦联的法律改革。黑红金旗帜出现在维也纳,关于哈布斯堡德意志使命的文章出现在报纸上,维也纳的宣传在诸邦均产生回响,包括北德地区。普鲁士不愿接受博伊斯特计划,一方面以翻版的拉多维茨计划回应,但只得到巴登的支持。另一方面,以奥地利无法企及的经济优势反击,要求关税联盟国家签约进一步降低关税。坚持维持高关税的奥地利无法跟进,到 1865 年关税联盟国家接受普鲁士提议时,一位奥地利大臣评论说这将意味着"奥地利与德意志其他地区的经济割裂成为持久的既成事实"。普奥之间的争夺进入白热化,直至 1866 年以战争手段解决。俾斯麦自己也对公众舆论的力量心知肚明:"尽管各地议会的决定、报纸和步枪手集会不能促成德意志的统一,但自由主义对王侯们施加了如此大的压力,使他们更倾向于做出有利于帝国的妥协。"没有民族运动将民族统一塑造为解决德意志问题的唯一合法方式,就不会出现一个德意志帝国,而只会出现一个大普鲁士。正如布鲁伊利所指出的,德意志民族主义并非民族统一的引擎,而是一种使得其他解决方案日益变得不可能的意识形态。①

---

① Otto Pflanze, *Bismarck and the Development of Germany, Vol. 1: The Period of Unification, 1815—1871*, Princeton, NJ: Princeton University Press, 1990, pp. 151—152; Eric Dorn Brose, *German History 1789—1871: From the Holy Roman Empire to the Bismarckian Reich*, New York and Oxford: Berghahn, 2013, pp. 275—276; Hagen Schluze, "The Revolution of the European Order and the Rise of German Nationalism", in idem., ed., *Nation-Building in Central Europe*, Oxford: Berg, 1987, pp. 17—18; John Breuilly, *The Formation of the First German Nation-State, 1800—1871*, Basingstoke: Palgrave, 1996, p. 109.

三、民族国家的时代

1. 整合问题和"德国人"的制造

1871 年 1 月 18 日,德意志帝国在凡尔赛宫镜厅宣告成立。作为帝国成立仪式的见证者,普鲁士画家沃纳(Anton von Werner)在日后创作了一幅著名的油画展示当时的场景。画面中,新皇威廉一世由德意志的王侯们簇拥着,唯独巴伐利亚国王路德维希二世缺席。曾任巴伐利亚首相的普福尔滕(Baron von der Pfordten)在日记中写道:"78 年前,法国人杀死了他们的王;今天,巴伐利亚的代表将他们的王和国家置于普鲁士的军事支配之下。巴伐利亚完了!"与路德维希二世和普福尔滕不同,历史学家海因里希·冯·西贝尔(Heinrich von Sybel)在给鲍姆加滕的信中表达了他难以抑制的狂喜:"蒙上帝的恩典,我们是如何获得见证如此伟大和重大事件之特权的? 我们以后将如何生活? 20 年的愿望和努力现在以如此荣耀的方式实现了! 我这个年龄的人该如何为自己的余生找到新的意义和目标呢?"①巴伐利亚统治精英和西贝尔的不同反应提醒我们,1871 年时还有很多德国人对帝国的成立并不那么欢欣鼓舞,对新帝国抱疑虑甚至持反对态度的大有人在。

西贝尔的态度代表了与俾斯麦达成和解的那部分自由派。1866 年对奥战争的胜利让俾斯麦"铁血演说"后采取的政策——拒绝向自由派低头、违宪统治——获得了合法性。几乎一夜之间,俾斯麦在民族运动主流的眼中就从最死硬的反动派变成了德意志的"加富尔"。进步党的创建者之一特维斯滕(Karl Twesten)在 1861 年曾说:"如果有一天,一位普鲁士大臣站出来说:'我会像加富尔伯爵那样移动界碑,违背国际法,撕毁条约'。先生们,我相信我们不会谴责他,我们会为他建造一座纪念碑。"他是俾斯麦违宪统治最激烈的批评者之一,却在战争胜利后和诸多自由派一起完全转变了立场:"当事关德意志祖国的完整时,一个德意志国家的内部冲突以及德意志

---

① T.C.W. Blanning, "The Bonapartes and Germany", in Peter Baehr and Melvin Richter, eds., *Dictatorship in History and Theory: Bonapartism, Caesarism, and Totalitarianism*, Cambridge: Cambridge University Press, 2004, p.53; Heinrich August Winkler, *Germany: The Long Road West, Vol.1: 1789—1933*, trans. by Alexander J.Sager, Oxford: Oxford University Press, 2006, p.191; Peter Paret, *Art as History Episodes: in the Culture and Politics of Nineteenth-Century Germany*, Princeton, NJ: Princeton University Press, 1988, pp.165—179.

国家之间的冲突都可以被放在一边。"1866 年秋，鲍姆加藤也发表了他对自由主义的自我批评，明确倡导与俾斯麦合作。俾斯麦适时作出回应。他向议会下院提交了《事后追认草案》(Indemnitätsvorlage)，承认 1862 年以来预算案没有得到批准的情况下其统治是非法的；作为承认的回报，理应得到豁免。俾斯麦此举相当于重新确立了议会的权威性以及现行宪法的地位，令许多保守派大失所望，导致了普鲁士保守主义阵营的分裂。与此同时，宪法危机中形成的自由主义阵线也最终瓦解。1866 年 9 月 3 日，135 名反对派议员中的 72 人在下院投票中通过了该草案，就此开始了与俾斯麦的合作。这也意味着自由主义运动与民族主义运动的分道扬镳：少数派继续留在进步党内，扮演反对派的角色；多数派议员则组织新的"民族自由党"(Nationalliberale Partei)，并在之后多年中与脱离保守派阵营的自由保守派一起构成了俾斯麦在议会中最重要的盟友。民族自由党人因此备受昔日并肩作战的左翼自由派的批判，指责其背叛自由主义的目标，因为他们放弃了同等重要的建立自由宪政国家——尤其是议会政府和法治——和德意志民族国家的双重目标，换言之就是出卖自由换取统一。民族自由党人则认为，左翼自由派太教条，指日可待的新民族国家可以为贯彻自由主义的目标提供更好的平台，即统一必将带来自由。有趣的是，由于很多老普鲁士自由派无法摆脱宪法危机期间的反感情绪，很多"新普鲁士人"——来自 1866 年对奥战争后被普鲁士兼并的汉诺威、黑森—卡塞尔、拿骚和法兰克福自由市等地——主宰了刚刚形成的民族自由党，包括汉诺威的本尼希森和米奎尔。①

过去许多历史学家认为，民族自由党选择同俾斯麦妥协和自由主义运动的分裂是德国资产阶级软弱的体现，意味着自由主义在 1848 年革命后的又一次重大失败。实际上，自由派有充分的理由选择与俾斯麦合作，许多人恐惧德意志的敌人尤其是法国和俄国将继续受益于政治上四分五裂的中欧。对普鲁士东部省份(西里西亚、西普鲁士和波森)波兰人的担忧同样重要。1848 年革命期间，德意志自由派建立德意志民族国家的要求引发了这些省份波兰人的叛乱。1863 年波兰反对沙俄的起义让普鲁士自由派尤其相信，通过统一保护德意志民族要比建立议会制政府更为紧迫。许多民族

---

① 参见 Theodore S. Hamerow, *The Social Foundations of German Unification 1858—1871, Vol.2: Struggles and Accomplishments*, Princeton, NJ: Princeton University Press, 1972, p.171; Siegfried Weichlein, "Nation State, Conflict Resolution, and Culture War, 1850—1878", in Helmut Walser Smith, ed., *The Oxford Handbook of Modern German History*, Oxford: Oxford University Press, 2011, p.292; [英]克里斯托弗·克拉克：《钢铁帝国：普鲁士的兴衰》，王从琪译，中信出版集团 2018 年版，第 530—532 页。

自由党人还对王储腓特烈·威廉寄予厚望。王储迎娶了维多利亚女王的长公主,在 1888 年威廉一世驾崩后继位,为腓特烈三世,但在位仅 99 天(1888年 3 月 9 日—6 月 15 日)就因病去世。王储夫妇二人一向同自由派过从甚密,许多英国政治家和驻德外交官视之为在普鲁士和德国走英式道路的关键。德国的自由派也普遍认为,王储即位后会把国内政策导入自由主义的轨道。即便在 1878 年俾斯麦改弦更张、放弃同民族自由党合作后,自由派对这位王位继承人依然信心满满,毕竟威廉一世和俾斯麦都已垂垂老矣。[①]

更为重要的是,自由派的投降只是故事的一面,另一面是新德国体现了当时自由主义纲领的许多核心要素。统一创造了一个拥有宪法、民选议会、国家元首和首相的民族国家,它边界明确,对"德意志在哪里"的问题给出了清楚的回答。1867—1878 年间民族自由党与俾斯麦合作所取得的立法成就,为德国打造了一整套新制度,这段时间因此也被称为"自由主义时期"。法治、自由流动、统一货币和度量衡、中央银行、联合的邮政体系、全德统一的自由主义产业法、废除所有的内部关税壁垒,为一个现代的资本主义经济搭建了完整的制度框架。这些对于自由派来说并非微不足道,而是可以用来打造一个真正自由国家的制度基础。正是在这个意义上,他们"并没有选择将统一置于自由之上,而是期望通过统一来扩展自由"。同时我们也不难理解,自由派为何会认为帝国是他们自己的创造,且将第二帝国视为德意志历史的高点。即便在联邦德国存在的第一个十年,自由派依然忠于 1871 年的民族国家。[②]

除了小德意志自由派之外,新德国的 4 100 万居民中,多数人对自己的新身份充满了困惑。对新德国,有些群体勉强接受,但还有些则颇为抗拒甚至敌视。

第二帝国境内有三大少数民族:丹麦人、波兰人以及阿尔萨斯—洛林讲法语的居民,他们是最为敌视新国家的群体,也程度不等地被官方和主流民

①　Philipp Ther, "Beyond the Nation: The Relational Basis of a Comparative History of Germany and Europe", *Central European History*, 36/1(March 2003), pp. 53—56; Shelley Baranowski, *Nazi Empire: German Colonialism and Imperialism from Bismarck to Hitler*, Cambridge: Cambridge University Press, 2011, pp. 10—12; Frank Lorenz Müller, *Our Fritz: Emperor Frederick III and The Political Culture of Imperial Germany*, Cambridge, MA: Harvard University Press, 2011; Larry L. Ping, "Gustav Freytag, the *Reichsgründung*, and the National Liberal Origins of the Sonderweg", *Central European History*, 45/4(December 2012), pp. 605—630.

②　David Blackbourn, *The Long Nineteenth Century: A History of Germany, 1780—1918*, Oxford: Oxford University Press, 1998, p. 258; Dieter Langewiesche, "The Nature of German Liberalism", in Gordon Martel, ed., *Modern Germany Reconsidered, 1870—1945*, London and New York: Routledge, 1992, p. 99, p. 112.

族主义视为实际或潜在的"帝国敌人"。其中,丹麦人较少,另两个群体人口都在百万以上。整个帝国时期,阿尔萨斯—洛林一直是帝国直属领地,这意味着 150 多万阿尔萨斯—洛林人并不享有与其他帝国居民的同等权利——比如建立自己的地方代议机构和地方自治,而是如殖民地一般由皇帝任命的总督管理。驻防的德国士兵常污辱性地将当地居民称为"无赖",1913 年驻扎在阿尔萨斯德法边境小城扎本的普鲁士军官侮辱和攻击当地居民,引发了举国关注的扎本事件。这促进了一种带有"原民族"色彩的地方认同的形成。1871 年时,波兰人占德国居民的 6%,在东部省份却占当地居民的80% 以上。波兰人一向是德意志展示优越感的对象,法兰克福民族议会期间就波兰问题进行辩论时,绝大多数代表完全放弃革命之初"欧洲各民族之春"的美好幻想(表决结果比例悬殊,342 票赞成,31 票反对),主张以战争解决民族利益冲突无可厚非。大多数代表还完全赞同民主派代表莫尔的看法,即只有"伟大"的人民才享有自决权,像波兰人这样被包括在未来德国的少数族群,和犹太人一样,必须被同化。倒是普鲁士官方最初对波兰人的态度相对宽松,但自 1863 年波兰起义以来,也开始实施强制德意志化的政策。先是限制波兰语在公共领域中的使用,到 19 世纪 80 年代发展为在东部省份的内部殖民。1886 年,普鲁士建立了移民委员会,购买波兰庄园主的土地,分割后以补贴价格出售给来自西部的德国农民。①

德国天主教徒构成了帝国内部最大的少数群体。在排除了奥地利的新德国中,天主教徒只占 1/3,成为少数,且主要分布于新德国的"边缘"地带——普鲁士的莱茵河两岸地区、南德三邦和东南部的西里西亚。

自 19 世纪 30 年代开始,面对重新浮现的教派紧张,面对各种威胁信仰虔诚和教会残存权威——法国革命和拿破仑战争已极大削弱了教会的世俗权力——的政治、经济和文化现代化力量,尤其是自由主义言论在公共领域中的支配地位和世俗政府对宗教事务的干预,德意志天主教徒已经出现了信仰复兴和政治化的趋向。1830 年,新教徒举办庆祝路德和瑞典国王阿道夫在德意志登陆的活动,导致了与天主教徒的激烈冲突。新教徒尤其是自

---

① Detmar Klein, "Folklore as a Weapon: National Identity in German-Annexed Alsace, 1890—1914", in Timothy Baycroft and David Hopkin, eds., *Folklore and Nationalism in Europe During the Long Nineteenth Century*, Leiden and Boston: Brill, 2012, pp.161—191; Scott M. Eddie, "The Prussian Settlement Commission and its Activities in the Land Market, 1886—1918", in Robert L. Nelson, ed., *Germans, Poland, and Colonial Expansion to the East: 1850 through the Present*, Basingstoke: Palgrave MacMillan, 2009, pp.39—63.

由民族主义者对天主教徒和教会大加讨伐,称他们为教皇至上主义者,并非完全的德意志人。天主教不仅受到新教徒和自由派的攻击,还常常成为追求中央集权的世俗政府的打击对象。1837年,科隆大主教因为坚持教皇在不同教派教徒联姻问题上的权威,遭普鲁士政府逮捕,引发了全德天主教徒的极度愤怒。次年,戈雷斯与其追随者在慕尼黑创办了19世纪最重要的天主教期刊《历史和政治杂志》,以捍卫天主教徒和教会的权利。随后多年,天主教出版物大量出现,各种规模巨大的社团纷纷建立,并举办各种庆祝活动,包括大规模朝圣活动。1844年,50万人前往特里尔的天主教堂,瞻仰里面陈列的据传基督被钉上十字架前身穿的长袍。这50万朝圣者中绝大部分是穷人,足以显示天主教信仰复兴的影响之广。到19世纪50—60年代,天主教复兴的势头让新教徒大受震动,强化了自由派对大众性天主教运动的恐惧。这些恐惧促使自由派将反天主教观点转化为一种歧视性的意识形态,将天主教徒斥为无知、落后、迷信和非德意志,是自由与进步、资本主义创新和民族解放的最大障碍之一。①

实际上,许多天主教徒同样深受民族情绪的影响。美因茨大主教凯特勒(Wilhelm Emmanuel von Ketteler)是德意志天主教徒的非正式领袖,也是天主教徒在民族认同问题上最有影响的代言人。他曾说:"我们从未忘记德意志曾是欧洲的第一民族,她曾占据着代表地球上最高世俗权力的皇位。"在这一点上,他得到了无数天主教作者的回应,尚不存在新教徒的中世纪被说成是德意志拥有无限财富和权力的时期。如前所述,绝大多数天主教徒支持大德意志方案。当奥地利在柯尼格拉茨战败的消息传来时,天主教徒表现出极度的震惊、悲观、沮丧和绝望,认为将奥地利排除在德意志之外是灾难。在有些地方,对奥战争还导致了骚动以及天主教徒对新教徒的暴力行为。在普鲁士的莱茵兰—威斯特伐利亚,天主教徒一度抵制官方针对奥地利的动员令,有些应征士兵不得不在枪口下被押往征兵站。在符腾堡的一个小镇,柯尼格拉茨的消息导致一些天主教徒摧毁了新近建成的路德派教堂以及牧师的家。②

---

① 参见[英]理查德·埃文斯:《竞逐权力:1815—1914》,胡利平译,中信出版集团2018年版,第587页;Michael B. Gross, *The War Against Catholicism: Liberalism and the Anti-Catholic Imagination in Nineteenth-Century Germany*, Ann Arbor: The University of Michigan Press, 2004, pp.74—127。

② Helmut Walser Smith, *German Nationalism and Religious Conflict: Culture, Ideology, Politics, 1870—1914*, Princeton, NJ: Princeton University Press, 1995, pp.63—64.

1870—1871 年对法战争期间，大多数天主教徒和新教徒一样表现出民族主义热情，南德三邦政府决定派军队同北德联邦军队参与对法作战，同意就加入北德联邦与普鲁士谈判。对于兼并阿尔萨斯和洛林、德意志帝国的建立、皇帝加冕，他们也深感欣喜，但欣喜中夹杂着不安。这是由于统一之前巴登和巴伐利亚已经出现的文化斗争。19 世纪 60 年代中后期，控制了这两邦政府的自由派同他们在邦议会中的同道一起，采取了系统性的反教会政策，在学校监管和民事婚姻等领域剥夺教会的传统权力，教俗斗争和德意志问题上的分歧合起来尤其在巴登制造了一种全社会的极化。天主教徒的不安还来自许多自由派和新教对统一过程的解读和赋予新德国合法性的方式。将奥地利逐出德意志在大德意志眼中意味着民族的分裂，但在小德意志自由派那里变成了"新教"战胜"天主教原则"，德罗伊森就将 1866 年战争的结果说成是"1517 年和 1813 年那种真正的德意志精神对罗马精神的胜利"。许多新教神学家和教会人士还将对法战争胜利和帝国建立视为上帝意志对新教德意志的肯定。在凡尔赛宣布皇帝就职的三周后，未来将担任威廉一世宫廷牧师的阿道夫·斯托克（Adolf Stoecker）欣喜地说："始于1517 年的德意志历史时代，正……走向神圣的终点。德意志民族神圣的福音帝国正在走向实现。""福音帝国"这样带有强烈教派意味的称呼很快成为新教徒对新德国的流行称呼，俾斯麦和民族自由党领导人本尼希森等政治家也毫无顾忌地在公开演说中广泛使用。①

除了少数族群和天主教徒之外，许多居民的邦国忠诚依然牢固。在新德国的 4 100 万人中，除接近 2 500 万为普鲁士居民外，还有 480 万巴伐利亚人、250 万萨克森人、180 万符腾堡人和 150 万巴登人。巴伐利亚等中等邦国在加入新德国之前，都经历了半个多世纪的邦国缔造。1848 年革命后因感到民族运动和普鲁士主宰的双重威胁，邦国缔造从先前着重于立宪和行政整合转向通过新闻出版、采取各种文化和教育措施来促进爱邦主义。塑造邦国忠诚的活动从未质疑邦国的德意志性质，但邦国总是被刻画成更有意义的政治共同体。在邦国政府着力塑造的母邦意象中，王朝和君主居于绝对核心的地位，同时也会突出邦国更为自由化的政治安排，尤其是邦国宪法构成了母邦观念的核心。在萨克森和符腾堡，官方报纸每年都发表大

① Adolf M. Birke, "German Catholic and the Quest for National Unity", in Hagen Schulze, ed., *Nation-Building in Central Europe*, Oxford: Berg, 1987, p.59; Heinrich August Winkler, *Germany: The Long Road West, Vol.1: 1789—1933*, trans. by Alexander J. Sager, Oxford: Oxford University Press, 2006, pp.192—194.

量的文章,庆祝宪法颁布日;在学校教科书及其他出版物中,官方对于邦国历史的叙述都会着力强调本邦的宪政传统。在这些邦国中,巴伐利亚特立独行,旗帜鲜明地以"提升巴伐利亚民族情感"的方式缔造邦国认同。所采取的具体措施包括建立巴伐利亚民族博物馆和地方历史协会,支持历史著作、历史绘画、雕像、纪念币甚至戏剧作品,鼓励人们穿皮裤和其他当时正处于消失危险中的巴伐利亚传统服饰。①很难确切衡量普通民众对邦国政府缔造邦国忠诚活动的接受程度,但到 1871 年这些邦国成为新德国的一员时,邦国已经成为地方忠诚和德意志民族归属之外的另一认同和忠诚的焦点。对于已经习惯了巴伐利亚人、萨克森人或符腾堡人身份的邦国居民来说,做一个德国人的意义并不清楚。

而且,几乎所有的中等邦国居民都因为地区、文化、政治和教派等因素,颇为敌视普鲁士。1866 年普奥战争中,站在普鲁士一边的全为北德小邦,所有中等邦国都支持奥地利。在南德,多数自由派和几乎所有的民主派、保守派与天主教徒都同本邦政府一起支持奥地利。最能说明问题的是巴登的态度,大公弗里德里希一世年轻时已接受了小德意志理想。作为普王威廉一世的女婿,且巴登因与法国接壤依仗普鲁士的保护,大公自 1856 年登基以来一直是普鲁士在南德地区的唯一支持者。但迫于邦内天主教多数居民的舆论和占据邦国议会多数的自由派的严重分裂,只能在德意志内战中选择同奥地利站在一边。在萨克森这样的新教邦国,基于政治和邦国忠诚的反普情绪在 1866 年战争结束后创造出一个政治大联盟:包括保守的萨克森爱国者,左翼自由派民主党人和支持大德意志方案的社会主义者——倍倍尔领导的、新建立的萨克森人民党。1867 年 2 月北德联邦议会的首次选举中,反普联盟推出的候选人赢得了萨克森全部的 23 席。②

19 世纪 40 年代,小德意志自由派曾创造出分立主义一词指责邦国忠诚,将普鲁士之外那些致力于维护邦国主权和独立的人斥为阻碍民族统一的罪

---

① 1871 年时的人口数据参考 Volker Berghahn, "Demographic Growth, Industrialization and Social Change", in John Breuilly, ed., *Nineteenth-Century Germany: Politics, Culture and Society 1780—1918*, London: Arnold, 2001, p.185. 格林对 1849—1871 年间符腾堡、萨克森和汉诺威邦国缔造的考察堪称经典,参见 Abigail Green, *Fatherlands: State-Building and Nationhood in Nineteenth-Century Germany*, Cambridge: Cambridge University Press, 2001。

② Mark Hewitson, *Nationalism in Germany, 1848—1866: Revolutionary Nation*, Basingstoke: Palgrave MacMillan, 2010, pp.183—220; Siegfried Weichlein, "Saxons into Germans: The Progress of the National Idea in Saxony after 1866", in James Retallack, ed., *Saxony in German History: Culture, Society, and Politics, 1830—1933*, Ann Arbor: The University of Michigan Press, 2000, pp.173—174.

人。从民族国家的角度看,分立主义当然是一种地区主义。在德国统一后的几十年中,分立主义情绪在很多邦国依然相当强劲。但客观来讲,分立主义不同于分离主义,它是指在不寻求质疑和摧毁中央权威的前提下尽可能维护邦国和地区的自主。更为重要的是,被小德意志自由派有意无意忽视的一个基本事实是:在所有邦国中,普鲁士才是邦国爱国主义的最强大堡垒。普鲁士保守派和俾斯麦一样更愿意看到一个更大的普鲁士而非小德意志民族国家,他们大多支持大德意志方案。1861年,一群保守派在柏林建立了普鲁士民族协会,呼吁通过王侯之间达成协议而非"火与剑"实现统一,同时维持各邦国尤其是普鲁士的权力。对于俾斯麦同民族自由党合作推动统一的做法,大多数保守派不以为然,包括俾斯麦的密友和举荐者罗恩。对接受帝国的皇冠,国王威廉一世本人也并不愿意,这对他来说意味着对普鲁士传统的放弃。在普鲁士保守派看来,统一主要是普鲁士而非德意志民族运动的成就。因此,第二帝国应该变得更普鲁士;而非相反,普鲁士变得更德意志,即更资产阶级。这是除了普鲁士忠诚之外,保守派对新德国充满疑虑的另一原因所在。罗恩的外甥在1870年11月8日给罗恩的信中说:"我怀着忧郁的心情想到了政治的未来。我在柏林与伊岑普利茨(Itzenplitz)、奥伊伦堡(Eulenburg)、瓦格纳(Wagener)和许多自由保守派人士交谈过。甚至后者也对黑森、符腾堡和巴登贸然加入联邦感到震惊,并认为新议会中的多数必然会完全(自由化)……"①

俾斯麦很清楚德意志的分立主义传统太强。1866年战争后,他对于让南德三邦加入联合并非那么志在必得。除了害怕法国的干预外,对天主教徒充满怀疑和偏见的俾斯麦在1866年7月写道,把"南德、天主教和巴伐利亚因素"包括进来将使普鲁士无法巩固已经获得的东西。在尼科尔斯堡停战谈判期间,他告诉符腾堡外交大臣万布勒,柏林"现在"还不能消化慕尼黑和斯图加特。他知道,在南德,只有少数自由派支持小德意志方案,但恰恰是这些自由派又厌恶普鲁士的贵族—威权主义政权,他不希望看到南北方自由派的联合。他更了解普鲁士人的普鲁士认同,1873年,他告诉萨克森国王:"在帝国上下崭新而并不完备的关系中,不论是对中央一元主义思潮还是地方分立主义,要树立正确的立场都不容易。而我不能否认的是,至今在地方分立主义

① Doron Avraham, "The Social and Religious Meaning of Nationalism: The Case of Prussian Conservatism 1815—1871", *European History Quarterly*, 38/4(October 2008), pp. 533—534; Theodore S. Hamerow, *The Social Foundations of German Unification 1858—1871*, Vol. 1, Princeton, NJ: Princeton University Press, p. 312; William Harbutt Dawson, *The German Empire, 1867—1914 and the Unity Movement*, Vol. 1, New York: MacMillan, 1919, pp. 391—392.

思想统治下,普鲁士人对帝国的巩固是最具威胁性的。"当然,作为一个彻头彻尾的普鲁士人,俾斯麦也不想看到自己真正祖国的消失。他曾告诉威廉二世:"对德意志国意思意思一下就好。请您设法只让普鲁士保持强大,不必在乎其他人会变得怎样。"①这就是他为何坚持以联邦制组织新德国的原因所在。

新德国政治基本建制的确立,经历了普鲁士与其余各邦的两阶段谈判。1866年12月到1867年2月,除兼并汉诺威等地外,普鲁士和美茵河以北各邦依据俾斯麦起草的宪法草案通过谈判组建北德联邦。根据最终达成的协议,联邦主要负责处理军事和外交事务、移民、公民权、经济和交通等联邦共同关切的问题,留给成员邦的领域则包括教育、教会和国家的关系、警察、大部分司法事务和整个民法领域;直接税归各邦,联邦政府的收入主要依靠对各种消费物品(如盐、糖、烟草、啤酒、烈酒等)征收的间接税、关税、道路桥梁港口使用费以及电报和邮政服务的收益;各邦统治家族和官僚机构维持不变,联邦法律由各邦负责执行,允许汉堡和不来梅保留单独的自由关税区。第二阶段是1870年9—12月对法战争期间同西南四邦的谈判。巴登和黑森—达姆施塔特基本接受北德联邦的安排,但符腾堡尤其是巴伐利亚要价极高。巴伐利亚最初要求普鲁士解散北德联邦,建立将奥地利包括在内的政治安排;未果后,先是反对帝国首脑采用皇帝的头衔(因为这会损害各邦的尊严),后虽接受皇帝头衔,却主张由普鲁士和巴伐利亚轮流担任。为争取符腾堡和巴伐利亚加入联邦,俾斯麦做了大量让步。对巴伐利亚的让步最多,除了秘密给路德维希二世巨额贿赂(接近400万马克)外,巴伐利亚还享有两类宪法特权:成员的权利(Mitgliedschaftsrechte)和保留的权利(Reservatrechte)。前者包括联邦委员会永久副主席和联邦委员会对外关系委员会主席,后者保证巴伐利亚保留自己的公民权法、外交使团、邮政和铁路体系、和平时期的军事指挥权、啤酒和烈酒税。②

根据最终达成的安排,帝国建立了两院制的代表机构,即由各邦政府代表组成的联邦议会(Bundesrat)和由成年男性普选产生的帝国议会(Reichstag)。联邦议会的设置主要体现了帝国的基本性质即王侯们的"永久联

① 参见 Otto Pflanze, *Bismarck and the Development of Germany, Vol. 1,* Princeton, NJ: Princeton University Press, 1990, pp.367—384;[德]克里斯托弗·诺思:《俾斯麦:一个普鲁士人和他的世纪》,陈晓莉译,社会科学文献出版社2018年版,第188—189页,译文略有变动;[德]塞巴斯提安·哈夫纳:《不含传说的普鲁士》,周全译,北京大学出版社2016年版,第237—238页。

② Otto Pflanze, *Bismarck and the Development of Germany, Vol. 1,* Princeton, NJ: Princeton University Press, 1990, pp.263—267, pp.386—393, pp.486—491.

合"——这意味着世袭皇帝头衔的普王在王侯之中不过是平等者中的首席。
"永久联合"一语,意味着帝国是建立在条约的基础之上,因此其条款是可以
重新谈判的,还是由宪法支撑的? 俾斯麦有意为之的表述使得新德国的主
权所在含糊不清,为当时的法学界和后世历史学家就帝国性质的辩论——
第二帝国究竟是立宪君主制、联邦制国家、邦联甚或在德意志历史上更传统
的君主联合——留下了足够的空间。实际上,作为新政治安排的主要缔造
者,俾斯麦希望确保普鲁士在新帝国中的首要地位,维持普鲁士的权力结构
不变,同时寻求与德意志政治分裂的过去保持一定程度的连续性。他常常
说,"德国不是法国,柏林不是巴黎",言下之意很清楚,德国绝不可能成为一
个像法国那样从柏林统治的单一制国家。统一后长期担任符腾堡首相的米
特纳赫特(Hermann von Mittnacht)回忆说,俾斯麦总喜欢把帝国比作"一
座……有许多房间的建筑……每位租客在房间里过自己的日子,就像在家
里一样"。俾斯麦意在创造一种将权力尽可能集中在他自己和其主君普王/
皇帝手中,同时保持弹性和灵活性以便为帝国的政治和制度演进留下空间。
可以说,他想结合邦联的形式和联邦制的实质。[1]

　　如果说在西贝尔那里帝国的成立是政治诉求终点和个人使命达成的
话,那些对真正统一的德国满怀憧憬之人,比如王储和自由派,则大皱眉头。
就是否批准与南德诸邦的条约时,北德联邦议会的自由派激烈批评俾斯麦
对分立主义的绥靖,尤其是对巴伐利亚让步太大。许多自由派为避免破坏
民族统一大业在投票中没有反对条约,但民族自由党重量级议员拉斯克
(Eduard Lasker)的看法可以说表达了他们的心声:"姑娘是很丑,但不管怎
么说我们必须与她结婚。"[2]

　　自由派认为,这个"丑姑娘"很脆弱。脆弱体现在象征层面:新德国没有

---

　　① 参见 Katharine Anne Lerman, "Imperial Governance", in Matthew Jefferies, ed., *The Ashgate Research Companion to Imperial Germany*, Farnham: Ashagte, 2015, pp.15—16; Alon Confino, "Federalism and the *Heimat* Idea in Imperial Germany", in Maiken Umbach, ed., *German Federalism: Past, Present and Future*, Basingstoke: Palgrave MacMillan, 2002, p.72; Katharine Anne Lerman, *Bismarck*, Harlow: Pearson, 2004, pp.127—134。关于帝国主权所在的争论,参见 Dieter Grimm, "Was the German Empire a Sovereign State?", in Sven Oliver Müller and Cornelius Torp, eds., *Imperial Germany Revisited: Continuing Debates and New Perspectives*, New York and Oxford: Berghahn Books, 2011, pp.51—65。

　　② George Windell, "The Bismarckian Empire as a Federal State, 1866—1880: A Chronicle of Failure", *Central European History*, 2/4(December 1970), p.301; Frank Lorenz Müller, *Our Fritz: Emperor Frederick III and the Political Culture of Imperial Germany*, Cambridge, MA: Harvard University Press, 2011, pp.54—55, pp.95—99.

正式的国庆日,没有国歌,最受欢迎的民族歌曲《德意志兰之歌》和革命有关。选择国旗和国树也很麻烦,黑红金旗帜的革命意味太浓,最后只能选择在普鲁士的黑白二色上加上红色条。强大的橡树和优雅的菩提树,哪个更能代表德意志的历史和新德国,争论从来就没停过。新货币帝国马克硬币的正面不是新国家的形象,而是各邦统治者。脆弱更体现在将分立主义制度化了的联邦制:各邦依然保留着大量的统治权威,特别在涉及人们生活的面包黄油问题上;许多邦国历史悠久,拥有自己的君主和贵族、文化机构、经济网络、公共领域、宪法和议会,多数居民依然更忠于自己的"母邦"。19 世纪的自由派多信奉同质化的必要:统治需要身份认同,而身份认同建立在一致和共识的基础之上;多样性和冲突被视为民族内部解体和分裂的征兆。俾斯麦和自由派一样清楚,政治上的统一并不意味着民族的统一。与多数自由派相比,他更加清楚,新德国并非历史演变的结果——而是四年外交手段和持续战争的人为产物。正如克拉克爵士提醒我们的那样,俾斯麦、自由派以及其他许多人在新德国成立的第一个十年,曾十分担心"迅速聚合起来的东西也可能迅速消散,帝国可能永远不会获得政治或文化凝聚力,以防止自己从内部分崩离析。这些焦虑于我们而言看似荒谬,但是身处当时,却备感真实"①。

任务很明确,套用意大利人达泽格里奥(Massimo D'Azeglio)的话说:"我们已经有了德国;现在我们必须制造德国人。"在一定意义上,俾斯麦和自由派制造德国人的方式简单粗暴。他们先后在 19 世纪 70 年代和 80 年代通过立法和舆论鼓噪,发动"文化斗争"和颁行"反社会主义非常法",将天主教徒和社会主义者斥为"帝国之敌"(Reichsfeinde),动用国家机器镇压这两大群体。

不过,经过一代人之后,到 19 世纪 90 年代,新德国依然被广为接受。如果说"时间这个伟大的创造者把曾经是新颖的和陌生的东西变成了被认为是不言而喻的存在"②,随着时间的推移,曾经抽象的德意志变得越发具体,越来越被人们所熟悉,那么问题是,这是如何发生的呢?

首先,这一过程的核心是 1871 年只存在于纸面上的国家在制度上得到了巩固。就帝国及其组成部分的关系而言,出现了静悄悄的中央集权化:帝国议会通过了大量在全联邦执行的法律,涉及司法、财政、商业和社会等诸多领域;建立了一系列帝国机构——审计署(1871 年)、统计署(1872 年)、铁

① 参见 Katharine Ann Lerman, *Bismarck*, Harlow: Pearson, 2004, p.176;[英]克里斯托弗·克拉克:《钢铁帝国:普鲁士的兴衰》,王从琪译,中信出版集团 2018 年版,第 555 页,译文有变动。
② [英]玛丽·弗尔布鲁克:《德国史:1918—2008》,卿文辉译,上海人民出版社 2011 年版,第 266 页。

路署(1873 年)、国债管理局(1874 年)、卫生部和邮政署(1875 年)、专利署、司法部和最高法院(1877 年)等，促成了帝国文官体系的形成；这些和统一的货币、共同的度量衡以及铁路系统事实上的统一等，合起来促进了各邦与帝国悄无声息的融合。到 19 世纪 80 年代，尽管较大邦国之间仍互派使节，但帝国的"外交阶段"已经结束。静悄悄的中央集权化逐渐改变了联邦委员会和帝国执行机构、帝国议会之间的平衡。按照俾斯麦的设计，帝国议会虽拥有立法权、预算审议权、决算承认权、条约承认权等，但对外交和军事问题毫无发言权，帝国首相和其他帝国官员由皇帝任免，无需对议会负责，且议会享有的权力须经联邦委员会审查。联邦委员会是邦国权力的体现，它将成为真正的执行机构；帝国并无真正的部长或大臣，只有一些配合帝国首相处理帝国事务的国务秘书。这一切的目的既是为了保证普鲁士在控制帝国的同时尊重其他王侯的宪法权利，更是为了防止议会制的出现。然而，联邦委员会由 25 个成员邦委派的代表组成，根本不可能成为执行机构。就联邦委员会作为上院的立法角色来说，同样存在缺陷。在帝国初期，它批准的大多数法案是在普鲁士各部草拟的，其代表既无时间也无专业知识评论这些草案。此外，由于帝国议会通过的新法律数量巨大，增加了帝国执行的职能，政治现实开始远离宪法设计。国务秘书事实上变成了内阁大臣，帝国议会无论在制度上还是在影响上都变得越发重要。①

伴随着帝国议会变得越发重要，议会及其构成要素——选举和政党——促进了多种利益和社会力量在全联邦层次上的汇聚和整合。就帝国议会的产生，俾斯麦坚持采用普选制，即赋予所有未接受公共援助的 25 岁以上成年男子直接、秘密和平等的选举权与被选举权，且选民的选择直接决定议员的产生。他之所以选择这一显然更为民主的选举制度，主要考虑之一就是削弱资产阶级自由派。成长于农村父权主义文化之下的俾斯麦，想当然地以为占据选民多数的农民忠于君主，对容克和官员言听计从。短期内确如他所愿，得到政府支持的候选人当选率很高，不管是普鲁士东部省份的保守派地主，还是莱茵河地区两省的保守官僚。但从长期来说，俾斯麦显然失算。这不仅是因为统一之后几十年间德国将迎来迅猛的工业化和城市化，也是因为选举制下政党机器的动员。

民主的选举制会将各种冲突转化为政党之间的竞争，使得反对合法化

---

① Daivd Balckbourn, *The Long Nineteenth Century: A History of Germany, 1780—1918*, Oxford: Oxford University Press, 1998, pp.266—267.

和公开化。政治对手变成了政党,为尽可能获得更多的选票而竞争,而不再尝试消灭对方。鉴于选举和议会为相互竞争的利益和观念提供了发声的机会,形形色色的反对派组建政党,推出候选人去参与竞选。当萨克森、符腾堡、巴伐利亚和普鲁士等邦国的爱国者,与被帝国打压的天主教徒和社会主义者一同参与帝国议会选举时,他们实际上就是接受帝国为其政治行动的基础,接受了帝国本身。民主的选举制度和政党帮助促进了抽象的身份认同,将来自不同地区拥有相似利益的人们带到了一起。巴伐利亚人和普鲁士人之间的冲突不再是针对民族制度本身的斗争,而是在民族制度内部的斗争。用历史学家安德森的话说,选举"促成了一个抽象化的过程。通过这一过程,共同体被重新定义为超越地方性的:教派、阶级,以及大多数情况下的政党。选民们最终认同的正是这样的抽象概念"①。民族或民族国家实际上同样属于被逐渐认同的超越地方的共同体。

　　长期来说,尽管帝国议会的权力受限,但仍成为帝国的关键制度——冲突解决和政治利益表达的核心平台。到1900年前后,在全德国每天出版的各类日报中,大量空间被留给了关于竞选和议会辩论的报道。议员和候选人也愿意同媒体合作,很多重量级议员通过媒体变得全国闻名,从而形成了一个新的全国性政治精英,同传统的各邦贵族、军事和官僚精英并驾齐驱。对议会活动的公开报道与关注反过来又加强了帝国议会的合法性诉求和影响。民主的选举制度、帝国议会及其立法将帝国居民塑造为一个政治社会。东普鲁士人、施瓦本人、莱茵兰人和西里西亚人都在同一个民主选举制度下投票,服从于同一种法律。即便在反对派眼中,帝国议会也已经成为政治民族的象征。以整个第二帝国时期遭到最长久打压和歧视的社会民主党来说,内部虽然存在反议会派系,但其领导层认为议会是人民主权的"圣杯"。据社会民主党人谢德曼(Philip Scheidemann)的回忆,"对倍倍尔来说,帝国议会是真正伟大和重要的事物"②。

---

　　①　Siegfried Weichlein, "Nation State, Conflict Resolution, and Culture War, 1850—1878", in Helmut Walser Smith, ed., *The Oxford Handbook of Modern German History*, Oxford: Oxford University Press, 2011, pp.294—295; Margaret Lavinia Anderson, *Practicing Democracy: Elections and Political Culture in Imperial Germany*, Princeton NJ: Princeton University Press, 2000, p.417.

　　②　Andreas Biefang and Andreas Schulz, "From Monarchical Constitutionalism to a Parliamentary Republic: Concepts of Parliamentarism in Germany since 1818", in Pasi Ihalainen, Cornelia Ilie and Kari Palonen, eds., *Parliament and Parliamentarism: A Comparative History of a European Concept*, New York and Oxford: Berghahn, 2016, pp.68—69; Philip Scheidemann, *Memoirs of A Social Democrat*, trans. by J.E.Michell, London: Hodder and Stoughton, 1929, p.166.

其次,统一后民族主义功能的改变与联邦制合起来,有助于促进地区认同和民族认同的相互包容,从而将普鲁士人、巴伐利亚人、符腾堡人和萨克森人变成德国人。

一方面,第二帝国的建立从根本上改变了德意志民族主义运动及其观念存在的根本条件。它大大简化了制造、强化或者向民族大众灌输共同政治忠诚的过程;而且,一旦实现政治统一,民族话语开始代表着一种拥有巨大力量的意识形态,可以为政治行动和观念设定界限。不知不觉中,民族主义丧失了它先前主要作为资产阶级追求自由和解放的派系信条的特性,转而成为共同的政治文化和政治修辞的"通用货币"。普鲁士宪法冲突期间,民族旗号依然是资产阶级自由派打击贵族保守派的有力工具;但仅仅10年后,1876年,原本对接受新德国颇为勉强的普鲁士保守党先是决定改名为德国保守党,然后毫不踌躇地以民族话语攻击其政敌,尤其是左翼自由派和社会民主党即他们所谓的国际主义者。民族自由党人、帝国国会议员路德维希·班贝格(Ludwig Bamberger)在1888年曾对此忿忿不平:"在普鲁士极端保守派和萨克森行会成员的手中,民族旗帜已经扭曲了其之前的意义,而之所以会产生这种扭曲,是因为民族主义的手下败将拾起了对手脱下来的长袍,将其改制成自己的式样,重新染色、修剪,然后套在身上伪装成民族运动的骄傲后裔招摇过市。"①

另一方面,对于有着邦国忠诚传统和不同民族观念传统的德意志来说,倘若帝国官方从一开始就像小德意志自由派希望的那样,疾风骤雨地追求全面的同质化、压制地方认同的话,必然会引发极大的反弹甚至政治动荡。所幸,联邦制和帝国最高领导层击打民族主义之鼓的意愿不足,保证了统一后最关键的20年过渡期的平稳。

联邦制意味着各邦虽失去了主权,但仍保持着统一前的结构,包括邦国元首和象征、议会、政府、官僚机构和法律。当然,从19世纪70年代开始出现了静悄悄的中央集权化。但使中央集权化的悄无声息成为可能的,恰恰是联邦制。帝国拥有立法权,但成员邦通过联邦委员会拥有立法问题上的

---

① 民族国家建立前后民族主义差异的一般性经典表述,参见 John Breuilly, *Nationalism and the State*, Manchester: Manchester University Press, 1993; Geoff Eley, "State Formation, Nationalism and Political Culture: Some Thoughts on the Unification of Germany", in Raphael Samuel and Gareth Stedman Jones, eds., *Culture, Ideology and Politics: Essays for Eric Hobsbawm*, London: Routledge & Kegan Paul, 1983, p.288; Heinrich August Winkler, "Nationalism and Nation-State in Germany", in Mikuláš Teich and Roy Porter, eds., *The National Question in Europe in Historical Context*, Cambridge: Cambridge University Press, 1993, p.186.

发言权,且帝国议会制定的法律仍需要由各邦行政管理机构落实。执行帝国立法的是人们熟悉的邦国权威,这有助于人们接受新的政治秩序。更何况,在教育、社会政策、经济政策、民族象征以及法院和司法管辖权等重要领域的标准化是一点一滴进行的,1871 年的宪法将这些领域的政策留给各邦自己抉择。联邦制的确在一定程度上掩饰普鲁士在新德国中的明显优势(普鲁士在联邦委员会的 58 名代表中拥有 17 名),但它也对普鲁士的权力进行了限制。如果严格依照人口数量去分配议席的话,占据新德国三分之二领土和接近 60% 人口的普鲁士应当拥有的议席数量远不止 17 席。为限制普鲁士,南德诸邦加入时提出的一项宪法修正案规定,联邦参议院中的任何 14 票都有权否决任何修宪。因此,不仅普鲁士,而且巴伐利亚(6 票)、符腾堡(4 票)和萨克森(4 票)等另三个王国合起来同样可以反对改变现状的做法。此外,涉及某一邦的宪法修正只有在得到该邦的明确同意后才能批准。第二帝国的联邦制并非政治修饰,它将那些塑造人们日常生活的物质与文化基础的政治领域留给了各邦,为各邦保留了真正的政治权力去决定当地生活的基本方面,从而促进了巴伐利亚、符腾堡、萨克森以及其他各邦融入帝国。①

　　当然,俾斯麦对南德各邦的许多让步是象征性的。巴伐利亚军队在和平时期保持独立,巴伐利亚和符腾堡保持独立的邮政和运输系统,南德诸邦和萨克森可以继续派遣和接受外交使节。这些安排并没有实质性地限制帝国政府的权力,但它确实在政治上和象征性地创造了允许传统邦国忠诚的框架和气氛。在象征政治领域,威廉一世和俾斯麦的保守政策使得各邦可以自行其是。相对于小德意志自由派的民族热忱,俾斯麦认为促进王朝忠诚才是加强人们与德意志民族建立情感联系的前提。他在回忆录中这样写道:"为了使德意志爱国主义有活力和有效用,通常需要以对王朝的忠诚为媒介……德国人需要一个他所归心的王朝……一个人作为普鲁士人、汉诺威人、符腾堡人、巴伐利亚人、黑森人比作为德意志人已更早地证实了他的爱国主义。"威廉一世和俾斯麦一样没有任何兴趣去鼓励那些带有民族色彩和可能增进民族权威的大众公共庆典。1872 年 6 月,一位新教牧师请求将9 月 2 日色当之战作为新德国的民族节日。包括普鲁士在内的几个邦国很快将 9 月 2 日确定为学校的公共节日,但皇帝和帝国议会并不赞同在全联邦推

---

① Alon Confino, "Federalism and the *Heimat* Idea in Imperial Germany", in Maiken Umbach, ed., *German Federalism: Past, Present and Future,* Basingstoke: Palgrave MacMillan, 2002, p.73.

行。此前,年迈的皇帝已经拒绝了新教自由派群体在 1871 年春提出的请愿,将帝国宣告成立的 1 月 18 日作为德意志民族的诞生日,举办庆祝活动。①

各邦因此可以自己决定如何去组织塑造人们集体记忆和情感归属的庆祝活动。在萨克森最初的对法战争纪念活动中,萨克森军队获胜的圣普利瓦战役取代色当成为焦点,公共广场、学校和城镇集会上的庆祝不断强调萨克森军队对战胜法国的贡献。萨克森的报纸完全没有提及皇帝的加冕,而是大肆渲染萨克森在对共同敌人胜利中的荣耀和骄傲。1880 年和 1889 年,巴伐利亚和萨克森分别举办了庆祝维特斯巴赫家族 700 周年与韦廷家族 800 周年的盛大庆典。庆典的组织者和参与者在展示他们邦国认同的同时,也不断强调邦国及其统治家族对于整个德意志民族的贡献。这些纪念活动传递的主要信息之一是,韦廷家族的公爵和皇帝们早在 11 世纪——就像慕尼黑的维特斯巴赫家族一样——要比新贵霍亨索伦家族更早代表德意志。对德意志民族的历史贡献成为同时肯定地区认同和民族忠诚的方式,和普鲁士学派强调普鲁士对德意志民族的贡献唱对台戏。一位研究地区和民族关系的杰出历史学家发现,1871 年之后,德国的地区认同出现了一种显著的非政治化趋势。对邦国的阐释往往聚焦于邦国政治活动之外的文化与历史。比如在巴伐利亚,学校教科书、公共节日和纪念活动都通过历史展示巴伐利亚的身份认同,但与巴伐利亚联系在一起的历史是文化的而非政治的,包括君主、服装和建筑、风景和山脉、修道院和农村。19 世纪后半叶开始兴起的地区史比如巴伐利亚史或萨克森史都是在民族的语境下去论述,比如说,这意味着突出 10 世纪巴伐利亚在反对匈牙利入侵时的作用,或者 11 世纪以来萨克森在抵抗所谓斯拉夫侵蚀中的贡献。②

地区认同的非政治化显然同民族主义成为一种强有力的道德准则有关。这意味着单纯以同民族对立的方式去表达邦国和地方忠诚,捍卫邦国和地方利益变得日益困难。分立主义者——不管是普鲁士传统的捍卫者,

---

① 参见[德]奥托·冯·俾斯麦:《思考与回忆——俾斯麦回忆录》(第一卷),杨德友、同鸿印等译,生活·读书·新知三联书店 2006 年版,第 263—264 页;Oliver Zimmer, *Remaking the Rhythms of Life: German Communities in the Age of the Nation-State*, Oxford: Oxford University Press, 2013, pp. 218—219。

② Siegfried Weichlein, "Saxons into Germans: The Progress of the National Idea in Saxony after 1866", in James Retallack, ed., *Saxony in German History: Culture, Society, and Politics, 1830—1933*, Ann Arbor: The University of Michigan Press, 2000, p. 177; Siegfried Weichlein, "Regionalism, Federalism and Nationalism in the German Empire", in Joost Augusteijn and Eric Storm, eds., *Region and State in Nineteenth-Century Europe: Nation-Building, Regional Identities and Separatism*, Basingstoke: Palgrave MacMillan, 2012, pp. 102—103.

还是符腾堡民主派或巴伐利亚的天主教保守派——不得不证明他们强烈的地区忠诚同德意志民族共同体的利益和抱负是相容的。即便在邦国忠诚最为强烈和普遍的巴伐利亚，到 19 世纪 90 年代后期，人们的认同与忠诚次序已经发生了变化。1897 年，普法战争 25 周年和威廉一世皇帝百年诞辰的庆祝活动显示，帝国的象征符号已经逐渐取代了巴伐利亚的象征。到 1913 年，莱比锡战役 100 周年和威廉二世登基 25 周年的庆祝活动，恰逢长期掌管巴伐利亚、颇受民众爱戴的摄政王葬礼，帝国主题完胜。[1]

邦国和民族从最初的相互排斥——19 世纪 60 年代，要么是巴伐利亚要么是德意志——转变为相容——19 世纪 90 年代，一个人之所以是德国人，因为他是巴伐利亚人。邦国和民族国家的忠诚并非零和关系。民族并不意味着对地区和邦国的排斥，地区和邦国也通过民族得到了表达。从现在开始，成为巴伐利亚人或萨克森人是作为德国人的先决条件。事实上，融合是以联邦制和维持地方与邦国的忠诚为基础的。

第三，在交通通信得到巨大改善的基础上，大规模的人口流动和故土运动的兴起影响了人们的民族归属。

先前的世界从未经历如此急剧的变化。1914 年之前的半个世纪中，仅仅在两代人的时间里，德国经历了史无前例的社会变迁。许多力量促成了这一转变，但最重要的驱动因素当属人口的爆炸性增长和工业化。

得益于婴幼儿死亡率的大幅下降，德国人口增长迅速，在增长率和绝对数量上都仅次于俄国，居欧洲第二。到 1913 年，德国人口已经从统一时的 4 100 万增长到 6 700 万。人口爆炸带来了巨大的人口流动。从 19 世纪 70 年代末开始，伴随着农产品价格的下降和农业萧条，德国出现了巨大的移民潮，接近 200 万德国人移民美国和南美。1890 年后，德国工业进入一个新的迅猛增长期，在新兴的化学和电器工业上居于世界领先地位。德国内部出现了更大规模的人口流动，先前前往海外寻求生计的东部贫穷省份农民开始前往柏林和鲁尔等工业中心。确切数量难以计算。据估计，1907 年德国国内长途移民的数量占人口的 8.7%，而所有德国人中约有一半不再居住在其出生地。有人口学家估计，大战爆发前的那些年恰好是人口内部流动的高峰。换另一种说法，第二帝国时期的德国社会要比战后的联邦德国流动性更大，20 世纪头十年各城市登记的流动率是 20 世纪 50—80 年代的两

[1]　Werner K. Blessing, "The Cult of Monarchy, Political Loyalty and the Workers' Movement in Imperial Germany", *Journal of Contemporary History,* 13/2(April 1978), pp.357—375.

倍。德国从乡村和小城镇的国家变成了都市和农村的国家。统一时城市人口占36.1%,1910年已占60%。大城市发展迅速,多特蒙德几乎一夜之间由小城镇变成了工业中心;柏林和汉堡成为真正的世界级大都会。到1910年,五分之一的德国人生活在超过10万人的城市中,10万人以上的城市增长了6倍,大城市(20万居民以上)从3个增加到23个。人口大规模流动的结果是德意志家乡小镇的世界在消逝,19世纪80年代以后在德国各地蓬勃发展的故土运动不仅是对地区和地方认同的表达,也是对工业化、城市化和大规模人口流动的反应。①

"Heimat"是德语中最能引发共鸣的词汇之一。在地理上,它可以指德国很多地方的特征,多样的自然和文化景观。它既有"家"的意思,也有"祖国"之意,是一个包含了浓烈情感的词。它可以唤醒个人和童年的记忆,并且具有包容性。每个德国人都有故土,一个让他们感到最舒服的地方。同时,其意义要更为广阔和具有社会性,它指向了人类对归属和共同体的普遍需求。故土观念在地方环境中以一种容易被人理解的方式呈现抽象的民族概念。至少从两个方面可以发现故土观念和运动对民族缔造的影响:第一,在故土运动中,不仅民族在地方环境下被表达,而且民族本身也以故土的想象被描绘。故土观念因此绕过了"民族"和"地区"的两分,为在地方环境中传播民族观念提供了机会。换言之,故土是作为民族话语中的情感成分起作用的。毕竟对大多数人来说,易于想象的民族不是抽象的,而是具体的,更接近人们从其日常经历中熟知的共同体,而非那些他们在报纸、小说和民族博物馆等遇到的大的抽象共同体。第二,故土观念提供了弥合城乡差别的手段,使得农村居民可以接近民族话语。故土运动特别关注由移民、人口衰减和落后导致的艰辛与焦虑,常常尖锐批判工业化,从而表现出一种乡村浪漫主义。通过重新肯定农村身份认同,故土话语在社会上很有吸引力,因为它在新政治环境下支撑了农村身份认同。②

① 参见 Steve Hochstadt, *Mobility and Modernity: Migration in Germany, 1820—1989*, Ann Arbor: The University of Michigan Press, 1999, p.278; Helmut Walser Smith, "Authoritarian State, Dynamic Society, Failed Imperialist Power, 1878—1914", pp. 311—312; Cornelius Torp, "The Great Transformation: German Economy and Society, 1850—1914", pp.336—351; 后两文载于 Helmut Walser Smith, ed., *The Oxford Handbook of Modern German History*, Oxford: Oxford University Press, 2011.

② Jennifer Jenkins, "Particularism and Localism", in Matthew Jefferies, ed., *The Ashgate Research Companion to Imperial Germany*, Farnham: Ashagte, 2015, p. 195; Siegfried Weichlein, "Saxons into Germans: The Progress of the National Idea in Saxony after 1866", in James Retallack, ed., *Saxony in German History: Culture, Society, and Politics, 1830—1933*, Ann Arbor: The University of Michigan Press, 2000, pp.167—170.

最后,第二帝国的经济成功促进了人们对帝国的认同和自豪感。

1890 年后资本主义经济走出了先前持续多年的萧条,在工业化和经济全球化的共同推动下,不仅世界经济迎来了一个黄金时代,威廉时期的德国也迎来了大繁荣。1913 年,为庆贺威廉二世登基 25 周年,经济学家、德意志银行董事赫尔弗里希(Karl Helfferich)出版了一本反响巨大的经济评论著作。他写道:"在科学和实用技术的发展,在建立一个有效连接所有力量和工具的经济组织,在货物生产和运输的增加,在我们世界经济地位的提升和加强,在人民收入和财务状况的改善,在我们的人口以健康的方式增长时,在生活水平的提高中,在所有这些领域的进步中,德国已经把自己提高到了在其整个历史上从未达到的水平,并证明自己在国家间的和平竞争中已经与最强大的对手并驾齐驱。"德国在如此短的时间里迅猛崛起,在世界各民族的历史中实属罕见,因此德国人完全有理由为这巨大的成就感到自豪。尽管有自由派记者批评该书是"溜须拍马的经济学",但它以夸张的形式表达了几乎所有工业家、商人、银行家以及许多普通人的共同观点。[①]

普通人同样可以享受到繁荣。1850—1914 年间,德国的人均净国内产出翻了 3 倍,提升了所有社会阶层的生活水平。即便穷人也不再生活于持续饥饿和营养不良的状态。1870—1910 年间,肉类消费增加了一倍,即便在 1900 年左右,穷人依旧从面包、土豆和猪油中获取 90% 的卡路里。然而,靠黑麦和蔬菜粥过活的日子已经结束。同样结束的还有一天工作 14 个小时,到 1910 年,平均工作时长为 10 小时。长期来说,包括社民党人在内的大多数德国人对第二帝国的直观体验是和平与变得富足。19 世纪 80 年代俾斯麦推动的社会保障立法显著加深了这一印象:到一战爆发之前,超过 1 500 万德国人加入了医疗保险,每年需支付 5 亿马克;2 800 万德国人参加了意外事故保险;每年有 100 万人可以获得养老金。第二帝国和人们能够体验到的那种物质改善与和平之间的深刻关联,塑造了德国人对于第二帝国的情感纽带,强化了他们的忠诚,对激进主义构成了约束。不管德国在文化和政治上有多么分裂,但在政治归属和根本忠诚的问题上仍然存在广泛共识。第二帝国拥有强大的情感吸引力。魏玛共和国时期,修正主义者希望恢复战前边界,即便天主教中央党和社民党也支持这些修正主义立场(不

---

① Ulrich Herbert, *A History of Twentieth-Century Germany*, trans. by Ben Fowkes, Oxford: Oxford University Press, 2019, pp.3—4.

算阿尔萨斯和洛林)。①

2. 极端民族主义和日常民族主义

　　威廉时期的德国是一个年轻的国家,活力无限。1890年,时年31岁的威廉二世迫使俾斯麦辞职,要亲自为德国这艘大船掌舵。皇帝治下的臣民同样年轻,1911年,德国五分之四的人口在45岁以下,15—20岁、21—45岁这两个年龄段占比极高,15岁以下人口超过三分之一。年轻还体现在许多新兴的城市以及城市附近的新兴产业。以莱茵河畔的路德维希港为例,该城建于1853年,人口不足2 000;但在30年内就发展为德国的化学工业中心,到世纪之交,已经支配了世界市场。年轻的德国生机勃勃,繁荣且自信,但在这表象之下,它其实紧张不安、前途未卜,饱受内部矛盾的困扰。

　　传统等级秩序的瓦解和阶级社会的出现是一个渐进的过程,一直持续到19世纪下半期。到威廉时代,德国已确切无疑地成为一个阶级社会,人们的收入、生活条件和个人威望越发依赖于其在经济市场上的地位。这并不是否认等级社会的长期遗产,比如贵族的特权;也不是低估如性别、教派或地区等非阶级差异的重要性。但总体来说,大趋势相当清楚,阶级分野构成了社会的支配性原则。

　　贵族和新形成的上层资产阶级占据了19世纪末德国社会结构金字塔的顶端。1895年这两个群体及其家庭不足总人口的1%。普鲁士容克在德国贵族中占支配地位。他们人数虽少(1880年只占普鲁士人口的0.3%:大约2万个家庭、8.5万人),但在普鲁士的国家机器——其权力优势不仅在最高层和皇帝身边,还体现在他们支配了官僚机器和普鲁士军官团——中却占据着支配地位,从而可以影响整个德国的重大方向。在西欧其他地方,贵族都无法达到对国家机器这样的支配水平,在德意志内部的其他邦国像萨克森、巴登、巴伐利亚和符腾堡,贵族在官僚机器与军队中的存在也不像普鲁士那样显著。而且,普鲁士贵族还享有极高的社会声望,他们自认也被公认为统一战争的最大功臣。普鲁士容克的自我理解强调为国家服务和军事荣耀。一位容克后裔在其家族史中告诉我们,几个世纪以来,格拉维尼兹家族的大部分男性成员从事三种容克职业:大地主、军官和官僚。儿童时期在庄园上度过,13—14岁加入军队,成为军官。成婚之后,长子或次子结束在

---

① Helmut Walser Smith, "Authoritarian State, Dynamic Society, Failed Imperialist Power, 1878—1914", in idem., ed., *The Oxford Handbook of Modern German History*, Oxford: Oxford University Press, 2011, p.313; David Blackbourn, *The Long Nineteenth Century: A History of Germany, 1780—1918*, Oxford: Oxford University Press, 1998, pp.346—347.

军队的服役可继承其父亲的庄园,或者成为官僚,通常在本地当县长。更多的人一生的大部分时间在军队服役,远离其祖先之地,直到最后退休才返回其庄园,或死亡时葬在庄园的家族墓地中。因此,庄园成为容克一生中最重要的部分。作为为国王从事服务的回报,容克期望他们的特权和庄园会得到保护。19世纪末,当埃拉德·冯·奥尔登堡-雅努绍伯爵(Elard von Oldenburg-Januschau)在帝国议会中发言抗议对俄国进口粮食的关税过低时,他将王室的利益和容克继续维持其庄园联系到一起:"贫穷不是什么不幸,但变得贫穷却是……每签订一份抵押贷款合同……就有一块石头从支撑帝国王冠的基础上崩塌;因为王冠的安全取决于许多小王冠持有者(容克)……把他们的小帝国留给他们的继承人。"①

　　上层资产阶级是指德国工业化过程中出现的非贵族出身的巨富群体。作为德国经济界最精英的群体,在将德国转变为欧洲最有活力的经济体的过程中,他们贡献巨大;而经济成功当然也有助于他们巩固在德国社会内部的财富、经济权力和威望。与俾斯麦时期相比,威廉时期的一个显著特征是:经济界对政府影响日渐上升,皇帝经常与这些巨富会面,讨论像建立海军和建立殖民帝国——可以为德国企业提供扩张的新机会——这样的问题。对德国资产阶级的一个传统批评是指责他们封建化,但近年来的研究证明,封建化之说不成立。无论以何种标准,如联姻、职业选择、教育或授封,都很难看到资产阶级和贵族的融合,就像很难看到贵族包容资产阶级一样。工业资产阶级和贵族一样,都倾向于自我繁殖。克虏伯家族的胡格尔别墅与贵族标准关系不大,因为在柏林新建的资产阶级富人区——如格鲁内瓦尔德(Grunewald)、万湖(Wannsee)、利希特费尔德(Lichterfelde)和尼古拉斯(Nikolassee)——已经形成了独属于资产阶级上层的生活风格。与西欧其他国家相比,德意志事态发展中最特殊的并非贵族和资产阶级的融合、封建化或联盟,而是精英之间的融合水平太差。容克更可能支持保守党,而上层资产阶级更倾向自由保守党和其他两个自由派政党。许多国家新旧精英联盟形成比德国早得多,而且强大得多。正是在这个意义上,一位

---

　　①　Marcus Funck, "The Meaning of Dying: East Elbian Noble Families as Warrior—Tribes in the 19ᵗʰ and 20ᵗʰ Centuries", in Greg Eghigian and Matt Berg, eds., *Sacrifice and National Belonging in the Twentieth-Century Germany*, Arlington: Texas A&M University Press, 2002, pp. 26—63; Stephan Malinowski, *Nazis and Nobles: The History of a Misalliance*, trans. by Jon Andrews, Oxford: Oxford University Press, 2000, pp. 16—17; Heidi von Graevenitz, "Ethnography of a Lost World: A Prussian Junker Family, 928—1993", M. A. Thesis, The University of Calgary, 2009, p.27.

研究者才说,德国有很多精英群体,但是不存在单一的精英集团。与爱德华时期的英国相比,威廉德国没有统治阶级。①

中产意义上的资产阶级有广义和狭义之分。经济资产阶级(除巨富外)和文化资产阶级构成了狭义的资产阶级,加起来占总人口的6%。他们是支持两个自由派政党——民族自由党和左翼自由派——的主力。直到19世纪80年代,自由主义政党一直主宰着帝国议会。随后,对自由主义政党的支持开始下降。在1898—1903年的帝国议会选举中,自由派支持率跌至谷底。但资产阶级在文化和经济上掌握着巨大的力量,以至于其价值观到19世纪后期已经占据了优势地位;且很多城市和邦国因其高度限制性的选举法成为资产阶级政治活动的核心舞台。广义的资产阶级还包括两个小资产阶级群体,分别是所谓的老中间阶层——独立的小店主、工匠和手工艺人、酒馆老板和零售商——和随着企业和政府书面工作急剧扩展而壮大的新中间阶层——低级官员和白领工人。这两个群体合起来占大概8%,因此广义的资产阶级成员占人口的15%左右。对小资产阶级的大量研究发现,在恐惧(手工经济的衰落)和焦虑(工人阶级的数量优势及担心自己沦为无产阶级)的双重驱使下,小资产阶级群体的政治是一种典型的怨恨政治。按照德国哲学家舍勒的说法,怨恨是一种现代心态,人们认为自己受到伤害却无力为自己获得正义的挫败感。在德国,白领工人组建了商业雇员协会,以激烈的反犹主义宣泄怨恨,以沙文主义的民族主义表达归属于非无产阶级的德国文化。②

---

① Stephan Malinowski, "Their Favorite Enemy: German Social Historians and the Prussian Nobility", in Sven Oliver Müller and Cornelius Torp, eds., *Imperial Germany Revisited: Continuing Debates and New Perspectives*, New York and Oxford: Berghahn, 2011, pp.146—147; Dolores L. Augustine, "Arriving in the Upper Class: The Wealthy Business Elite of Wilhelmine Germany", in David Blackbourn and Richard J. Evans, eds., *The German Bourgeoisie: Essays on the Social History of the German Middle Class from the Late Eighteenth to the Early Twentieth Century*, London and New York: Routledge, 1991, pp.46—86; Dolores L. Augustine, "Patricians, Parvenus, and Professionals: The Recruitment and Reproduction of Economic Elites in Imperial Germany", in Franz Bosbach, Keith Robbins and Karina Urbach, eds., *Geburt oder Leistung? Elitenbildung im deutsch-britischen Vergleich*, München: K.G. Saur, 2003, pp.159—180.

② Hartmut Pogge von Strandmann, "The Liberal Power Monopoly in the Cities of Imperial Germany", in Larry Eugene Jones and James Retallack, eds., *Elections, Mass Politics and Social Change in Modern Germany*, Cambridge: Cambridge University Press, 1992, p.97; Jan Palmowski, *Urban Liberalism in Imperial Germany: Frankfurt Am Main, 1866—1914*, Oxford: Oxford University Press, 1999; Jan Palmowski, "The Politics of the 'Unpolitical German': Liberalism in German Local Government, 1860—1880", *Historical Journal*, 42/3(September 1999), pp.675—704; Greg Eghigian, "Injury, Fate, Resentment, and Sacrifice in German Political Culture, 1914—1939", in Greg Eghigian and Matt Berg, eds., *Sacrifice and National Belonging in the Twentieth-Century Germany*, Arlington: Texas A&M University Press, 2002, p.92.

随着阶级社会的形成,经济利益和冲突变得越发突出,尤以资本家和工人阶级之间的敌对为甚。根据1907年的人口普查数据,德国有1800万工人,包括300多万农业工人。不同的工人群体当然存在很大差异。但从长期来说,阶级形成的同质化压倒了工人内部的多样性。政府以镇压——先是俾斯麦推动的非常法然后是帝国与各邦政府动用警察力量的经常性压制和监控——作为回应,结果适得其反,镇压点燃了日益壮大的工人大众的阶级意识,强化了工人阶级在工厂和工人聚居区已经形成的身份认同,促使他们支持社民党。当非常法在1890年被废除时,社民党已经拥有10万党员,1907年增长到50万,1914年超过100万。社民党的核心成员仍然是新教男性熟练工人,但也吸引了越来越多的天主教工人(主要在莱茵河地区,到1914年,天主教工人已占社民党成员的10%)和妇女(到一战爆发时,妇女成员为17.5万)。社民党还拥有相当多的小资产阶级支持者,在一些城市,小资产阶级占到社民党成员的15%—20%。1912年的慕尼黑分支,不少于369名党员在工人居住区经营小酒馆,即所谓"党的酒馆老板",为工人提供聚会场所。①

阶级分裂取代邦国忠诚,与教派分裂一起构成了最深、影响最大和最持久的裂痕。1878—1879年间,俾斯麦在经济政治政策方面进行了一次重大调整,其中包括结束对天主教的文化战争,放弃同民族自由党的联盟转而同两个保守党派——德国保守党和自由保守党——和中央党结盟。但许多新教自由派坚持他们那种十分狭隘的民族观念,依然敌视天主教,认为与天主教的和解将损害使德意志民族独特和强大的特质。1887年,一些新教自由派建立了新教联盟,坚持与教皇至上论者作战。新教联盟的创立者们说,政府向天主教的让步可能会带来一定的民族团结,但其代价是伤害民族的特性和认同。这导致了宗教分裂的加剧,一位政论作家在1896年曾哀叹无处不在的教派分裂:"每一件事物要么被打上天主教的印记,要么有新教的印记。"1906年,因德国殖民当局在德属西非殖民地大规模屠杀当地的霍屯督人,导致中央党和社会民主党公开反对政府。在1907年进行的帝国议会选举中,两大自由主义政党——左翼自由党和民族自由党——在将矛头对准社民党的同时,也开足马力攻击天主教。民族自由党认为1906—1907年在殖民地问题上的国内斗争,是反对教皇至上论者"通过中央党及其领导层建

① David Blackbourn, *The Long Nineteenth Century: A History of Germany, 1780—1918*, Oxford: Oxford University Press, 1998, pp.412—413.

立的第二政府"的斗争。一项对左翼自由主义政治的杰出研究发现,天主教徒尤其中央党是自由派"一以贯之的敌人",对天主教的偏见和中央党的敌意已经构成了"左翼自由派选民日常态度的一部分"。在 1907 年的选举中,新教地区"对罗马、'死手'(dead hand)和文化落后的'黑暗'力量的反感",比具体的政策问题吸引了更多的支持。①

阶级和教派分裂是一直到魏玛时期都长期存在的深深裂痕,它导致德国社会形成了界限分明的"社会道德环境"。社会道德环境的说法来自德国社会学家莱普西斯(M. Rainer Lepsius),他在 1966 年考察 1871—1930 年的德国选举时,发现了德国政党政治的"支柱化"。每个柱派构成了一种社会道德环境,有其自身的价值、利益和组织网络。就像亚文化一样,它们支配成员的日常生活,作为其成员的政治代言人为成员服务。到威廉时代,德国已经形成了稳固的四种环境,即天主教、社会主义、保守主义和新教资产阶级。每一个环境都有其自己的政党或政党群体。政党领导人尤其是议会成员认为自己首先代表着各自的环境,只追求小群体的利益,不愿或不能与对立政党达成交易。之后的很多研究者指出,莱普西斯夸大了德国社会与政治的极化程度,政党之间可以形成联盟并达成妥协;忽视了相比天主教和社会主义的"封闭"环境,保守派和新教自由主义的环境更为开放;没有注意环境之间已经出现了裂痕,选民可以在选举中变换阵营。不过,学者们也承认,天主教和社会主义者的确先后于 19 世纪 70 年代和 19 世纪 80 年代遭受歧视的时期形成了自己的亚文化和相对稳定的选民支持群体。在选举投票中,天主教徒和工人阶级选民多遵循苏瓦尔(Stanley Suval)所说的"肯定性投票"模式,表达抗议和肯定群体团结比赢得选举更重要。除了社会主义者之外的新教徒则遵循人们更为熟知的"实用性投票",自认并被政府认为是帝国的忠诚支持者、民族事业和价值的坚定拥趸,以选举胜利优先。②

---

① Helmut Walser Smith, *German Nationalism and Religious Conflict: Culture, Ideology, Politics, 1870—1914*, Princeton, NJ: Princeton University Press, p. 98; Andrew Zimmerman, "Race and World Politics: Germany in the Age of Imperialism, 1878—1914", in Helmut Walser Smith, ed., *The Oxford Handbook of Modern German History*, Oxford: Oxford University Press, 2011, p. 362; Alastair P. Thompson, *Left Liberals, the State, and Popular Politics in Wilhelmine Germany*, Oxford: Oxford University Press, 2000, pp. 162—163.

② Jonathan Sperber, *The Kaiser's Voters: Electors and Elections in Imperial Germany*, Cambridge: Cambridge University Press, 1997, pp. 3—4; Stanley Suval, *Electoral Politics in Wilhelmine Germany*, Chapel Hill, N.C.: University of North Carolina Press, 1985.

对此,英国历史学家埃文斯的一段话很好地描绘了德国政治社会分裂的情形,值得大段引用:"1914 年之前,德国社会生活诸领域已经全面政治化,……比如说,一位普通德国人如果想参加一个男声合唱团,那么在有些地区,他必须选择是加入天主教还是新教唱诗班,在另一些地区,他必须选择是加入社会主义还是民族主义合唱团;参加体育俱乐部、自行车俱乐部、足球俱乐部等社团时也是如此。在战前,社会民主党党员的全部生活几乎由党及其机关包办了:他可以阅读社会民主党的报纸,在社会民主党的酒馆食肆进餐,加入社会民主党的工会,从社会民主党的图书馆借书,参加社会民主党的节日和演出,娶社会民主党的妇女组织成员为妻,让子女加入社会民主党的青年运动,死后也用社会民主党资助的丧葬费入土为安。类似的描述还可以用于中央党……的支持者组成的群众组织、天主教工会运动、天主教休闲俱乐部以及各种学会,在某种程度上也可以用于其他政党。"①

在德国成为一个阶级社会的同时,威廉时期的德国政治生态也随之发生了巨变。

首先是帝国议会重要性的继续上升。如果说在 19 世纪 80 年代,俾斯麦的批评者还抱怨,首相所需要的不过是一个"被阉割的"议会,一个"由宦官组成的多数"。到威廉时期,这种抱怨已不大听得到。议员们的自我观感已大为提升,甚至因不太驯顺而被皇帝斥为"恶棍"。不仅政党领袖们已经成为越来越重要的政治角色,议员们的待遇和地位同样提高了:搬入了新帝国议会大厦、1906 年开始获得津贴、免费乘坐火车。如果说拥有"博士"或商务参事的头衔可以得到人们的尊敬,帝国议会议员现在同样成为自豪的源泉。那些能够将大批成员送入议会的政党自然水涨船高,不仅与各种经济利益集团互通款曲,还成为政府官员的公关对象。首相为争取预算和法案的通过,不得不费尽心力跟社民党之外的各政党打交道。俾斯麦时期,帝国议会选举的议题主要由政府决定。但在威廉时期,虽然政府仍采取各种措施——寻找和确定值得政府支持的候选人;在 些选区促成政党之间的谈判以保证政府中意的候选人能够当选;向某些候选人或政党提供秘密的资金支持——希望影响帝国议会选举的性质与结果,但除了 1907 年选举之外,再无成功的例子。原因之一在于俾斯麦的继任者缺乏他那种按照自己的意愿塑造事态的能力。另一个因素是市民社会的发展及其越发独立于国

① 〔英〕理查德·J.埃文斯:《第三帝国的到来》,赖丽薇译,九州出版社 2020 年版,第 94—95 页。

家,政党、经济利益集团和大众组织至少在一定程度上能够塑造公共事务,使得政府越来越难以单独确定选举议程。①

议会重要性的上升必须和另一项事态发展结合起来看,那就是大众政治的极度活跃。大众政治的活跃表现为:投票率;政治家到其选区最偏远的地方与选民沟通;议员和选民之间通信的增长;帝国议会参观券的黑市交易(1911年《摩洛哥—刚果条约》辩论期间,人们愿意付出的价格甚至相当于观看意大利著名歌唱家演出的票价);各类大众性组织的涌现。大众政治活跃之所以成为可能,要归功于以下因素:各级教育的发展;公共辩论的气氛相对自由;新闻业的发展(一战之前,德国有4 200家报纸,即便小镇报纸也常常报道政治新闻及议会辩论);交通通信的改善;选举制度本身的影响,选举制度越平等、直接、秘密,参与率就越高。俾斯麦时期的选举参与率相对较低,在50%—75%之间波动,经常出现选举舞弊,普鲁士东部省份的政府操控现象尤为严重。1890年后的投票率节节攀升。到1912年战前的最后一次选举,85%的选民——超过1 200万人——参与。85%意味着,那些不愿意参加投票的人不过占到登记选民的5%—7%;其余8%—10%未参加投票的人都是出于客观原因(死亡、疾病、工作或登记之后的住所变动)。参与率的提高既是各政党及其附属或相关组织仿效社民党进行大众动员的结果,驱使大量未参与投票者走进投票站,也是因为在帝国议会选举核查委员会的监督下,选举自由得到了保障。②

政治生态的最后一项重大变化是右翼煽动政治的兴起。从19世纪80年代后期开始,在德国出现了声势和影响都极为浩大的大众性右翼政治运动,包括反犹运动、农民和小资产阶级维护自身利益的运动、极端民族主义运动,所有这些右翼政治运动都带有民粹和煽动色彩。③在形式和实质上——社会群体、纲领和政治风格,威廉时期的右翼煽动政治和之后的纳粹运动存在着较大的亲缘性。

① David Blackbourn, "New Legislatures: Germany, 1871—1914", *Historical Research*, 157(June 1992), pp.201—214; Brett Fairbairn, "Authority vs. Democracy: Prussian Officials in the German Elections of 1898 and 1903", *Historical Journal*, 33/4(Dec., 1990), pp.811—838; Jonathan Sperber, *The Kasier's Voters: Electors and Elections in Imperial Germany*, Cambridge: Cambridge University Press, 1997, pp.203—204.

② David Blackbourn, *The Long Nineteenth Century: A History of Germany, 1780—1918*, Oxford: Oxford University Press, 1998, p.411.

③ David Blackbourn, "The Politics of Demagogy in Imperial Germany", *Past and Present*, 113(November 1986), pp.152—184.

　　简单地讲,煽动政治是指直接面向大众,用煽动性的言辞、宣传并依托较为持久的组织动员大众从而将大众带入政治生活。就其政治风格而言,这一新政治模式是相对于名流政治而言的。19世纪的大部分时间里,和欧洲各地的情况一样,德意志各种代表机构中的成员都是韦伯所说的一小撮"名流",即"为了"政治而活而非"依赖"政治而活的业余政治家①,他们有足够的金钱和时间,可以从事政治活动而不需要获取经济补偿;他们是名人,是地方上的"自然领导人",社会地位很高,不需要努力竞选。尽管他们也可能利用政治来促进自己的经济利益或加强自己的社会地位,但他们的财富和社会地位是其政治地位的原因而非结果。

　　在德国政治生活中,1890年是分水岭。这不仅是指俾斯麦下台,更主要是指新右派的出现以及煽动政治挑战名流政治模式。19世纪80年代开始涌现的各种极端民族主义组织——泛德意志联盟(1891年)、农业联盟(1893年)、德意志东进协会(1894年)、海军联盟(1898年)、帝国反社会民主党联盟(1904年)和陆军联盟(1912年)等——堪称右翼煽动政治的典范。与组织松散且缺乏大众根基的自由派和保守派名流政党相比,极端民族主义组织成员众多。海军联盟是德国最大的煽动团体,在建立后的18个月里,个人成员(需要付费)达到了20万,1906年达到顶峰——30万。许多组织得到了来自贵族、政府和经济利益集团的赞助,在职或退休的陆海军军官在海军联盟和陆军联盟作用突出(毫不奇怪)。重工业界在创建海军联盟时发挥了重要作用,克虏伯公司则帮助泛德意志联盟摆脱了财政危机。但是,地位和利益受到威胁的各类失意者构成了这些组织的主力与骨干,包括小资产阶级、农民和地主、文化资产阶级。

　　虽然德国正迅速成为一个工业国家,但1910年仍大约40%的人生活在不足2 000人的小共同体中,包括拥有中小规模土地的独立农民、地主以及农业工人,在经济上靠土地为生。在1873—1896年间的农业萧条中,农民和地主都受到巨大冲击,前引雅努绍的话就是针对这种情况说的。相当一部分容克因经营不善而破产,或负债累累,或被迫将庄园出售给资产阶级,构成了规模可观的破落贵族群体。地位受到的威胁还有学术界和职业界的文化资产阶级,其社会地位和威望依赖于接受古典的人文主义教育。文化资产阶级作为一个独特群体的威望有赖于整个社会继续接受"教养"优

---

　　①　[德]马克斯·韦伯:《韦伯作品集》(卷1:学术与政治),钱永祥译,广西师范大学出版社2004年版,第207—209页。

越于现代的"专业知识"。因此,工业化对文化资产阶级构成了根本的威胁。一方面,工业化导致了经济资产阶级的崛起,后者同样拥有经济和教育资本。另一方面,工业化还导致了古典人文主义教育理想的贬值,有利于更专业化的科技专业,那些更看重职业训练的中学和技术性大学日益受欢迎。传统带有学术色彩的文化资产阶级发现自己不仅被商业精英们超越,而且人数日增的工程师、技术人员以及其他专家也有后来居上之势。作为回应,大部分文化资产阶级将其地位受到侵蚀说成是文化危机。①在第二帝国时期,如果说新旧精英之间的融合程度相当差的话,"失意者"联盟却异常强大。

在"失意者"联盟中,文化资产阶级基本掌控了极端民族主义组织的方向和运转。成立海军联盟的想法最初由一个岌岌无名的鱼肝油制造商提出,得到了商业利益集团的支持,但德国学术界的许多大人物——所谓的"海军教授"们——很快就成为宣传鼓吹的中坚力量。文化资产阶级基本控制了泛德意志联盟的领导层,所有地方领导人中有四分之一拥有博士学位。一小群年富力强者更是把全部时间投入组织的各项工作,成为占据关键职位、真正承担宣传鼓动工作的骨干分子。作为依靠政治为生——从组织领取薪水或者从新闻活动中获取收益,又或者有年金或经营比较成功——的全新职业政治家,他们经常为不同的组织服务。因升迁受阻而退役的军官基姆(August Keim)最初长期在海军联盟任职,1908 年进入泛德意志联盟执委会,1912 年参与建立陆军联盟。杰哈德博士(Dr. Gerhard)是基姆的坚定追随者,曾是海军联盟中央办公室的专职官员,1908 年追随基姆离开海军联盟,成为泛德意志联盟的总干事。1907 年帝国议会选举期间,为民族自由党工作,1909 年成为帝国反教皇至上联盟的一个省级执委会成员。这些人大多没什么名气,也不是什么大人物,却相当了解大众政治的运作,擅长组织和宣传鼓动,在各种极端民族主义团体中建立了大众动员的必备品:付薪官员、专家演讲人、幻灯片、海报、新闻通信、集会。1907 年选举中,退伍军人协会的成员挨家挨户散发传单,鼓励或支持人们外出投票;海军联盟和帝国反社会民主党联盟还组织其杰出成员和职业鼓动家进行大规模的巡回公共演说。正是在这些组织的帮助下,所谓的民族政党能够举行大众性的竞选活动,包括公共集会、招贴海报、散发各种宣传材料,所有这些活动是

---

① Hans-Georg Betz, "Elites and Class Structure", in Eva Kolinsky and Wilfried van der Will, ed. , *The Cambridge Companion to Modern German Culture*, Cambridge: Cambridge University Press, 1998, p.74.

过去只有中央党和社民党才能做到的。[①]

通过极端民族主义组织，"失意者"联盟宣扬仇恨，鼓吹帝国主义、沙文主义、扩张和战争。盖伊曾指出，在欧美大众民主刚刚开始的阶段，仇恨动员因其容易、廉价且相当有效而一度普遍。仇恨动员建立在敌我划分的基础之上，且对敌对我奉行双重标准；一旦有了双重标准，煽动也就等于取得了自己无论怎么做都不会错的执照。阴谋论更强化了这种双重标准，政治上凡事就祭出"阴谋论"，其实相当有用。因为它鼓动了一种情绪：善良而脆弱的"我们"正受到邪恶的"他们"之威胁，当有了这种情绪，"我们"无论对"他们"做任何事，也都似乎有了理由，而且不必良心不安。激进民族主义者特别喜欢讲隐蔽的敌人。泛德意志联盟的一个领导人在1908年说："已经形成了一个基础广泛的阴谋，意在伤害德意志的一切。"联盟的出版物断言，隐蔽的敌人比公开的敌人更危险，因为他们带着"无害的面具"，"隐藏在幕后"。社会主义的红色国际、犹太金融资本的金色国际、教权至上主义的黑色国际都属于这一类隐蔽的敌人，甚至还包括那些身处高位的官员，却被泛德意志联盟以及其他激进民族主义者认定是牺牲真正民族利益的人。[②]除了犹太人、天主教徒和社会主义者被视为敌人外，遭到攻击的还有国内的少数民族（特别是人数不断增长的波兰人），主张自由贸易的左翼自由派（保护本民族的劳动者），雇用大量波兰农业工人的东部容克地主等。

极端民族主义者秉持民族至上的意识形态，认为民族是首要的甚至排他性的忠诚对象。这是他们同传统保守主义的根本不同之处，也是被称为新右派的原因。他们对民族的界定强调族裔和文化，且深受种族主义的影响，越发倾向于以"北欧""日耳曼""条顿""雅利安"这些带有强烈血缘和种族色彩的词汇描述德意志民族。与海军联盟、泛德意志联盟这些拥有大量成员和高层人脉的组织相比，同样在19世纪90年代大量出现的形形色色的种族性运动和反犹政党显得不成气候。与拥有崇高声望的"海军教授"

---

①　David Blackbourn, *The Long Nineteenth Century: A History of Germany, 1780—1918*, Oxford: Oxford University Press, 1998, pp. 428—429; Geoff Eley, *Reshaping the German Right: Radical Nationalism and Political Change after Bismarck*, Ann Arbor: The University of Michigan Press, 1991, pp. 256—260; Geoff Eley, "Defining Social Imperialism: Use and Abuse of an Idea", *Social History*, 1/3(Oct., 1976), p. 278; Jonathan Sperber, *The Kasier's Voters: Electors and Elections in Imperial Germany*, Cambridge: Cambridge University Press, 1997, pp. 246—247.

②　Peter Gay, *The Cultivation of Hatred*, New York: W. W. Norton & Company, 1993, Ch. 3; David Blackbourn, "Politics as Theatre: Metaphors of the Stage in German History, 1848—1933", *Transactions of the Royal Historical Society*, Vol. 37(1987), p. 156.

"非洲教授"相比，拉加德（Paul de Lagarde）和朗本（Julius Langbehn）这样的通俗作家也只对文化资产阶级有吸引力，被主流公众舆论认为是不值得认真对待的怪人。但拉加德、朗本、种族性运动和反犹小政党，与泛德意志联盟等大众性组织相互唱和，共同发展出成为极端民族主义意识形态核心的种族性民族主义。种族性民族主义基于德意志民族"有机统一体"的观念，强调德意志民族共同的血缘与遗传特征，强调德意志民族与土地的有机联系。这种带有浪漫主义色彩的"血与土"意识形态，颂扬农民生活，批判城市生活的堕落。许多种族性民族主义者认为，德国正经历一场文化危机，冷冰冰的现代城市文明正在戕害绚烂多彩的德意志文化，毫无人情味的社会取代了有机和谐的共同体。种族性民族主义不仅是日后纳粹意识形态的核心信条，在当时即已产生广泛影响。布尔战争期间，德国公众普遍支持布尔人，将布尔战争视为一个伪善的商业民族对一个起源于日耳曼的有机农民群体的镇压。1913年的《帝国国籍法》以血统原则为基础，一位保守派议员这样去表达他的支持："我们欢迎……血统构成授予公民权的指导原则。这一原则最适于维护和保存德意志的种族特征。"最近对19世纪后期大众结社的研究发现，对民族的这种有机理解既不局限于哪个阶级，也不限于保守派。比如说，德国的合唱团明确表示，德意志民族并不局限于现有的领土边界。合唱团非常关心生活在境外的德意志人。奥地利、苏台德德意志人甚至瑞士的歌唱社团都会接受邀请参加每年一度的歌唱节，因为组织者认为他们是德意志民族的一分子。结果就是"nation"和"volk"的全新区分，前一个概念是和新建立的民族国家联系在一起的，后者代表着超越国家边界的德意志族群共同体。①

极端民族主义者认为，第二帝国实现的统一在双重意义上是不完全的。一方面，泛德意志联盟希望建立一个最终包括哈布斯堡、俄国的波罗的海地区、瑞士、卢森堡、荷兰和比利时在内的政治实体。大德意志民族主义就这样死灰复燃。而在大德意志帝国建立以前的当务之急是保护德意志人及其文化不受外来威胁，威胁既来自西方，也来自东方的斯拉夫人特别是居住在东部边界地区的波兰人。这个长期存在的问题越发被认为是种群及其生存的问题，是一场事关出生率、人口和生存空间的斗争。因此，极端民族主义组织不断渲染"斯拉夫的威胁"和"争夺土地的斗争"。他们要求政府支持居

---

① Fritz Stern, *The Politics of Cultural Despair: A Study in the Rise of the Germanic Ideology*, Berkeley, CA: University of California Press, 1974, pp.3—180; Oliver Zimmer, "Nationalism in Europe, 1918—1945", in John Breuilly, ed., *The Oxford Handbook of the History of Nationalism*, Oxford: Oxford University Press, 2013, pp.426—427.

住在第二帝国之外的德意志人,特别是奥匈的 1 000 万德意志人以及在东欧散居的德意志人。另一方面,在列强最后一波瓜分世界的帝国主义扩张狂潮时期,极端民族主义者认为进一步扩张对于民族的未来至关重要。他们说德意志民族面临着"要么全有要么全无"的极端选择。泛德意志联盟在1900 年 1 月 1 日宣称:"在新的世纪,德国面临着一个重大决定。我们是希望充其量沦为二流国家,还是希望成为……主宰种族,成为全人类文化的传承者。"民族主义情绪的高涨还伴随着对其他国家和人民越来越负面的印象:傲慢、嫉妒的英国人,堕落的死敌法国人,物质主义的美国人和野蛮低劣的俄国人与其他斯拉夫人。①

这种沙文主义的产生一方面出于政府高层的推动,另一方面更是新右派尤其是文化资产阶级的自发行动。

威廉二世在俾斯麦去职后,采取了更为积极的象征政治战略。他敦促学校教育中要突出帝国主题,投入大量的时间和能量在德国各地修建纪念碑和雕像以纪念德意志的英雄,尤其是推动威廉一世皇帝纪念碑的修建,谋求将之树立为威廉大帝和帝国的奠基者。他希望将柏林提升为帝国的首都,将柏林变成"世界上最漂亮的城市"。新帝国议会大厦完工后,他又开始了许多新的建设计划,比如威廉皇帝纪念教堂和柏林的胜利大道。无需多说,皇帝在缔造德国人与帝国的情感纽带方面,总是会突出王朝——比如胜利大道上的霍亨索伦诸王大理石雕像。当然,皇帝和俾斯麦的最大不同在于对外政策。如果说老首相对于德国的欧洲大国地位已经相当满意的话,威廉二世和许多资产阶级一样不满于如此保守的守成,而是追求将德国提升为一个世界强国。19 世纪 90 年代末,在他的主持和推动下,德国正式开始实施世界政策,追求建立一支强大的海军和庞大的海外殖民帝国。只不过一贯夸夸其谈、行事鲁莽的皇帝,对海军和帝国主义的热情往往以过度夸张的方式表达出来。

但民族主义有它自己的生命。学校教师和大学教授在推进德意志事业方面并不需要鼓励,作为文化资产阶级的一员,他们一向是最主要的民族主义鼓吹者。政府并没有也无法垄断民族性的纪念活动,很多纪念和庆祝互动都是发源于市民社会,且得到了大量的私人捐款,比如纪念皇帝红胡子巴巴罗萨的基夫豪森纪念碑、纪念莱比锡之战的民族纪念碑。市民社会的自发行动并不总是买官方推动的王朝民族主义的面子,很多民族主义者更愿

---

① David Blackbourn, *The Long Nineteenth Century: A History of Germany, 1780—1918*, Oxford: Oxford University Press, 1998, pp. 436—437; William Mulligan, *The Origins of the First World War*, Cambridge: Cambridge University Press, 2010, p. 149.

意将俾斯麦而非威廉一世视为帝国的创造者。与各类民间组织通过私人捐款修建的 700 座俾斯麦纪念碑相比，皇帝利用官方资金在德国各地修建的 400 座威廉一世纪念碑未免相形见绌。

世界强国和海军更是资产阶级早已有之的梦想，它表达了长期存在且由第二帝国成就所加强的德意志文化优越感。韦伯在 1896 年说，"我们已经把波兰人变成了人"，说出了自由派的普遍共识。韦伯 1895 年就任弗莱堡大学教授的著名演讲中所说的一段话，应该能够代表许多资产阶级自由派的心声："国家的统一本是一个民族最好在其青年时代所达成，但在我们德国则是在民族的晚年才完成；如果德国的统一不是为了开始卷入世界政治，反倒是为了不再卷入世界政治，那么当年花这么大的代价争取这种统一也就是完全不值得的了。"在文化资产阶级那里，文化优越感和与之紧密相连的德意志使命感可谓根深蒂固。那些在第二帝国建立后成长起来的新一代，希望在全球和欧洲迎接新的挑战。①

极端民族主义组织和统治者的关系充满了争议。从表面上看，许多组织的确得到了官方的支持。政府无疑希望利用民族主义组织，海军部的一份备忘录就指出海军联盟具有"使整个民族团结起来的力量"；比洛不喜欢泛德意志联盟并不妨碍他承认鼓吹民族主义的价值。但极端民族主义者的目标和统治者的目标并不完全一致。他们的要求比政府能够满足的更多：更多的战舰、更多的殖民地和更多的德意志人到东部定居。不管是布尔战争，保护奥匈的德意志人，还是萨摩亚问题，极端民族主义者都发现他们的领导人缺少能量和目标。他们常常指责政府对民族利益的保护不够，甚至质疑政府是否爱国（延伸到所有的右翼政党），指控政府完全忽略德国在世界上的利益，屈服于帝国议会的利益集团——比如非德意志的中央党，忽视了来自左翼的威胁。许多东进协会的成员还敌视容克，认为容克将获取廉价波兰劳动力放在民族利益之上。到 1907 年后，新右派已经构成了"民族反对派"。1907—1908 年的海军联盟危机——在反对政府和批评皇帝问题上的分歧导致了像基姆这样的激进派出走——和《每日电讯报》事件，对政府的批评还扩展到攻击君主制本身。②

---

① ［德］马克斯·韦伯：《民族国家与经济政策》，甘阳等译，生活·读书·新知三联书店 1997 年版，第 106 页；David Blackbourn, *The Long Nineteenth Century: A History of Germany, 1780—1918*, Oxford: Oxford University Press, 1998, p.427。

② David Blackbourn, *The Long Nineteenth Century: A History of Germany, 1780—1918*, Oxford: Oxford University Press, 1998, pp.430—431; Geoff Eley, *Reshaping the German Right: Radical Nationalism and Political Change after Bismarck*, Ann Arbor: The University of Michigan Press, 1991, pp.239—290.

新右派曾经对威廉二世寄予厚望,但皇帝的所作所为——不断爆发的丑闻、整日忙于在外巡游、热衷于各种庆祝活动以及更重要的是世界政策的成果微薄——让他们大失所望。坚持民族至上的新右派认为,民族应凌驾于统治者及其王朝之上。泛德意志联盟的公共宣传家瑞文特洛(Ernst von Reventlow)在1906年毫不客气地将矛头对准了皇帝,以相当激烈的方式表达了民族至上的观点。他公开指出,与英国的爱德华七世相比,威廉二世的行动太过像一个王朝统治者:"爱德华七世作为其民族的代表出访,并为她的利益行事,……而在威廉二世那里,王朝才是决定性的。"同一年,一本流传极广的小册子(小册子的作者匿名,但明显不属于左翼阵营)断言,如果德意志民族感到霍亨索伦家族无法代表民族利益的话,有权将王族"推到一边";未来属于民主。1912年,泛德意志联盟主席克拉斯(Heinrich Class)以笔名出版了《假如我是皇帝》,引起了轩然大波。他昭告世人,假如他握有威廉二世手中的权柄,则首先要对付帝国内部的敌人——社会民主党和犹太人。他怒斥,社会民主党年初在国会选举中的胜利是犹太人阴谋损害国家的结果;犹太人正在颠覆德国的艺术、破坏德国的创造力、腐蚀德国的民众。克拉斯写道,假如他是皇帝,他将立即剥夺犹太人的公民权;取缔社会民主党,将其领导层、议员、报纸主编和工会书记驱逐出德国;重新制定议会普选权,给予知识阶层和有产者更多投票权,只允许最优秀的成年男子担任公职;利用全国性集会和爱国庆典号召人民群众投身民族事业。[①]

新右派清楚自己和君主、宫廷、高级贵族相距遥远,但自认是民族的代表和民族事业的热烈推动者。由此落差形成的挫败感让他们发展出一种民粹式的"元首"话语,以宣泄不满和愤懑。他们推动俾斯麦纪念碑的建设,以制造俾斯麦神话的方式,使自己的立场合法化。德意志民族需要一位真正能带领他们走向伟大的领袖,需要一位新俾斯麦,这样的领袖必须以实打实的成就来回应人民赋予他的信任和权力。一位新右派在1909年指责皇帝,"宫廷的盛况和魅力"让威廉二世完全看不到他的人民。他警告皇帝,不仅有基于神授权利的统治,还有基于人民权利的统治。克拉斯曾描述他从父亲的一位老朋友那里了解到一个人如何能够"成为人民的热情之子,但又是

① Martin Kohlrausch, "Loss of Control: Kaiser Wilhelm II, Mass Media, and the National Identity of the Second German Reich", in Milinda Banerjee, Charlotte Backerra and Cathleen Sarti, eds., *Transnational Histories of the 'Royal Nation'*, Basingstoke: Palgrave MacMillan, 2017, pp.97—99; Roger Chickering, *We Men Who Feel Most German: A Cultural Study of the Pan-German League, 1886—1914*, London: George Allen & Unwin, 1984, pp.284—286.

魅力与迷惘:欧洲民族主义五百年

自己统治者的坚定反对者",其父的这位老朋友曾参加过 1848 年革命。他和许多新右派蔑视王公大臣们的官方民族主义,认为其纯属形式主义和装点门面:"舞台庆典和庆祝活动、游行和雕像揭幕"只是掩盖了政府缺乏意志的事实。正是这些新右派,以他们对政府和皇帝的批评,以"元首"话语,比社民党的威胁更直接挑战了德国的君主制度,因为压制右翼的批评要比应对左翼更难。德意志自由主义以另一种方式实现了对其过往一再败于王权和当局的报复,因为正如一位泛德意志联盟的杰出研究者所言,构成新右派核心的文化资产阶级是"自由主义之子"①。

不过,作为"自由主义之子"的新一代文化资产阶级同样背叛了他们的父辈。基于他们感到的文化危机,同样挥舞着民族大旗的他们抛弃了政治自由主义。他们就像 19 世纪前半期的自由民族运动,回到反政府的立场上,却变成了"右翼的雅各宾派"②。

在这里以大段篇幅讨论极端民族主义,包括指出其种族性民族主义观念在当时的影响,并不是说德国人已经被极端民族主义所俘虏,支持新右派的沙文主义、帝国主义和种族主义政策。以德国工业界来说,某些企业曾经在不同的时刻因为不同的实际考虑支持过部分极端民族主义组织,但他们总体上既不支持战争,也不支持无限制的帝国主义。这也是最极端的泛德意志联盟在工业界不受欢迎的原因之一。拉特瑙(Walther Rathenau)自 1899 年起担任德国通用电气公司的董事和总裁,作为德国高技术和出口导向企业的最著名代表,将泛德意志联盟蔑称为一帮被孤立的"尖叫者"。他认为,战争并非儿戏。他在 1912 年警告来自化学工业的企业家:"不要认为,如果德国输了战争还能获得什么好处。恰恰相反,德国将不得不付出所能付出的一切。在德国,哪个圈子才有能力付出?农业付出不了多少东西,中产阶级也是如此,只有工业必须付出。也就是说,胜利者将成为我们企业的购买者,而我们将变成领工资的奴隶。"多数德国工业家和金融家认为,经

---

① Richard Frankel, "From the Beer Halls to the Halls of Power: The Cult of Bismarck and the Legitimization of a New German Right, 1898—1945", *German Studies Review*, 26/3(October 2003), pp.543—560; Martin Kohlrausch, "Loss of Control: Kaiser Wihelm II, Mass Media, and the National Identity of the Second German Reich", in Milinda Banerjee, Charlotte Backerra and Cathleen Sarti, ed., *Transnational Histories of the 'Royal Nation'*, Basingstoke: Palgrave MacMillan, 2017, p.99; Roger Chickering, *We Men Who Feel Most German: A Cultural Study of the Pan-German League, 1886—1914*, London: George Allen & Unwin, 1984, p.303.

② Geoff Eley, *From Unification to Nazism: Reinterpreting the German Past*, Boston: Allen & Unwin, 1986, pp.265—266.

474

济联系包括跨国经济联系的不断增强让德国受益巨大，即使主要代表重工业的德国工业家中央协会中的许多企业家同样如此认为。该组织主席和克虏伯公司的董事罗特格(Max Roetger)认为，德国在自由交换和自由流动的合理塑造下，取得了非凡的成就，带来了巨大的经济繁荣。他反对利用军事手段去实现经济目标。施廷内斯(Hugo Stinnes)在法国、俄国、英国以及其他地方四处购买企业，在1912年曾劝说克拉斯不要煽动战争："看看这意味着什么，当我缓慢但肯定地从这个或那个公司获得大部分股份时，当我逐渐掌握了越来越多的对意大利的煤炭供应时，当我因为必需的矿石而在瑞典和西班牙不知不觉地站稳脚跟时，或者当我在诺曼底建立自己的地位时——只要再安静地发展3—4年，德国将成为欧洲无可争议的经济主人。"一旦战争爆发，德国那些最大的企业——克虏伯、蒂森、施廷内斯、通用电气、西门子、劳埃德、德意志银行——都将失去在国外的子公司、主要市场、原材料来源与员工，并且因为贸易被破坏而遭受重创。①

德国主流的民族主义并没有变得极端和危险，从而与同时代的西欧国家相比，预示了日后纳粹崛起的必然。很难证明反犹主义、种族主义和排外在德国的多数政党和选民中要比在法国或其他欧洲国家更突出。一方面，极端民族主义的鼓噪和大众性组织在当时的大国中属于普遍现象，且这些组织的民族界定和政策主张同德国的相差不大。另一方面，在德国，新右派的声音的确响亮，但更能代表绝大多数德国人想法的是那种日常民族主义。新右派的民族主义属于比利格(Michael Billig)所说的狂热民族主义。他指出，"狂热民族主义"其实是稀有现象，产出主要靠政客和知识分子。典型的民族主义其实很"低调"，几乎是不被察觉地渗透到公民群体的意识中，日常民族主义属于通过常规形成集体意识——假日、娱乐、体育、习俗等。国际体育运动的流行，为以竞赛方式表现民族认同提供了新的契机。从19世纪90年代到第二次世界大战爆发的这段时间，许多吸引国际关注的大众体育竞赛诞生，包括环法自行车赛、足球世界杯以及奥运会。霍布斯鲍姆将足球的感召力解释为民族自豪感的体现。1929年，他还是个孩童，居住在维也纳，收听了奥地利与英国之间的国际足球赛事。他总结这次经历说："由数百万人组成的想象的共同体比一支由11个指定的人组成的球队，显得更为真实。每一个人，即使只是一个欢呼的人，都变成其民族自身的象征。"②

① Mark Hewitson, *Germany and the Causes of the First World War*, Oxford: Berg, 2004, pp. 31—33.

② Michael Billig, *Banal Nationalism*, London: Sage, 1995；[英]奥利弗·齐默：《欧洲民族主义1890—1940》，杨光译，北京大学出版社2013年版，第64页。

到一战爆发之前，民族主义已经成为大众现象。绝大多数德国人不会质疑自己的德意志身份，德国如同其他很多欧洲国家一样，已经实现了大众的民族化。大众的民族化当然包含了通过国家机构（教育、军队、大众媒体、法庭和公共行政机构）和文化、政治与经济精英的自上而下灌输，即尤金·韦伯所说的把"农民变成法国人"的那些机制和过程①。但变成德国人的过程不是仅仅依靠自上而下的灌输，更不可能通过强加张牙舞爪的民族主义而出现。恰恰相反，是一点一滴但持续不断地接触民族主题的图像、实践、观念和行动，使"农民变成了德国人"。换言之，大部分人获得民族认同是通过琐碎的行动实现的。通过国旗、货币、民族主题的儿童游戏、描绘民族英雄的物品、风景、纪念碑、船舶的命名仪式、吸引大量人群的展览和体育赛事以及民族主题的收藏卡或明信片，民族正成为日常工作和程序的一部分。旅行和大众旅游也日益成为获得民族认同的重要途径。需要强调的是，这些琐碎的民族化工具是由国家行政机构之外的社会组织、团体和个人生产、分发与消费的。

更重要的是，成为德国人并不意味着赞成民族至高无上，或者支持可以以民族的名义为所欲为。民族认同更不应等同于有共识的核心价值观，而应是对民族观念的共同关注、参与。事实上，从民族观念获得政治重要性一开始，民族的意义就始终存在着争议。在德国，伴随着大众的民族化，几乎所有的群体都宣称有权阐释民族，参与民族事务的辩论。在对民族利益的理解上，各政党和不同的群体更是看法不一。1913年恰逢威廉二世登基25周年纪念和莱比锡战役100周年纪念，官方和民间都组织了盛大的庆祝活动。官方组织的庆祝活动遭到了广泛的批评。几乎每一家报纸都以某种方式表达了对莱比锡战役100周年的纪念，就莱比锡战役的叙述和意义、应当如何庆祝以及为何官方的庆祝活动没有能够满足人们的预期展开了激烈的争论。争论体现了德国人在民族认同、历史记忆和爱国庆祝活动等问题上的分裂。与此同时，也表明几乎所有群体都相当看重上述议题，社会民主党也同样热情地参与了辩论，他们在解放战争中发现了自己深信的民族遗产。社民党在抨击官方和资产阶级的民族主义时，同样表现出对德意志及其历史的强烈认同感。②

关于民族事务的公共争论有助于产生对民族利益和认同的不同解读，新右派却无法接受。对于基姆来说，这种四分五裂的状态显示，必须发动"一场

---

① Eugen Weber, *Peasants into Frenchmen: The Modernization of Rural France, 1870—1914*, Stanford: Stanford University Press, 1976.

② Ian Gregory Beilin, "Celebrating the Nation's Pasts: The 1913 Commemorations and National Identity in Late Imperial Germany", Phd. Dissertation, Columbia University, 2000.

民族教育的圣战",以"发展出我们内在的统一,从而完成我们的民族统一"。克拉斯则相信,犹太人已经颠覆了德国政治,他们利用大众对帝国政府外交失败的冷漠,创建了一个由社会主义者、自由派、天主教徒、波兰人、丹麦人、阿尔萨斯人以及汉诺威人等所有这些国家的敌人组成的联盟。基姆、克拉斯和其他极端民族主义者宣称,只有他们对德意志爱国主义的表达和意义的理解才是正确的。大部分德国人包括相当数量的右翼显然并不这么看,更不支持极端民族主义观念,也不怀有对外侵略扩张的梦想。海军联盟最顶峰时不过拥有 33 万成员,不到社民党的三分之一。1912 年(当年德国的选民为 1 450万),所谓的民族公众大概数量在几十万到 300 万之间;而在当年参加投票的1 220 万人中,825 万人支持社民党、中央党、左翼自由派和少数民族的政党。此外,许多保守党和民族自由党的选民也并不同情极端民族主义。[1]

3. 大战、"大失序"和民族共同体

1908 年,法国哲学家索雷尔(Georges Sorel)告诉友人,在欧洲,和平是"一种不正常的状况"。欧洲居住着不同的民族,他们的利益、欲望和生活方式迥异,因此是"最可能发生战争灾祸"之地,任何倡导欧洲统一的人无异于傻瓜:"以美利坚合众国为模板的欧洲合众国?他们怎么敢把北美那样一块由利益相同的移民居住的土地与欧洲这样一块由互为世仇的古老种族居住的土地相提并论?这纯粹是愚蠢之举。……十年后,它将陷入战争和无政府状态,就像它在一个世纪里总会发生两三次一样。"[2]索雷尔不幸言中,1914 年 8 月,欧洲爆发大战,开启了戴高乐和丘吉尔所谓的另一场"三十年战争"。从一战爆发到二战结束,战争、革命、内战、大规模杀戮、种族清洗和强迫迁移、经济危机和社会动荡构成了多数欧洲国家这一时期历史的主题。

在大战失败者聚集的中东欧地区,战后数年尤为动荡。自三十年战争以来,欧洲还没有像 1917 年、1918 年后数年那样发生过一连串绵延而血腥、互相牵连的战争和内战。内战交织着革命与反革命,以及新成立国家之间的边界冲突,以致可以说 1918—1923 年间的欧洲"是这个星球上最暴力

---

① Geoff Eley, *Reshaping the German Right: Radical Nationalism and Political Change after Bismarck*, Ann Arbor: The University of Michigan Press, 1991, pp.265—266; Mark Hewitson, *Germany and the Causes of the First World War*, Oxford: Berg, 2004, pp.44—45.

② Matthew D'Auria and Jan Vermeiren, "Introduction: Notions, Images, and Ideas of Europe in the Midst of Disaster, 1914—1918", in idem., eds., *Visions and Ideas of Europe during the First World War*, London and New York: Routledge, 2020, p.1.

的地方。……超过 400 多万人死于战后欧洲的武装冲突——多过不列颠、法国与美国在战时的伤亡人数总和"。德国作为主要的参战方和战败国,在1914—1923 年的 10 年间经历了一位研究者所说的"大失序"①。"大失序"不可避免地影响了德国的民族主义,同时也受民族主义的影响。

这段暴力、混乱和动荡的时期开始于 1914 年的"八月经历"或"八月奇迹",或者更准确地说,关于"八月经历"的神话。战争爆发时,很多德国人齐聚大城市的中心广场,表达对战争的欢呼和爱国热情,希特勒的身影也出现在聚集的人群中。②8 月 4 日,威廉二世发表议会演说,呼吁在国内实现所谓的"城堡和平",强调德国人应放弃党派纷争、一致对外:"我不再知道什么党派集团,我只知道德意志同胞。"令许多自认处于民族阵营的德国人——新老保守派和自由派——震惊和狂喜的是,一直被他们斥为"帝国敌人"的天主教徒和社民党同样支持战争。

长期遭受排斥让社民党依然坚守对阶级和国际劳工运动的忠诚,与此同时,工人物质条件上的巨大改善在无意中将德意志民族国家逐渐转变成他们的忠诚对象。许多社民党人深信,皇帝的帝国已经取得了巨大的成就,工人在军事失败中失去的不只有锁链。对"无祖国者"的攻击除了导致抗议外,还促使社民党一直怀抱着洗掉污点和最终被接纳为德意志民族一分子的渴望。社民党机关报《前进报》(Vorwärts)在战争爆发时坚称:"工人与民族不分轩轾。"天主教徒表现出了同样的爱国热情,中央党的主要出版物《日耳曼妮娅》欢呼:"德意志兰! 德意志兰至高无上!"教会的精英们还呼应教皇在第一次十字军东征时的布道词,声称:"我们将开始一场圣战……这是上帝的旨意!"天主教表达爱国热情的动机同社民党一样,渴望被整个社会承认。③结果,在 8 月 4 日的议会投票表决中,德国各政党无一例外地支持战争拨款。

① [德]罗伯·葛沃斯:《不曾结束的一战:帝国灭亡与中东欧民族国家兴起》,冯奕达译,时报文化 2018 年版,第 28—29 页;"大失序"的说法参见 Bernd Weisbrod, "Violence and Sacrifice: Imagining the Nation in Weimar Germany", in Hans Mommsen, ed., *The Third Reich between Vision and Reality*, Oxford: Berg, 2001, p.7。

② Peter Fritzsche, *Germans into Nazis*, Cambridge, MA: Harvard University Press, 1998, pp.1—7.

③ George L. Moses, "Nationalism and Proletariat-Germany 1914", *Australian Journal of Politics & History*, 11/1(April 1965), pp.63—69; William Maehl, "The Triumph of Nationalism in the German Socialist Party on the Eve of the First World War", *The Journal of Modern History*, 24/1(Mar., 1952), pp.15—41; Sven Oliver Müller, "Nationalism in German War Society 1939—1945", in Jörg Echternkamp, ed., *Germany and the Second World War, Vol. IX*, pts.2, *German Wartime Society 1939—1945: Exploitation, Interpretations, Exclusion*, trans. by Derry Cook-Radmore, et.al., Oxford: Clarendon Press, 2014, pp.22—23.

事实上,德国人对战争爆发的态度相当复杂。在大城市中心广场上欢呼的主要是中产阶级和学生,在大城市的其他地方、中等城市、小城镇和农村,很多人固然同样表现出爱国热情,但更多的是恐慌、担忧和沮丧:正常的生活被打乱、与亲人生离死别、农忙时缺少劳动力……社民党领导层和普通党员与支持者中都出现了分裂,7月31日颁布戒严令禁止集会和政治表达自由,此前数天,至少75万社民党党员和支持者在帝国各地参与了反战集会。对于领导层支持战争的决定,党内人数颇为可观的少数派异常失望。①

不过,民族阵营的许多人或是没有看到这一幕,或是视而不见。德国文化界尤其是知识分子阶层在民族热情的驱使下,一方面以所谓的"1914年观念"对抗1789年观念,声称战争是为保卫更优越的德国"文化"免受所谓西方物质主义与程式化"文明"的威胁;另一方面编织出"八月经历"或"1914年精神"的神话,将八月视为举国上下一致热情支持战争和民族团结的时刻。②

"八月经历"是神话,但就像历史上一再发生的那样,很多时候产生重大影响的恰恰是神话而非事实。对很多德国人来说,"八月经历"无异于一种"重生",即历史学家杰斯曼(Michael Jeismann)所谓德意志历史上的"短暂的高光时刻,地区、教派和政治分歧消失在背景中,德国人成为人们体验或想象的首要身份"。所有深深根植于德国社会的分裂看起来全然消失:社会主义工人运动的疏离,新教徒和天主教徒之间的教派斗争,农业界和那些寻求加快德国工业化步伐的人在资源分配方面的冲突,大城市那些寻求进行现代主义文化实验的先锋派和小镇与乡村的文化保守派之间的敌对。目睹爱国热情喷发的兴登堡在8月10日给女婿的信中说:"我们人民的表现实在妙不可言!"对民族阵营的许多人来说,"八月经历"提供了让他们感到安心的证据,德国人民的确可以找到一条实现他们始终渴求的内部团结的道路。兴登堡在1915年初写道:"愿我们永远不要失去1914年精神!"③

① Jeffrey Verhey, *The Spirit of 1914: Militarism, Myth and Mobilization in Germany*, Cambridge: Cambridge University Press, 2000, pp.58—114, pp.156—161; Benjamin Ziemann, *War Experiences in Rural Germany, 1914—1923*, trans. by Alex Skinner, Oxford: Berg, 2007, pp.16—27.

② 参见[德]沃尔夫冈·J.莫姆森:《德国的艺术家、作家、知识分子和战争的意义(1914—1918年)》,载[爱尔兰]约翰·霍恩主编:《第一次世界大战期间欧洲的政府、社会和动员》,卢周来译,北京理工大学出版社2007年版;Wolfgang J. Mommsen, *Imperial Germany, 1867—1918: Politics, Culture and Society in an Authoritarian State*, London: Arnold, 1995, pp.205—216。

③ Rudy Koshar, *From Monuments to Traces: Artifacts of German Memory, 1870—1990*, Berkeley, CA: University of California Press, 2000, p.16; Wolfram Pyta, "Hindenburg and the German Right", in Larry Eugene Jones, ed., *The German Right in the Weimar Republic: Studies in the History of German Conservatism, Nationalism, and Antisemitism*, New York and Oxford: Berghahn, 2014, pp.37—38.

　　不过，神话绝非万能，对现实的某种阐释固然可以产生持久的深远影响，但无法消除人们需要应对的战争压力。正如一位历史学家所言，一战是"对各参战国合法性的测试"①。要在工业化时代的总体战中取胜，参战国必须动员全社会的人力物力，要求人民做出巨大的牺牲，与此同时也不可避免地要对人民的各种要求做出让步。事实证明，俾斯麦为第二帝国打造的体制未能通过合法性测试。面对英美法强大联合力量的西线德军到1918年夏秋之际已无心恋战，革命在11月的爆发导致了君主制的垮台。

　　在德国，战争激化了战前即已存在的国内冲突。在前线，工业化时代总体战如机器一般大规模杀戮的经历，让那些即便充满民族主义激情、期望在战争中英勇表现的战士很快就感到幻灭。随着伤亡的迅速增加、获知后方家人度日艰难以及报刊上对兼并目标的大量讨论，形形色色的不满和怨言最终被归结为一个一般性的结论——战争是一个大"骗局"，保卫德意志祖国只是谎言。在后方，1915年秋起食品供应的紧张到1916年发展为极端的物资供应困难，营养不良和饥饿影响整个德国社会，直到今天，1916—1917年的芜菁之冬仍然深深镌刻在德国人的集体记忆之中。食物骚乱在许多城市爆发，愤怒的家庭主妇和年轻人砸碎商店的窗户，围攻市政厅或高喊"面包与和平"。面对前线的僵局和后方的不满，开战之初率军大胜俄军、从而成为全民英雄的兴登堡及其最亲密的副手鲁登道夫自1916年底起接管了陆军最高指挥部，建立起事实上的军事独裁。战争还激化了很多地方和现役部队的反普情绪。对前线士兵信件的监控发现，在来自莱茵河地区、汉诺威、黑森甚至西里西亚的部队中，贬低"普鲁士人"很常见。其中，巴伐利亚部队对战事的绝望更是转化为普遍的仇普态度，他们认为，正是普鲁士人的傲慢自大拖延了战争。1916年8月，一名负责监控巴伐利亚米斯巴赫地区舆情的警方观察员，这样总结从前线休假回来的巴伐利亚士兵的态度和当地流行的看法："战后我们将成为法国人。但那总比成为普鲁士人好，我们已经受够了，每个从战场上回来的士兵都这样告诉我们。"②

　　前线和后方同时出现了一种深入人心的道德话语，有些人利用战争获

---

　　① Jay Winter, "Introduction to Volume II", in idem., ed., *The Cambridge History of the First World War, Vol. 2*, Cambridge: Cambridge University Press, 2014, p.1.

　　② Belinda J. Davis, *Home Fires Burning: Food, Politics, and Everyday Life in World War I Berlin*, Chapel Hill, N. C.: University of North Carolina Press, 2000, pp.80—89, pp.96—98；[英]克里斯托弗·克拉克：《钢铁帝国：普鲁士的兴衰》，王丛琪译，中信出版集团2018年版，第593—594页；Benjamin Ziemann, *War Experiences in Rural Germany, 1914—1923*, trans. by Alex Skinner, Oxford: Berg, 2007, pp.142—144。

益丰厚,更多的人只是在为战争做出牺牲。批判的矛头不仅指向犹太人,还直指上层阶级。许多不满开始以社会主义工人运动的反资本主义和政治参与语言去表达。1916 年 11 月,当一位前线战士得知正怀着他们第七个孩子的妻子没有得到任何来自官方的帮助时,他认定他们浴血奋战保护的不过是"大资本家"①。在很多普通人和左翼政党那里,战时牺牲和扩大民族共同体公民权利之间的联系构成了理解民族共同体及其对成员义务的新方式。难道工人不应该因为他们在战争努力上的合作而有权获得更好的社会经济与政治待遇吗?普鲁士议会的选举体系不应该扩大吗?政府难道不应该对民选议会负责吗?

到 1917 年,普遍的不满和反战情绪激发了左右两翼政党在战争目标问题上旷日持久的辩论。4 月,少部分反战的社民党成员不满领导层继续支持战争的政策,另组独立社民党。7 月,在中央党劳工运动和帝国议会党团领导人埃尔茨贝格(Matthias Erzberger)的推动下,由社民党、中央党和进步党组成的议会多数通过了和平决议,要求立即停火,放弃领土扩张和赔款。9 月,商业巨头沃尔夫冈·卡普(Wolfgang Kapp)——泛德意志联盟创始人之一阿尔弗雷德·胡根贝格(Alfred Hugenberg)的合伙人,1920 年卡普暴动的主要策划者——创建德意志祖国党作为直接回应,要求胜利的和平——包括在东西欧和非洲的领土兼并——和独裁式修宪。祖国党推举前海军大臣提尔皮茨(Alfred von Tirpitz)为主席,得到了新老右翼和民族自由党的支持,却摆出只以德意志民族为重、超越党派之争的架势。②

到此时,威廉二世已完全不能掌控大局。从议会形成要求民主与和平的多数派开始,陆军最高指挥部除掌管军事指挥和相关的国内经济组织大权之外,兴登堡还从皇帝手中攫取了重要的人事任命权。直到战争结束,兴登堡迫使皇帝先后解除首相霍尔维格(1917 年 7 月)、副首相赫弗里希(1917 年 11 月)、皇帝的宫廷近臣瓦伦蒂尼(1918 年 1 月)和外交国务秘书屈尔曼(1918 年 6 月)等得力助手的职务。这些政治家因为主张温和的内外改革而成为兴登堡等右翼的眼中钉。实际上,自 1909 年起担任首相的霍尔维格同样是君主权力和容克特权的捍卫者。但他相信,在人民战争的条

---

① Benjamin Ziemann, "Germany 1914—1918: Total War as a Catalyst of Change", in Helmut Walser Smith, ed., *The Oxford Handbook of Modern Germany History*, Oxford: Oxford University Press, 2011, p.387.

② Roger Chickering, *Imperial Germany and the Great War, 1914—1918*, Cambridge: Cambridge University Press, 2004, p.161.

件下,君主制的维持取决于皇帝重新定位、让自己成为人民的皇帝;而这意味着要进行切实的政治改革,包括结束普鲁士的三级选举制,提升帝国议会的地位,以安抚和拉拢真正拥有大众基础的社民党和中央党。兴登堡成功迫使霍尔维格辞职代表着普鲁士—德国君主制历史上一次深刻的断裂,皇帝本人的牢骚——"现在是他退位的时候了,因为这是普鲁士君主第一次被他的将军们强迫去做他不想做的事情"——表明他模糊捕捉到了正在发生的重大变化:世纪之交以来君主威信逐渐受到侵蚀,到战争期间加速演变为一场静悄悄的合法性革命,民族共同体观念在战争期间的流行就是其表征。战争后期面对前线的巨大压力及后方的和平与改革要求,提尔皮茨、鲁登道夫和总参谋部的一些军官都考虑过落实战前新右翼的领袖原则,建立军事独裁,由最高指挥部夺取德国国内的政治领导权,剥夺帝国议会、皇帝、德国王侯们和联邦委员会的权力。而 1918 年 11 月革命期间,全德国君主制悄无声息地崩塌,20 多个王侯在威廉二世悄悄逃亡荷兰后迅即和平下台,表明君主制不再有大批坚定支持者。用一位对君主制大失所望的伯爵——日后转而皈依纳粹——的话说,20 世纪初期的德国君主制已经被证明是这样一种体制,"即使在其死亡时,也未能展示其伟大……相反其内部已衰朽不堪,精神高度紧张,以致在第一声枪响之时就放弃了其地位"[1]。兴登堡在战争期间能够成为代理皇帝、1925 年当选总统后享有的威望以及整个 30 年代对希特勒的崇拜,公众对一位真正元首——一个真正能将其政治意志转化为行动和成就的领袖——的颂扬,正来自之前政治领导失败导致的情感真空。

　　1918 年 11 月 11 日,德国与协约国签署了停战协议。不过,于革命中诞生的魏玛共和国迟迟未能实现从战时到和平年代的过渡,而是一直处于战斗状态。1918 年 11—12 月,少数主张效仿十月革命的激进左翼脱离独立社民党,在卡尔·李卜克内西和罗莎·卢森堡的率领下,组建德国共产党。随后几年中,德共在德国各地多次发动暴力起义。1918 年 11 月 10 日,主导看守政府的社民党领导人艾伯特(Friedrich Ebert)和刚刚接替鲁登道夫的格勒纳(Wilhelm Groener)将军达成谅解:陆军将支持看守政府维

---

① Wolfram Pyta, "Hindenburg and the German Right", in Larry Eugene Jones, ed., *The German Right in the Weimar Republic: Studies in the History of German Conservatism, Nationalism, and Antisemitism,* New York and Oxford: Berghahn, 2014, pp. 28—32; Isabel Hull, "Military Culture, Wilhelm II, and the End of the Monarchy in the First World War", in Annika Mombauer and Wilhelm Deist, eds., *The Kaiser: New Research On Wilhelm II's Role in Imperial Germany,* Cambridge: Cambridge University Press, 2003, p. 245; Matthew Stibbe, "Monarchy and its Legacies in Germany since 1918", *GHIL Bulletin,* 32/2(November 2010), pp. 25—39.

护法律和秩序及镇压革命的努力。社民党已转向反革命,更看重建立议会民主制。1919 年 1 月,该党同中央党、民主党(进步党的后继者)组成的魏玛联盟促成了魏玛宪法的通过和共和国的建立。以《艾伯特—格勒纳协定》为基础,军队尤其是退伍士兵组成的准军事组织自由军团血腥镇压了左翼的多次武装革命,包括杀害了李卜克内西和卢森堡。共和国的敌人不仅来自极左翼,还来自右翼,1920 年 3 月的卡普政变表明反革命力量尤其是自由军团憎恨他们的共和国主人。在《凡尔赛和约》裁军条款的刺激下,反叛的自由军团和一些国防军单位控制了柏林,最终社民党以大罢工才击败政变。共和国在陷入事实上内战状态的同时,还要与全世界战斗,因为《凡尔赛和约》使政治光谱中的几乎所有派别都下定决心,力图废除和约的核心条款,收回失去的领土,停止支付赔款,恢复德国的大国地位。[①]

　　一战的结束对魏玛时期的德国人如何理解"民族"产生了深远的影响。战后的凡尔赛秩序构成了魏玛德国政治中最重要的扭曲图像,极端民族主义者、天主教徒和自由派、社民党人和共产党人都相信德国是胜利者不公裁决的牺牲品。"凡尔赛"成为德国国内政治中一个包含着浓烈情绪的关键词。更何况,德国人从没有承认战败,战火并未烧到德国本土。为战败找到一种解释的需要,导致了前所未见的反社会主义、反自由主义和反犹民族情感。

　　战争最终在西线结束,但东线的结果在塑造人们的看法方面起了关键作用。绝大多数德国人对 1918 年 10 月西线战场的崩溃异常震惊,因为不久前他们还在庆祝东线大捷。俄国爆发革命,退出战争,1918 年 3 月签订的《布列斯特—立托夫斯克和约》剥夺了苏俄一半的工业和三分之一的人口。在东至顿河边罗斯托夫的沙俄西部地区,德国不仅创造了一系列傀偏国,还建立了直接听命于陆军最高指挥部的"德军东线总司令部"。作为管辖从波罗的海延伸至波兰北部广袤占领区的军政权,尝试采取各种政策将土地和人民德意志化。这一落实大德意志东方帝国梦的政策以及中产阶级公众圈子中的热烈讨论,展示出来的生存空间意识形态和"种族清洗"概念——以牺牲东欧的"低劣"种族为代价,在东方这一广大无人之地建立一个同质性的大德意志——在实践、意识形态和语言上预示了 20 年后纳粹在东方侵略战争造就的地狱般未来。日耳曼人"东进"的古老观念不仅在一战

[①]　C. J. Wrigley, "Counter-Revolution and the 'Failure' of Revolution in Interwar Europe", in David Parker, ed., *Revolutions: The Revolutionary Tradition in the West 1560—1991*, London and New York: Routledge, 2000, pp.169—184; Richard Bessel, *Germany after the First World War*, Oxford: Oxford University Press, 1993, pp.283—284.

末期已经被证明行之有效，让亲眼目睹这一切的希特勒那一代人印象深刻，还成为在未来要继续下去的历史使命。①

随着西线的失败，国内爆发革命，自由军团不仅在国内同左翼革命者作战，还在西里西亚、波森、波罗的海地区为保卫德意志同斯拉夫人和布尔什维克作战。自由军团和右翼阵营的其他力量开始宣扬"犹太布尔什维克主义"，将威廉时期基于种族的反犹主义同广大有产者——也包括社民党的核心支持者熟练工人——对红色威胁的恐惧勾连起来。战争期间，右翼民族主义者越来越试图将犹太人排除出民族共同体，毫无根据地指责他们逃避军事义务或公开叛国。他们公开将布尔什维克主义等同于犹太人，宣称正是犹太人对德国社会的影响导致了德国革命，最终制造出《布列斯特—立托夫斯克和约》的另一项重要遗产——"背后一刀"的神话。战败不是因为德军在战场上的失败，而是因为"十一月罪人"——犹太人、共产党乃至所有的左翼——在后方的背刺。很多德国人对此深信不疑，因为战争一直都是在外国土地上打的，德国又刚刚获得对俄国的大胜，而军方领导人则有充分的理由鼓励这样的看法。1919 年 11 月 18 日，兴登堡利用帝国议会调查德国战败的听证会之机，公开声称要为德国战败负责的不是军队而是许多内部敌人。②

"背后一刀"和"十一月罪人"说法的流行表明，共和秩序在德国缺乏法统。共和国诞生于一场不彻底的革命。艾伯特—格勒纳协定固然保障了新生共和国对左翼挑战的成功应对，但同时也导致了帝国时期的传统精英集团——军官团、行政司法系统、大学和经济精英——基本未受任何触动，而这些群体大多敌视共和国。共和国初期，他们大多支持德意志民族人民党和德意志人民党。德意志民族人民党是最大的右翼政党，也是德共之外另一旗帜鲜明的反共和政党，系传统保守派——德国保守党和自由保守党——和一些

① Pieter M. Judson, "Nationalism in the Era of the Nation State, 1870—1945", in Helmut Walser Smith, ed., *The Oxford Handbook of Modern German History*, Oxford: Oxford University Press, 2011, p.510; Vejas Gabriel Liulevicius, *War Land on the Eastern Front: Culture, National Identity, and German Occupation in World War I*, Cambridge: Cambridge University Press, 2004.

② Pieter M. Judson, "Nationalism in the Era of the Nation State, 1870—1945", in Helmut Walser Smith, ed., *The Oxford Handbook of Modern German History*, Oxford: Oxford University Press, 2011, pp.510—511; Vejas Gabriel Liulevicius, *War Land on the Eastern Front: Culture, National Identity, and German Occupation in World War I*, Cambridge: Cambridge University Press, 2004, pp.227—246; George S. Vascik and Mark R. Sadler, ed., *The Stab-in-the-Back Myth and the Fall of the Weimar Republic: A History in Documents and Visual Sources*, London: Bloomsbury, 2016, pp.109—127.

激进反犹、种族、民族主义组织合并而成。1925 年兴登堡当选总统后，该党一改先前对共和国的坚决拒斥，两度选择加入中右翼联合政府，但也导致了党内顽固反共和派的愤怒。中间偏右的人民党是民族自由党的后继者，曾在1919 年投票反对魏玛宪法，但随着该党领导人施特雷泽曼（Gustav Strese-mann）出于实际考虑改变对共和国的态度后，勉强支持共和国。施特雷泽曼1929 年去世后，该党再度滑向右翼。需要指出的是，在魏玛时期，"站在右翼"并不意味着加入某一特定政党，而是指一种倾向，即蔑视共和国的象征与制度。除政党之外，右翼还包括各种各样的经济利益集团、爱国社团、准军事组织和青年保守派群体，这些大多在新教资产阶级和农村环境中孕育出来的组织，或实力强大，或拥有大众基础，或有较大的文化影响。把所有这些不同类型组织和右翼政党维系在一起的，不是意识形态，而是对战败深深的苦涩悲愤，对民主政府理论及人民主权原则的不信任，以及渴望回归第二帝国的等级制和威权主义价值。右翼中的分歧很大，但他们反对的东西是一样的，时人因此将魏玛时期的右翼称为"说不的集团"——对共和国说不。①

社民党、中央党和民主党是共和国的缔造者，由他们组成的多数促成了魏玛宪法的通过，魏玛时期那些最坚定捍卫共和国和民主权利的共和派也多出自这三党，但共和派的名称无法掩盖三党对共和体制常有的暧昧、各党内部和相互之间的分歧。民主党是一个文化资产阶级的党，曾在 1919 年 1 月的选举中获得 75 席，但随着中产阶级选民的右转尤其是年轻一代拒绝资产阶级政治，其席位很快就出现了大幅度下滑，在 1924 年 5 月的选举中仅剩 28 席。到 1930 年，面对不断的选举失利，民主党右转改组为德国国家党，但当年 9 月的选举中该党仅获 14 席。②

与民主党不同，社民党和中央党都是实力雄厚且拥有稳定选民基础的真正大众性政党。社民党曾是第二帝国的"局外人"，摇身一变成为魏玛共

① Hans Mommsen, *The Rise and Fall of Weimar Democracy*, trans. by Elborg Forster and Larry Eugene Jones, Chapel Hill, N. C. : University of North Carolina Press, 1996, p. 127; Larry Eugene Jones, "The German Right in the Weimar Republic: New Directions, New Insights, New Challenges", in Larry Eugene Jones, ed. , *The German Right in the Weimar Republic: Studies in the History of German Conservatism, Nationalism and Antisemitism*, New York and Oxford: Berghahn, 2014, pp.1—2.

② 参见［英］理查德·J.埃文斯:《第三帝国的到来》，赖丽薇译，九州出版社 2020 年版，第101—102 页;Larry Eugene Jones, "German Liberalism and the Alienation of the Younger Generation in the Weimar Republic", in Konrad H. Jarausch and Larry Eugene Jones, eds. , *In Search of a Liberal Germany: Studies in the History of German Liberalism from 1789 to the Present*, Oxford: Berg, 1990, pp.287—321.

和的"局内人",但适应这一转变不那么容易。事实上已坚决走向改良和民主路线的党处于一种两难境地,即是否在意识形态和言辞上放弃对推翻资本主义社会的期盼。考虑到放弃必然造成大量工人阶级转向共产党,但不放弃只会不断挑动中产阶级敏感的神经。从无执政经验的社民党,不大习惯与资产阶级政党合作;加之该党主张捍卫工人权利,也影响了与资产阶级政党的持久合作。作为共和国的缔造者和第一大党,在魏玛的 20 届内阁中,他们只参加了 8 届,仅在其中的 4 届担任总理。不过,社民党及其魏玛联盟伙伴牢牢控制着共和国最大的普鲁士州,帝国时期的反动堡垒到魏玛时期变成了共和国的支柱,以致共和国的敌人将推翻社民党对普鲁士的控制作为主要目标之一。[①]

中央党是整个魏玛政党体系的核心。作为唯一的跨阶级政党,它吸引了来自德国各个阶层、各种职业、各个地域的天主教徒,可以与不同的政党组建联合政府、达成政治妥协,它参与了 1919—1932 年中期的每一届政府。但该党坚决捍卫天主教会在学校监管和教育方面的传统权利,加之文化道德问题上的保守态度,导致他们与主张教俗分离和反教权主义、坚持创作自由和进步信念的魏玛联盟伙伴常常发生冲突。包括各阶级的中央党同时也在党内复刻了德国社会的阶级分裂以及由此衍生的各种政治立场,中央党内部因此对共和国的分歧最为严重。对埃尔茨贝格领导下左转不满的巴伐利亚派另组巴伐利亚人民党,党内保守派精英——巴伐利亚、莱茵和威斯特伐利亚的高级文官尤其是大贵族地主——的极端反共和立场更是一直危及中央党的生存。在基本的政治价值取向上,天主教保守派和新教保守派精英并无根本区别,他们蔑视人民主权,对天主教劳工运动支持共和国感到不满;希望恢复君主制,或至少建立某种得到神圣支持的威权主义国家;要求从公共生活中排除犹太人。[②]

魏玛常常被说成是"没有共和主义者的共和国",确切来说应该是没有

① 参见[英]理查德·J.埃文斯:《第三帝国的到来》,赖丽薇译,九州出版社 2020 年版,第 99—100 页;Joachim C. Häberlen, "Social Democrats and Communists in Weimar Germany: A Divided Working-Class Movement", *The Oxford Handbook of the Weimar Republic*, Online Publication Date: Nov 2020, DOI: 10.1093/oxfordhb/9780198845775.013.14。

② Larry Eugene Jones, "Catholic Conservatives in the Weimar Republic: The Politics of the Rhenish-Westphalian Aristocracy, 1918—1933", *German History*, 18/1(2000), pp.60—85; Shelley Baranowski, "The Centre Party, Conservatives, and the Radical Right", *The Oxford Handbook of the Weimar Republic*, Online Publication Date: Nov 2020, DOI: 10.1093/oxfordhb/97801988 45775.013.15.

足够多的共和主义者。在 1919 年 1 月赢得 76.2％的明显多数选票之后，三党在 1920 年 6 月的总得票率仅为 48％，1924 年 5 月为 43％，1924 年 12 月为 49.6％，1928 年为 49.9％，1930 年 9 月为 43％。因此从 1920 年起，它们一直属于国会中的少数派，人数少于共和国的左派敌人和右派敌人。共和派处于守势不仅体现在所获选票上，更体现在对民族共同体①观念阐释的争夺战上。

民族共同体是纳粹运动和政权宣传动员据以行动的核心观念，但它并非纳粹的原创。作为一种全新的民族主义话语，其诞生深受"八月经历"的影响，在战争期间逐渐普及。到魏玛时期，更是进入除德共以外其他所有政党的党纲之中，从左翼到右翼的各政党都呼唤德意志民族共同体，呼吁德意志民族的团结和社会和谐。其魔力在于蕴含了德意志民族是一同质性共同体且能够表达单一政治意志之意，它不是对社会现实的刻画，但仍因其承诺——人与人之间没有差别和敌意，整个社会为一和谐整体——体现了根植于德国政治文化深处的民族团结渴望，而成为近乎所有德国人的共同理想。说得更具体一点，其在魏玛时期的流行一方面要归因于对"八月经历"的集体记忆，另一方面在于魏玛时期三大相互关联的政治景象：政治生活的残忍化；党派林立及永无休止的政治争吵；共和国前期的"大失序"和大萧条时期的混乱与动荡。②

政治生活的残忍化是指战时冲突延续到了和平时期，并倾向于在政治生活中使用暴力。在这一过程中起关键作用的是前线一代和战后一代。战争期间，德国共有 1 300 多万男性——绝大部分出生于 1880—1900 年龄段——走上战场，1 100 万人得以幸存回到家乡。其中一小部分人"是再也无法回家的人，对他们来说，战争就是他们的家，他们在停战后的几年里重新创造了这个家。这里是炮灰的世界，也是自由军团的世界，……正是他们为纳粹准备好了场地"。纳粹冲锋队领导层的一半以上属于前线一代，领导层的三个最高级别中，四分之三曾在前线服役，战争结束时大部分人属于军

① 鉴于不同政治派别对"Volksgemeinschaft"的理解有较大差别，在下文中将依据其理解翻译为民族共同体、种族共同体和人民共同体。在无具体所指时，会称之为民族共同体。

② 参见 Ulrich Herbert, "Echoes of the *Volksgemeinschaft*", in Martina Steber and Bernhard Gotto, eds., *Visions of Community in Nazi Germany: Social Engineering and Private lives*, Oxford: Oxford University Press, 2014, p. 60; Thomas Mergel, "Dictatorship and Democracy, 1918—1939", in Helmet Walser Smith, ed., *The Oxford Handbook of Modern German History*, Oxford: Oxford University Press, 2011, p.424；[德]库尔特·松特海默：《魏玛共和国的反民主思想》，安尼译，译林出版社 2017 年版，第 202—204 页。

官,85％的人获得过战争勋章。当然,那些无法适应平民生活、在准军事的暴力生活中寻求避难所的只是少数,自由军团在最高峰时也只有40万人。就人数而言,参与战后准军事暴力活动主力的是那些同样经历了"残忍化"的战后一代,他们深受"前线一代神话"的影响。"前线一代神话"是指战时宣传与部分战争文学作品——恩斯特·容格尔(Ernst Jünger)的畅销书《钢铁风暴》——对战争经历和前线战士的神话与美化:将战士塑造为无私奉献、不畏牺牲的英雄,且基于堑壕中的袍泽之谊构成了一个无阶级共同体。很多证据表明,这一叙事在动员那些有过堑壕战经历的退伍战士远不如那些没有经历战斗的战后一代成功。在前线一代被颂扬为无私英雄之样板时,那些因为年龄没能走上战场的一代人普遍有一种负罪感,同时又渴望去效仿心目中的英雄,但他们的战争经历主要来自电影、小说以及与同学玩的战争游戏,而非战争的可怕现实。战争、武装冲突、暴力和死亡对他们来说往往是抽象的概念,他们从中读取到的信息是杀戮,然后在青春期的头脑中进行信息处理时又受到宣传的影响——这种宣传将杀戮描绘成英勇的、必要的爱国主义行为。纳粹帝国保安总局领导层级的221名成员中,超过四分之三出生于1900年后。以希姆莱等人为例,他们一般在战争期间上中学时就接受了极端沙文主义的爱国教育。许多人在1919年初加入自由军团,即使他们之前并未接受任何军事训练。20世纪20年代进入大学后,相当一部分政治极端分子利用前线战士的理想化世界作为反对共和国的知识框架。希姆莱等人将自己理解为"不受约束的一代":保护德意志民族和清除德国敌人的行为不受任何道德约束,因为他们把自己想象为负责净化国土的政治战士。①

　　由以上两个群体充当骨干的各种准军事组织在战后德国大量涌现。其中,右翼组织数量最多。20世纪20年代的大型右翼准军事组织——以恢复1914年精神为己任的"钢盔团"规模最大;还有数百个右翼小团体,比如

---

　　① 参见 Jay Winter, "General Introduction", in idem., ed., *The Cambridge History of the First World War, Vol. 1*, Cambridge: Cambridge University Press, 2014, p. 5; Richard Bessel, "The 'Front Generation' and the Politics of Weimar Germany", in Mark Roseman, ed., *Generations in Conflict: Youth Revolt and Generation Formation in Germany, 1770—1968*, Cambridge: Cambridge University Press, 1995, pp. 121—136; Benjamin Ziemann, "The First World War and National Socialism", in Shelley Baranowski, Armin Nolzen and Claus-Christian W. Szejnmann, eds., *A Companion to Nazi Germany*, Hoboken, N. J.: John Wiley & Sons, 2018, pp. 51—56。"政治生活残忍化"的提法最早出自 George L. Mosse, *Fallen Soldiers: Reshaping the Memory of the World Wars*, Oxford: Oxford University Press, 1990, pp. 159—181。"不受约束的一代"出自 Michael Wildt, *An Uncompromising Generation: The Nazi Leadership of the Reich Security Main Office*, trans. by Tom Lampert, Madison, Wis.: University of Wisconsin Press, 2009。

专门从事政治暗杀的"执政官组织"。"执政官组织"为一帮前自由军团成员组建，分别于 1921 年 8 月刺杀了中央党领导人埃尔茨贝格，1922 年 6 月暗杀了拉特瑙。前者被杀的原因是因为曾参与了停战谈判；后者则是因为其犹太人身份，而且这个担任了共和国外交部长的犹太人——这一在第二帝国时期绝无可能之事令极右翼常常将共和国称为"犹太共和国"——竟然主张德国应该履行《凡尔赛和约》。各政党很快就开始与这些准军事组织合作，后者的任务包括：在党的集会上担任警卫；整齐划一地列队行进在街道上，吸引公众的注意；恫吓、殴打并在必要时刺杀与其他政党合作的准军事组织成员。1924 年，社会民主党领衔组建了"黑红金帝国国旗团"，用魏玛共和国国旗的颜色为自己的组织命名，以示对共和国的忠诚。

政治生活的残忍化导致魏玛德国形成了一种新风格的政治：敌友区分趋于绝对化，正常的政治冲突被转化为对危险敌人的战斗。不仅政治语言弥漫着火药味，其他党派成了应被打倒的敌人；而且极端右翼普遍将暴力视为政治斗争的合法武器，指望依靠议会辩论和选票战胜对手还不如动用暴力的肉体消灭。将极端民族主义改造成法西斯运动，纳粹不过是其中之一，且最初影响局限于慕尼黑，相当不起眼。将法西斯运动与传统右翼区分开来的，正是前者愿意且乐于使用政治暴力，杀死社会主义者而非仅仅同他们辩论。当然，使用暴力的最大政治目的是制造恐怖，先是通过街头暴力，到希特勒上台后变成国家组织的原则。结果，准军事暴力成为国内政治生活的恒常部分。成群结伙身穿制服的人在街道上穿行，互相冲撞、野蛮地大打出手，在魏玛共和国成了司空见惯之事。抛开共和国早期的内战不谈，1924—1929 年的形势相对稳定，但仍有至少 170 名各种政治准军事组织的成员死于街头暴力；到了 30 年代初期，纳粹冲锋队以及其他组织在互殴中开始使用枪支和手榴弹，死伤者数量大幅上升。[1]

简言之，魏玛共和国目睹了世界大战以其他手段的继续。

除了政治暴力的日常化令普通人难有安全感外，魏玛政党体制的破碎化也让人们更渴望团结和统一。在共和国存在的 14 年时间里，德国政党林立且

---

[1]　参见 Geoff Eley, "Conservative and Radical Nationalists in Germany: The Production of Fascist Potentials, 1912—1928", in Martin Blinkhorn, ed., *Fascists and Conservatives: The Radical Right and the Establishment in Twentieth-Century Europe*, London: Unwin Hyman, 1990, pp.50—70; Robert Gerwarth, "The Central European Counter-Revolution: Paramilitary Violence in Germany, Austria and Hungary after the Great War", *Past & Present*, 200(2008), pp.175—209;［英］理查德·J.埃文斯：《当权的第三帝国》，哲理庐译，九州出版社 2020 年版，第 5—6 页。

呈不断增长之势,参加国会选举的政党从 1920 年的 24 个增加到 1932 年的 42 个。1928 年选举时,总共有 41 个政党参加。除了六大主流政党——社民党、中央党、民族人民党、人民党、民主党和共产党——外,还有 8 个小党也在议会中获得了席位。一位政治评论家在 30 年代初的评论表达了很多人的共同观点——"政党是我们公共生活中最令人深恶痛绝的现象"。党派林立使得议会难以形成稳定的多数,只能联合组阁。联合政府又导致了政府的不稳定,因为不同政党之间经常为人事和政策争吵不休;联合政府还导致软弱的政府,因为它们能够商定的仅仅是最简单的事情和阻力最小的路线。结果是,魏玛共和国的政府更迭非常频繁。在 1919 年 2 月 13 日至 1933 年 1 月 30 日期间,至少有过 20 个内阁,平均每届内阁当政不到 8 个月。[①]

有人认为,这是实施比例代表制——各党议会席位数根据各党所获选票比例分配——的结果。实际上,党派林立和政府更迭频繁并非全由比例代表制所致,而是由德国政治体系的长期分裂和魏玛时期频发的各种危机共同造就的。共和国深受帝国时期遗产的影响,阶级和教派分裂依然决定性地影响了魏玛时期的政治生活。这不仅表现为左右翼之间的尖锐政治敌对,中央党和社会民主党在选举上的相对稳定,还表现为多元化社会经济利益在政治生活进一步民主化后必然会寻求的政治表达。与帝国时期德国人践行民主却只有有限民主权力相比,魏玛共和制下的内阁需要对议会负责。在选举权扩大——赋予女性选举权和将选民的年龄降低到 21 岁——的情况下,这使得多数政党有足够的动力去寻求成为全民党,扩大自己的选民基础。比如,中央党内的劳工左翼就曾希望将中央党重构为一个代表着基督教民主理想的人民政党,但在不愿放弃教派特性的传统保守派精英和中产阶级选民的共同反对下未遂。德意志民族人民党作为原保守党和自由保守党的后继者,之所以在党的名称中加入"人民"和"民族"的字眼,就是为了淡化阶级、地区和教派边界,中和原先德国保守党的普鲁士中心主义、贵族和农业气味。该党吸引各种选民的抱负最初获得了成功。在萨克森、符腾堡、图林根和巴伐利亚等地建立了党组织,组织拓展的地理范围远超战前保守党的易北河以东。除了大地主和保守工业家——特别是重工业界——外,它还得到了农民组织、小业主、工匠、保守的白领雇员和原属于新教劳工运动组织工人的支持,吸引了泛德联盟的支持者以及 1918 年后激增的众多准

---

① [德]库尔特·松特海默:《魏玛共和国的反民主思想》,安尼译,译林出版社 2017 年版,第 113 页;[英]理查德·J.埃文斯:《第三帝国的到来》,赖丽薇译,九州出版社 2020 年版,第 94—95 页。

军事和爱国协会的支持者，如德国青年团、德国爱国联合会以及钢盔团。民族人民党还力图跨越教派和性别界限，于 1918 年 12 月建立全国妇女委员会，1920 年建立天主教委员会吸引对中央党左转不满的保守派。①

　　另一方面，在战后社会、政治、经济危机的影响下，在原有的社会道德环境之外和之中，出现了新的社会经济利益分界线。"在通货膨胀的得利者与失利者之间，在分配斗争中的各社会集团之间，在青年一代与更老一代人之间，在劳动市场上男性与女性之间，在职员与工人之间，在工人内部，熟练工人与非熟练工人之间，还有就业者和失业者之间"，都存在着利益冲突。所有这些和帝国时期的传统利益冲突——工农业之间和城市消费者与粮食生产者之间的冲突——一起导致了社会道德环境的碎片化，表现为阵营和党内分裂。以新教—工人环境来说，社民党和共产党之间分裂的背后是收入地位差异与代际矛盾。相比社民党，共产党的领导层和成员更年轻，有更多的非熟练工人。纳粹崛起后，两党之所以无法合作，不仅因为德共坚持共产国际的指示和夙仇，同时也因为萧条时未成家的非熟练工人会首先被解雇。以魏玛初期在整合右翼方面曾十分成功的民族人民党为例，党的领导层完全无法解决党内存在的两大严重分歧。一是无法平等代表所有群体的利益，1920 年新建立的经济党纯以满足中产阶级的经济利益吸引了民族人民党的小有产者和工匠。二是意识形态追求和实用主义的冲突。党内的极端右翼认为党的主要任务是反共和，而非仅仅局限于为各种相互冲突的经济利益代言；但更实际的一派主张应更多地考虑实际问题。1922 年，民族人民党的极端种族主义一系退出，因为党拒绝驱逐犹太成员或允许种族主义一系维持自身的组织自主。②

　　在历史性分裂和魏玛时期新断裂线的共同影响下，各政党转化为全民党的努力失败，转而成为代表不同经济利益和意识形态的排他性集团。由此而来的一大结果是魏玛政治文化的碎片化。与第二帝国时期存在占支配地位的新教文化相比，魏玛共和国既不存在同质的政治文化也不存在占据

---

① 参见李工真：《德国现代史专题十三讲：从魏玛共和国到第三帝国》，湖南教育出版社 2010 年版，第 61—62 页；Hans Mommsen, *The Rise and Fall of Weimar Democracy*, trans. by Elborg Forster and Larry Eugene Jones, Chapel Hill, N.C.: University of North Carolina Press, 1996, pp.62—67. 埃文斯提醒我们，政府更迭表象的背后，是很多部门——外交、劳工与福利领域——长期被控制在某些政党的政治家手中，参见［英］理查德·J.埃文斯：《第三帝国的到来》，赖丽薇译，九州出版社 2020 年版，第 97 页。

② 参见李工真：《德国现代史专题十三讲：从魏玛共和国到第三帝国》，湖南教育出版社 2010 年版，第 61—66 页；Shelley Baranowski, "The Centre Party, Conservatives, and the Radical Right", *The Oxford Handbook of the Weimar Republic*, Online Publication Date: Nov. 2020, DOI: 10.1093/oxfordhb/9780198845775.013.15.

支配地位的政治文化,而是存在多个既无力建立霸权又不能相互交融的亚文化。德国政党体系以经济自利为路线的破碎化因此被大大强化,专注于满足特定人群利益要求的小党——如经济党,还有人民正义党、基督教民族农民党——纷纷涌现。1919—1920 年,小党只获得 3% 的票数,1924 年增加到 8.3%,1928 年上升到 14%。小党的出现意味着新教民族环境的碎片化最为严重,民族人民党、民主党和人民党都是主要受害者,纳粹将是最主要的受益者。政党无论大小均专注于经济利益,时人显然会赞同社民党的变节者温尼希(August Winnig)对德国政党和议会生活的指责,"长期沉浸于党派纷争,在利益斗争中愈演愈烈……"照施密特的评判,魏玛已经堕落为一个"党派国家",阶级和政党利益凌驾于整个国家与民族的福祉和安全之上。①

让普通德国人无比渴望民族共同体的第三个因素是魏玛共和国存在的14 年中,除 1924—1929 年间相对安宁和繁荣外,其余年份均异常混乱、动荡和困顿。共和国前期经历的"大失序"中,除了有战败、革命、《凡尔赛和约》和内战外,还有雪上加霜的通货膨胀。与英法等协约国可以向美国借债不同,德国主要依靠向国民举债弥补战争开支的不足。到 1923 年为止的历届政府为了摆脱战争赔款和还债的负担,有意无意地对快速通货膨胀视若无睹。大战刚结束的时候,马克对美元的汇率大约是十比一。到 1922 年 12 月,1 美元已可换得 7 000 马克。德国已无力及时履行赔款义务,法国和比利时遂于1923 年 1 月出兵占领鲁尔工业区,共和国政府立即宣布采取消极抵抗、不与法国人合作的政策。消极抵抗导致了恶性通货膨胀,1 月兑换 1 美元需要1.7 万马克,到 12 月已经高达耸人听闻的 4.2 万亿马克,货币完全失去了意义,物价高达战前水平的 1 万亿倍,德国经济陷入了前所未有的萧条。通货膨胀严重伤害了国内的政治气氛,和《凡尔赛和约》一起从根本上削弱了共和国及其缔造者的合法性。拥有一定储蓄的中产阶级最先深受其害,他们的财产形同没收。到 1923 年,工人也深受荼毒。人们再也无法靠工作赚钱,而且即

---

① Detlef Lehnert and Klaus Megerle, "Problems of Identity and Consensus in a Fragmented Society: The Weimar Republic", in Dirk Berg-Schlosser and Ralf Rytlewski, eds., *Political Culture in Germany*, New York: St. Martin's Press, 1993, pp. 43—59; Larry Eugene Jones, *The German Right, 1918—1930: Political Parties, Organized Interests, and Patriotic Associations in the Struggle Against Weimar Democracy*, Cambridge: Cambridge University Press, 2020, pp.352—357;[德]库尔特·松特海默:《魏玛共和国的反民主思想》,安尼译,译林出版社 2017 年版,第 116 页;Joseph W. Bendersky, "Carl Schmitt and the Weimar Right", in Larry Eugene Jones, ed., *The German Right in the Weimar Republic: Studies in the History of German Conservatism, Nationalism, and Antisemitism*, New York and Oxford: Berghahn, 2014, p.272。

使赚到了钱,也会在一个小时之后变得一文不值。1923年秋,德国已濒临政治解体。先是德共在10月发动武装起义,然后是希特勒11月的"啤酒馆政变"。幸有施特雷泽曼力挽狂澜,先是出面组阁稳定局势;后又长期担任外交部长,一改先前历届魏玛政府与战胜国作对的对外政策路线,为20世纪20年代中后期外来资本尤其是美国资本的流入和德国经济的复苏奠定了根本的外部环境条件。施特雷泽曼也因此被许多人视为魏玛时期最伟大的国务家。[1]

在经济复苏和外部基本安定的情况下,国内政治也逐步实现了稳定。施特雷泽曼领导下的人民党采取温和的中间偏右路线,与中央党、民族人民党合作建立了魏玛时期持续时间最长的中右翼联合政府(1924—1928年)。1925年,兴登堡当选为总统同样意义重大。"大失序"时期也是德国右翼政治的关键分水岭,不仅在争夺大众追随者方面传统保守派完全不敌带有强烈民粹和反精英主义意味的极端右翼,而且相当一部分传统保守派在信念上也开始转向极端右翼。兴登堡作为一个典型的普鲁士保守派、容克地主和军人,曾是一位坚定的君主主义者。但一战期间和其后的经历让他逐渐认同极端右翼的民族至上信条。他的当选应主要归功于右翼阵营的联合支持,也因此寄托了许多保守派的复辟希望。诸多亲友包括其女婿多次敦促兴登堡利用时机迎接霍亨索伦家族的回归,但兴登堡出于复辟可能导致民族分裂的考虑坚决拒绝。兴登堡对民意有一定了解,当选后如潮水般来自普通民众的贺信中表达的都是对民族团结和振兴的渴望、对战争英雄的尊重,没有一封信提到皇帝。在他担任总统的最初5年间,兴登堡遵循前任总统社民党艾伯特的先例,努力保持中立,超脱于党派政治与意识形态冲突之外,按照宪法施政,仅代表作为一个国家的整体福祉行事。兴登堡担任总统,让许多德国人有了政治和心理上的安全感。然而,好景不长,大萧条的到来致使德国再次陷入政治经济动荡之中,各政党重新开始他们惯常的争吵,人们对共和国的信心很快烟消云散,政治极端化的倾向再次回归。[2]

① [英]理查德·J.埃文斯:《第三帝国的到来》,赖丽薇译,九州出版社2020年版,第115—121页;[德]塞巴斯蒂安·哈夫纳:《从俾斯麦到希特勒》,周全译,译林出版社2015年版,第137—140页;Jonathan Wright, *Gustav Stresemann: Weimar's Greatest Statesman*, Oxford: Oxford University Press, 2002。

② 参见 Wolfram Pyta, "Hindenburg and the German Right", in Larry Eugene Jones, ed., *The German Right in the Weimar Republic: Studies in the History of German Conservatism, Nationalism, and Antisemitism*, Oxford and New York: Berghahn, 2014, pp.33—40; Hans A. Schmitt, "Hitler and Kaiser: The Restoration Issue 1919—1934", in June K. Burton and Carolyn W. White, eds., *Essays in European History: Selected from the Annual Meetings of the Southern Historical Association, 1988—1989*, Lanham, MD: University Press of America, 1996, pp.175—176;[美]约瑟夫·W.本德斯基:《纳粹德国史》,王光华、王玉青译,中信出版集团2020年版,第18—19页。

颇能说明大萧条负面政治影响的是,魏玛联盟政党此时都面临着巨大的困境。民主党已沦为边缘性小党,即魏玛政治中"垂死的中间派"。大萧条开始后,随着德国日益陷入动荡无序的局面,右翼在中央党内得势,开始和当时的许多德国人一样期盼强力领袖的出现。中央党的一位重量级人物、符腾堡州部长会议主席博尔茨(Eugen Bolz)在1930年初对其妻子说得相当直白:"长久以来我的看法是,国会无法解决严重的国内政治问题。假如有可能设立任期十年的独裁官,我乐见其成。"而来自该党保守派的最后两位总理布吕宁和帕彭,谋求利用兴登堡的总统权建立某种威权政权的政策则加速了魏玛的毁灭。①社民党依然信守对共和国的信念,其选民阵营基本维持了稳定,但在选举和街头面临着来自左右两翼——大规模失业和动荡导致共产党与纳粹党的选票剧增——的两面夹攻。帕彭在1932年7月国会选举后,强行解除社民党对普鲁士州的控制权,更是构成了对社民党的致命一击。

战败、革命、《凡尔赛和约》、恶性通货膨胀、世界经济危机和大规模失业,合起来创造了一种绝望的氛围,无论是现存政党还是魏玛秩序明显无法提供解决办法的绝望气氛。共和国面临的政治、社会和经济问题越阴郁,分裂越严重,和谐民族共同体的理想就越光明。

共和国的保守派和右翼激进派敌人使用了一套种族主义、反犹主义、威权主义和军国主义的民族主义话语,去攻击共和体制、攻击民主的支持者和战后国际秩序。不过,右翼并非德国民族主义的唯一声音。最近的研究表明,共和派为了让新体制合法化,也创造了自己版本的民族主义。②他们创造的民族主义是民主与和平的,也更具包容性。

---

① 参见 Larry Eugene Jones, "'The Dying Middle': Weimar Germany and the Fragmentation of Bourgeois Politics", *Central European History*, 5/1(March 1972), pp.23—54; Larry Eugene Jones, *Hitler versus Hindenburg: The 1932 Presidential Elections and the End of the Weimar Republic*, Cambridge: Cambridge University Press, 2016, pp.68—69, pp.346—361; Larry Eugene Jones, "Franz von Papen, the German Center Party, and the Failure of Catholic Conservatism in the Weimar Republic", *Central European History*, 38/2(2009), pp.206—217;[英]理查德·J.埃文斯:《第三帝国的到来》,赖丽薇译,九州出版社2020年版,第103页。

② Robert Gerwarth, "The Past in Weimar History", *Contemporary European History*, 15/1(February 2006), pp.1—22; Nadine Rossol, *Performing the Nation in Interwar Germany: Sport, Spectacle and Political Symbolism, 1926—1936*, Basingstoke: Palgrave MacMillan, 2010; Manuela Achilles, "With a Passion for Reason: Celebrating the Constitution in Weimar Germany", *Central European History*, 43/4(2010), pp.666—689; Eric Bryden, "Heroes and Martyrs of the Republic: Reichsbanner Geschichtspolitik in Weimar Germany", *Central European History*, 43/4 (2010), pp.639—665.

　　当然，在对民族共同体观念的具体阐释上，左右两翼内部也存在分歧。但在什么是最适合德意志民族的政府形式、德意志民族国家的疆界和对德意志民族的界定等基本问题[1]上，共和国的敌人和共和派迥然有别。

　　在政府形式上，新老右翼一致认为，魏玛共和之所以出现，就是因为犹太人、马克思主义者和共和派的"背后一刀"，从而导致战败和丧权辱国的《凡尔赛和约》，使西方将民主强加给德国。魏玛共和国的缔造者是民族叛徒。根据这种逻辑，民主与共和的价值并非真正属于德意志，而是与德意志历史的决裂。右翼还使用和大力传播"俾斯麦神话"，称共和派是"俾斯麦创造物的破坏者"。共和不适于德意志，议会民主及其促生的政党体系创造了繁多的政党，从而阻止了民族共同体的真正实现，削弱了德国的国际威望。但在什么是最适合德意志的政府问题上，新老右翼存在较大分歧。传统保守派希望看到君主制的回归，极端右翼虽然同传统保守派一样反对被他们视为民族分裂象征的政治多元主义，但德意志种族的生存与壮大于他们而言凌驾于一切之上，因此对恢复君主制并不热心。大萧条开始后，越来越多的保守派退而求其次，希望建立一个能恢复他们对国家控制权和第二帝国荣耀的威权主义政权。1930 年到 1933 年 1 月任命希特勒为总理之前，共和国的议会民主制实际上已经形同虚设，转而依靠魏玛宪法第 48 条赋予总统的紧急处置权建立起来的总统制内阁。在此期间，布吕宁、帕彭、1928 年起担任民族人民党主席的胡根贝格和代表军方的施莱歇尔（Kurt von Schleicher）等人的谋划均着眼于此，与希特勒的合作也是为了"驯化"希特勒，然后利用纳粹运动的大众基础和活力。[2]

　　针对右翼的"背叛"指控，共和派进行了反击。共和派将民族共同体理解为"人民共同体"：人民作为有权决定自己民族命运的政治主体，是政治权威的源泉，德意志民族的所有成员都有权参与政治过程。共和国是这一原则的体现，新政府是德国人民族情绪的直接表达。犹太裔德国民主党成员

　　① 　以下对这三个问题的讨论，除另有注明外，主要参考 Erin R. Hochman, "Nationalism and Nationhood", *The Oxford Handbook of the Weimar Republic*, Online Publication Date: Jan 2021, DOI: 10.1093/oxfordhb/9780198845775.013.6。

　　② 　Barry Jackisch, *The Pan-German League and Radical Nationalist Politics in Interwar Germany, 1918—39*, London and New York: Routledge, 2012; Robert Gerwarth, *The Bismarck Myth: Weimar Germany and the Legacy of the Iron Chancellor*, Oxford: Oxford University Press, 2005, p.39; Jeremy Noakes, "German Conservatives and the Third Reich: An Ambiguous Relationship", in Martin Blinkhorn, ed., *Fascists and Conservatives: The Radical Right and the Establishment in Twentieth-Century Europe*, London: Unwin Hyman, 1990, pp.71—97.

哈斯(Ludwig Haas)在 1925 年的一次共和派集会上宣布，"极端右派组织在人民中散布谎言，好像只有他们才拥有对祖国的热爱和真正的民族感情。……我们共和派至少同样爱我们的祖国。……德国的未来只有在共和国的基础上才有可能"。为支持这一主张，共和派利用大德意志观念证明从19 世纪初开始，德意志民族运动就是同政治自由的要求联系在一起的。共和派尤其强调 1848—1849 年的法兰克福议会，因为法兰克福议会曾寻求建立一个实行议会制并将奥地利包括在内的德意志民族国家。长期担任魏玛国民议会主席的社会民主党人洛贝(Paul Löbe)，1925 年在维也纳一次要求德奥合并的集会上宣布："这种统一的意愿……是一百年前我们民族中最优秀分子的梦想……它在 1848 年曾推动(法兰克福议会)采取行动，却为各个德意志王朝的特殊利益所阻。但是，从长远来看，在民主和人民的意愿占上风的地方，它是无法被阻止的。"

通过在法兰克福议会和魏玛共和之间建立起直接联系，共和派主张，民主并非外国强加或"背后一刀"的结果，而是扎根于德意志历史的民族传统。而且，通过谴责君主制政府造成了法兰克福议会的失败和将奥地利排斥在德意志民族国家之外，共和派可以声称君主制政府阻碍了德意志统一的真正实现。为了让大众接受魏玛共和，共和派还举行各种活动和大众集会，庆祝民主，突出宣传共和民族主义和大德意志论断。拥有近 100 万成员的帝国国旗团是此类活动最重要的协调者。他们和奥地利社民党合作，在宪法日——魏玛宪法颁行的 8 月 11 日——组织跨界旅游，通过各种活动为共和国庆生。1929 年帝国国旗团为庆祝魏玛宪法 10 周年举办的庆祝活动规模惊人，吸引了 80 万人参加，包括 1 500 名奥地利社民党成员。[1]

就德意志民族国家的疆界，魏玛各派都认为，德意志民族并不终止于现有的边界，因为 19 世纪有数百万德意志人移居海外，还有根据《凡尔赛和约》，德国被割让领土上和生活在中东欧新国家的德意志人，即边界地带的德意志人。不过，对于德国的边界应该划在哪里以及如何划，左右两派看法不一。

右翼认为《凡尔赛和约》被割让的领土以及外国对德意志祖国的占

① Pamela Swett, "Celebrating the Republic without Republicans: The *Reichsverfassungstag* in Berlin, 1929—1932", in Karin Friedrich, ed., *Festive Culture in Germany and Europe from the Sixteenth to the Twentieth Century*, Lewiston, NY: Edwin Mellen, 2000, pp. 281—302; George L. Mosse, *The Nationalization of the Masses: Political Symbolism and Mass Movements in Germany from the Napoleonic Wars through the Third Reich*, New York: Howard Fertig, 1975, pp.124—125.

领——协约国占领莱茵河左岸地区15年、国联统治萨尔区15年以及1923年法国和比利时出兵占领鲁尔——危及了德意志民族的实力和安全,都应归咎于共和国。右翼的宣传将被割让领土等同于被砍掉的四肢,并利用故土观念将家乡、民族福祉和占领勾联在一起。由于法国人在占领中使用了殖民地部队,右翼宣传成功地利用了德国人中间普遍存在的种族偏见,将殖民地部队称为"莱茵河上的黑色恐怖",捏造黑人士兵强奸德国妇女的谣言,宣称大量存在的"莱茵兰杂种"将导致德意志种族的退化和堕落。右翼还指责共和国对边界控制不力,导致大量东欧犹太人流入德国,导致了布尔什维主义在德国的传播。许多政治右翼认为,保护德国现有的边界和境外德意志人、收复德国丧失的领土远远不够。纳粹和钢盔团都坚持,不仅要将所有德意志人置于一个国家之中,还要夺取东欧以便为民族提供生存空间。实现这些领土目标和恢复德国实力的唯一办法,是以战争推翻全部的战后秩序:魏玛体制、凡尔赛体系和国联。他们因此反对施特雷泽曼的政策,将后者因为《洛迦诺公约》获诺贝尔和平奖视作其为法国利益效劳的证据。①

民主的支持者同样希望扩大德国的边界,但他们以德奥合并为主要目标,共和派是魏玛时期德奥合并运动的主力。此外,他们也挑战对莱茵兰、鲁尔和萨尔区的占领,反对将南蒂罗尔划归意大利以及1921年上西里西业的分割方案。他们认为禁止德奥合并违背了奥地利的民族自决权,占领体现了法国的帝国主义,对南蒂罗尔德意志人权利的侵犯是意大利法西斯主义的犯罪,分割上西里西亚违背了人民意志(根据当年的全民公决,多数赞成加入德国,但国联最终将部分地区划给波兰)。共和派认为他们的领土修正主义并未威胁任何邻国,因为奥地利人同样是德意志人,且大多支持与德国统一。据当时的估计,90％—95％的奥地利人希望加入德国。②两个国家的合并仅仅是德意志人的民族自决问题。共和派强调,鉴于《国联盟约》允许经国联理事会批准实现合并,他们期望的德奥合并将通过国联框架下的

① 参见 Celia Applegate, *A Nation of Provincials: The German Idea of Heimat*, Berkeley, CA: University of California Press, 1990, pp. 149—196; Julia Roos, "Women's Rights, Nationalist Anxiety, and the 'Moral' Agenda in the Early Weimar Republic: Revisiting the 'Black Horror' Campaign against France's African Occupation Troops", *Central European History*, 42/3 (September 2009), pp. 473—508; Julia Roos, "Nationalism, Racism and Propaganda in Early Weimar Germany: Contradictions in the Campaign against the 'Black Horror on the Rhine'", *German History*, 30/1(March 2012), pp. 45—74;[美]埃里克·韦茨:《魏玛德国:希望与悲剧》,姚峰译,北京大学出版社2021年版,第111—113页。

② Erin Hochman, "The Failed Republic, 1918—1933?", *Contemporary Austrian Studies*, 28(2019), p. 51.

和平手段实现。共和派关心生活在东欧的德意志人,但坚决反对殖民、扩张和战争。一位帝国国旗团的领导人在 1926 年维也纳的一次共和派集会上宣布:"纳粹的大德意志永远不是我们的大德意志。不管是谁想要一个被证明对世界和平构成危险的德意志,我们都将与之坚决斗争;但是,我们欢迎那些希望和我们一起创建一个自由的、大德意志社会共和国的斗士。"

右翼和共和派在谁属于德意志民族的问题上同样存在激烈争论。

保守派和极端右翼会以多种理由将不同群体排除在德意志民族之外。首先被排斥在外的是所有的共和派,社民党和共产党尤其因为所谓的跨国忠诚和将阶级冲突置于民族纽带之上从而阻碍了民族共同体的实现,构成了右翼的重点攻击对象。用希特勒的话说,"德意志民族未来的问题是摧毁马克思主义的问题"。不过,这种排斥并非永久性的,如果工人放弃他们的马克思主义信念,仍可以成为德国人。与之相比,犹太人因为其不可更改的种族特性,永远不可能成为民族共同体的成员。[1]

共和派拒绝右翼对民族的狭隘界定。左翼自由派的《柏林日报》(Berliner Tageblatt)常常指责德国和奥地利的右翼"几乎每天都在煽动阶级和种族仇恨,不仅无助于团结德国人,反而让德国人四分五裂"。社民党成员则反复告诉德国公众,他们的国际承诺恰恰来自他们对民族的爱。尽管许多人不免有基于肤色的种族偏见,但共和派拒绝对民族的种族理解。犹太人同样属于德意志民族共同体,他们和巴伐利亚人、普鲁士人等一样是德意志民族的一个"部落",犹太人在战争中同新教徒和天主教徒"肩并肩作战,一同流血"。所谓的"背后一刀"不过是右翼煽动家制造的谎言。共和派的这种包容性民族主义并非单纯的公民民族主义,他们对民族的理解同样包含着文化和族裔概念:共同的文化、语言和对德意志民族的认同与奉献,是确定民族成员资格的重要因素。

希特勒被任命为总理并不像有些研究者说的那样,代表着极端民族主义的意识形态最终在 1933 年胜出。[2]纳粹党在 1928 年仍然只是一个边缘性小党,其选举成功要得益于大萧条,得益于新教资产阶级和农民抛弃他们

---

① Brian Crim, "Weimar's 'Burning Question': Situational Antisemitism and the German Combat Leagues, 1918—1933", in Larry Eugene Jones, ed., *The German Right in the Weimar Republic: Studies in the History of German Conservatism, Nationalism, and Antisemitism*, New York and Oxford: Berghahn, 2014, pp.194—219.

② Kevin Repp, *Reformers, Critics, and the Paths of German Modernity: Anti-Politics and the Search for Alternatives, 1890—1914*, Cambridge, MA: Harvard University Press, 2000, p.10.

原先的支持对象,纳粹党在 1929—1932 年之间整合右翼选民的能力使得它成为德国历史上没有先例的右翼大众性政治现象。中左翼选民从总体上说并没有选择转投纳粹。毕竟在 1932 年 11 月最后一次自由的国会选举中,纳粹党的得票数与 7 月的选举相比出现了大幅下滑,议席从 230 席降至 196 席。纳粹党仍是第一大党,但议席数少于两个"马克思主义政党"总和——社民党为 121 席、共产党获 100 席。希特勒被任命为总理则主要得益于传统保守派的谋划以及他们对希特勒的轻视,相信可以牢牢地将他控制在手心,得益于许多极端右翼认为希特勒和他们是一样的人。

但实际上,希特勒以及他掌控的纳粹运动与他们截然不同。在希特勒眼中,要复兴德意志,必须建立一种以领袖和种族概念为基础的全新政治体系。领袖独裁是他和其他极端右翼都赞同的,但这个领袖只能是他本人,因为只有他才知道如何实现种族革命。在追求建立以种族为基础的秩序这一点上,希特勒和他的纳粹追随者们要比其他的极端右翼更为极端与狂暴。他在 1934 年 3 月告诉一帮纳粹"老战士":"党的胜利意味着政府的变更;世界观的胜利则是一场革命,这场革命将深刻改变民族的存在条件和本质。"①

按照希特勒和纳粹的种族世界观,种族冲突是历史的主要驱动力。每一个种族都有壮大的内在冲动,而这意味着扩大生存空间且与其他种族不断发生冲突。正是在这种冲突中,最具活力和创造力的种族出现,因为自然就其本质而言是"贵族的",它倾向于强者胜利,要求"消灭弱者或弱者的无条件投降"。希特勒认为:雅利安人是最优秀的种族,而将犹太人与布尔什维主义归并到一起,都是应该予以灭绝的。

希特勒及其追随者宣扬的民族共同体还是一个人人平等的社会。希特勒本人向来蔑视大众,但不管是出于迎合中下阶层和工人阶级选民的需要,还是 1933 年春夏夺权过程中为对付保守派和国家人民党,他和纳粹党都会在特定的时刻鼓吹平等和社会主义,攻击资产阶级和传统保守派。当然,希特勒会根据需要随时进行调整。1932 年 7 月 31 日的议会选举中,纳粹党成为最大政党,合法掌权的机会很大。为吸引中右翼政党同纳粹合作,反资产阶级宣传调门降低,直至当年 11 月 6 日的又一次议会选举,再次开始猛烈攻击帕彭政府、国家人民党和传统保守派。希特勒对资产阶级的攻击主要是对其生活方式和文化的批判,在这个意义上,他显然受到了世纪之交以

---

① Jeremy Noakes, "The Nazi Revolution", in Moira Donald and Tim Rees, eds., *Reinterpreting Revolution in Twentieth-century Europe*, Basingstoke: MacMillan, 2001, p.91.

来年轻一代对资产阶级价值反叛的影响。他 1929 年 11 月在《人民观察家报》(*Völkischer Beobachter*)发表的一篇长文中,斥责"资产阶级政党政治上不可靠、半心半意、怯懦、机会主义和缺少活力",并声称他完全理解每一个社会民主党人和共产党人"对资产阶级政党发自内心深处的厌恶"。1933 年 1 月 30 日到 6 月纳粹与民族人民党的联合政府期间,为独掌大权,纳粹再次以"革命的"反资产阶级言辞攻击资产阶级和保守派。资产阶级和保守派被描述为优柔寡断的群体,应对 1918 年的大灾难负有责任(因为其成员未能与左翼革命抗争),还应对长期存在的阶级林立、充斥着骄傲自大心理的社会负责(这些剥夺了德国数百万最优秀劳动人民对民族的忠诚)。而纳粹革命将创造一个民族社会主义的"新人",以确保他们的革命成果能够持久保存下去。这个新人,没有阶级的自负,充满了高尚的价值观:毫不利己,关心更广大的福祉。①

上述民族共同体理想的实现,必须通过由国家实施的社会和生物工程。而能胜任这一任务的国家只能是一个全权国家,一个触角和权力渗透到人们生活所有领域的国家。需要建立全权国家也是为了战争做准备,他在 1928 年撰写的《第二本书》(生前未出版)中,明确提出要为德国不断增长的人口提供生存空间。对希特勒来说,这意味着大陆霸权,而不是 1914 年以前设想的海外帝国。如果说他有一个模板的话,那就是美国在西部所拥有的大片土地,德国要追求的目标是使德国人"过上与美国人民相当的生活",但德国的"西部"在"东方"②。

摧毁魏玛共和国只是实现上述种族革命目标的第一步。就希特勒所追求的种族革命、他在掌权后 12 年间为实现其种族革命的所作所为以及像希姆莱那样的全无道德约束而言,希特勒确如历史学家克雷格的评判:"阿道夫·希特勒自成一体,代表着一股没有真正历史的力量。"③

① 参见 Jürgen Reulecke, "The Battle for the Young: Mobilising Young People in Wilhelmine Germany", in Mark Roseman, ed., *Generations in Conflict: Youth Revolt and Generation Formation in Germany, 1770—1968*, Cambridge: Cambridge University Press, 1995, pp.92—104;[德]赫尔曼·贝克:《纳粹夺权》,载[加]罗伯特·格拉特利主编:《牛津第三帝国史》,马诗远、韩芳译,北京日报出版社 2021 年版,第 63—64 页。

② Eric D. Weitz, *A Century of Genocide: Utopias of Race and Nation*, Princeton, NJ: Princeton University Press, 2015, pp.111—114; Gerhard L. Weinberg, ed., *Hitler's Second Book: The Unpublished Sequel to Mein Kampf*, New York: Enigma Books, 2003, p.105.

③ Gordon Craig, *Germany, 1866—1945*, Oxford: Oxford University Press, 1978, p.543.

四、德意志的后民族时代？

1. 与过去决裂

1936年9月，纽伦堡纳粹党大会后不久，一封寄给希特勒的信中这样写道："我的元首！……我每天都要感谢我们的造物主，因为他的恩典给了我们和全体德国人民这样一位伟大的元首，而且是在我们美丽的祖国受到犹太布尔什维克主义最可怕的威胁之际。"写信者是一位纳粹党老党员，但他将希特勒视为"6 600万德国人救世主"的观点却为当时许多德国人所共有。到1944年底，很多德国人已经完全改变了想法。斯图加特的党卫队保安处记录了一种当时已经普遍存在的观点："总是说元首是上帝派来的。我并不怀疑这一点。但上帝把元首送给我们不是为了拯救德国，而是要毁灭德国。上帝的旨意是要灭亡德意志民族，而希特勒正是上帝意愿的执行者。"[①]

德意志民族在1945年的确到了接近毁灭的时刻。纳粹政权的彻底失败和无条件投降终结了作为法律实体的德意志民族国家；战争末期大批德意志人的西迁撼动了德意志文化在中东欧的社会与政治基础；最后也是影响最为深远的，纳粹政权以德意志民族的名义犯下的滔天罪行，完全超越人类想象力和理解力，摧毁了一直是德意志民族话语核心成分的道德与文化优越性宣称。作为政治、文化和道德实体的德意志民族已经完全破产，德意志民族主义完全声名扫地。后来的联邦德国总理威利·勃兰特在1946年写道，德国必须与其民族主义、帝国主义和军国主义的过去决裂，以便找到"有尊严的民族生活的起点"[②]。

与过去决裂当然不是那么容易。1949年，一个新成立的民调组织阿伦斯巴赫研究所在街头调查人们对纳粹的看法。结果显示，很少有受访者为"大德意志帝国"的理想或"生存空间"的概念辩护，几乎所有人都认为纳粹对犹太人的迫害"太过分"。针对"纳粹是一个好主意，但执行得很糟糕"这一说法，57％的人表示肯定，65％的前纳粹党员和49％的非党员都作此表

① Ian Kershaw, *The "Hitler Myth": Image and Reality in the Third Reich*, Oxford: Clarendon Press, 1987, pp.80—81, p.221.

② James J. Sheehan, "National History and National Identity in the New Germany", *German Studies Review*, 15(Winter 1992), p.165; Helmut Walser Smith, *Germany, A Nation in its Time: Before, During and After Nationalism, 1500—2000*, New York: Liveright, 2020, p.409.

示，而否定这一说法的人相对来说很少。几乎所有的受访者都赞扬纳粹时期的"秩序"，谴责魏玛共和国的"无序"。1951年，42％的受调查者认为1933—1939年之间的德国是最好的德国。迟至1959年，仍有41％的人认为1939年以前的希特勒是德国最伟大的国务家之一。在对犹太人的看法上，阿伦斯巴赫研究所在整个50—60年代询问被调查者："你是否认为德国没有任何犹太人会更好。"1952年的结果显示，37％的人给出了肯定的回答，24％的人不确定，只有20％的人否认。接下来的十年里，希望德国没有犹太人的愿望有所减弱。到1965年，只有19％的人表示肯定，但仍有47％的人不确定。①

但正如朱特所言，战争改变了一切。"几乎在所有的地方，想回到1939年前事物的方式，那是无稽之谈。"②与一战相比，二战造成的各方面破坏更大，对人们思想观念的影响也更甚。二战中死亡的人数超过以往的历次冲突，欧洲超过4 000万人丧生，纳粹德国在东线的种族灭绝战争导致平民——大部分是苏联人和波兰人——占据了二战死难者的一半以上。在易北河和伏尔加河之间的区域，战争留下了广袤的死亡荒原。在这片死亡之地上，纳粹在集中营中还杀害了500万—600万犹太人。

对德国人来说，二战尤其是后期真正让他们切身体会到战争的恐怖与苦难。战争最后10个月中，国防军阵亡人数比1944年7月之前4年中阵亡人数都要多。换言之，如果7月20日保守派贵族刺杀希特勒成功的话，德军阵亡的530万人中一多半可以活下来。二战中德国士兵的死亡率是一战的两倍，1910—1925年出生的德国男性有三分之一没活过战争。大量的死亡改变了战后社会的性别比，其中20—35岁年龄段受影响最大。一战后，女性与男性的比例为5∶4；1946年，这一比例为2∶1。英美盟军在战争后期对德国的大规模战略轰炸将德国的大多数城市变成了废墟，接近60万德国平民死亡（多数在战争最后一年死亡，1945年2月轰炸德累斯顿导致2.5万人丧生）。战争结束时，超过一半的德国城市居民或死亡或逃离：纽伦堡战前42万人，战后18万人；科隆1939年有77万居民，1945年只有4.5万……战争的最后一年，德国已经处于完全的社会解体之中，纳粹政权

---

① Helmut Walser Smith, *Germany, A Nation in its Time: Before, During and After Nationalism, 1500—2000*, New York: Liveright, 2020, pp.427—428; Richard Bessel and Dirk Schumann, "Introduction", in idem., eds., *Life after Death: Approaches to A Cultural and Social History during the 1940s and 1950s*, Cambridge: Cambridge University Press, 2003, p.6.

② ［美］托尼·朱特：《战后欧洲史》（上），林骧华、唐敏等译，新星出版社2010年版，第47页。

已经丧失了大部分群众的支持。占领德国的盟军曾担心,他们面对的将是狂热的纳粹人群和暴力反抗者,但实际上遇到的是厌倦战争、蔑视将他们带入灾难的统治精英的人民。①

战争结束时,德国经济已完全陷于瘫痪,基础设施大多被摧毁,很多城市变成了瓦砾堆,民众处于饥饿之中且无处可居。对4个占领区尤其是3个西方占领区的原居民来说,他们还要面对来自东方的被驱离者和难民与他们争夺物资供应。1945—1949年间,超过1 200万原本生活在奥德河以东的德意志人或为躲避红军,或被强制驱赶,离开了他们在中东欧的家园。其中400万难民和被驱离者定居在东部占领区,800万人直接前往西方占领区。1950年,难民和被驱离者占民主德国人口的20%,联邦德国人口的17%。短期内规模如此庞大的新来者当然意味着沉重的负担,但从长远来说,战争末期和战后初期的大规模人口流动不仅完全改变了中东欧的族裔构成,将两个德国都变成了同质化程度极高的国家,为20世纪50年代联邦德国的经济奇迹提供了先决条件(整个50年代还有300万民主德国居民移居联邦德国);还导致了德国重心的西移,奥德河以东的许多普鲁士城镇成为只留存于第一代被驱离者回忆中的名称。正如英国历史学家诺曼·斯通所说,1947年后的联邦德国是"一个非凡的成功故事",但这个德国"是一个去除了普鲁士和奥地利"的德意志。②德意志第一个民族国家处于边缘的西部和南部,构成了联邦德国的核心区域,这个德国的确可以被视为神圣罗马帝国的真正继承者。

战争带来的第一项重大改变体现在话语层面。奥斯维辛之后,成为德国人和德意志民族主义的意义发生了不可逆转的变化,民族、民族主义以及诸多与之关联的词汇在德国的公共生活中接近于成为禁忌。一位流亡海外多年的记者战后之初已注意到这一点,并在1947年呼吁区分"民族思维"和"民族主义思维":"自德国投降以来,'民族主义'和'民族主义者'这两个词已变成绝对的贬义词。在投降前的12年里,这些词在官方宣传中尤其具有积极的意义。这是德国正在进行的重估价值观过程的一部分,这一过程绝

---

① Stefan Ludwig Hoffman, "Germany is No More: Defeat, Occupation, and the Postwar Order", *The Oxford Handbook of Modern German History*, pp.596—600.

② Donna Harsch, "Industrialization, Mass Consumption, Postindustrial Society", in Helmut Walser Smith, ed., *The Oxford Handbook of Modern German History*, Oxford: Oxford University Press, 2011, p.665; Norman Stone, *The Atlantic and its Enemies: A Personal History of the Cold War*, London: Allen Lane, 2010, p.338.

对必要。但问题的关键与其说是词语,不如说是价值观。"这位记者认为,要
抛弃的是那种"肆无忌惮的民族利己主义,正如纳粹的例子所表明的那样,
可以导致前所未有的罪行,可以催生一场世界大战。这种民族主义已全无
节制,拒绝给予所有民族平等的生存权、自由和尊严"。但"民族思维"是根
本不同的,任何一个民族都需要健康的、适度的民族主义,比如 19 世纪前半
期的德意志自由民族主义。然而,在战后的近 30 年中,至少在联邦德国,公
众和精英都不愿公开使用民族话语,即便在涉及某些群体切身利益的问题
上。欧洲一体化过程中的农业问题提供了最好的例子。共同农业政策是欧
洲经济共同体的重要组成部分,它实质上意味着联邦德国需要在财政上承
担对法国农业的巨额补贴,这自然遭到了农民及其代表的激烈抵抗。但是,
反对者只能以亲欧洲的语言去表达其反对意见,公开辩论中没有为德意志
"民族利益"话语提供任何空间。不管在国内还是在国际上,德国的过去及
其虚弱的国际地位为其设定了清晰的话语边界。在评论德国对欧洲一体化
的热烈支持时,一位英国考察者曾以半真半假的口吻指出,1945 年以后,德
国政治不敢公开诉求本民族利益,于是,貌似出于公心,将民族诉求转化为
欧洲共同体的共同目标。①

  战争和被占领还带来了政治上的新开端,实现了德国政治精英的近乎
全面替换。新教保守派精英因世界大战、1944 年 7 月 20 日刺杀希特勒失
败后遭受的大规模捕杀、东部领土的分离及苏占区的"土地改革",不可逆转
地走向了衰落。这些与威廉帝国和普鲁士传统关系密切,并因此在 1918 年
后对民主政体敬而远之的军政及官僚体系中的旧精英,尤其是易北河东部
的农业地主精英阶层,在两个德国的政治生活中均不能再发挥重要影响。
传统保守派精英的衰落和其他因素一起,有效地克服了曾长时间困扰德国
的教派对立和阶级敌对,包括因农业长期结构性衰落导致的政治纷扰。在
盟国于各占领区实施去纳粹化的过程中,那些坚信魏玛共和国的民主人
士——如前魏玛联盟各党成员康拉德·阿登纳、库尔特·舒马赫、勃兰特和
特奥多尔·豪伊斯等人——在经历了成为政治反对派、被迫害或流亡之后,

---

① Peter Alter, "Nationalism and German Politics after 1945", in John Breuilly, ed., *The State of Germany: The National Idea in the Making, Unmaking and Remaking of a Modern Nation-State*, London and New York: Longman, 1992, pp. 161—162; Kiran Klaus Patel, "Germany and European Integrations since 1945", in Helmut Walser Smith, ed., *The Oxford Handbook of Modern German History,* Oxford: Oxford University Press, 2011, p. 780; Timothy Garton Ash, *In Europe's Name: Germany and the Divided Continent,* New York: Random House, 1993, passim.

几乎完全主宰了西占区和联邦德国的政治活动。①

　　纳粹政权的极权统治、第二次世界大战和大批东部德意志人的涌入还摧毁了社会道德环境的基础,使战后联邦德国得以形成以利益为基础,更灵活、流动性更强的政党体系。基督教民主联盟(CDU)及其在巴伐利亚的盟友基督教社会联盟(CSU)并非先前政治天主教主义的自然延续,两党在政党纲领、组织结构、成员与选民的社会背景等方面和纳粹掌权后被摧毁的天主教政党存在很大差别,最大的差别在于它们都是跨教派的政党。基民盟和基社盟不仅为曾经的中央党、巴伐利亚人民党,也为新教保守党——德意志民族人民党的政治家、党员和选民提供了一个崭新而持久的政治家园。社会民主党的性质同样发生了改变。两个德国的分裂意味着社民党失去了战前的主要根据地,包括大柏林地区和萨克森,社民党自身的新闻机构在 20 世纪 50年代因无法适应更为自由开放和市场化的媒体社会而出现了报业大倒闭,加之在联邦德国最初的 10 年里比社民党更"左"的较大政治力量已不复存在,以及党内对传统教条与干部体制不满的新一代改革派在 50 年代后期走上领导岗位,所有这些都使该党更容易彻底完成从工人阶级政党到全民党的过渡。②

　　在政治领导层,战后长期担任联邦德国总理的阿登纳属于德意志国时期非典型的德国人。作为曾在战前担任科隆市长的前中央党成员,战后基民盟的创建者和领袖,他是一位典型的莱茵兰天主教徒。1924 年,他在一次演说中纪念前任科隆市长——这位前任来自易北河以东——时,曾盛赞其身上集中体现了普鲁士的美德:精力充沛,独立和自律,责任感、严肃、对上帝的坚定信仰、勤奋和追求目标的坚韧。但另一方面,阿登纳和许许多多的普通西部人直到被普鲁士兼并的一个世纪后,依然对普鲁士持有诸多负面看法;东部意味着行事苛刻、无情和蛮横;普鲁士人的世界观专横、狭隘和刻板僵化,思想观念是威权主义、不民主和不宽容的,尤其对天主教不宽容。西部则代表着经济和社会的现代性、思想开放、灵活和眼光敏锐、热爱生活、个人主义、一定程度的多元主义以及最重要的自由主义的天主教主义。和直到 20 世纪 60 年代初为止依然支配联邦德国历史学界的民族传统——这种传统在战后主要以梅内克(Friedrich Meinecke)、

　　① Ralf Dahrendorf, *Society and Democracy in Germany*, New York: W. W. Norton, 1979, pp.392—396;[德]安德烈亚斯·维尔申:《二十世纪德国史》,张扬、王琼颖译,上海三联书店 2018年版,第 110—111 页。
　　② [德]安德烈亚斯·维尔申:《二十世纪德国史》,张扬、王琼颖译,上海三联书店 2018 年版,第 111—112 页;Maria D. Mitchell, *The Origins of Christian Democracy: Politics and Confession in Modern Germany*, Ann Arbor: The University of Michigan Press, 2012;[德]弗兰茨·瓦尔特:《德国社会民主党:从无产阶级到新中间》,张文红译,重庆出版社 2008 年版,第 91—93 页。

里特尔(Gerhard Ritter)、罗斯菲尔斯(Hans Rothfels)等老一代声名显赫的历史学家为代表,依然坚持以普鲁士和新教为中心的历史叙事,并强调普德历史和传统中存在着许多有价值的东西——不同,认定腐蚀性的民族主义只会扭曲德国人精神的阿登纳坚决追求西欧联合和融入西方①。

当然,联邦德国早期在对外政策上并无太大的独立行动空间。欧洲一体化和让联邦德国融入西方主要出于华盛顿基于冷战考虑的推动,以及法国的倡议。阿登纳及基民盟基本上支持美国和其他西方伙伴的同样议程,即便当时的多数民众和社民党并不这么看。舒马赫领导下的社民党并不反对欧洲联合,但他们希望一个将英国包括在内的大欧洲联合,而且他们也害怕只有6个国家的小欧洲联合方案会凌驾于他们最看重的德国统一目标之上。《罗马条约》签署一年后的民意调查显示,只有四分之一的人知道条约已经签署。大部分联邦德国人不知道本国的对外政策已经发生了质的飞跃,73%的受访者认为德国统一比欧洲一体化紧迫得多。在阿登纳看来,融入西方意味着同美国的紧密联盟,西欧一体化则建立在法德和解的基础之上。这一战略是保护联邦德国不受侵略,以及摆脱德国自身极端民族主义过去的最佳方式。更何况,除了经济收益外,它还可以稳固联邦德国的地位。1949年他当选为总理时,曾宣告"法德对抗——曾经支配欧洲政治达数百年之久以及造成那么多战争、破坏和流血祸害的对抗——最后必须无条件地在实际上铲除掉"。1950年,当法国提出欧洲煤钢联营计划时,阿登纳举双手赞成且全心投入其中:"我深信煤钢联营的结果,不仅会改变我们这个大陆的经济关系,而且会改变欧洲人的整个思想方法和政治感觉。我相信结果会使欧洲人脱离他们民族国家生存的狭隘意识而把他们导向欧洲地区更大的领域中去……"②

---

① Hans-Peter Schwarz, *Konrad Adenauer: A German Politician and Statesman in a Period of War, Revolution and Reconstruction, Vol.1: From the German Empire to the Federal Republic, 1876—1952*, trans. by Loulse Willmot, New York and Oxford: Berghahn, 1995, pp.14—15; Otto Dann, "National History in Germany after the Second World War", in Erik Lönnroth, Karl Molin and Ragnar Björk, eds., *Conceptions of National History: Proceedings of Nobel Symposium 78*, Berlin: Walter de Gruyter, 1994, pp.123—125;[美]格奥尔格·G.伊格尔斯:《德国的历史观》,彭刚、顾杭译,译林出版社2006年版,第343—353页。

② Ronald J. Granieri, *The Ambivalent Alliance: Konrad Adenauer, the CDU/CSU, and the West, 1949—1966*, New York and Oxford: Berghahn, 2003; Kiran Klaus Patel, "Germany and European Integrations since 1945", in Helmut Walser Smith, ed., *The Oxford Handbook of Modern German History*, Oxford: Oxford University Press, 2011, pp.778—779;[美]戈登·A.克雷格:《德国人》,上海译文出版社1998年版,第53—56页。

阿登纳对其人民始终不大放心。实际上,尽管在20世纪60年代以前,德国人在许多方面依然没有摆脱民族国家的精神框架,在一些问题上依然受纳粹宣传的影响,但经历过战争和战败后苦难经历的绝大多数德国人已经与极端民族主义和军国主义决裂。战争和战败以后的经历促使军人进行了集体反思:战争的残酷,对死亡、饥饿和羞辱的恐惧在前军人中产生了几乎一致的反应:"战争比其他任何事情都糟糕。"和一战后对战士的英雄化完全不同,大多数经历了二战的战士得出结论:"永远也不要让我们曾经经历的事情再度发生。"轰炸、战斗和被从东部赶出的恐怖或恐惧是平民战争经历的主要内容,这些通常由妇女讲述的内容包括:整晚恐惧地呆在防空设施中,轰炸机的轰鸣,高射机枪的发射声,灭火以及所有的东西都被毁掉;战争结束后,波兰武装人员将遍布各地城乡的德意志人从家中拖出并集中起来,然后驱赶他们往西走,无数老弱妇孺倒毙于途中。对战争的积极记忆和根深蒂固的军国主义不可能完全消失,但在50年代,一半人口丧失了至少一位家庭成员的经历让和平主义已成为德国政治文化的典型特征,以致联邦德国的重新武装遭到了公众的激烈反对。将1945年5月视为"零时"的确可以说是战后初期最强有力的神话,但这一神话的流行正体现了大多数德国人希望一切重新开始、远离过去的真诚愿望。①

除战争及其带来的所有重大变化外,联邦德国社会在20世纪50—60年代经历了一次根本性的现代化过程——告别阶级社会,这是与过去决裂能够维持且继续深化的基础。传统阶级和社会界限的逐步消除主要源于几大因素的推动。首先是易北河以东容克的没落。其次,"零时"情绪导致一种深刻的社会心理效应:普遍的物质匮乏和共同的苦难经历使得传统社会差异变得不再重要。第三,庞大的难民潮以及让难民融入的必要性令社会关系发生了转变,而这一转变同时也瓦解了传统的纽带关系。以上这三项因素显然仍同战争有关。

社会现代化的另一重要推动力来源于经济繁荣。包括两个德国在内的欧洲,战后最初的20年是史无前例的加速工业化阶段。20世纪50年代后,联邦德国的工业和整个经济迎来了持续的高速增长,创造了人们津津乐

① Konrad H. Jarausch, *After Hitler: Recivilizing Germans, 1945—1995*, trans. by Brandon Hunziker, Oxford: Oxford University Press, 2006, pp.31—43; Lutz Koepnick, "Culture in the Shadow of Trauma?", in Helmut Walser Smith, ed., *The Oxford Handbook of Modern German History*, Oxford: Oxford University Press, 2011, p.715; Richard Bessel, *Germany 1945: From War to Peace*, New York: HarperCollins, 2009, pp.395—396.

道的"经济奇迹"。在联邦德国兼顾经济自由、社会公正和社会安全的社会
市场经济体制下,工人相比过往可以从经济繁荣中获得更多的收益份额。
联邦德国在1950—1980年间的国民收入增长速度是1900—1950年间同一
区域的13倍。1950—1979年间,工人/雇员的所得增长了3.2倍。对工人
阶级——20世纪60年代工人占联邦德国就业人口的一半——来说,收入
的不断增长本身已经足以使他们告别"无产状态"。阶级意识的淡化还与一
个极为重要的文化平等观念联系在一起。50年代的联邦德国开始进入消
费社会,不仅出现了对消费品——厨房设备、吸尘器、汽车、电视、电影、旅游
等——不断膨胀的需求,还经历了消费与文化的民主化进程。工人们到
1960年左右开始重新界定"需要",包括过去被认为是奢侈品的物品,这一
重新界定是关键的文化转折,反过来又改变了社会感知。大众消费开始重
塑欧洲的阶级社会,许多高价值物品像电视和汽车从地位象征转为普通商
品。至少在文化领域,传统的阶级矛盾已经开始越发趋于缓和。尽管依然
存在较大的贫富差距,但绝对的繁荣战胜了社会对比,大多数联邦德国人挣
的钱更多,有了更多的自由时间去享受各种各样的物品、服务和休闲活动。
在工人经历了"去无产阶级化"的同时,大多数资产阶级精英恢复了昔日的
地位,但他们的政治忠诚发生了迅速且急剧的转变,一战后资产阶级圈子中
那种反民主、反共和的复仇主义完全不存在。雇主已习惯于在议会政治"有
取有予"的交易框架下通过与工人谈判解决劳资纠纷,文化资产阶级忘记了
他们过去对工商业的蔑视。总体来说,精英接受波恩共和国。资产阶级在
社会和文化上的转变更为缓慢,但伴随着中高等教育的民主化和资产阶级
精英规模的扩大,资产阶级精英逐渐变得不那么父权制、排外和狭隘,在成
员招募方面也更为开放。一言以蔽之,联邦德国变成了一个"平均化的中产
阶级社会"①。

联邦德国社会的现代化还带来了另外两项重大后果,一是社会市
场经济的成功、消费主义和个人主义开始损害联邦德国社会的传统权
威与结构,导致了日常生活的去基督教化、教会在天主教政治中作用的

---

① [德]安德烈亚斯·维尔申:《二十世纪德国史》,张扬、王琼颖译,上海三联书店2018年版,
第126—130页;Donna Harsch, "Industrialization, Mass Consumption, Postindustrial Society", in
Helmut Walser Smith, ed., *The Oxford Handbook of Modern German History*, Oxford: Oxford
University Press, 2011, pp.663—688; Volker R. Berghahn, "Recasting Bourgeois Germany", in
Hanna Schissler, ed., *The Miracle Years: A Cultural History of West Germany, 1949—1968*,
Princeton, NJ: Princeton University Press, 2001, pp.326—340。

下降以及新教冷战自由派的兴起,这些反过来又造成了教派对立与隔膜的渐趋消失。[①]另一是以"负面记忆"为核心的"悔悟文化"在20世纪60年代的出现。

"悔悟文化"不再排斥那些不受欢迎、不愉快甚至妥协的历史,不再歌颂对希特勒的抵抗或用德国人同样是牺牲品和受害者作为搪塞;而是真诚地直面纳粹的罪行尤其是普通德国人的责任甚至帮凶行为,并为之向受害者和全世界道歉,同时进行自我批评式的反思,包括检讨纳粹在德国历史和传统中的深远根源。与老一代有民族主义倾向的文化资产阶级不同,许多新一代知识分子更具国际视野和批判性。由格拉斯代表的诸多小说家和剧作家在试图揭示肮脏的过去时,均强调纳粹积极分子和消极追随者都有罪。1961年费舍尔以德国应对一战爆发负主要责任的观点引发著名的"费舍尔辩论"后,维勒(Hans-Ulrich Wehler)和科卡(Jürgen Kocka)领衔的社会史学派不仅在方法论和主题上构成了对德国史学中民族传统的反叛,而且还以批判性的独特道路论实现了价值反转。维勒和科卡等人明确指出,纳粹灾难的根源在于19世纪德意志的现代化走了一条和西欧北美其他国家截然不同的道路,其最突出的特点是政治现代化严重滞后于经济现代化。1968年的代际反叛将文化知识领域的自我谴责提升为一种"消极民族主义",成长于物质丰裕社会中的战后婴儿潮一代指责其父辈们参与纳粹罪行的责任,同时也决定性地抛弃了长辈们传统的民族主义价值,支持国际主义、第三世界的反帝反殖民解放斗争、和平主义、环境保护和妇女解放。全世界都会记得,1970年12月7日那一天,第一位社民党总理勃兰特在华沙犹太人遇害纪念碑前双膝跪倒,这是"悔悟文化"最具代表性也最有影响的象征体现。[②]

一些新保守派知识分子在20世纪70—80年代将"悔悟文化"和"消极

①　Maria D. Mitchell, *The Origins of Christian Democracy: Politics and Confession in Modern Germany*, Ann Arbor: The University of Michigan Press, pp. 7—8; Mark Edward Ruff and Thomas Großbölting, "Introduction", in idem., eds., *Germany and The Confessional Divide: Religious Tensions and Political Culture, 1871—1989*, New York and Oxford: Berghahn, 2021, pp. 1—25.

②　[德]安特·鲍尔康泊:《民族记忆和欧洲纪念文化的产生:二战后德国与邻国曲折的和解之路》,载张敬乐、黄雅楠主编:《二战后历史反思与和解》,汉斯·赛德尔基金会(北京),2011年,第38—46页;Konrad H. Jarausch, *After Hitler: Recivilizing Germans, 1945—1995*, trans. by Brandon Hunziker, Oxford: Oxford University Press, 2006, pp. 46—71; Konrad H. Jarausch, "1968 and 1989: Caesuras, Comparisons, and Connections", in Carole Fink et al., eds., *1968: The World Transformed*, Cambridge: Cambridge University Press, 1998, pp. 461—477。

民族主义"视为集体的自我仇恨。1985 年,二战结束 40 周年之际,著名历史学家舒尔茨(Hagen Schulze)更是认为联邦德国存在价值观危机。依他之见,"一个仅仅靠不断提高国民生产总值的雄心壮志维系的社会"不能代替民族;从长远来看,一个没有民族认同的社会将不可避免地导致"失去方向"并"怀疑自己的身份"。但此时的联邦德国的确已经进入一个后民族时代,许多人已经形成一种后民族的身份认同。关于民族自豪感的跨国调查常常发现德国人始终处于名单的末端。1970 年对 6 个欧共体成员国的国民调查发现,70%的比利时人、65%的法国人、62%的意大利人、54%的荷兰人对自己的民族感到绝对自豪,而联邦德国只有 37%。80 年代后期,只有 21%的联邦德国被访问对象表示为自己的民族感到自豪,而美国和英国分别为 87%、58%。调查保卫祖国的意愿显示了同样的结果。71%的美国人和 62%的英国人表示,一旦爆发战争,他们准备保卫国家;而联邦德国被调查对象中作此回答的刚超过三分之一。70 年代后期和 80 年代的民意测验还表明,接近三分之二的被调查者认可将欧洲作为"祖国";67%的人对做一个欧洲人感到十分自豪。在更年轻的人中,对欧洲认同的自豪感完全压倒了民族自豪感,这反映了对民族的、爱国的尤其是民族主义信念和象征的广泛猜疑。在第三帝国"过度的民族主义"之后,人们对于使用国旗、公开展示爱国和国歌十分谨慎。对许多人来说,在德国历史并没有提供多少积极参照点的情况下,哈贝马斯等人倡导的宪法爱国主义要比认同一个以族裔或历史界定的民族更适合一个民主国家。[①]

后民族身份的形成意味着统一丧失了重要性。大部分联邦德国人支持统一,20 世纪 60 年代的支持率达到 90%,到 80 年代降为 80%。但与此同时,那些相信统一可以实现的联邦德国人急剧下降。60 年代中期,超过半数的联邦德国人认为统一是现实可能的。随着 60 年代末东方政策的提出,对统一抱有现实期望的人下降到 70 年代初的 10%左右,1987 年下降为 3%。与此同时,认为统一是政治议程上重要问题的联邦德国人越来越少。1955 年,三分之一的联邦德国人认为统一是联邦德国最重要的问题,但到

① Stefan Berger, *The Search for Normality: National Identity and Historical Consciousness in Germany Since 1800*, New York and Oxford: Berghahn, 1997, pp.88—89; Hans-Georg Betz, "Perplexed Normalcy: German Identity after Unification", in Reinhard Alter and Peter Monteath, eds., *Rewriting the German Past: History and Identity in the New Germany*, Atlantic Highlands, NJ: Humanities Press, 1997, pp.41—42; Ute Frevert, "The History of a European Nation", in Sarah Colvin, ed., *The Routledge Handbook of German Politics & Culture*, London and New York: Routledge, 2015, pp.13—14.

1983 年只有 0.5％的人这样认为。德国分裂持续的时间越长,联邦德国公众对最终统一前景的期望就越现实。与此同时,越来越多的联邦德国人倾向于认为联邦德国与民主德国是两个国家、两个民族。1974—1984 年间,认为联邦德国与民主德国属于同一个民族的联邦德国人比例从 70％下降到 42％,而认为两国并非同一个民族的人从 29％上升到 53％。随着联邦德国人获得自己的身份认同,许多联邦德国人对边界另一边的同胞越发淡漠。更年轻和受过更好教育的联邦德国公民尤其如此,他们更亲近其他西方国家,而非铁幕后那个"遥远"的民主德国。①

　　恰恰在新一代联邦德国人开始接受德国分裂并将之视为历史常态时,两个德国在一场惊天巨变中实现了统一。当柏林墙在 1989 年 11 月 9 日夜里崩塌时,柏林人发自内心的那种欢欣通过电视屏幕传到了全世界,在一些观察者那里引发了对德国民族主义再度复苏的恐惧。一个很可能再度支配欧洲事务的统一的强大德国,激发了很多人在冷战时期尘封已久的情绪和记忆。英国首相撒切尔夫人在 1990 年 3 月特意召集了英美一些著名德国史学家,根据首相外交秘书的记录,这帮史学家在私下里毫不客气地以对所谓德国人民族性格的负面描绘——对他人感受不敏感、自恋、易怒、强势和具有侵略性等　　警告首相。②

　　鉴于德国的过去,担忧和恐惧当然是可以理解的,但 1990 年两个德国的重新统一和民族主义没有太大关系。很久以前,民族主义就已经从两个德国的政治舞台上消失了。与联邦德国相比,民主德国以另一种方式实现了与过去的决裂。在联邦德国尚存在一些边缘性的右翼民族主义政党,而政治民族主义在民主德国完全绝迹。更重要的是,民主德国官方一直追求建立社会主义的德意志认同。20 世纪 50—60 年代,民主德国以德意志历史进步传统的当然继承人自居,不仅将德国的分裂归咎于受内外帝国主义支配的联邦德国,还声称只有当联邦德国变为社会主义国家,才能实现德意志的统一。70 年代以后,伴随着两德关系的正常化,民主德国政权进一步提出阶级的民族理论——不仅存在两个德意志国家,还存在两个德意志民

　　① Hans-Georg Betz, "Perplexed Normalcy": German Identity after Unification, in Reinhard Alter and Peter Monteath, eds., *Rewriting the German Past: History and Identity in the New Germany*, Atlantic Highlands, NJ: Humanities Press, 1997, pp.47—50.
　　② 撒切尔夫人和英美史学家会谈的记录,参见 Konrad H. Jarausch and Volker Gransow, eds., *Uniting Germany: Documents and Debates 1944—1993*, New York and Oxford: Berghahn, 1994, pp.128—131。

族——以求发展出单独的民主德国认同。很难确切评估官方立场对民主德国民众中不同群体的影响,但可以肯定的是,即便民主德国人在 1990 年 1 月高呼"我们是同一个民族"时,他们追求的也不过是哈贝马斯所说的"德国马克民族主义",以民族主义的语言追求更好的物质回报。①

2. 柏林共和国

迄今为止的事实证明,撒切尔夫人和她召集的那些历史学家或许有些多虑。统一之后,由于不同时期的经济困难,新右翼和新纳粹的活动的确要比过去更为活跃。伴随着德国成为一个移民社会,外来移民和劳动力的涌入导致了一些仇外的暴力袭击,1992 年和 1993 年在石荷州和索林根市的仇外袭击导致多名土耳其妇孺死亡。2008—2009 年金融危机后,民粹主义的民族主义在全球尤其是西方发达国家崛起。这种新的民族主义以反精英主义、反多元化和排外主义回应劳动力和资本在全球的快速流动。德国出现了同样的现象。2014 年 10 月,德累斯顿建立了一个名为"PEGIDA"的右翼组织。2015 年 9 月改组后的德国另类选择党(AfD)毫不掩饰地扛起了民族主义和仇外的大旗,并在 2017 年 9 月的联邦选举中表现突出,在全国获得了 11.5% 的选票,在东部各州获得了超过 20% 的选票。②

然而,大多数德国人和德国政治主流的基本态度并没有发生改变。

德国比大多数国家更好地经受住了 2008—2009 年的考验。在 2009 年的欧洲选举中,右翼民族主义政党在意大利、法国、英国、奥地利和匈牙利等不同国家获得了大量的选票,但这一幕没有出现在德国。2017 年 9 月联邦选举中,移民和外国人之所以成为最重要的议题,另类选择党之所以表现突出,正是因为默克尔总理的决定。面对叙利亚内战导致的难民危机,默克尔在 2015 年 9 月同意允许未登记的寻求庇护者进入德国,两年内超过 125 万难民进入德国。据估计,有近 10% 的德国成年人口自愿帮助叙利亚难民。

---

① Mary Fulbrook, *Interpretations of the Two Germanies, 1945—1990*, 2ⁿᵈ edn., Basingstoke: Macmillan, 2000, pp.72—76; Dietrich Orlow, "The GDR's Failed Search for a National Identity, 1945—1989", *German Studies Review*, 29/3(October 2006), pp.537—558; Mary Fulbrook, "Nationalism in the Second German Unification", in Ronald Speirs and John Breuily, eds., *Germany's Two Unifications: Anticipations, Experiences, Responses,* Basingstoke: Palgrave MacMillan, 2005, pp.241—260.

② Jan-Werner Müller, *What is Populism?*, Princeton, NJ: Princeton University Press, 2016, pp.2—4; Helmut Walser Smith, *Germany, A Nation in its Time: Before, During and After Nationalism, 1500—2000*, New York: Liveright, 2000, pp.463—467.

面对极端民族主义和排外现象,大多数德国人同样选择说"不"。索林根袭击后,300多万德国人参加了全国各地的烛光守夜活动,反对仇外暴力,悼念受害者。德国人还以极大的决心面对自己民族的不光彩过去。1995年3月开幕的国防军展览展出了1 400多张显示正规军士兵旁观、协助或犯下战争罪行的照片,吸引了大批观众以及抗议和反对者,并最终在德国议会引发了持续的辩论。德国各地建立了大量纪念受害者和展示纳粹罪行的各类场所,柏林市中心建立了一座欧洲犹太人大屠杀纪念碑。根据官方统计,在巴登-符腾堡州,20世纪80年代只有3个展示纳粹罪行的场所,90年代和21世纪头十年分别增加了19个与20个。德国还有许多提醒人们不要忘记纳粹过去的纪念日,如"水晶之夜"纪念日、第二次世界大战爆发纪念日、奥斯维辛集中营解放纪念日等。①

统一后,原属民主德国的5个联邦州开始发展出一种强烈的身份认同。在1995年的一项民意调查中,阿伦斯巴赫研究所询问受访者认为自己"主要是德国人"还是"主要是民主德国人或联邦德国人"。5个新联邦州中受访者中回答是民主德国人的比例从37%上升到49%,但在西部,三分之二的受访者认为自己首先是德国人。即便重新统一使得原联邦德国人认同德国的比例有所提升,不过,在柏林共和国,民族仍然很难像在其他国家那样成为集体自豪的源泉。2001年11月,针对"你为自己是德国人感到自豪吗?"这一问题,回答"非常"的德国人只有19%(美国为80%,英国为52%)。人们对于把两个德国统一的10月3日作为国庆日庆祝的热情不高。21世纪初,德国人对于自己身份认同根深蒂固的不确定感和不安,可能部分来自全球化的挑战,更是深刻负罪感的结果:两次世界大战、对斯拉夫人的族裔清洗、灭绝犹太人以及对整个大陆的奴役,使得许多自我批评的德国人倾向于将民族国家等同于野蛮。②

统一后的德国更深地融入了欧洲,欧洲一体化也取得了更进一步的重大进展。1993年,欧盟取代了欧洲经济共同体,从此不仅作为一个经济实体,还是一个有效的政治实体发挥作用,并实现了东扩。1995年完全生效

---

① Helmut Walser Smith, *Germany, A Nation in its Time: Before, During and After Nationalism, 1500—2000*, New York: Liveright, 2000, pp.464—465, pp.456—457; Ivan Krastev, *After Europe*, Philadelphia: University of Pennsylvania Press, 2017, p.45;[德]乌尔夫·迪尔迈尔等:《德意志史》,孟钟捷等译,商务印书馆2018年版,第378—379页。

② Helmut Walser Smith, *Germany, A Nation in its Time: Before, During and After Nationalism, 1500—2000*, New York: Liveright, 2020, pp.456—458.

的《申根协定》，废除了欧陆成员国之间的大部分陆地边界控制，各主权国家之间的边界从此不再具有头等重要的意义。2002 年开始，欧元作为欧洲的新共同货币在大多欧盟成员国内部开始流通，德国为此放弃了德国马克——联邦德国战后经济成功和民主稳定的重要象征。此前的 2000 年，德国通过了新的公民法，放弃了 1913 年法律中的血统原则，而改行出生地原则。尽管相比美国的"归化权"概念与实践，新公民法对在德国出生的移民后代申请成为德国公民依然有各种限制，但相比过去显然是质的改变。从 2000 年新公民法生效到 2006 年世界杯期间，大约有 100 万移民成为德国公民。移民接近总人口的 9％，而且四分之一的新婚姻是德国人和其他种族群体之间的婚姻。大多数德国人在某种程度上已经抛弃了以种族同质性为概念的国家。2001 年，超过 80％的受访德国人承认"不同的文化群体丰富了一个社会"，尽管许多人仍然担心社会的凝聚力。相比过去，德国社会已更加开放和多元。①

2006 年德国世界杯期间，德国人一反过去在公开场合对德国象征符号的淡漠，挥舞着德国国旗为德国队加油。但这并不意味着民族主义的回归，而是代表着一个为自己曾经的罪行深刻忏悔从而"重新找回尊严"的民族正常的爱国情绪宣泄。

五、小　结

最近 5 个世纪中，人们曾以截然不同的方式去认识、呈现和经历德意志民族。民族主义只是其中的一种方式。1750—1850 年间，战争、国家构建、法国大革命和启蒙思想的影响相互交织，在新出现的公共领域中创造出一整套涉及包容、参与和排斥的全新政治词汇，民族的意义发生质变，德意志人对民族的理解出现了一位研究者所说的"哥白尼式的转变"(The Copernican Turn)②。在德意志人的第一个民族国家时期(1871—1945 年)，民族主义逐渐成为公共生活中的支配性意识形态。经过一战巨大规模的杀戮和

① 参见[英]玛丽·弗尔布鲁克：《德国史，1918—2008》，卿文辉译，上海人民出版社 2011 年版，第 310—312 页；Helmut Walser Smith, *Germany, A Nation in its Time: Before, During and After Nationalism, 1500—2000*, New York: Liveright, 2020, p.468。

② Helmut Walser Smith, *Germany, A Nation in its Time: Before, During and After Nationalism, 1500—2000*, New York: Liveright, 2020, Part II.

战败的羞辱,一部分德国民族主义者趋于极端和狂暴,最终以纳粹时期的战争与种族屠杀给世界和德国本身带来了灾难性的后果。

二战后的一代民族主义研究者同时也是纳粹灾祸的亲历者,对民族主义"黑暗面"的更深切体会难免影响他们的研究。其中有人据此提出了"好""坏"民族主义之分。与更自由也更具包容性的英法"公民民族主义"(civic nationalism)相比,德意志的民族主义属于"族裔民族主义"(ethnic nationalism),更排外,因此是一种病态或至少是潜在威胁。①但实际上,正如我们在本章中看到的,德意志民族主义一直包含着多个支流,而且任何民族主义都有两面性。

与英法等国相比,政治认同和文化认同长期存在的区隔与张力堪称德意志民族现代历史进程的最重要特征,德意志现代史的一个重大面向也就主要表现为长期不懈地寻找"德意志身份"的历史。这一历史可分为四个阶段。德意志民族认同在近代早期的诞生是第一阶段,其主要标志是"民族思想"的出现与在政治论辩中的广泛使用。第二阶段是民族主义的产生。第三阶段开始于1871年第二帝国的建立,结束于1945年,成为一种大众现象。第四阶段从二战结束到两德统一。在冷战、美苏两个超级大国主宰欧洲命运和德国分裂的大背景下,希特勒阴影下的两个德国尤其是联邦德国开始了全面融入欧洲和西方的"后民族"时代。

没有人知道,极端民族主义是否在未来会再度俘获许多德国人的心灵,这是一个最终必须由德国人自己去回答的问题。

---

① 因犹太裔背景从布拉格流亡美国的著名民族主义史学家汉斯·科恩可谓其中的代表,参见 Hans Kohn, *The Idea of Nationalism: A Study in Its Origins and Background*, New York: MacMillan, 1944。

第六章　现代化进程中的俄罗斯民族主义

1991 年 12 月 25 日,苏联召开最后一次最高苏维埃共和国会议,与会代表以举手表决的方式一致通过了苏联在法律上停止存在的决议。这仿佛是"黑暗中的巨大沉寂,谁也不能保证这能否带来黎明的曙光"[①]。随着苏联的解体,原本由两大意识形态及军事集团主宰世界的局面被大大小小多个民族国家多极鼎立的形势所代替。苏联的领土上出现了 15 个孕育自这一母体的民族国家,这些国家都在努力找寻进入全球化经济和地区性国家系统的路径。

这是一次影响俄罗斯民族命运的事件,也是影响世界历史进程的重大事件。它意味着长期对欧洲民族国家的形成乃至欧洲的格局发挥着举足轻重影响的俄罗斯,再次回到了一个古老的原点上。那就是如何解决一个民族生存的基础,如何从一种以文明形式为单位的民族载体转变为以现代民族国家为载体的发展形式。在这个问题上,俄罗斯民族经历了长期的痛苦的探索,既有某些阶段性的成功,也有一些值得吸取的教训,更有一些不堪回首的失误。而对于欧洲而言,由于俄罗斯庞大的身躯,其发展进程中的一举一动,对欧洲其他民族都具有强大的震撼力。也可以说,欧洲其他民族国家的发展都可以感受到俄罗斯民族的巨大阴影。

由于种种历史和现实因素的制约,俄罗斯这个民族的政治经济发展长期滞后于欧洲其他民族,其文明则同欧洲文明保持了一种若即若离的尴尬联系。俄罗斯人在文学、艺术和哲学领域创造的成就让其他国家所瞩目。俄罗斯民族曾多次为外族侵扰,甚至面临灭顶之灾,最终却依然可以渡过难关,顽强地矗立于世界民族之林。在俄罗斯的历史上不止一次地出现过分崩离析的局面,但其仍然通过各种方式度过危机,打破"泥足巨人"的预言。

---

① Daniel Yergin and Thane Gustafson, *Russia 2010: And What It Means for the World*, New York: Random House, 1993, p.21.

516

是什么原因让这个国家、这个民族拥有如此强大的生命力和创造力？又是什么原因让它与世界上其他民族如此不同？这种无法言表的神秘感长期吸引着世界的目光，"信念、希望和爱使人渴望进一步了解俄罗斯"①。俄罗斯民族曾经孤立于世界一隅，为了获得生存空间而顽强奋斗；为此不惜"挑战整个欧洲"②；它曾经奉行为我所用的原则，对来自东方和西方的先进技术或文化兼收并蓄；也曾经孤军作战，将自己封闭于国门之内；它曾经长期落后于世界，却在 20 世纪称雄，也曾经在一夕之间从辉煌的顶峰摔下……无论是傲视群雄的尖峰时刻，还是迷茫彷徨的失落时刻，俄罗斯民族都呈现出一种特殊的精神力量，在其独特的民族性格和文化传统指引下发愤图强，锲而不舍，以其独有的韧劲和气质始终矗立于世界民族之林。就像丘切夫所做的评论那样："用理性不能了解俄罗斯，用一般的标准无法衡量俄罗斯，在它那里存在的是独特的东西，对俄罗斯你惟有信赖。"③

俄罗斯学者热衷探讨的"俄罗斯精神"（русская идея）、"俄罗斯性格"（русский характер）和"俄罗斯道路"（русский путь），都是渗透着俄罗斯民族主义精神的产物。民族主义是对民族这一客观存在的主观反映，是一种思想意识、价值取向，是对同种价值观念、文化传统等历史积淀的认同。同时，民族主义也是一种为了实现民族目标和愿望而进行的运动，指的是"寻求和掌握国家权力的政治运动，并以民族主义为理由去证明这种运动的正当性"④。

"一个民族的信仰受到挑战或者质疑，在民族认同的范畴就会出现危机。由于文化危机所带来的迷茫和消沉而失去认同，不仅是一个民族衰微败落的征兆，而且孕育着国家危机。当民族认同不再是一个国家整合社会的力量源泉，可能就会有新的社会力量兴起，经过社会运动，或改良，或革命，以国家的方式建立新的认同。确立民族认同的过程动荡而痛苦。"⑤尽管 1991 年苏联解体导致出现信念危机和意识形态真空的情况，具有历史传承性和鲜明时代性特点的俄罗斯民族主义在沉寂一段时间后又渐渐恢复了

①③　Н. А. Бердяев, *Русская идея*, Москва: Русская правда, 2001, с.7.

②　А. Л. Янов, *Патриотизм и Национализм в России 1825—1921*, Москва: ИКЦ АКАДЕМКНИГА, 2002, с.52.

④　John Breuilly, *Nationalism and the State*, Manchester: Manchester University Press, 1985, p.3.

⑤　徐迅:《民族主义》,中国社会科学出版社 1998 年版,第 38—39 页。

活力,不仅为新建立的联邦政权提供了政治合法性的理论解释,而且为新独立的民族国家对抗西方分离分裂势力提供了必要的精神支点。同19世纪的民族主义相区别,当代的民族主义置身于一种全新的全球化时代背景之下①,这种背景之下的民族主义非但没有如许多学者预言的那样就此消失,反而具有了较以前更为强大的威力。尤其是在原苏联加盟国中,民族主义从特定的社会背景和文化传统中汲取养分,努力与本民族的利益相结合,从而展现了巨大的能量和韧劲。当一个国家的人们处于困难时期,民族意识或者爱国情操会以一种特别强烈的方式表现出来,因为"我的"国家应该比别人的国家更好。公民对国家和政府未必满意,这使得在可以起作用的力量中,独立于国家政权之外的民族主义将会获得更多人的青睐,从而对社会产生更大的影响作用。英国历史学家霍布斯鲍姆就指出:"在前共产主义社会中,原有的生活结构不管是好是坏,毕竟是人们熟悉而且知道该怎么在里面生活的,如今这种结构全然瓦解,社会失序感也就随之日益严重。"民族主义因此成为"一种替代品,在一个碎裂的社会里替代原先的凝聚作用,当社会倒塌,民族便起而代之,扮演人民的终极保镖"②。特殊的时代背景使俄罗斯政府对民族主义采取了相对谨慎的态度。一方面,俄罗斯民族主义在民众中迅速传播,对整个社会产生了巨大的影响,成为俄罗斯多种政治势力普遍认同的一种意识形态。以普京为首的俄罗斯政府将俄罗斯民族主义重新塑造为俄罗斯人的"精神家园",提出了"俄罗斯思想"作为凝聚民众、发展国家的思想基石。另一方面,全球化的时代背景使俄罗斯在解决自身问题的同时还不得不应对来自国际的巨大压力。苏联解体后,西方各国在国际事务中对俄罗斯不断打压,甚至直接以各种方式干涉俄罗斯国内事务的处理,这一事实引发了俄罗斯民众强烈的反感,从而使俄罗斯民族主义中的反西方情绪、极端民族主义的倾向不断加强。这些特殊的时代背景使越来越多的国内外学者开始关注俄罗斯的民族主义,民族主义问题成为对当代俄罗斯研究的一个重大课题。

俄罗斯民族和俄罗斯(包含俄国、苏联、俄罗斯)这一国家相联系,从广义上来理解,它包含俄罗斯人、白俄罗斯人、乌克兰人和哈萨克人等。这一

---

① 这种"新"主要是指不仅经济的全球化已经成为普遍的现象,而且还出现了"新"的信息的全球化,从而给各种信息的传播提供了更加便捷的方式,当然也给民族主义提供了新的活力和变数。

② [英]埃里克·霍布斯鲍姆:《民族与民族主义》,李金梅译,上海人民出版社2000年版,第206页。

认识为大多数俄国学者所认同："民族是通过自然历史发展，在共同的部族、语言和疆域基础上所形成的种族—社会团体。因此，俄罗斯人也就是由大俄罗斯、小俄罗斯和白俄罗斯人所组成的，他们共同组成了俄罗斯经济、生活、社会、文学、精神和国家传统。"①但如果从狭义上来理解，它也可以单指俄罗斯人，即通常所说的大俄罗斯民族。从这个意义上来讲，对俄罗斯的民族主义这一概念的理解也有两种：广义上说，俄罗斯民族主义包含了大俄罗斯民族主义和地方民族主义；狭义上说，俄罗斯民族主义就只指俄罗斯族的民族主义。在某种意义上，它是从民族本位的立场出发，以维护本民族或某一民族利益集团的利益为目的，充分肯定本民族的文化传统和价值观念，排斥或否定异民族文化传统和价值观的思想意识。"民族主义的源头是什么？它不是意识形态，也不是政策法规，而是人的一种民族情感，它同道德面貌、社会地位、受教育程度都无关……"②

一、沙俄时代的俄罗斯民族主义

"作为当代世界一个巨大的政治实体，民族国家主要通过三种方式来定义自己的身份认同：地缘的、历史的和文化的。而俄罗斯这个民族无论从哪种方式上来说都是独一无二的。"③民族认同本质上而言是一个尊严问题，因为民族为身处其中的人民提供了安全、保障、地位与威望，所以个人尊严同民族尊严息息相关：民族尊严的保障能够带来个人尊严的享有；而民族尊严的失落则带来个人尊严的缺失。因此，个人会将自己同整个民族在情感上连接起来，这种情感可能会表现得相当复杂。对于那些经济繁荣、国力强盛的国家来说，长期享受安定和财富的人民对于民族尊严的关切表现为对本民族成就的自豪感；对于经济落后、国力衰退的国家来说，个人关注民族的前途发展、关心本民族的安定团结，因此对于民族尊严的关切表现为　种对本民族命运的焦虑感；而在曾经遭受外族势力入侵和侮辱的地方，个人关注的是民族能否在历史的发展进程中绵延生存下去，对于民族尊严的关切

① П.С. Морозов, Кому опасен русский национализм?, http://zlev.ru/78_14.htm.
② Виген Оганян, Вершки и Корешки Национализма // А. Н. Севастьянов, *Русский национализм, Его Друзья и Враги: Вызов тысячелетия*, Москва: Русская правда, 2001, с.26.
③ James H. Billington, *Russia in Search of Itself*, Baltimore and London: The Johns Hopkins University Press, 2004, p.2.

更多地表现为一种屈辱感。对于当代的俄罗斯民族来说,它综合了上述三种情感,历史辉煌赋予这个民族以自豪感,现实中的落寞给这个民族带来了焦虑感,而曾经多次遭受外族入侵的记忆和西方国家在国际事务中的挤兑加强了民族的屈辱感。自豪感、焦虑感和屈辱感都以各自的方式表现出对本民族的依恋和忠诚,为民族情感提供养分和基础。

尽管当代民族主义处于全球化的大背景之中,呈现出诸多不同以往的特殊性;但其萌发和发展依然具有一些历史延续性的特点,同该民族历史上民族关系的状况、经济文化的交往、实际地位等密切相关。人类从生存的根源上来说具有社会性的特点,一个人总将自己看成是某一团体的成员;一旦离开了团体,个人就会变得孤独,从而丧失归属感。团体是个人精神动力、精神活力的主要来源,而个人对于团体的忠诚性则是团体得以保存并发展的基础所在。个人对于团体的这种忠诚性就是民族主义情感最初的、原生的根基所在。维克多·斯特罗加诺夫认为民族主义是一种爱国情感,这样的情感贯穿了整个俄罗斯国家的历史。①当代俄罗斯民族主义是俄罗斯社会在 20 世纪 90 年代转型时期出现的一种特定的政治、文化思想,它的爆发和扩张具有一定的突发性,但究根溯源,依然可以在俄罗斯的历史中找到它的思想理论基础,同俄罗斯国家特定的政治社会传统也具有内在的传承关系。有必要回顾一下俄罗斯民族主义的历史渊源,对作为"团体"角色存在的俄罗斯民族和国家进行简单的阐析。

1. 俄罗斯民族意识的萌芽

别尔嘉耶夫曾有一个著名的论断:"俄罗斯是一个特殊的国家,它不同于世界上任何别的国家。"②俄罗斯民族和国家的特殊性体现在多个方面,由于地缘和历史的关系,它从形成的第一天起就具有了一些与世界上其他民族、其他国家所不一样的特点。

俄罗斯民族的主要生存空间是在东欧大平原上。东欧大平原地处欧洲和亚洲的交界处,地理位置的独特性对于俄罗斯的民族性格产生了很大的影响。俄罗斯民族的祖先是东斯拉夫人,公元 6 世纪时,东斯拉夫人还没有建立自己的国家,其社会制度大体处于由原始的氏族公社制社会向奴隶制社会过渡的时期。直到 9 世纪中叶,东斯拉夫人才进入阶级社会。俄罗斯

---

① В. И. Строганов, *Русский национализм, его сущность, история и задачи*, Москва, 1997, c.87.

② Н. А. Бердяев, *Судьба России*, c.271.

民族是东斯拉夫人的一支,7—8世纪,居住在欧亚大陆接合部的东欧大平原上,"居住区域向东到奥卡河中部及顿河上游,西至喀尔巴阡山脉,南起北德维纳河,北至拉多加湖"①,"单调是它的地面特点;整个地面几乎只有一种地形:这就是平原,约有4亿俄亩的面积属于波浪形的平原,说起来比9个法国还大"②。四面开阔的平原上资源丰富,但同时也缺乏那些天然的地形屏障,地理位置的特殊性给他们的安全造成了极大的威胁,使其经常受到邻近国家和民族(波兰—立陶宛人、日耳曼人、瑞典人以及东方的一些游牧民族等)的入侵和骚扰。

为了摆脱异族的侵略和骚扰,也为了获取自身的生存空间,各个部族被迫采用了一种特殊的生存方式,即常年处在不断的迁徙和流动之中。"由于历史生活和地理环境的原因,斯拉夫人在这个平原上并不是依靠繁衍的方式逐渐扩展,不是分布开来,而是不断地搬迁,像飞鸟般从一个地方迁居到另一个地方,离开一个住腻了的地方,搬迁到一个新地方。每迁居一次,他们就处在新环境的影响之下,处在这一地区新的自然环境和外部关系的影响之下。每一次新的迁居带来的这些地区特点和关系,都给人民生活带来了特别的趋向、独特的气质和性格。"③常年的迁徙生活使得大多数人身材高大,体格强壮,对于恶劣的生存环境有着极度的忍耐力。与此同时,不断的迁徙生活也使得人们最初是以一个个分散的部族形式散居在大平原上,彼此之间并没有太多的联系。9世纪中叶之后,留里克④及其族亲奥列格以基辅为首都创建了"基辅罗斯"(Киевская Русь),即留里克王朝。但是,部族分散的历史导致这个王朝缺乏实际上的凝聚力,因此12世纪时,曾经统一的"基辅罗斯"因为权力之争而再一次分裂为许多独立的公国。各个公国各怀心机、争权夺利,当蒙古人的军队进攻基辅时,根本无力抵抗,几乎是不战而降。1240年起蒙古人对基辅罗斯各公国长达200多年的统治"在历史发展的进程中具有里程碑的性质,不仅仅是土地和大公们经受了可怕的战争打击,更主要的是,罗斯人再一次置身于一个全新的坏境,这一环境深刻地影响了古罗斯社会生活的方方面面"⑤。

---

①　А.С. Орлов и др., *История России*, Москва: Проспект, 2001, с.15.

②　В.О. Ключевский, *Русская История(Полный курс лекций)*, Том 1, Ростов-на-Дону: Феникс, 2000, с.39.

③　Там же, с.24.

④　留里克是瓦良格人的一个酋长,瓦良格人居住在斯堪的纳维亚半岛上,是诺曼人的一支。

⑤　М.Н. Зуев и А.А. Чернобаев, *История России*, Москва: Высшая школа, 2000, с.47.

蒙古人的统治使分散的罗斯人民开始具有团结的意识，而莫斯科公国逐渐发展成为其中的领导力量。莫斯科公国依靠其历任大公的有效统治逐渐成为这片土地上的政治、经济和文化中心，成为统一思想的体现者和统一行动的领导者。1380 年，莫斯科大公德米特里带领罗斯军队在靠近顿河的库里科沃草原上大败蒙古军队。1480 年，"乌格拉河上的僵持"①再次以罗斯军队的获胜而告终，这一事件不但增强了莫斯科公国的威望，同时也大大增强了民族的自信心，并彻底结束了蒙古人的统治。正如苏联历史学家马夫罗金说的那样："库利科沃战役推动了罗斯人民民族自觉心的提高，它是在形成大俄罗斯民族和统一的俄罗斯国家时的重大的精神因素。"②

"将俄罗斯土地团结在莫斯科公国周围形成一个统一的国家，这一历史的进程最终是在伊凡三世和瓦西里三世统治时期完成的。"③摆脱了蒙古人的统治之后，莫斯科大公伊凡三世依靠武力不断进行兼并战争，征服罗斯各公国，到 15 世纪末基本完成了罗斯的统一。"统一国家的建立为俄罗斯民族的经济、社会和文明的发展创造了一个良好的条件。分崩离析局面的结束使俄罗斯获得了独立主权，开始拓展属于自己的领土。"④"在 16 世纪初，伊凡三世已经准备好了一切基础将自己变为全罗斯的'伟大君主'。事实上，古罗斯（基辅罗斯）的全部土地除了一部分被波兰人所占领外，都已经回到了新成立的俄罗斯祖国的怀抱，国家现在开始进入一个完全不同的历史时期。"⑤同时，可确定形成民族的两个要素，即统一的语言和民族自觉——民族觉醒已经具备。

接下来对俄罗斯民族意识形成最重要的标志性时期则是"大混乱年代"（1598—1613 年）。"大混乱年代"对于俄罗斯来说属于一个比较特殊的历史时期。一方面，这一时期给俄罗斯社会带来了巨大的伤害："丧失了大量的领土和人口，相关数据显示这一时期死亡的人数占到了总人口的三分之一。"⑥但从另一个方面来说，这是"俄罗斯社会进行的一次全民总动员，因

---

① 1480 年，蒙古金帐汗国军队准备攻打莫斯科，莫斯科军队在奥卡河的支流乌格拉河迎战蒙古军队，两军隔岸对峙，最终蒙古军队因为得不到援军的策应，又无法适应天寒地冻的恶劣环境，只好撤离。其后金帐汗国国内讧，罗斯国家彻底摆脱了蒙古人的统治。

② ［苏］B.B.马夫罗金：《俄罗斯统一国家的形成》，余大钧译，商务印书馆 1991 年版，第 137 页。

③ А.С. Орлов и др.，*История России*，с.70.

④ Р.А. Арсланов и др.，*История отечества：с древнейших времен до конца XX века. (Часть 1)*，Москва：Поматур，2000，с.70.

⑤ Л.Н. Гумилев，*От Руси и России*，Москва，2003，с.248.

⑥ Р.А. Арсланов и др.，*История отечества：с древнейших времен до конца XX века. (Часть 1)*，Москва：Поматур，2000，с.118.

为所有阶层和阶级都参与了俄罗斯国家生存问题的表决,都参加了国家发展道路的选择"①。在大混乱年代,由于留里克王室绝嗣导致俄国政局动荡,君主更换频繁,甚至有一段时间没有君主。瑞典、波兰趁机入侵俄国,然而俄国并没有灭亡,社会也没有瓦解:民族和宗教联系拯救了它。②这一时期全民参与政府和拯救政府的经历极大地增强了民族感情。这标志着民族意识产生的重要基础——统一的地域和心理素质的形成,"这也就是说可确定作为资本主义民族之前的共同体的民族的一切要素都已形成"③。随着具有极大的稳定性和持久性的民族共同心理素质的形成,一个新的民族——俄罗斯民族伴随着俄罗斯统一国家的成形而正式形成了。

民族独立和国家统一局面的形成是俄罗斯民族主义产生并进一步发展的政治基础。从开始形成的第一天,俄罗斯民族就有一些与众不同的特征。首先,俄罗斯民族世代居住于东欧平原上,四周缺少遮挡的平原给他们的安全带来了巨大的隐患,这就使得俄罗斯人性格中产生了一种特殊的倾向,即渴望借助拓展疆土的方式来增强生存空间的安全感,同时形成了以维护本民族生存和安全为首要任务的民族共识。其次,不断迁徙和变动的生存方式从某种程度上来说是一种"适者生存"的淘汰性选择,它使得保存下来的都是一些强人的部族和性格坚定、体格健壮的个体,俄罗斯民族和国家本身就成为强者的集合体。再次,俄罗斯民族处在东西方文化的碰撞地带,留里克王朝给俄罗斯人带来了欧洲文明,而蒙古人为俄罗斯人输入的则是东方文化,东西方文化在这个民族身上产生了交融。最后,俄罗斯民族的认同意识是在面临异族压迫和外部因素刺激的背景下产生的,这可以使本民族作为群体对共同的历史和文化产生深刻的认同动因,同时这一过程中激发出来的强烈的民族自尊感和维护本民族利益的高度责任心也容易使情绪产生极端化的倾向。

俄罗斯早期的民族主义情绪是伴随俄罗斯民族和国家的形成而产生的,两者几乎同步。最初的民族认同和民族意识与俄罗斯民族和国家之间存在一种相辅相成的关系,即俄罗斯的民族意识和民族认同推动了俄罗斯民族和国家的形成;同时俄罗斯民族和国家的形成又进一步激发了俄罗斯民族的自尊心和自豪感,从而强化了民族的认同意识。在彼得一世进行大

---

①　А.С. Орлов и др., *История России*, с.97.

②　曹维安、周厚琴:《从基辅罗斯、莫斯科罗斯到彼得堡罗斯——俄国政治制度的演变》,《陕西师范大学学报(哲学社会科学版)》2014年第1期。

③　[苏]В.В.马夫罗金:《俄罗斯统一国家的形成》,余大钧译,商务印书馆1991年版,第82—83页。

规模的欧化改革之前,俄罗斯还只是一个在争取独立和统一的内陆国家,其影响主要局限于东欧平原;彼得大帝通过武力战争的手段为俄国夺取了面向欧洲的出海口,并且在全国范围内开始了大规模的欧化改革。彼得一世之前为俄罗斯民族主义的萌芽或雏形时期,彼得一世以后俄罗斯民族主义才开始正式并大规模地发展起来。俄罗斯民族主义的萌芽是伴随俄罗斯民族的形成而产生的,而俄罗斯民族的形成基本与俄罗斯国家,甚至俄罗斯帝国的形成同步,换言之,在"现代民族国家"建立前,俄罗斯就已经具有一个以自己民族为主体的稳定的国家,而民族与这个国家又具有不可分离的性质。这一点和英美等国有一定区别。正是这个区别,决定了日后俄国民族主义的发展及大部分特征。

2. "第三罗马"学说的引入和发展

如果说俄罗斯国家的统一和民族的独立是俄罗斯民族主义产生的政治基础,那么俄罗斯国内出现的"第三罗马"学说则从宗教的角度为俄罗斯民族主义寻找了某种坚实的理念。

东正教对于俄罗斯国家和民族意义重大,"俄罗斯存在的三大基础是东正教、君主专制和民族性"①。"离开东正教,俄罗斯的民族主义就无从谈起。……接受东正教可以净化人的心灵,同时激起民族的认同意识。"②正是东正教"基督救赎"的思想引发了俄罗斯民族的"弥赛亚精神"。

东斯拉夫人信奉多神教,低下的生产力使人对很多自然现象无法理解,于是只好向不同的神灵(森林中有林神、海洋中有海神、河流中有河神等)祈祷以获得庇护。但随着生产力的日益发展,多神教越来越不能适应新兴领主统一领土扩张势力的需要。为此,988年,基辅大公弗拉基米尔接受了基督教的洗礼,将东正教派作为国教引入,并且强令基辅的全体居民接受洗礼,以完成"宗教革命"③。东正教信仰进入是通过其统治者强力推行的,很快就被普通民众接受,并迅速传播开来,到15、16世纪时,已成为俄罗斯人最重要的精神支柱。

东正教传入标志着俄罗斯完成了从多神教到一神教的转换,这个转换

---

① Н. А. Бердяев, *Русская идея*, с.51.

② Ростислав Юрьев, Русский национализм и Православие, http://rustrana.ru/print.php?nid=3629.

③ С. Ф. Платонов, *Учебник Русской Истории для Средней Школы*, Москва: Звено, 1994, с.20.

对于整个民族意义重大。首先,通过东正教,俄罗斯民族接触到了基督教文明与拜占庭文明①。其次,一神教从思想上将俄罗斯民族的理念统一起来,为以后建立独立的国家奠定了基础。

东正教成为国教之后,统治阶级对它的传播进行了不遗余力的扶持和促进。11—13世纪期间,罗斯建造了近1万座教堂和200座修道院,储藏的宗教类书籍不下10万册。到十月革命前夕,俄国已有7.7万座教堂,4.8万个教区,1 000余座男女修道院,近1亿的教徒和5万多神职人员②。正如作家索尔仁尼琴评论的那样,统治者是要让"每一个俄罗斯人一天之内至少能看到一次教堂金顶的闪光,至少能听到一次教堂钟声的召唤,让人们能在过世俗生活的同时过上一点精神生活,对自己内心经常关照"③。东正教对帝国俄罗斯的建构与维持起到了相当大的促进作用:俄国军队为人民和为沙皇而战的信念、俄国民众的战争理念,都离不开东正教的强大精神感召力。在进行战争动员时,沙皇政府无一例外使用了"以上帝的名义保卫俄罗斯文明"的口号;战争进程中,东正教的神职人员在军队中稳定军心,鼓舞斗志;在后方则稳定民心,呼吁更多的民众投身战争,为政局的稳定和战争的最终胜利作出了不可估量的贡献。

1453年,曾经十分强大的拜占庭帝国(东罗马帝国)被奥斯曼土耳其帝国所征服,作为东正教保护人和继承人的罗斯须全力承担起东正教的"救赎"使命,即弥赛亚精神。"弥赛亚的使命意识是上帝选中的民族的意识,该民族身上应该体现出弥赛亚的精神,整个世界也将因为这个民族的存在而得到拯救。"④整个俄罗斯民族坚信俄罗斯在世界上有一个神授的救赎使命。一方面,其他民族缺乏俄罗斯人所具有的那种普遍的世界观,他们彼此误解、不信任,只会导致冲突,而俄罗斯民族被赋予了"理解和统一各种不同的民族性和消除它们所有的矛盾的未来使命",能够为它们进行调和。索洛维约夫说过:"俄罗斯的道路是特殊的道路。俄罗斯是伟大的东方——西方,她是一个完整的巨大的世界,俄罗斯民族身上蕴含着巨大的能量。"⑤另一方面,俄罗斯人拥有"普遍的责任","俄罗斯民族具有世界性的慷慨"⑥,

① С.Ф. Платонов, *Учебник Русской Истории для Средней Школы*, с.40.
②③ 雷丽平、傅树政:《苏维埃政权初期的政教关系》,《社会科学战线》1994年第5期,转引自宋瑞芝:《俄罗斯精神》,长江文艺出版社2000年版,第202页。
④ Н.А. Бердяев, *Судьба России*, с.288.
⑤ Н.А. Бердяев, *Русская идея*, с.70.
⑥ Там же, с.69.

拥有理解和同情所有其他人的能力,因此将给受苦的、分裂的人类带来一个和谐的"新世界"。陀思妥耶夫斯基认为"俄罗斯民族的特征就在于它的'全人类性'"①,"俄罗斯就是全人类,俄罗斯的使命是世界性的"②。别尔嘉耶夫也说:"俄罗斯的本性中真实存在着一些西方民族不理解的某种无私的、具有牺牲精神的民族性。"③"在俄罗斯,其民族性恰恰表现为它的超民族主义,它对民族主义的升华。这才是俄罗斯的特性所在,也是它不同于世界上任何一个其他国家的奥秘所在。"④

拜占庭帝国陷落后,罗马教皇将末代皇帝君士坦丁十一世的侄女索菲娅许配给莫斯科大公伊凡三世。索菲娅佩戴"双头鹰"的皇室标记来到了莫斯科,双头鹰最初是罗马军团的标记,后来东西罗马分裂,这一标记为东罗马帝国即拜占庭帝国所继承。拜占庭帝国曾经横跨欧亚两个大陆,因此双头鹰一头看向西方,一头望着东方,象征欧亚大陆间的统一及各民族的联合。伊凡三世在拜占庭皇室灭亡之后迎娶索菲娅的行为具有非凡的象征意义:同拜占庭之间的通婚证明了俄罗斯的君主成为拜占庭皇室,或者更进一步说是罗马皇室的正宗继承人;而"双头鹰"标志的到来并成为俄罗斯的标志,那就意味着俄罗斯将会继承拜占庭帝国和罗马帝国的心志,重建辉煌的历史。"因此,伊凡和索菲娅的婚姻具有政治意义,它向全世界表明,作为已经衰落的拜占庭家族继承人的索菲娅公主把统治权转移到了莫斯科。"⑤

15世纪末,莫斯科公国的东正教会开始编制《皇室系谱》,东正教的主教将莫斯科大公的祖先、基辅罗斯的缔造者留里克推为伟大罗马皇帝奥古斯都的直系后裔,以此来强调俄罗斯同拜占庭—罗马皇室之间非同寻常的亲缘关系。1492年,大主教佐西姆将莫斯科称为"君士坦丁的新城市",把伊凡三世称为"君士坦丁的新君主",以论证上帝已经从拜占庭转到了罗斯。⑥16世纪时,耶利扎罗夫修道院的长老菲洛费伊在瓦西里三世统治时期提出了"第三罗马"学说,将整个人类历史概括为三个罗马的历史,第一罗马即已经没落的西罗马帝国;第二罗马即君士坦丁堡的东罗马,也已没落;第三罗马即莫斯科,作为东正教的中心,将永远存在;而第四罗马则永远也

---

① Н. Минский, Националиный лик и патриотизм//М. А. Колеров, *Национализм: Полемика 1909—1917*, с.53.

② Н.А. Бердяев, *Русская идея*, с.68.

③ Н.А. Бердяев, *Судьба России*, с.277.

④ Там же, с.278.

⑤ В.О. Ключевский, *Русская история*(Т.1), Ростов-на-Дону: Феникс, 2000, с.451.

⑥ М.Н. Зуев и А.А. Чернобаев, *История России*, с.72.

不会再有。菲洛费伊对瓦西里三世说："所有信仰东正教的国家都会归于俄罗斯王国之下。两个罗马已经消失,第三个罗马(莫斯科)永远存在。"①认为"俄罗斯的沙皇是天下唯一的基督教的皇帝","莫斯科王国的人民将会是上帝的选民"②;同时,"俄罗斯的沙皇也将会是全斯拉夫人的皇帝"③。与此相关,15 世纪末到 16 世纪初,俄罗斯国内出版了大量与"第三罗马"学说思想相关的著作。

　　"第三罗马"学说也旨在提升俄罗斯东正教会的地位。因为当时俄罗斯尚未获得牧首区的地位,获得牧首区后,阿列克谢沙皇正式将该理念政治化。

　　至此,东正教从宗教的角度强化了俄罗斯民族的弥赛亚精神。"俄罗斯注定要成为各民族的解放者。这一使命是由它特殊的精神所决定的,俄罗斯所担负的世界性任务的正义性是由历史的精神力量所预先设定的。"④就连许多普通的俄罗斯人也认为,只有俄罗斯民族才是上帝最优秀的选民,只有俄国才能实现基督的救赎使命。俄罗斯开始以东正教的正统传人自居,同时将上帝救赎的观念发挥到极致,充当"欧洲宪兵"、扮演"人类拯救者"的角色等都是这一观念的体现。这种观念不仅对俄罗斯帝国和沙皇的扩张行为加以神话,而且也直接导致了俄罗斯民众(包含大部分进步的民族精英分子在内)对国家某些极端政策的容忍和默许。历代沙皇在扩张领土、追求世界霸权的时候都宣称这是宗教赋予俄罗斯的神圣职责,俄罗斯是"和平的仲裁人"。"帝国——这是历史和地缘政治所决定的俄罗斯国家发展的形式","这就是俄罗斯的特殊性所在"⑤。

　　"第三罗马"学说给俄罗斯民族注入了"特殊使命意识",对以后俄罗斯社会的发展轨迹产生了巨大的影响。史学家波哥金认为,"绝对精神"会在"上帝的选民"身上得到体现,这些民族注定要实现"某种'神'所赋予的历史使命",而俄罗斯民族即是这类被上帝选定的优秀民族。⑥别尔嘉耶夫也写到,莫斯科—"第三罗马"学说的内涵在于俄罗斯的使命是成为真正的基督教、东正教的体现者与捍卫者。……俄罗斯是唯一的东正教王国,同时在这个意义上也是全天下的王国,正如同第一罗马和第二罗马一样,在此基础上

　　①　Р. А. Арсланов и др.，*История отечества: с древнейших времен до конца XX века.*（*Часть 1*），с.101.

　　②　Н. А. Бердяев，*Русская идея*，с.13.

　　③　А. Л. Янов，*Патриотизм и Национализм в России 1825—1921*，с.23.

　　④　Н. А. Бердяев，*Судьба России*，с.278.

　　⑤　Там же，с.370—371.

　　⑥　Г. С. Васецкий，*История СССР, том 2*，Москва，1966，с.380.

形成了东正教王国的强烈的民族性。①"使命意识使得俄罗斯会在即将到来
的新时代中发挥自己的作用……斯拉夫种族应该在俄罗斯的带领下挖掘出
自己的精神潜能,展示自己的精神实质。斯拉夫民族将会替代那些已经在
世界上发挥过作用的种族,它是属于未来的种族。"②"第三罗马"学说从理
论上论证了莫斯科是拜占庭王朝的直接继承人,俄罗斯东正教随之成为基
督救赎的中心,俄罗斯民族也成为具有弥赛亚精神的"神圣罗斯"(Святая
Русь)。从"第三罗马"学说开始,俄罗斯人的精神中浸透了一种特殊的使
命意识,认为俄罗斯民族生来就担负弥赛亚的使命,对整个世界负有特殊
的责任。而拥有了罗马皇室后裔的光辉头衔后,统治者顺理成章成为罗
马皇帝奥古斯都的直系继承人,因而可以"堂而皇之"地要求收复"祖传的
世袭领地",试图为自己不断对外扩张的行为寻找合法性的政治理论
基础。

其实,早在"第三罗马"学说出台之前,罗斯人就已经开始有意识地宣称
自己是救赎斯拉夫民族的特殊角色了。这一点为莫斯科大公寻找罗马皇室
的亲缘关系以及论证莫斯科即"第三罗马"的努力提供了实际意义上的有力
证据。莫斯科是第一个依靠自己的力量打败异族统治、完成民族独立的国
家,俄罗斯民族扮演了东正教其他民族"救世主"的角色。当其他东正教民
族受到异族奴役和宗教压迫的时候,唯有俄罗斯民族高举上帝的旗帜。因
此,俄罗斯民族主义认为俄罗斯是一个特殊的民族,承担着弥赛亚的使命,
肩负着救赎世界的任务。

"第三罗马"学说和弥赛亚精神不但是俄罗斯民族主义产生并发展的
重要理论基础,而且对以后俄罗斯民族的历史和社会发展发挥了相当重
要的作用,"它在社会政治观点的形成方面扮演了十分重要的角色,作为
坚实的理论基础加固了俄罗斯国家和俄罗斯东正教的统一性"③;它使整
个俄罗斯民族相信,"俄罗斯民族担负有实现社会公正、人类友好的使
命"④;"俄罗斯民族是属于未来的民族,它将会解决欧洲无力解决,甚至未
曾意识到的问题"⑤。

---

① Н.А. Бердяев, *Русская идея*, с.13.

② Н.А. Бердяев, *Судьба России*, с.289.

③ Р.А. Арсланов и др., *История отечества: с древнейших времен до конца XX века.*
(Часть 1), с.101.

④ Н.А. Бердяев, *Русская идея*, с.96.

⑤ Там же, с.70.

3. 民族精英的出现与传递

俄罗斯国家的统一和民族的独立及"第三罗马"学说的出现为俄罗斯民族主义的出现提供了政治理论基础，而"民族英雄"的出现则代表俄罗斯人已经开始具有深层次的民族认同意识，民族主义的理念开始被广大的俄罗斯人接受。

伊凡三世时代的版图包含了基辅罗斯时代的东北和西北面的土地，南边和西南面的土地依旧被波兰、立陶宛及匈牙利把持着①。为了恢复曾经的领土面积，也为了履行拯救东正教世界的神圣义务，俄罗斯民族一直将进行对外扩张作为自己的目标。16世纪起，莫斯科开始了对外扩张的征程，同自己的邻居波兰、立陶宛以及土耳其展开了长年的征战。新兴的俄罗斯首先向南方边界发起了冲击，征服了喀山汗国和阿斯特拉罕汗国，并将这些地区直接并入自己的版图，使俄罗斯直接同土耳其帝国接壤。

从一个单一民族组成的国家变成一个多元的帝国，俄罗斯的特殊使命意识、"第三罗马"学说成为凝结这一帝国的精神纽带。对外扩张的不断胜利、国家版图的不断扩展从实践的角度为"特殊使命意识"提供了事实上的论据。弥赛亚精神在俄罗斯日益发展强盛，成为支撑俄罗斯社会从领导阶层到普通民众的重要精神内涵。正如乌法罗夫所说："自从我们的国家建立以来，俄国人这个盛名，已经而且正在被千百万人在他们的社会生活中反复传诵，难道我们对俄国人这个名声不感到更光荣吗？"②俄罗斯人的民族主义情绪伴随着俄罗斯帝国对外扩张脚步的不断加大而发展起来，在社会上具有深厚的基础和广泛的民众支持。缺少天然屏障的地理环境、曾经饱受异族奴役和统治的痛苦记忆，让俄罗斯民族以"先发制人"作为自己的生存原则。俄罗斯民族选择依靠武力吞并和强力侵占的方式获得大量的土地，攫取经济发展所需的原料、市场和劳动力，尽可能地拓展本民族的生存和战略空间。这种理念已经成为整个社会的共识，因此不仅贵族、地主和商人是沙皇政府对外扩张和殖民政策的鼓动者与支持者，"任何人都会成为沙皇的勇士"，"任何人都会挺胸御敌，粉碎敌人兵团，视死如归，为自己取得荣誉"。普通民众也认为沙皇政府的对外扩张是正义的，是俄罗斯民族特殊使命的体现，目的

---

① A.C. Орлов и др., *История России*, c.69.

② ［美］H.B.梁赞诺夫斯基：《1825—1855年尼古拉一世和俄罗斯的官方国家》，卜克里及洛杉矶：加利福尼亚大学出版社1961年版，第163—164页；转引自［美］亨利·赫坦巴哈等：《俄罗斯帝国主义：从伊凡大帝到革命前》，丁则民等译，生活·读书·新知三联书店1978年版，第108页。

是为了救赎那些异教徒。而对外扩张的不断胜利更是加深了这样的情绪。

当然,胜利并不会总属于俄罗斯,在对外扩张的进程中,俄罗斯很快尝到了失败的滋味。伊凡四世时代,俄罗斯军队在与波兰进行的里沃尼亚战争中严重受挫,历时25年的里沃尼亚战争不但没有达到预期的为俄罗斯获得西部出海口的目的,而且在国内引发了两次伪季米特里叛乱并导致了波兰军队的大举入侵,开启了"大混乱年代"①,"俄罗斯的国家主权和领土完整面临严重威胁"②。不过,从另一方面来说,对外战争的失败在某种程度上也激发了俄罗斯民众强烈的民族认同意识,加深了相互间的凝聚力。在反抗外侮的斗争中,刚刚形成的俄罗斯民族表现出了强烈的民族凝聚力和顽强的民族信念,全民总动员,以各种形式同入侵俄罗斯的波兰人展开了斗争,出现了以库兹马·米宁和伊凡·苏萨宁为代表的俄罗斯民族英雄。"只有依靠人民,才能捍卫和保障俄罗斯国家的独立性。"③波兰人入侵俄罗斯并组建傀儡政府之后,梁赞地区的贵族 П.梁普诺夫于1611年初领导组建了第一支民兵组织对莫斯科展开进攻,对波兰人造成了一定的威胁。1611年秋天,下诺夫哥罗德的大商人库兹马·米宁捐出自己所有财产组建了第二支民兵队伍,开始正面抵抗波兰军队。除此以外,投身战争的还有很多普普通通的俄罗斯人民,如伊凡·苏萨宁就是一个普通农民、马车夫,在波兰入侵俄罗斯时被迫为波兰军队引路,他佯装同意,凭借自己的勇敢和机智将波兰军队故意带入歧途,最后被波兰军队杀害。

这些"民族英雄式"的人物的出现充分说明了民族认同感和归属意识已经成为整个俄罗斯民族共同的精神基础,俄罗斯民族主义的萌芽已经产生并发展起来。此后,俄罗斯民族主义在国家和民族面临的生存危机中日益高涨,并随着俄罗斯国家和民族的建立,逐渐成为俄罗斯封建政治文化传统的一个重要组成部分。作为一种民族传统和社会心理,日益广泛地渗透到俄国社会生活的各个方面,在广大的俄罗斯民众思想中形成记忆,然后再以民族心态、社会心理、价值标准和政治倾向等无形的方式表现出来,并在俄罗斯民族中世代传承,影响深刻,作用巨大。

民族主义是一种复杂的文化和社会现象,普通民众只能提供激发民族主义情绪的氛围和土壤,而知识分子则充当了民族文化的制造者和民族主义理论的宣传者。"民族主义是民族问题中的一种思想和政策,也是一种心

---

① Л.Н. Гумилев, *От Руси и России*, с.278.

② М.Н. Зуев и А.А. Чернобаев, *История России*, с.103.

③ А.С. Орлов и др., *История России*, с.94.

理。民族主义的基础是民族优越性和民族特殊性的观念。"①在俄国,知识分子向来就有思考"怎么办"等哲学问题的传统,对于民族精神和民族性格有着浓厚的兴趣和深刻的认识,"俄罗斯的情感在俄罗斯知识分子的身上表现得是最为强烈的"②。他们对于民族主义精神的探求是与帝国的扩张实践、与西方文明的对话碰撞密切相关的。

从16世纪开始,俄罗斯的疆界伴随帝国扩张的脚步不断拓展,俄罗斯民族主义也日益兴盛;与此同时,帝国的强制同化政策在被征服地区也遭到了当地民族的抵抗,地方民族主义也得到了一定的发展。扩张和抵抗之间的抗衡形成了巨大的张力,在某种程度上加深了俄罗斯民族主义的情绪,促使俄罗斯民族的自豪感不断深化,拯救世界的弥赛亚精神不断增强。为了抵制被征服地区的民族主义,俄国知识分子提出了所谓的"俄罗斯民族优越论",为俄罗斯民族主义寻找了又一个理论基础,同时也为沙俄的扩张政策提供了合法性的理论解释。"俄罗斯民族优越论"将俄罗斯民族的语言和文化置于特殊地位,宣称俄罗斯民族是"上帝的选民"③,把俄罗斯民族同世界上所有其他民族相对立。"真理只有一个,因此,也只有一个民族可以通晓上帝的真理……唯一的上帝选民——这就是俄罗斯民族。"④波哥金强调世界上存在一种不可抗拒的"绝对精神",它将在"上帝的选民"身上得到体现,这些民族注定要实现某种神所赋予的历史使命,而俄罗斯民族即是被上帝选定的优秀民族。"几乎所有的俄罗斯人都认为,俄罗斯就是一个特殊的国家,承担的是特殊的使命。"⑤

俄罗斯是斯拉夫民族中建立世界上最大国家的民族,它在幅员、人口、财富、政治威信和军事实力等方面比任何其他斯拉夫民族都强,所以俄罗斯的知识分子都会不由自主地强调俄罗斯在斯拉夫民族大家庭中充当霸主的所谓"天赋权利"。即便是被誉为"俄罗斯文学之父"的伟大诗人普希金也认为"斯拉夫的河都应汇入俄罗斯的海洋"⑥。这充分显示了他的民族主义倾

① Власть в русской традиционной культуре: опыт культурологического анализа, https://smekni.com/a/331577-3/vlast-v-russkoy-traditsionnoy-kulture-opyt-kulturologicheskogo-analiza-3/?ysclid=ljf5ruer9m719339632.

② Е. К., Сумерки// М. А. Колеров, Национализм: Полемика 1909—1917, Москва: Модест Колеров, 2015, с.76.

③ Н. А. Бердяев, Русская идея, с.13.

④ А. Л. Янов, Патриотизм и Национализм в России 1825—1921, с.22.

⑤ Н. А. Бердяев, Русская идея, с.207.

⑥ Н. А. Бердяев, Судьба России, с.392.

向。十二月党人的代表人物彼斯捷尔公开宣扬非俄罗斯民族应该同化于俄罗斯民族之中，认为民族自决和分离是与国家的"安宁"相互抵触的。著名的无政府主义者巴枯宁在给沙皇尼古拉一世的忏悔书中也劝说沙皇政府应该高举泛斯拉夫主义的旗帜，那样所有的斯拉夫人，包括奥地利、普鲁士领域内一切操斯拉夫语言的人们，都将欢欣鼓舞、高高兴兴地置身于俄国的宽大双翼下，众志成城地一起去反对势不两立的德意志人，并全体向整个西欧方向前进。伟大的俄罗斯作家陀思妥耶夫斯基也说："一个真正伟大的民族永远不甘心在全人类中扮演次要的角色，甚至不甘心扮演一个重要角色，而是要始终并且独立扮演独一无二的角色。"[1]"只有当整个世界只剩下法兰西人的时候，所有的法兰西人才会不仅为自己的法兰西服务，也为全人类服务；英国人和德国人也是如此。只有俄罗斯人，在我们这个时代（也就是说，要比其他民族早很多）就已经具备了这样的能力；他们认为自己首先是一个欧洲人，然后才是一个俄罗斯人。当我在法兰西，那我就是法兰西人；我和德国人在一起，我就是德国人；和希腊人一起，我就是希腊人；只有这样，我才是俄罗斯人，才是一个真正的俄罗斯人，才能更好地为俄罗斯服务，才能更深刻地理解它的思想。"[2]

俄罗斯这些进步知识分子身上被深深地刻上了俄罗斯民族的独特烙印。他们热爱自己的民族，为本民族的独特性深感自豪。尽管他们在思想上反对沙皇政府的穷兵黩武、连年征战，但是面对帝国辉煌的"战绩"，他们或多或少地表现出了妥协和屈服，毕竟祖国的强大和进步正是他们所乐于见到的。在俄罗斯的知识分子心中，俄罗斯不仅应该作为斯拉夫民族的中心，还应该要成为整个欧洲的中心。恰达耶夫认为："我们负有使命在多得数不清的问题上去指教欧洲，离开我们的指教，他们就不会弄明白这些问题。将会有这样一天，我们除了已经是欧洲的政治中心以外，还会成为欧洲的思想中心。"[3]俄罗斯是上帝选定的"优秀"民族，因此它的地位比世界上任何一个民族都要高；同时，它的身上肩负了特殊的使命，最终将会通过东正教来拯救整个世界，因此它的历史经历也必定会与其他民族不同。

从历史的渊源来看，俄罗斯民族主义在俄罗斯国家内部长期存在并且长久发展并不是一个偶然的现象。俄罗斯民族完全依靠自己的力量推翻了异族的统治，建立了自己的国家，成为第一个击败"异教徒"的东正教王国，这给

---

① А. Л. Янов, *Патриотизм и Национализм в России 1825—1921*, с. 22.

② Н. А. Бердяев, *Русская идея*, с. 68—69.

③ И. К. Пантин, *Революционная Традиция России*, Москва, 1986, с. 140.

俄罗斯民族带来了巨大的荣誉,也强化了他们的自尊心和自豪感。历史的发展证明了俄罗斯民族有能力掌握自己的命运,是历史竞争中的胜利者。作为"胜者为王败者寇"的信奉者,俄罗斯民族开始认为自己的价值理念具有优越性,并应该为其他民族所接受。"第三罗马"学说在某种程度上给这种"强势民族主义"的理念提供了合法性的理论依据。莫斯科是继君士坦丁堡之后的第三个基督救赎中心,俄罗斯民族成为上帝的选民。这些因素使俄罗斯民族主义具有了一种普世性的价值,它超越了国家。因此,俄罗斯民族主义不仅成为俄罗斯国家和政府对外扩张进程中的"合法通行证",而且成为整个民族的一种共识,因而能够在俄罗斯的国家内长久地保持下来。俄罗斯民族和国家都是在与异族的斗争中产生和形成的,其随后的历史发展进程也是同战争密不可分的。战争诞生了"另类的爱国主义,与其他民族特性不同的爱国主义和民族主义。正是这种爱国主义使俄罗斯的民族特性真正成为俄罗斯这片土地上的强大主人"①。战争即武力手段对俄罗斯民族性格和国家体制的形成与特点产生了巨大的作用,使俄罗斯民族在今后的历史发展和国际舞台中显示了自己同其他民族迥异的尚武精神和进攻意识,弥赛亚的精神理念则在一定程度上给这个民族增添了非理性的因素。"民族性是最基础和最主要的存在价值之一,民族性也是人与生俱来的。我们应该珍惜它、培养它、悉心地呵护它,确切地说,应该抬升它,要在必要的时候对其进行修补。"②丘切夫就曾经说过:"用理性不能了解俄罗斯,用一般的标准无法衡量它,在它那里存在的是特殊的东西。在俄罗斯,只有信仰是可能的。"③

在俄罗斯,民族主义首先是一个历史问题,其产生和发展具有历史性特点,它同俄罗斯民族发展历史有着不可分割的联系。历史上民族关系的状况、经济文化的交往、该民族的实际地位是促成民族主义产生和发展的重要因素。16 世纪到 20 世纪初将近 4 个世纪中,俄罗斯民族主义一直是沙皇俄国发展进程中的重要角色,对于俄罗斯民族和国家的历史发展起到了"推波助澜"的作用:有时表现为积极的凝聚或融合的效果;有时则表现为消极的分裂或动乱的效果;在某些特定的历史时期,还会表现出极端和非理性的特征,最终将国家、社会引导到偏激和狂热的极端主义上去。在俄罗斯的历

---

① Е. К., Национализм и патриотизм// М. А. Колеров, *Национализм: Полемика 1909—1917*, с.137.

② Александр Севастьянов, Как и Почему Я Стал Националистом// А. Н. Севастьянов, *Русский национализм, Его Друзья и Враги: Вызов тысячелетия*, с.16.

③ Н. А. Бердяев, Русская идея, с.7.

史发展进程中,战争充当了激发民族主义产生和兴盛的催化剂。彼得一世上台后以黑海出海口为目标同奥斯曼土耳其展开了战争。战争最初的失败显示了俄国军队的软弱和落后,同时激发了国内民众的民族主义情绪。为了能够尽快组建俄国自己的强大军队,在战争中取胜,称霸世界,彼得大帝在国内进行了"用野蛮制服俄国的野蛮"①的欧化改革。彼得大帝的改革使俄罗斯战胜波罗的海霸主瑞典,昂首踏入欧洲强国之列,开始了新的发展征程。如普希金所写:"俄国在斧头的敲击声和大炮的隆隆声中作为一艘新下水的军舰进入了欧洲强国的大家庭。"②19 世纪前半叶,俄国资本主义经济获得了快速的发展,而农奴制的危机也日益显现出来。1826—1850 年间,俄国国内发生的农民反抗地主的骚动多达 576 次。1858 年时,农民的暴动已经遍及俄国欧洲部分的 25 个省。沙皇政府竭力对外扩张,试图掩饰并转嫁国内危机。"为了在国内实行专制统治,沙皇政府在国外应该是绝对不可战胜的;它必须不断地赢得胜利,它应该善于利用沙文主义的胜利狂热,用征服愈来愈多的地方来奖赏自己臣民的无条件的忠顺。"③"俄罗斯帝国主义在 19 世纪上半叶时几乎增加了 1.5 倍。"但是,俄国在与土耳其进行的克里米亚战争中遭到惨败,"俄罗斯在克里米亚战争中的失败在国内生活中引发了严重的后果,它使统治阶级认识到俄罗斯军事技术落后的原因关键在于农奴制的存在"。战败成为农奴制改革的催化剂,日益强烈的民族主义在这样的背景下爆发出来,要求俄当局采取得力措施,迅速改变落后状态以获取对外战争的胜利,全体民众的民族主义情绪迫使沙皇亚历山大二世不得不决定"与其等农民自下而上起来解放自己,不如自上而下来解放农民",于1861 年 2 月废除农奴制。尽管其存在缺陷,但 1861 年的农奴制改革依然是一项重大的历史举措,具有进步的意义。

"民族主义意味着民族自豪感、爱国主义、对民族利益的捍卫,这是俄罗斯民族主义的典型特征。民族主义在俄罗斯的历史中从来都不是一个次要因素:它一直是、现在依然是一种重要的政治力量,或明显或隐晦地表现在建立能够反映俄罗斯人民意志性格的国家的迫切要求之中。"④俄罗斯的民

---

① 《马克思恩格斯选集》(第 2 卷),人民出版社 1995 年版,第 620 页。

② Н. М. Пономарев, *История СССР: С древнейших времени до Наших дней*, Москва, 1967, с. 337.

③ 《俄国沙皇政府的对外政策》,《马克思恩格斯全集》(第 22 卷),人民出版社 1997 年版,第44 页。

④ Ричард Вортман, Национализм, народность и российское государство, *Опубликовано в журнале Неприкосновенный запас, номер 3, 2001*, https://magazines. gorky. media/nz/2001/3/naczionalizm-narodnost-i-rossijskoe-gosudarstvo. html?ysclid=ljfkrofj9g106967711.

族主义具有历史传承、不断发展的特点,在不同的历史时期有着不同的表现,对于国家和社会的影响也不同。16世纪以前的俄罗斯民族主义还没有形成自身稳定的体系,当时的民族主义情绪主要表现为对异族政治压迫和经济剥削的反抗,对自身民族主权和国家独立的争取。16世纪以后,俄罗斯民族摆脱异族统治获得了独立,国家赢得了主权。俄罗斯民族一直将武力视为最有效的战斗方式,尚武精神成为俄罗斯民族主义的一大特点。事实上,战争也确实对俄罗斯的历史发展起到了巨大的推动作用。16世纪以后的将近4个世纪内,沙皇政府为了维护统治阶级的利益而大肆对外殖民扩张。此时的俄罗斯民族主义表现为以领土扩张、政治奴役、经济掠夺为目的,为本民族或少数权贵集团谋利益的民族沙文主义。这种狂热的民族沙文主义充当了俄国人民的精神支柱,伴随俄国民众历经了一次又一次自上而下进行的强制性社会转型,使自己的民族总是能在几乎绝望的条件下生存。

俄罗斯民族共同经历的这些历史为他们提供了强烈的认同意识。当代的俄罗斯民族同历史上的俄罗斯民族不同,他们不再由单一种族组成,虽然在语言、宗教、文化和分布区域等方面各不相同,但彼此之间依然认同属于同一个民族,产生这一认同意识的主要原因是他们拥有共同的历史传统、过往经历和对未来的共同憧憬。因此在探讨民族主义时,我们决不能忽视这些"共同"的东西:历史、遭遇、成就、胜利、失败、悲伤、憧憬、回忆、愿望等对一个国家民众的巨大影响。

就此而言,如果说欧洲其他民族的发展是最终与现代化进程相关的,那么,俄罗斯的特点则是从一开始就将民族与国家的发展联系在了一起,并且一直没有中断。

二、苏联时期的俄罗斯民族主义

民族主义从表现上来说千差万别,但从本质上来说有一个主要特点,即强调个体对本民族的忠诚度,这一特点可以引发民族主义在各个方面的不同表现,如怎样看待其他民族、如何处理与其他民族的关系等。所有的民族都要求人民对其效忠,但民众的忠诚度在表现上是有区别的,大致可以分为三种不同的状态。其一,绝对性。有些民族将本民族的利益放在至高无上的地位,人民也将对本民族的效忠看成是个体最高,也是最终的使命,必要时甚至可以为民族的利益放弃自己的一切,包括生命。极端民族主义就属于这一类型,无论是非曲折,民众都应该无条件地效忠本民族。其二,相对性。某些民族同样将对本民族的忠诚放在对家族、宗族或种族的忠诚之前,但并非是无条件的,而是具有底线的。理性的、健康的民族主义就属于这一类型,个体对本民族的忠诚占有优先的地位,但并不代表可以忽略或无视个体对人类社会应尽的义务和责任。其三,普世性的民族主义,称为普世主义,从理论上来讲,它并不特别强调个体对于本民族的高度忠诚,相比而言更强调个体对整个人类社会的责任和义务。

就俄罗斯而言,历史上的“第三罗马”学说加强了俄罗斯民族主义中“普世主义”的特性,帝国转移、世界使命的观念一直存在于俄罗斯的宗教之中。1917年,俄国十月革命的胜利创建了世界上第一个社会主义的国家。经过了70多年的社会主义实践之后,1991年,作为统一政治实体的苏联宣告解体。在谈论苏联解体的原因时,苏联的民族问题经常被触及。在苏联这样一个民族众多、民族构成复杂、民族特性各异的国家里,民族问题的存在是难免的。事实上,整个苏联时期一直都存在需要解决的民族矛盾,有些还十分严重。这些问题的存在不仅有历史遗留因素,也有客观的国内国际现实矛盾。沙皇俄国的民族矛盾本身就十分严重,历史的因素使得苏联这样少数民族众多的国家存在民族问题不可避免,在短时间内难以根本解决。同沙皇俄国时期相比,苏联的民族政策相对公平公正,符合绝大多数民族及各民族绝大多数人的根本利益。

1. 处于主导地位的俄罗斯民族

当今世界上有92%以上的国家属于多民族国家,俄罗斯毫无疑问也是其中之一。从民族学的角度来讲,主体民族是指在多民族国家中,居民人数占据较大比例,并且在历史上自然形成的在社会、经济和文化等方面占据主导或重要地位的民族。俄罗斯民族从俄罗斯帝国开始,到苏联时代,再到今天的俄罗斯联邦时代,从人数上来讲都是最多的,是国家的主体民族。

俄罗斯民族是东欧最为古老的民族之一,公元1世纪起,由于日耳曼人等蛮族部落的大举入侵,斯拉夫人这一庞大的民族群体开始了民族大迁徙,直到公元6世纪才结束。在迁徙的过程中,斯拉夫民族逐渐分化为西斯拉夫人、东斯拉夫人和南斯拉夫人,这些斯拉夫人分布在不同的区域,形成了各自不同的语言文字、风俗文化。东斯拉夫人主要分布在第聂伯河流域、楚德湖、伊尔明湖地区和伏尔加河、奥卡河上游地区,并发展出三个主要的民族:俄罗斯族、乌克兰族和白俄罗斯族。公元 10 世纪以前,东斯拉夫人各部族仍然处在流动和迁徙的过程中,他们像飞鸟一样在平原上分散居住,不时搬迁,从一个熟悉的地方迁居到另外一个新环境中。12—15 世纪,俄罗斯民族在莫斯科公国的领导下,展开了抗击外敌、建立独立统一的"伟大俄罗斯国家"①的斗争。在完成了民族独立和国家统一的历史任务之后,16 世纪的俄罗斯人逐渐在政治上形成了一个整体:从波罗的海和白海到黑海、高加索山脉的广大地域内,小俄罗斯、白俄罗斯、诺沃罗西亚等相继并入大俄罗斯,最后形成庞大的俄罗斯帝国。俄罗斯民族为帝国的成立和扩张作出了不可磨灭的贡献,而帝国版图的扩大也更加促进了俄罗斯族的发展。在帝国对外扩张的进程中,俄罗斯族生活和居住的区域也随之扩大。一方面,沙皇政府的殖民政策中包含了鼓励俄罗斯人向新开发的少数民族地区移民的政策;另一方面,俄罗斯族人也开始向少数民族地区移居。例如,沙皇政府向西伯利亚地区的殖民就主要是通过商人的活动完成的。此外,由于政治原因,一部分俄罗斯人为了逃避迫害而躲到这些地区。到 19 世纪末的时候,俄罗斯民族的居住区域已经包含了中央区、中央黑土区、乌拉尔区、伏尔加区、西北区和伏尔加—维亚特区等。从人数上来讲,俄罗斯族人口总数占俄国人口总数的 44.4%,是帝国时代人口最多的优势民族。列宁曾经说过:"俄国是以一个民族即以俄罗斯民族为中心的国家。大俄罗斯人占据着广袤的连片地区,人口约有 7 000 万。"②

这一状况基本上延续到了苏联时期。苏联时代国内拥有 100 多个民族(包括部族),由 15 个加盟共和国组成,属于联邦制国家。各加盟共和国基本以民族区域划定国界,并且以该共和国的主体民族的名字命名加盟共和国,如俄罗斯、乌克兰、白俄罗斯、立陶宛、拉脱维亚、爱沙尼亚、摩尔达维亚、格鲁吉亚、阿塞拜疆、亚美尼亚、哈萨克、吉尔吉斯、土库曼、塔吉克、乌兹别克等都属于这种情况。俄罗斯族是俄罗斯联邦的主体民族,同时也是苏联人数最多、分布范围最广的主体民族,约占苏联国内总人口的 60% 以上。根据 1983 年苏联的人口统计资料,俄罗斯族居民的人数为 1.4 亿人,占到全苏联人口总数的 51.9%③,是苏联国内的主体民族。此外,在各个加盟共和国内,俄罗斯族所占的比重也相当可观。除了在俄罗斯联邦内的俄罗斯族的比重一直保持在 80% 左右,在其他的加盟共和国内的比重也不断上

① С. Ф. Платонов, *Русской Истории для Средней Школы*, Москва: Звено, 1994, c.110.
② 《列宁全集》(第 25 卷),人民出版社 1988 年版,第 236 页。
③ 陈之骅主编:《苏联历史词典》,吉林文史出版社 1991 年版,第 645 页。

升。据 1979 年苏联的人口统计资料显示,俄罗斯族的人数在拉脱维亚占 32.8％①;在爱沙尼亚占 27.9％②;在乌克兰占 21.1％③;在吉尔吉斯斯坦占 25.9％④,已经成为上述共和国中除主体民族之外的第二大民族。而在某些共和国内,俄罗斯族的人口甚至超过了该国的主体民族,如在哈萨克斯坦,俄罗斯族的人口占了 40.8％,哈萨克民族竟然只占了总人口的 36％⑤。

尽管从人数来讲,苏联时期俄罗斯族的比重同沙俄时代没有太大的改变,但在民族政策上有区别。1917 年之前的沙皇俄国是一个中央集权制的殖民大帝国,与英法等国的殖民体系相比,俄国具有自己独特的一些地方。沙皇政府在殖民活动中主要采取地域性的蚕食鲸吞政策。18 世纪中期时,俄国基本上还只是一个内陆国家,不利的地理因素限制了俄国的殖民策略,因此它将主要目标放在周边弱小的民族和国家之上,主要以军事侵略的方式实现领土扩张。成为俄国殖民地的国家和地区往往比较落后,而且大都与宗主国俄国直接接壤,其地理位置具有相当重要的战略意义。这些殖民地或成为俄国通往西方的出海口(如波罗的海沿岸国家),或成为俄国与其他强大帝国之间的战略缓冲带(如中亚五国)。殖民扩张使俄罗斯帝国的版图无限扩大,其民族成分、语言、宗教和习俗也呈现出了多样化的局面,这些都引发了帝国内部的种种冲突和矛盾。"由于这 100 多个民族聚集成一个庞大帝国,不是自然接近和融合的结果,而是凭借武力征服所致,因此,也就谈不上具有内在的涵摄力、凝聚力,倒是潜伏着巨大的离心力。"⑥这些因素导致沙皇政府不得不依靠强制性的手段推行其殖民主义及霸权主义政策,俄罗斯民族主义此时所起的作用就是统一这些地区的民族意识并加强对其的思想控制。因此,这一时期的俄罗斯民族主义具有强烈的侵略性和扩张性特点,这一特点对外表现为俄罗斯帝国的不断扩张,对内则表现为俄罗斯民族对其他民族的政治统治和精神控制。

1917 年,十月革命后,俄罗斯苏维埃联邦社会主义共和国成立。1922 年,俄罗斯、白俄罗斯、乌克兰等民族以加盟共和国的方式成立了苏维埃社

---

① 阮西湖:《苏联的人口问题——一九七九年苏联人口普查评述》,中国社会科学院民族所世界民族研究室 1981 年版,第 34 页。

② 同上书,第 36 页。

③ 同上书,第 31 页。

④ 同上书,第 35 页。

⑤ 同上书,第 32 页。

⑥ 〔美〕罗伯特·康奎斯特:《最后的帝国——民族问题与苏联的前途》,刘靖兆、刘振前等译,华东师范大学出版社 1993 年版,中译本序,第 3 页。

会主义共和国联盟,由于执行的原则是"民族自决、和睦平等",因此不存在沙俄时代的巨大离心力,这就使得掌权的布尔什维克党能够在民族问题上找寻比较从容的解决方法。

2. 拥有较多权利的俄罗斯人

在对民族主义进行分类和评价的时候,许多学者倾向于两分法的二元模式,将民族主义区分为恶性的和良性的、种族的和文明的、东方的和西方的、文化的和宪政的、侵略性的和防卫性的等等。事实上,民族主义从内涵到外延都很丰富,"所有的民族主义都集健康与病态于一身,其遗传密码中包含着进步与反动的基因"①,是"不稳定的混合物"②。民族主义时而能给某个民族注入自强不息的生命力;时而又能幻化为威胁和破坏国家统一政局稳定的火药桶;时而成为整合民族国家认同意识的精神武器,时而又成为引发各种冲突乃至局部战争的罪魁祸首。民族主义之所以会有如此多样的表现,正是因为民族主义本身就是一个矛盾的复合体,其产生和发展具有深厚的历史、文化和民族认同的背景;也因为民族主义本身具有强大的社会政治功能,这种功能会随着时代的变迁而变化。世界历史的发展表明,一个强大的民族可以凭借武力在它征服的地域内组成一个多民族的国家;但一个强大的国家也可能会因为国内民族间的纷争而被分割或者分裂。俄罗斯帝国和苏联的盛衰都证明了这一点。近代意义上的民族主义意识可以表现为民族认同和国家认同两个方面,对于一个国家内占优势的主体民族而言,这两个认同可以发展为一个认同;但对于多民族国家中的非主体民族而言,这两个认同就有可能处在敏感而复杂的状态之中。如果国家利益与民族利益相一致,则各民族必将同心协力,从而导致一个更强大国家的出现;如果国家利益与民族利益相悖,则各民族同床异梦,其结果必会导致原来强大的国家分崩离析。因此,民族主义在多民族的国家内就好像一把"双刃剑",政府的不同作为将会引导其发挥出不同的作用,"它把世界引向两条截然不同的道路:一条是和谐的,一条是动荡的"③。

---

① Tom Nairn, *The Break-up of Britain*, London: New Left Books, 1977, pp. 347—348.

② Philp Spencer and Howard Wollman, *Nationlism: A Critical Introduction*, London: Sage, 2002, p. 270.

③ 参见 John T. Routke, *International Politic on the World Stage*, Connecticut: The Duskin Publishing House, 1989, p. 139,转引自吴楚克:《民族主义幽灵与苏联裂变》,中国人民大学出版社 2002 年版,第 9 页。

十月革命前后，以列宁为首的布尔什维克党坚持"民族平等"的原则，认为"只有形成各个民族的爱国热情，而并非仅仅是主体民族的民族热情，才可能、并可以诞生一个统一的俄罗斯"①。因此，苏联国内民族关系的主流是平等与和睦。苏维埃政权建立之初，在国内政局尚未稳定、国外武装干涉不断的情况下，苏维埃政府在"语言平等"的政策指导下为非俄罗斯民族语言文字的发展提供了巨大的帮助：为一些没有民族文字的少数民族创造了文字；对一些拼写复杂、难写难认的民族文字进行修改，推广使用欧洲通用的拉丁字母。这些举措推动了少数民族地区语言和文字的发展与繁荣，促进了苏联国家的聚合力，也大大提高了苏联居民的识字率（1926 年的时候国内 9 岁以上识字的居民已经达到 51.1%，而 1897 年的时候这一比率只有 24%）②。

但是，由于历史和现实的一些原因，俄罗斯民族和俄罗斯联邦在苏联国家内依然占有相当重要的地位。斯大林和之后的一些苏联领导人在处理民族问题的具体事务中采取了倾向俄罗斯族的原则和做法，其结果使俄罗斯民族在社会地位上凌驾于其他民族之上，在政治上也拥有极大的特权。俄罗斯族和俄罗斯联邦实际上控制了苏维埃联盟中央的政治、经济、外交和军事的权力。在全国的党员数量上，俄罗斯族人数所占的比例也远远高于其他民族。据苏共 1976 年发表的统计数字显示，俄罗斯族的党员占了整个苏联党员总数的 60.63%，这一数字超过了俄罗斯族在全国居民总数中的比例 53.37%。俄罗斯族人不仅在苏联国内占据了绝对的领导地位，即便是在各加盟共和国内，也有相当多的俄罗斯族干部担任了从中央到基层的重要党政领导的职务。据统计资料显示，截至 1971 年，俄罗斯族干部在中亚五国中担任部长的人数占该国政府部长总数的比例分别为：哈萨克斯坦占 36.6%，乌兹别克斯坦占 38.2%，吉尔吉斯斯坦占 48%，塔吉克斯坦占 30.8%，土库曼斯坦占 29.2%。③

20 世纪 20 年代，在如何组建苏维埃联盟的问题上，斯大林提出要以俄罗斯联邦作为国家的主体，其他国家以自治共和国的身份加盟俄罗斯联邦，由俄罗斯人控制联邦中央的权力，这一提案未实行。20 年代末，斯大林逐渐掌握了党内和国内的绝对权力④，认为当时苏联最主要的任务是克服民

---

① Мих. Могилянский, Национальное самосознание и патриотизм// М. А. Колеров, *Национализм: Полемика 1909—1917*, с.119.

② А.С. Орлов и др., *История России*, с.392.

③ 张建华：《苏联民族问题的历史考察》，北京师范大学出版社 2002 年版，第 118—120 页。

④ В.В. Керов, *История России*, с.602.

族分离倾向、消除民族独立的意识,因此一直致力于压制地方民族主义的分离势力,实行全盘集体化、政治大清洗等措施,但这些措施事实上对非俄罗斯族造成了伤害。30年代末,根据斯大林"各民族的文化在将来融合成一种有共同语言的共同(无论在形式上或在内容上)文化"①的主张开始在全国范围内推行俄罗斯语言文化,要求一些非俄罗斯民族用西里尔字母代替拉丁字母,因为俄语是"各族人民的财富",苏联所有的民族都必须学习俄语;也因为"俄罗斯文化在俄国各民族的文化发展上起着主导作用"②。此外,在卫国战争期间,斯大林认为某些少数民族有通敌叛国的嫌疑,因而强制一些少数民族迁徙。1945年5月,斯大林接见红军将领时说:"我想举杯祝愿我们苏联人民,首先是俄罗斯人民的健康,他们是加入苏联所有民族中最杰出的民族,在这次战争中被公认为我们苏联各民族的领导力量。我举杯祝俄罗斯人民健康,不仅因为他们是起领导任务的人民,而且因为他们有明确的智慧和坚忍不拔的性格和耐性。"③

赫鲁晓夫认为斯大林违背了列宁所指定的苏维埃国家民族政策的基本原则,上台后对斯大林的民族政策进行了一定的调整。他制定了要在20世纪80年代建成共产主义的设想,因此在民族政策上希望能够在短时间内将各族人民融合为一个新的历史共同体,将苏联的所有民族融合成一个单一民族——苏联人,期望可以一劳永逸地解决民族问题。他在任期间,苏联政府不断向少数民族地区大量移民,并鼓励异族间的通婚,加速少数民族的同化过程。他曾在多个场合中谈到俄罗斯民族对于苏联所起的特殊作用,推行"民族接近"和"民族融合"的政策也是俄罗斯化的一种表现方式。

在苏联共产党和政府的领导人中,在对民族问题的处理上,斯大林和赫鲁晓夫是受到指责最多的两个领导人,认为正是他们两个人的失误使得苏联"在肯定俄罗斯民族功绩的同时,在传播革命文化和先进文化的掩盖下,大俄罗斯主义便悄然而至,通行无阻了。正是在各种外壳的保护下,大俄罗斯主义才得以藏身,难以克服"④。包括戈尔巴乔夫也在后来的讲话中承认:"我的错误之一就在于我低估了苏联的民族主义问题,之前我认为这个

---

① 《斯大林全集》(第12卷),人民出版社1955年版,第320页。
② 董晓阳:《对斯大林民族政策的初步看法》,参见李有义主编:《世界民族研究论文集》,四川民族出版社1981年版,第57—58页。
③ 《斯大林文选》(下册),人民出版社1962年版,第428—429页。
④ 江流、陈之骅主编:《苏联演变的历史思考》,中国社会科学出版社1994年版,第237页。

问题已经一次性的、永久地解决了。"①领导人的某些方针政策在事实上巩固和强化了俄罗斯民族与俄罗斯联邦的特殊地位,强调了俄罗斯民族在国家建设和历史形成过程中的特殊作用;另一方面也确实伤害了其他少数民族对国家的情感,刺激了地方民族主义的发展。从整个苏联时代来看,在处理民族关系和民族问题时,苏联的各任领导人在几乎所有的公开声明中都坚持民族平等的原则,而且目的都是要维护整个苏联所有加盟共和国的利益,并不是仅仅以俄罗斯民族和俄罗斯联邦的利益为唯一的衡量标准。因此,可以这样认为,在苏联时代,传统的俄罗斯民族主义被官方有意识地淡化了。

3. 20 世纪末的意识形态多元化

苏联存续末期,由于国内国际形势的复杂化,传统与现代、西方化与东方化、国际主义与民族主义在思想领域开始了激烈的碰撞和对话。这一现象的出现,是和戈尔巴乔夫 20 世纪 80 年代开始的全方位改革方案分不开的。

戈尔巴乔夫的全方位改革使苏联政府一直推行的全民道德理念、信仰意念在转瞬之间土崩瓦解,社会思想领域中共产主义意识形态的主流地位被各种西方的思想取代,西方自由主义此时得到了俄罗斯高层及民众的青睐,"自由、民主和市场经济"②成为最时髦的词句,很快在俄罗斯国内扩展开来。从历史的角度看,这一点实际上同俄罗斯民族悠久的"西化心理"密不可分。就好像是陀思妥耶夫斯基在小说《作家日记》中阐释过的那样:"欧洲,哦,欧洲是一个多么神奇和神圣的事物啊! 知道吗,对于你们这些厌恶欧洲的人来说,欧洲仅仅只是欧洲而已,而对于我们这些人来说,欧洲是如此珍贵,就好像是一个充满了'神圣奇迹'的国度。你们是否知道,我们是多么珍惜这些'奇迹'、热爱并且尊敬这些'奇迹',远超过我们对于那些伟大的种族、其创造的崇高和美好事物的兄弟般的情谊。你们是不会知道的,为了这些国家的命运,我们是怎样流泪哭泣、伤心欲绝的。"③对于西方自由主义思想的倾慕和崇尚在新俄罗斯联邦成立之前和之后的相当长的一段时间内都是一个普遍的现象。俄罗斯联邦成立后,以盖达尔为代表的政治家在俄

---

① Владислав Келле, Национализм и Будущее России, http://www. alternativy. ru/old/magazine/htm/96_1/kelle. htm.

② James H. Billington, *Russia in Search of Itself*, preface, p. xii.

③ Н. А. Бердяев, *Русская идея*, с. 69.

罗斯国内经济和社会领域开始了大规模的自由化改革。但是,西方模式在俄罗斯国内显得"水土不服",对于解决俄罗斯面临的现实问题基本上无能为力。

苏联解体前国内出现了众多的社会思潮,反映了俄罗斯社会对于仓促而行的改革从心理到思想上的准备都不充分。比较有影响的社会思潮包含大西洋—欧洲主义、新斯拉夫主义、民族主义和新欧亚主义,这四种思潮并非平行发展,而是互有交叉。比如说新斯拉夫主义和新欧亚主义在很多方面就与民族主义的思潮交叉或重合,他们的很多主张和观点本身就包含了很强的民族主义因素。从历史上来看,俄罗斯每一次的社会变革都必然会伴随激烈的思想冲突和碰撞,苏联解体后俄罗斯社会的转型过程也不例外。没有经过深思熟虑的社会转轨一开始就抛弃了原有的意识形态,而仓促引进的西方式自由主义观念又并没有全面融入俄罗斯社会的文化、历史和传统,因此当政府主持的自由主义激进改革达不到预期的效果时,对于西方价值观的猜疑和抗拒使整个俄罗斯社会转瞬进入了意识形态的真空状态。"1989—1991年间的改革为以后民族主义政党和团体的出现奠定了基础。"[1]处在经济低迷和心理失落双重困惑中的俄罗斯人从欧洲得不到自己所需的支持,只能转向本民族的历史和传统,期盼借助民族主义的信念和力量对俄罗斯社会进行政治动员和文化整合,使俄罗斯社会早日走上振兴之路。"在今天的俄罗斯,唯一前卫的并且值得信赖的学说只有俄罗斯民族主义。"[2]

俄罗斯国内各政治力量和利益集团从自身利益出发,纷纷提出了解决社会矛盾的建议和主张。意识形态的多元化一方面提供了选择的多样性,但另一方面也增加了问题的复杂性。"1996年,在叶利钦的授意下针对'俄罗斯民族思想究竟应该是什么'这一问题收集意见……这反映了现实的状况:俄罗斯缺乏民族思想。"[3]从某种意义上来说,新时期各种思潮在俄罗斯国内风起云涌并且各有支持者的局面其实表明了俄罗斯社会从思想到心理都对政府仓促进行的社会变革准备不足,此刻出现的社会思潮"百花齐放"的局面其实是社会针对俄罗斯的民族国家属性和文明属性展开的又一次大规模辩论,是对俄罗斯历史、文化、宗教、传统和民族性格等的又一次重新审

---

[1]　В. В. Керов, *История России*, с.745.

[2]　Александр Севастьянов, Разговор С Глухими, https://pub.wikireading.ru/143422?ysclid=ljuqqzgcrk7416472.

[3]　Angela E. Stent, *Russia and Germany: Unification, the Soviet Collapse, and the New Europe,* Princeton: Princeton University Press, 1999, p.186.

视。但从另一个角度来看,俄罗斯国内各种社会思潮的交融和对话也是一种特殊的"全民总动员",它在全社会范围内为当代俄罗斯民族主义的复苏提供了思想和心理上的准备。

"没有民族主义,就不能理解近代世界的意识形态。今天国家之间和不同意识形态之间存在许多冲突,民族主义经常是这些冲突的一部分。要理解诸如此类的冲突,我们必须理解民族主义。"①民族主义在历史属性之外,也具有现实性的特点,它的变异和发展受到各种现实条件的影响和制约。意识形态的对抗与国际局势的变动、国家经济文化的发展与民族经济文化的水平都是影响民族主义的现实因素。还必须关注一个关键的问题,即民族主义同极端民族主义之间的区别。民族主义或可分为理性的和非理性的,极端民族主义属于非理性的民族主义。学者因其世界观、社会地位、个人身份的不同而对"民族主义"有不同的理解,但不管其定义的内容和形式如何千差万别,其特点大致可以归纳为四点:(1)民族主义是有机体论的一种形式,个人存在于机体之中,个人的一切都源于集体而获得,因此个人应该为集体服务,并在必要时为集体这一生命体献身以换得集体更为长久和繁盛的发展;(2)民族主义表现为对于现实的不满和反抗,为了使本民族获得更重要的地位或者更多的权力,应该进行反抗以获得本民族的再生或者实现本民族应有的价值;(3)民族主义可以表现为对于民族衰弱的恐惧,内在或外在的原因导致民族危亡问题的困扰或者是某种邪恶势力的威胁的存在,都可以成为紧急情况下号召反攻的力量基础;(4)民族主义也可以表现为一种宣传工具,用于维持并引导民族情感,从而获得政治能量。"理性的民族主义应该承认其他任何一个民族的民族主义的权利。"②"民族主义是对本民族的热爱,但不能成为对其他民族侵略的借口。"③"许多民族主义可以同时存在。理想中的民族主义并不追求普适性、唯一性和独特性,尽管在实践中往往会去反对和消除其他民族的民族性。"④"民族性不应该强调独特性和普适性,它应该容忍其他民族的个性存在,并同它们展开交流。"⑤民族主义的作用也是多方面的。从 19 世纪开始,民族国家和民族主义的兴起

① ［韩］金大中:《21世纪的亚洲及其和平》,北京大学出版社1994年版,第20页。

② Леон Оников, Национализм или Шовинизм?//Севастьянов А. Н., *Русский национализм, Его Друзья и Враги: Вызов тысячелетия*, Москва: Русская Правда, 2001, с.7.

③ Андрей Борцов, Правда о Русском Национализме: Вопросы и Ответы, http://providenie. ucoz.ru/blog/123/2022-08-28-133?ysclid=ljurv6yka3128267413.

④ Н. А. Бердяев, *Судьба России*, Москва: Эксмо-Пресс, 2000, с.358.

⑤ Там же, с.361.

为凸显、保存和繁荣形式多样的民族文化,为激发、展现和促进各个不同民族的潜力与特性起到了相当巨大的积极作用。但民族主义的过度发展,特别是极端民族主义的出现,也给人类社会的发展带来了消极作用。极端民族主义不论其活动范围是大是小,在国际范围还是仅限于国内,都同样是导致暴力、引发战争的根源所在。

极端民族主义是指不仅要求本民族的自决独立、获得与其他民族的平等地位,而且要求本民族优越于其他民族、本民族的利益高于其他民族或人类整体利益的主张或行动。"本族或本国的便是好的,便是原则,便是值得尊重和爱护的,再没有其他判别是非善恶的标准。……至于这种样式究竟对此民族及其邻邦的生活带来的是福祉还是灾难,则无关紧要。"①极端民族主义对人类社会产生的影响一般是破坏性的,从人类历史和全球文明史发展的角度来看,认为本民族(群体、部落、部族)优于其他民族、本民族利益高于其他民族利益的主张和行动,一直都是冲突和战争的重要根源之一。

"一旦民族性认为自己就是世界,不容许有其他的人和物与自己共存时,就会变得具有致命的危害性了。"无论是在已经过去的 20 世纪还是在未来,极端民族主义都是冲突和战争的最主要原因之一。这是因为:(1)极端民族主义具有明显的非理性特点。极端民族主义主要表现为一种非理性的情绪状态,这种非理性的诉求很容易将同一群体的活动行为引向极端。对于现代化进程中的国家而言,社会的发展积累了各种各样的矛盾,人们的情绪处在长久的压抑之中,如果正常宣泄的渠道被关闭,那这种非理性的"宣泄"就会完全主导民众的情绪。(2)在情绪化的状态下,民族利益至上的简单口号将会成为压倒一切理性观念的优势话语。极端民族主义通常认为本民族高人一等,因而对于其他民族采取蔑视态度,并竭力扼杀有竞争力的文化或民族对手。(3)通常情况下,民族主义通过排斥作为"他者"的"异族"来凝聚民心,民族利益至上的观念决定了在处理本族和他族关系的时候是没有宽容、谅解和妥协存在的。非理性的民族主义情绪对于一族的控制反过来又会刺激另一族的非理性,并使"他者"的理性观念同样受到压抑。在这种恶性互动的过程中,国内各民族之间的民族问题、国际各民族国家之间的相互关系都会呈现紧张的趋势。

---

① 商戈令:《读维罗里〈关于爱国:论爱国主义与民族主义〉》,载哈佛燕京学社:《公共理性与现代学术》,生活·读书·新知三联书店 2000 年版,第 195 页。

　　所有的民族主义都是排外的,区别在于是否遵循一定的原则,将其行为控制在一定的界限之内。理性的民族主义指的是维护本民族的权利和利益,其行为大都同爱国主义相关联;在推崇本民族文化传统的同时,对于其他民族的传统文化也能采取比较宽容的态度。从作用上来讲,理性的民族主义对于凝聚民族精神、维护民族利益、维护国家主权是有益的。而极端民族主义,即非理性的民族主义,采取的是否定一切外来事物的态度,它只承认本民族的优秀和伟大,而否定任何其他民族的优秀。极端民族主义对于民族国家的发展毫无益处,不仅会损害其他民族的情感、破坏民族关系,而且会危害正常的社会机制,对国家造成破坏性的严重后果。具体来说,在拥有一个主体民族的多民族国家内,如果少数民族的成员遵循主体民族制定的法律法规,尊重社会公共秩序,通过合法方式劳动谋生,那么主体民族就不能对其进行歧视和迫害。理性的民族主义以此为底线,而极端民族主义则是对上述原则的破坏和践踏。当代俄罗斯国内,各民族主义政党推崇本民族的优秀文化和传统,但对于其他民族并没有采取歧视性和迫害性的态度,因而其主流是理性的民族主义。而以光头党为代表的极端团体以种族作为区分标准,对于所有非俄罗斯族的民族一律加以仇视和敌对,并采用暴力和极端手段破坏其劳动谋生的合法生存与发展权利,因而属于极端民族主义。

　　十月革命后,红色苏维埃政权基本上避免了对俄罗斯民族主义的过度渲染,而是竭力遵循"民族平等和睦"的原则来处理民族问题和民族关系。就如列宁所提倡的:"压迫民族或所谓'伟大'民族的国际主义,应该不仅表现在遵守形式上的民族平等,而且表现在压迫民族即大民族要处于不平等地位,以抵偿在生活中事实上形成的不平等。"[①]当然,苏联政权存续期间出现了几次民族情绪高涨的时刻,但很明显,这几次民族主义并不是对内而是对外的,因而在官方的文件和宣传中都是以"爱国主义"的面貌出现的。20世纪初,战争的阴影威胁着新生的苏维埃政权,国内外的敌对势力对其虎视眈眈;1914—1918年的第一次世界大战、1918—1920年的国内战争消耗了国内大部分的财力和物力,国家变得衰弱无力。如此危急的状况激发了人民的爱国热情,民族主义的情绪在民众中迅速蔓延,"战时共产主义"政策的顺利执行、苏联工农红军在前线的奋勇抗战、老弱妇孺在后方加班加点支援,都显示出民族主义一致对外的巨大力量。虽然持续的战争严重破坏

----

　　① 《列宁全集》(第43卷),人民出版社1987年版,第352页。

了国内的经济,但是民众团结一心的整体状态和奋发向上的精神面貌使得国家对政治经济的调控成为可能。1921 年在列宁的坚持下开始实施以农村征收粮食税、城市允许多种经济成分并存为主要内容的"新经济政策"。新经济政策的实行活跃了国内市场,改变了国家的经济面貌,为以后苏联工业化和集体化的顺利执行提供了坚实基础。20 世纪 40 年代,希特勒进攻苏联,在兵临城下的危急关头,又是以爱国主义为主导的民族主义情绪促使全国上下万众一心、以英勇无畏的精神抗击德国法西斯的铁蹄,最终力挽狂澜,击退了希特勒大军,为整个国家的安危,也为全世界的反法西斯战争作出了巨大贡献。

俄罗斯学者伊利英曾经说过:"一个民族的命运是隐藏在历史之中的,它不仅贯穿于过去,而且也表现在未来。"[1]俄罗斯民族主义一直伴随于俄罗斯民族和国家的发展轨迹之中,其作用和影响贯穿于沙皇俄国的历史始终。秉承共产主义理念的苏联处理民族问题的时候坚持声称"民族平等"的原则,从形式上淡化了俄罗斯民族主义的色彩。但是 1991 年前后,伴随苏联的解体、俄罗斯联邦的成立,俄罗斯国内少数民族的民族主义日益高涨,俄罗斯民族主义重新爆发出来,获得了某种弹性增长。当代俄罗斯民族主义不仅成为俄罗斯国内凝聚民心的统一意识形态,而且成为整个国家维护民族利益的鲜明旗帜。

20 世纪末,"戈尔巴乔夫和部分国家领导人所支持的'改革'原本是想增加社会生活各个领域中的民主,但在实践中的最大成效却变成解散了曾经无比强大的苏联,结束国家历史中的苏维埃时期"[2]。从某种意义上来说,"'改革'直接引发了苏联的解体和共产主义体系的崩溃"[3]。苏联解体,"俄罗斯在自己的历史中第一次作为一个民族国家而不是帝国,第一次以民主政府而不是独裁政府的身份登上了历史舞台"[4]。俄罗斯联邦成为俄罗斯人新的归属团体,将要容纳俄罗斯人对它的依恋和热爱,"俄罗斯的幸福也就是俄罗斯人的幸福"[5]。俄罗斯民族主义作为应对危机的一种动态的

---

①　И. А. Иванников, И. А. Ильин о государственном устройстве постсоветской России// Известия высших учебных заведений, Правоведение: Научно-теоретический журнал N2 (213)/ 1996, c.131—137.

②　А.С. Орлов и др., *История России*, с.464.

③　В.В. Керов, *История России*, с.761.

④　James H. Billington, *Russia in Search of Itself*, preface, p.x.

⑤　Александр Севастьянов, Не Бойтесь Неизбежного// Севастьянов А. Н., *Русский национализм, Его Друзья и Враги: Вызов тысячелетия*, с.49.

思想潮流在俄罗斯国内大规模流传开来。"俄罗斯民族是上帝选中的民族，它将能比西方国家更好地解决各种社会问题。"①尽管经历了俄罗斯帝国和苏维埃，可俄罗斯民族对于自己的特殊使命一直深信不疑，其意识中的民族自豪感和民族优越感始终没有改变过。"没有一个民族的命运会很轻松，而俄罗斯民族面临的是一个异常艰难的命运。尽管处在如此复杂的历史条件之下，依然保住了自身的自由和主权，使自己的祖国在世界文明中绽放光彩，获得了出色的科技成就。"②

三、当代俄罗斯民族主义

当代俄罗斯民族主义有其传统的一面，但也有新的表现形式。它是在俄罗斯进行社会、政治、经济制度的转轨过程中，更多是在总体和平环境下表现出来的。由于冷战结束后俄罗斯国力的衰退，国外各种势力和思想对俄罗斯国内的渗透力量更强。因而同历史上出现的几次民族主义相比，在内容和形式上都有相当大的差别。沙俄时期民族主义是在对抗外来侵略者的过程中产生的，因此具有强烈的排外性质，其民族政策的制定和施行极少受到外部势力的干涉和压制。俄罗斯国家在推行俄罗斯民族主义的时候并没有遭到过多的阻力和抵抗，从某种意义上来说属于主体民族推行的一种强势民族主义。而当代俄罗斯民族主义是在民族国家转型过程中产生的，其兴盛的动力不仅有内部因素，也有来自外部的压力。苏联解体激发并鼓舞了俄罗斯国内少数民族的民族主义情绪，它们纷纷提出了自己的政治主张，要求获取更多的主权，甚至有少数民族提出了脱离联邦、自建主权国家的要求，俄罗斯联邦面临着进一步解体的威胁，而国外势力的渗透也加强了局面的复杂性。西方国家采用各种方式支持和扶植俄罗斯国内的反政府势力，甚至公开对一些分离分立势力表示同情和支持。内外压力的共同作用激发了俄罗斯民族主义的产生与壮大，其理念表现在俄罗斯如何应对西方文明、如何找寻传统文化、如何确立发展方向、如何探索国家命运等问题的思考和应对之上。国家和政府对于俄罗斯民族主义的态度也变得相当微妙。民族主义可以起到统一全体民众认识、凝聚国民力量的作用，同时可以

① Н. А. Бердяев, *Русская идея*, с. 120.
② М. Н. Зуев и А. А. Чернобаев, *История России*, с. 464.

对抗西方势力,维护民族利益。但此时国内各少数民族的民族意识较之前大为增强,如果过度强化俄罗斯民族主义,势必伤害少数民族的情感,破坏民族团结,从而影响整个国家的团结与稳定。

1. 苏联解体诱发俄罗斯民族主义

"民族主义一般被界说为一种以民族意识为基础的纲领或理想。这种感觉或意识可能以若干因素为基础。可以由于种族、语言、宗教或文化的特点而把自己看作是一个民族。不过,在大多数情况下,把不同群体结合在一起的因素是共同的历史和对未来的共同愿望或对共同命运的信念。"[①]"民族主义是民主政治的生成物和自然联盟。"[②]从这个意义上来说,当代俄罗斯民族主义可以被看成是对现存挑战的反应或者答复。

"尽管前后有 14 个加盟共和国从原苏联分离出去,但俄罗斯依然是世界上面积最大的国家,它涵盖了 11 个时区。"[③]从地理版图上来讲,俄罗斯的边界实际上退缩到了彼得大帝时代的状况,通过常年征战而打开的出海口再度被关闭。甚至有人认为"出现在前苏联方位上的俄罗斯联邦已经退化到 1917 年前俄国昔日的那种边缘状态"[④]。领土的大量减缩在民众中产生了一种回到过去、缅怀过往的情绪,对于因社会转型而处于痛苦和绝望之中的俄罗斯民众来说,俄罗斯民族主义的一些传统意念在这个时候起到了慰藉民心的作用。他们从"莫斯科即第三罗马"的观念中找到了同西方对抗的理论武器和精神寄托。第一罗马已经消亡,第二罗马拜占庭也已经被异教徒土耳其所占领,实质上也已消亡,只有第三罗马莫斯科依然存在。莫斯科就是罗马,所以尽管现在的俄罗斯面临困境,但是它的使命没有改变,"拯救世界、恢复罗马帝国的光辉版图"这样一个特殊的使命依然属于俄罗斯。上帝给俄罗斯安排了较其他民族更为坎坷、更为曲折的命运就是要证明俄罗斯民族正是上帝选中的"子民"。20 世纪带给俄罗斯的是艰苦而光辉的遭遇:三次革命(1905 年革命、1917 年二月革命和十月革命),两次战争(第

---

① [美]爱·麦·伯恩斯:《当代世界政治理论》,曾炳钧译,商务印书馆 1983 年版,第 423—424 页。

② Richard Pipes, *Russia Observed: Collected Essays on Russian and Soviet History*, Boulder, San Francisco & London: Westview Press, 1989, p.223.

③ Daniel Yergin and Thane Gustafson, *Russia 2010: And What It Means for the World*, p.210.

④ [加]阿列克斯·巴特勒:《21 世纪:没有俄罗斯的世界》,张健荣译,上海人民出版社 2005 年版,前言,第 2 页。

一次世界大战、第二次世界大战),苏联的成立,建设工业化国家的巨大成就,共产主义事业的建设等等。[①]俄罗斯民族能够在这样困境中创造如此巨大的成就,正好说明他们肩负特殊使命,困难和危机对俄罗斯来说都是暂时的,假以时日,俄罗斯民族依然可以卷土重来,成为指引世界发展方向的强国和大国。这些思想和理念支撑俄罗斯民众度过了最困难的时刻。

苏联后期政治改革的余波加上盖达尔政府实行的全方位经济转轨使得叶利钦执掌下的俄罗斯政局一直没能彻底稳定下来,政府的更迭日渐频繁。叶利钦担任总统期间总共撤换了 7 个总理、9 个财政部长、6 个内务部长、3 个外交部长。政局的不稳定加深了国内形势的严峻性:中央和地方、总统和议会之间的权力之争甚嚣尘上,政府机关朝令夕改,官僚机构办事拖拉,经济形势每况愈下,民众生活朝不保夕,社会动荡不安,犯罪率节节攀升,地区间流血冲突不断,各地的民族分裂倾向也日趋明显。俄罗斯被激进改革造成的政治和经济动荡搞得精疲力竭,"民众的忍耐力、生存能力和建设能力都已处于枯竭的边缘"[②],稳定成为大家共同的心愿。"为什么所有的人都认为,选举过后一切都会改变? 你们真的希望将所有的一切都改变吗?"[③]面对一味照搬西方的民主改革而带来的政治动荡和社会失控,广大的俄罗斯民众逐渐从狂热走向理性,要求实现民主政治发展的有序化、制度化,强调要把秩序与安全放在第一位,希望加强政府权威,对社会进行有效控制,维护社会稳定。既然实践已经证明西方的"民主"不能带给俄罗斯期望已久的安定和强大,那就需要俄罗斯民族从自己的历史和传统中去寻找药方。于是,以"恢复社会秩序、推动经济发展、保障政治稳定、重振大国地位"为口号的俄罗斯民族主义情绪自 20 世纪 90 年代以来开始在俄罗斯国内得到广泛的传播。

经济上,1992 年 1 月 2 日开始的"休克疗法"没能拯救俄罗斯,相反将已经濒临崩溃的俄罗斯经济带入了"休克"状态。"一年之内国内的必需品价格提高了将近 26 倍,而居民的生活水平却在不断下降,1994 年已经只有90 年代初的 50% 了。"[④]这种灾难性的后果在俄罗斯社会经济的各个层面体现出来。据统计资料显示,1992—1996 年,俄罗斯生产持续下降。1996

---

① М. Н. Зуев и А. А. Чернобаев, *История России*, с.464.

② В. В. Путин, *Россия на рубеже тысячелетий*, https://www.ng.ru/politics/1999-12-30/4_millenium.html?ysclid=ljuu0oz2mq525585532.

③ Александр Рар, *Владимир Путин: Немец в Кремле*, Москва: ОЛМА-ПРЕСС, 2001, с.280.

④ А. С. Орлов и др., *История России*, с.466.

年和 1991 年相比,国内生产总值下降了 45％(各年分别比上年下降 19％、12％、15％、4％、6％),工业总产值下降了 45％(各年分别比上年下降12％、14％、21％、3％、5％),农业总产值下降 32％(各年分别比上年下降9％、4％、9％、8％、7％)。从生产下降的幅度和经济危机持续的时间及其他参数来看,俄罗斯的经济危机打破了所有的世界纪录,即便是在 1929年到 1933 年西方的经济大萧条时期,一些重要工业国家的工业生产也只下降了 40％左右,而在俄罗斯这一数据达到了 50％以上。①俄罗斯"输掉了'冷战之后的世界',从胜利中选择了失败"②。

政局的动荡不安和经济的江河日下使俄罗斯在自己的传统势力范围内变得无足轻重,在世界经济和政治格局中的地位也一落千丈。"政治和社会的经济动荡、剧变和激进的改革已经使俄罗斯精疲力竭"③,经历了 10 多年的困难时期,"近 200—300 年来俄罗斯第一次真正面临沦为世界二流国家、甚至三流国家的危险"④。

"如果仅仅只是作为苏联崩溃之后产生的一个平凡的国家,那么俄罗斯的地缘政治地位就已经大大改变了,俄罗斯仅仅只是苏联版图上存在的 15个独立国家中的一个。在对现今的俄罗斯政治进行描述时,'地缘政治'是最经常用到的一个词。尽管在他们的政治发言和文稿中不断强调'地缘政治',不断重复'地缘政治地位已经改变',但是大多数的俄罗斯领导人和政治家并不能忘记俄罗斯是超级大国苏联的后继者这一概念——不单单只是法律意义上的继承人,而且将会成为国际舞台上强大而有影响力的一极——就好像是苏联的角色一样,不同的只是俄罗斯的领土较苏联大大减少了。"⑤历史的辉煌让每一个俄罗斯人都感到骄傲和自豪,但解体之后的状况却让大家感到失落和困惑,俄罗斯民族在政治、经济和心理上都经受了一次巨大的落差。陀思妥耶夫斯基的话可以作为这一现象的最好注解:"自由并不是人的权利,而是人的职责和义务;自由的获得并非轻而易举,而是困难重重的。"⑥无情的现实对俄罗斯民族的自尊心形成了巨大的挑战,历

---

① 童广运:《"权威"重于"自由"——析传统与现实交融中的叶利钦现象》,《山西教育学院学报》2003 年第 3 期。

② 俄罗斯外交与国防政策委员会:《俄罗斯战略:总统的议事日程》,新华出版社 2003 年版,第 53 页。

③④ В.В. Путин, Россия на рубеже тысячелетий, https://www.ng.ru/politics/1999-12-30/4_millenium.html?ysclid=ljuu0oz2mq525585532.

⑤ Henry Trofimenko, *Russian National Interests and the Current Crisis in Russia*, Ashgate, 1999, p.2.

⑥ Н.А. Бердяев, *Русская идея*, с.147.

史的成就和现实的困境,昔日的自豪和今日的落寞让每一个俄罗斯人倍感煎熬,也使俄罗斯社会充满了矛盾和失落,为民族主义的再一次兴盛提供了心理基础。"为什么民族主义的情感可以成为让个人无畏牺牲、让民族精神灿烂的'灵魂之光'呢? 因为民族主义是对本民族天赋的赞叹,是对上帝赋予本民族如此天赋的感激。民族主义的情感背后其实隐藏了某种自豪的情感,即卡拉姆津所定义的'民族自豪感'。正是这种民族自豪感在最困难的历史时刻成为拯救俄罗斯的黏合力量,同时也成为团结'我们所有的人'、保有国家统一性的全民族认同意识。"①

除政治、经济、心理等现实因素以外,还有一个非常重要的因素——俄罗斯的人口危机。俄罗斯联邦的民族状况基本和苏联时代相似,总共拥有100多个民族,俄罗斯族为主体民族,其人数占到国内总人数的 82%。进入 20 世纪 90 年代以来,俄罗斯族的人口发生了严重的衰减,普京总统在 2003 年的国情咨文中谈到:"3 年前我们认为国家面临的最大威胁是民主的不发达、经济的不稳定和政府的低效率。实际上,我们面临的最紧迫的问题之一是俄罗斯人口数量的衰减。"②苏联时代进行的最后一次全国人口普查结果显示(1989 年),俄罗斯国家人口总数为 14 740 万。苏联解体后,俄罗斯开始出现严重的人口危机,其出生率往往远低于死亡率。1991 年起俄罗斯总人口数量每年都在下降,每年的人口下降比率高达 0.5%,2008 年达到最低值 14 274 万。③俄罗斯公民的人均寿命也低于世界发达国家的平均水平④,1995 年俄罗斯公民的人均寿命已经从 1992 年的 67.8 岁降低至64.5 岁,男性寿命则在苏联解体后经历了断崖式下跌,从 1987 年的人均64.8 岁跌到 1994 年的 60.8 岁⑤。根据俄罗斯联邦国家统计局公布的数字,虽然 2010 年后俄罗斯人口开始出现增长,但是 2018 年开始,俄罗斯人口总数又开始下降,2022 年才开始有所好转,人口回升到 14 671 万。⑥莫斯科大学教授、著名人口学家霍列夫指出:"俄罗斯人口的出生率,已成为目前全世

---

① Ричард Вортман, Специфика русского национализма, http://rustrana.ru/article.php?nid=3446&sq=19,23,118,531,963&crypt.

② В. В. Путин, В России сложилась серьезная демографическая ситуация, https://palm.newsru.com/russia/16May2003/demo.html.

③⑥ Численность постоянного населения в среднем за год, https://rosstat.gov.ru/folder/12781#.

④ Из послания Путина: в России-серьезная демографическая ситуация, нужны коррективы в миграционной политике, https://www.diod.ru/articles/view_articles/35.

⑤ Ожидаемая продолжительность жизни при рождении 1995—2018, https://rosstat.gov.ru/folder/12781#.

界最低的。种族退化,即死亡率大大高于出生率……1999 年,俄罗斯出生人口只有 121.58 万人,但死亡人口却高达 214.03 万人。如果照这样继续下去,到 21 世纪末,俄罗斯民族将从地球上消失,整个俄罗斯将变成坟墓。"①俄罗斯出现人口数量急剧下降的最重要的原因是"出生率的降低和死亡率的增高"②。

　　人口危机给国家带来了一系列的社会问题,如老龄化社会的出现、处于劳动年龄人口的不足、参军服役的适龄青年人数减少、国外移民的大量进入等。面对本国出现人口危机、国内劳动力市场得不到满足的情况,俄罗斯政府开始逐步放对外国移民的限制。普京说:"在近 10 年的时间内,我们约接纳了 700 万的移民,主要来自独联体国家。"③苏联解体以来,俄罗斯的移民主要来自中亚、白俄罗斯和乌克兰等独联体国家,波罗的海沿岸国家和中亚的一些人口稠密的国家。为了保障俄罗斯国内的劳动力充足,有专家提出,应该要逐年增加移民人数,最好每年都能接受超过 30 万的移民进入俄罗斯。④难怪俄罗斯国内的一些民族主义者会发出这样的论断和疑问:"因此,现在最先需要解决的问题就是提高俄罗斯族的人口数量……如果俄罗斯的人口不能提高 2—3 倍,那就失去了其他一切措施的动力。如果连乘车的人都没有了,那又为什么要改善和保障交通? 如果连居住的人都没有了,那又为什么要建造房屋? 如果连生存的人都没有了,那又如何能维持一个伟大的强国?"⑤一方面是俄罗斯民族人口数量的锐减,另一方面是大量外来移民的涌入,这就对俄罗斯人造成了心理上的一种威胁和担忧,保护自身安全、维护种族"纯洁性"的极端民族主义情绪和思想的兴起也就不足为奇了,现实生活中的这些情况诱使俄罗斯民族主义逐渐表现出了排斥外族人、仇恨异族人的一些极端和非理性的行为。

2. 民族主义影响俄罗斯社会

　　任何一种思潮都是在特定的民族历史与传统文化中衍生并发展起来,

---

　　① 李兴等:《红色风暴会再度爆发吗? 解读新俄罗斯的前途和命运》,中国城市出版社 2003 年版,第 51 页。

　　② Демография и Русская идея, http://www.rspp.su/articles/ksb/06.2005/forum_rl.html.

　　③ В.В. Путин, В России сложилась серьезная демографическая ситуация, https://palm.newsru.com/russia/16May2003/demo.html.

　　④ Демографическая проблема в России, Мировое и национальное хозяйство No3(14)/2010, https://mirec.mgimo.ru/2010/2010-03/rus-demograf2.

　　⑤ Гавриил Попов, Берегите Русских // Севастьянов А.Н., *Русский национализм, Его Друзья и Враги: Вызов тысячелетия*, с.30.

俄罗斯民族主义自然也蕴含着本民族浓厚的特点与属性。当代俄罗斯民族主义形成并发展于苏联解体之后、新俄罗斯成立之初,民族主义思潮以重新确认民族身份出发,提出了"强国意识"和"大国心态",在一定程度上迎合了社会上大多数民众对于国家和政府发展方向的期望,因而在社会上产生了较大的影响。1993 年在按政党统计选票的选举中,以日里诺夫斯基为首的俄罗斯自由民主党获得 24.32%的选票,超过所有其他政党的选票,位居第一。① 到 2002 年 4 月,几乎所有宣扬民族主义口号的政党都在民众中获得了相当高的支持率。

"假如在下周日举行俄罗斯国家杜马选举,您将投票支持哪一个政党或联盟?"
调查中各党派所得选票的百分比表

政 党	2000 年 10 月	2001 年 4 月	2001 年 11 月	2002 年 4 月
俄罗斯联邦共产党	37%	39%	32%	35%
统一俄罗斯党	—	22%	28%	18%
俄罗斯民族团结党	21%	—	—(9 月为 24%)	—
祖国运动	3%	—	—(9 月为 4%)	—
俄罗斯自由民主党	6%	7%	7%	10%
右翼力量联盟	11%	7%	8%	10%
"亚博卢"民主党	9%	10%	7%	7%
全俄罗斯运动党	2%	1%	2%	2%
俄罗斯民族统一党	1%	1%	1%	2%
俄罗斯联邦人民党	—	—	1%	1%
反对所有政党	3%	5%	5%	5%

资料来源:http://www.polit.ru(2002 年 4 月 25 日)。

俄罗斯民族主义对于国家的影响主要表现在政治、社会和外交三个方面。它不仅影响了各民族主义政党的方针政策,而且对国家政府的政策理念产生了积极的作用。普京总统执政期间关注民族主义的发展动向,积极提倡俄罗斯传统价值观,指出爱国主义、强国意识、国家观念、社会团结是仍然有效的俄罗斯传统价值观②。由于政府和领导人的提倡,国家民族主义

① Жириновский занялся коренным пересмотром своей биографии(2001-7-17), https://www.inopressa.ru/article/2001-07-17-21-06-04/wp/arc:wp:russia#.

② В. В. Путин, Россия на рубеже тысячелетий, https://www.ng.ru/politics/1999-12-30/4_millenium.html?ysclid=ljuu0oz2mq525585532.

逐渐成为当代俄罗斯民族主义的主流。大多数俄罗斯人开始认识到国家的政治地位、国家与世界其他大国的平起平坐，是国家政治独立、民族复兴、个人在经济状况方面赶上西方国家的保证。民族主义的复苏对俄罗斯的内政外交都产生了一定的影响。在外交上，俄罗斯开始强调自己的世界大国地位和作用。"俄罗斯精英和他们的代表反西方的态度日益强硬。"①

（1）民族主义提升俄罗斯民族凝聚力

苏联的解体，身份的急速转变让很多俄罗斯人感觉手足无措，而联盟的四分五裂也加速了俄罗斯人民族主义情绪的发展。在原先民族矛盾比较严重的地区，如波罗的海沿岸国家、乌克兰、格鲁吉亚、阿塞拜疆和中亚五国等，苏联解体后当地民众的反俄罗斯倾向愈演愈烈，这些情况对俄罗斯国内的民族主义产生了刺激作用。历史的隔阂加上现实的困境，俄罗斯社会出现了重新审评历史，重新确认俄罗斯人地位的风潮。民族主义的风潮首先对俄罗斯的政治生活产生了巨大的影响，出现了数量众多、大小不一的以民族主义作为口号和纲领的团体与组织，比较著名的有俄罗斯自由民主党、俄罗斯民族团结党、民族共和党（也译作民族布尔什维克党）、强大俄罗斯民族党等。他们强调自己的传统性和爱国性，希望回归俄罗斯民族传统，建设并发展俄罗斯：使其强大、摆脱灾难、克服经济和政治危机，成为一个世界强国，确立俄罗斯民族或斯拉夫人在世界上的特殊地位。这些民族主义政党通过各种途径的宣传和活动将民族主义的思想和口号在民众中加以传播，民族主义的口号成为时髦的象征。在对全俄记者进行的一次调查中，将近半数的人认为应该将俄罗斯"俄罗斯化"，47％的人赞成"应该建立一个能够确认俄罗斯人为主要民族的国家"②。根据 2002 年俄罗斯举行的人口普查数据显示，在俄罗斯联邦内俄罗斯人的数量为 1.15 亿人，占到居民总数的80％多；其中有 67％的俄罗斯人认为必须把俄罗斯建设成为属于俄罗斯人（或者是斯拉夫人）自己的强国，29％的人认为苏联解体的不可避免就在于它没有充分重视俄罗斯人的重要地位。③

民族主义抬升了俄罗斯民族的自豪感和自尊心，"斯拉夫人是一个伟大

① Anatoly M. Khazanov, *Contemporary Russian Nationalism between East and West (2002)*, https://www.iwm.at/transit-online/contemporary-russian-nationalism-between-east-and-west.

② А. Мигранян, А. Елыманов и др., Русский Фактор в Российской Политике // Севастьянов А.Н., *Русский национализм, Его Друзья и Враги: Вызов тысячелетия*, с.86.

③ Л. Г. Бызов, Ждёт ли Россию всплеск русского национализма? https://cyberleninka.ru/article/n/zhdet-li-rossiyu-vsplesk-russkogo-natsizma/viewer.

的民族,并在人类的命运中起重要的作用。在斯拉夫人身上,你永远不会看到德国人的市侩气,法国人的浅薄,英国人的自私,意大利人的浮躁;但是斯拉夫人却拥有一切:德国人的思辨理性,法国人的人道主义,英国人的务实精神和意大利人的机智灵敏"①。这样的理念促使俄罗斯民族可以有更强的忍耐力和足够的信心来应对国家面临的困境,同时在处理同西方国家的外交关系时也能够采取一种相对理性的态度,而不会一味以西方"马首是瞻"。在1986年举行的苏联社会调查中,约有78%的人认为自己是"苏联人",仅有15%的人认为自己是"俄罗斯人";而到13年后的1999年,已经有43%的俄罗斯居民对"俄罗斯——一切为了俄罗斯人"这一观点表示赞赏。②俄罗斯的许多研究者都认为,如果原生型的民族主义能够在普通民众中获得广泛承认的话,就表明该民族的自我保护和谋求生存的本能意识已经得到了广泛的传播。民族意识的提升在某种程度上对于动荡之中的俄罗斯来说是可以借助的精神力量,但是也为极端民族主义在俄罗斯国内的出现提供了滋生的温床。

(2)极端民族主义破坏民族团结

"毫无疑问,俄罗斯民族主义的增长是社会发展的源头,是未来的希望所在。"③民族主义极端化的倾向主要通过"光头党"等激进青年团体表现出来,民族主义政党也有一些种族性极强的口号,如"对现代俄罗斯来说,国家调控下的民族主义将成为拯救俄罗斯的唯一途径:俄罗斯人最终将会成为俄罗斯联邦土地上唯一的民族,它将会是使未来国家保持统一的决定性力量。世界上其他所有的民族都应该服从于俄罗斯人的领导和控制。"④极端思想在俄罗斯民众中获得了一定程度的认可,具体表现为对异族人的仇视和敌对。

"光头党"团体的成员一般是对社会现实不满的年轻人,他们的年龄大都在30岁以下,具有很强的攻击性。他们的主要目标是生活在俄罗斯境内的外族人,尤其是犹太人、高加索人和中亚人等,由于改革的失败也开始对欧美人展开攻击。"光头党"以种族特征(外貌、血统)作为唯一的衡量标准,将所有的非俄罗斯人一律作为打击对象,这就从根本上剥夺了生存于俄罗斯境内、依

① И. К. Пантин, *Революционная Традиция России*, Москва, 1986, с.136.

② Александр Севастьянов, Азбучные Истины Национализма// А. Н. Севастьянов, *Русский национализм, Его Друзья и Враги: Вызов тысячелетия*, с.176.

③ Александр Севастьянов, Как и Почему Я Стал Националистом// А. Н. Севастьянов, *Русский национализм, Его Друзья и Враги: Вызов тысячелетия*, с.8.

④ М. Ю. Чернавский, Русский национализм и судьба российской государственности, https://portal-slovo.ru/history/35102.php.

靠自身辛勤劳动合法谋生的异族人的基本生存权利。因此他们的行为相当有害,不仅使俄罗斯国内少数民族的财产和生命安全遭到威胁,而且危害了国家和社会的发展。他们的活动对俄罗斯社会生活造成了很大的影响,不仅破坏了法律秩序,还对社会安全造成了严重威胁:打架斗殴、暴力屠杀对他们而言是家常便饭;他们的行为在俄罗斯社会中营造了恐怖和动荡的气氛。大多数俄罗斯人开始对极端民族主义分子、法西斯分子和种族主义分子产生警惕和反感的情绪,并对于政府不能有效控制和惩罚罪行的行为表示了不满。

"个人的不安全感是导致民族主义、而且是极端民族主义出现的另一个非常重要的原因。……个人对国家感情的深与不深,与该社会的稳定与否有着十分密切的关系。一个社会越是稳定,其成员的安全感越大,个人的感情要在激烈的民族主义中寻求发泄的机会就越小,反之则越大。"[1]民众对于政府措施不力的失望、西方国家步步紧逼带来了群体性的不满,最终导致了俄罗斯国内民族主义情绪的日益高涨、民族主义势力的迅速发展。排外情绪的增长又进一步激化了俄罗斯社会的极端情绪,约有 60% 的俄罗斯人主张限制外来移民进入,认为外来移民抢走了俄罗斯人的饭碗、恶化了俄罗斯的治安环境。绝大多数人表示只同意原苏联加盟共和国的俄罗斯族人进入俄罗斯。全俄社会舆论调查中心的统计数据显示,43% 的俄罗斯人认为俄罗斯族人应比其他民族拥有更多权力,23% 承认自己讨厌来自北高加索的移民,2% 自称不喜欢犹太人。这些因素的共同作用导致 20 世纪 90 年代以后俄罗斯境内的许多民族主义团体都使用了法西斯主义的口号和原则作为自己的标识,极端的暴力行为开始在俄罗斯的土地上延伸开来。

（3）民族主义影响俄罗斯外交政策

苏联解体以后,"面对如此突然、让人手足无措的变化,俄罗斯必须要对他们的政治、经济和国际地位进行重新思考"[2]。在联邦成立之初,叶利钦政府实行了"一边倒"的亲西方政策,"俄罗斯在对外关系中把与西方国家,尤其是同美国的关系放在第一位"[3]。向西方"一边倒"的行为导致俄罗斯的国际地位迅速下降,不但使俄罗斯失去了传统的战略盟友,而且面临沦为西方国家"应声筒"的危险。即便如此,以美国为首的西方国家对俄罗斯的

---

① 徐大同:《当代西方政治思潮:20 世纪 70 年代以来》,天津人民出版社 2001 年版,第203 页。

② James H. Billington, *Russia in Search of Itself*, p.48.

③ А. А. Данилов и Л. Г. Косулина, *История России XX Век*, Москва: Издательский дом Дрофа, 1997, с.148—149。

态度也并没有发生本质的改变。"新俄罗斯能不能在后帝国时代和后共产主义时代为民族身份作出一个合适的定位，能不能够真正融入全球化的经济政治进程之中？到底哪一种常态才是俄罗斯的'常态'？"①大多数西方学者认为："俄罗斯不仅与苏联的其他国家不同，而且也与那些面积和人口相似的国家不同。俄罗斯的特殊性不仅仅表现于其在欧亚具有重要地缘政治作用，不仅仅因为在独联体中占据绝对的优势地位，也不仅仅因为具有世界第二大核武器强国的战略象征意义，更不是因为联合国常任理事国的政治身份。这些因素都很重要，但更重要的是俄罗斯对于自我特殊性的清醒认知。对于西方的政策制定者来说，……俄罗斯的'雄心壮志'同其日益衰落的现状之间的尴尬越来越让人难以容忍。俄罗斯重新成为一个'强国'的努力受到了他们的嘲笑，在他们看来，俄罗斯目前最迫切的是应该摆正自己的心态，制定出同其领土缩水、经济衰退及军力减退的现实相适应的政策。而俄罗斯却在期望自己不仅仅成为一个欧洲的国家……"②他们认为："同以往单纯以军事实力作为衡量标准不同，在世界全球化的长期发展进程中，经济实力已经成为衡量一个世界强国的重要标准。经济实力的衰弱直接降低了俄罗斯成为世界强国的可能性。"③因此，"俄罗斯应该忘记自己过往的辉煌，成为另外一个'巴西'"，更应该"避免一亿五千万人还不愿承认自己是'巴西人'的境况"④。

西方国家的行为伤害了俄罗斯民族的自尊心，屈辱感则引发了俄罗斯民众的愤怒："受了伤的'民族精神'就像被压弯的树枝，因为是用强力硬压下的，一旦放开，就会猛烈反弹。一个民族在受到多年的压制和侮辱之后，会产生强烈的反弹。他们迟早会发出民族主义之问：'我们为什么要听从他们？''他们凭什么？''我们该怎么办？''我们为什么不？'"⑤1996年6月15日，叶利钦签署总统令发布《俄罗斯联邦国家民族政策构想》，声称公民要求加强俄罗斯国家制度，要求贯彻统一的经济改革政策，要求保障联邦主体独立和国家完整的和谐结合，要求发展各民族文化和语言并强化俄罗斯人的精神共性⑥。而俄罗斯民族主义的兴起导致叶利钦政

---

① Richard Sakwa, *Russian Politics and Society*, London and New York: Routledge, 2002, p. 349.

②④ Ibid., p. 347.

③ Ibid., p. 365.

⑤ 徐大同：《当代西方政治思潮：20世纪70年代以来》，天津人民出版社2001年版，第225页。

⑥ Концепция государственной национальной политики РФ, http://www.bulgars.ru/np/cnp.htm.

府同民族主义者之间的矛盾①，对俄罗斯国家和政府的外交政策直接产生了影响。

　　民族主义的复兴使"帝国情结"重新复活。以美国为首的西方国家打击俄罗斯的国际威望，最终导致俄罗斯不但没有能融入西方，反而丧失了东方的传统盟友，严重削弱了自己在国际社会的影响力。"帝国情结"使俄罗斯重新主张自己的大国地位，负有特殊的历史使命，应该在世界上占据相应的地位，决不能够成为西方国家忽略的对象。大国路线对于俄罗斯来说不仅意味着实力，而且意味着生存。在俄罗斯的传统思维中，只有作为大国、强国才是安全的，这几乎已经成为一种战略定式，不可改变。同时，俄罗斯开始关注其传统势力，决意坚守"独联体"阵地。苏联解体后，俄罗斯的领土面积缩小了四分之一，曾经引以为傲的"世界的六分之一"②已经成为历史。加上中东欧国家的纷纷脱离，俄罗斯的战略空间较苏联时代已经大大收缩。独联体成为俄罗斯国家安全的最后一道防线和屏障，也是俄罗斯重振大国影响力的重要依托。所以，俄罗斯称独联体为自己的"切身利益之所在"，认为自己对独联体地区"负有特殊责任"。

　　进入 21 世纪之后，俄罗斯改变了之前"一边倒"的做法，重视同西方国家保持并发展良好的关系，但不再步步紧跟，有时甚至发生一定程度的对抗。"俄罗斯并不像东方那样将自己定位为西方的对立面，相反俄罗斯意识到自己属于西方，是东方—西方，因而应该成为两个世界的联结者，而不是分割者。"③科索沃战争期间，俄罗斯政府一方面支持民族主义者到美国大使馆门前进行反美示威，借助民族主义者的行为表达政府的不满和抗议；另一方面又充当西方国家和南联盟之间的调解人，展开积极的外交斡旋，最终促成北约与南联盟达成政治解决科索沃危机的协议。这一事件标志着俄罗斯政府不再以美国马首是瞻，重新恢复了自己作为世界大国的身份和信心。

　　新时期俄罗斯施行的务实外交立足本国实际，强调与自己实力相符的大国地位和作用。"新俄罗斯需要寻求特殊的民族性，以获取更为清晰的身份认同和道德上的合理性。"④重建国家经济是当务之急，政府的一切工作

---

① Robert H. Donaldson and Joseph L. Nogee, *The Foreign Policy of Russia: Changing Systems, Enduring Interests,* M.E. Shape, 1998, p. 286.

② Александр Севастьянов, Как и Почему Я Стал Националистом∥Севастьянов А. Н., *Русский национализм, Его Друзья и Враги: Вызов тысячелетия,* с. 7.

③ Н. А. Бердяев, *Судьба России,* с. 290.

④ James H. Billington, *Russia in Search of Itself,* p. 40.

和努力都应该以保障国家的经济发展为前提，经济的发展才是国家强大的必然基础。"我们的一切决定和一切行动都是为了一个目的，就是在可以预见的未来，使俄罗斯在世界上真正强大的、经济先进的、具有影响力的国家中牢固地占有一席之地。"①

3. 政府对俄罗斯民族主义的调控

（1）"俄罗斯思想"

20世纪90年代，俄罗斯的传统文化被看成是西方文化的对立面，在引进西方的市场经济运行模式和自由主义文化观念时，俄罗斯的民族精神和传统观念被鲁莽地加以否定了，但政府和民众都没能及时找到一种新的、可以凝聚全社会的文化理念作为整个民族的精神支柱。这就导致了俄罗斯社会的灵魂和理念丧失，以往的权威和价值无限制贬值局面的出现。面对这一情况，普京提出要将"俄罗斯思想"作为超越阶层和种族利益的"全民族统一的价值观"②。"俄罗斯思想"借鉴了民族主义对于传统价值观的态度并加以发挥，提出应该尊重传统。普京强调要把俄罗斯"传统价值观"作为社会团结的思想基础，"爱国主义""强国意识""国家权威""社会互助精神"对于过去俄罗斯历史的发展至关重要，在今日的俄罗斯社会也依然有效。"我确信，不能就共同的目标达成一致意见就不可能有社会的发展。这些目标不仅仅是物质方面的，也包含精神和道德方面的。我们的人民所固有的爱国主义、文化传统、共同的历史记忆加固了俄罗斯的团结。"③同时，"俄罗斯思想"也对民族主义观点进行了改进和修正，在强调继承传统文化的同时，也主张对西方的文明成果加以吸收和借鉴。市场经济、民主、人权和自由的原则已经在"全球范围扎下根"，而现代化的俄罗斯要取得发展就必须把这些"超国家的全人类的价值观"作为俄罗斯社会团结的另一个支撑点。普京强调说："只有将市场经济和民主的普遍原则与俄罗斯的现实有机地结合起来，我们才会有一个光明的未来。"④

除了"俄罗斯思想"，普京还提出了"强国富民"的口号，"用尽可能短的

---

① 2003年5月16日普京向俄罗斯联邦会议提交的2003年国情咨文，http://www.kremlin.ru/acts/bank/36352。

②④ В.В. Путин, Россия на рубеже тысячелетий, https://www.ng.ru/politics/1999-12-30/4_millenium.html?ysclid=ljuu0oz2mq525585532.

③ 2000年7月8日普京向俄罗斯联邦会议提交的2000年国情咨文，http://www.kremlin.ru/acts/bank/22401。

时间、尽可能快的时间、尽可能小的代价使国家达到稳定"①。采取强硬措施限制地方权力,建立起新的垂直管理系统,以遏止国家继续解体的趋势。"单个民族的民族主义(哪怕是占国家主导地位的俄罗斯民族主义)并不能为国家提供一种能够让全国居民所认同的目标。要想将整个俄罗斯的民族团结在一起,就必须要有一个超越民族主义秩序的组织存在,同时也需要树立一个'宏伟的目标',以便将不同民族的精英分子团结起来,为俄罗斯的强大贡献自己的力量。这个目标就是强国。"②"强国富民"的口号是"俄罗斯思想"内涵的延续,是对"俄罗斯该往何处去"这一疑问的最佳解答。"强国"意味着要集中精力,专注于国家内部事务,暂不谋求国际事务的发言权,暂时放弃超级大国的幻想。"富民"意味着国家的主要任务是发展经济,争取让俄罗斯民众能尽快提高生活水平。"俄罗斯需要一种有竞争力的、有效益的、社会公正的、能够保证政治稳定发展的经济体制。稳定的经济——这是民主社会的主要保障,是世界上受尊敬的强国的基础。"③"强国"和"富民"两个方面相互联系,彼此促进。只有国强方能民富,而民富之后又能进一步强国。"我们的目标是绝对明确的,即巩固俄罗斯在世界的地位,创造高水平的、安全、自由和舒适的生活条件,最主要的是要大幅度提高国民的福利待遇。为了经济增长和社会发展,首先要改善人们的生活水平。……要提高竞争力,使国家强大和富有,必须尽力使每个人都享有正常的生活条件。"④普京从1999年任俄罗斯代总统以来,一直把振兴经济作为一切工作的中心,指出俄罗斯将继续沿着市场和民主的道路前进,但"只能用渐进的、逐步的和审慎的方法实施;实施时既保证政治稳定,又不能使俄罗斯人民的各个阶层和群体的生活水平下降。这是摆脱目前所处困境的一个无可争辩的要求"⑤。同时顺应民众对金融寡头的厌恶,打击那些对国家经济产生消极作用的俄罗斯寡头,极大地改善了宏观环境。一位俄罗斯社会学家认为,俄罗斯统治者对

---

① Валерий Федоров, *Россия—2002—2004: новая повестка дня для страны и ее президента*, 参见中国苏联东欧史研究会主编:《现代化之路——中国、俄罗斯、东欧国家改革比较》,第246—247页。

② Сергей Пахмутов, Размышления о национализме, https://ruskline.ru/monitoring_smi/2004/06/02/razmyshleniya_o_nacionalizme/.

③ 2000年7月8日向俄罗斯联邦会议提交的2000年国情咨文,http://www.kremlin.ru/acts/bank/22401。

④ 2004年5月26日俄联邦总统致议会的国情咨文,http://www.kremlin.ru/acts/bank/36353。

⑤ В.В. Путин, Россия на рубеже тысячелетий, https://www.ng.ru/politics/1999-12-30/4_millenium.html?ysclid=ljuu0oz2mq525585532.

寡头的打击正是官僚中的爱国主义者为维护国家利益而采取的行动。①

（2）反对极端民族主义

就其规模而言，民族主义对于现代俄罗斯的影响已经超过了沙俄时代。俄罗斯联邦成立之后，俄罗斯国家和政府、各个政党借助民族主义的做法导致了民族主义在国内的兴盛，也使民族主义的危险因素日益表现出来，给社会带来了消极的影响，最明显的就是种族主义和极端民族主义的兴起。根据调查数据显示，2003 年时约有 17%的人赞同"俄罗斯是俄罗斯人的国家"这一论断，比 1998 年提高了 6 个百分点。而对于"俄罗斯人应该拥有更多的权力"这一论断更是有 20%多的人表示了赞同。②部分俄罗斯人特别是年轻一代的俄罗斯人开始对非俄罗斯族产生强烈的反感和敌对情绪，在现实生活中采取了一些过激的行为和活动。国家和政府也已经觉察到了这一问题的严重性，因而开始了积极的调控工作，试图对当代民族主义可能产生的破坏性作用加以防范和规范。

从根源上来分析，新时期俄罗斯民族主义的兴起实际上是一个超级大国突然沦落为世界二流国家，并出现意识形态真空和民族信念危机的结果。"痛苦和屈辱的情感对俄罗斯的政权产生了巨大的压力。俄罗斯如今依然拥有强大的军事力量，拥有完成使命的能力。但是俄罗斯目前在世界上的地位已经不再是俄罗斯自己所能决定的了，它还取决于自己的'新邻居'，那些曾经共同属于苏联的近邻们。"③民族主义在这个时候成为"一种替代品，在一个碎裂的社会里替代原先的凝聚作用。当社会倒塌，民族便起而代之，扮演人民的终极保镖"④。共产主义理念的崩溃造成了俄罗斯的信念危机和意识形态真空，"作为一个新兴的国家来讲，俄罗斯国内在瓦解了苏联意识形态之后并没有能够找到可以反映全民族文明价值以团结各民族的价值观"⑤。

---

① М.Н. Руткевич, *Консолидация общества и социальные противоречия*, Социолисслед, 2001, с.6.

② Б.И. Макаренко, Русский национализм уникален, https://iq.hse.ru/news/177717574.html.

③ Daniel Yergin and Thane Gustafson, *Russia 2010: And What It Means for the World*, p.15.

④ M. Hroch, *Nationale Bewegungen fruher und heute, Ein europaischer Vergleich(unpublished paper 1991)*, p.14,转引自[英]埃里克·霍布斯鲍姆：《民族与民族主义》，李金梅译，上海人民出版社 2000 年版，第 206 页。

⑤ Константин Сардовский, Русский национализм ищет выход, http://www.rbcdaily.ru/editor_col/index.shtml?2005/08/16/206758.

民族主义同时也是一种动态的危险力量。它在国家面临危机的时刻滋生并壮大，往往带有极端的特性，提倡强力应对危机。民族主义的情感如果超过一定的度，那么对于本民族利益的坚持就会导致民族利己主义。苏联解体后，尤其是俄罗斯开始经济转轨以来，世代由俄罗斯人居住的地区出现了越来越多的非俄罗斯人口。人口数量比例的变化引发了愈来愈多俄罗斯人的担心和恐惧，他们认为这种威胁的程度仅次于旷日持久的车臣战争和"口袋危机"（住房公用事业上的高额支出以及发生新的金融危机）。在俄罗斯人看来，自己生活的城市中所出现的"自南而北"的移民群是社会环境恶化的根源所在，也是让俄罗斯人安全感下降的主要原因。

民族主义中的爱国热情对于当代俄罗斯的发展来说是必须的，但"以热爱本民族为借口采用利己主义的民族主义"[1]则应该杜绝。尽管现今俄罗斯的极端民族主义无论从规模上还是从威力上来说都不足以对国家或民族产生摧毁性的破坏作用，但是如果任由这种极端民族主义无限膨胀的话，迟早会对俄罗斯的政局、俄罗斯社会的稳定和秩序、俄罗斯国内公民的人身安全产生威胁。民族主义会"将民主制扼杀在萌芽中，实行强大的民族独裁，严格规范人民的生活，稳固社会秩序（虽然这正是人民所希望的，但绝不是依靠恐怖的手段获得），对于非俄罗斯民族的仇视，面对整个外部世界的封闭，这一切最终将导致俄罗斯和世界上其他国家之间的隔阂，从而离开世界发展的轨道"[2]。越来越多的学者意识到民族主义的负面影响，认为："民族主义是排外主义的基础，也是各种极端主义的基础。世界历史表明：极端主义的思潮会逐渐掌控社会意识，推动人们进行侵略行为，将某一民族在过去、现在经受过的所谓'屈辱'扩大化。因此需要制定一系列的防止这种侵略行为出现的措施，也就是说，需要提前进行反极端主义的意识形态培养。"[3]俄罗斯科学院院士利哈乔夫不止一次公开谈及民族主义和爱国主义的区别——"我反对任何形式的民族主义，支持任何一个民族的爱国主义……我一直在强调：民族主义同爱国主义是截然相对的。我们应该成为爱国主义者，每个人都应该成为本民族的爱国主义者；但我们在任何时候、在任何条件下都不应该成为民族主义者。"[4]

①　В. С. Соловьев, Сочинения Том I, Москва, 1989, c. 260—261.

②　Владислав Келле, Национализм и будущее России, http://www. alternativy. ru/old/magazine/htm/96_1/kelle. htm.

③　Ю. И. Андриенко, Национализм как фактор зарождения экстремизма, https://cyberleninka. ru/article/n/natsionalizm-kak-faktor-zarozhdeniya-ekstremizma/viewer.

④　Академик Д. С. Лихачёв о патриотизме и национализме, https://vk. com/wall-151800202_17752.

在这样一种背景之下,2002 年 4 月 29 日,普京将草拟的《反极端行为法》和《根据〈反极端行为法〉对联邦相关法律进行修正和补充的草案》提交国家杜马讨论。2002 年 6 月 6 日,国家杜马对法案进行了第一次讨论;6 月 20 日,国家杜马对修改后的法案进行了第二次讨论;6 月 27 日,国家杜马对两个法案进行了第三次讨论。最后,普京于 7 月 25 日签署《根据〈反极端行为法〉对联邦相关法律进行修正和补充的草案》,7 月 28 日签署《反极端行为法》。两项法案于 2002 年 7 月 30 日开始正式生效。①从《反极端行为法》来看,俄罗斯联邦政府对于极端主义(极端行为)的调控措施以预防和警示为主,法案中有关惩罚和量刑的条款很少或者基本没有。也就是说,如果极端主义的行为没有触犯国家的刑法或者其他相关法律,那么执法人员根据该法案只能对当事人进行警告和教育,而不能加以处罚或者判刑。但是《反极端行为法》的出台说明俄罗斯国家和政府已经开始关注极端主义的问题,希望依靠法律手段来对这种现象加以控制和调整,尽量做到防患于未然。正如普京在 2003 年 9 月答记者问时所说:"禁止某些党派在总统选举的过程中使用沙文主义和民族主义的口号。""在我们这样一个多民族的国家里,这是一些愚蠢(沙文主义和民族主义)的口号,应该绝对禁止。"接下来他又强调说:"如果我们想毁灭国家,自然可以使用这些口号。但如果我们希望保全俄罗斯,那就应该坚决地、持之以恒地反对它(沙文主义和民族主义),对这些口号的出现零容忍。"②

在 2003 年别斯兰人质事件以后,政府在反极端行为领域做出了一系列重大调整。在 9 月 13 日举行的俄罗斯政府扩大会议上,普京签署了提高反恐斗争效果的紧急措施法令,指出:打击恐怖主义必须成为一项全国性的事业,所有的政治部门,整个俄罗斯社会都应该积极参与进来。为了加强这一目的,普京在 2006 年 3 月 6 日正式签署《反恐怖主义法》。这一法令的签署为国家的反恐制度奠定了法律基础,对恐怖主义的态度也从之前的武力镇压转变为全方位反恐。③

2012 年 4 月,时任俄罗斯总统的德米特里·梅德韦杰夫批准了有关政

---

① http://www.panorama.ru/works/patr/govpol/project.html.

② Путин: шовинизм и национализм—самое вредное дело, https://utro.ru/news/2003/09/03/228924.shtml.

③ Д. Иванников, Экстремизм, терроризм и национализм как угроза национальной безопасности России, https://army.ric.mil.ru/Stati/item/376614/.

党法律的修正案,俄罗斯国内数十个政党利用这种自由化的趋势实现合法化。但"民族主义党""国家民主党""俄罗斯国民自由党"这些民族主义倾向性强的政党的申请遭到失败,俄罗斯司法部以其激进想法违反宪法关于党派建立章程为由,拒绝为其注册。①这说明苏联解体后随着俄罗斯国内情况的日渐稳定,俄罗斯基于民族团结和国家稳定的现实需要,提高了对民族主义思想极端性一面的警惕。一些专家指出:无论是梅德韦杰夫还是普京,都认可民族主义思想与国家政治权力之间的重要联系,但更愿意承认自己是爱国者,而对民族主义者的称谓却有所避讳。专家认为,必须将作为一种大众情绪的民族主义与要求政治权力、区分意识形态的民族主义分开。在俄罗斯,可以确信的是,第一种情况(即作为大众情绪的民族主义)形成了所谓的"本色民族主义"(банальный национализм)②且影响很大,它以潜移默化的方式渗透到俄罗斯社会、文化和政治生活中,成为俄罗斯大众认同形成的重要基础。因此,尽管这种"本色民族主义"在俄罗斯有这种影响力,却并不会直接导致民众对政治性的民族主义政党支持度的增加。与20世纪90年代相比,在俄罗斯政治领域,社会对民族主义的支持没有增加,仍然约为10%—15%。③

2012年普京再次担任总统后,开始大力推动用传统的"爱国主义"精神替代"民族主义"来增强国家认同。普京强调,他的"爱国主义"不应和通常与民族主义概念有关的"种族、民族或宗教排他性"的观念相混淆。④普京还曾在2016年2月3日与领导人俱乐部成员举行的会议上指出:"除了爱国主义,我们没有,也不可能有其他统一的想法。"⑤普京支持将"爱国主义"作为国家思想的核心,在俄罗斯大力推广爱国主义教育,各类爱国主义教材开始涌现。

① Русский национализм: без партии, но с уголовными делами. https://dzen.ru/a/WoHyg UvvYXh_YYMl.

② 即"banal nationalism",由英国学者迈克尔·毕力格(Michael Billig)提出的术语。文中指出,"本色民族主义"不仅是一种政治和文化标准,而且是一种精神规范。参见 В. Прибыловский (ред.) Русский национализм между властью и оппозицией. Центр «Панорама», 2010, cc.51—52。

③ В. Прибыловский (ред.) Русский национализм между властью и оппозицией. Центр «Панорама», 2010, c.51.

④ О.К. Шиманской (ред.) Религии России: проблемы социального служения и патриотического воспитания. Н. Новгород: ФГБОУ ВПО «НГЛУ», 2014, c.93.

⑤ Путин назвал патриотизм национальной идеей России, https://meduza.io/news/2016/02/03/putin-nazval-patriotizm-natsionalnoy-ideey-rossii.

四、俄罗斯民族主义的特点

　　"民族主义的问题在俄罗斯历史悠久"①,"它在某种程度上甚至对 20
世纪的俄罗斯命运起到了相当重要的决定作用"②。处于不同历史时期的
俄罗斯民族主义具有各自不同的特点,但仔细推敲的话不难发现,有一些
特点是贯穿俄罗斯民族主义历史发展始终的,例如它始终强调俄罗斯民
族的复兴和发展,重视本民族的独特发展道路,关注国家权威主义的理念
等。尤其是 20—21 世纪之交的俄罗斯,由于受到全球化和现代化冲击波
的强烈撞击,使得俄罗斯民族主义的各种特点以更为清晰的姿态表现出
来。全球化和现代化背景之下的国家在经济上相互依赖,各国之间的时
空距离不断缩小,所有这些都对身处其中的人形成了强烈的刺激,他们几
乎是在一夕之间发现自己所习惯的传统结构和文化正在扭曲动摇。全球
化带来了急剧的地理变动和社会流动,"越来越多的人被抛进了庞大的城
市熔炉和劳动力市场,他们与传统的联系中断了,巨大的经济变迁与人口
流动带来的结果又使许多人感到十分脆弱,于是他们要在传统的语言联
系以及共同宗教中寻找慰藉,并随着世界一体化程度加深,更多的无根之
人会在他们熟悉的种族联系与文化传统中寻找庇护"③。在试图融入全
球化的过程中,俄罗斯因为轻率和莽撞的举措已经付出了沉重的代价,因
而在对待历史的传统遗产时会采取较为慎重的态度。本来"人类不是简
单抛弃祖先留下来的文化和传统,他们一般按照自己新的需要和观点对
过去遗产进行重新解释。……民族主义仍具有强大威力,就是因为它是
具体的,也就是说,它深植于每个地区特定的社会背景和特点鲜明的文化
遗产之中。它从特定民族与特定共同体活的历史中提取意义和活力,努
力与现代民族结合在一起。因此,我们不是在现代化和全球主义中,而是
在族裔共同体与族裔类型的历史和文化中找寻民族主义的力量与韧性。
这些历史和文化对于许多人来说仍有潜力,它们继续构成民族主义者政

---

　　① M.A. Колеров, *Национализм: Полемика 1909—1917*, c.7.

　　② B. Зайончковский, *Социальное самосознание, бурят и башкир в России и СССР-
преемственность или разрыв традиции//Политическая наука. Национализм—новейшие исследования*,
Москва: ИНИОН РАН, 2002, c.39.

　　③ [英]安东尼·史密斯:《全球化时代的民族与民族主义》,龚维斌、良警宇译,中央编译出版
社 2002 年版,中文版序,第 2 页。

治抱负和政治感情的基础"①。对于新时代的俄罗斯来说,提倡回归传统的民族主义在此时的出现不但给全民族提供了巨大的精神能量,而且还给整个民族带来了复兴的希望。

1. 重视宗教,强调自身独特的发展道路

宣扬"帝国转移"的"第三罗马"学说是俄罗斯民族主义的理论基础,"第三罗马"认为俄罗斯民族具有与生俱来的救世主精神,认为俄罗斯是一个承担特殊使命的民族,因此也会拥有和其他国家不同的发展道路。俄罗斯国家的发展道路和其他任何一个国家都不相同,国家的发展从一开始就没有止于俄罗斯民族的边界。从最初成立开始,俄罗斯就是复杂的统一体,这个复合体的精神纽带就是俄罗斯民族的特殊使命意识。俄国著名的历史学家瓦·奥·克柳切夫斯基曾说过,俄罗斯国家的历史即是开拓土地和殖民的历史。从伊凡四世起,历代沙皇,包括彼得一世、叶卡捷琳娜二世、亚历山大一世、尼古拉一世等都奉行大规模对外扩张的政策。俄国的历代统治者对其周边国家进行蚕食性的吞并,梦想"要使各个斯拉夫民族形成强大而统一的民族,这个民族的使命是建立一个从易北河到中国、从亚得里亚海到北冰洋的伟人的斯拉夫帝国"②。16 世纪中期到 17 世纪末是俄国沙皇专制制度的形成时期,此时的俄国在地理上基本属于内陆国,无力争夺世界霸权,因而它推行的是以"地域性蚕食体制"为特征的地区霸权和殖民政策。18 世纪初到 19 世纪中期是俄国绝对专制君主制度确立和鼎盛的时期,此时俄国农奴制经济迅速发展并达到巅峰,综合实力的提高带来的是野心的急剧膨胀:地区性霸权的殖民目标开始转为获取世界霸权的野心。马克思分析说,"对于一种地域性蚕食体制来说,陆地是足够的",而"对于一种世界性侵略体制来说,水域就成为不可缺少的了。只是由于把莫斯科公国从一个单纯内陆国家变成滨海帝国,莫斯科公国政策的传统局限性才得以打破,并融化在那种把蒙古奴才的蚕食方法和蒙古主子的世界性政府的倾向混杂在一起,从而构成现代俄国外交的生命源泉的综合中"③。因此,彼得大帝寻求出海口的实践就成为争取世界霸权的前奏:水域——这就是俄国的需要④。

---

① [英]安东尼·史密斯:《全球化时代的民族与民族主义》,龚维斌、良警宇译,中央编译出版社 2002 年版,中文版序,第 3—4 页。

② 《马克思恩格斯全集》(第 11 卷),人民出版社 1962 年版,第 223 页。

③ [德]马克思:《十八世纪外交史内幕》,人民出版社 1979 年版,第 80 页。

④ 洪宇主编:《简明俄国史》,上海外语教育出版社 1998 年版,第 64 页。

为了完成这个梦想，彼得在军政方面展开了大规模的改革，创建了俄国的第一支海军，将自己的新首都圣彼得堡视为"通往欧洲的窗户"①，并说要"俄国长期保持战争状态，使士兵常备不懈，不断为增强国家财政和改进陆军做出努力。挑选最有利的时机发动进攻，以战继和，以和继战，达到俄国的利益，扩张和日益繁荣"。他甚至在自己的遗嘱里为后继者规定了进一步扩张的方向：应该向西部、东部和南部扩张，"……这样我们就能征服欧洲，也应当征服欧洲"。"俄罗斯将有使命在将来成为欧洲的统治民族，永受神的光辉的指引，并得到神的支持。朕生此信念，是由于考虑到欧洲大多数民族已达到衰朽的老年，或无论如何正在迅速接近这一状态。由此得出的结论是，一个年轻的人民，在达到它们那样强盛时，就很容易和必然征服它们……朕的继承者将把俄罗斯建成注定要使贫穷的欧洲肥沃起来的大海，如果朕的后裔懂得如何引导这股潮水，它的浪潮将冲破任何挡住去路的堤岸。"②从19世纪中期开始，俄罗斯帝国中资本主义经济发展迅速，农奴制由盛转衰，沙皇政府在争夺欧洲霸权的战争中连连受挫，于是调整政策将殖民重点转向东方。"亚洲——我们一直是属于它的。我们同它生活相通，利害与共。通过我们，东方才逐渐了解自己，才逐渐达到一种高尚的生活……我们没有什么需要征服的东西。亚洲各个种族的人民，从血统上，从传统上，从思想上，都觉得和我们很亲切，觉得是属于我们的。我们只需要更加靠近他们就行了。这个伟大而神秘的东方很容易就会成为我们的。"③

当代，传统俄罗斯民族主义的这些特殊性为各民族主义者大力宣传，并在社会上产生了相应的影响。大多数俄罗斯民族主义者和民族主义团体关注和重视俄罗斯的传统精神与文化，强调俄罗斯的独特发展道路而否定现代化的西方模式。俄罗斯自由民主党就明确指出，"如果不认识自己国家和民族形成的道路，就无法充分评价民族存在的价值"，"俄罗斯永远是一个大陆国家，或者更确切地说，是一个不同于欧洲和亚洲的亚大陆国家"，"国家经济的恢复必须考虑俄罗斯的传统"④。国内的大多数政治力量都在"俄罗

① Р. А. Арсланов и др., *История отечества: с древнейших времен до конца XX века.(Часть 1)*, Москва: Поматур, 2000, с.169.

② 有关"遗嘱"的内容译文参见《世界史研究动态》1980年第2期。

③ ［美］安德鲁·马洛泽莫夫：《俄国的远东政策》，商务印书馆编译组译，商务印书馆1977年版，第49页。

④ Программа Либерально-Демократической Партии России, http://kurgan.izbirkom.ru/etc/programma_ldpr.pdf.

斯应该拥有自己独特的发展道路"这一点上表示了认同。在强调独特发展道路的前提下,俄罗斯民族主义主张要从俄罗斯的历史传统、俄罗斯民族的传统价值观中去寻找对当代国家社会发展有利的思想和经验。几乎所有的民族主义团体或政党都强调要回归传统以对抗西方文明、应对全球化浪潮的冲击。在谈到如何处理俄罗斯与其他国家关系的时候,大多数民族主义力量比较推崇地缘政治的理论,也因此使地缘政治思想于这个世纪之交在俄罗斯国内获得了广泛的传播。地缘政治学家 A.杜金从权力政治的角度出发,提出"地缘政治学就是有关权力的世界观,是一门关于权力和以权力为目的的科学"[1]。索罗金以全球政治为视角,认为"地缘政治学既是研究世界政治自身发展的一门基础科学,同时又是对国家及国家集团在国际舞台从事重要活动提供建议的应用科学"[2]。Э.帕兹特涅雅科夫从地缘政治学与政治地理学的区别出发,指出"政治地理学是以空间为视角来研究国家,局限于对国家的静态描述;相反地缘政治学却是以国家为视角来研究空间,着重从动态来理解空间"[3]。

此外,作为俄罗斯民族精神重要组成部分的东正教也被政府重新挖掘出来,在社会上发挥自己的能量,日益成为一种重要力量。首先,东正教被国家正名之后,开始同政府的行为联系在一起,在事实上发挥了彼得大帝时期形成的第二大政治力量的作用:在元旦、俄罗斯新年和复活节等重大节日上,在普京总统的就职仪式上,时任大牧首阿列克谢二世都被邀请出席,并且扮演了重要的角色。俄罗斯国内的许多民族主义团体对东正教的思想也十分推崇,伊利英·拉扎连科领导的"民族前沿"政党、亚历山大·巴尔卡绍夫领导的"俄罗斯民族联合会"、弗拉季米尔·奥西波夫和维亚切斯拉夫·杰明领导的"基督教复兴联盟"等都认同东正教是俄罗斯民族的本土宗教,因此都从东正教的教旨教义中选取了某些词句作为自己的宣传口号。

其次,东正教在教育中的地位也逐步得到了恢复,俄罗斯国内成立了东正教的大学和中学,神职人员还可以自由到国立大学和中学去宣讲神学,东正教伦理学成为学校的必修课,中学高年级还开设了《东正教世界观与现代自然科学》《进化与神学》之类的选修课。

在社会领域,东正教也作为俄国民族精神的一种现代文化资源而被重

① A. Дугин, *Основы Геополитики*, Москва:Arktogeya, 1999, c.13.
② К. Сорокин, *Геополитика современности и геостратегия России*, Москва: Наука, 1996, c.15.
③ Э. Поздняков, *Геополитика*, Москва: МГУ, 1995, c.41.

新开发出来,宗教哲学家弗拉基米尔·索洛维约夫、神学家谢尔盖·布尔加科夫、哲学家别尔嘉耶夫等人的著作被不断重版,他们有关民族主义、有关重视俄罗斯传统文化的思想和主张越来越得到社会的重视和认同。而与东正教有关的许多历史问题,譬如俄国与拜占庭王朝之间的关系、"第三罗马"学说等也重新成为神学界和学术界共同关心的问题,社会科学院主办的《哲学问题》《文学问题》《历史问题》《经济学问题》等俄罗斯最重要的学术刊物上刊登了大量探讨俄国民族精神重建与东正教价值理念等问题的文章。

而在俄罗斯普通民众的日常生活中,东正教也开始恢复其作为民族精神组成部分的地位。居民们将东正教作为自己最主要的精神寄托,每周都要去教堂参加祷告,在重要的节日、家庭日等举行隆重的宗教仪式成为普通民众生活中不可缺少的一部分。到 2012 年,俄罗斯国内有 5 880 万人(占到国内居民人口的 41%)宣称自己信仰东正教①。

当代俄罗斯民族主义关注的是俄罗斯作为一个世界大国的历史作用和现实地位,主张要以有效的手段保证俄罗斯的国家利益。俄共在 1993 年之后首先在俄罗斯国内提出了大国思想,其后这一口号被越来越多的政治力量接受和利用。被西方认为是极端民族主义代表的俄罗斯自由民主党明确表示自己的战略目标是"恢复俄罗斯作为世界超级大国的强大力量,以回应它的地缘政治和历史使命。在当代条件下的基本方向和任务是保卫民族和地缘政治利益,保证俄罗斯的国家安全"②。该党于 1999 年发表的《日里诺夫斯基的十点纲领》中再次强调:俄罗斯必须有强大的军队,强大的克格勃,可靠的内务部。③在尊重历史、回归传统的基本原则上,尚武精神和好战情绪开始在俄罗斯民族主义中萌发。在以俄罗斯自由民主党为代表的民族主义政党或团体中有相当一部分人坚持军国主义的观点,他们深信必须借助军队的力量才能获取政权。俄罗斯民族联合会的领导人 A.巴尔卡绍夫也认为:"只有国社党领袖所领导的、以民族等级为基础的政权才符合俄罗斯和俄罗斯人民的历史特征。"④基督教复兴联盟的成员则号召要建立"统一

---

① Религия в России, https://ru.abcdef.wiki/wiki/Religion_in_Russia#Orthodox_Christianity.

② Праграмма Либерально-Демократической Партии России, http://kurgan.izbirkom.ru/etc/programma_ldpr.pdf.

③ 10 пунктов программы Жириновского, https://viperson.ru/articles/10-punktov-programmy-zhirinovskogo.

④ Русский национализм как политическое течение, http://catalog.studentochka.ru/07499.html.

的民族联合体,恢复由罗曼诺夫王朝统治的东正教独裁的君主制度和法律"①。从民族主义政党的口号和主张不难看出,当代俄罗斯民族主义政党和团体在俄罗斯重建强国的方式上各有各的理解和观点,传统的民族主义爱国者希望恢复和重组俄罗斯帝国;而部分法西斯种族主义者则希望建立以法西斯主义为基础的新帝国。但无论如何,他们都主张利用军队的强力实现俄罗斯的强大。

重新恢复俄罗斯的大国地位、实现俄罗斯的强国理想不仅对俄罗斯政府的内政外交,而且对社会生活也产生了巨大的影响。传统价值观开始在俄罗斯得到回归,社会各界对于过去的历史和历史人物重新展开评价。苏联解体以后,在重新确认俄罗斯民族身份的过程中,俄罗斯民族主义思想开始将传统的民族价值观作为判断标准。彼得大帝获得了至高无上的评价,他"用野蛮制服了俄国的野蛮","是一个真正伟大的人"②,"是俄国历史上形象最为鲜明的人物之一"③,"他是一个神话,一个睿智的君主和变革者,他打开了通往欧洲的窗户,用西方文化和文明的价值体系影响了俄罗斯"④。他利用一系列"欧化措施"将俄国推上了现代化的发展道路,"向前迈出了巨大的一步"⑤,实现了现代化进程中相对落后的俄罗斯民族的强国之梦。这样一个人物在 20 世纪 90 年代的俄罗斯受到了专家学者、政治家、普通民众的极力称颂。

在 2003 年 5 月 23 日至 6 月 1 日为期 10 天的圣彼得堡建市 300 周年的盛大庆典上,普京邀请了中、法、德、美、英、日等 45 个国家的元首参加。圣彼得堡是由彼得大帝亲手缔造的城市,也正是从这座城市开始,俄国拥有了自己面向欧洲的出海口,踏上了世界强国的征程。普京选择为这座城市举行300 周年的巨大庆典,反映了他对彼得大帝丰功伟绩的推崇和继续俄罗斯强国的梦想。普京在成为俄罗斯总统后,先后批准了《俄罗斯联邦国家安全构想》《俄罗斯联邦军事学说》和《俄罗斯联邦外交政策构想》3 个纲领性文件,全面阐述了俄罗斯在新的历史环境下国家安全所面临的威胁和挑战,确定了全面均衡的大国外交方针,显示了政府坚定而稳妥的"大国"和"强国"姿态。

---

①　Русский национализм как политическое течение, http://catalog. studentochka. ru/07499. html.

②　Paul Dukes, *A History of Russia-Medieval*, MacMillan, 1974, p. 87.

③　А. С. Орлов и др. , *История России*, с. 143.

④　Л. Н. Гумилев, *От Руси и России*, Москва, 2003, с. 367.

⑤　А. С. Орлов и др. , *История России*, с. 144.

政府的这些举措事实上确立了俄罗斯"复兴民族、恢复强国"的意念,2005 年的数据表明,"俄罗斯国内约有三分之二以上的人认为俄罗斯应该重新恢复因为苏联解体而失去的超级强国的地位,至少也应该成为世界上最有影响力的十个国家之一"①。

2. 推崇武力,秉承国家权威主义的信念

和其他的斯拉夫民族不同,俄罗斯民族的民族认同意识和身份认证都是在战火中铸造出来的,因而在民族精神中带有强烈的尚武精神。反映到民族主义上,就表现为侵略性和扩张性。历史上兴起的几次民族主义都同战争有着不可分割的联系,战争往往是唤起俄罗斯人民族觉悟、激起俄罗斯人爱国热情的有效催化剂。"俄罗斯帝国总是处在同邻居们的频繁战争中。"②战争为这一历史使命的实现提供了契机,"库利科沃会战推动了罗斯人民民族自觉心的提高,它是在形成大俄罗斯民族和统一的俄罗斯国家时最重大的精神因素"③。从 16 世纪开始到 19 世纪末,通过持续的兼并和扩张使俄国由偏居东北罗斯一隅的"弹丸小国"——莫斯科公国扩展成横跨欧亚的庞大帝国。④在这 300 年的时间里,俄国社会的几次重大事件都与战争紧密相关:彼得大帝"欧化改革"的导火索是北方战争(俄国同瑞典)、"十二月党人"起义的前奏是卫国战争(俄国同法国)、1861 年农奴制改革的起因是克里米亚战争(俄国同日本)……正是战争使西方和俄国的传统文化在思想文化领域不断进行对话、碰撞和交锋。俄罗斯民族主义也正是在这样的背景下产生和发展起来,而且每一次都由战争充当了催化剂。"个人的不安全是导致民族主义、而且是极端民族主义出现的一个非常重要的原因。"⑤战争可以暴露国家政治、军事等方面的不足,让统治者认识到改革和强国的必要性;也可以使处于危机中的俄国民众增强民族意识,加强团结。因此,每当沙皇政府在对外侵略中遭遇挫败,或者民族面临外族入侵威胁、国家面临生存发展危机时,民族主义就被激发出来。这一状况使得政府自上而下应对外部刺激采取的强制性变革在实施过程中能够得到民众的全力支持。

---

① Владимир Рудаков, ТЕСТ НА WEST, "Профиль", № 6(421) от 21.02.2005, https://profile.ru/archive/test-na-west-110132/.

② James H. Billington, *Russia in Search of Itself*, p.3.

③ [苏]B.B.马夫罗金:《俄罗斯统一国家的形成》,余大钧译,商务印书馆 1991 年版,第 137 页。

④ Б. Н. Пономарев, *История СССР, том 2*, Москва, 1996, c.142.

⑤ 徐大同:《当代西方政治思潮:20 世纪 70 年代以来》,天津人民出版社 2001 年版,第203 页。

　　1480 年,俄罗斯军队在乌拉格河畔战胜蒙古军队,赢得了民族的独立,使俄罗斯民族开始充当"斯拉夫人救世主"的角色。这场战争使得刚刚形成的俄罗斯民族充满了优越感,也使俄罗斯"拯救世界"的弥赛亚精神在斯拉夫部族内深入人心。这场战争为俄罗斯民族抹上了一层神圣的光辉,也为俄罗斯民族的侵略性提供了最初的精神理念。俄国在战火和大炮声中继续着自己的历史……北方战争使俄国获得了出海口,"巩固了'作为全俄罗斯君主'的君主专制政权"①。

　　此外,俄罗斯地理位置的特殊性也是造成这个民族崇尚武力的重要原因。俄罗斯民族发源于东欧大平原,处在欧洲和亚洲之间。无边无际的平原四面开阔,缺少天然的屏障,就如同是没有围墙的家园一样时常受到异族的攻击和侵占。东面和东南面是游牧民,南面是克里米亚,西南面是土耳其,西面是奥地利人和波兰人,北面是丹麦人和瑞典人。四方开放的地形使俄罗斯成为异族觊觎的目标,在这样的情况下,俄罗斯人不断进行战斗,希望通过扩张领土来增加民族和国家的生存与战略空间。对外不断扩张成为历届沙皇政府永恒的主题,就像克柳切夫斯基所说:"一部俄国史,就是一部不断对外殖民、进行领土扩张的历史。"②

　　公元 13 世纪时,存在于东欧平原上的还只是一个小小的莫斯科公国;而到 19 世纪,它已经成为版图最大的国家,其陆地面积占到全世界的六分之一③。战争是沙皇政府对外扩张的直接手段,"在东、南、西三个方向获得出海口"则是沙皇政府对外战争的直接目标。据统计,公元 800—1237 年间,俄罗斯每四年参加一次战争;公元 1240—1462 年间,俄罗斯共参加了200 多次大大小小的战争,平均下来几乎是每年一次。从公元 1368 年到1895 年,这 527 年的时间里俄罗斯有 329 年在打仗,也就是说每三年中就有两年的时间国家处在战争的状态之中。"俄罗斯正是通过持久而英勇的战争在欧洲占据了重要的地位,取得了强国的称号。"④通过战争,沙皇政府几乎获得了预期的一切:土地、出海口、国际地位……俄罗斯几乎和每一个邻国都曾发生过战争,这是一个好战的民族,而且,这个民族以战争为荣,将有关战争的记忆作为历史悉心保存。任何人只要去过俄罗斯都会发现,这

　　①④　Р. А. Арсланов и др.，*История отечества：с древнейших времен до конца XX века.（Часть* 1），с.169.

　　②　转引自宋瑞芝:《俄罗斯精神》,长江文艺出版社 2000 年版,第 32 页。

　　③　Александр Севастьянов，Как и Почему Я Стал Националистом//Севастьянов А. Н.，*Русский национализм，Его Друзья и Враги：Вызов тысячелетия*，с.7.

个国家的纪念碑多得有些不可思议。只要是俄罗斯人曾经打过胜仗的地方就要建纪念碑——为国家作出贡献的人不应该被忘记，因此只要是为俄罗斯打过仗的人的名字就应该被刻在纪念碑上。这里面有沙皇政府刻意安排的因素，但也反映出俄罗斯民族内心的"尚武"理念。俄罗斯的很多文学作品也充分体现了这个民族的尚武精神，讴歌战争英雄、控诉异族侵入的文学作品浩如烟海，例如描述部落民族英雄和战斗事迹的《壮士歌》、英雄史诗《伊戈尔远征记》、普希金的《鲁斯兰与柳德米拉》、莱蒙托夫的《当代英雄》等等。

民族的尚武精神对民族主义的影响巨大，同其他民族相比，俄罗斯民族主义具有更强的攻击性和侵略性。在14世纪以前，莫斯科公国由单一的俄罗斯族组成；15世纪末的时候，以莫斯科为中心形成了统一的俄罗斯中央集权国家；后来随着沙皇政府的不断对外扩张和殖民掠夺，俄国的版图向东、南、西三个方向无限扩张，吸纳了100多个不同起源、文化迥异、大小不一的民族，组建了一个庞大的帝国。帝国内的100多个国家根据民族来分有俄罗斯人、小俄罗斯人（乌克兰人和白俄罗斯人）、犹太人、中亚民族等；根据语言来分则有印欧语系、汉藏语系、乌拉尔语系等；根据宗教信仰来分包含了信奉东正教的俄罗斯、乌克兰、白俄罗斯和波罗的海沿岸国家，信奉伊斯兰教的中亚穆斯林，信奉基督教的高加索民族格鲁吉亚和亚美尼亚以及信奉犹太教的犹太人等。这样一个语言、文化和宗教各不相同的多民族组成的帝国不是自然接近和融合的结果，而是凭借武力征服的结果，因此包含了巨大的离心力。为了维系这样一个离心力巨大的帝国，沙皇政府采取了高压同化的政策，提出了"一个民族、一个国家、一位沙皇、一个宗教、一种语言"的口号。为了实现各少数民族的快速俄罗斯化，沙皇政府采用行政命令或者暴力手段推行俄罗斯民族主义以完成大俄罗斯族对于整个帝国的理念统治。19世纪的俄国民族主义者丹尼列夫斯基曾说过："精神统一是最主要、最重要的东西，应该先完成。"[1]

尚武精神的传统在当代俄罗斯民族主义中也有体现。从当代俄罗斯民族主义的社会基础来看，军人占了相当的比重。当民族国家承受外部压力的时候，军人是最先感受到这种压力存在的人群，因而往往会最早发出民族主义的呼声。1993年议会选举时自由民主党的获胜在相当程度上同军方的支持分不开。根据估计，俄罗斯军方约有40%—80%的选民把选票投给

---

① Н.Я. Данилевский, *Россия и Европа*, Москва, 1966, c.469.

了自由民主党的领导人日里诺夫斯基。从表现方式上来看,当代的许多民族主义团体和组织都赞成使用武力手段,其成员有相当一部分是军国主义者,他们相信必须借助军队的力量才能获取政权,军国主义应当成为俄罗斯民族世界观的重要组成部分。

正如大多数学者所言,民族主义是一种试图把民族等同于国家的运动。在俄罗斯民族主义者那里,对于民族的认识同俄罗斯帝国不可分割。俄罗斯民族缔造了俄罗斯帝国,而帝国的发展又反过来促进了俄罗斯民族的发展,民族主义的情感在这一过程之中也得到了发展。

伊凡三世和瓦西里三世时基本确立了中央集权的国家基石,而大多数领地和公国真正在事实上融合为一个整体、建立严格的中央集权君主专制政权是到伊凡四世时。1547 年,伊凡四世在克里姆林宫举行了拜占庭式的加冕仪式,成为俄国历史上的第一位"沙皇","正式成为同神圣罗马帝国皇帝地位等同的伟大君主"①。这一事实有两个政治含义:其一,莫斯科的君主实际上也成为全罗斯土地上所有民族的统治者;其二,从政治和宗教上来讲,莫斯科君主也成为拜占庭王朝的继承者。②其实,莫斯科公国的大公在法律上的含义就是"统治全俄罗斯领土的君主之君主",其权力"超出世界上所有的君主,支配一切人的生命和财产,丝毫不受阻碍",君主称号"意味着承认不受任何限制的沙皇政权。一切臣民,包括大贵族在内,都是沙皇的契奴,沙皇可以自由赏罚"③。在俄语中,沙皇"Царь"这个词是罗马皇帝"恺撒"的俄语音译,具有"绝对的和至高无上的独裁者"的含义。伊凡四世称"沙皇"从形式上再一次强调了君主权力的至高无上、不受约束。"沙皇"的加冕仪式对于俄罗斯来说意义重大,它不仅意味着俄罗斯的君主已经不同于其他的大公及贵族,大大提高了沙皇君主的权威性;而且再一次强调了俄罗斯君主同拜占庭君主之间的传承关系(沙皇被看作是和拜占庭皇帝地位相同的伟大君主)。④其后,彼得一世完成了"由等级代表君主制向绝对专制君主制的过渡"⑤。他把从中央到地方的行政权、军权、神权、司法权集于一身,形成了俄国历史上前所未有的集权统治局面。他宣布"沙皇是专制君

---

①　М. Н. Зуев и А. А. Чернобаев, *История России*, с.77.

②　В. О. Ключевский, *Русская история*(Т.1), с.452.

③　[苏]莫基切夫:《政治学说史》(上卷),中国社会科学院法学研究所编译室译,中国社会科学出版社 1979 年版,第 128 页。

④　Р. А. Арсланов и др., *История отечества: с древнейших времен до конца XX века.(Часть 1)*, Москва: Поматур, 2000, с.84.

⑤　А. С. Орлов и др., *История России*, с.128.

主,关于他自己的一切事情,不向世上任何人负责,但作为基督教的国王,他有力量和权力按照自己的意愿来管理自己的国家和土地"。"绝对专制不仅表现在官僚体制,而且表现在宗教上。""彼得一世时代在俄罗斯实现了教权完全从属于君权的转变"①,正式确立了俄罗斯绝对君主制的中央集权国家体制。自此以后,在俄罗斯国内,"君主专制被看成是俄罗斯特殊性和俄罗斯特殊使命的源泉所在"②。国家的最高权力完全属于沙皇,克里姆林宫不仅是沙皇及其亲属生活起居的场所,而且是国家政治、经济、军事、文化的中心所在;沙皇的专制权力来自上帝,不受人世间一切法律和习惯的制约。

16世纪中期到19世纪,"俄罗斯民族在整个平原上分散开来:从波罗的海和白海到黑海、高加索山脉、里海和乌拉尔河,甚至深入高加索,里海和乌拉尔以南、以东的地方。俄罗斯人在政治上几乎全部联合在一个政权之下:小俄罗斯、白俄罗斯、诺沃罗西亚一个接一个地并入了大俄罗斯,组成了俄罗斯帝国"③。末代沙皇尼古拉二世的称号已经变成"全俄罗斯、莫斯科、基辅、弗拉基米尔、诺夫哥罗德的皇帝及独裁者,喀山皇帝、阿斯特拉罕沙皇、西伯利亚沙皇、波兰国王、格鲁吉亚国王、普斯科夫、斯摩棱斯克、里夫乌斯克……的统治者,芬兰大公、爱斯兰、立沃尼亚、特维尔、彼尔姆……及其各地的侯,下诺夫哥罗德、切尔尼戈尔、梁赞、罗斯托夫、雅罗斯拉夫尔……的统治者及大公,北方各地的主权者,卡巴尔达等地及亚美尼亚的统治者,切尔莫斯的世袭统治者及王,土尔克斯坦的统治者……"正如别尔嘉耶夫评价的那样:"俄罗斯人民创造了世界上最强的国家、最大的帝国。特殊的"帝国扩张"发展道路为俄罗斯民族赢得了不断扩大的领土、大量增加的人口,也为这个民族的世界地位加重了筹码。但事物总是存在着两面性,"俄罗斯如此之大,这不仅可以看作是俄罗斯民族在历史中的成功和幸运所致,也可以被认为是俄罗斯民族悲剧命运的根源所在"④。

苏联解体后,俄罗斯民族和国家逐渐失去了对世界局势进程的巨大影响力。用地缘战略的语言来表述,这意味着俄罗斯逐渐丧失作为一个世界强国的地位,而不再是世界某一"势力"的中心和决定国际关系格局的重要一极。这就使俄罗斯民族在心理上形成了巨大落差,他们转而向历史寻求精神的支撑力量,对帝国的历史展开了新的评价。克柳切夫斯基指出:"在

① М. Н. Зуев и А. А. Чернобаев, *История России*, с. 129 и 136.

② Н. А. Бердяев, *Русская идея*, с. 51.

③ В. О. Ключевский, *Русская История(Полный курс лекций)*, Том 1, с. 26.

④ Н. А. Бердяев, *Русская идея*, с. 207.

这里，历史研究所得出的最终结论……要求我们每一个人，要求每一个俄罗斯人清楚地理解本民族所积累的财富，理解自己所接受的历史教育中可能存在或无力摆脱的缺点。我们俄罗斯人比其他民族更需要理解这一点。"①对于帝国的规模和成就，克柳切夫斯基持赞赏态度："俄罗斯以数百年的努力和牺牲建成了一个国家，自罗马帝国衰亡以来，在其组成、范围和世界地位方面像这样的国家我们从未见过。"②一些民族主义者分析说："俄罗斯帝国善于把各种不同出身、不同信仰、不同性格的民族联合在一起。为什么这些民族彼此之间没有发生战争，为什么可以在数十年、甚至数百年的时间里和睦相处，共同为国家利益而劳作，以抗击国内外的敌人呢？和睦相处的秘诀究竟是什么呢？""在强大的俄罗斯帝国的保证下能够最大限度地实现各民族的历史使命，强化并发展自己的精神文化传统。俄罗斯帝国帮助各个民族完成了上述的使命。"③

因此，"在苏联解体、专制主义意识形态崩溃的真空状态下，俄罗斯可以做出一种完全自由的抉择。这一选择早已经做出：俄罗斯社会选择了进一步加强国家作用"④。在以俄罗斯社会科学院院士利哈乔夫为首的学者心中，"民族主义是一个民族软弱性而非强大的表现。往往是一些弱小的民族更易引发激进的民族主义，因为他们指望利用民族主义的情感和意识形态保存自身。但拥有独特辉煌文明的、拥有独特民族传统的伟大民族必定是宽容的……伟大的民族应该要帮助弱小的民族"⑤。他们认为，俄罗斯正是这样一个强大的、伟大的民族。它的目标是恢复俄罗斯帝国的强大，保证俄罗斯民族的生存空间和生活资源；同时也不需要去压迫和统治其他民族。

3. 对抗西方，强调爱国主义理念

西方政治思想家如罗素、波普、哈耶克等都认为民族主义具有非理性及部落主义的特征。因此，对于民族性格中包含了相当多非理性成分的俄罗斯来说，比较容易诱发民族主义，尤其是极端民族主义。俄罗斯民族很少"出现理智的民族意识和民族情感，总是会产生某种断裂，总是过分地自我

---

①②　В.О. Ключевский, *Русская История(Полный курс лекций)*, Том 1, с.35.

③　Сергей Пахмутов, Размышления о национализме, https://ruskline.ru/monitoring_smi/2004/06/02/razmyshleniya_o_nacionalizme.

④　Александр Верховский, *Государство Против Радикального Национализма: Что о Делать И Чего Не Делать?*, Москва: Центр Панорама, 2002.

⑤　Академик Д.С. Лихачёв о патриотизме и национализме, https://vk.com/wall-151800202-17752.

肯定或者自我否定。民族主义经常带有爆发性、独特性和目的性的倾向"①。此外，俄罗斯民族性格中的两重性和矛盾性也决定了俄罗斯民族主义具有极端性的特征，即往往会在历史的重要转折关头采取极端的态度。"确切说来，俄罗斯是一个无法用理智解释、无法用标准衡量的国家，任何人都按照自己的方式理解俄罗斯，每个人都可以在俄罗斯充满了矛盾的存在中找到支持自己观点的东西。承认俄罗斯的二律背反、承认它的巨大矛盾，才能够解释俄罗斯精神潜在的秘密。"②"俄罗斯是一个带有神性的国家"③，"在其他的国家中都可以找到一些对立的东西，只有在俄罗斯，命题可以变成反命题：官僚主义的国家诞生于无政府主义，奴性诞生于自由，极端民族主义诞生于超民族主义"④。俄罗斯的民族性格特征为俄罗斯民族主义的产生和发展提供了适宜的土壤和条件，也使得俄罗斯民族主义体现出相当鲜明的特色，如极端性和进攻性等。

总体而言，现代民族主义起源于资本主义兴起后的西欧。但也不能就此认为其他民族在资产阶级革命之前就没有民族主义的意识。事实上，任何民族的民族主义情绪都和本民族的历史传统紧密相关。民族主义首先是一个历史问题，表现为一种历史思潮，它是在民族的形成和发展过程中产生、在与其他民族的交往中获得确认、牢固树立在自己思想深处的一种强烈的民族意识。因此，俄罗斯的民族主义与西方文化，尤其是资产阶级革命后的文化冲击之间并不是一种简单的"刺激—反应"模式。从人类社会发展史的角度来看，俄罗斯的民族主义具有悠久的历史传统，在本民族特殊的发展道路上起源、成长并壮大，扮演了同西方文化影响相抗衡的民族精神核心内涵的角色，其形成历程和特点与西方的民族主义有着许多的差异。

任何一个民族都会有民族认同的意识，所谓"民族认同"意味着社会成员以"民族"为单位互相认同并以"民族"为单位结成共同体；而民族身份是一个集体性的象征概念，包含了思维方式、价值观念、道德伦理等。民族身份是对个人的民族性特点的确认，是将"我们"和"他们"加以区分的标准；只有在和"他者"的撞击和冲突中，民族身份和民族认同的意识才会变得明晰和强烈。具体到俄罗斯民族，这个"他者"就是西方国家。帝国的发展历程让俄罗斯民族获得了民族自豪感，而和西方的交锋与冲突则是激发出了俄

---

① Н. А. Бердяев, *Судьба России*, с. 363.

② Там же, с. 273.

③ Н. А. Бердяев, *Русская идея*, с. 69.

④ Н. А. Бердяев, *Судьба России*, с. 285.

罗斯民族的民族自尊感。

留里克王朝的创始人留里克是瓦良格人,而瓦良格人就是北欧的诺曼人。可以说,从俄罗斯民族形成的第一天起,他们的血液里就包含了西方的渊源。此后,弗拉基米尔大公引入东正教,使俄罗斯和西欧各民族在宗教上达到了同源。拜占庭式"君权神授"的君主专制制度被俄罗斯的历代沙皇继承并发挥,对后代影响深远。接受西方事物,引进西方思想和文化,是自彼得大帝以来历代俄罗斯君主一直所遵循的原则。"对于俄罗斯人来说,西方是理想的,是梦幻般的。"[1]确切一点说,西方并不是俄罗斯的最终目标,俄罗斯的最终目标是要超越西方,正如彼得大帝曾说过的那样:"我们需要欧洲,但只是在 100 年之内,100 年之后我们就可以背朝着它了!"[2]但是,对于西方的向往并不代表俄罗斯对西方的认同:俄罗斯在西方并没有找到"家"的归属感。对于俄罗斯而言,西方是一个非常重要的"他者","俄罗斯与西方"是俄罗斯知识分子 300 年来最热衷的论题,每个时代都有不少知识分子愿为此消耗毕生的精力[3]。不过,西方所扮演的这个"他者"最终是要在俄罗斯民族中激发出一种民族主义的情绪,确认其民族认同和辨析其民族身份。恰达耶夫曾经说过:"人们都说,俄罗斯既不属于欧洲,也不属于亚洲,这是一个特殊的世界。……人类除了被称为两方和东方的两个方向外,还有第三个方向。"[4]"尽管我不是说爱国就会蒙蔽我们,并使我们认为自己比其他人更自我尊敬,但一个俄国人至少应该知道他的价值有多大。"[5]

彼得大帝的改革和 1812 年的卫国战争是俄国与西方的直接碰撞和对话,彼得大帝的改革给俄国注入了先进的西方技术;而与拿破仑交战的沙皇军队则是带回了西方的民主思想。这两次事件都对俄罗斯民族主义、传统文化形成了巨大的冲击。彼得大帝在同瑞典的北方大战中遭遇挫败后,痛定思痛,开始寻求国家发展的西化道路。他从荷兰等西方国家引进了先进的科学技术和生活习惯,在俄罗斯国内展开了大规模的欧化改革。对于他的改革,俄罗斯国内一直存在两种不同的观点。"一些历史学家认为,彼得一世妨碍了国家的正常发展进程,对俄罗斯的经济、政治、文化、传统、精神、

---

①　Н. А. Бердяев, *Русская идея*, с.56.

②　Л. Н. Гумилев, *От Руси и России*, Москва, 2003, с.368.

③　В. Зеньковский, *Русские мыслители и Европа*, Москва: Республика, 1997, с.10.

④　[俄]恰达耶夫:《箴言集》,刘文飞译,云南人民出版社 1999 年版,第 155 页。

⑤　Н. Карамзин, *Собрание Сочинения(Том 2)*, Ленинград: Художественная литература, 1984, с.226.

习俗等产生了负面效果,他想把'俄罗斯变成荷兰';另一些历史学家,以索洛维约夫为代表,则认为俄罗斯本身已经为历史进程中所需的改革做好了充分的准备,彼得一世只是完成了这样一个进程。就好像索洛维约夫自己讲的那样:'人民已经准备好踏上那条道路……他们等待着领袖的出现,于是领袖就产生了。'①"彼得改革给俄罗斯社会生活带来了巨大的转折,从上到下、彻彻底底地更新改变了俄罗斯社会。"②俄国的"工业、贸易和财政开始同世界体制接轨。俄罗斯工业的许多指标,如技术更新、生产规模等,不仅接近,甚至有很多领域已经超过了欧洲的平均水平"③。经过彼得欧化改革之后的俄国实力大振,最终在北方战争中取得了胜利。"北方战争的意义在于俄罗斯获得了通往海洋的出口和第一流的港口:里加湾、芬兰湾和彼得堡,意味着俄罗斯已经完成了它最主要的外交任务。"④"恰达耶夫认为彼得大帝的事业开始了俄罗斯同全人类的联结,并在随后的一个世纪里使得俄罗斯爱国主义的情感在民族主义的神话面前显得软弱无力。"⑤

1812年的卫国战争是彼得大帝欧化改革之后俄国与西方国家的第一次正面交锋。"俄罗斯民族的自我意识获得巨大改变是在19世纪早期,是在同世界上最强大、也最优秀的军队进行对抗并获胜这样一种迷人的体验中获得的。"⑥一方面,俄国军队在同拿破仑军队的作战中获得了胜利,这一点大大增强了俄罗斯的民族自豪感,为弥赛亚精神找到了有力的依据,俄罗斯民族主义受到了进一步的鼓舞。但另一方面,西方的先进技术、西化的生活方式让远征西欧的俄罗斯军队(尤其是那些随军的青年贵族军官)惊叹和羞愧,内心的民族优越感受到了打击。精神上的优越意识和现实的落后状态很快引发了十二月党人的起义,也引发了西方派和斯拉夫派的争论。随大军远征到西欧的俄罗斯青年贵族军官目睹了西欧先进技术所带来的物质文明,切身感受到了资产阶级大革命的思想成果:"自由"和"民主"。回国后他们开始反思造成本国落后的原因:俄罗斯帝国扩张这一"特殊的道路"并没有使广大的俄罗斯人民生活得到改善,民族经济文化的发展水平不但远远落后于西欧各国,连波兰也比不上。既然西欧已经通过先进技术创造了

---

① А.С. Орлов и др., *История России*, с.128.

② В.О. Ключевский, *Русская история*(*Т.3*), Ростов-на-Дону: Феникс, 2000, с.62.

③ М.Н. Зуев и А.А. Чернобаев, *История России*, с.142.

④ Р.А. Арсланов и др., *История отечества: с древнейших времен до конца XX века.* (*Часть 1*), с.169.

⑤ А.Л. Янов, *Патриотизм и Национализм в России 1825—1921*, с.52.

⑥ James H. Billington, *Russia in Search of Itself*, p.7.

巨大的物质财富,那么西欧的发展方式是不是具有普遍意义,俄罗斯是不是也应该仿效这样的道路?其实在彼得大帝开始改革后不久,就已经有一部分学者注意到了俄国引进西方文明的盲目性,他们提倡要关注本民族文化的特殊性,罗蒙诺索夫和卡拉姆津正是这种民族精神的先驱。"只有一部分人认为彼得进行的改革是彼得对人类的贡献,其他人认为对俄罗斯来说是一个巨大的不幸。"①在西方文明大举进入俄罗斯的同时,西方派和斯拉夫派的思想论战也拉开了序幕。斯拉夫派的思想是作为西方化思想的对立面出现的,它的形成标志着俄罗斯民族主义在理论上的进化完成。斯拉夫派的思想将俄罗斯民族主义定义为俄罗斯特殊使命基础上的特殊道路:俄罗斯是一个拥有特殊使命的民族,因此应该走一条独特的发展道路,应该遵循本民族的传统和价值。"俄罗斯人民很早就拥有一种情感,比认知更为强烈的情感,那就是俄罗斯民族是特殊的民族,俄罗斯将会拥有特殊的命运。"②

俄罗斯与欧洲、俄罗斯与西方之间有着千丝万缕的联系;对于欧洲、对于以美国为首的西方国家,俄罗斯一直怀有一种相当复杂的情感。一方面,相对于落后的俄罗斯而言,欧洲和西方代表了先进的技术,是俄罗斯效仿和学习的对象,"我依然热爱西方,在我身上有许多同它不可分割的情感:我的教育、我的生活方式、我的喜好、我的理智气质,甚至我的心灵归属"③。"对于俄罗斯民族来说,欧洲就和俄罗斯一样珍贵;欧洲的任何一块石头都是如此可爱和珍贵。和俄罗斯一样,欧洲也是我们的祖国。哦,没有人会比我更加热爱俄罗斯了,但我或许更爱欧洲一些。"④但另一方面,西方文明和文化的传入对俄罗斯的传统文明造成了极大的冲击和破坏,因而被俄罗斯人痛恨和唾弃。这种对西方、对欧洲"又爱又恨"的心理是"整个俄罗斯民族的基调"⑤,一直存在于俄罗斯的历史发展之中,这一矛盾的心理对当代俄罗斯民族主义也产生了直接的影响。西方在大多数俄国人的心中代表了先进的物质文明,"欧洲拥有伟大的过去,为人类历史作出了巨大的贡献"⑥,"我们未来的命运将和欧洲社会密切相关,因此我们越是努力接近,对我们自身就越有好处"⑦,"所有美好的、富有成效的、基督教的东西对我们来说都是必

① В.О. Ключевский, *Русская история(Т.3)*, Ростов-на-Дону: Феникс, 2000, с.62.
② Н.А. Бердяев, *Русская идея*, с.36.
③ Там же, с.48.
④ Там же, с.69.
⑤ Там же, с.68.
⑥ Там же, с.70.
⑦ А.Л. Янов, *Патриотизм и Национализм в России 1825—1921*, с.11.

需的,就好像是属于自己的东西一样,尽管它来自欧洲"①。同时,俄罗斯知识分子将西方作为"他者"对待,认为西方是对传统的破坏和颠覆,因而表现出了排斥:"近百年来,俄罗斯的存在不是为了自身,而仅仅只是为了欧洲!"②"俄罗斯作为一个整体是同欧洲相对立的。"③"西方好像陀思妥耶夫斯基著作《群魔》中的主角,它充当了破坏俄罗斯的角色……"④大多数俄罗斯知识分子认为欧洲已经开始走下坡路,"开始对它感到失望"⑤,"俄罗斯不是欧洲"⑥的论断也应运而生。赫尔岑说:"1848年革命之后,欧洲开始没落。"⑦陀思妥耶夫斯基也说:"欧洲已经开始没落。"⑧列昂基耶夫也认为:"欧洲正在没落,这种没落是全社会注定的命运,欧洲繁荣的鼎盛期已经过去……不能再对它寄予更多的希望了。"⑨俄罗斯的知识分子大都珍视俄罗斯本民族的传统文化,对于东正教、村社等视若珍宝,希望俄罗斯的传统价值观能成为普适性的原则,这一趋向在现代化运动以来被俄罗斯的知识分子不断提升。当代俄罗斯民族主义强调对俄罗斯民族的忠诚,强调对俄罗斯祖国的认同,宣称本民族优于其他任何民族。"俄罗斯民族担负了一种真理,只有它可以并且注定要用这一真理使所有的人都复活。"⑩"他们(欧洲)是不自由的,而我们是自由的。在欧洲,只有一个忧郁的我(俄罗斯民族)是自由的。"⑪正是这种强大的精神力量成为导引俄国历史变迁的能量,不仅在和平时期担负着从精神上动员民众参与国家建设的政治使命,而且在危机时刻可以成为整合民众、对抗危机的精神源泉。

　　20世纪80年代末,戈尔巴乔夫的新思维改革陷入困境,而共产主义的理论也由于苏联后期体制的严重僵化而失去了在苏联各族人民中的影响力。"苏联国内的居民经历了一场思想危机:他们一直为之奋斗的目标被证

①　Н.А. Бердяев, Русская идея, с.36.

②　Вас. Голубев, Интеллигентская обособленность//М.А. Колеров, Национализм: Полемика 1909—1917, с.27.

③　Н.А. Бердяев, Судьба России, с.384.

④　А.Л. Янов, Россия против России: Очерки истории русского национализма 1825—1921, с.3.

⑤　Н.А. Бердяев, Русская идея, с.59.

⑥　А.Л. Янов, Патриотизм и Национализм в России 1825—1921, с.47.

⑦　Н.А. Бердяев, Русская идея, с.63.

⑧　Там же, с.70.

⑨　Там же, с.67.

⑩　А.Л. Янов, Патриотизм и Национализм в России 1825—1921, с.53.

⑪　Н.А. Бердяев, Русская идея, с.68.

明是虚假的；昨天的敌人变成了今天的'朋友'；而战后人们一直为之奋斗的事业变成了一场错误。于是，民族主义的情绪开始在全国蔓延和延伸开来。"①处于政治夺权中的各位领导人只有转向传统的俄罗斯民族主义寻求帮助，期望能够借助"爱国主义"的力量整合民心、推行改革。苏共领导人瓦季姆·梅德韦杰夫也在苏共二十八大上表示："今天最重要的是要挽回人民对改革早已动摇的信念……因此，党应该更广泛地依靠人们深厚的爱国主义情感，应该用民族利益的思想鼓舞人心。"②而当时任俄罗斯联邦最高苏维埃主席的叶利钦则一直呼吁俄罗斯的"民族主权"和"民族复兴"。苏联解体不但诱发了俄罗斯民族主义的复苏，而且引发了国内民众对于一些问题的关注。"苏联解体也引发了另一个问题，即俄罗斯民族主义的生命力、民族主义应对巨大思想压力的能力、民族主义强大的号召力究竟应该展现在什么地方？"③

此时俄罗斯国内几乎所有的俄罗斯民族主义者都以反西方的面貌出现，俄罗斯自由主义者成为他们共同的敌人。无论是在苏联后期的戈尔巴乔夫改革中，还是在叶利钦政府主导的俄罗斯激进改革中，俄罗斯的国家和社会都经历了沉重的打击，而倡导这两次变革的俄罗斯自由主义者自然受到了全社会的诘难和指责。一直以民族主义政党身份出现的俄罗斯自由民主党在纲领中强调："我们的外交政策观念完全不同于激进民主派的叛卖性方针，自由民主党积极进行反对北约东扩的行动。俄罗斯必须保留它在历史上具有的在欧洲的地缘战略地位。美国仍然是主要的反俄势力，它制定了毁灭苏联的计划，阻碍强大的俄罗斯的形成，妄图使俄罗斯依附于西方。"④类似的情绪和观点在其他民族主义政党那里也有所表现，有的甚至更具激进性和极端性。以利莫诺夫为代表的群体就认为"最好（应该说，我们早应该这样）是要消灭西方……一个也别剩"；在北约轰炸波黑时说："应该用核弹头去炸塞尔维亚人，让他们穿过亚得里亚海到意大利的城市去，随便是罗马还是米兰。把那些著名的博物馆和遗址炸个粉碎……北约、联合国应该和该死的欧洲一起被消灭。"⑤俄罗斯民族联合会的领导人巴尔卡绍

---

① Сергей Пахмутов, Размышления о национализме, https://ruskline.ru/monitoringsmi/2004/06/02/razmyshleniyaonacionalizme.

② 张建华：《苏联民族问题的历史考察》，北京师范大学出版社2002年版，第139—140页。

③ В. Зайончковский, Социальное самосознание, бурят и башкир в России и СССР-преемственность или разрыв традиции//Политическая наука. Национализм—новейшие исследования, с.40.

④ http://kurgan.izbirkom.ru/etc/programma_ldpr.pdf.

⑤ Русский национализм как политическое течение, http://catalog.studentochka.ru/07499.html.

夫在谈到西方文明的时候也认为西方文明是导致罪恶和滋生腐败的根源，他说:"我们应该禁止在谈话中使用外国的词汇,禁止播放外国的流行音乐,禁止观看西方的录像电影,禁止进口西方的货物。"①反西方的观点在所有的民族主义者那里都得到了认同,在民族主义者看来,"西方的文明是具有攻击性的,西方的政治压力总是伴随着灵魂的奴役"②,其影响力之大甚至引起了西方国家的高度注意,有一份研究报告就明确指出:"俄罗斯民族主义的主流就是反西方的。"③

当然,反西方并不是当代民族主义的目的,而只是表达意愿的手段。大多数的俄罗斯民族主义者,除个别特殊情况之外,一般不会直接称自己是民族主义者,而称自己为爱国主义者。这一点和美国民族主义专家海斯的论断相吻合:现代民族主义是"对于两种古老现象:民族主义和爱国主义,进行融合的现代情感"④。哪怕是像日里诺夫斯基这样的极端民族主义者在公众场合都将自己包装为一名爱国主义者。民族主义和爱国主义的情感在很多方面都具有共通点,如对祖国的热爱,对民族的归属感,对该民族文明、传统和习俗的认同,对本民族语言的珍视,要求捍卫国家的独立、完整和利益,愿意为国家的进步和繁荣贡献力量、牺牲自己等等。尤其是在一个民族和国家形成相对同步的国家中,对于民族的热爱很容易转化为对国家的热爱和忠诚。对于俄罗斯来说,这种传统就显得更为悠久和突出。民族主义意味着民族自豪感、爱国主义和对民族利益的捍卫,这是俄罗斯民族主义的典型特征。⑤无论是在帝国时代,红色苏维埃时代,还是在今天的俄罗斯,民族主义和爱国主义的情感都无法彻底分开。民族自豪感本质上来讲就属于民族主义的范畴,如果一个民族在过去和现在拥有值得族人骄傲的东西,那为什么不让他们拥有这种自豪感? 任何一个正常的人都会因为本民族的光辉历史而感到骄傲,

---

① Русский национализм как политическое течение, http://catalog. studentochka. ru/07499. html.

② А. Дугин, Апология Национализма: Политическая аритмия, евразийство и национализ//*Консервативная Революция*, Москва, 1993, http://www. arctogaia. com/public/konsrev/natio. htm.

③ Anatoly M. Khazanov, *Contemporary Russian Nationalism between East and West (2002)*, https://www.iwm. at/transit-online/contemporary-russian-nationalism-between-east-and-west.

④ Под ред. А. М. Прохорова, М. С. Гилярова и др., *Советский энциклопедический словарь*, Москва, 1981, c. 878.

⑤ Ричард Вортман, Национализм, народность и российское государство, *Опубликовано в журнале Неприкосновенный запас, номер 3, 2001*, https://magazines. gorky. media/nz/2001/3/naczionalizm-narodnost-i-rossijskoe-gosudarstvo. html?ysclid=ljfkrofj9g106967711.

这种骄傲和自豪的情感将刺激他们更加热爱自己的祖国。

"最近几十年来,民族主义一直是社会科学的焦点问题。"①俄罗斯国内曾举行过有关民族主义和爱国主义的讨论,参加者除了民族主义者之外,还包含了社会主义者和自由主义者。②如果仔细地加以分析就不难发现,当代俄罗斯政党所宣称的爱国主义思想之下多多少少包含了民族主义的观点和口号。民族与国家的结合,可能是近代以来世界政治中最重要的现象之一。不依附于任何国家形态的民族越来越少,而且处于这种境况的民族,要么命运悲惨,要么悄无声息地消失了。③在一个民族和其他民族交往的过程中,民族主义的思想可以将本民族的人群团结起来共同进退。但对俄罗斯而言,帝国时代沙皇政府和苏维埃时期所推行的大俄罗斯主义对少数民族造成了伤害,因此现阶段的民族主义者显然在竭力避免引发民众对于历史的记忆,因而用"爱国主义"代替了民族主义的提法。比如,1993 年以后俄罗斯共产党明确地将爱国主义奉为政党理论的一部分,俄共主席久加诺夫还专门写了《大国》一书来阐释俄共对俄罗斯民族文化和民族遗产的态度。俄罗斯共产党公开宣称要重视民族尊严和民族利益,强调大国思想是社会公正和友爱的具体化;强调要把爱国主义的力量统一起来拯救祖国,爱国主义思想就是要恢复历史的公正性,让俄罗斯重新享有世界主要强国的地位,使俄罗斯人民重新得到有保障的安全和社会安宁。久加诺夫在文章《灵魂与旗帜:爱国主义与社会主义不可分割》中指出:"从我们的历史,特别是苏维埃时期的历史中,可以得出一个重要结论:在我国发展的每一个新阶段形成了爱国主义和社会主义统一的思想,我们是当代共产主义的爱国主义者,是俄罗斯爱国主义的社会主义思想的合法继承者。今天,爱国主义和社会主义应该手拉手,实现伟大俄罗斯的复兴。"④斯特罗耶夫·谢尔盖也专门撰文《俄罗斯共产党:爱国主义和社会主义的统一》,指出"爱国主义和社会主义在俄罗斯共产党那里找到了最佳的结合点"。⑤爱国主义这面旗帜使俄罗

① *Политическая наука. Национализм—новейшие исследования*, Москва: ИНИОН РАН, 2002, с.4.

② 2004 年,俄罗斯"自由使命"基金会邀请了一批学者举行民主主义和爱国主义问题的圆桌会议,参加的有民主主义者、自由主义者和社会主义者,会议的发言记录发表在"自由使命"基金会的网站上。参见 http://www.liberal.ru。

③ 吴仕民主编:《民族问题概论》,四川人民出版社 1997 年版,第 52 页。

④ Геннадий Зюганов, Душа и стяг. Патриотизм и социализм неразделимы(1999), http://www.patriotica.ru/actual/zuganov_patr.html.

⑤ Строев Сергей, *КПРФ: единство патриотизма и социализма*, http://www.contrtv.ru/common/1625/.

斯共产党对民众的影响力和号召力大大提高,1995 年俄罗斯议会选举时,俄共一跃成为议会第一大党。尽管在俄罗斯共产党的理论和纲领中并没有出现"民族主义"的字样,但还是能从中看出已被改头换面的"民族主义"的观点和主张,如民族复兴、回归传统等。从本质上来讲俄罗斯共产党与民族主义政党有很大的区别,但不可否认,新时期的俄共也是俄罗斯民族主义思想的重要推动者和政治载体。民族主义思想的兴盛对俄罗斯政局影响重大,在俄罗斯自由民族主义和俄罗斯共产党获得议会选举的胜利之后,各种政治力量都开始在民族主义的土壤中寻找自己需要的养分,就连一向主张全盘西化,希望和西方融为一体,甚至不惜放弃国家和民族利益的自由主义者也不例外。俄罗斯的自由主义者一直主张俄罗斯应该建立与西方国家一样的经济和政治制度,只有这样才能最终解决俄罗斯的发展问题,而所谓的独特俄罗斯发展道路是不存在的。但苏联解体前后俄罗斯境内进行的自由化和激进改革使其丧失了对民众的巨大号召力,为了挽回民众的信任、提高支持率,自由主义者不得不改变自己的态度、利用民族主义来恢复自己的影响,他们说:"民族主义原则上并不是一种具有危险性的事物,它应该作为一种不断发展的生活现象发挥作用。"①这充分说明,在民族主义迅速兴起的俄罗斯,任何一种政治力量要想获得立足,都不能不求助于民族主义的思想和口号。

　　总之,俄罗斯的民族主义在历史渊源、形成动机和发展路径的诸多方面与西方民族主义大相径庭,在这些方面,俄罗斯更多地与安全需求挂钩,所以它的民族主义必然与国家力量、战争有更多的联系,更多地放弃了对民众权利的主张,从而弱化了俄罗斯民族主义在政治方面的意义。同时由于东正教信仰、广大地域和强力政府的原因,又稀释、避免了它过于膨胀发展、走向极端化。因而,民族主义作为一个外来概念,只不过是覆盖俄国民族精神凝聚力的一层"外衣"。

五、小　　结

　　列宁曾经说过:"历史喜欢作弄人,喜欢同人们开玩笑,本来要进这个房间,结果却跑进了那间房子。"②20 世纪俄罗斯民族的发展轨迹有力地证明

---

　　① Игорь Яковенко, Национализм не является принципиально опасной вещью, http://www.liberal.ru.

　　② 《列宁全集》(第 25 卷),人民出版社 1988 年版,第 335 页。

了这一点,沙皇俄国由盛转衰,苏维埃联盟从无到有、从弱到强、又从盛转衰……当国家面临重大抉择或需要应对危机的时候,俄罗斯民族缺乏一种像西欧国家那样内生的危机预警和应对机制,因而民族主义便成为国家和民族的最后一根救命稻草,国家依靠民族主义的巨大精神能量和强大感召力来应对危机的传统一直延续到了现代。通过对现代化进程中俄罗斯民族主义的研究和探讨,可以得出以下两点论断。

1. 任何一个民族都不可能彻底摆脱民族主义的影响,但必须警惕极端民族主义的消极影响

任何一个民族国家都不可能彻底摆脱民族主义的影响,"如果民族主义是不可能的,那么民族也就不会存在了"[①]。离开了民族主义,国家和民族的发展兴盛根本无从谈起。就当代俄罗斯而言,民族主义是1991年以来俄罗斯国内影响深远的一种思潮,它的影响涉及俄罗斯国家的政治、经济、社会、外交等领域,在苏联解体后的俄罗斯社会扮演了一种超越社会矛盾和意识形态纷争的黏合剂角色,客观上起到了凝聚整个民族、重新整合社会力量的功用,发挥了团结俄罗斯社会阶层、防止分离主义倾向进一步发展的作用,为俄罗斯联邦国家和政府解决危机赢得了时间、提供了寻求最佳解决方案的可能。但从另外一个角度来说,俄罗斯民族主义在大规模发展和传播的过程中已经出现了极端民族主义的倾向。极端民族主义将会破坏国家和民族的正常机制,妨碍社会的有序发展,因而对国家对社会都是有害的。

国家和政府的相关政策可以对民族主义的发展方向起到一定的引导和限制作用。俄罗斯民族主义已经并正在影响着整个俄罗斯社会;在可以预见的长时段内,民族主义将会在俄罗斯社会中继续存在并发挥影响。既然民族主义不可避免,那么国家和政府的任务就是要正确认识其作用,对其进行适度调整和控制,尽量趋利避害。一方面,政府和国家正视民族主义在俄罗斯民众中的巨大号召力和影响力,将一些对其执政和发展有利的口号及观点或直接采用、或修正变通,使其成为团结民众、统一意识的精神力量。另一方面,国家和政府对极端民族主义的一些过激行为积极加以调控,出台了一系列的法律法规,如《公民法》《外国公民在俄罗斯联邦的法律地位法》《反极端行为法》等。以普京为首的俄罗斯政府在任何官方文件和宣传资料

---

① Татьяна Глушкова, Своя Своих Не Познаша?// Севастьянов А. Н. , *Русский национализм, Его Друзья и Враги: Вызов тысячелетия*, с.237.

上对极端民族主义都持批判和否定的态度,这就在全社会范围内对实施极端行为的组织和个人起到了警告和防范的效用。以《反极端行为法》为例,政府打击对象是极端组织和极端行为,并不针对个人。其目标并不是要彻底消灭极端民族主义,而是要将其基本控制在一定的范围之内,不使矛盾进一步激化。事实证明,俄罗斯国内的极端民族主义组织和行为被基本控制住了,并没有在全社会范围内爆发出来,也没有对整个社会造成破坏性的威胁。

此外,社会各界民众的意识和观念也会对民族主义的发展方向产生一定的影响。以俄罗斯为例,当社会克服严重危机进入相对稳定的发展阶段后,大多数民众开始回归理性,对极端民族主义总体上会采取警惕和防范的态度。民族主义将会给俄罗斯带来什么?"将民主扼杀在萌芽之中,实行强大的专制主义独裁,严格地规范人民的生活,拥有钢铁般稳固的秩序。"[1]民族主义在强调俄罗斯民族特殊地位的同时,将世界上的其他所有民族幻化为"恶魔"形象,为国家的困境、民族的失败寻找借口,借此否定其他所有的民族。只要是俄罗斯人,就天生高人一等。这种不需要花费任何天资、努力和劳动的口号在一段时间内确实可以引起大多数人的关注和赞同,但它"没有出路",因为对非俄罗斯族人的仇视除了可能把国家和民族引上同其他国家隔绝、最终脱离世界发展的轨道之外,对于本民族的发展和壮大不可能产生积极的推动作用。极端民族主义者宣称要消除民主,恢复专制,提倡自给自足,挑唆不同种族间的民族争端,反对俄罗斯加入世界市场。这些原则都与现代国家的政治经济发展轨道背道而驰。尽管全球化确实给像俄罗斯这样的国家带来了许多经济、政治和社会问题,但"因噎废食"的做法对于问题的解决根本毫无作用。对于这一点,俄罗斯的普通民众在近20年国家发展的历史进程中已经逐步有所认识,大家对民族主义的消极影响开始有所警惕,大多数人意识到俄罗斯民族主义的极度爆发对于俄罗斯人本身具有危险性。俄罗斯的民族主义是会"波及整个社会的流行病",是"全社会的病态表现",如果"它(俄罗斯民族主义)在俄罗斯获胜,那就意味着又一场'悲剧'的开始"[2]。有人甚至认为,"'俄罗斯是俄罗斯人的国家'这个口号一点也不比希特勒的'德国是德国人的国家'这个口号好多少"[3]。俄罗斯学者伊

---

[1] Владислав Келле, Национализм и будущее России, http://www. alternativy. ru/old/magazine/htm/96_1/kelle. htm.

[2] П. С. Морозов, Кому опасен русский национализм? http://zlev. ru/78_14. htm.

[3] Рамазан Абдулатипов, Этот Укус Смертелен //А. Н. Севастьянов, Русский национализм, Его Друзья и Враги: Вызов тысячелетия, с. 43.

利英指出:"健康的民族主义是对于本民族独有的历史形态和创造力的热爱;是对本民族潜在能力和精神力量的信仰;是坚信本民族能够在世界舞台上创造辉煌的意志力……这就是为什么民族情感能变成精神的火种,促使人们甘于奉献和牺牲,促使民族的精神力得到绽放。……卡拉姆津曾经说过:民族主义的情感中蕴藏着尊严,是'民族自尊'和民族团结的源泉,可以在遭受困难时拯救俄罗斯,可以将'我们所有人'凝聚成一个统一的国家……"①开放性的传统和多民族的历史对俄罗斯民族来说记忆深刻,将会有助于民众在处理民族关系时保持一种相对理智的态度。

对于任何一个国家和民族来说,都不可能彻底摆脱民族主义的影响。适度的、健康的民族主义可以加以提倡,以加强民族凝聚力。但民族主义就好似一把双刃剑,其积极作用和消极影响是相随相伴的。在认识到民族主义的积极作用时,还必须警惕和防范极端化的民族主义,因为极端民族主义将会破坏国家和社会的正常机制,给社会带来不可挽回的损失。对于当代俄罗斯而言,民族主义是特殊时期的过渡性政治、社会和文化思想,具有突发性和非持续性的特点,不可能成为俄罗斯社会的主导意识形态。俄罗斯社会的政治、经济和社会制度转入正常发展的轨道、国际国内局势相对平稳之后,俄罗斯民族主义,尤其是极端民族主义就不可能长时间地占据社会的主导地位,将会被取代。

2. 民族主义与俄罗斯的未来

"民族主义是一种健康的、正义的心灵情感。民族主义所热衷和为之奋斗的事业值得我们所有人去热爱、去争取、去奋斗。而俄罗斯的将来也必然是一个民族主义兴盛的民族国家。"②民族主义推崇本民族优秀的文化传统、强调俄罗斯世界强国的地位。它的目标同处于危机和困境中的民众的心愿相吻合,因而在民众中能获得相当程度的认同和赞成。

从历史上看,俄罗斯是一个充满魅力的民族。在数个世纪之内它经历了多次的循环往复、跌宕起伏,其命运极为坎坷。丘切夫说过:"光用理智你是不能理解俄罗斯的,对俄罗斯你只能充满信心。"③它善于同逆境对抗,在落寞时走得并不比春风得意时更差。"只有热爱俄罗斯的灵魂,真诚

---

① И. А. Ильин, О русском национализме, http://odinblago.ru/nashizadachi1/111.

② И. А. Ильин, О русском национализме, https://www.paraklit.org/filososfiya/iljin-ruskij-nacionalizm.

③ А. Рар, *Владимир Путин*, ОЛМА-ПРЕСС, 2000, с.283.

地理解它,才能认识到俄罗斯民族不同于其他民族的特殊的超民族性和牺牲精神"[①],"俄罗斯是世界上一个伟大而迷人的独行者"[②]。

俄罗斯是一个领土、科技、人口、军事和资源的世界性大国。政治上俄罗斯继承了苏联的国际地位,是联合国安理会的常任理事国;经济科技的基础比较雄厚,在一些基础科学和高科技领域仍然居于世界领先地位;教育方面,俄罗斯国民的受教育程度很高,科技人员在总人口中的比例居于世界前茅;军事上,俄罗斯接管了苏联75%以上的军队、50%以上的军事装备和70%的军工企业以及最大的核武器库,是当今世界上仅次于美国的军事大国。俄罗斯依然是世界大国,依然拥有成为世界强国的资本。此外,现实境况的不断好转也为俄罗斯的复兴提供了一定的经济基础。一般来说,经济增长的快慢和变化是引发综合国力变化的最明显因素。而现代国家能否在国际上具有发言权,其地位如何,最为关键的因素就是它的经济水平和综合国力如何。普京政府成立以来,一直都集中精力于国家内部事务,努力加快经济发展,增强国家实力。"俄罗斯思想"的提出消除了思想领域的意识形态纷争;统一俄罗斯党的组建消除了政府和议会之间的"府院之争";中央集权的加强调整了中央和地方之间的关系……只要俄罗斯人可以从历史和现状的失落与矛盾中解脱出来,以一种正常的心态看待自己和世界,就必定可以找出一条适合本国国情的发展道路。

当然,对于俄罗斯来说,要想成为一个世界性的强国,要想重新在世界上拥有举足轻重的地位和作用,还存在相当多的不确定因素,和多种国内国际因素相关。此外,俄罗斯社会如今面临严重的人口危机,俄罗斯人口的衰弱、萎缩和老龄化将会对其政治安全、经济发展等带来相当的影响。在俄罗斯1991年举行的人口普查中,人口总数为1.5亿,2006年的时候就已经降到了1.43亿;2014年虽然有所回升,但根据联合国相关部门的估计,到2050年的时候俄罗斯人口的数字将会降到1.36亿。[③]人口数量的减少,不仅会使国家经济发展所需的劳动力得不到满足,而且参军服役青年的急速减少也会影响国家对于部队的编制和部署,从而对俄罗斯国家的安全造成影响。

此外,俄罗斯国家的重新崛起还和国际形势密切相关。俄罗斯处在一个全球化的时代中,它的发展和复兴不再是凭一己之力就能完成的,除了自身的努力之外,还同国际局势、国家间关系密切相关。今时不同往日,俄罗

---

① Н. А. Бердяев, *Судьба России*, с. 394.

② А. Л. Янов, *Патриотизм и Национализм в России 1825—1921*, с. 53.

③ The 2019 Revision of World Population Prospects, https://population.un.org/wpp/.

斯所处的地缘政治环境和国际形势发生了巨大的变化，同历史上的几次崛起相比，现在的俄罗斯已经丧失了部分有利条件。俄罗斯《专家》杂志2006年公布的数据显示，俄罗斯GDP实力已经恢复到苏联时代的70％，这表明了俄罗斯经济发展已经取得了巨大成效；但是，这里所提的70％只是一种静态的比较。如果不是将苏联做参照物，而是以美国作为参照对象，那俄罗斯与美国的差距不是缩小了，而是扩大了。苏联在最强盛的时候，GDP也只相当于美国的60％；1991年苏联解体时，俄罗斯联邦的经济相当于美国的10％；直到2013年——俄罗斯GDP近期最高的年份，也只占到了美国的16.79％，随后的几年由于欧美国家的长期制裁，俄罗斯GDP一路下滑，即使2016年后有所恢复，也只勉强占到美国GDP的8％。[①]

　　当然，经济上的巨大差距并不是唯一的障碍，在国际关系上与西方的格格不入对于俄罗斯来说也是一个相当尴尬的问题。俄罗斯历来就有"东西方"的归属之争，"在俄罗斯的精神中，东方和西方两种因素永远在相互角力"[②]。这是一种与生俱来的民族特性，该特性有可能会使俄罗斯像欧亚主义者宣称的那样"左右逢源"，成为东西方之间的协调者；但在更多的时候，这一特性会让俄罗斯面临尴尬的境遇："我们不属于人类的任何一个大家庭；我们既不属于西方，也不属于东方，我们既没有西方的传统，也没有东方的传统。我们仿佛置身于时代之外，没有被人类的世界性教育所触及。"[③]对于美国等西方国家来说，它们并不希望看到俄罗斯的重新崛起。要知道，"西方总是在担心莫斯科的真正实力"[④]。"俄罗斯的和平发展是欧洲持续稳定的决定性因素。除了俄罗斯以外没有哪个国家能对国际关系、欧洲的未来乃至世界产生如此之大的影响……只要俄罗斯一天没有回答说自己是要成为一个民族国家或是帝国；关注自己的全球性角色更甚于关注内务、现代化的经济结构和社会安全体系；只要俄罗斯不知道自己的限度在什么地方，那它就不可能真正认识自身，也不可能走向和平"[⑤]。尽管有很多西方学者对"俄罗斯是否会崛起"这一主题展开了全方位的研究，但他们始终认为这样一个横跨欧亚的大国的重新崛起将会是一场噩梦，所以他们的内心

---

①　根据世界银行的统计数据，参见 https://data.worldbank.org/indicator/NY.GDP.MKTP.CD?locations=RU。

②　Н. А. Бердяев, *Русская идея*, c. 7.

③　Там же, c. 38.

④　Там же, c. 18.

⑤　Angela E. Stent, *Russia and Germany: Unification, the Soviet Collapse, and the New Europe*, Princeton: Princeton University Press, 1999, p. 185.

并不盼望发生这样巨大的"惊喜"①。于是，在国际事务的处理过程中，各个西方国家有意无意之中就会对俄罗斯采取以遏制和削弱为目标的各种方针政策。因此，俄罗斯要想在这样一种复杂的国际环境中赢得生存发展的战略空间，就必须慎之又慎地处理与欧美等国的关系。

目前看来，当事各方都未能设计出一个较为可行的方案。所以在可以预见的时期内，俄罗斯的欧洲问题和欧洲的俄罗斯问题，都还不可能真正解决。

---

① Daniel Yergin and Thane Gustafson, *Russia 2010: And What It Means for the World*, New York: Random House, 1993, p. 18.

第七章　结　　语

当回顾欧洲民族国家的演进趋势时,首先映入我们脑海的是其发展鲜明的时间特征。这种特征,一般而言是与欧洲现代化的阶段有关的。因此,如果试图对欧洲的民族主义做一个简单的归纳,那么以时间为标志应该是一个可行的架构。

一、1500—1789 年:从绝对君主制向现代民族国家过渡

第一个阶段,应该是从 1500 年到 1789 年。这一阶段标志着欧洲各国从绝对君主制向现代民族国家过渡。然而,这只是一个大致的概念,因为在欧洲各国,从王朝国家向现代的民族国家转变,不同国家有不同的过程;甚至作为欧洲的整体而言,在此之前也有一个很长的孕育时期。而这个时期,对于现代世界而言是极为重要的。

从世界历史的发展趋势看,现代世界与以农耕为主的传统世界,一个最根本的区别就是:传统世界的界定和划分大致是以文明为基础的,而现代世界的界定和区分则是以民族国家为基本单位来进行核算的。在这一漫长的发展过程中,应该说是基督教与伊斯兰教的冲突为朦胧的民族意识提供了一个微妙的平台。西班牙人也是在这一斗争中逐渐拥有了自己的民族意识。

探讨欧洲民族国家演进的历史趋势既涉及欧洲民族主义与民族国家起源的时间,又涉及其含义的界定。国内学术界一般认为民族主义的兴起是在法国大革命前后,国外学术界也大体划定在 18 世纪末 19 世纪初。社会科学工作者一般认为:民族主义是一种现代运动和意识形态,是 18 世纪晚期在西欧和北美出现的。[①]这种看法之所以为学术界广泛接受,在于民族主

---

① 〔英〕厄内斯特·盖尔纳:《民族与民族主义》,韩红译,中央编译出版社 2002 年版,第 3 页。Anthony D. Smith, *Nationalism and Modernism*, London: Routledge, 1998, p.1.

义在 18 世纪末 19 世纪初确实获得了一种世界性的影响力。不过这种看法无法解释英国的情况,因为当时英国已经是一个典型意义上的民族国家。从历史的角度看,欧洲现代的民族国家和民族主义有一个逐步发展和成熟的过程,如果以法国大革命作为一个划分的阶段性标志,那么可以将在此之前看作是欧洲各国从绝对主义君主国向现代民族国家过渡的阶段。这一阶段是几个西欧国家相互争霸的过程,也是这些国家逐步向现代民族国家转化的过程。但最终结果是,只有英国在几个世纪中完成了由绝对主义君主国家向现代民族国家转化的任务,成为其余欧洲国家效仿的榜样。现代民族国家与民族主义有一个从起源到成形的逐步发展过程,这种发展并不是整个西欧国家的同步行动,而是部分国家率先起步,其余国家随之跟进的过程。所以,本书更倾向于将近代初期,也就是 1500 年左右作为现代欧洲民族主义和民族国家兴起的时间。这样的划分,不仅从探讨民族主义的角度更为合理,也有利于将民族主义国家的发展与欧洲近代的扩张和现代化、全球化等问题联系在一起进行分析。

而民族主义的界定问题似乎更为复杂。从历史的角度考察民族主义的问题,不难发现,尽管在人类的历史上有过若干民族主义意识的萌芽,但这些前现代时期的民族主义还不是真正意义上的现代民族主义,现代民族主义是与现代化和全球化密切相关的一种政治思潮,而这种以全球化为特征的现代化,其发源地正是近代早期的欧洲,是欧洲独特的历史和现实的因素结合在一起,才最终催生了现代的民族主义。因此,今天所说的民族主义既是一种文化传统和特定的种族意识相关的产物,也是欧洲文明圈在近代以来开始现代化进程中一种独有的政治产物。正是在欧洲萌生的这种与现代发展有关的民族主义,导致了近代欧洲利益格局的重大调整,既加速了经济社会的发展,又产生了历史上尖锐的冲突,并将同样的趋势扩张到了整个受欧洲影响的世界。

如徐迅所说,民族主义意义上的"民族",不在于其所指的民族是否从旧民族中分化出来,不在于与古代民族有着怎样的历史和文化的连续性,而在于现代的"民族"和民族国家的不可分割的关联,即"民族"作为民族国家的文化合法性基础和来源。现代民族形成于资本主义上升时期,故资本主义(或世界现代化过程)的开始是民族形态的分界线。在此之前,民族为古代民族;在此之后,民族是现代民族。"民族"之所以能够现代化,其秘密在于资本主义的生产方式统一了民族市场,打破了封建割据的局面,从而建立了统一的民族国家。社会的经济联系复杂化是现代民族形成的决定性条件。①从这个意义上看,现代民族主义和民族国家有一个交织在一起的孕育发展的过程,而这一过程是与欧洲的资本主义发展密切相关的。但其中也有一些独特的因素,那就是与工业化有关的经济启动因素与民族国家的建设是否同步,否则就不能解释为什么西班牙和葡萄牙这样在殖民掠夺中占了上风的国家未能率先建立起完整意义上的现代民族国家。

由于民族主义与民族国家这种不可分割的关系,必须从现代意义上理解民族国家。与传统封建国家不同的是,民族国家是一个拥有国家主权的政治实体,对内能实施有效的控制(即国家垄断了合法的暴力手段),对外具有相应的防御机制,拥有比较稳定的疆域,能够为发展现代经济提供基本的保障,其政权的合法性得到了全体国民的认同,国民也能通过合法的渠道表明这种认同。因此,从欧洲民族与民族国家的发展来看,在大的趋向上,经历了三个主要的历史阶段:第一个阶段是中世纪末到法国大革命,是欧洲民族国家的孕育和成长阶段,欧洲各主要国家都在从中世纪的等级君主制向绝对主义的王朝国家转变②,但只有英国在绝对主义国家的基础上完成了一个"典型"民族国家的初创工作。第二个阶段是欧洲民族国家的扩张阶段,民族国家的概念和民族主义的浪潮由法国大革命传播到了整个欧洲,激发了其余国家争取民族独立和国家统一的浪潮,并由此导致了欧洲剧烈的动荡与冲突。第三个阶段是二战后从欧共体到欧盟的发展,显示出欧洲民族主义和民族国家在共同发展中开始了某种新的融合。

在欧洲,民族国家的前身是各类绝对主义君主国家。从近代开始,以欧洲各等级封建君主为基础发展而来的这些国家,如西班牙、葡萄牙等,都具有某些民族国家的特性,然而又都不充分。其统治者控制着一定的疆域,能够行使对内和对外的大部分的国家权力,但其民众除开血缘的认同外,却并没有现代意义上的公民权利,统治者也不能宣称自己的统治代表着民族的利益。③这样的国家是欧洲各民族向现代民族国家转化的雏形。由于这样的转化不可能在一夜之间完成,所以,一个"典型"民族国家的产生,需要

---

①　徐迅:《民族主义》,中国社会科学出版社1998年版,第17页。

②　关于绝对主义的论述,参阅[英]佩里·安德森:《绝对主义国家的系谱》,刘北成等译,上海人民出版社2001年版,一些学者认为绝对主义国家就是民族国家的初级阶段。

③　这一看法主要指欧洲范围的民族国家。世界其余地区的情况要复杂得多,由于各个地区的宗教和社会发展水平等因素的差异以及现代化的潮流对其冲击的时机不同,很难将其列入同一个范畴进行探讨。

一个较长的孕育和发展的时期。即便是英国,也是经历了漫长的岁月,才形成了现代意义上的民族国家。因此,从比较狭隘的角度看,欧洲民族国家发展的第一个阶段,实质上就是英国如何从绝对主义王权国家向现代民族国家转型的过程。

按照曼恩(Michael Mann)的看法,无论是通过和谐的、反应的还是冲突的方式,现代意义上的民族在很大程度上是国家政权作用的产物,现代的、理性化的政权先于民族和民族主义在欧洲出现,也只有在欧洲框架内才能理解各国之间的外交和战争现象。①因此,在现代民族国家产生之前,欧洲绝对主义君主国家面临的首要任务就是迅速创造自己的民族和民族国家。但只有英国,在这一历史转型的过程中抢先完成了任务,并在法国大革命前成为其余国家创建民族国家的样板。之所以能够如此,在于英国具有一些独特的内部和外部的优势。

首先,英国是一个岛国,从一个疆域较为固定、不会与其邻国发生领土纠纷和战争的角度看,英国的位置十分有利,除与苏格兰的陆地边界外,英国的海岸就是其天然的国界。此外,近20万平方千米的土地又是一个不可多得的地理优势,按罗斯(A. L. Rowse)的看法,这种不大的面积使英国的国王能够保持王国成为一个真正的统一体,在欧洲大陆那些更大的国家,那些较大的独立王公和封建主有其自身的行为方式,小人物无法得到足够的保护。而在英国,国王的法令得以执行,每个人都享有在国王法律下的权利。②普通人都能够享有国王法律规定下的权利,这是一个极为重要的因素,它给英国的发展提供了一个坚实的基础。在这样的基础上,中世纪的英国开始发展出以普通法为基础的法治系统、以议会为雏形的政治协调机制、以契约为基础的自由市场体系。后面的这些条件实际上是相互影响、互为因果的。正如丘吉尔所言,诺曼入侵加速了英国的封建化,并在军事上控制了全国,"但撒克逊英格兰的许多东西仍然保留了下来。诺曼底人擅长执法和司法,而不善于立法。……对后来很有益处的撒克逊地方政府体制,即郡、郡守和法院,保留了下来,国王通过这种体制同全国保持着广泛的联系"③。

中古英国的发展实际上是英国原有的盎格鲁—撒克逊传统与诺曼入侵

---

① Anthony D. Smith, *Nationalism and Modernism*, London: Routledge, 1998, p.83.

② Arvel B. Erickson and Martin J. Havran, ed., *Readings in English History*, New York: Charles Scribner's Sons, 1967, p.ix.

③ [英]温斯顿·丘吉尔:《英语国家史略》(上),薛力敏等译,新华出版社1984年版,第166页。

者互相冲突并逐渐融合的过程。这一过程既逐渐使英国吸收了欧洲大陆文化中的优秀部分,使其逐渐"欧化",又使它与大陆始终保持着一定的距离,同时还迫使诺曼入侵者调整自己的规范,在思想方面形成了与欧洲大陆不同的传统。这种传统的体现就是各种契约、概念与惯例,有学者认为,英国的宪政是建立在法律和习俗基础之上的①,这的确是一种对英国宪政本质的精辟见解,而在这一阶段形成的法律和习俗,则对构成现代英国宪政的框架起着决定性的作用。其中,亨利二世对英国法制建设的贡献最大,他极为尊重传统的形式,但却尽量使古老的原则具有新的含义。②这种做法最终奠定了英国普通法的基础。

英国的普通法是一个复杂而庞大的体系,探讨普通法显然不是本书的宗旨,这里只是想强调一点,普通法不是一种自上而下、如同罗马法或者拿破仑法典那样从上层强制推行下来的法律,也不是来自统治者试图对现存社会的控制,而是来自普通民众的生活:历代英国移民为了寻求土地,维持生计而按自己的方式建立的规则。③这种自下而上的传统,无论对国王还是贵族,都是一种制约。与欧洲其余国家国王和贵族的矛盾动辄以兵戎相见对照,英国类似的冲突尽管也有,但除开红白玫瑰战争以外,动武的力度要小得多,且大多以谈判告终。能够通过协商来解决问题,除开英国具有某些原始民主的传统外,普通法的影响显然不可忽视。正是自下而上的法治框架提供了某种社会公认的有保障的正义原则,冲突各方才可能通过谈判来解决矛盾。于是,通过谈判或者"开会"的方式来解决矛盾,逐步形成了具有英国特点的重要政治机构——议会。

就欧洲而言,议会当然不是英国的专利,但多数国家的议会在中世纪以后都逐步衰落,只有英国议会转化成为国家政治不可或缺的一个组成部分(很多英美学者认为,这是讲英语的民族对世界文明最大的贡献)。在中世纪的英国人看来,议会是改进行政和司法、分配正义的机构,当然,也是除此之外,人们不可能在其余地方寻求救助的唯一机构。当时的英国社会存在三种主要力量:国王、封建贵族与普通臣民。正是他们的相互作用共同在13世纪产生了英国议会。从当时议会承担的工作看,除开外交、征税和上

---

① Dudley Julius Medley, *English Constitutional History*, Oxford: Oxford University Press, 1902, p.3.

② Winston S. Churchill, *The Birth of Britain*, New York, 1956, p.158.

③ S. F. C. Milson, *Historical Foundations of the Common Law*, London: Butterworth, 1969, p.1.

诉的司法问题外,一些重要的封建礼仪也是议会的工作之一。当然,国王可以绕开议会处理高级政治的事务,也没有人会阻止他。但对普通人而言,议会是其个人冤屈得以申述的唯一的、最高的正义机构,他的个人冤屈和要求应该得到关注。因此,处理司法上诉问题往往成为议会最经常的任务。这样的任务日渐增多,使议会实际上成为一个庞大的封建法庭。尽管议会也讨论其他的事务,但它的司法功能显然远远超过了其他的功能。到爱德华一世时,议会已经塞满了经过英国法律和罗马法律训练的人员,他们能够非常专业地应付议会的所有事务,并且也几乎占据了议会所有的时间。议会其余势力的代表,无论是男爵、骑士或自治市的代表,都根本无法与他们的贡献相比。①由于议会实际上是对全体有土地的人开放的,所以它又是一个有着广泛基础的法庭。通过辩论来商讨事务,不允许携带武器进入议会等惯例,都是司法部门的传统。尽管这一传统在社会面临重大分歧时会遭到破坏,但风暴过去,这样的传统很快又会回到它本来的位置。在都铎王朝时期,旧贵族势力遭到打击,英国王权得以强化,顺应了人们战乱后希望安定的心理,但托马斯·加格雷夫爵士还是呼吁议会应该维持自己的特权,"他们应拥有自由和言论自由的权利,无论他们在议会是涉及何种事务,或是提到某种议题,还是进行何种辩论,都应该享有此种特权"②。

换言之,与欧洲其余国家不同,"生而自由"的英国人天然就具有某些基本的权利,这些权利得到了法律和各种政治机构的保障,谁也不能任意侵犯这种自由。后来的斯图亚特王室对这一原则进行挑战,便导致了17世纪的英国革命。革命的结果,除开政治权力结构的变化外,就是英国社会再次对这些权利进行了强调。英国议会在1628年提出的《权利请愿书》,认为英国人应该拥有如下的权利:(1)未经议会同意不得征税。(2)未经法院判决不得任意抓人和没收其财产。(3)军队不得抢占民宅。(4)不得根据军事戒严令任意逮捕公民。③作为终结17世纪英国革命的光荣革命,不仅表明英国已经彻底从一个王朝国家转化为民族国家,而且表明这个国家的主要功能就是保护个人的基本权利。这些基本权利包括:(1)人身自由,即未经法律程序,个人不得被逮捕、监禁。(2)言论自由,是现代民主的核心支柱。

① G.O. Sayles, *The Medieval Foundations of England*, London: Methuen & Co., Ltd., 1948, p.448, pp.453—456.

② David Loades, *Power in Tudor England*, London: MacMillan Press Ltd., 1997, p.86.

③ Arvel B. Erickson and Martin J. Havana, ed., *Readings in English History*, New York: Charles Scribner's sons, 1967, p.150.

(3)结社自由。(4)财产自由，"这是资本主义社会最重要的自由，英国人的家通常被认为是他自己的城堡，可以在这里抵御敌人、寻求安宁"①。这样的权利观念来自一直不断发展的英国普通法。从法律的经济分析的研究视角来看，英美普通法主要是近现代市场运行的法律体系。如果把自13世纪以来英美普通法的沿革史及英美市场体系的结构与扩展史结合在一起来思考，可以非常清楚地看出，作为一个内在于市场型构、生长和扩展过程的规制机制，以"遵循先例"为其生命原则的英美普通法体系本身是随着英美市场的生长、扩展而成熟和发展起来的。因之，从某种程度上可以把普通法的型构与扩展和英、美、澳的市场型构与扩展视作同一个社会过程。也正是从这种意义上，英、美以及其他英语国家里的秩序化进程中法律规则的"系统化"(systematization，这里亦可把它理解为体系化)过程，也同样就是这些国家内部的市场经济秩序的宪制化(constitutionalization)过程。之所以如此，是因为普通法作为一种在判例积累中所构建出来的法律体系，其内在品格即遵循先例这一生命原则来规约人们的交易与交往行动就决定了它与市场体系的同构发展。英美普通法体系中的财产法、契约法、侵权法等基本上是在这种作为自发秩序的市场交往中，自产权、民事纠纷和侵权行为的案例判决理性积累起来的。这即是说，英美普通法机制实际上是内在于市场运行之中，并经由一种自生自发的路径在市场的演化与扩展里积累与扩展而成的。它本身源自市场中的习俗与惯例，是市场运行中"内部规则"的外在化，但它作为一种"外化"的"内部规则"和正式约束，又成了市场运行的规则机制。在这个意义上，根据"契约是交换的侍女"的形象比喻，则可以说："普通法只不过是市场运行的护卫。"②换言之，只有在英国，现代意义上的财产权才得到了法律的有效保护。

　　这种从中世纪延续下来并不断得到完善的法治环境，对于英国成为一个现代民族国家起着决定性的作用。就某种程度而言，一个与绝对主义君主国家不同的现代民族国家，必须提供经济学界公认的发展现代经济所需的二个基本条件：明晰界定的产权，为市场经济的扩展提供充分激励；内在于市场机制中的完善的法律框架，为市场运行提供规范保障；代议制的民主宪政体制，为市场经济的运作和政府的宏观调控及操作构建合意的政治架构。从这一角度看，就不难理解为什么只有英国才能顺利完成现代民族国

---

① John Kingdom, *Government and Politics in Britain*, pp.68—70.
② 韦森：《从习俗到法律的转化：看中国社会的宪制化进程》，转引自山东大学经济研究中心：《制度经济学研究》2003年第2辑。

家的创建任务,因为只有英国的政治与社会框架为现代经济的发展提供了基本的制度保障,尤其是对私有财产的法律保障。当大西洋航线开通,英国产生了一批以贸易起家的新兴财富阶层时,这种在法治框架保障下的自由权利终于使英国的社会、政治和经济结构发生了深刻的变化,按英国人自己的说法,刚毅勇敢的商业活动与理想的爱国主义本身就是同一回事。①正是在这样的基础上,产生了以个人自由为基调的英国式民族主义。

如果英国在18世纪以前国力弱小又孤悬海外,其变化尚不足以引起欧洲其余国家关注的话,18世纪英国在各方面的顺利发展则已经在欧洲产生了不可忽视的影响。第一,英国国力的强大使英国在殖民地的抢占、世界市场份额的争夺中占据上风,为英国增加了额外的巨大利益,并对其余的欧洲国家形成了一种令人窒息的挤压。第二,英国政治的开明和国民所享有的权益也成为其余欧洲国家特别是知识分子羡慕的对象,尤以法国的启蒙学者为甚。于是,英国创建的现代民族国家具有一种特殊的两面性。一方面,民族国家产生了国家利益的概念,并使率先建立现代民族国家的民族能够更好地维护自己国家的权益,更多地分享世界市场的各种利益,从这一角度出发,民族国家有其民族利己主义的特征,并成为西方帝国主义的源头和帝国主义战争的策源地。另一方面,英国创建的民族国家又产生了一种与中世纪不同的现代民族意识:这种意识首要和最重要的东西就是作为一个独立个人的尊严。正是这种意识推动着个人自由与政治平等的原则向前发展。②换言之,英国创建的民族国家,实际上有两个层次的内容:其一是争取本民族的"国家利益",即主权独立,强国兴邦。其二是一种更高层次的追求,即人们将国家看作是实现自己个人权益、获取自己尊严和幸福的工具。因此,它代表着一种自由人格与自由理想,只有追求自由权益的人建立的国家才与传统的王朝国家有本质的区别,也只有自由人才能组成一个现代意义上的民族国家。也由于这种原因,英国在民族国家的创建过程中,没有后期民族国家建立过程中那种强烈的种族主义色彩。当然,这两方面的因素都刺激了欧洲的其余国家,知识分子和统治精英希望自己的国家能够如同英国一样强大,而普通民众则渴望能够享有英国民众所享有的那些基本的人权。美国独立战争的诱因之一就是殖民地的人民渴望得到"英国人"的权利,而法国大革命的爆发与英国成功转型为现代民族国家,更是有着不可分

---

① Linda Colley, *Britons, Forging the Nations, 1707—1837,* Yale University Press, p.58.

② Liah Greenfield, *Nationalism: Five Roads to Modernity,* Harvard University Press, 2003, p.86.

割的关系。一个十分明显的因素是,这里所论及的"民族",已经不完全是种族意义上的人群,而是在某种特定社会历史条件下形成的"政治民族"。尽管每个政治民族都会有一个主体民族,这个主体民族在民族国家的构建中也发挥着不可替代的作用,但与传统社会最大的不同之处在于,这个主体民族必须代表一种现代的政治意识,代表先进的文化思想和先进的生产力,没有这样一种相对于传统种族的政治与文化的蜕变(无论是文化启蒙,还是政治觉醒),它们都不可能构成现代民族国家的基础。换言之,政治民族是现代民族国家的基础,而现代民族国家反过来强化着这个政治民族,正如一个钱币的两面,两者之间存在着一个微妙的共生和相互促进的关系。如果两者能够同步发展,则是一个国家的幸事;如果不同步,则往往会给自己的民族和民族国家带来意想不到的磨难。

　　毫无疑问,民族主义与一个民族的现代化确有不可分割的渊源。以全球化为特征的现代化发展催生了欧洲的民族国家。但由于种种历史和现实因素的制约,并非每一个欧洲国家都能顺利完成民族国家的构建任务。英国率先完成了这一任务,由于其制度方面的优势,立即对欧洲的其余国家形成了一种空前的挑战。一旦这些国家作出反应,欧洲的民族国家发展就进入了它的第二阶段。

二、1789—1945 年:欧洲民族主义大规模扩展与冲突的阶段

　　欧洲文明的扩张与欧洲各区域间发展的不平衡,使欧洲各国具有天然的竞争性质。而发展现代经济,无疑是在竞争中获胜的重要筹码。但满足现代经济发展的基本条件,只有在一个特定的政治与经济单位内才可能逐步实现,这就使建立民族国家成为欧洲现代化过程中的一个必须完成的任务。安东尼·史密斯指出,民族主义在初始阶段有一种解放的力量。它破坏了各种各样的地方主义、习惯和部族的力量,帮助建立了一个强大的民族国家政权。它统一了市场,以及行政、税收和教育的制度。它看起来是民众和民主的,它攻击封建主义的实践以及帝国暴君的压迫,并宣布人民的主权以及所有的人民有权决定其自身的命运——假如那是他们希望的。[1]从这

① Anthony D. Smith, *Nationalism and Modernism*, London: Routledge, 1998, p.1.

种角度看,民族主义作为一种现代性的要素,是现代世界发展的主要动力,由于它具有多种形式,所以人们无法预知它会以什么方式展现。但确定无疑的是,欧洲各国发展的顺利与否,在很大程度上取决于它们是否顺利地完成了自身民族国家的构建。由于欧洲区域内政治经济发展的不平衡性,可以这样认为,在一个很长的历史阶段内,欧洲的民族国家都是一种适合欧洲发展的制度安排。没有这样的一个国家机器,这个共同体中人们的利益就无法得到充分的保障。因此,谁要想在现代化的过程中不落人后,就必须尽快地建立自己的民族国家。

然而,正如前面所说,民族国家与现代政治民族是互为表里的。而政治民族的产生,首先是一种新型的民族认同。这种认同既是一种社会关系层面的界定,更是一种心理的意识。一个人的认同,需要群体的承认(我是谁,我们是谁),更需要能够与群体在涉及共同的问题时共进退。因此,民族认同往往与外部压力以及这样一个共同体所必须采取的行动有关。一些学者认为民族认同完全是一种现代现象,它大致包括五个方面:心理的、文化的、领土的、历史的与政治的。①这既是民族认同所涵盖的范围,也是民族主义构建自己的政治共同体所拥有的资源。而所有的这一切资源,在近代开始,欧洲各国都必须用于解决本民族的现代发展任务,构建自己的民族国家。由于对上述五种资源的占有份额不同,以及所处的地缘环境和发展阶段不同,欧洲各个民族之间的发展道路必然会产生巨大的差异。

在这一历史阶段,欧洲产生了两种主要的民族主义类型:法式民族主义与德式民族主义,这两种民族主义的交锋构成了这一时期欧洲民族主义发展的主线。首先产生的是法式民族主义,它在法国大革命的过程中被激发出来,并由此在整个欧洲范围内掀起了民族主义的浪潮。

作为具有光荣传统的国家,法国的民族意识可以追溯到中世纪初期。当然,最初的这种意识只是"一个好的基督徒"。随着国王在中世纪统一法国过程中的作用,法国人又将对教会的忠诚转移到国王,并将忠于国王看作是一个法国人的属性。②这种从中世纪就一直保持的凝聚力使法国长期保持着传统的欧洲大国地位,其综合国力从来都在英国之上。即便在 17 世纪,法国的工业生产总量也超过英国,尽管人均产值不及英国。但一个世纪以后,英法之间的差距不是缩小,而是扩大了。那么,这中间根本的原

---

① Montserrat Guibernau, *The Identity of Nations*, Cambridge: Polity Press, 2011, p. 11.

② Liah Greenfield, *Nationalism: Five Roads to Modernity*, Harvard University Press, 2003, pp. 92—93.

因是什么？按特里比尔科克的看法，最重要的原因是法国的增长并没有使古老王朝的政治、法律和社会结构发生相应的变化，而这种旧制度一般来说是仇视经济现代化和工业变化的。①正是法国未能从绝对主义王朝国家适时转化为现代民族国家，使这个传统的欧洲强国落在了原来的小国英国后面。

这种未能转型的绝对主义国家，其外强中干的特点之一就是它的制度性腐败，这是类似专制王朝永远摆脱不掉的阴影，并成为法国内部必须实行变革的重要刺激因素。路易十四曾于 1661 年设立了一个专门审理官员腐败案的法庭，到 1669 年时却被迫撤销，因为这在官员中间引起的恐慌实在太大。②路易十四留下了 24 亿锂国债，其中有三分之一已到期，而 1715 年的国家财政纯收入只有 6 900 万锂，开支则为 1.477 亿锂。主管财政的诺阿伊公爵采取各种办法企图缓和财政危机，但 1716 年的财政赤字仍然接近 1 亿锂。法国政府便以惩办投机活动和高利贷者为名，逮捕 1 000 多名金融界人士，企图榨取 1 亿锂罚款。但是多数查无实据，只得到 1 000 多万锂。③当一个国家的政府一方面庇护官员的腐败，另一方面又可以对普通民众的合法财产为所欲为时，怎么可能想象这个国家的经济会健康发展？

在这种环境下产生的法国启蒙运动，其主要人物几乎都无法掩饰自己对自由与平等的渴求。这其中，"英国因素"是显而易见的。伏尔泰、孟德斯鸠都在英国游学，并完全被洛克的思想折服，主张人类的自然权利，反对暴君。拉·布吕耶尔即认为"专制之下无祖国"，圣·埃夫勒蒙也表达了"热爱祖国就是热爱你自己"的思想。霍尔巴赫认为，"如果自由、财产、安全消失了，祖国也不存在了"。所以，"真正的爱国主义只能在人人自由、平等、和睦的社会中找到"④。没有英国的示范效应，很难想象当时的法国知识分子会产生这样激进的想法。将追求自由平等的人权作为自己目标的启蒙学者的思想是一种民族主义和世界主义结合的产物，他们希望全世界人民都能够享受真正的人权，平等而和平地相处。这一世界主义的理想在欧洲广泛传播，并在康德等德国学者那里进一步得到升华，

---

① Clive Trebilcock, *The Industrialization of the Continental Powers, 1780—1914*, London: Longman, 1989, p.114.

② Gordon Wright, *France in Modern Times*, W.W. Norton & Company, 1981, p.11.

③ 张芝联主编：《法国通史》，北京大学出版社 1989 年版，第 133 页。

④ 李宏图：《西欧近代民族主义思潮研究》，上海社会科学院出版社 1997 年版，第 76—78 页。

尽管在当时并无实现的可能,但毕竟为后来的欧洲发展奠定了一个极为重要的思想基础。

虽然有英国的示范和启蒙运动的影响,法国大革命的直接动力却是来自新大陆的美国革命。美国革命为自由事业而奋斗的信念,成为法国人创建自己民族国家的动力,美国成为他们眼中一个与旧世界完全不同的、值得为之奋斗的理想社会。①正是在启蒙思潮与美国革命的广泛冲击下,法国大革命产生了令人无法想象的巨大能量。法国人民渴求建立一个新型的民族国家,它必须能够保障人民的自由、平等和其他人权。这样的要求,注定了法国革命会超出一国的范畴,成为一场整个欧洲的革命:因为当时的欧洲还是处于王朝国家的统治之下,而法国大革命却推翻了这一政治原则,必然引起整个欧洲的反弹。由于这种客观的局势,法国大革命似乎被一只无形的手控制,一步一步地向越来越激进的方向发展,到最后则是由拿破仑接管了政权。在拿破仑上台后,旧体制与平静的欧洲受到了猛烈的冲击。在思想上和结构上,大革命时期的法国和拿破仑帝国时期的法国都极力要摧毁旧秩序,迫使人们接受一种新秩序。但法国的行动又是矛盾的:一方面它倡议自由这一理想;另一方面,它又要扩大自己的统治范围。这样做就不能把欧洲长期组织在一起,相反却导致了各国民族主义情绪的发展。法国大革命带来了新的原则:人权,各国人民决定自己命运的权利。大革命的思想意识在英国、莱茵兰、比利时、意大利、爱尔兰、希腊都有信徒。但为保卫大革命成果而进行的反对各国君主的战争很快就变成了解放的使命,变成吞并,变成对别国自然边境的征服。欧洲的平衡不复存在,各国君主纷纷联合起来同这个过于强大的法国进行斗争。②于是,法国大革命带来了一场全欧洲的战争。这种战争大大简化了欧洲的版图,特别是简化了那些还存在着中世纪式的分封割据地区的版图。1739年时的德国大概有近400个国家,这时缩减为不到50个;意大利则缩减为仅有5国。拿破仑使欧洲国家的结构现代化、统一化,他强迫别人接受同样的等级化和中央集权化的行政体系,以及同样的教育体系。在大革命之后,他消除了封建制度留下的残迹,迫使人们接受公民平等制。大革命与帝国都曾试图以自由的名义激起各民族反对他们的国王,但它们的扩张主义最终却促使各国人民集合起来,站在联合起

---

① Simon Schama, *Citizens, A Chronicle of the French Revolution*, London: Penguin, 1989, pp.26—29.

② [法]皮埃尔·热尔贝:《欧洲统一的历史与现实》,丁一凡、程小林等译,中国社会科学出版社1989年版,第11—12页。

来共同反对法国的传统君主一方。用拉马丁的话来说,拿破仑"掀起了各国的民族性,而民族性又吞没了拿破仑自己"①。当然,拿破仑的失败并不意味着欧洲可以回到以前的时代,维也纳会议试图以恢复正统王朝的统治来维持欧洲的平衡并不成功,在法国大革命后,传统统治的权威基础已经彻底丧失,任何一个政权都必须重新寻找自己的合法性,为获取民众的认可而进行投资。②混合着渴望自由平等和独立自主概念的民族主义种子已经发芽,无论什么力量也无法阻止它的蔓延。于是,19 世纪成为欧洲不断创建新的民族国家的时期。但大革命后的欧洲,民族国家的发展道路发生了根本性的变化。无论是英国还是法国,在其建立现代民族国家时,国家的统一并不是民族主义的主要目标;而在拿破仑战争以后,列强对欧洲事务的主宰,却使欧洲其他国家争取自己民族国家的统一成为建立现代民族国家最艰难和最重要的任务,这是欧洲民族国家建设中的新问题。在英法以推翻专制、争取民权为主要任务的民族建设,在欧洲其余国家已转化为以民族国家的统一为主要任务。这一潜移默化的转化,成为欧洲民族主义发展历史上一个最具爆炸性的变化。③在这一过程中产生的德式民族主义,成为"迟发展者"民族主义的主要代表。从近代开始,欧洲各个民族首先都是为自己的生存而奋斗,然后是为自己的发展权利而奋斗。由于民族的分裂和软弱给英法以外的欧洲民族造成了深深的心理创伤,于是,重新恢复自己的民族自信心成为欧洲其余民族的首要任务。在这一过程中出现的"迟发展者"民族国家大体上有两类,一类是那些欧洲传统的弱小民族,他们在争取自身独立的过程中遇到了极大的困难。他们不仅需要与本国的封建统治者做斗争,而且在很大程度上需要列强的默认。因此,这一类的民族国家在独立的道路上十分艰难,无论他们是否独立,其建国的影响都不足以改变欧洲的政治版图。另一类则是本身在人口、版图等方面占据一定优势的民族,如德意志和意大利,这类民族国家的建立极大地改变了欧洲的政治版图,并给欧洲的历史发展打上了深深的烙印。毫无疑问,他们在这一期间的民族国家发展过程中扮演了主角。由于"迟发展者"民族国家的

---

① [法]皮埃尔·热尔贝:《欧洲统一的历史与现实》,丁一凡、程小林等译,中国社会科学出版社 1989 年版,第 12—13 页。

② Brian Jenkins and Spyros A. Sofos, ed., *Nation & Identity in Contemporary Europe*, London: Routledge, 1996, p.13.

③ 英法等国的民族主义与所谓的"迟发展者"国家的民族主义,如德国和意大利,以及后来加入欧洲民族国家俱乐部的波兰、俄罗斯等,依然有着显著的区别。参见 Brian Jenkins and Spyros A. Sofos, ed., *Nation & Identity in Contemporary Europe*, London: Routledge, 1996, pp.285—286。

建立在某种程度上是以争取民族的独立和统一为首要任务的，所以当其民族国家的建立在完成政治经济的构架时，一切均以国家机器的"效率"为准则，其政治体制的民主化任务则基本上被搁置。结果在欧洲民族国家的发展史上首次出现了一个政治、经济和观念并不同步的现象，并由此给欧洲带来了巨大的灾难。

由于民族国家的建立过程不可避免地要动员全体国民，因此人们在这种奋斗的过程中寻找什么样的精神支柱就至关重要。德国学者赫尔德在这一过程中起到了很大作用，在他看来，一个民族共同体就是一个有机体，每一个民族有机体都有其独特的民族文化凝聚力，这是由外部因素和内部因素共同造成的。外部因素为地理环境和自然条件，内部因素则是每个民族内在的有机力量即一种遗传基因，这是决定民族特性的主要因素。①赫尔德的文化民族主义激发了德意志民族的爱国热情和其余欧洲民族的相应情绪，并导致了民族主义观念上的重大转变。实际上，这种文化的影响力，也使得媒体与教育成为民族国家构建的一个重要因素。其积极因素是有助于落后民族恢复自己的民族自信心，消极因素则是为以后的民族沙文主义提供了精神动力。但无论从什么角度看，赫尔德的观点都激起了人们相应的民族情绪，这种情绪越是激烈，民族的分裂就越不能为人们所容忍。于是，追求各民族国家的统一就自然成为欧洲各个民族的首要任务。但遗憾的是，1848 年欧洲各国并没有能够通过自下而上的人民革命来解决自身民族国家的建设任务。于是，欧洲主要民族国家的统一任务，几乎只能由各种类型的上层统治者来完成。在这一过程中，德意志的统一最有代表性，集中体现了这类民族国家发展过程中的若干特点。

现代国家的基本功能是为了确保本国公民的安全和权利，同时也为了确保国家本身的主权（既包括领域和边界，更包括国内和国际事务中的自主性），能有效运用军事或暴力的手段。这在欧洲民族国家的进一步发展中产生了非常矛盾的结构和结果：谁拥有最强有力、最有效率的暴力组织，谁就能控制媒体和教育，谁就有最大的发言权，谁就更能代表整个民族。至于其公民是否拥有英国人式的自由权利，则成为第二位的问题。当时德意志各邦并不指望普鲁士来建立一个自由的民族国家，普鲁士也不愿意建立一个类似的国家。然而，历史的吊诡之处在于，尽管有若干的不情愿，最终还是

---

① 转引自李宏图：《西欧近代民族主义思潮研究》，上海社会科学院出版社 1997 年版，第130 页。

普鲁士统一了德意志，而将较为温和的奥地利排除在外。①在德意志民族国家的统一过程中，国家合法暴力的作用再度给人以极其深刻的印象。德意志人居住的空间恰好位于欧洲的中心地带，在欧洲是邻国最多的国家。由于其特殊的地理环境，不同的文明，包括罗马文明、基督教文明、斯拉夫文明等在这里交会碰撞，不断产生冲突和紧张。②其直接的后果是德意志似乎根本无法通过和平的方式统一自己的国土，当俾斯麦对 1848 年的革命进行总结时，便以那段著名的演讲阐述了这一基本的认识："德意志不是寄希望于自由主义而是寄希望于普鲁士的强权。巴伐利亚、符腾堡、巴登，或许会沉湎于自由主义之中，但普鲁士必须加强和积蓄其力量以待一个有利的时机。由维也纳会议给其确定的边界对于一个健全的政治生命而言是极为有害的。当今世界的重大问题不是依靠演讲和议会的多数票能够解决的——这正是 1848—1849 年的巨大错误——而是依靠铁与血。"③

正是在这样的信念下，俾斯麦通过几次成功的战争，最后战胜法国建立起了以普鲁士为基础的德意志帝国。这个以战争为主要手段统一的民族国家产生了两个重要的结果。其一是极大地推动了德国的经济发展，从 19 世纪 70 年代起，在统一的国内市场和工业化的双重推动下，德国经济以加速度发展，统一规划的铁路建设成为经济增长的主要驱动力。1850 年，德国的铁路有 6 000 千米，而到 1875 年则增至 27 000 千米④。至于其他经济部门，如钢铁、煤炭和机器制造业等也几乎同步得到了高速发展。其二则是再次在德意志民族心理中加强了"强权即公理"的信念，这一信念的畸形发展强化了民族主义本身所具有的种族主义倾向。很多有关民族主义的著作中都提到，偏激的民族主义与种族主义之间有着天然的联系⑤，因为每个现代民族的摇篮几乎都离不开一个特定的民族，所以血缘、文化和风俗习惯等传统的东西，必然要在现代的民族国家形成过程中打上深刻的烙印。在英法

①　Ralph Flenley, *Modern German History*, New York: E. P. Dutton & Co. Inc., 1953, pp.200—203.

②　Marti Kitchen, *Germany*, Cambridge: Cambridge University Press, 2000, p.336.

③　Ralph Flenley, *Modern German History*, New York: E. P. Dutton & Co. Inc., 1953, p.212.

④　Clive Trebilcock: *The Industrialization of the Continental Powers, 1780—1914*, London: Longman, 1981, p.42.

⑤　西方学者将"ethno nationalism"合并为"ethnonationalism"一词就非常生动地表达了这一含义。参见 Josep R. Llobera, "The Future of Ethnonations in a United Europe", in Hans-Rudolf Wicker, ed., *Rethinking Nationalism and Ethnicity*, Oxford International Publishers Ltd., 1997, pp.50—51。

这样强调个人天赋权利的现代民族国家,由于对个人的尊重和民主主义的发展,其民族主义即便有种族主义的因素,也很难长期占据社会思潮的主流位置;而在德国这样完全通过武力进行统一,强调国家主义,强调集体主义,对个人权利并不重视的国家,种族主义的思潮得以广泛传播几乎是一种不可避免的趋势。德意志早就有日耳曼人种优越的观念,一些德国学者认为雅利安人种具有自力更生和独立的品质,比其他民族更为优秀。但这样一些早期的种族优越的观念,尚未得到广泛的流传,从理论的角度,它还有待完善;从实践上看,一个自称优越的民族如果连统一国土都还要看其他列强的眼色,那么这种优越感也就大打折扣。普鲁士以武力的方式成功地统一了德意志,终于让事实"证明"了日耳曼人种的优越。与此同时,社会达尔文主义则给种族主义提供了"学术"支撑,使其以完整的"理论体系"进入了严肃的政治生活领域:"最适者生存"的法则证明了日耳曼民族的优越性。张伯伦更将种族主义的观念上升到一个"高级"的理论层面:上帝的意愿是通过德意志民族来表达的,而犹太民族则是魔鬼的化身。犹太民族是进入西方历史的一支异化力量,德意志则是西方文明的推动者和拯救者。德意志民族的英雄主义和超越物质主义的奉献精神,给古希腊的贵族理想和罗马正义注入了形而上的因素,所以一切现代的西方文化成就都必须浸透这种德意志精神,而腐蚀西方文明的犹太人是一支异化的力量,对犹太异化力量的斗争已经转变为一场捍卫西方文明的斗争,在这场斗争中,德意志民族是唯一有能力、有责任拯救西方文明的力量。①就这样,张伯伦将德意志的民族精神转变成为日耳曼种族优越的理论,文明的发展与社会的进步转化为优等种族对劣等种族的斗争。而随着普鲁士非民主方式的统一,德意志民族传统中反自由主义、反民主的意识形态得以在学校教育、青年运动以及各种政党组织中广泛流传,最终给法西斯主义的灾难奠定了思想基础。渴望征服世界,渴望用流血来换取应该通过流汗来获取人们尊重的观念,在日耳曼蛮族的传统中本就根深蒂固,并对社会的一般价值准则有重大影响。随着继承这种传统的普鲁士统一德国,这种观念自然地扩展到了整个德意志。但与现代民族主义发展相关的一个重要的问题是,普鲁士虽然很早就具有好勇斗狠的传统,这种暴力趋向却一般不指向国内的民众。而由于民族主义与民主主义发展的脱节,在盲目崇尚暴力的社会潮流中,对本国不同意见

① George L. Mosse, *The Crisis of German Ideology*, New York: Grossest & Dunlap, 1964, pp. 91—98.

的民众使用暴力的趋向却终于在德国国内的政治生活中泛滥成灾。在 20
世纪 20 年代激烈的社会冲突中,随着纳粹党徒一次又一次地使用暴力殴打
等手段来对付本国的民众,人们似乎发现,和平解决政治分歧的可能性已经
不存在,于是默默地接受了暴力解决的方式。他们最初是厌恶这种周期性
的打斗,但最终习惯了这一切。这就为纳粹系统地使用暴力和恐怖以及希
特勒的上台铺平了道路,成为纳粹夺取政权最重要的因素。①

　　从这种意义上看,德意志的统一未能使德国从传统的王朝国家彻底转
化为现代的民族国家,德式民族主义与法式民族主义相比,其最大的问题是
自由主义和民主主义的缺失。因此,德国的经济发展越快,其他社会方面如
科技和文化取得的成就越大,没有全面发展所造成的最终危害也越大。除
开德国,意大利基本上也是沿着大致相同的道路前进。在这样的思想基础
上,两次世界大战在欧洲爆发就不是偶然的了。两次大战不仅让德意志民
族几乎毁灭于战火之中,而且最终使近代以来一直引领时代潮流的欧洲拱
手将世界事务的主导权让给了美苏两家。因此,贝格哈恩认为,从一战开
始,欧洲就在进行"自杀",这种暴力战争的"雪崩",根据保守估计,共埋葬了
7 000 万至 8 000 万条人命,并且把欧洲这个国际政治和世界经济的中心也
埋在下边。②

　　当然,欧洲两次大战的原因很多,各个专业领域的学者已经无数次地强
调了帝国主义列强争霸的因素,强调了资本主义固有的内在矛盾无法解决
的因素,强调了两大军事集团形成而又没有有效的国际安全组织制约的因
素,等等。这些无疑都有深刻的道理,在这里想补充的是,上述的原因之外,
欧洲民族国家形成的阶段性不平衡也是造成这样灾难的重要因素。

　　一个明显的现象是,在英法两国建立起以民族主义和民主主义相结合
的民族国家后(或可按高毅先生所说,英法是有区别的,英国式的是自由民
主,法国式的是平等民主,但无论怎样,其中的民主因素都是不可或缺的),
欧洲其余国家基本未能走上与他们相同的道路,这些"迟发展者"几乎都是
在挣扎着利用各种形式的武装力量争取自己国家的统一,这一历史事实是
发人深思的。它是否意味着"民主建国"对于后发国家而言是一种奢侈品,
是一个美妙的幻影,还需要长期深入地研究。但欧洲的历史已经证明,由于

---

　　①　William Sheridan Allen, *The Nazi Seizure of Power,* New York: Franklin Watts, 1984,
pp.144—147.

　　②　[德]福尔克尔・R. 贝格哈恩:《自杀的欧洲》,朱章才译,中国城市出版社 1999 年版,
第 1 页。

民族国家相互竞争的特点,已经成功地建立起民族国家的民族出于其民族主义利己的本性,并不情愿其余的民族顺利地完成同样的任务,所以它们基本上是按照自己的利益来决定是否支持或是反对其他民族的统一任务。于是,原本属于由王朝国家转化为民族国家的国内事务,不可避免地成为国际事务。在这样的条件下,法国之后,欧洲几乎所有的民族国家都是以强力来外部抗拒列强的势力,内部加强对民众和分裂势力的控制,从而完成民族国家的统一。从这样的角度看,普鲁士以武力统一德意志似乎又有某种必然性。英国、法国和俄国这些欧洲大国都不愿意看到中欧出现一个强大和统一的德国,在几个世纪中,这些大国外交的基本政策就是阻止中欧出现一个统一和强大的国家,其结果是分裂导致了德意志的软弱和经济发展迟缓。但德国终于在 19 世纪中期由俾斯麦抓住机遇,利用大国之间的矛盾用 10 年迅速统一了德国,建立了统一的国内市场,并利用第二次工业技术变革的机遇,发展基础教育和技术教育,使德国的经济后来居上,成为欧洲一流的强国。若德国没有在一个稍纵即逝的时期内完成统一,抓紧发展,那么整个欧洲历史乃至世界历史都可能完全改写。尽管德国没有在经济发展的同时同步进行政治发展,以致最终让希特勒这样的人物上台并给欧洲和自己的民族造成了深重的灾难,但德国的创新依然是巨大的。德国重视基础教育,以国家意志把科技作为第一生产力,建立了现代的高等教育体系,当今的研究生制度和实验室制度都来自德国,而雄厚的基础研究能力和严谨的科学态度,使高品质的德国制造至今依然享有盛誉。更重要的是,德国首次由李斯特提出,发展是以民族国家为主导的发展,不是以世界为基本单位的发展,而一个国家的发展关键是要发展其具有长期效应的基本生产能力,甚至为了这种生产能力的形成而放弃那些短期的经济利益。这些思想,不仅影响了德国,也对其他国家的发展产生了深远的影响。

所以,德式民族主义固然有其天生的缺陷,但在一定程度上依然是一种历史的"合理"产物,代表着"迟发展者"民族国家的利益。同时,统一的德意志和意大利,从另一个角度看,对欧洲民族主义下一步的发展都起到了某种积极的作用。它们统一后都极大地促进了这一区域的经济发展和科技进步,使中欧从一个原本落后的区域成为欧洲经济最发达的区域之一,并为二战后欧洲的重新整合提供了物质与社会的基础。

客观地看,这一阶段的欧洲民族主义发展以法国与德国的交锋为主线,以德式民族主义的失败而结束。法国的民族主义高举着理想主义的大旗,将自由和人权的理想传遍了欧洲。而德国的民族主义则代表着分裂民族渴望统一和富强的愿望,并且为欧洲的经济发展和社会发展奠定了一个扎实的基础。①然而,法式民族主义在高举理想主义大旗时,依然没有放弃民族利己主义的目标;而德式民族主义在注重重建民族文化的同时,却不愿意将民主主义的因素融入其中。因此,也可以说,这两类民族主义具有某种共同的缺陷,即它们都富有侵略性和扩张性,都具有帝国主义自私自利和争夺世界霸权的特性,正是这样的特性最终将欧洲引入了灾难。但是,由于这一阶段民族主义在欧洲"国际"范围的拓展,也就不可避免地使欧洲各个民族的人民要求那些被认为是属于一个现代公民应该具有的权利。因此,欧洲民族主义和民族国家在发展的过程中,尽管也因为民族主义自私的特性引发了两次世界大战,但其为本国民众获取那些公认的人权的积极作用仍然是不可忽视的。没有各国民族主义的发展以及各种观念的交锋,很难想象各种世界公认的公民权利观念会如此深入地渗透到欧洲社会的各个层面。

因此,这一阶段不同民族主义相互竞争的态势给欧洲造成了间歇性的灾难,还在总体上推动了欧洲的发展。这种发展主要涉及两个方面:第一是促进了各个民族国家的经济发展,尤其是与欧洲其他国家的贸易和科技交流,带动了欧洲整体发展水平的提升;第二是促进其政治方面和社会方面的变革,欧洲各国在争取自身民族权利的过程中,也激发了本国人民争取自由和民主权利的愿望。正是各个不同民族国家的迅速发展,使欧洲在一些基本的价值观上取得了广泛的共识,也正是这些基本权利在各国的部分落实,最终使欧洲各民族国家寻找到了一个新的联合基础。

三、1945—2004 年:同一文明基础上的重新整合

回顾二战以前欧洲民族国家的发展,汉斯-鲁道夫认为,这一期间的民族国家发展依赖于三根支柱:第一是共和主义的公共行政机构,其功能的履行有赖于公民的存在,它有明确的领土边界和管辖范围,使民主的权利能够有效行使;第二是资本主义,其推动技术进步,发展新工业以及积累资本的能力,提供了经济进步的要素,并导致人们普遍生活水平的缓慢增长;第三

---

① 比如,为了培养忠于祖国的公民和适合工业社会的劳动力,各国都大力推行制度化的公共教育,客观上有利于人民教育水平的提高。参见 Anthony D. Smith, *Nationalism and Modernism*, London: Routledge, 1998, p.39。

是民族,产生于国家政权与资本主义之间的相互作用。①这三根支柱,在二战后并未立即发生重大变化,但战后欧洲的总体形势却对原有民族国家的功能产生了巨大的影响。

首先是美国等占领军对德国的改造,美战区在二战结束后向1 300万德国成年人发出了一份调查表,要求详细填写在希特勒统治时期的政治面貌及社会关系,结果有360万人被起诉有罪。艾森豪威尔的目的是把"所有的纳粹积极分子从各级政府的公职岗位上清除出去"②。英战区到1945年底仅有7万人被捕,受审查的规模比美战区小,只有在法律上认为有罪才予以惩治。法占区的态度则是:"每一个德国人过去是纳粹分子,现在还是纳粹分子。"③无论这些做法是否完全合理,纳粹思想总算首次得到了广泛的清算。英国学者莱德认为,盟国对德国进行改造的意义在于"非纳粹化是德国走上新的起点的一个必不可少的阶段",它"代替了德国从未经历过的一场革命"④。然而,更重要的变化在于,对纳粹德国的改造实际上对欧洲民族主义的发展方向是一次根本的调整:盟军的行为表明,在欧洲,民族主义只有与民主主义结合,才是一种合理的思潮,否则就要受到清算。纳粹的势力不仅在德国遭到沉重的打击,在整个欧洲也成为过街老鼠。其在思想观念方面的结果是,自拿破仑战争以来,自由、民主与平等等价值观念,首次真正成为欧洲各民族的共识,这是欧洲得以在新形势下走向联合的最重要的基础之一。

其次是美苏冷战的影响。两大军事集团的对垒使欧洲国家的生存空间十分有限,巨大的外部压力也迫使欧洲各国化解彼此的宿怨。其中,德法两个民族的世仇的化解更是一个重大的标志。如果从一个比较狭义的角度看,二战以前欧洲民族主义的冲突,最集中地体现在法德两个民族之间的冲突上。如能化解德法的世仇,欧洲的和平就有了希望。幸运的是,战后欧洲的政治家开始从历史中接受教训,对这种人类罕见的灾难进行反思。胜利者一方首先表示了这种明智的态度,众所周知的欧洲共同市场,其倡导者正是法国的外交部长舒曼。他在1950年宣称,"现在不再是需要空话,而是需

---

① Hans-Rudolf Wicker, ed., *Rethinking Nationalism and Ethnicity*, Oxford International Publishers Ltd., 1997, pp.7—8.

② [美]埃德温·哈特里奇:《第四帝国》,国甫等译,新华出版社1982年版,第76页。

③ 同上书,第96页。

④ A. J. Ryder, *Twentieth Century Germany: From Bismarck to Brandt*, New York: Houghton Mifflin Co., 1973, p.473.

要勇敢行动——建设性的行动的时候"。而所谓空话,就是对法德之间的宿怨闭口不谈。①因此,只有彻底解决法德之间的宿怨,欧洲的和平和统一才有真正的可能性。无论法国领导人有多少试图控制德国的打算,也不管德国领导人是否真正心甘情愿,从历史的角度看,法德两国的领导人此后的联合行动理智地顺应了历史的潮流。从《巴黎条约》到《罗马条约》,共同市场的六国以关税同盟的经济合作为平台,开始了一种崭新的超越民族主义、构建一个新的和平的共同体的尝试。

　　第三则是旧殖民体系的崩溃及战后以高新技术为特征的发达国家的经济发展,使对原材料和市场的争夺和控制出现了新的特点。直接占领殖民地进行掠夺,不仅得不偿失,而且也失去了道义的基础。由于冷战的爆发,为了维护一个确保资本主义自由发展的安全环境,美国在战后采取了一系列措施:马歇尔计划,成立国际货币基金组织、世界银行,以及关贸总协定等,更重要的是,在美苏冷战的形势下,甚至就是这些"经济"方面的考虑,在西方政府的政策制定中也降到了次要的位置。②发达国家在二战后经历的高速稳定的"黄金"发展阶段,证明其在原材料的供应和协调机制方面的运转是成功的,所以,通过各种类型的组织和谈判来制定规则开始成为西方各国普遍接受的方式。同时,由于原材料价格的决定权基本上由发达国家与发展中国家讨价还价来决定(尽管发展中国家在多数情况下均处于不利地位),发达国家面临的问题是协调立场从发展中国家获取更多的利益(世贸组织内部的谈判就显示了这一特点),相互之间动用武力来解决经济纠纷已经成为不可想象的事情。

　　二战后西方的经济秩序总的来说建立在一个较为稳定的国际体系上,这种体系允许在独立的民族国家存在有重大区别的经济组织。这显示发达国家的经济协调能力更加成熟,尽管各个民族国家都有很大的自主选择权,但也都不得不在很多时候屈从于相互依靠的国际经济体系。有两种趋势形成了这种压力:国际化对很多国家的经济安排造成巨大的压力,通过在相互依赖的市场上更多的竞争,或者通过建立超国家的游戏规则。这两种压力迫使民族国家参加一些让他们失去某些自治权利的组织,如世贸组织和欧盟等。③正是在这样的思想、政治和经济基础上,在二战前仅仅是一种理想主

①　Richard McAllister, *From EC to EU*, London and New York: Routledge, 1997, p.11.

②　James E. Dougherty, Robert L. Pfaltzgraff, *Contending Theories of International Relations*, Harper Collins Publishers, 1990, p.260.

③　J. Rogers Hollingsworth and Robert Boyer, ed., *Contemporary Capitalism*, Cambridge: Cambridge University Press, 1998, pp.4—5.

义者构想的欧洲一体化进程,开始真正启动了。

这样一个组织的最终目标是什么类型的共同体,没有人能加以清晰界定,从本质上看,它应该是欧洲民族融合的一种尝试。欧洲共同市场最初的含义就是各成员国之间资本、资源和服务的自由流动。当然,这样的安排是有政治考虑的,即争取实现欧洲的永久和平与复兴。因此,欧共体的初始推动因素包括三个方面:政治、经济和法律。而经济的内在逻辑显然十分重要,1968 年以前,所谓的"黄金"时期为欧共体的发展提供了一个有利的气氛,而 20 世纪 70 年代的经济停滞同样使这一共同体的发展受到影响。20 世纪 80 年代经济再度景气,也使欧共体再度得到发展。换言之,经济的因素对这一区域性组织的发展影响重大。也就是说,某种特定的经济安排会获得某种特定的经济好处,政治的手段和功能因此需要促进这些变化,而这些经济变化也不是自我孤立存在的,它被认为会带来进一步的政治观念的变化。这种互动的结果使一些学者认为,在 20 世纪 90 年代最终产生的欧盟是一个奇怪的产物,一个混血儿,"一个没有统一政府的国家联邦"[①]。的确,为这一民族联合的组织下定义是不容易的,欧洲学术界关于这一组织的性质是超国家主义还是政府间主义的争论一直没有停息就表明了这一问题的复杂性,但就实质而言,它应该是一个具有联邦、邦联和国际组织混合特征,高度发展的、主权国家的经济一体化和政治合作的实体。[②]

尽管这一民族融合的尝试不时有挫折,它的一系列制度构建也不断遭到质疑,但它前进的势头却令人惊讶地不可阻挡,而且其成员国随着时间的推移而不断增加。冷战结束后,一些前华约集团的东欧国家也加入了欧盟,这在舒曼最初提出其计划时肯定是无法想象的。一个最重要的结果是,很多西方共同的价值准则在欧洲一体化的进程中得到了体现并限制了原有民族国家的部分功能。正如新自由主义者所主张的,在全球化的态势下,民族国家将被迫自由化,竞争将会加剧,劳动力市场会更富有弹性,而政府的干预会受到更大的限制。[③]与此同时,公民所享有的权利则会不断增加,而且一个欧洲国家其公民享有的权利会很快影响到欧洲其他国家。其中,以人权为导向的制度建设影响最大,因为人权与各国制度权利之间存在着差别,所以人们想方设法使国际社会对各种人权宪章达成一致意见,如 1948 年

---

① Richard McAllister, *From EC to EU*, London and New York: Routledge, 1997, pp.5—8.

② 阎小冰、邝杨:《欧洲议会》,世界知识出版社 1997 年版,第 229 页。

③ Hans-Rudolf Wicker, ed., *Rethinking Nationalism and Ethnicity*, Oxford International Publishers Ltd., 1997, pp.14—15.

《世界人权宣言》及 1953 年《欧洲人权公约》。在这些宪章的所有签约国中，没有哪两个国家的法律、社会、经济或政治制度安排完全相同；同时，不仅在所有签约国之间，而且在所有签约国的内部，也常常存在着巨大的文化差异。即便如此，所有国家都以各自的方式声称，将会满足某些特定的标准以保护基本的公民权，如公平审判的权利；以及政治权利，如选举权；还有某些社会权利，如一定程度的受教育权、卫生保健权和住房权。但是，就任何一个上述宪章签约国而言，如果置于其法律或习俗框架内的政策或制度权利被认为与人权相抵触，那么，在人权维护者看来，即使这种违反了人权的政策或法律反映了当时人们的民主意志，也必须予以更改。比如，英国就曾多次因其在北爱尔兰的审讯方法和拘留政策、体罚学生以及未能彻底包含妇女免受歧视的就业法案而被告上欧洲人权法庭。[①]基于这样的原则，欧洲宪法和欧洲公民权的意义就非常明显了：不在于它从功能主义的角度给欧盟各国的公民提供了额外的权利，而在于欧洲各国的民族主义受到了一种新的引导——它们必须考虑这种共同的价值观念所确定的游戏规则。近来欧盟各国在欧盟宪法问题上取得的进展，可以看作是这种政治共识的一种胜利。

不容否定，在过去的 200 多年中，无论何种类型的民族主义意识形态，都曾在欧洲和欧洲以外的地方极力支持和证明其偏激、压迫和强权政治的合理性，结果给人类带来了极其惨重的后果。基于这个原因，战后人们提出了超越民族主义的设想，希望通过打破民族问题的阻碍，增进民族间的交流和彼此间的理解，以促进世界和平。这个超越民族、超越国家的设想建立在一种更为理想、更为普遍的共同的欧洲文化基础之上。以世界主义者的观点看，欧洲的联合以及人民主权的再分配从理论上讲是没有问题的，因为文化的、民族的以及类似的联系亦无什么道德方面的重要意义，政治和行政单位的边界和范围仅仅是一种如何操作起来更为实际和方便的问题。领土相邻和相应的经济能力取代民族的归属感成为更重要的因素。这种对国家主权的激进批判并不排除民族国家的可能性地位。世界主义者认为，在组成联邦的政治单位中存在着一定的社会政治的同质性以阻止联邦转化成一个联邦国家。换句话说，只要民族国家间足够地相似，从而使重新分配的中央计划以及调节法律规范冲突的机构都没有了存在的必要，国家就可能保留其相对的独立。然而，在欧盟内部，区域自治能够满足这种需要，它们能和现存的民族国家一样，更好地解决当地的需求。[②]

---

① Richard Bellamy, *Rethinking Liberalism*, London: A Continuum Imprint, 2000, p. 164.

② Ibid., p. 227.

　　当然,在欧洲现实生活中最令人鼓舞的,或许是两次大战策源地德国的欧洲定位。很长时期以来,由于德国经济重新成为欧洲经济的火车头,复兴的德意志选择什么道路,不仅对欧洲的一体化是一个考验,对民族主义发展的趋向也是关键性的要素。而在20世纪90年代德国再次获得统一后,这一问题更加突出。如果德国发生"意外",那么欧洲各国原有的设想将会统统化为泡影。令人宽慰的是,德国的政治家和知识分子已经坚定地作出了如下的保证:德国将会成为一个"正常的、欧洲的国家",也就是说,德国将成为欧洲的德国,而不再试图将欧洲变成德国的欧洲。正如科尔宣称的,"德意志是我们的父亲,而欧洲是我们的未来"①。这既是一种理性认识的结果,也是欧洲战后发展的国际环境为德国提供了一个和平发展机遇的结果。在美英发动的对伊拉克的战争中,德国和法国坚定地站在一起,反对这场没有获得联合国授权的战争。这一代表德法两国民意的行动不仅表明了德法两国对用战争解决分歧的基本态度,也表明了未来欧盟在国际事务中的宽容和多元化的基本立场。颇具讽刺意味的是,这种态度赢得了人们对德国的尊重的同时,却遭到美国的反对,美国将德法称为"旧欧洲"。但恰好是这个"旧欧洲",代表的却是一个超越了旧有民族主义局限的新欧洲。

　　欧元的启动,原东欧华约集团的多个成员国成为欧盟的新成员,这一切都似乎表明,至少在欧洲这样一个有着共同文化传统的区域,狭隘民族主义已经被一种更大范围的民族主义超越。但就在人们认为民族主义在欧洲已经开始消退之时,一些令人无法过于乐观的现象出现了。"民族问题"再次以不同方式显示了它的活力。不仅前南斯拉夫的冲突使人吃惊,就是在法国、统一后的德国以及意大利,民族主义的极端右翼形式也重新出现,并产生了惊人的影响。②以勒庞为代表的法国右翼势力一度在大选中获得相当的支持率,更使人们担忧。从欧洲的情况看,各种极端民族主义的苗头基本上随着当地的就业与外来移民的冲突而产生,因此,如果能够有效地化解这种由于就业而发生的冲突,欧洲的极端民族主义不会具有以前的规模,也不意味着民族主义会再次将欧洲拖入以前的灾难。当然,任何一种历史发展都可能有反复,欧洲民族以欧盟为构架的融合,也绝不会是一个十分顺利的过程。毕竟,一个民族的凝聚力是在共同经历过风雨乃至灾难的基础上形成的,而欧洲民族的融合还没有遇到这种灾难的考验。从这样的角度看,欧

---

①　Timothy Garton Ash, *In the Europe's Name,* London: Vintage, 1994, pp. 384—385.

②　Brian Jenkins and Spyros A. Sofos, ed., *Nation & Identity in Contemporary Europe,* London: Routledge, 1996, p. 9.

洲种种民族思潮依然具有活力,或许这是对这一新的民族大家庭的考验,是某种以原有民族主义在多元化基础上融合而产生一种欧洲超民族主义的前兆。马志尼认为,民族主义只是人类从个人主义走向世界主义过程中的一种必要的过渡身份。①如果欧洲各国的人民能够认真地看待这一观点并采取相应的行动,在价值认同的前提下寻求共同的利益,那么,欧洲民族的重新融合就有可能成为一种不可逆转的历史趋势。至于欧洲如何处理与俄罗斯的关系,俄罗斯是否能够最终加入欧盟这个大家庭,则是一个十分复杂的问题。它的解决既取决于各种历史条件的成熟,也取决于各自的民众和领导精英是否有足够的智慧与相应的制度创新能力。

四、欧洲文明重建与欧洲民族国家的重新定位

欧洲民族国家的演进历史,总体上是一个从分裂重新走向融合的过程。在某种程度上,这些变化都还是发生在一个欧洲人自认为具有普遍性的某种博大的共同文化的范围内(这种共同的文化是理性、容忍、多元、文明等,当然,或许由于某种原因,欧洲人一般不强调其文化中基督教的底色)。在过去几百年欧洲民族主义与民族国家的发展过程中,有两种力量对其发展是至关重要的,即一个民族内在的发展动力和其承受的外在压力。内在动力来自本民族的人民在民族国家的构建中能够获得更多的政治权益、经济福利与人身自由的强烈愿望,它是人们在现代社会追求自由和个人幸福的自发动力。另一种则是由外族压迫、歧视所产生的外在压力,这种压力往往也能加强一个民族的凝聚力和认同感,使人们更加渴求能够获得个人尊严的地位。总的来看,这两种力量都能激发人们的民族主义热情并成为推动民族国家建设的动力,但外在压力更容易导致极端的民族主义和种族主义,并成为掀起民族冲突的根源,欧洲各个民族国家发展的历史已经证明了这一点。欧洲各个民族国家的一些功能由欧盟这样一个更大的民族混合体替代,各个民族国家的主要功能受到抑制,一些重要的主权开始"让渡",但其作为某国国民利益分配单位的作用还未完全改变。虽然其最终结局还不能完全确定,但从一种更高的角度看,欧洲发展却有超出欧洲范围的意义,或

---

① Hans-Rudolf Wicker, ed., *Rethinking Nationalism and Ethnicity*, Oxford International Publishers Ltd., 1997, p.51.

许欧盟不过是一种超级民族主义取代了过去的单一国家民族主义,或许它是从民族主义走向世界主义的一种过渡形式,无论如何,这一发展过程都是一种完全的创新。按照马克斯·韦伯的看法,民族国家是国家与民族的结合,它本身代表着政治的权利和文化的观念,两者的相互支撑构成了民族国家合法性的基础。①当然,除开合法性外,还有一个认同问题,即欧洲人从原有的民族认同转化为欧洲认同,这种认同不仅意味着原有的西欧国家之间要形成共同认同,还意味着原东欧国家与西欧国家之间的共同认同,这同样会遭遇各种挑战,而且不是一个短期能够解决的问题。②尽管有各种麻烦,一些学者还是较为乐观的,他们认为,现代民族国家主要由6个制度化要素构成:国家政权、领土、语言、宗教、历史、礼仪与庆典。③欧洲的一体化进程虽然进展迟缓,但只要欧盟还在,就能使各国之间的6种要素继续相互交叉,逐步形成你中有我、我中有你的局面,其实质是原有民族国家开始将更多的"政治权利"相互让渡,依旧保留下来的主要是"文化权利"。它显示出欧洲民族国家的功能在逐步弱化,逐渐向一个新共同体中的经济文化单位转化,将维护本区域内独特的生活方式作为自己的主要任务,而将防务、安全、社会发展等"一般性"的国家职能转交给了欧洲的相应机构。所以,从这样的角度看,重要的不是欧盟是否能够真正成为一个超民族国家或是类似的组织,而是它在如何处理各种不同的民族国家关系上提供一种新的思路。如果发展程度不同、经济收入有较大差距、语言文字也不一样的国家能够最终整合在一起,那么至少证明在欧洲范围内,民族主义已经结束了在现代化初始阶段的使命,欧洲有可能在发展的历史阶段上跨越民族主义的台阶。如果土耳其这样的国家能够最终融入欧盟,那么其意义就更是非同寻常,因为它显示的不仅是同一文化圈内各民族融合的可能性,而且是不同宗教文明范围内各民族存在着"和而不同"的可能性。尽管这一前景目前还存在着若干的不确定性,比如英国的脱欧,比如土耳其在地区安全上的某些出格的举动,其至欧盟是否能够存在下去,会不会最终解体,等等,但它毕竟展示给人们一种新的希望,那就是在一个永远充满矛盾的世界上,人类最终有可能在一种求同存异的原则下和谐地共存。

---

① Hans-Rudolf Wicker, ed., *Rethinking Nationalism and Ethnicity*, Oxford International Publishers Ltd., 1997, p.61.

② Montserrat Guibernau, *The Identity of Nations*, Cambridge: Polity Press, 2011, p.116.

③ Anthony D. Smith, *Nationalism and Modernism*, London: Routledge, 1998, pp.226—227.

附　　录

阅 读 与 思 考

第一章　从传统走向现代的西班牙民族主义

一、如何区分西班牙的民族主义、地方主义与民族分裂主义？

二、如何理解西班牙的天主教民族主义？

第二章　意大利民族主义

一、意大利的文化与精神方面一直具有某种不言而喻的共性，却为何迟迟不能构建统一的民族国家？

二、王权与教权，谁在意大利的统一过程中发挥着决定性的作用？

三、根据本章内容，归纳一下意大利民族主义的特性。

第三章　英国民族主义

一、如何理解英国的民族主义？

二、如果苏格兰独立，英国会进一步分裂吗？

第四章　法国民族主义

一、法国的民族主义为什么带有世界主义的性质？

二、如何理解政治民族主义？

三、博丹的主权论有何重大的历史意义？

第五章　德意志民族主义

一、谈谈你对邦国爱国主义的理解。

二、"德国人"是如何被制造出来的？

三、如何区分极端民族主义和日常民族主义?

第六章　现代化进程中的俄罗斯民族主义

一、试析俄罗斯民族主义的特殊性。

二、安全因素在俄罗斯民族主义形成过程中的作用是什么?

图书在版编目(CIP)数据

魅力与迷惘:欧洲民族主义五百年/陈晓律著.—
上海:上海人民出版社,2023
ISBN 978-7-208-18656-9

Ⅰ.①魅… Ⅱ.①陈… Ⅲ.①民族主义-研究-欧洲
Ⅳ.①D750.62

中国国家版本馆 CIP 数据核字(2023)第 222068 号

责任编辑 黄玉婷 邱 迪
封面设计 闻人印画工作室

魅力与迷惘:欧洲民族主义五百年
陈晓律 著

出 版 上海人民出版社
(201101 上海市闵行区号景路 150 弄 C 座)
发 行 上海人民出版社发行中心
印 刷 上海盛通时代印刷有限公司
开 本 720×1000 1/16
印 张 40
插 页 2
字 数 664,000
版 次 2023 年 12 月第 1 版
印 次 2023 年 12 月第 1 次印刷
ISBN 978-7-208-18656-9/D·4243
定 价 158.00 元